インド・ヒマラヤ

Indian Himalaya

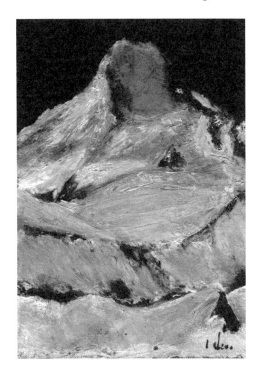

日本山岳会創立110周年（2015年）記念
日本山岳会 東海支部
The Japanese Alpine Club - Tokai Section

Ⓒ 2015 The Japanese Alpine Club - Tokai Section
Made and Printed in Japan at the Asairyubunsha Press, Nagoya

編集・執筆・協力者

（五十音順、敬称・職名略）

天野和明・American Alpine Club・安藤忠夫・有川博章・石原俊洋・稲田定重・
今井正史・岩崎 洋・Indian Mountaineering Foundation・牛窪光政・遠藤雄悦・
大内倫文・大滝憲司郎・太田尚志・尾形好雄・小川 務・尾上 昇・岡 重雄・
沖 允人・沖 道子・鬼木包重・Keith Coffin・鹿野勝彦・金田博秋・
神長幹雄・川嶋美樹・阪本公一・坂井広志・佐野忠則・菅原愛里・杉田 博・
鈴木常夫・節田重節・高橋守男・武石浩明・(故)竹中 昇・谷口けい・寺沢玲子・
Devynish Muni・Debabrata Mukherjee・東北大学艮峻山の会・
日本ヒマラヤ協会・日本勤労者山岳連盟・能久静夫・能勢眞人・芳賀正志・
芳賀成明・Harish Kapadia・Himalayan Club・平泉 宣・星 一男・
星紀代美・保坂正巳・村上泰賢・森田千里・村中征也・山森欣一・
(故)吉田周平・Rajeev Sharma

＜以上のほかにも多数の方々の御協力を頂きました＞

概念図・イラスト　浅井隆文社

概念図・山名表記・標高について

概念図

　山の位置を知るためには地図（地形図）が必須なのは論をまたない。本書で解説、または、報告する山の位置・周辺の谷・川・集落・山までのアプローチや距離のおおよそを知るために概念図があると便利と考え、どのような概念図をどのようにして作成し本書に挿入して、読者の便に供するか議論を重ねた。しかし、結論には至らなかった。本書に挿入した概念図や登山ルート図について、登山に使用できるほど正確なもの、スケールの大きいものは、編集と出版の制約があり、準備できなかったことを、先ず、お断りしておかなくてはならない。

　日本では国土地理院による1/50000図や1/25000図が完備されている。このような地図が容易に手に入る場合は問題ない。しかし、インドでは、インド測量局による1/50000の4色刷り地形図が刊行されているが、一般には入手不可能である。50万図や100万図は入手可能であるが、ほとんど登山や概念図作成の役には立たない。

　概念図作成には下図が必要であるがインドに関しては不可能なので、次善の策として、インド・ヒマラヤ山岳地帯全域をほぼカバーして公刊されているLeoman Maps（20万図）の最新版を下図として利用し、適宜、部分的に発行されているOlizane Map（15万図）やGoogl Earth、可能な場合はインド測量局の5万図を参照し、補筆・修正して概念図を作成した。全域をほぼカバーしていて入手可能な地図には、他にいわゆるロシアン・マップ（20万図）があるが、発行年が古く、ロシヤ語で記入されている地名や位置が現在のものと違っていることも多いので参考にするにとどめた。AMSも全域をカバーした図が入手可能であるが、25万図であり、発行年も古い。

インド測量局の1/50000地形図

　登山に使用する地図（地形図）の縮尺はウッタール・プラデーシュ州のデラ・ドゥンにあるインド測量局（Survey of India＝SOI）発行の1/50000図が有用である。しかし、この地図は、上記のように一般には販売されておらず、政府機関や軍用などに提供されているだけである。インド測量局のホームページによると「Topographical Maps Open Series Maps（OSM）Defence Series Maps（DSM）- These are prepared on 1:250,000; 1:50,000 and 1:25,000 scales、

Hathibarkala Estate, Dehra Dun、Uttarakhand, PIN-248001」となっている。

　レーにあるインド・チベット国境警察（ITBP, Indo Tibet Border Police）司令部には、国境地帯の地図がそろっている。また、ヒマラヤン・クラブ本部のムンバイ事務所に特例として発行年は古いが、インド・ヒマラヤほぼ全域の1/50000地図がある。特別に許可されれば、閲覧することは可能である。しかし、国外持ち出しやコピーは厳禁となっている。

　以前は軍隊の敷地内にあったIMFの本部事務所にも1/50000地図があったが、旧場所から現在の場所に移転した頃に、軍に返還させられたらしく、現在は、保管されていない。

　インドでは、勝手に地図を作って情報提供することは法律で禁止されており、国の地図の作成と更新を担い、軍事施設が民間向けの地図に表示されないよう監督する政府機関、インド測量局が目を光らせている。

　以上、本書の概念図の作成と使用の限界を理解していただくために記述した。

Himalayan Clubの概念図

　インド・ヒマラヤのほぼ全域の13葉の概念図が載っている。Harish Kapadia氏らが作成したものである。若干の間違いもあるが、山々の位置などを知るには有用である。本書に掲載した概念図の一部はこのHimalayan Clubの概念図を参考にせさていただいた。謝意を表します。
参考資料・https://www.himalayanclub.org/resources/maps/

Zanskarの概念図

　京都大学学士山岳会（AACK）のホームページに、阪本公一氏が2012年に探査した成果を4葉の概念図にまとめたものが記録と写真と共に載っている。本書に掲載したザンスカールの概念図はこの概念図を基に作成したものである。謝意を表します。また、AACKのホームページにはザンスカールだけでなく、スピティ、キンナウル（阪本氏はキナール）など知られざるインド・ヒマラヤの探査記録や写真が掲載されていて、貴重である。
参考資料・http://www.aack.or.jp/

標高・緯度・経度について

　基本になるインド測量局の1/50000図の全域のものがないので、公刊されている地図や各登山隊の報告書等に準拠しているが、統一されていないものもある。登山隊がGPSで測定した標高・緯度・経度も、民用のGPSの測定

値には誤差があり、いつも正しいとは言えない。本来、一つの山に複数の標高・緯度・経度がある筈がないが、どの数字が正しいかの判定は困難である。本書では、編集委員会で、最も一般に使用されていると判断したものを使用している。どうしても併記する必要がある場合は本文中に断って記すことにした。ご理解いただきたい。

図の説明

各図には緯度・経度とスケールのみを記入した。複数の著者による作図であり、山域の特殊性もあり図によって統一を欠く点もあるが、概念図はおおよその山域と山の様相を知ることを主としているので、厳密さでないところがあるがご寛容願いたい。図の説明は各図には挿入していないが、右記の記号等によった。

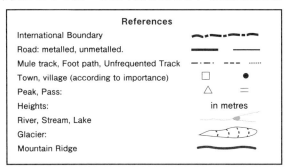

参考

(1) LEOMAN MAPS, Trekking Map, Indian Himalaya Maps : KARAKORAM, JAMMU & KASHMIR, HIMACHAL PRADESH, U.P. HMALAYA, U.K. 2000

(2) Edition Olizane, LADAKH & ZANSKAR Trekking Map・(Nord, Centre, Sud)・1/150,000, Gneve, 2013

(3) AMS（Army Map Service）, IDIA AND PAKISTAN（1:250,000）: NI-44-5（Shyok）, NI-44-9（PangongTso）, NI-43-12（Martselang）, NI-43-8（Leh）, N1-43-12（Marselang）など, 1/250000, Washington,D.C., 1962

(4) ロシアンマップ＜旧ソ連製＞（1/200,000）:Moscow、1946、岐阜県図書館で所蔵

(5) Nelles Map:India North, Special Map:Ladakh/Zanskar, 1/1,500,000, Germany, 2013

(6) 薬師義美『大ヒマラヤ探検史―インド測量局とその密偵たち』白水社 2006年

山解説の執筆要項（抜粋）

1. 収録項目と文字数

　インド・ヒマラヤ全域の標高5000m以上の約4000座から編集委員会で選定した約600座について、簡潔に山の解説をする。原稿の字数の目安は、大きい山LL（約2頁）、やや大きい山L（約1頁）、普通の山M（約1/3頁）、小さい山S（約1/5頁）程度とする。山域の概説、注目された登山記録等は別項として掲載するが、文字数は、執筆者の裁量にまかせ、編集委員会で調整する。写真と概念図を含め、2-3頁でまとめる。

2. 見出語と本文

(1) 見出語はカタカナ表記とし、ローマ字（英語）表記を続ける。

(2) K1, K2など数字が山名になっている場合、また、無名峰（P6520）と表記されているものは、標高の数字の順とする。

3. 本文

(1) 山の説明は、所在地と標高を最初に書き、山容、山に関係の深い地形などの自然の記述、山と人に関する重要な出来事、例えば、歴史的な出来事、遭難などに重点をおいて記述する。登山史は重要なもののみとする。山名の由来・意味について記述する。地図上での位置を検索可能にするため、文末におおよその北緯（N）・東経（E）を［　］で示す。度（°）分（′）までとし、[32° 10′・78° 50′]のように記し、NとEは省略する。大きな町などから山までの直線距離を約**kmとして示す。

(2) 標高は、地図や国や文献によって違いがあるため、最も妥当と考えた標高を示す。編集委員会で調整する。やむをえぬ場合でも見出しは一つとし、本文中に注記する。

(3) 国名・州名・地名は慣用に従って示す。ローマ字綴字は、主として各国政府刊行物による。地名・山名は、原名が分かち書きの場合は、原名は半角開け、カタカナ表記は中点を入れる。

　なお、地名表記については、複数の意見がある場合があり、一致を見るのは大変困難である。しかし、できるだけ統一し、別称のあるものは、本

文中に注記する。
(4) 登山隊名は、日本隊は漢字で、外国隊はローマ字で示す。不明の場合はカタカナで示す。
(5) 隊長名・隊員名・登頂者などは、日本人は漢字で示す。外国人は名・姓の順に示す。外国人姓名の綴りが不明の場合はカタカナで示す。
(6) 年号は西暦で示す。
(7) 度量衡はメートル法を用いる。
(8) 山域の概念図と説明のための写真を文中に適宜挿入する。
(9) 略記号
「高」‥標高　（別)‥別称　（旧)‥旧称、(IMF),(HC),(HJ),(AAJ),(IM),(LO),(HAP),(LP)‥それぞれIndian Mountaineering Foundation, The Himalayan Club, Himalayan Journal, American Alpine Journal, Indian Mountaineer, Liaison officer, High Altitude Porter, Low Altitude Porterなど慣用による。
(10) 主要文献は、文献番号のみを本文中に示し、文献は項目末にまとめて掲載する。

インド・ヒマラヤ　目次

編集・執筆・協力者……………………………………………………………… 2
概念図・山名表記・標高について……………………………………………… 3
山解説の執筆要項（抜粋）……………………………………………………… 6
目次………………………………………………………………………………… 8
英文目次…………………………………………………………………………… 14
序文……………………………………………稲田定重（HAJ）…………… 17
序文（英文）…………………………………ハリッシュ・カパディア（HC）‥ 18
インド・ヒマラヤ全域図………………………………………………………… 20

東部カラコルム

概要・概念図…………………………………………………………………… 21
山解説　シアチェン山群……………………………………………………… 23
　　　　リモ山群……………………………………………………………… 30
　　　　クムダン・マモストン山群……………………………………… 36
　　　　サセール山群……………………………………………………… 45
登山記録
　マモストン・カンリ初登頂（1984年）……尾形好雄（日印合同登山隊）‥ 55
　東部カラコルム最後の王峰 リモⅠ峰初登頂（1988年）
　　　　　　　　　　　　　　………………尾形好雄（日印合同登山隊）‥ 63
　サセール・カンリ山群、チャムシェン峰初登頂（2013年）
　　　　　　　　　　　　　　…………ディヴシュ・ムニ（HC）……… 72
　シアチェン山群・パドマナブ初登頂、シアチェン氷河探査（2002年）
　　　　　　　　　　　　　　………………坂井広志（日印合同登山隊）‥ 82

グラビア写真－1

東部カラコルム　カシミール　キシュトワール　ザンスカール…………… 89

カシミール

概要・概念図…………………………………………………………………… 105
山概説　スリナガール周辺の山……………………………………………… 110
登山記録
　カシミールの名峰コラホイ登頂（1971年）‥沖 允人（名城大学）……… 116

キシュトワール
- 概要・概念図 ……………………………………………………… 118
- 山概説　キシュトワールの山 ……………………………………… 122
- 登山記録
  - ブラマーⅡ峰、初登頂（1975年） ………札幌山岳会 ……… 129
  - シックル・ムーンとブラマーⅠ峰（1979年）
    　　　　　　　　　　………… JAC学生部 ………… 132

ザンスカール
- 概要・概念図 ……………………………………………………… 136
- 山解説　ヌン・クン山群 …………………………………………… 140
  - ダルウン・ドルウン氷河山域 …………………………… 143
  - ハプタル谷域 ……………………………………………… 153
  - ゴンペ谷域 ………………………………………………… 156
  - テマサ谷域 ………………………………………………… 157
  - レルー谷域 ………………………………………………… 159
  - レナック谷・ギアブル谷域 ……………………………… 164
- 登山記録
  - 日本人のヌン、クン山群登山 …………山森欣一（HAJ）……… 169
  - ドダ初登頂（1996年）………………大滝憲司郎（東洋大学）…… 173
  - ギャルモ・カンリ初登頂（2014年）………故・吉田周平（学習院大学）179

グラビア写真－2
- ラダック　パンゴン山脈　ラホール　スピティ　キンナウル ……… 183

ラダック
- 概要・概念図 ……………………………………………………… 199
- 山解説　ストック・カンリ山群 ……………………………………… 204
  - レーの西方の山 …………………………………………… 208
  - カン・ユセー山群 ………………………………………… 210
  - ラダック山脈南西部 ……………………………………… 214
  - ラダック山脈南西端部 …………………………………… 218
  - ラダック山脈北部 ………………………………………… 219
- 登山記録
  - 隠れた山を探して、イブスティ・カンリ峰・初登頂（2010年）
    　　　　　　………ディヴシュ・ムニ（HC）…… 221

パンゴン山脈
- 概要・概念図・山解説······228
- 登山記録
  - 3度目の正直、マリ峰初登頂（2011年）····沖 允人(栃木県 県南部山岳協議会)·236
  - アン・トゥング山脈の2つの初登頂（2012年）
    ········ディヴシュ・ムニ（HC）····242

ルプシュ
- 概要・概念図······247
- 山解説　ツォ・モリリ湖周辺······253
  - ルプシュ中央部······258
  - 北部・ポロコンガ・プーの北側······259
  - 中部・ナコポンディン・ルンパの北側······262
  - 南部・ヤン・ナラ上流域······263
  - ルプシュ地方南東部······265
- 登山記録
  - チャルン初登頂（1997年）······鈴木常夫（JAC東海支部）···267
  - 二つのピークに初登頂（2015年）······粂川 章(栃木インドヒマラヤ登山隊) 269

ラホール
- 概要・概念図······272
- 山解説　西部ラホール······279
  - 中部ラホール······286
  - ケー・アール山群······289
  - シー・ビー山群······293
  - 東部ラホール······300
  - ラタン谷からピン谷······312
  - チャンバ······316
  - クル・マナリ······321
- 登山記録
  - JAC東海支部のインド・ヒマラヤ登山総括···鈴木常夫（JAC東海支部）··328
  - JAC東海支部の中高年インド・ヒマラヤ登山（1988 – 2014年）
    ········鈴木常夫/星 一男(JAC東海支部)·330
  - カルチャ・ナラ源頭の3峰初登頂（2009,2011,2014年）
    ········星 一男 （JAC東海支部）····332
  - シャルミリ初登頂（1980年）······村上泰賢(群馬高校職員登山隊)·336

　　　　カルチャ・パルバット試登とユナム登頂（2008年）
　　　　　　　　　　　　　　…………デバブラタ・ムケルジー(Kolkata)‥ 339
　　　ラホール随想………………………………森田千里(元・風来坊山荘オーナー)‥ 342

スピティ
　　概要・概念図………………………………………………………………… 348
　　山解説　パレ・チュー川以北…………………………………………… 353
　　　　　　パレ・チュー川〜リンティ谷間…………………………… 354
　　　　　　リンティ谷〜ピン谷以南………………………………………… 362
　　　　　　スピティ川上流部〜ラタン谷間………………………………… 364
　　登山記録
　　　スピティ北部　ウムドン・カンリ初登頂（1999年）
　　　　　　　　　　　　　………………JAC東海支部……………… 366
　　　ドウン初登頂（1999年）……………………JAC東海支部……………… 369
　　　チャウ・チャウ・カン・ニルダ（1997年）‥高橋守男(群馬県高校教職員登山隊) 371

キンナウル
　　概要・概念図………………………………………………………………… 374
　　山解説　キンナウル・カイラス山群他………………………………… 379
　　　　　　ティルン谷〜ギャマタン谷間………………………………… 384
　　　　　　ギャマタン谷以北・レオパルギャル山群周辺………………… 385
　　　　　　スピティ川右岸……………………………………………………… 388
　　登山記録
　　　日印合同女子登山隊・ジョーカンダン（1986年）
　　　　　　　　　　　　　………………寺沢玲子（日印合同女子登山隊）390
　　　パワララン登頂（1997年）………………鬼木包重（ぶなの会）……… 393

グラビア写真－3
　　ガルワール　シッキム　アルナーチャル………………………… 397

ガルワール
　　概要・概念図………………………………………………………………… 413
　　山解説　西部ガルワール……………………………………………………… 421
　　　　　　チャウカンバ山群………………………………………………… 422
　　　　　　サトパントと周辺山群……………………………………………… 424
　　　　　　チャトランギ氷河北方の山群………………………………… 429
　　　　　　ケダルナートとその周辺の山群……………………………… 435

テレイ・サガールと周辺の山群･････････････････････････････ 438
バンダール・プンチとその北方山群･･････････････････････ 448
中部ガルワール･･ 452
東部ガルワール･･ 464
ゴリ・ガンガ流域山群････････････････････････････････ 464
パンチ・チュリとその北方山群････････････････････････ 464
ナンダ・デヴィ内院とその周辺山群････････････････････ 476
内院中央･･ 476
北内院･･ 481
南内院･･ 487
内院の周辺････････････････････････････････････ 493

登山記録
日本隊のインド・ヒマラヤ初登山・初登頂　ナンダ・コート（1936年）
　　　　　　　　　　　　　･･･････････牛窪光政/武石浩明(立教大学)･･ 500
初登頂から51年後の再登頂（1987年）･････牛窪光政/武石浩明(立教大学)･･ 503
ナンダ・デヴィ縦走（1976年）･････････鹿野勝彦（JAC）･････････ 506
ナンダ・デヴィ内院最奥の山へ（1975年）･稲田定重（HAJ）･･････ 513
トリスル登頂28日間（1978年）･････････稲田定重（HAJ）･･････ 518
メルー南峰（主峰）全員初登頂（1980年）･･大滝憲司郎（東洋大学）･･･ 521
チャトランギⅠ峰初登頂（1980年）･･････大滝憲司郎（東洋大学）･･･ 526
メルー北峰初登頂（1980年）････････････石原俊洋（飛騨山岳会OB）･ 528
サラスワティ初登頂（1992年）･･････････寺沢玲子（日印合同女性隊）532
サトパント北稜（1995年）････････････岩崎　洋（雪と岩の会）････ 535
カランカ峰北壁初登攀（2008年）･･･････天野和明（ｷﾞﾘｷﾞﾘﾎﾞｰｲｽﾞ）･･･ 542
カメット（7756m）南東壁初登攀（2008年）･･谷口けい（日本カメット登山隊）546

シッキム
概要・概念図・山解説･･････････････････････････････････････ 549
登山記録
HAJとカンチェンジュンガ －西・東－･････山森欣一（HAJ）･･･････ 574
シニオルチュー登頂（1995年）･････････東北大学医学部艮稜山の会･･ 579
痛哭のトゥインズ初登頂（1994年）･･･････（日本シッキムヒマラヤ登山隊）583

アッサム・アルナーチャル
アッサム・ヒマラヤとアルナーチャル・ヒマラヤ
　　　　　　　　　　　　　･････････稲田定重（HAJ）･･･････ 588
アッサム・ヒマラヤの山････････････････稲田定重（HAJ）･･･････ 590

アルナーチャル・ヒマラヤ･････････････････ハリッシュ・カパディア（HC）・594
アルナーチャル・ヒマラヤの山々･･････････ハリッシュ・カパディア（HC）・602
探査記録
　　ツァンポー川の謎･･････････････････････ハリッシュ・カパディア（HC）・608

インド・ヒマラヤの自然、社会、歴史、探検、登山との関わりで
　　　　　　　　　　　･････････････鹿野勝彦（JAC・文化人類学）616

インド・ヒマラヤ主要和洋文献（山域別）････････････････････････････ 636

あとがき･･･ 643
索引－山・地名･･･ 644

表紙画：ナンダ・コート　杉田　博（Le Salon 入選会員/JAC）
装丁：小泉　弘

INDIAN HIMALAYA CONTENTS

Frontispiece (Painting) : Nand Kot ····· by Hiroshi SUGITA (Le Salon Member) ··· 1
Foreword ·· by Sadashige INADA ········ 17
Foreword ·· by Harish KAPADIA ········ 18

Eastern Karakorum
  (1)Outline of the Eastern Karakorum, Outline map of the Eastern Karakorum ····· 21
  (2)Peaks in the Eastern Karakorum (Explanation of peaks, location, height etc. and climbing brief history, references, include climbing route map and photos of the peaks) ··· 23
  (3)Interesting climbing reports :
  The First Ascent of Mamostong Kangri (1984) ····· by Yoshio OGATA ·········· 55
  The First Ascent of Rimo (1988) ················· by Yoshio OGATA ·········· 63
  The First Ascent of Chamshen (2013) ············ by Divyesh MUNI ··········· 72
  The First Ascent of Padmanabh (2002) ··········· by Hiroshi SAKAI ·········· 82

PHOTO GRAVURE OF THE INDIAN HIMALAYA(Part-1) ······················ 89
  Eastern Karakorum, Kashmir Kishtwar and Zanskar

Kashmir (1)&(2) : The same of above ···································· 105
  (3)Interesting climbing reports :
  The Ascent of Kolahoi & Haramuk (1971) ········ by Masato OKI ············ 116

Kishtwar (1)&(2) : The same of above ·································· 118
  (3)Interesting climbing reports :
  The First Ascent of Brammah- II (1975) ·········· by Sapporo Alpine Club ···· 129
  The Ascent of Sickle Moon and Brammah I (1979) · by JAC Student Group ····· 132

Zanskar (1) & (2) : The same of above ·································· 136
  (3)Interesting climbing reports:
  Historical View of Nun and Kun Expeditions by Japanese
                           ················ by Kinichi YAMAMORI ···· 169
  The First Ascent of Doda (1996) ················ by Kenshiro OTAKI········ 173
  The First Ascent of Gyalmo Kangri (2014) ········ by Late Shuhei YOSHIDA ·· 179

PHOTO GRAVURE OF THE INDIAN HIMALAYA(Part-2) ······················ 183
  Ladakh, Pangong Range, Lahaul, Spiti and Kinnaur

Ladakh (1) & (2) : The same of above ··· 199
   (3)Interesting climbing reports :
   The First Ascent of Ibsti Kangri (2010) ············by Divyesh MUNI··········· 221

Pangong Range (1) & (2) : The same of above································· 228
   (3)Interesting climbing reports:
   The First Ascent of Mari (2011) ··················by Masato OKI ············ 236
   The First Ascent of Ang Tung (2013) ············by Divyesh MUNI··········· 242

Rupshu (1) & (2) : The same of above ··· 247
   (3)Interesting climbing reports :
   The First Ascent of Changlung (1997) ············by Tsuneo SUZUKI ········ 267
   The First Ascent of Chomo & Zalung Ri (2015) ····by Akira KUMEKAWA ···· 269

Lahaul (Western, Central, Eastern) (1) & (2) : The same of above ················ 272
   (3)Interesting climbing reports :
   JAC-Tokai Section Indian Himalaya Climbing (1988-2014)
              ··· by Tsuneo SUZUKI & Kazuo HOSHI ····· 330
   The First Ascent of the Three Peaks in Karcha Nala (2009-2014)
              ···by Kazuo HOSHI, ··········· 332
   The First Ascent of Sharmili (1980) ···············by Taiken MURAKAMI ···· 336
   The Ascent of Karcha Parvat & Yunam (2008) ····by Debabrata MUKHERJEE·· 339
   Twenty Years Memory of Manali ··················by Chisato MORITA ······· 342

Spiti (1) & (2) : The same of above ··· 348
   (3)Interesting climbing reports :
   The First Ascent of Umdung Kangri (1999) ·······by JAC-Tokai Section ······· 366
   The First Ascent of Dhhun (1999) ···············by JAC-Tokai Section ······· 369
   The Ascent of Chau Chau Kang Nilda (1997) ······by Morio TAKAHASHI ···· 371

Kinnaur (1) & (2) : The same of above ·· 374
   (3)Interesting climbing reports :
   Jorkandon (1986) ································by Reiko TERASAWA ····· 390
   The Ascent of Phawararang (1997) ···············by Kaneshige ONIKI ········ 393

PHOTO GRAVURE OF THE INDIAN HIMALAYA(Part-3) ······················ 397
   Garhwal, Sikkim, Arunachal and Assam

Garhwal (Western, Central, Eastern) (1) & (2) : The same of above ·············· 413
  (3)Interesting climbing reports :
  The First Ascent Nanda Kot in 1936·· by M.USHIKUBO & H.TAKEISHI(Rikkyo Univ.)·· 500
  After 51 Years, Again Ascent of Nanda Kot in 1987
                        ··· by M.USHIKUBO & H.TAKEISHI········ 503
  Great Traverse of Nanda Devi Twin Peaks (1976) ·by Katsuhiko KANO ······· 506
  Climbing in Nanda Devi Sanctuary (1975) ········by Sadashige INADA······· 513
  The Ascent of Trisul in 28 days (1978) ············by Sadashige INADA······· 518
  The First Ascent of Meru and Chaturangi (1980) ··by Kenshiro OTAKI········ 521
  The First Ascent of Meru North (1980) ···········by Toshihiro ISHIHARA···· 528
  The First Ascent of Saraswati (1992) ············by Reiko TERASAWA ····· 532
  The Ascent of Satopanth by the North Ridge (1995)
                        ···············by Hiroshi IWASAKI········ 535
  Kalanka Alpine Climb by the North Face (2008) ···by Kazuaki AMANO ······· 542
  Kamet Alpine Climb by the South East Face (2008)
                        ···············by Kei TANIGUCHI········ 546

Sikkim (Western, Eastern) (1) & (2) : The same of above······················ 549
  (3)Interesting climbing reports :
  The Ascent of Kangchenjunga from East and West ··by Kinichi YAMAMORI ···· 574
  The First Ascent of Twins (1994) ···············by Japan Sikkim Expedition·· 579
  The Ascent of Siniolchu (1995) ·················by Masato NOSE············ 583

Arunachal
  Assam Himalaya ····························by Sadashige INADA······· 588
  Arunachal Himalaya ·························by Harish KAPADIA, ······ 594
  The Journey and the Riddle of the Tsangpo ·······by Harish KAPADIA········ 608

The Indian Himalaya, Nature, People and Mountains · by Katsuhiko KANO ······· 616

Selected Bibliography ·· 636

Index ·· 643

序文

　大ヒマラヤが、インド大陸とユーラシア大陸との衝突によって生まれたことを実証するかのように、インド・ヒマラヤは、その東端から西端まで約2400kmの長きにわたり広く、深く、高く連なる。高峰への最初の登山が1818年、ジェラード兄弟によってレオ・パルギャルで試みられ、ヒマラヤ登山の黎明はインド・ヒマラヤから始まっている。しかし、8000m峰の殆どが集中するネパール・ヒマラヤやカラコルムに比してインド・ヒマラヤは、地味な存在であり続けてきた。けれど、本書を編んでみてインド・ヒマラヤへの認識を新たにすることの多さを実感した。

　本書には、200年余の外国隊と100年近い日本隊の踏査・登山の足跡がまとめられている。広大なインド・ヒマラヤの地域区分やその名称をめぐっては、諸説あるところだが、本書では、登山する側、読む側に立って分り易さ、活用しやすさを第一に編んだところである。東部カラコルムからヤルツァンポ川大屈曲部までのインド・ヒマラヤの範囲には、5000m以上の山々が、約5000座の多きにわたり存在している。

　これらの山を13に大区分し、それぞれを地域、山群およびグループに分けて概説し、さらに600余座に絞り込んだ個々の山名ごとに解説している。また、注目すべき内外の隊の記録を取り上げ、その実践を詳説し、登山を取り巻く人文なども解説した。

　本来であれば、さらに多数の山々、さらに詳しい歴史や記録内容に踏み込んでより充実を追求すべきところであるが、諸般の事情から実現に至らなかった部分もある。漏れた記録や未見の資料も多々あり、集大成と呼ぶには未完ではあるが、インド・ヒマラヤにおける今後の活動、未踏の領域への挑戦のいしずえになれればと念願する。

　本書を編むにあたっては、多くの日本隊は申すに及ばず、外国隊関係者からの貴重な記録、資料、知見をお寄せいただいたことに感謝を申し上げたい。特に、広範なインド・ヒマラヤ各地域のパイオニアであり、永くヒマラヤン・ジャーナルの編集の責を負うてきたハリッシュ・カパディア氏には、特段の謝意を表するものである。氏の刮目すべき記録、全域にわたる貴重な資料や写真、さらに有益な助言は欠くべからざるものがあった。おわりに、沖允人氏、他の編集委員各位の労苦に深甚の謝意を表するものである。

（稲田定重）

FOREWORD

The Japanese mountaineering community is large and vibrant. They have climbed high mountains, explored several ranges and brought back much knowledge. This is very mach true about their exploits in the Indian Himalaya. There is a long association between the two countries in many aspects, especially people-to-people contact. This has led to several joint mountaineering expeditions apart from peaks climbed by Japanese mountaineers.

Sometimes the achievements of the Japanese climbers were not properly highlighted due to the language barrier and were lost in translation. But such achievements can not be kept hidden. The Japanese climbers are part of mountaineering history and like this book, their knowledge is made available for reference and records.

I have been trekking with Japanese friends for decades. In 2002, we organised a long and challenging joint expedition to the Eastern Karakorum, details of which can be read in this book. We explored an unknown area, climbed high mountains and enjoyed every moment of the trip. I will never forget eating Japanese food, the singing and the laughter. My trips to Japan to make presentations on my explorations and climbs were most enjoyable. The organisational skills of the Japanese, whether it is to plan and execute a climbing sojourn or a lecture or make travel arrangements, is exemplary. Every talk I delivered was taken with seriousness, with people making notes and preparing for their future trips.

I must point out some historical climbs by the Japanese in the Indian Himalaya. The traverse of the most difficult ridge between two peaks of Nanda Devi remains an outstanding achievement. Their first ascents of peaks in the remote valleys of the Eastern Karakorum are legendary: the direct route on Aq Tash (7016 m), Rimo I (7385 m) and Mamostong Kangri (7516 m).

The first ascent of Padmanabh (7030 m), in the Siachen glacier, remains the most difficult climb there, achieved after a long traverse of two valleys by our joint expedition. The expedition was dedicated to my late soldier-son Lt. Nawang Kapadia. The Japanese summiteers planted his photo on the top of the peak, with the flags of the respective countries, displaying how sensitive their culture is. Later, I teamed up with a Japanese climber to explore the unique Teram Shehr Plateau in the Siachen area. Language was no barrier between us. We spoke with gestures and minor expressions. When you talk about mountains and share a rapport, words are secondary.

There are not many institutions in the mountaineering world which are more than or over a hundred years old. The Japanese Alpine Club(JAC) has this distinction. Its library, the decor inside its building and the long history displayed on its walls tells many stories. It contains much reference material. This prompted me to donate to the JAC many of my transparencies and pictures, a collection of a life time. I am sure the JAC with its sense of history and preservation instincts will look after them as a legacy. It will, hopefully, encourage more Japanese climbers to visit the Indian Himalaya.

This book contains historical references to achievements of Japanese mountaineers. The photographs, articles and tables will be a permanent record of the Himalayan range. The editors, Mr Masato Oki and Mr Sadashige Inada, deserve congratulations for their efforts. Their dedication is in keeping with the Japanese spirit of organisation and sincerity. This is a major addition not only to Japanese Himalayan literature but to world libraries. I am proud to be associated with this historical book.

(Harish Kapadia)

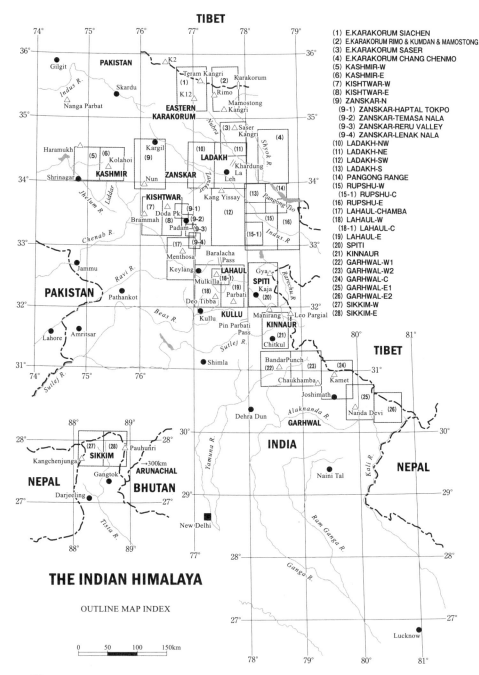

THE INDIAN HIMALAYA

OUTLINE MAP INDEX

東部カラコルム Eastern Karakorum

　東部カラコルムはカラコルムの東側部分を構成する領域であり、ヌブラ川からシアチェン氷河、そしてウルドク氷河が、中部カラコルムとの境界とされる。また東部カラコルムは、サセール山群（Saser Mts.）、クムダン山群（Kumdan Mts.）、リモ／マモストン山群（Rimo/Mamostong Mts.）、シアチェン山群（Siachen Mts.）に分類されている。

　東部カラコルムは、第二次世界大戦以前にはサセール山群に少数の登山隊が入っただけで、他の山群は地理的にも未知の地域として登山よりも探検の対象とされていた。1947年のインド・パキスタン独立後は、2年間続いた第一次印・パ戦争の結果、インド勢力下となったサセール山群には1950年代後半からインド隊の入山が始まり、1973年にはサセール・カンリⅠ峰が登られている。シアチェン山群については、1975年から1980年代半ばにはパキスタン側から外国登山隊の入山が許可され、主要な7000m峰は登られた。クムダン山群とリモ山群は停戦ラインに近接することもあって、1980年代半ばまでは登山隊の入山がほとんど不可能だった。

　1980年代以降になると、インド軍が停戦ラインを越えて北上を開始し、リモ山群、シアチェン山群はインド勢力下に入った。それに伴い、サセール山群、クムダン山群、リモ／マモストン山群は1980年代後半からはインド隊との合同形式な

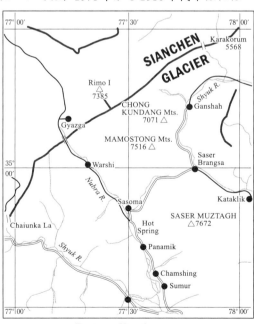

Eastern Karakorum

ら外国登山隊の入山が可能となり、これらの山群に残された7000m級の未踏峰は1990年代始めまでに大半が登られた。インド、パキスタン両国境地帯に近いシアチェン山群については、現在ではインド隊以外の入山は困難な状態となっている。

　東部カラコルムの山域として、本書では、カラコルム山脈をおおよそ北西から南東に辿ることとし、シアチェン山群、リモ山群、クムダン山群、サセール山群に大別して各山群を概説する。マモストン山群は、リモ山群かクムダン山群に含ませるが、本書ではリモ山群に含ませることとした。各山群の概説に続いて、各山群の主な山について解説する。

[**文献**]（1）薬師義美・雁部貞夫（編）『ヒマラヤ名峰事典』平凡社、1996年、pp.378-384
（2）尾形好雄編著『東部カラコルム、最後の玉峰』限定・私家版、2015年
　[**参考URL**] ヒマラヤ- 7000m以上の山々 -List of 7000m & 8000m Peaks in the Himalaya
Edited by Y. YAMAUTI：
http://www.geocities.jp/technopolis2719/hima/him_index.htm

　　　　　　　　　　　　　　　　　　　　　　　　　　　（沖　允人）

シアチェン山群　Siachen Muztagh

　シアチェン氷河の全長は約70kmにおよび、極地を除けばタジキスタンのフェドチェンコ氷河（約77km）に次ぐ世界で2番目の長さである。幅は広いところでは数kmもある。両岸は岩と雪の殿堂でシアチェン・タワー（Siachen Tower, c.6000m）と名付けられた岩塔もある。→グラビア写真(1)－93頁。この氷河周辺の高峰をシアチェン山群と呼ぶことにする。1980年頃まではシアチェン山群の登山はパキスタン側からであった。その後、インドの国境警備の範囲が北西に拡大し、パキスタンもこれを容認するという状況もあり、インド側からシアチェン山群の登山が徐々に実施されるようになっている。本書では、このような状況を踏まえて、将来、シアチェン山群の登山が盛んになることの期待も含めてこの山群の山々の解説をすることとした。

　北緯35度30分、東経77度のテラム・シェール氷河とロロフォンド氷河が合流する地点は標高4920mで、シアチェン山群の中心の高地で、ここを起点にしてシアチェン山群を記述すると、北西には、シアチェン氷河源頭にシア・カンリ（Sia Kangri）がある。シア・カンリはシアチェン山群の最西端の山群である。シア・カンリの東にシンギ・カンリ（Singhi Kangri）があり、シンギ・カンリから南東に延びる尾根に、テラム・カンリ（Teram Kangri）、さらに南東にアプサラサス山群がある。テラム・シェール氷河を詰めるとイタリアン・コル（c.6100m）に至り、イタリアン・コルから東に下ると中央リモ氷河、そしてリモ山群に続いている。南にはK12（7469m）などがあり、南西にはサルトロ・カンリ山群（Saltro Kangri）の7000m峰が林立している。サルトロ・カンリ山群の北にはゲント（Ghent/Ghaint）がある。なお、IMFではゲントの標高をⅠ峰（6587m）、Ⅱ峰（6537m）としている。IMFではシアチェン氷河周辺の山は、東部カラコルムの「山域C」とし、毎年1隊のみに登山許可を与えるとしている。許可可能範囲にはIndira Col（5764m）も入っている。

(1) E.KARAKORUM SIACHEN

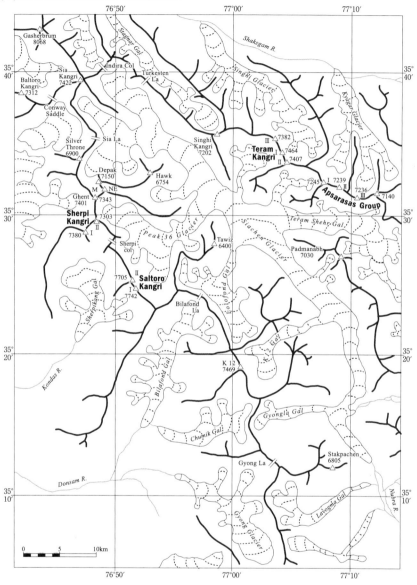

探検の時代

　シアチェン山群の初期の探検は、19世紀前半で、1909年、T.Longstaffはシアチェン氷河を探査し、テラム・カンリの情報を広めた。1912年、アメリカのWorkman, Fanny Bullock & Workman夫妻やイタリアのFilippi, Filippo De、G.ダイネッリが続く。本格的な登山隊が入ったのは1970年代である。この頃の登山隊はパキスタン側からビラフォンド・ラ（5547m）を越えて入山した。1980年代になると、パキスタンとインドの国境紛争のあおりで、パキスタン側からの入山は困難となり、レーからヌブラ谷を経由してのインド側からの入山となる。シアチェン氷河一帯はインドの実効支配となっていて、最近、シアチェン氷河奥地に軍隊の高山訓練の研究所が建設されたりして、ますます軍事上重要な地帯となり、民間人の登山許可取得は大変困難である。

[**文献**] (1) 薬師義美・雁部貞夫（編）『ヒマラヤ名峰事典』平凡社、1996年、pp.378-384
(2) Harish Kapadia : On the Siachen Glacier, Part 2, IMF, 1998, Retrieved 2010-08-23

[**参考URL**] ヒマラヤ- 7000m以上の山々 -List of 7000m & 8000m Peaks in the Himalaya
Edited by Y. YAMAUTI :
http://www.geocities.jp/technopolis2719/hima/him_index.htm

シアチェン山群山解説

ゲントⅠ峰　Ghent (Ghaint)-Ⅰ　7401m　［35°31′・76°48′］
[位置と山容] シアチェン氷河の上流部の西側、Ghent氷河の源頭にある。Ⅱ峰(7342m[35°31′・76°48′])と双耳峰を形成している。東にⅢ峰(c.7000m[35°31′・76°49′])がある。
[登山史] 1961年、オーストリア隊（隊長：E.ヴァシャク）が初登頂した。1978年には関西学生連盟隊（隊長：小村治俊とOB：山本浩・和田城志・沢井敏安・竹中時夫・岡本正人・板倉健二・小川宣明、学生：池田芳則・片岡泰彦）がデバック（Depak, c.7150m）を経てⅡ峰に初登頂した（小村治俊の個人的なURL(1)）。
[参考URL] (1)http://www.ocuac.org/oversea/overses-record/gent2.htm

シンギ・カンリ　Singhi Kangri　7202m　［35°32′・76°59′］
[位置と山容] 中国新疆ウイグル自治区とパキスタンの国境にあり、シアチェン山群の奥深いところにあるピラミッド形の雪山である。バルティ語で「シンギ」は「困難」、「カンリ」は「山」の意であるという。
[登山史] 1889年にF.Younghusbandが北側のスタガール氷河からシアチェン氷河に越えるコルを発見し、ヤングハズバント・サドル（Younghusband Sadle, 5764m）と命名したが、それが現在のインディラ・コルで、IMFの登山許可の北限である。1976年東北大学隊（隊長：佐藤春郎）がシアチェン氷河からスタガール・パス（Staghar Pass, c5850m）を越えてスタガール氷河に入り、8月8日に高橋昭平、片山正文、今井順一が初登頂し、翌日は他の4名が登頂した(1)。
[文献]
(1)『シンギ・カンリ登山報告書 - カラコラムの処女峰登頂 - 1976』東北大学カラコラム遠征実行委員会、1977年

シア・カンリⅠ峰　Sia Kangri-Ⅰ　7422m　［35°39′・76°45′］
[位置と山容] シア・カンリはシアチェン山群の最西端、K2（8611m）の南東約30kmにある。Ⅰ峰に続いて、Ⅱ峰（東峰,7325m, [35°38′・76°47′])、Ⅲ峰（西峰,7315m, [35°38′・76°45′])、中央峰（7273m, [35°32′・72°47′])

があり、いずれもゆったりとした雪の雄大な山である。昔はワークマン夫人がつけたクイーン・メアリ・ピーク（Queen Mary Peak）と呼ばれていた。山名は、バルティ語で「シア」は「野生のバラ」、カンリは「山」を意味する。
[登山史] 1892年のコンウェイ、1911-1912年のワークマン夫人が探検した。登山を目的として入山したのは1934年の国際隊（隊長：G.O.ディーレンフルト、他8名）で8月3日、Ⅲ峰と中央峰の鞍部に達し、Ⅲ峰に初登頂した。続いて、8月10日に中央峰、8月12日にⅡ峰を経由して、主峰に登り、4つのピーク全ての初登頂がなされた。約80年前の登山であり、驚くべき成果である。なお、この隊には5名の映画班がいて、記録映画を本格的に製作した。1974年にオーストリア隊（隊長：W.シュテファン）が中央峰の第2登をした。1979年には京都カラコルム・クラブを中心にした隊（隊長：林原隆二）が五大氷河の調査の途中で主峰に第2登をした。→グラビア写真(1)-92頁

キャガールⅠ峰　Kyagar-Ⅰ　6635m　[35°34′・77°08′]
[位置と山容] シアチェン氷河の北東部にあり、西のシンギ氷河と東のキャガール氷河に挟まれた北西から南東に延びる約5kmの尾根にⅡ峰（6504m）、Ⅲ峰（6453m）、Ⅳ峰（6261m）、Ⅴ峰（6354m）と5座の6000m峰が並んでいる。山名はトルコ語で「機知に富んだ」という意味だという。
[登山史] 中国国境に近いこともあり、登山許可取得が困難で、登山隊は入っていないようである。

テラム・カンリⅠ峰　Teram Kangri-Ⅰ　7464m　[35°31′・77°05′]
[位置と山容] シャチェン氷河の北部にあり、Ⅱ峰（7407m）、Ⅲ峰（7382m）、Ⅳ峰（c.7300m）が並んでいる。「テラム」はトルコ語で「水の集まるところ」、「カンリ」は「山」の意であるという。
[登山史] 1909年のT.G.ロングスタッフの探検が有名であり、1911-12年のワークマン夫妻の探検と続く。静岡大学山岳会（隊長：片山一ら12名）が8月12日に小林靖宣と小高和夫がⅡ峰に初登頂し、13日にも2名が登頂した(1)。1978年にはインド隊が登頂し、1992年にはインド隊（隊長：M.ギル）がⅠ峰に初登頂した。Ⅲ峰には1979年8月4日に弘前大学隊（隊長：花田澄人）の工藤光隆、岡正範、黒滝淳二が初登頂した。しかし、下山中に岡隊員は内院氷河のクレバスに落ち、行方不明となり、数日後に遺体で発見されるとい

う悲劇が発生した。
[文献]（1）静岡大学カラコルム遠征隊 編『テラム・カンリ1975』1978
（2）弘前大学カラコルム遠征隊『テラム・カンリⅢ －カラコルムからネパールへ- <1979〜1982>』弘前大学カラコルム遠征隊、1982年

ケー12　K12　7469m　[35°18′・77°00′]

[位置と山容] サルトロ山群の東にあり、北側にシアチェン氷河の支氷河であるK12氷河があり、その源頭にある。西側にはビラフォンド氷河の支氷河であるグラマルンバ氷河がある。

[登山史] 1957年にエリック・シプトンが挑んだが敗退した。その後、日本隊が遠征を繰り返し、1974年に京都大学山岳部隊が初登頂するが(1)、登頂した2名、伊藤勤と高木真一は悪天候のため帰還できず、遭難死した。翌年千葉県の市川山岳会が第2登に成功したが(2)、山頂付近の様子から1974年の登頂に疑義が呈されている(3)。

[文献]（1）岩坪五郎編『K12峰遠征記』中央公論社、1976年
（2）市川山岳会K12登山隊『カラコルム1975 K12登山報告書』市川山岳会K12登山隊、1975年
（3）山本良彦「K12登頂その後・・-その頂に初登頂者の痕跡は見い出せなかった-」、『岩と雪』54号（77-4)、pp70-73)、1977年

サルトロ・カンリⅠ峰　Saltro Kangri-Ⅰ　7742m　[35°23′・76°51′]

[位置と山容] シアチェン氷河の上流部、シンギ・カンリの南にP36氷河が合流するが、西側はコンダス山群で、南側がサルトロ山群である。パキスタンのコンダス川 Kondas Riverの中流域の支流に ドン・ドン氷河（Dong Dong Gl.）の源頭にサルトロ・カンリⅠ峰とⅡ峰（7705m,[35°23′・76°51′]）がある。Ⅱ峰はカラコルムの未踏の最高峰である。Ⅱ峰の東峰（c.7518m）とⅢ峰（c.7495m）

Saltoro Kangri I (7742m)(L) & Ⅱ(7705m)(R) (H.Kapadia)

も未踏峰である。

[登山史] 1962年、京都大学学士山岳会・パキスタン合同登山隊四手井綱彦隊長ら15名が入り、ビラフォンド氷河からコルを越えてシアチェン氷河に入り、P36氷河を遡り、5000mにBCを建設し、C5（7000m）から7月23日に斉藤惇生と高村泰雄とR.バジールが初登頂した(1)。1975年、東京北稜山岳会隊（隊長：山本修二ら14名）北東面を6350mまで試登した。1981年、インド陸軍隊（隊長：N.Kumar）の2名が第2登をした。

[文献]（1）京都大学学士山岳会 編：『サルトロ・カンリ』朝日新聞社、1964年
(2)1935, british Expedition led by J. Waller with John Hunt attempted Saltoro Kangri. They camped on the Peak 36 glacier.

アプサラサス　　Apsarasas　7254m　[35° 28′・77° 10′]

[位置と山容] 懸垂氷河に覆われた2000mの北西壁が見事である。主稜線の北端の主峰と南端の南峰は双耳峰となってその間は約6kmあり、その間にⅡ峰(7239m)、Ⅲ峰(7236m)、Ⅳ峰(7227m)、北峰(7117m)、西峰(7187m)、東峰(7184m) と6000m峰が7座連なっている。山名の「アプサラサス」はヒンディー語で「水の精のいるところ」の意だという。

[登山史] 1976年6月末に大阪大学隊（隊長：三沢日出男ら8名）はテラム・シェール氷河にBCを建設し、南峰の南稜にルートをとり、7月28日に石原敏雄と吉田真三が南峰の初登頂を果たした。主峰と南峰に建設したC4から、8月7日に稲垣佳夫、薮田勝久、宮本敬正の3名が主峰に初登頂するという快挙であった(1)。1980年と1988年にインド隊によって主峰は第2登、第3登がなされている。1980神戸大学山岳会（ACKU）がビラフォンドラを越えてロロフォンド氷河へ入ったが隊員1名が遭難死した。最近の登山はないようである。

[参考資料]
(1)公式報告書は発行されていないが、下記の「大阪大学山岳部アーカイブス」に隊長の個人的な詳細な報告を読むことができる。
http://oumc.sakura.ne.jp/Archives.html

リモ山群　Rimo Muzutagh

　東部カラコルムのアッパー・シャイヨーク川（Upper Shyok R.）とヌブラ谷（Nubra）に挟まれて南西にリモ山脈（Rimo Muzutagh）とサセール山脈（Saser Muzutagh）が連なる。

　リモ山脈は、西のテラム・シェール氷河（Teram Shehr Gl.）とイタリアン・コル（Italia Col）、セントラル・リモ氷河（Central Rimo Gl.）を結んだ南側の複雑な山群からテロン氷河（Terong Gl.）をさらに南下し、チョング・クムダン氷河（Chong Kumdang Gl.）の南側にあるマモストン・カンリ（Mamostong Kangri）を経てサセール・ラ（Saser La）に至る山脈で、リモ、ノース・テロン、サウス・テロン、シェルカール、クムダンの各グループ（山群）からなる。

　リモ山群は、シェルカール・チョルテン氷河（Shelkar Chorton Gl.）とノース・テロン氷河の源頭及びセントラル・リモ氷河とサウス・リモ氷河（South Rimo Gl.）との間にある山群で、リモⅠ峰（7385m）、Ⅱ峰（7373m）、Ⅲ峰（7233m）、Ⅳ峰（7169m）の7000m峰4座と6000m峰が22座聳える。最高峰のリモⅠ峰はじめ7000m峰は全て登頂されているが、未踏の6000m峰は残されている。

　リモ山群へのアプローチは、レー（Leh）からカルドン・ラ（Khardung La, 5486m）を越えて、シャイヨーク河の流れにでてから2つのルートがある。一つはアッパー・シャイヨーク川からリモ氷河を遡るルート。もう一つはヌブラ谷からシアチェン氷河（Siachen Gl.）側からアプローチするルートである。何れにせよどちらのルートも外国人入域制限地域であり、入域には特別許可が必要である。また、高い関嶺の雪解けを待っていると氷河の溶融による河川の増水が始まるなど、入域時期の難しさがある。

（尾形好雄）

(2) E.KARAKORUM RIMO & KUMDAN & MAMOSTONG

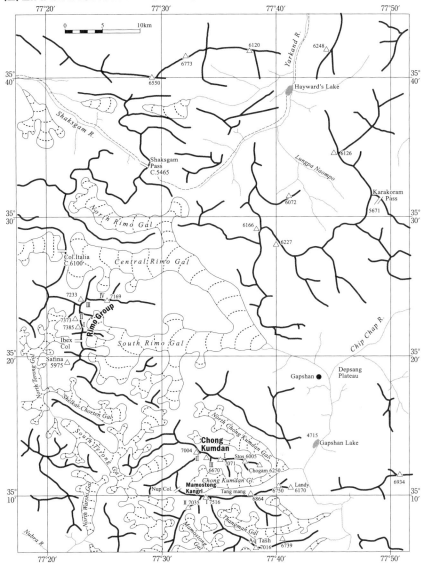

リモ山群山解説

リモⅠ峰　Rimo - Ⅰ　7385m　[35°20′・77°26′]

[位置と山容] レーの北西約150kmに位置し、リモ山群の盟主として、古くはピーク51（Peak 51）のマップ・ナンバーで呼ばれていた。リモとは「美しい峰」の意。東にサウス・リモ氷河、西にノース・テロン氷河（North Terong Gl.）を有し、ノース・テロン氷河側へは南西稜が延びる。南面は険峻な大岩壁が切り立つピラミダルな山容である。→グラビア写真(1)-91頁

[登山史] 1985年、印英合同隊（Siachen Indo-British Exp.1985 隊長：Harish Kapadia）の11名は、テロン谷（Terong R.）からアプローチし、ノース・テロン氷河にBCを設営。偵察後、7月4日からイギリスのJ.Fotherringham,D.Wilkinson,S.Venables,T.Saundersの4名は、Ⅰ峰南西稜にルートを求めて登攀活動を開始。9日、約6850m地点に達したところでS.Venablesがザックを落として悲惨なビバークを強いられ登攀を断念。

1986年、インド人6名、ニュージランド人4名、オーストラリアとアメリカ人各1名から成る国際隊（隊長：Col.Prem Chand）は、サセール・ラ経由でアッパー・シャイヨーク川からデプサン高原（Depsang Plains）を廻ってサウス・

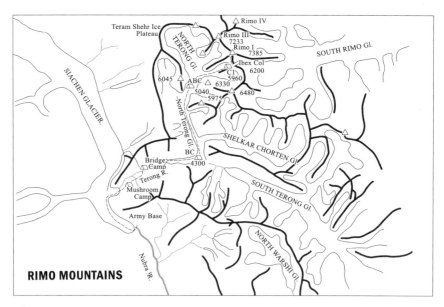

リモ氷河にＢＣを設営。9月から10月にかけて南東稜にルートを延ばしたが、6860mの最高点で断念。

1988年、印日合同隊（Indo-Japanese Exp.1988, 隊長：Hukam Singh）の16名は、ノース・テロン氷河にＢＣを設営。Ⅰ峰南面のアイベックス・コル（Ibex Col）から南壁にルートを延ばし、7月27日、南西稜の7000m地点に飛び出し、Ｃ3を設営。翌28日、尾形好雄、吉田秀樹、N.D.Sherpa,T.Smanlaの4名が初登頂。同日、Ｃ1から登って来たR.Singh, とK.Lalも登頂。翌29日は、新郷信廣、二俣勇司、渡辺斉、S.Chholden, A.Chatterjeeが登頂。30日には高橋純一も登頂し、日印双方6名ずつの初登頂となった。

2007年、Major.K.S.Dhami隊長の率いるIMF隊が、1988年の印日合同隊ルートを辿って登頂したと発表したが、後日、IMFは登頂を取り消した。

[文献]
(1)Stephen Venables:Painted Mountains – Two Expedition to Kashmir-, London 1986, p.239.
(2)Harish Kapadia: Exploring "That Valley" – Terong, HJ, Vol.42, pp.68-86, 1984/1985
(3)Peter Hillary:Rimo – Mountain on the Silk Road – ,London 1988,p.176
(4)Soli Mehta, Harish Kapadia:Exploring the Hidden Himalaya, London 1990,p.172
(5)Hukam Singh: First Scent of Rimo Ⅰ Indo-Japanes Joint Exp.1988, HJ, Vol.45, pp.104-108, 1987/1988
(6)Rimo Ⅰ (7385m) Correction regarding 2007 ascent: HJ, Vol.65, p.284, 2009
(7)吉田憲司訳「シアチェン紀行—The Siachen Indo-British Exp.1985」、『ヒマラヤ』188, pp.2-9, 1987年、『ヒマラヤ』189. pp.2-8, 1987年
(8)尾形好雄「リモⅠ峰初登頂—東部カラコルム最後の玉峰」、『ヒマラヤ』204. pp.1-18, 1988年
(9)尾形好雄『ヒマラヤ初登頂—未踏への挑戦』、東京新聞、pp.176-192, 2009年
(10)尾形好雄「リモⅠ峰初登」『岳人』497. pp.57-62, pp.92-95, 1988年
(11)尾形好雄「リモⅠ峰ついに陥落」『山と渓谷』11月号pp.14-19、1988年

リモⅡ峰　Rimo - Ⅱ　7373m　[35°20′・77°26′]
[位置と山容] リモⅡ峰（Peak 50）は、Ⅰ峰からリモⅢ峰に延びる北西稜上にあり、ノース・テロン氷河側から見るとⅠ峰の肩のように見える。
[登山史] 1989年、印英合同隊（Indo-British Exp.1989, 隊長：Sonam

Palzor）の10名は、ノース・テロン氷河側からⅢ峰を目標にして入山したが、雪の状態が悪い為、先ず、Ⅱ峰を登ることにした。7月10日、イギリスのD.Scottら5名は、西バットレスに取り付き、6300mにビバーク1回で北稜に達した。一方、インド側は西バットレスは難しすぎるとしてⅡ峰とⅢ峰のコル経由で北稜に至るルートを取った。12日、イギリス側のN.KekusとS.Sustad（USA）の2名は、険峻な北稜を登り続けてⅡ峰の初登頂に成功。インドのT.Smanla,K.Lal,M.Singhの3名は、難しそうなⅡ峰北稜の登高を放棄。コルから反対側のサウス・リモ氷河へ下降して、Ⅳ峰の西南西斜面に取り付いてⅣ峰に初登頂。彼らは帰路Ⅰ峰南面のアイベックス・コルを越えてＡＢＣに帰着。Ⅰ峰を一周する約30kmのラウンド・トリップを行った。

[**文献**]（1）Doug Scott:Last of the Rimos Indo-British Exp.1989, I. Vol.25, pp.37-49, 1990

リモⅢ峰　Rimo - Ⅲ　7233m　［35°20′・77°26′］

[**位置と山容**] リモⅢ峰（Peak49）は、リモⅠ峰の北西約2.5kmに位置し、サウス・リモ氷河の源頭に聳えるピラミダルな山容の山。

[**登山史**] 1985年、印英合同隊（Siachen Indo-British Exp.1985, 隊長：Harish Kapadia）の11名は、テロン谷からアプローチし、ノース・テロン氷河にＢＣを設営。イギリスのD.WilkinsonとJ.Fotheringhamは、Ⅰ峰東面の偵察のために7月11日、アイベックス・コルを越えてサウス・リモ氷河に入った。しかし、見るからに難しそうなので、Ⅲ峰に変更。13日、氷河盆地から6800mでベルクシュルンドを越えて北東稜に取り付き、途中、バットレスの上でビバークし、翌14日スノー・ショルダーからナイフ・リッジの稜線を辿って初登頂に成功。→グラビア写真(1)-91頁

[**文献**]（1）Stephen Venables : Painted Mountains - Two Expedition to Kashmir-, London 1986, p.239.
（2）Paul Figg: Rimo-Ⅲ（Expedition and Note）HJ, Vol.68, pp.252-258, 2012
（3）沖允人訳「1985年英印合同シアチェン登山隊－リモⅢ峰初登頂」、『ヒマラヤ』、No.169, pp.14-18, 1985年

リモⅣ峰　Rimo - Ⅳ　7169m　［35°20′・77°26′］

[**位置と山容**] リモⅣ峰（Peak48）は、サウス・リモ氷河の源頭に聳えるリ

モⅢ峰の東方約2kmに位置するピラミダルな山容の山。

[登山史]1984年にインド軍技術部登山隊(India Army Engineers Exp. 隊長：K.S.Sooch)の25名は、サセール・ラを越え、アッパー・シャイヨーク河を経てサウス・リモ氷河からアプローチして8月9日、G.K.Sharmaと副隊長：Yadavが、南西稜から初登頂。11日にはK.S.Sooch隊長とChhibbarが第2登に成功。同隊は、8月11日にサウス・リモ氷河右岸に聳える4つの6000m峰にも初登頂した。

[文献] (1)G.K.Sharma : Ascents in Rimo Group of Peak HJ,Vol.41, pp117-121, 1983/1984
(2)沖 允人訳 「リモ山群の数座に登頂―1984年インド軍技術部登山隊」、『ヒマラヤ』166, pp.12-16, 1985年

(尾形好雄)

ダングルン・カンリ　Dunglung Khangri　6365m　[35°19′・77°21′]

[位置と山容]北テロン氷河の源頭、リモ山群の南にある岩と雪の山で衛星峰と吊り尾根でつながっている。.

[登山史] 2012年10月インド(Satyabrata Dam, Tashi Angchok, Konchok Thinless)・イギリス (Malcolm Bass, Paul Figg, Simon Yearsley) 合同隊が、リモⅢ峰の南西壁の6300mから降雪がつづくので、転進して、6365mの無名峰の南西壁から初登頂し、ダングルン・カンリと命名した。山名はラダック語で「Sharp Windy Mountain」の意である。

[参考URL] Climb Magazine, Greenshires Publishing
http://www.climbmagazine.com/news/2012/09/british-himalayan-success-5

(沖 允人)

クムダン・マモストン山群　Kumdan & Momostong Mts.

　クムダン山群は、北のクムダン氷河（Kumdan Gl.）と西のサウス・テロン氷河（South Terong Gl.）、南のマモストン氷河（Mamostong Gl.）からサセール・ラ（Saser La）に至る間にある山群で、マモストン・グループとクムダン・グループの2つに区分される。

　マモストン・グループは、北のチョング・クムダン氷河（Chong Kumdan Gl.）からヌプ・コル（Nup Col）、西のサウス・テロン氷河、南のマモストン氷河からサセール・ラ、アク・タシ氷河（Aq Tashi Gl.）に囲まれた山群で、盟主マモストン・カンリⅠ峰（Mamostong Kangri-Ⅰ, 7516m）をはじめⅡ峰（7035m）、アク・タシ（Aq Tash, 7016m）、タンマン（Thangman, 6864m）、ランディ（Landy, 6170m）、などのほかに6000m峰15座が聳える。最高峰のマモストン・カンリⅠ峰、Ⅱ峰、アク・タシ、ランディと幾つかの6000m峰は登頂されたが、そのほかは未踏のまま残されている。

　マモストン山群へのアプローチは、レーからカルドン・ラを越えてヌブラ谷に入り、サソマからカラコルム峠（Karakorum P.）へ通じる中央アジア交易ルートを辿る。トロンポティ川（Tulum Pati R.）沿いをスキャンポチ（Skyangpoche, 4720m）まで進み、そこからマモストン氷河に入る。サソマ（Sasoma）からスキャンポチまでは2日間の短いアプローチである。

　クムダン・グループは、北のノース・クムダン氷河（North Kumdan Gl.）から西のサウス・テロン氷河、南のチョング・クムダン氷河に囲まれた山群で、チョング・クムダンⅠ峰（Chong Kumdan-Ⅰ, 7071m）、Ⅱ峰（7004m）、Ⅲ峰（6670m）、Ⅳ峰（c.6520m）、Ⅴ峰（c.6520m）、キチク・クムダン（Kichik Kumdan, c.6640m）、チョガン（Chogam, 6250m）、ストス（Stos, 6005m）、ラクニス（Laknis, 6235m）、クムダン・テロン（Kumdan Terong, 6456m）、スキャン（Skyang, 5770m）などの峰々が聳える。チョング・クムダンⅠ峰、Ⅱ峰、Ⅲ峰、Ⅳ峰、キチク・クムダン、チョガン、ストス、スキャンなどは登頂されたが、そのほかは未踏のまま残されている。

　クムダン山群へのアプローチは、マモストン山群と同じアプローチで、スキャンポチまで辿り、そこからサセール・ラを越えてアッパー・シャイヨーク川に入る。さらにチプチャプ川（Chip Chap R.）の出合の先でチョング・クムダン氷河に入る。

マモストン、クムダン山群とも外国人入域制限地域であり、入域には特別許可が必要である。

（尾形好雄）

クムダン山群山解説

チョング・クムダンⅠ峰　Chong Kumdan-Ⅰ　7071m　［35°11′・77°34′］
[位置と山容] チョング・クムダン山群のチョガム-1氷河の源頭にある。レーの北約150 km、マモストン・カンリⅠ峰の北約5kmに位置し、チョング・クムダン氷河を挟んで対峙するクムダン山群の盟主。マモストン・カンリから眺める山姿は美しいピラミダルな山容を成す。南は南チョング・クムダン氷河に囲まれている。かつては、マモストン・カンリⅡ峰と呼ばれていた。Ⅰ峰の西稜上4km西にⅡ峰（7004m）がある。山名の「チョング」はトルコ方言で「大きい」「クムダン」は「水の溜まるところ」の意である。
[登山史] 1989年にH.Kapadia隊長の率いるインド隊がチョング・クムダン氷河に入り、6000m峰数座に登頂し、周辺の調査をした。1991年、イギリス側（D.Wilkinson隊長ら6名）、インド側（Harish Kapadia隊長ら5名）の合同隊が8月4日、南チョング・クムダン氷河から北西稜を経由して4名 Dave Wilkinson, Wiliam Church, John Porter, Neil McAdieがチョガム-Ⅲ氷河（Chogam-Ⅲ Gl.）から西壁に取り付き、6800m付近で北西稜に出て、初登頂した。同隊は、7月21,22日にⅤ峰（6520m）に8名、7月26日にⅣ峰（6520m）に2名、そして、Ⅲ峰（6670m）に初登頂した。2007 年7月20日、インド（HC-Mumbai）とアメリカの合同登山隊は、インドDivyesh Muni隊長以下5名、アメリカ側（Don Goodmang）隊長以下5名は、チョガム-1氷河から南東稜と東稜を経由してチョン・クムダンⅠ峰の第2登に成功した。登頂者は Divyesh Muni , Don Goodman, Chris Robertson, Marlin Geist と HAPの Neema Dorji, Ming Temba, Pemba Norbu であった(3)。→グラビア写真(1)-89頁
[文献]　(1)Harish Kapadia:Chong Kumdan, HJ, Vol.48, pp.97-111, 1990/1991
(2)Divyesh Muni: Indian-Amercan Plateau Peak Expedition 2009, HCNL, pp.4-7
(3) Divyesh Muni：チョング・クムダンⅠ登頂-2007年、『ヒマラヤ』474, pp.10-14, 2015年

チョング・クムダンⅡ峰　Chong Kumdan-Ⅱ　7004m　［35°13′・77°32′］
[位置と山容] チョング・クムダンⅠ峰の西約4kmのチョガム-Ⅴ氷河の源頭に位置する。山容は、プラトーのような平坦な頂稜にポツンと顔をだした

ようなピーク。

[登山史] 2008年、インド・フランス合同隊（Indo-French Exp.2008, 隊長：Chewang Motup Goba）の12名は、マモストン氷河側からいくつかの高いコルを越えてサウス・テロン氷河に入り、そこからチョング・クムダンⅡ峰南稜上のヌプ・ラ（Nup Col）へ登ってC8（6550m）を建設。8月20日、フランスのDominique Ravot、Paulo Grobel、Sebastiano Audisioの3名がC8から南稜を辿ってⅡ峰のメイン・ピークに初登頂。

[文献]　(1) Harish Kapadia:Chong Kumdan, H.J., Vol.48, pp.97-111, 1990/1991
(2) Paulo Grobel:Chong Kumdan-Ⅱ First Ascent, HJ, Vol.65, pp.117-124, 2009

チョング・クムダンⅢ峰　Chong Kumdan-Ⅲ　6670m　[35°13′・77°32′]
[位置と山容] チョング・クムダンⅠ峰の西約2.5kmのチョガム-3氷河の源頭に位置する。
[登山史] 1991年、インド・イギリス合同隊（The Chong Kumdan Indo-British Exp.1991, 隊長：Harish Kapadia）の18名は、7月18日にチョング・クムダン氷河にＢＣ（5100m）を建設。8月3日、インド側のMuslim H.ContractorがHAPの2名と一緒にチョガム-3氷河のＣ2から挑んだが雪の状態が悪く断念。
[文献]　(1) Harish Kapadia:Chong Kumdan, HJ, Vol.48, pp.97-111, 1990/1991

チョング・クムダンⅣ峰　Chong Kumdan-Ⅳ　c.6520m　[35°13′・77°32′]
[位置と山容] チョング・クムダンⅠ峰の北東約1.5kmのチョガム-1氷河の源頭に位置する。
[登山史] 1991年、インド・イギリス合同隊（The Chong Kumdan Indo-British Exp.1991, Harish Kapadia隊長）の18名は、7月18日にチョング・クムダン氷河にBC（5100m）を建設。7月26日、英国側のDave WilkinsonとWiliam Churchの2名が、チョガム-1氷河から東稜に取り付き初登頂に成功。
[文献]　(1) Harish Kapadia:Chong Kumdan, HJ, Vol.48, pp.97-111, 1990/1991

チョング・クムダンⅤ峰　Chong Kumdan-V　c.6520m　[35°13′・77°32′]
[位置と山容] チョング・クムダンⅠ峰の南東約1.7kmの南東稜上に位置する。
[登山史] 1991年、インド・イギリス合同隊（The Chong Kumdan Indo-

British Exp.1991, 隊長：Harish Kapadia) の18名は、7月18日にチョング・クムダン氷河にＢＣ (5100m) を建設。チョング・クムダンⅠ峰の偵察時に7月21日～22日の両日、チョガム-1氷河から南東稜に取り付いて初登頂した。登頂者は、英国側のDave Wilkinson、Wiliam Church、John Porter、Neil McAdie、Lindsay Grifin、Paul Nannとインド側のAjay Tambe、Bhupesh Asharの計8名が初登頂に成功。

［文献］ (1) Harish Kapadia:Chong Kumdan, HJ, Vol.48, pp.97-111, 1990/1991

キチク・クムダン　Kichik Kumdan　c.6640m　[35°13´・77°32´]

［位置と山容］チョング・クムダンⅠ峰の北西約2kmに位置し、Ⅲ峰に隣接する。チョガム-3氷河の源頭に聳え、氷に覆われた鋭い山容で北面は雪庇に守られている。

［登山史］1991年、インド・イギリス合同隊 (The Chong Kumdan Indo-British Exp.1991, 隊長：Harish Kapadia) の18名は、7月18日にチョング・クムダン氷河にBC (5100m) を建設。7月30日にイギリス側のLindsay Grifin、とPaul Nannが南面から東稜に取り付いて初登頂に成功。

［文献］ (1) Harish Kapadia:Chong Kumdan, HJ, Vol.48, pp.97-111, 1990/1991

チョガム　Chogam　6250m　[35°13´・77°32´]

［位置と山容］チョング・クムダンⅠ峰の南東約4kmに位置している。

［登山史］1989年、Harish Kapadiaの率いるインド隊が、8月14日にArun Samant、Monesh Devjani、Koyli Ramが初登頂。1991年、インド・イギリス合同隊 (The Chong Kumdan Indo-British Exp.1991, 隊長：Harish Kapadia) の18名は、チョング・クムダン氷河にBC (5100m) を建設して活動。8月4日、7日、15日、16日の4日間で12名が登頂。

［文献］ (1) Harish Kapadia : East of Saser La, HJ, Vol.46, pp.76-88, 1988/1989
(2) Harish Kapadia:Chong Kumdan, HJ, Vol.48, pp.97-111, 1990/1991

ストス　Stos　6005m　[35°13´・77°32´]

［位置と山容］チョガムの北西約2kmに隣接して聳える。

［登山史］1989年、Harish Kapadiaの率いるインド隊は、8月15日にArun Samant, Koylu Ramの2名が初登頂。1991年、インド・イギリス合同隊 (The

Chong Kumdan Indo-British Exp.1991, 隊長：Harish Kapadia）の18名は、チョング・クムダン氷河にＢＣ（5100m）を建設して活動。8月7日にインドのBhupesh Ashar、16日にイギリスのLindsay Grifinがそれぞれ登頂。
[文献]　(1) Harish Kapadia:East of Saser La, H.J. Vol.46, pp.76-88, 1988/1989
(2) Harish Kapadia:Chong Kumdan, H.J., Vol.48, pp.97-111, 1990/1991

クムダン・テロン　　Kumdan Terong　6456m　［35°13′・77°32′］
[位置と山容]　チョング・クムダンⅠ峰の北西約8.5kmに位置し、セントラル・クムダン氷河（Central Kumdan Gl.）の源頭に聳える。
[登山史]　1991年、インド・イギリス合同隊（The Chong Kumdan Indo-British Exp.1991, 隊長：Harish Kapadia）の18名は、7月18日にチョング・クムダン氷河にＢＣ（5100m）を建設。8月15日にインド側のBhupesh Ashar、Muslim H.Contractor、高所ポーターのPasan Bodhの3名がセントラル・クムダン氷河を経て南面からアプローチして初登頂に成功。
[文献]　(1) Harish Kapadia : Chong Kumdan, HJ, Vol.48, pp.97-111, 1990/1991

ラクニス　　Laknis　6235m　［35°13′・77°32′］
[位置と山容]　チョング・クムダンⅠ峰の北西約4.8km。北クムダン氷河とセントラル・クムダン氷河を分ける南東稜上に位置する。
[登山史]　1991年、インド・イギリス合同隊（The Chong Kumdan Indo-British Exp.1991, 隊長：Harish Kapadia）の18名は、7月18日にチョング・クムダン氷河にBC（5100m）を建設。8月12日にイギリス側のDave Wilkinson、Wiliam Church、Neil McAdieとインド側のH.Kapadia隊長、Bhupesh Ashar、Muslim H.Contractor、Ajay Tambe、HAPのPasan Bodhの計8名は南東稜から初登頂に成功。
[文献]　(1) Harish Kapadia:Chong Kumdan, HJ, Vol.48, pp.97-111, 1990/1991

マモストン山群山解説

マモストン・カンリⅠ峰　Mamostong Kangri-I　7516m　[35°08´・77°38´]
[位置と山容] レーの北約110kmに位置し、マモストン山群の盟主として、古くはK-32のマップ・ナンバーで呼ばれていた。マモストン・カンリとは「千人の悪魔の峰」の意。南にマモストン氷河、南東にタンマン氷河、北にチョング・クムダン氷河を有し、南面は険峻な大岩壁が切り立つどっしりとした山容であり、北面はすっぱりと切れ落ちている。

[登山史] 1984年印日合同隊（Indo-Japanese Joint Karakorum Exp.1984, 隊長：Col.Balwant S.Sandu）の13名は、南面のマモストン氷河からアプローチし、マモストン・カンリから南東に延びる山稜のマモストン・コル（Mamostong Col）を越えてタンマン氷河に入り、氷河を源頭まで詰めてC3を建設。9月13日山田昇、吉田憲司、H.C.Chauhan、Parash M.Das、Rajeev Sharmaの5名は、東稜を辿って初登頂。15日には尾形好雄、新郷信廣、岩崎洋、Rattan Singh、Mahavir Thakurの5名が第2登。16日にはSandu隊長とNandlal Purohitの2名も登頂し、インド人ドクターを除く全員登頂となった。

　1988年、インドのラダック・スカウト隊（Ladakh Scouts, Major 隊長：A.M.Sethi）の25名はダイレクトにタンマン氷河からアプローチして東稜に取り付き、5月13日にChhering Nurbu, Chhering Angchuk, Mohammad Shafi, Stanzin Chhultim, Mohammad Ibrahim, Rigzin Phunchukの6名が登頂。15日にはMajor A.K.Gogoi, Tashi Wangdus, Tundup Dorje, Sonam Tragias, Chhering Angdus, Thukje Loldan, Sonam Stobgias, Nawang Sonam, Sonam Stobdanの9名も登頂。

　1989年、インド陸軍隊（Indian Army Sappers, 隊長：Major M.P.Yadav）の30名（登山隊員20名）は、1984年印日合同隊のルートを辿り、8月10日にCapt.Gurdyal Singh, Nanak Chand, N.K.Mewa, G.K.Sharma, Thondup Dorjeeの4名が登頂。なお、同隊はタンマン氷河の6190m峰に8月11日に5名、13日に14名が登頂し、13日には6235m峰にも10名が登頂。

　1990年、インド国境保安軍（Border Security Force, 隊長：S.C.Negi）が登頂。同隊は周辺の6448m峰にも登頂。

　2007年にはインド陸軍隊（隊長：Col.Ashok Abbey）の16名がタンマン

氷河から東稜に取り付き9月20日に登頂した。

[**文献**] (1)Col.Balwant S.Sandhu : First Ascent of Mamostong (7516m), HJ, Vol.41, pp.93-101, 1983/1984
(2)Major A.M.Sethi:The Ladakh Scouts Mamostong Kangri Exp., HJ, Vol.46, pp.70-75
(3)G.K.Sharma: Sapper's Exp. To Mamostong Kangri 1989, HJ, Vol.46, pp.195-198, 1988/1989
(4)HCNL, Vol.45, p.6
(5)尾形好雄「マモストン・カンリ初登頂」、『ヒマラヤ』157、pp.1-14.1974年
(6)尾形好雄『千人の悪魔の峰』日本ヒマラヤ協会、91頁、1985年
(7)尾形好雄『ヒマラヤ初登頂—未踏への挑戦』東京新聞、pp.127-142、2009年
(8)Col.Ashok Abbey:Mamostong Kangri-The Mountain of Thousand Devil, HJ,Vol.64, pp.166-179, 2008
(9)尾形好雄：「マモストン・カンリ初登頂」、『山岳』、Vol.80, pp.69-77, 1985年
(10)尾形好雄：「マモストン・カンリ初登頂」、『岳人』、No.451, pp.22-24, pp.40-45, 1985年

マモストン・カンリⅡ峰　Mamostong Kangri-Ⅱ　7035m　[35°08´・77°38´]

[**位置と山容**] マモストン・カンリⅠ峰の西約2kmに位置し、南面のマモストン氷河から見るⅡ峰は、Ⅰ峰のショルダーのように見える。標高を7023m, 7071mとした地図もある。

[**登山史**] 1993年、印墺合同隊（Indo-Austrian Exp.1993, 隊長：N.Ravi Kumar）の12名は、南面のマモストン氷河からアプローチし、2つのコルを越えて南西壁にルートを延ばし、8月14日にオーストリアのGunther Steinmair隊長、Wolfgang Kolbinger, Wolfgang Martl, Reinhard Streifの4名が初登頂に成功。

[**文献**] (1)Gunther Steinmair : Mamostong KangriⅡ, 1993, HJ, Vol.50, pp.219-222, 1992/1993

アク・タシ　Aq Tash　7016m　[35°08´・77°38´]

[**位置と山容**] マモストン・カンリⅠ峰の南東約7kmに位置し、南にヤンバー氷河（YangbarGl.）、東にアク・タシ氷河、北にタンマン氷河を有する。マ

モストン氷河の出合のスキャンポチから見る南西面は圧倒的な大岩壁が切り立つ。北面からの山容はピラミダルなスノー・ピークを成す。アク・タシは「白い岩」の意。以前はマモストン・カンリⅢ峰と呼ばれていた。

[登山史]　1993年、広島山岳会とインド・チベット国境警察隊（ITBP）の印日合同隊（Indo-Japanes Exp.1993, 隊長：Hukam Singh）の15名は、マモストン氷河出合のスキャンポチにBCを設営。ヤンバー氷河からアプローチし、日本側は南西壁の中央クーロワールにルートを取り、インド側は、南稜にルートを取った。日本側は8月6日に山本宣夫、溝手康史の2名が初登頂。インド側は8月8日にPrem Singh, P.T.Sherpa, Mohan Singh, Khem Raj, Sange Sherpa, Wangchuk Sherpa, Hira Rameの7名が登頂。

[文献]　(1)Hukam Singh: Aq Tash, H.J, Vol.50, P222-226, 1992/1993
(2)名越 實「AQ TASH 7016m—東部カラコルムの未踏峰に立つ」『岩と雪』165、pp.68-70,90-95, 1994
(3)日印合同・広島山岳会ヒマラヤ登山隊1993：報告書『シルクルートの白い石 AQ TASH（7016m）』74頁、1994年
(4)田内 實「アク・タシの初登頂—日印合同・広島山岳会ヒマラヤ登山隊1993年の記録」『山岳』89、pp.100-108, 1994年

ランディ　Landay　6170m　[35°13′・77°32′]

[位置と山容]　マモストン・カンリⅠ峰の東約8kmに位置する。

[登山史]　1991年、印英合同隊（The Chong Kumdan Indo-British Exp.1991, 隊長：Harish Kapadia）の18名は、7月18日にチョング・クムダン氷河にBC（5100m）を建設。
8月16日に英国側のWiliam ChurchとNeil McAdieの2名は、チョング・クムダン氷河側から北稜に取り付いて初登頂に成功。

[文献]　(1)Harish Kapadia:Chong Kumdan, HJ, Vol.48, pp.97-111, 1990/1991

サセール山群　Saser Muztagh

　サセール山群はカラコルムの東端に位置し、東をシャイヨーク川（Shyok River）、西をヌブラ川（Nubra River）に挟まれている。主山稜は北西から南東へ約50kmにわたって連なり、以下の4つの氷河に囲まれている。南シュクパ・クンチャン氷河（South Shkupa Kunpang）、プクポチェ氷河（Pukpoche.）、北シュクパ・クンチャン氷河（North Shkupa Kunpang）、そしてチャムシェン氷河（Chamshen）の各氷河である。主峰のサセール・カンリI峰（7672m）などの7000m峰と多くの6000m峰からなる。

　この山域へのアプローチのひとつは、ラダックの主都レーからカルドン・ラ（Khardung La）を越え、ヌブラ谷（Nubra）に入り、パナミック（Panamik）からプクポチェ・ルンパ（Phukpoche Lungpa）やサカン・ルンパ（Sakang Lungpa）へ入るルートである。このコースは陸路による軍の物資補給が行われていることもあり山麓の村までの入山事情は良い。もうひとつは、ヌブラ谷を北上し、南シュクパ・クンチャン氷河や北シュクパ・クンチャン氷河へ至る南東からのルートである。このコースにある川は夏季に洪水を起こすことがあり、渡渉に苦労することがある。

（沖 允人）

Saser-III (L) & Saser-II (R) from Khardung La (M.Oki)

［文献］（1）薬師義美・雁部貞夫（編）『ヒマラヤ名峰事典』平凡社、1996年、pp.379-381

(3) E.KARAKORUM SASER

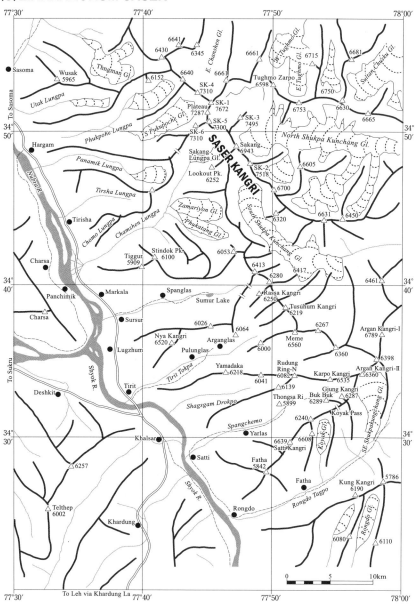

サセール山群山解説

サセール・カンリⅠ峰　Saser Kangri-Ⅰ　7672m　［34°52′・77°45′］
[位置と山容]　サセール山群の最高峰で、レーの北約80kmにある。南プクポチェ氷河の源頭にあり、東には北シュクパ・クンチャン氷河がのぼってきている。Ⅰ峰から、Ⅱ峰（7518m）、Ⅲ峰（7495m）、Ⅳ峰（別称クラウド・ピーク Cloud Peak,7310m）、Ⅴ峰（6640m）まである。サセール・カンリはチャンルン（Changlung）とも呼ばれる。「お椀をふせたような」と表現される根の張った堂々たる山容である。「サセール」はチベット語で「黄金の大地」、「カンリ」は「山」の意である。古くは（K22）や（Peak 29）の記号で呼ばれていた。→グラビア写真(1)-90頁

[登山史]　1946、年イギリスのJ.O.M.Robertsはサセール山群を広く探査・試登し、貴重な情報を収集し、写真を撮影した。1956年、ダージリンのヒマラヤ登山学校（HMI）のN.D.Jayal隊長ら16名はプクポチェ氷河からⅠ峰を目指したが、6400mで断念した後、転進してルックアウト（Lookout Peak, 6252m）に初登頂し、さらにサカン・ピーク（Sakang Peak, 6943m）にも初登頂した(1)。1970年のインド陸軍隊（隊長：H.V.Bahugunaら21名）はⅣ峰を目指したが、登頂できず、転進して北プクポチェ氷河（North Phukpoche Gl.）のⅣ峰から北西に延びている尾根と周辺の6000m峰、4座に初登頂した(2)。1973年にITBP隊（隊長：Cdr.Joginder Singh）はⅠ峰を北側の長大な北シュクパ・クンチャン氷河から挑み、6月5日から7日にかけて11名が初登頂した(3)。1979年インド隊、1987年インド・イギリスの陸軍合同隊が登頂し(4)、1990年7月にはインド・台湾合同隊（台湾側隊長：高銘和とインド側隊長：Hukam Singh）が西稜から三次にわたり、女性（Santosh Yadav）を含む18名がⅠ峰の山頂に立った(5)。

[文献]　(1)HJ, Vol.25, p.136、(2)HJ, Vol.30, p.243、(3)HJ, Vol.33,p.119
(4)IM, No.4,p.81、(5)HCNL, No.44, p.3

サセール・カンリⅡ峰　Saser Kangri-Ⅱ　7518m　［34°48′・77°48′］
[位置と山容]　南シュクパ・クンチャン氷河の源頭にあり、ほとんど同じ標高の西峰と東峰があり、その間は約1kmの7000mを超す稜線で結ばれている。大きな台形の山で、南シュクパ・クンチャン氷河側は急峻な岩と氷の壁になっ

て2000mほど切り立っている。北側には北シュク・パクンチャン氷河がせまってきており、Ⅱ峰は「シュクパ・クンチャン」とも呼ばれている。古くは（K24）や（Peak 31）の記号で呼ばれていた。

[登山史] 西峰の初登頂は1985年の日印合同登山隊（インド側隊長：Hukam Singh、日本側隊長：沖 允人）である。南・北シュクパ・クンチャン氷河からの長大な氷河を敬遠して、ヌブラ谷からサカン氷河に入り、サカン（Sakang, 6943m）の北稜をルートとし、2回のアタックに失敗し、隊員1名が滑落死亡するという事故もあったが、9月7日にインド人隊員Phu Dorjeら4名が3回目に初登頂した(1)。1991年10月にはインド隊（隊長：Heera Lohia）がサカン氷河側から新ルートで西峰に登頂した(2)。

　東峰は西峰から約1km離れているが、2009年にインド・アメリカ隊（AAC）が南シュクパ・クンチャン氷河から偵察・試登し、この結果をもとに2011年8月に、近くの無名峰、Saserling（6100m）、Pumo Kangri（6200m）、Tsok Kangri（6505m）に登頂して命名し、順応した後、Ⅱ峰の南シュクパ・クンチャン氷河側の岩と氷の壁のGreat Cloire, Icy Chimmneyを抜けてAlpine Styleで3名（Steve Swenson, Mark Richey, Freddie Wilkinson）が東峰に初登頂した(3)。

[文献] (1)HJ, Vol.42, p.97　(2)HV,12/91
(3)AAJ；URL：
http://www.americanalpineclub.org/uploads/mce_uploads/Files/PDF/Saser%20Kangri%20II%202011%20expedition.pdf
(4) 沖 允人他：「サセル・カンリⅡ峰（西峰）初登頂」『ヒマラヤ』Vol.170、pp.1-18、1986年

サセール・カンリⅢ峰　Saser KangriⅢ　7495m　[34°49′・77°47′]

[位置と山容] レーからヌブラ谷に入るのには、カルドン・ラを越えるが、この峠から北に雪山のサセール・カンリの連山が望見できる。ひときわ目立つのがⅢ峰である。三角錐の整った山姿である。Ⅰ峰とⅡ峰を結ぶ主稜線から2kmほど北東に延びた支尾根にあり、北シュクパ・クンチャン氷河が回り込んで南に延び、Ⅲ峰に突き上げている。古くは（K23）や（Peak 30）の記号で呼ばれていた。

[登山史] 1986年5月、インド隊（隊長：S.P.Chamoliら26名）の大パーティ

が北シュクパ・クンチャン氷河から北西稜を辿り、15日と16日にそれぞれ6名が初登頂した(1)(2)。
[文献]　(1)AAJ, Vol.52, p.281,　(2)HJ, Vol.43, p.84

サセール・カンリⅣ峰　Saser Kangri-Ⅳ　7310m　［34°52′・76°44′］
[位置と山容]　Ⅰ峰から南西に延びた尾根は、中央プクポチェ氷河とサカン氷河に挟まれているが、この尾根上にⅣ峰とⅤ峰(7300m)がある。Cloud Peakとも、また、記号の(Peak48)でも呼ばれている。
[登山史]　1970年のインド陸軍隊(隊長：H.バフグナ)はⅣ峰を目指したが登頂できなかった。1987年6月にインド・イギリス合同隊が初登頂した。最近では、2012年にインド(隊長：Puspa L.Gurung)・スペイン(隊長：Charles Figuers Torrent)合同隊が挑んだが、6000mまで達して中止した(2)。
[文献]　(1)AAJ, Vol. 46, p.371　(2)IM,No.48, 2012, p.28

サセール・カンリⅤ峰　Saser Kangri-Ⅴ　c.7300m　［34°49′・76°44′］
[位置と山容]　Ⅰ峰から南西に延びた尾根上約3kmにある。6640mとした地図もある。
[登山史]　1987年のインド(隊長：D.K.Khullar)・イギリス(隊長：Col. Hellberg)合同隊が初登頂した(1)。
[文献]　(1)HJ, Vol. 46, p.61

サカン・ピーク　Sakang Peak　6943m　［34°47′・76°47′］
[位置と山容]　サセール・カンリⅡ峰の西約1kmにあり、サカン氷河源頭の三角錐の山である。山名の「サカン」はトルコ語方言で「高い土地」の意だという。
[登山史]　1956年インドのヒマラヤ登山学校の隊長：N.D.Jayalらが南プクポチェ氷河からⅠ峰を目指したが転進して、サカン・ピークに隊長ら3名が初登頂した(1)。
[文献]　(1)HJ, Vol.25, p.136

トゥスフム・カンリ　Tusuhm Kangri　6219m　［33°55′・78°21′］
[位置と山容]　カルドン・ラ(Khardung La)の北西、ヌブラ谷の入り口

近くにあるラッサ氷河（Rassa）の源頭にある雪の多い山である。

[登山史] 2014年8月にHC隊（隊長：Divyesh Muni）の3名は、3名のHPと6名のトレッキング隊とともにワリ・ラ（Wari La, 5290m）を越えてヌブラ谷に入り、Rassa氷河にBCを建設した。8月12日 Divyesh Muni, Rajesh Gadgli,

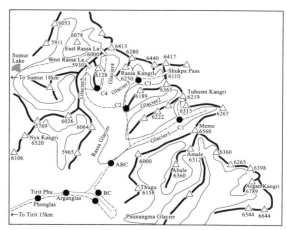

Tusuhm Kangri & Rassa Kangri in Rassa Gl （D.Muni）

Atin Sathe, Pemba Norboo, Phurba Sherpa, Pasang Sherpa が Glacier I と名づけた氷河にC1をだして、頂上から南に延びるリッジに到達、無名峰6219mに初登頂し、トゥスフム・カンリ（Tusuhm Kangri）と命名した(1)。
[文献]（1）Divyesh Muni : Climbs and Exploration in Rassa Glacier, NCNL, Vol.60, Oct. 2014, pp.2-6

ラッサ・カンリ Rassa Kangri 6250m ［33°40′・78°32′］
[位置と山容] ラッサ氷河の源頭にあるドーム型の雪山である。
[登山史] 2014年8月にHC（隊長：Divyesh Muni）はTusuhm Kangriの初登頂に続いてRassa氷河の上流右俣のGlcierr-IIと名づけた氷河に入り、無名峰6250mの基部にC3を建設し、8月21日に氷壁を登って山頂から北に延びるリッジに達し、Divyesh Muni, Rajesh Gadgli, Atin Sathe, Vineeta Muni, Pemba Norboo, Phurba Sherpa, Pasang Sherpa が初登頂した。氷河の名前をとってラッサ・カンリ（Rassa Kangri）と命名した。
[文献]（1）Divyesh Muni: Climbs and Exploration in Rassa Glacier, NCNL, Vol.60, Oct. 2014, pp.2-6

チャムシェン Chamshen 7017m ［34°53′・77°48′］
[位置と山容] 東部カラコルムのサセール・カンリ山群にあり、北シュクパ・

クンチャン氷河の源頭にある重厚な山である。レーの北約150km。山名は初登頂後、ヌブラ谷の登山口にある村の名前をつけた。アプローチの、川と氷河を越えるのが困難である。さらに、サカン・ラ（6150m）を越えて前進キャンプを延ばすときの隊荷の輸送も困難である。

[登山史] 2013年8月21日、インド（HC-Mumbai）とイギリス合同登山隊は、Divyesh Muni隊長とVictor Saunders, Susan Jensen, Vineeta Muni, シェルパのSamgyal, Mingma, Ang Dorji, Chedar, Dawa, Karmaが、ヌブラ谷からサカン・ルンパ氷河に入り、サカン・コルを越えて北シュクパ・クンチャン氷河に入り、南西稜から初登頂した。→*72頁参照*

ペツッ・カンリ　Petze Kangri　6130m　[34°06′・78°18′]

[位置と山容] ラダックのコー・ルンパ谷（Kho Lungpa Valley、または、クー・トクポ（Ku Togpo））のアン・トゥング山脈（Ang Tung range）にある。Olizane図（Centre）では、アンモン（Angmong）山脈となっていて、山もアンモン（Angmong, 6090m）と書かれている。パンゴン湖の北端から北西約15kmにある。タンツェ（Tangtse）の町の北東約15km、クー・トクポ谷の中流域左岸にある。レーから約200km。初登頂後、ペツッ・カンリ（Petze Kangri）と命名した。山名の意味は「ペツッ」が「ヤクの子供」、「カンリ」は「山」である。ラダック語では三角錐の形の山は「カンリ」と呼んでいる。

[登山史] 中国との国境に近いので軍隊による厳しい警備から、2012年までこの山の登山は禁止されていたのでこの山に向かった登山隊はいない。2005年8月に名古屋の中京山岳会がパンゴン湖側からパンゴン山脈の偵察を試みたとき、沖 充人が単独で当時ルクン（Lukung）にあったチェックポストの許可を得て、北に向かい、約10km先のフォブラン村（Phobrang）まで日帰りで行き、パンゴン山脈の北側の望遠写真を撮ったことがある。2012年に初めて登山許可が発行され、HC・MumbaiのインドMuni）がこの山に向かい8月9日に、隊長、Rajesh Gadgil, Lt.Col. Shamsher Singh, Vineeta Muni, Divyesh Muni, Pemba Norbu and Nima Thondupが初登頂した。→*244頁参照*

ルツル・ポンボ　Lugzl Pombo　6414m　[34°06′・78°17′]

[位置と山容] ラダックのコー・ルンパ谷（Kho Lungpa Valley）のアン・

(4) E.KARAKORUM CHANG CHENMO

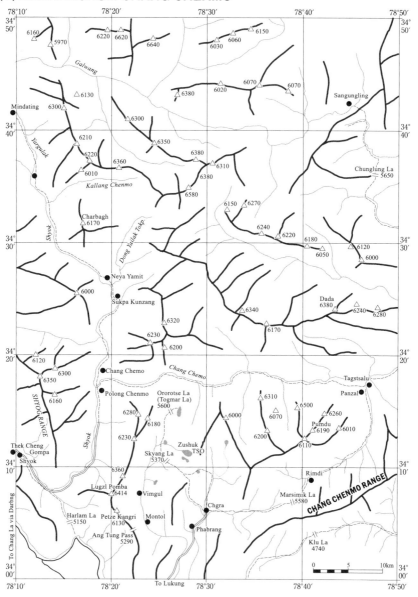

トゥン山脈（Ang Tung Range）にある。Olzane図（Centre）では、アンモン（Angmong）山脈となっていて、ソヨーグ（Syog, 6410m）と書かれているピークがあるのでその近くだと思われる。タンツェ（Tangtse）の町の北東約15km、クー・トクポ谷の中流域左岸にある。パンゴン湖の北端から約16km北西にある。レーから約200km。

[登山史] 中国との国境に近いので軍隊による厳しい警備から、2012年までこの山の登山は禁止されていたのでそれまでこの山に向かった隊はいない。2012年に初めて登山許可が発行され、HC・Mumbaiのインド隊（隊長：Divyesh Muni）がこの山に向かい8月20日に、隊長、Rajesh Gadgil, Pemba Norbu and Nima Thondupが初登頂した。

山名の意味は「聖なる山」の意であるという。→245頁参照

トンサ・リ　Thongsa Ri　5899m　[34°33′・77°52′]

[位置と山容] ヌブラ谷の支谷スパンチェンモ谷（Spangchenmo）の源流域。レーから北東約50km。5899mの無名峰に初登頂後、トンサ・リ(Thongsa Ri)と命名した。山名の「トンサ・リ」は「展望のピーク（Look Out Peak）」の意である。なお、Look Out Peak（6250m）という同名の山がサセール・カンリ山群のサカン氷河の源頭近くにもある。

[登山史] 2005年8月17日、インド・アメリカ隊のNatala Goodman、Sally Annis、Danny Sjolseth、Ameya Chandawarkar、Don Goodmanが南東面から初登頂し、続いて、8月19日、Rajesh Gadgilが東稜から登頂した。

カルポ・カンリ中央峰　Karpo Kangri Central　6535m　[34°34′・77°54′]

[位置と山容] ヌブラ谷の支谷スパンチェンモ谷（Spangchenmo）の源流域。尾根を北に越えると西10kmに南東シュクチャ・クンチヤン氷河（SE Shukpa Kungchang Gl.）がある。レーから北東約50km。6535mの無名峰に初登頂後、カルポ・カンリ中央峰と命名した。山名「カルポ・カンリ」は「急峻な白い山（Steep White peak）」の意。

[登山史] 2005年8月19日、インド・アメリカ隊が南面アイスフォールを経由してMarlin Geist、Don Beavonが初登頂した。

ジュンマ・カンリ　　Gjungma Kangri　　6287m　　［34°33′・77°55′］
［位置と山容］ヌブラ谷の支谷スパンチェンモ谷の源流域。レーから北東約50km。6287mの無名峰に初登頂後、ジュンマ・カンリと命名した。山名は「中央峰（Central peak）」の意。
［登山史］2005年8月20-23日、インド・アメリカ隊が西稜からShripad Sapkal、Ameya Chandawarkar、Ang Tashi Sherpa、Divyesh Muni、Rajesh Gadgil、Vineeta Muni、Maj. Samsher Singが初登頂。北面西稜からDon Beavon、Natala Goodman、Cyrus Shroff、Surendra Chavan, Ming Temba Sherpa. Danny Sjolseth、西稜ダイレクトルートからDon BeavonとMarlin Geistが登頂。

ルドゥン・リング北峰　　Rdung Ring North　　6082m　　［34°34′・77°52′］
［位置と山容］ヌブラ谷の支谷スパンチェンモ谷の源流域。レーから北東約50km。6082mの無名峰に初登頂後、ルドゥン・リング北峰と命名した。山名は「長い斜面の山（Long Slope Peak）」の意。
［登山史］2005年8月23日、インド・アメリカ隊が南面の南西稜からDivyesh Muni、Shripad Sapkal、Ameya Chandawarkar、Rajesh Gadgil、Vineeta Muniが初登頂した。

バク・バク　　Buk Buk　　6289m　　［34°32′・77°53′］
［位置と山容］ヌブラ谷の支谷スパンチェンモ谷の源流域。レーから北東約50km。6289mの無名峰に初登頂後、バク・バクと命名した。山名は「ドームの山（Dome Peak）」の意。
［登山史］2005年8月24日、インド・アメリカ隊が北西面の西稜からDon Goodman、Natala Goodman、Sally Annis、Don Beavonが初登頂した。

（沖　允人）

マモストン・カンリ初登頂（1984年）

Mountain of Thousand Devils, The First Ascent of Momoston Kangri
尾形好雄（Yoshio OGATA, 日印合同登山隊）

はじめに

　東部カラコルムを流れるアッパー・シャイヨーク川とヌブラ谷の大河に挟まれて南東に連なる山脈には、リモ・ムスターグやサセール・ムスターグといった山群が横たわり、未踏峰の宝庫としてヒマラヤニストの魅惑の地となっている。

　しかしながら、このヌブラ・シャイヨーク・アクサイ・チン地区は、インド・パキスタン・中国の三国が接する辺境地区で、これまでもしばしば国境紛争の場となり、未だに外国人の立ち入りが許されない制限地域となっている。そのため長らく外国登山隊への門戸は閉ざされたままとなっていた。

　ＨＡＪがこの魅惑の山群に興味を持って、ＩＭＦをはじめとするインドの関係諸機関にアプローチを開始したのは1973年であった。以後、色良い返事を貰えぬままいたずらに10年もの星霜を重ね、1984年にようやくこの長年にわたる継続折衝が結実して、この垂涎の地への入域が許された。

　「千人の悪魔の峰」（Mountain of Thousand Devils）という奇怪な異名を持つマモストン・カンリには、昔、中央アジアからカシミールに侵入してきた多数の略奪者が大雪崩に遭って死んだという伝説がある。この略奪者を指して悪魔と呼ぶのだが、このような伝説もこの巨峰がラダックのレーからサセール・ラ（5395m）、カラコルム峠（5569m/5677m）を経て遠くヤルカンドへ至る中央アジア交易ルートの途中に聳えていたからであろう。この交易路はパキスタンのフンザ北方のクンジェラブ峠（4703m）を越えるルートと共に、インド亜大陸と中央アジアを結ぶ有史以来の大幹線ルートだった。

探検史

　マモストン・カンリは、既に1860年代に測量されており、インド測量局ではＫ32の番号を与えていた。しかし、同峰に関する登山記録はなく、資料も極めて少なかった。計画立案時では、日本で入手可能な地図を基に北面のチョング・クムダン氷河側から北東稜に取り付くプランを立てた。

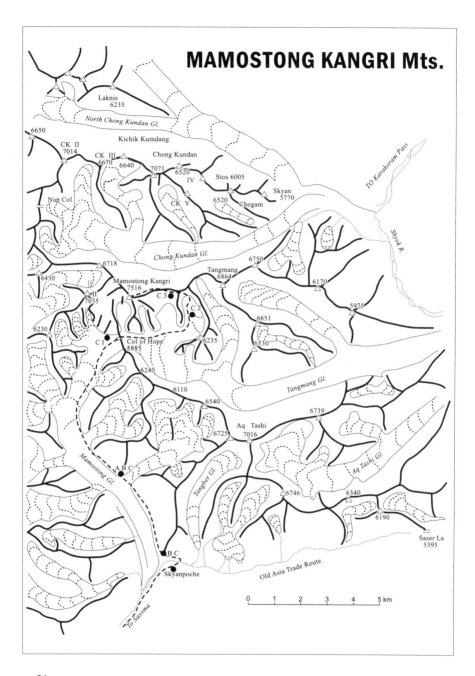

北面に登路を求めたのには、もう一つ理由があった。それは日本人としては1908年の大谷探検隊以来、実に75年振りに辿ることになる中央アジア交易ルートを辿って、一歩でもカラコルム峠に肉薄したい、という熱い想いと、リモ氷河周辺の踏査もしたいという願望からであった。しかし、このプランは、デリーで修正することになった。インド陸軍にはこのエリア全域にわたって美しい三色刷りの5万分の1の地図があった。それを見ると日本から携えていったＡＭＳ（US Army Map Service Corps of Engineers）や学研などの地図とは、尾根や氷河が全く違っていた。

　結局、この地図でマモストン・カンリの地形はすべて明らかになった。マモストン・カンリの北面は切れ落ちており、チョング・クムダン氷河側からの取り付きは難しいことが分かった。加えて計画段階から懸念されたアッパー・シャイヨーク川の増水問題（戦前の多くの探検隊を苦しめた）から、北面は諦め、南面のマモストン氷河から攻略することにした。

ヌブラ谷

　7月29日、本隊が灼熱のデリーに到着。その翌日、私たちはインドの陽気な仲間たちと合流した。インド側メンバーは、ほとんどが登山学校のインストラクターで、いわばプロの連中ばかりであった。

　合同隊ゆえに出発準備も早く、8月1日には隊荷を積んだトラックを送り出し、隊員は翌2日に、空路スリナガールへ飛んだ。さらに3日にはスリナガールから30分ほどのマウンテン・フライトを満喫してラダックの首都レーに到着した。

　古くは東西文化交流の要衝の地であったチベット文化圏のレーも今では、インド軍の補給基地として重要な拠点となっている。隊荷の到着待ちやヌブラ谷のポーター、ポニーのアレンジのために1週間の滞在を余儀なくされた。ちょうど8月5日から1週間、夏のフェスティバルが開催されていて、この長い滞在も飽きることなく楽しむことができた。

　10日、レーを後にヌブラ谷へ向かう。隊荷を乗せた3台の軍用トラックは、ブラウン一色の山腹を砂塵を巻き上げ、エンジン音を唸らせながら時速10〜20kmの遅々としたスピードで進む。レーから喘ぎ登ること2000m、自動車で越えられる峠では世界で最も高いカルドン・ラ（5486m）に着く。レーからヌブラ谷やシャイヨーク川へ入域しようとする場合、どのルートを辿ろ

うともラダック山脈の高い峠を越えなければならない。幾多の中央アジア探検隊を苦しめたこの関嶺も、今では前進基地への軍用道路が通り、車で越えられるのだから便利になったものである。

峠のすぐ下で懸垂氷河を横切った後、車はシャイヨーク川を目指してひたすら高度を下げる。やがてシャイヨーク川が眺められるようになり、その川幅の広さは地図から想像する以上の広さであった。川幅一杯、まるで墨流しのような真っ黒い濁流が滔々と流れていた。シャイヨーク川左岸にそって広漠とした河原や、小山のように盛り上がった扇状地の押し出しを越えると、やがて正面に青々としたヌブラ谷が現れた。

レーからの第1日目はヌブラ谷の入り口にあたるスムレ村泊まりとなる。

11日、スムレからキャラバンのスタート地サソマまでは約45kmの道程で、車で3時間ほどである。サソマへの途中、豊富な温泉が湧き出るパナミック村を通る。1906年に新疆省を踏査してカラコルム峠を越えてこの地に至った日野強少佐は、その著書『伊犁紀行』の中で、「清国の垢と英領の垢とを同時に洗い去る、あに快事ならずや…」と記している。

パナミックからサソマまでは約15km。小1時間の距離である。途中の道々にはストパー、チョルテン、マニ車などが見られ、また、家々の造りも平屋根の石積み家屋で、ヌブラ谷はどこまで行ってもチベット仏教圏の世界であることが窺われた。正面に飛行場を思わせるような広大な河岸段丘が現れるとサソマであった。レーから2日間の山岳ドライブで約160km走り、高度で2000m登って200m下ったことになる。

古き交易路

サソマからの道は、レーからサセール峠、カラコルム峠を経て遠くヤルカンドに至る、昔の中央アジア交易ルートを辿るが、その登り口はどこを登っていくのか分からないような懸崖とゴルジュとなっている。サセール峠から流れ来るトロンポティ・ナラの川は、ヌブラ谷に出合う手前で大ゴルジュ（峡谷）帯を作り、沢沿いに遡ることは出来ず、道は右岸にそそり立つスラブの大岩壁に取られている。その道は石を積み上げて作った道で幾度となくジグザク・ターンを繰り返し、一気に600mも高度を稼いでしまう。この天に通じるかのような岩の道を登りつめた所がトロンポティ・ラである。峠に立つと眼下にはヌブラ谷の白い川床が俯瞰でき、行く手には両岸が切り立ったト

Mamostong Kangri I (7516m)(L),
II (7035m)(C), III (7016m)(R)(H.Kapadia)

ロンポティ・ナラの激流が眺められた。峠の下には道から転げ落ちた哀れな馬の死骸が灼熱に晒されており、よくもこのような険しい道を隊商が行き来したものだと感心させられた。

往時の旅の厳しさを偲ばせる古き交易路だが、今ではインド軍の補給路として使われており、途中のウムロンやスキャンポチェには石積みのシェルターがあってインド軍の哨兵が駐屯している。ウムロンの下は川幅がわずか2〜3mに狭まる大ゴルジュとなっており、このゴルジュに架けられた石の橋を渡り、河岸段丘のボロボロの道を一気に150mほど登るとジンモチェに着いた。支流の徒渉に苦労させられながらさらにトロンポティ・ナラに沿って進み、サソマから3日目にスキャンポチェに到着。

このスキャンポチェの対岸、ちょうどマモストン氷河がトロンポティ・ナラに合流する地点のモレーン台地の上にＢＣ（4600m）を建設した。レーからは2日のドライブと僅か3日間のキャラバンという至近距離で、アプローチとしては楽であった。

8月16日には先発隊によってＡＢＣ（4900m）予定地が決められ、翌17日からＡＢＣへの荷上げが開始された。

ＡＢＣは、ＢＣからマモストン氷河のサイド・モレーンを進み、左岸側から最初に出合う支氷河を横切ったモレーン台地の上で、近くにはコバルト・ブルーに輝く美しいモレーン湖があり、気持の良いキャンプ・サイトであった。

絶望か希望か

18日に安全祈願の「ハタケ」の儀式を済ませ、翌日から本格的な登山活動を開始した。19日、ＡＢＣへの荷上げをした尾形ら8名は、ＡＢＣに到着後、Ｃ１へのルート偵察のためマモストン氷河を遡り、5300m地点に達した。

この日の偵察によって、これまで前衛峰に阻まれて見る事が出来なかった南面の全容が明らかになった。南面は圧倒的な花崗岩の大岩壁におおわれており、一見してタンマン氷河経由のルートしかないように思われた。

　21日にマモストン氷河の源頭部にＣ１（5600m）を建設し、翌日からＣ２へのルート工作に向かった。南壁から南東に派生する稜線は、マモストン氷河とタンマン氷河の分水嶺をなしており、南壁直下にタンマン氷河への通用門のようなコルがある。果たしてこのコルが「希望のコル」になるか「絶望のコル」になるか、ＢＣでも懸念されていた。

　Ｃ１から10分ほどでコルへ突き上げる雪面が見上げられる。富士山の8合目辺りのような斜面がコルへと続いていた。コル直下のガラ場を越え、イースター島の巨石を思わせるような岩塔を過ぎるとコル（5885m）にでる。コルに立つと眼下にタンマン氷河が広がり、眩しく輝いていた。これだけ大きな氷河が、なぜ学研の「カラコルム」の地図では抜け落ちているのか不思議でならなかった。コルの反対側はすっぱりと切れ落ちており、大きなクレバスが口を開けていた。コルから右へ40m水平にトラバースした後、クレバスの一番口の開きが小さい所を目指して3ピッチ下り、ガラスのようなスノー・ブリッジを渡ってタンマン氷河の源頭部に降り立つことが出来た。こうしてコルは「希望のコル」となり、未踏の頂は大きく近づいた。源頭部から俯瞰するタンマン氷河は一面なだらかな雪面となっており、クレバスもそれほど心配ないように思われた。この日は、さらにタンマン氷河に足を踏み入れ、気の遠くなるような氷河横断に汗を流した。

　翌日、さらに雪原をトラバースして行くと、東稜側からアイスフォールが幾条か落ちてきており、この右寄りにルートを取る。数ヶ所のクレバスと氷壁に3ピッチの固定ロープを施し、さらに右上のアイス・プラトーにルートを延ばして、この地をＣ２（6100m）とした。

東稜

　27日、尾形、新郷ら3名がＣ３のルート工作に向かった。Ｃ２〜Ｃ３間は大小いくつものクレバスが錯綜しており、その度に右往左往させられ時間を費やされた。最後の大きなクレバスを越え、その上の広大な雪原に出ると、目前に目指す東稜のコルが現れた。

　東稜に飛びでた所は、高度6700mのコル状の地点で、そこから北東稜は

男性的なスカイラインを描いて頂上へ急峻にせり上がっていた。コルからは目の前にチョング・クムダンⅠ峰（7071m）の峻峰が眺められ、眼下にはチョング・クムダン氷河の美しい縞模様が続き、遥かその向こうにはデプサン高原に続く赤褐色の山脈が望まれた。

雨と雪

　Ｃ３（6700m）を建設した後、30日にはＣ３上部の東稜上にルートを延ばし、7100m地点まで達した。これでアタック態勢は整い、休養のために全員ＡＢＣへ下った。

　ところが翌日から天候が崩れ、ＡＢＣでも雨、雪、霰の悪天に見舞われた。この悪天候は4日間続き、当初のアタック・プランは延期を余儀なくされた。

　一度、9月5日と6日にアタックに向かったが、天候が悪くＣ２で断念してしまった。

　9月11日、気圧がぐんぐん上がり出し待望の好天が到来した。今度こそ好天をものにしようと、1次隊の5名を一気にＣ２へ送り込んだ。ＡＢＣからＣ２まではかなりの長丁場となるが、それでも5時間ほどで到達した。

登頂

　翌12日、1次隊の5名は、すっかり消えてしまったトレールに深いラッセルを強いられ、固定ロープを掘り起こしながらＣ３に移動した。雪で押し潰されたテントを掘り起こし、もう1張のテントを設営して翌日のアタックに備えた。明けて13日、山田、吉田、ラジブ、ダス、チョーハンの5名は、Ｃ３を午前4時半に出発して頂上に向かった。前日掘り起こしておいた固定ロープを伝って登高を続け、午前8時過ぎにはロープの終了点に到達した。さらにその上、5ピッチの固定ロープを施して7200mの肩にでた。肩まで上がると東稜は幾分傾斜が緩くなり、ピラミダルな山頂へと雪稜が続く。やがて東稜は両側がすっぱりと切れ落ち、やせ細った頂稜となる。手前に眺められたスノー・ピークは、頂上ではなく、真の頂上は、さらにその奥にあった。

　1次隊は6時間の登高の末、午前10時20分、マモストン・カンリの初登頂に成功した。

　頂上からの360度の眺望は、素晴らしかった。西方の雲海にはリモ、Ｋ12、サルトロ・カンリなど東部カラコルムの巨峰が浮かび、振り返ると一際

大きくサセール・カンリの山塊が眺められた。

14日、前日の好天は一変して風雪が荒れ狂い、2次隊の7名はＣ3に閉じ込められた。

翌15日、2次隊はＣ3を午前7時に出発し、午後1時少し前に登頂。尾形、新郷、岩崎、マハビール、シンの5名が第2登に成功。サンドゥ隊長とナンドゥの2名は途中で引き返し、晴天の翌16日に第3登に成功。ここに日印双方の登攀隊員12名全員が登頂を果たし、申し分ない形でこの合同隊はハッピー・エンドとなった。

9月22日、雪が降り積もる中、ＢＣを撤収して下山の途に着いた。トロンポティ・ナラやヌブラ谷の流れは、入山時の濁流が嘘のように澄み、美しい清流となって流れていた。この1カ月半の間にヌブラ谷では黄金色の収穫期を迎え、カルドン・ラの関嶺は雪におおわれるようになった。私たちはやがて来る厳しい冬の到来を前にラダックに別れを告げた。

印日合同カラコルム登山隊1984年
隊長：尾形好雄(36)、副隊長：山田 昇(34)、隊員：新郷信廣(41)、吉田憲司(31)、岩崎 洋(24)。インド側隊長：Ｂ．Ｓ．サンドゥ(49)、ドクター：Ｒ．クマール(38)、隊員：Ｈ．Ｃ．チョーハン(33)、マハビール・タクル(27)、ナンドゥ・ラル・プロフィット(42)、Ｐ．Ｍ．ダス(31)、ラッタン・シン(31)、ラジブ・シャルマ(29)

[**文献**] (1)尾形好雄『千人の悪魔の峰』HAJ、91頁、1985年
(2)尾形好雄『ヒマラヤ初登頂―未踏への挑戦』東京新聞、pp.127-142、2009年
(3)尾形好雄「マモストン・カンリ初登頂」、『山岳』No.80、pp.69-77、1985年
(4)尾形好雄「マモストン・カンリ初登頂」、『岳人』No.451、pp.22-24、40-45、1985年
(5)尾形好雄編著『東部カラコルム、最後の玉峰』限定・私家版、2015年

東部カラコルム最後の玉峰 リモⅠ峰初登頂（1988年）
The First Ascent of Rimo Ⅰ（7385m）
尾形好雄（Yoshio OGATA, 日印合同登山隊）

はじめに

　1987年は私にとって暗い年であった。ブータンの最高峰で未踏を誇るガンケル・プンスム（7541m）の再戦がようやく1987年秋に許可されることになり、正に乾坤一擲の戦いを挑まんと燃え上がっていたところ、同年2月、ブータン政府は突如この未踏峰をクローズすると発表した。この晴天の霹靂のようにもたらされた登山禁止措置について、ただちにブータンの関係部署に連絡を取るも埒があかず、私は、すぐにティンプーに飛んだ。現地で通信観光大臣をはじめ政府の要人らと面談したが、ガンケル・プンスムのクローズは国の政策として決まった事であり、「どうすることもできない」の一点張りで、私たちの許可を認めてもらう事はできなかった。結局、この折衝で得たのは、「オープンの暁にはＨＡＪに最初の許可を与える」というお墨付きだけだった。傷心の思いで足取りも重く帰国すると、留守中にＩＭＦから思いがけない手紙が舞い込んでいた。

　「リモⅠ峰（7385m）の登山許可を1987年8月～10月の期間で与える用意がある。希望するのであれば至急登山料を払い込まれたし」というものであった。

　ガンケル・プンスムの見通しが真っ暗な時、突然飛び込んできたリモⅠ峰の登山許可は光明を得た思いであった。

　4月の連絡で8月からの登山の話であるから、隊員を公募する余裕はなく、ガンケル・プンスムのメンバーに参加を打診。その結果、4名がターゲットをリモに移すことで合意し、急きょ、ヒマラヤの東端から西の東部カラコルムへ転進する準備が慌ただしく展開された。しかし、その準備も終盤を迎えた6月1日、今度は突如ＩＭＦから計画を翌年夏に延期したいといってきた。2月にガンケル・プンスムが駄目になり、6月にはリモが延期になるダブル・パンチで1987年はほんとうに暗い年だった。

　延期によって1988年の隊員は、ＨＡＪ会員から公募することになった。そしてリモに向かう新たな7名の隊員が集結した。参集したメンバーの年齢

層は53歳から33歳にわたり、その平均年齢は42歳となった。「この中高年登山隊で果たしてリモは落とせるのか」との下馬評もあって、悲観視するむきも多かった。

　リモⅠ峰は、1984年のインド陸軍工作部隊、1985年の印英合同隊、1986年の印豪合同隊が相次いで挑みながらも陥落されず、難攻不落を誇っていた。1985年に挑んだイギリスのステファン・ヴェネブルズは、彼の著書『ペインティド・マウンテン（Painted Mountains）』の中で、自分たちのルート・グレーディングをED（極端に困難）とし、その難しさはアイガー北壁に匹敵すると述べている。それだけに私たちの成功を危ぶむ声が一層強かったのかも知れない。

　リーダーとしては、いかに登るかを考えなければならなかった。一度食い逃せば、再度と相まみえる事は不可能に近い。不遜ながら一発必勝の策を練る必要があった。中高年登山隊で何よりも考慮しなければならないのは、高所での回復力の遅さだ。いかに高所疲労を残さず、各自の体力を発揮させるにはどうすべきか、この事に重点を置いてタクティクスを考えた。

　現地入りしてから急峻ながらもより短い南壁にルートを取ったのもこの観点からだ。当初の計画では、印英合同隊と同じ南西稜を予定した。彼らはリモⅠ峰を登るには自分たちのルートこそベストであり、一番可能性が高い、と報告書で述べていた。

　私たちも先蹤者に敬意を表して同ルートを採ることにしたが、長く急峻な稜は、一般に壁に比べて困難で時間がかかる事は周知の通りである。この点は出発前から懸念されていた。しかし、現地の偵察で南壁のど真ん中に食い入る大クーロワールの左手に格好のラインを見出した時、私たち中高年登山隊にとって頂上への道は一段と近づいた。　→グラビア写真(1)-91頁上

ヌブラ谷再訪

　1988年6月23日、私は4年前のマモストン・カンリに続いて再び処女峰に相まみえることができた幸運を感じつつ、ラダックの首都・レーからカルドン・ラを越えてヌブラ谷を再訪した。ヌブラ谷のサソマから先は、初めて足を踏み入れる流域だ。ワルシはサソマより緑が濃く、シアチェン（野バラの豊かな）の命名の由来となったワイルド・ローズが美しく咲き誇っていた。

　ワルシから先、シアチェン氷河の舌端までは、最もシークレットなエリ

アで、撮影はもちろん、過去の合同隊はいずれも夜間通行を強いられていた。日中、この区間を通行するのは我々が初めてと言われ、緊張した。27日、早朝にワルシのキャンプを撤収してシアチェン氷河に向かう。ワルシからシアチェン氷河舌端のアーミー・キャンプまでは車で約2時間。途中、水量の多い枝沢を何本か横切る。前日ジープが駄目になった枝沢は石を投げ入れてどうにか車を渡した。

　ヌブラ谷の源頭は氷河舌端の大氷壁から奔流が出ていた。これがシャイヨーク川と合わさり、さらにはインダスの流れとなってアラビア湾に注ぐのである。ここにはインド軍の大規模な最前線基地があり、不毛の氷河に向けてカモフラージュされた砲門が不気味に並んでいた。見ない、撮らない、書かない約束なので、早々にシアチェン氷河に入り、先を急いだ。

　氷河上は、インドの軍用ポーターが常時、行き来しているため、しっかりしたトレールがつけられていた。堆石で真っ黒く覆われた氷河は小山のような起伏が沢山あり、アップ・ダウンを強いられる。やがて左岸からテロン谷が出合ってくる。シアチェン氷河との間は大濁流で結ばれており、谷は広く河原がある。谷へはモレーンの急なガラ場を下って容易に降りられた。

　テロン谷に入って左岸の河原を辿ると、しばらくして細い清流があり、柳の茂みが現れる。アーミー・ベースから3時間程であったが、初日はここにキャンプを張った。1978年にパキスタン側のギョン・ラを越えて、この地を訪れ、テロン谷の濁流を前に涙を呑んだ鶴城山岳会の人たちが、寄せ書きをした日の丸を結んだという柳の木を探したが、見つけることはできなかった。1985年の印英合同隊はこの地を「ダスト・キャンプ」と呼んだだけあって、歩くだけで砂埃が舞いあがり、何もかも砂だらけになる。柳の根元にキノコを見つけ、食した。この砂漠のような地でキノコが採れるとは驚きであった。そこで私達はここを「マッシュルーム・キャンプ」と呼んだ。高度は富士山を超す3850mに上がった。

　翌日からポーターによるアーミー・ベースからの隊荷輸送がはじまり、私達はテロン谷上流の偵察にかかった。アプローチの最大の山場は、テロン・トプコ川をいかに渡るかであった。東部カラコルムの登山時期をいつにするかは、複雑な要素が絡んでくる。例えば初夏の早い時期では、ラダックに至るゾジ・ラやタグンラン・ラなどの高い関嶺がまだオープンされないし、これらの峠がオープンされる頃には、氷河の融雪が盛んになり、アプローチに

おける谷筋の増水が大きな問題となる。

　マッシュルーム・キャンプから小1時間ほど左岸沿いに進むと側壁が迫ってきて左岸通しに進めなくなる。対岸に渡らなければならないのだが、氷塊混じりの濁流を前に徒渉点は容易に見つからず右往左往する。決死の覚悟で徒渉を試みた。雨具に身を包んで流れに入ると氷塊が遠慮なしに手足を打ち、たちまち感覚が麻痺する。中州の手前では腰の深さとなり凄い水圧で押し流されそうになる。何とか渡って中州に上がってみたが、次の急流は一段と幅広く悪相をなし、試すまでもなかった。

　次いでアーミー・ベースからアルミ・ラダーを10基借りてきて橋架けを試みたが、長過ぎてたわみがひどくこれも失敗した。結局、最後はシアチェン氷河側から対岸の山稜を回り込み、途中のコルを越えて対岸に降りることにした。ところがこのルートは許可ルートから外れるので、軍の許可が必要と言われ、さっそく無線で許可を得た。当然ながら私たち日本人には許可されず、インド人4名だけがOKとなった。

　7月1日、インド側メンバー4名が待望の対岸に降り立ち、ようやくサスペンション・ブリッジを架ける事が出来た。メイン・ロープにアルミ・ラダーを籠のように吊るしてそれを引くと思いのほかうまくいき、早速、この方法で隊員、荷物を対岸に渡した。こうして4日間の奮闘で、橋が完成し、「リモ見ずして敗退」という結果は免れた。

砲弾の音

　この最大の課題を解決してテロン谷を進み、4日にはノース、サウス両テロン氷河の合流点にBC（4300m）を設けた。1週間もの長い滞在となったマッシュルーム・キャンプ最後の夜、シアチェン氷河の遥か夜空に砲弾の音が響きわたり不気味な一夜を過ごした。夜間に印パ両軍の交戦があったようだ。翌朝はヘリコプターの爆音で起こされた。何機ものインド軍ヘリコプターがシアチェン氷河上流へ飛んで行き、改めてここが紛争地であることを認識させられた。

　5日、私は吉田とN.D.シェルパと共にABCの偵察に向かった。ノース・テロン氷河の中央部は起伏も少なく歩きやすい。BCから8kmほど遡ると右岸に大きな氷河が出合い、本流はゆるやかに右にカーブし、さらに奥にのびる。この合流点には小さな氷河湖が2つあり、1985年の英印合同隊がA

ＢＣを設けた所だ。ここも氷河はかなり流動していた。大きなクレバスがありキャンプ地としては適当でなく、私達はもう少し氷河を詰めて一段上がった所をＡＢＣ（5050m）とした。

　ＢＣ入りしてから崩れ始めた天候も3日間で回復し、8日には久々に雲一つない快晴に見舞われた。デリーを出発してから24日目にして初めてこのノース・テロン氷河上よりリモⅠ峰の全容を眺めることができた。その素晴らしい山容には惚れぼれした。

　翌日、私は、吉田、Ｎ．Ｄ．シェルパ、サマンラとともにＣ１建設に向かった。ノース・テロン氷河右俣から分かれてリモⅠ峰の南西面に食い込む氷河に入る。この氷河の源頭はアイベックス・コル（6200m）でコルの反対側はサウス・リモ氷河になる。氷河は比較的歩きやすい氷河であるが、ヒドン・クレバスが多く、神経を使う。アイベックス・コル直下のスノー台地をＣ１（5960m）に定めテントを設営した。

　11日、Ｃ１入りした後、私は吉田を伴って南壁の偵察に向かった。Ｃ１背後の雪原からデブリを利用して氷崖を越え、その上の氷壁を登る。150mほど登った地点で南壁と対峙し、ルートを観察した。南壁のど真ん中に食い入る大クーロワールはルートには成り得ず、その左手に南壁の中央部を縫うようなルートを見いだせた。約6100mの地点から高度差900mを圧縮して仰視しているので、勾配に多少誤差があるかも知れないが、壁のかぶりもそれほどではなさそうに見えた。プリズムを覗きこめば覗き込むほど良いルートに思えた。唯一気になるのは、南壁の最上部に懸かる懸垂氷河だ。しかし、このアイス・キャップもじっくり観察してみるとそれほど不安定なものではなさそうであった。かといって絶対に崩れないとは断言できない。リーダーとしてこうした自然要因を賭的要素とすることには抵抗があったが、総体的に判断して南壁を登るのがベストのように思えた。

　翌12日から南壁のルート工作を開始した。まずＣ１からアイベックス・コルまでの氷壁とコルから上のデルタ状雪壁に9ピッチの固定ロープを施した。翌13日、前日の終了点からコンケーブ状の岩壁帯を4ピッチで抜け、さらにその上の雪壁に5ピッチ、ルートを延ばし、核心部の岩壁帯が間近に眺められる地点まで達した。

核心部の登攀

　こうして順調にルートが延びたこの日、Ｃ１へ上がってきた青木隊員が帰途、ヒドン・クレバスに転落する事故が起こった。幸い４〜５ｍの転落で止まり救助されたが、この事故は、本人の登頂に影響を及ぼすことになってしまった。14日〜16日にかけては天候が悪く、ルートを延ばすことができなかった。大体、１週間周期で３日間の悪天候に見舞われるようなパターンだった。

　18日からルート工作を再開した。３日間降り続いた雪のため固定ロープは雪に埋もれ、掘り起こすのに時間がかかってこの日は５ピッチしかルートを延ばせなかった。

　翌19日、南壁の核心部と目された岩壁帯のルート工作にかかった。前日の終了点から左上して一段上のスノー・バンドに上がり、これを右に１ピッチ、トラバースする。その上10ｍ程の嫌らしいスラブにアイゼンをカリカリさせながら直上した後、頭上のハングからの落石やスノーシャワーを避けるように左へ左へとルートを延ばす。取り付きから５ピッチ、固定ロープを延ばしたところでこの日は時間切れとなった。それでもこの日のルート工作で南壁の核心部はほぼ終わった。ただ困ったことに、南壁の急峻さ故にＣ１からここまでキャンプ適地を見出すことができなかった。やむなくこの日の終了点近くの、猫の額ほどの外傾したテラスに１張りのテントを設営してＣ２（6750ｍ）とした。しかし、このキャンプはほとんど使われず、この日インド側隊員２名が１泊しただけに終わった。

　翌日、Ｃ２に泊まったＮ.Ｄ.シェルパとサマンラの２名は、上部のルートを見いだせず、この日は１ピッチもルートを延ばせなかった。21日、私は気合をいれて、新郷隊員と２名でＣ１から一気にＣ２に上がり、そのまま急峻な雪壁に６ピッチ半ルートを延ばして南壁突破のメドをつけた。予定より早く22日から天候が崩れ、25日まで悪天が続いたが、この悪天候は私たちにとってアタック前の良い休養となった。４日間続いた悪天候も回復の兆しを見せ、素晴らしい夕暮れがノース・テロン氷河上に訪れた。リモⅠ峰は新雪を被り、一段と白さを増し、眩いほどに輝いていた。

　前夜、ＡＢＣで発表されたアタック・プランは、日印双方３名ずつ６名１パーティで２隊に分けて登頂する計画で、27日にファイナル・キャンプを設けて、28、29日両日に登頂することにした。27日、１次隊の６名はサポート

隊の6名と一緒にＣ１から南壁を登って行った。4日間の悪天で37ピッチの固定ロープの内、雪壁部分の大半は雪に埋もれ掘り起こすのに時間がかかった。先日の最高到達点から私はラッタンと2名で南壁最上部の雪壁にルートを延ばした。稜線がすぐ目の前に見えるものの胸まで没する深いラッセルで遅々としてペースが上がらず、時間だけが容赦なく過ぎていった。4ピッチ、200m固定ロープを延ばした所で、ついに南壁を抜けきり、待望の南西稜に飛び出した。

　しかし、稜線は両側にスパッと切れ落ちたナイフ・エッジで、さらにその先には城砦のようなピナクルが立ちはだかっており、とてもキャンプサイトどころではなく、失望させられた。時間はすでに午後4時を回っており、しばし途方に暮れるも、ともかく、ハーケン陣を敷いて荷上げ品をデポした。稜線上はどう広げてみても4名が限界のように思われたので、取り敢えず1次隊の中から日印双方2名ずつ残って、あとはＣ１へ下ることにした。残った私と吉田、Ｎ・Ｄ、サマンラの4名は黄昏迫る中で狭いリッジをカッティングしてキャンプサイトを広げた。雪のすぐ下は氷となり、骨が折れた。遥かＫ２の西の空に最後の残照が消えかかる頃、どうにか1張り分の整地を終えた。テントの片方が空間に飛び出しているこの空中の止り木に何とか身を横たえた時は午後10時半を回っていた。

　翌28日、寝苦しい一夜から解放され、午前7時半から私と吉田でルート工作を開始した。ファイナル・キャンプ（7000m）から続くナイフ・エッジは左から側壁をトラバースして、裏手に食い入るガリーを詰める。1ピッチ半ロープを延ばしてピナクルの基部にでると、私たちの「空中の止り木」が危なっかしく乗っかっているのが眺められた。足下から2000m下にはノース・テロン氷河が美しい縞模様を描いていた。

　ピナクルは始め右側の固い蒼氷の壁を登り、20m程直上した。しかし、その先は尻の切れそうな氷稜となっており、振りだしに戻された。やむなく途中から不安定な雪壁をトラバースした。雪質の悪い雪壁を雪崩の脅威におびえながら一歩一歩慎重に足を運んだ。ピナクルの基部から1ピッチ半でようやく広々とした雪面に出た。ここならＣ３に申し分ないキャンプ地であった。

　時間はまだ午前10時。この先のギャップを偵察すべく先に進む。この頂上直下のギャップの存在は、計画段階から懸念されていた。ギャップはあるのか無いのか、あるとしたらどの程度のギャップなのか、私達はこの存在に

最後まで悩まされた。

遂に登頂

　途中一個所急峻な雪壁に固定ロープを1本張り、痩せた雪稜に上がって上部を眺めると、頂上雪壁の下端は、富士山の火口壁のように切れ落ちており、こちら側も同じように切れ落ちているのではないかと心配になってくる。しかし、懸念されたギャップはなく、平坦なスノー・プラトーで繋がっていた。頂上が指呼の間に見えるこのスノー・プラトーで時刻は正午を少し過ぎたばかりであった。天候は無風快晴。当然のことながら頂上を目指すことにした。

　頂上雪壁に続く下部のミックス壁に最後のメイン・ロープを固定する。このミックス壁を抜けると頂上はすぐであった。午後2時3分、私たちの前に登り詰める雪壁はなくなった。代りに素晴らしい東部カラコルムの大パノラマが飛び込んできた。それにしても頂上からの360度の眺望は素晴らしかった。特筆すべきはテラム・シェールのアイス・プラトーだ。ノース・テロン氷河の源頭を形成する稜線の裏側にあのような氷の台地が広がっているとは驚きであった。そのテラム・シェールの背後にはサルトロ・カンリ、シェルピ・カンリ、マッシャーブルム、ゲント、チョゴリザ、バルトロ・カンリ、K2, ガッシャーブルム、テラム・カンリ等々カラコルムの山並みが重畳と連なる。東部カラコルムで一際抜きんでているのはやはりK2とサルトロ・カンリだ。眼を転じるとマモストン・カンリとサセール・カンリも己の雄姿を誇示していた。まさに飽きることのない展望であった。

　頂上を後に下降に入ると途中でC1から上がってきたラッタンとカネィヤとすれ違った。2名もそのまま登り続けて午後4時前に登頂した。29日には、C3からでた新郷と二俣がまず午前7時55分に登頂。続いてC1からのシェルプが午前9時40分に、同じくアタヌが午前11時20分にそれぞれ登頂した。遅れてC1を出発した渡辺と高橋ドクターのうち、渡辺はそのまま登り続けて午後5時20分に頂上に立った。30日、前夜C3泊まりとなった高橋ドクターが12人目、最後の登頂者として午後0時13分に頂上を踏んだ。

おわりに

　こうして東部カラコルムの最後の玉峰として難攻不落を誇ってきたリモI峰は、印日双方12名のメンバーにその頂を明け渡したのである。

ＨＡＪの先輩たちが東部カラコルム（インド領カラコルム）に熱き想いを寄せられたのは、1973年の昔に遡る。以後、長い時の流れの中で、取り巻く情勢が変転を重ね、推進する人が代わろうともこの熱き想いは絶えることなく脈々と引き継がれてきた。この情熱の継続こそがマモストン・カンリ、サセール・カンリ、リモという東部カラコルム3部作を結実させたのであろう。

　遅れてきたはずの私たちが、この美酒を酌み取る栄誉に授かる時、この地に想いを寄せられた多くの先輩たちに想いを馳せずにはおれない。

　4年ぶりのヌブラ谷は、変わることなく緑美しい谷であった。インドでは翌年からこの地で「ヌブラ登山学校」を開校したい意向だと聞く。1985年の正式オープン以来、毎年何隊もの登山隊を受け入れている「インド領カラコルム」は、その門戸を確実に広げつつあった。

印日合同カラコルム登山隊 1988年
日本側隊長：尾形好雄(40)、隊員：青木正樹(53)、渡辺斉(48)、新郷信廣(45)、高橋純一(39)、吉田秀樹(35)、二俣勇司(33)。インド側隊長：フカム・シン(50)、医師：Ｃ.Ｒ.パタナイン(40)、連絡管＝Ｒ.ラビ(25)、隊員：Ｖ.Ｋ.ヴィット(32)、Ｎ.Ｄ.シェルパ(40)、カネイヤ・ラル(35)、ラッタン・シン(35)、ツェワン・サマンラ(30)、アタヌ・チャタレジ(27)、シェルプ・チョルデン(33)

[文献]
(1) 尾形好雄『ヒマラヤ初登頂—未踏への挑戦』東京新聞、pp.176-192、2009年
(2) 尾形好雄「リモⅠ峰初登頂—東部カラコルム最後の玉峰」『ヒマラヤ』No.204、pp. 1-18、1988年
(3) 尾形好雄「リモⅠ峰初登頂」『岳人』No.497、pp.57-62、pp.92-95、1988年
(4) 尾形好雄「リモ峰ついに陥落」『山と渓谷』11月号 pp.14-19、1988年
(5) 尾形好雄編著『東部カラコルム、最後の玉峰』限定・私家版、2015年

サセール・カンリ山群、チャムシェン初登頂(2013年)

Lure of the Unknown, An Exploratory Climb of Chamshen (7017m)

ディヴシュ・ムニ（Divyesh Muni, HC）

概要

2013年8月21日にサセール・カンリ山群のサカン・コル（Sakang Col, c.6150m）を越えてサカン氷河（Sakang）から北シュクパ・クンチャン氷河（North Shukpa Kunchang）に入った。そしてインド・イギリス合同登山隊は、P.7017m（チャムシェン、Chamshenと名づけた）の初登頂を成し遂げた。8月14日に、アンディ・パーキンは雪崩に遭い重傷したが、インド空軍のヘリコプター・パイロットの協力によって救われた。

はじめに

凍りついたテラスから一歩踏みだし、サカン・コルからの急な北側の壁の懸垂下降を始めたとき、不安の高まりを覚えた。それは、引き返すことのできない行動のように思えた。こうして、私たちは北シュクパ・クンチャン氷河への500mの下降を開始した。

Victor Saundersにこの探検登山の詳細を知らせた時に「このルートの最大の不安は、遭難または病気が発生した場合、サカン・コルを登りかえして元の場所に戻ることはまさに挑戦であり、ヘリコプターによる撤退しか方法はない」と書いてきた。まさに、これが現実のものとなったのである。

未踏の7000m級の高峰の誘惑は強く、それらを見る機会があったら、次の登山目標となるに違いない。私は、2009年にプラトー・ピーク（Plateau

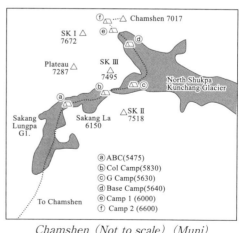

Chamshen（Not to scale）（Muni）

Peak, 7287m）に向かった(1)。しかし、素晴らしいルートで6600mに達したところで、残念ながら悪天候に遭遇して断念した。プラトー・ピークは謎のままに残った。数隊が西側から向かったがどの隊も成功できなかった。BCまでのルートを見つけることが最初の挑戦であった。そして、次が登攀ルートであった。

サセール山群の7000m級の高峰の中心に聳えている山はP.7017mである。IMFはその山をツグモ・ザルポ（Tughmo Zarpo）として発表したが、ツグモ・ザルポは後で確認したところ隣接する小さいピークであった。私たちは氷河の名前をつけて、チャムシェン峰（Chamshen）とした。

P.7017mを東面の北シュクパ・クンチャン氷河側から試登できないかと考えた。これまでその谷に入った2隊の記録をHJで読んだ。北シュクパ・クンチャン氷河には東側のショーク谷（Shyok Valley）から接近することができるが、夏季には下部の水量が多くて入谷できないし、P.7017mのBCに入るには北シュクパ・クンチャン氷河を32km通過しなければならない。別のルートを検討していて2009年にプラトー・ピークに登山したとき、サカン・コルから下って行くルートがあることを思いついた。サカン・コルからの降下は、急で、危険がある。しかし、東のアプローチの困難さと比較して、より良いルートのように思えた。

登山隊は、Victor Saunders、Susan Jensen、Vineeta Muni、Andy Parkinと私で構成された。シェルパのサポートチーム6名Samgyal、Mingma、Ang Dorji、Chedar、Dawa、Karmaと3名のキッチン・スタッフ、Chetup、Sonam、Kami、それに、メイルランナーのRameshであった。LOが同行した。輸送や荷揚げのサポートはRimo Expeditions社に依頼した。

難航した登山ルート

2013年7月18日に空路でレーに到着し、登山装備をチェックし、計画を話し合い、順応のために4日間を費やした。難しい地形なので、BCに隊貨を運ぶのが最初の難関だった。ホングラス（Phonglas, 4400m）に泊まり、7月25日にBC地点に着いた。サカン氷河の上部からのルートを見つけるか、北シュクパ・クンチャン氷河から接近するかが当面の検討課題であった。

BCで登攀用具を整理しながら、1日を休養にあてた。サカン氷河の中心部のモレインの上にABC（4800m）を建設した。ABCまでは長く、ひどく

苦しいルートであった。まず最初に、氷河の左岸のサイド・モレインの登りから始まった。それから、支氷河がサカン・ルンパに合流する地点を避けるために、中央モレインを横切ることにした。クマオンのポーター隊とシェルパ隊は、ABCに向かう隊員の行動をサポートした。

　7月30日に、サカン氷河の源頭部の調査をするために、1日を費やした。そして、2つのコースを調査することにした。プラトー・ピークとサカン・ピークをつないでいる壁の南面からのルートと、もう一つはサカン・ラ（6150m）を越えて北シュクパ・クンチャン氷河に行くかのコースである。

　翌日に、隊員の大部分は、シェルパたちと一緒になって最初のルートを偵察するために、サカン・ラまで登った。下降ルートを見た最初の印象は、言葉もでないほどであった。「あれを見てみろ」とVictorは私に叫んだ。周辺を見まわす前に、私は長い間黙ってコルに座っていた。シェルパたちも声もださずに凝視していた。それは難しくて、危険であった。私が先ず下りかけたが、シェルパたちに運びあげたロープと登攀具を降ろすように命じた。しかし、とても動けそうになかった。ルートは、あまりに不安定に見えた。

　ABCで、別のルートについて考え、サカン・ラを見てみることに決めた。8月3日に、Victorと私は、再びサカン・ラに登った。しかし、ABCに向かって歩いているとき2人共ルートに対してかなり懐疑的であった。いずれにせよ、AndyとSusanは、氷河基部からのルートを調べた。このルートはアルパイン・スタイルによる速攻で登れる可能性があるという意見であった。

　8月5日に、サカン・コルの下のキャンプへ移った。このキャンプまでのルートはクレバスを縫うように進むものであった。午前中半ばまでは、雪は柔らかかった。一歩一歩が不確実なステップであった。通過できるか、崩れるかの賭けであった。雪の中で深く腿までもぐり、時々クレバスにはまったりした。時にはクレバスに落ちた隊員を引っぱり上げなければならなかった。

　サカン・ラから向こう側

Summit Ridge of Chamshen (7017m) (D.Muni)

への下降ルートを、もう一度検討した。Victor、Samgyalと私は、ルートが氷河に垂直に下降をする地点まで横断した。それは、驚くべき経験であった。ルートは落石の危険にさらされ、岩の沢山の破片がずっと散らばっているのを見た。そこに立っている間、落石の音を聞いた。議論をするまでもなく、このルートを下る危険を冒さないことに決定した。

サカン・ラで、サカン・ピークのさらに東を観察した。立っている場所から200m先の東にある急な氷の傾斜は、氷河の下部に行くにつれてずっと減少していた。落石の恐怖は下部の斜面にはなかった。斜面へのルートを見つけることができれば安全なルートがあるかもしれないと思った。

次の日に、Victorと2名のシェルパと私は、サカン・ラへの尾根についた切れ目に沿って登った。より分かり易いために、それを「アンディのコル（Andy's col）」と呼ぶことにした。SusanとAndyは、提案された下降ルートよりさらに上に直接に続く切れ目に取り付く努力をしていた。ここを「スーザンのガリー」と呼ぶことにした。アンディのコルへの登攀は、垂直に近いものであった。コルに到達したので、気分は「やったぞ」と高揚した。安全で登攀可能に思えた。その点から直接下って続いている急な氷の斜面は、氷河までずっと曲がりくねっているように見えた。幸せな思いでキャンプに戻った。SusanとAndyの調査の結果は駄目であった。私たちが探しだした1本だけが安全なルートと思われた。

シェルパたちが最初の下降ルートから「アンディのコル」へ荷を運ぶ間、次の2日間は再び検討を重ねた。およそ300mのロープを下降ルートに張って、氷河の向こう側まで大部分の登攀具と食糧を運んだ。北シュクパ・クンチャン氷河に渡る前に活躍したSusanとAndyはABCで一日休んだ。

サカン・ラを越える

8月10日に、サカン・ラを横切って重い荷運びを開始した。Victor、Susan、Andyは、4日分の自分たちの食糧を運んだ。Vineetaとシェルパたちと私は、12日間の必要装備と食糧を上げた。ルートには11名がいた。私は午前11時にコルから下降を開始したすぐ下の斜面は50mほどが垂直で、次いで傾斜は60度くらいになり、徐々に緩くなった。それは未知へのステップであった。失敗は許されなかった。2つの巨峰、サセール・カンリⅡ峰とサセール・カンリⅢ峰の間の谷を下って行った。最初の100mは急いで下った。

セルフ・ビレイをして、次のロープの長さまで下る準備をしたので、Vineetaは私の頭上のおよそ50m上にいた。Mingtembaたちはさらに遠くの上部にいた。そのとき、爆発のような音を聞いた。すぐに見上げたが、頭上に岩のシャ

Chamshen (7017m) (D.Muni)

ワーが降ってくるのが見えた。私は固定ロープによって行動を制限されていたので叫び声をあげることしかできなかった。氷に頭を埋め、ヘルメットが救ってくれることを願っていた。幸運にも3名は、無傷で逃げることができた。それから、できるだけ急いで下り始めた。溶けた氷は、サカン・ラの端から、落石を誘発した。取り除いた大きい玉石は、頭上の斜面に落ちてきて、爆発音を引き起こして割れ散った。

　大部分の隊員は、岩壁を伝って岩峰を半分下った所で待っていた。さらなる下降ルートはロック・バンドのところにあった、慎重な横断と下降を必要とした。下で行動している仲間を危険にさらすので、少しの岩も取り除くことができなかった。ロック・バンドに続いて氷河に達するために、雪と氷の斜面を乗り越えなければならなかった。シェルパたちは、荷を降ろすために、下部に200mのロープを張った。用心深く斜面を下り、すべての荷を降ろすために2、3時間かかった。午後4時、氷河の下降を開始した。谷の側面に位置しているサセール・カンリ山群からのどんな雪崩からでも安全な場所に、狭い谷を抜けだしてキャンプを張らなければならない。

　Victor, Susan, Andyは前進して、北シュクパ・クンチャン氷河との合流点に達する安全なルートを探した。全員が合流点に着く頃には、ほとんど暗くなってしまった。急いでテントを設営し、夜を迎えた。全員が、精神的にも身体的にも疲れきっていた。

　翌朝、リラックスして出発した。景色は仰天するほど素晴らしかった。北シュクパ・クンチャン氷河は曲がりくねって高度を下げており、高いピークのある両側は岩壁になっていた。P.7017mの南端の近くで、北シュクパ・ク

ンチャン氷河の中央モレインへ行くのは緊張が続いた。良いキャンプ場を見つけるために氷河を横切って約4時間かかったが、努力の甲斐があった。そこをチャムシェン・キャンプ（Chamshen Camp）と呼ぶことにした。私たちが登るP.7017mの名前を付けたのである。氷河を横断して進んだので、後ろに不気味なサセール・カンリⅢ峰の巨大な正面があり、畏敬をもって見上げた。落ちる危険のある大きい懸垂氷河のセラックと壊れた氷を考慮して、できるだけどんな瞬間でもそれから遠く離れるようにした。

P.7017mは、ツグモ・ザルポ（Thugmo Zarpo）ではないことは明白になった。ツグモ・ザルポより低い隣接しているピークであった。その晩、北シュクパ・クンチャン氷河の上部のサセール・カンリⅡ峰、サセール・カンリⅢ峰、P.7017m、ツグモ・ザルポと多くの峰々の絶景を楽しむことができた。

翌日、8月12日に、Victor、Susan、Andyは東に向かい、アルパイン・スタイルのためのルートを探している間に、Samgyal、Ang Dorjeeと私は北からP.7017mのルートを調査するために氷河のより上部の方に行った。両方のルートは、可能性があると思えた。Victor、Susan、Andyは、必需品を補充するために、サカン・ラの向こうへ戻り、Vineetaと私は、シェルパたちにサポートしてもらい、北稜からP.7017mを試登した。

Victor、Susan、Andyがチャムシェン・キャンプで1日休んでいる間、私たちは6000mのC1に移動した。C1までのルートは、最初の部分はモレインの上で、続いて、壊れた氷河に続いていた。ルートは、キャンプ・サイトまでずっとクレバスを通ってジグザグに進むようになっていた。

高く登ったので、プラトー・ピークへむかうルートのより良い眺めを得ることができた。チャムシェン・キャンプからプラトー・ピークの基部までの安全なルートを見つけることが次の挑戦であった。後にチャムシェンを攻撃するための可能性のあるルートが見つかった。

サセール・カンリⅡ峰からの雪崩

C1に落ちついた後、天気は午後になって激しく雪が降ってきた。降雪は夜を通して続いた、8月14日の朝になっても回復する兆しはなかった。チャムシェン・キャンプへ戻って、天気の回復を待つことに決めた。引き返すときは、冷たく強い風が吹いた。視界が悪く、クレバスの迷路の中に帰り道を見つけるのは慎重にしなければならなかった。キャンプに戻ったとき、イギ

リス人たちはサカン・ラを横断して越えるための準備をしていた。
　私は、彼らがこの天気の中で横断を試みようとしているのを見て心配であった。積雪と視界の悪さと地形自体の危険性は中止するのに十分な理由であった。しかし、彼らは決然として、天気がさらに悪化する前に、横断することを望んでいた。キャンプをでて、8月10日に使った中間キャンプで夜を過ごす予定だった。
　降雪は持続的に続いて、氷河上にいる3名の仲間が心配であった。8月15日のインドの独立記念日をキャンプで祝った。雪が降っていたのでキャンプでじっとしていた。大声で私を呼んでいるのを聞いたのは夜遅くであった。それは、Susanであった。彼女は泣いていた。8月14日の午後10時頃に、彼らのうちの3名は、サカン・ラにある中継キャンプにいるとき、雪崩を予告する爆風によって吹き飛ばされたのである。サセール・カンリⅡ峰から来た雪崩の爆風によってテントを止めていたアンカーのペグが抜かれ、両方のテントが持ち上げられたほど激しかった。テントの中にいた隊員は高くほうりだされ、転がって、着地したが、中のものはまきちらされた。VictorとSusanは、奇跡的に脱出した。Victorは背中を痛め、これからの登山は諦めなければならなかった。Susanは、軽い怪我をした。Andyは、クレバスにほうりだされ20mほど飛ばされた。クレバス側に叩きつけられ、何ヶ所か打撲した。動くことが難しかった。
　夜を徹して、VictorとSusanは、クレバスからAndyを助け出した。彼らは、残っていたテントにうずくまっていた。早朝になって、もう一度強力な爆発に襲われた。さらなる損害はなくて済んだが、Andyにステロイド治療薬を施し、かえって、痛みを感じさせることになったが、氷河上を2km運んでより安全な処へ移動した。VictorとSusanは、テントに彼を横たえて、救援を求めるためにチャムシェン・キャンプへ移動する前に、食物と水を少し与えた。
　最優先する事は、Andyの救出の手配をすることであった。最悪の恐れは現実となってしまった。Andyが自力でサカン・コルを横切ることはできないし、運ぶことも無理であった。しかし、他に脱出点はなかった。北シュクパ・クンチャン氷河の下に行き、ショーク川の岸へ達するためには、32km下らなければならない。しかもショーク川が道路への出口を妨害するかもしれない。Andyのための唯一の突破口は、空路であった。

サカン・ラの向こうにシェルパを行かせても、ヌブラ谷に戻ってくるのには数日かかる。LOは隊から離れ、下の軍隊の駐屯地に移動していた。Andyの空輸のための手配をするために、緊急メッセージを送らなければならなかった。その唯一の方法は、Victorが万一の事故のために持ってきた衛星電話を使うことであった。衛星電話の使用は国境安全のために許されていなかったが、Andyの救出を手配することができる唯一の方法であった。メッセージを発信した。

　その後、数時間、私たちがVictorとSusanを休ませている間に、Rajesh GadgilとRimo Expeditionsは救出のプロセスを始めた。IMFと保険会社に連絡し、要請し、Andyをインド空軍の飛行機ヘリコプターで運ぶことができた。

　8月16日の夜明けで、Victorと私はシェルパと一緒にAndyのところへ1時間ほどで行った。Andyは熱いお茶を飲んでいて、苦境についての冗談を言っていた。最も、ほんの少しの運動でさえ、痛みをともなったのだが。6名のシェルパたちがヒドン・クレバスの柔らかい雪のところに到着して、ロープ・ストレッチャーにAndyを乗せてチャムシェン・キャンプへ運ぶ間に、Victorと私は柔らかい雪のコースを崩してしまったので、キャンプに戻るために、数時間かかってしまった。

　いずれにせよ、正確な場所を把握し、空軍チームは私たちと連絡をとるために、ヘリコプターのためのコースを計画した。それは、ショーク川に沿い、そして、北シュクパ・クンチャン氷河の上の長い回り道のルートでなければならなかった。視界が悪いために、ヘリコプターはすぐには飛ぶことができなかった。視界が回復したらすぐに飛ぶようにパイロットは待機していた。

　8月17日、一日中、首を長くしてヘリコプターが到着するのを待った。新雪を踏みつけ、風向きを示すために目印の旗を置き、ヘリポートを準備した。

　救出をもう1日待つことにした。ちょうどその時、午後5時頃に、ローターの回る音が遠くから響いてくるのが聞こえ、全員が喜んだ。ブーツを履き、ジャケットを着てテントを急いでででたとき、ヘリコプターが低い雲の下で氷河上を飛んでくるところであった。Andyは、文字通りテントから引きずり出されてAng Dorjeeに背負われて運ばれた。ヘリコプターは、途中で1泊し、レーの病院へ空路到着した。

　Andyは、激しい痛みで、動くことができなかったのは、後の診断の結果、

背骨の骨折だった。このような困難な状況でAndyを救出できたのは、多くのひとの手助けによるが、特に、パイロットの困難な状況での飛行に負うことが大であった。

チャムシェン峰の頂へ

　Andyが安全なところに救護されたので、私たちはほっとため息をついた。天気も、落ちつくように見えた。後2、3日のうちに今後の行動方針を決定しなければならなかった。時間は不足していた。VictorとSusanは、サカン・ラを越えるか、私たちと一緒にチャムシェン峰をアタックするか考えていた。VictorとSusanは、手持ちの食糧がなく、私たちに頼っていた。食糧を分け合うことにし、チャムシェン峰を一緒にアタックすることに快く同意した。

　Vineetaは、食糧をじっくり検討して、残りの日のために使用する計画をたてた。私たちが生き残るためのぎりぎりの食糧しかなかった。1日、天気が落ちつくのを待って、山頂への最初で最後のアタックのために、8月19日に6000m地点にC1を移動した。

　8月20日に、6500mのC2に登った。40度から50度の傾斜のルートが続いた。2、3の大きなクレバスを通過したが、ここに600mのロープを固定した。そこで固定するロープは無くなった。ここから山頂までの地形の困難さがわからないので、固定したロープの200mをはずして、その困難な箇所にそなえることにした。

　標高差520mの高度を稼ぐために、1500mほど西稜を登らなければならなかった。8月21日に、明け方から頂稜リッジにゆっくり進んだ。ルートは、急な雪と急な脆い岩で単純であった。幸運なことに、2つの岩のジャンダルムを通過する簡単なルートを見つけることができた。午前11時に最後の隊員が東カラコルムの峰々の壮大な全景を楽しむことのできる頂上に着いた。喜んで長い時間滞在し、写真を撮ってまわりの絶景を満喫した。

　8月22日にチャムシェン・キャンプに戻り、翌日は休んで、サカン・ラを越える準備をすることにした。サカン・ラに達している狭い谷は『死の谷』と呼んでいた。一気に登りきることに決めた。そして、8月23日の真夜中にチャムシェン・キャンプを出発した。月明かりの夜を急いで前進した。事故現場を通過するとき、Victorは失っていた器材の一部を発見し、取り戻した。早朝までにコルの基部に着いた。地形は、劇的に変わっていた。コルまでの

500mの登りでは、重い荷物と絶え間ない落石と急な氷の脅威のために最も危険な経験をさせられた。下部の固定ロープは、雪崩によって完全に流されていた。コルの基部の巨大なデブリは不吉に見えた。危険を避けるために、できるだけスピードをだして登った。しかし、前日までの数日間にわたる高所滞在と栄養不足は行動に影響した。斜面の行動は、非常に遅かった。ロック・バンドの固定ロープも数箇所で損害を受けていた。重い荷を背負って垂直に近い氷壁の最後の200mをコルへ登り着くことは、今回の登山で最も難しい登りであった。消耗し、脱水症状に苦しんだが、シェルパによって氷の部分に突きでている最後の個所のロープを使用して登りきった。チャムシェン峰の頂上に立つよりもコルを越えることのほうが達成感があった。

エピローグ

続く数日でキャンプを撤収した。BCで、HCコルカタ支部とラダック・スカウトの隊によるプラトー・ピーク登頂成功のニュースを喜んで聞いた。しかし、車の道路にでたところで、警察が待ち受けており、衛星電話の使用について尋問され、Victorは逮捕され、罰金を科せられ、衛星電話器具の没収をされた後、放免された。私たちの非常事態のためにだけ衛星電話を使ったことから、レーの法廷の治安判事は寛容であったのである。将来、衛星電話の合法的な使用がインド政府と警備局によって許可されるシステムになることを願っている。

私たちは、非常に満足な登山をした。Andyは無事であり、怪我から回復していた。私たちの隊はP.7017mの初登頂を成し遂げた。この山を正式にチャムシェン峰と呼ぶことにした。そして、最初とおそらく最後になるサカン・ラの横断を果たしたことになる。

(沖 允人 訳)

[文献] (1) HJ, Vol.33, p.119.
(2) Divyesh Muni : Lure of the Unknown, First Ascent of Chamshen (7017m), IM, Vol.50, 2014, pp.36-43.
(3) Divyesh Muni : First Ascent of Chamshen (7017m), HCNL, Vol.28,9, pp.3-4

シアチェン山群
パドマナブ初登頂, シアチェン氷河探査(2002年)

The First Ascent, Padmanabh and Survey of the Siachen Gl.
坂井広志（Hiroshi SAKAI, 日印合同登山隊）

隊の構成

日本側（JAC）：隊長：坂井広志、隊員：林原隆二、大江洋文、棚橋靖、福和田規、インド側（The Mountaineers Bombay）：総隊長：Harish Kapadia、隊員：Lt.commander Satyabrata Dam、Chewang Motup Goba、Huzefa A. Electricwala、Rushad Nanavatty、インド陸軍連絡将校（Liaison officer）：Capt. Madhab Boro

概要・成果

日印合同東カラコルム踏査・パドマナブ登山隊2002は、パドマナブ峰（Padmanabh, 7030m）に2002年6月25日初登頂した。カラコルム峠（Karakoram pass）往復、コル・イタリア（Col.Italia）通過、テラム・シェール氷原（Teram Shehr Ice-Plateau）初踏査、シアチェン氷河（Siachen Glacier）下降という成果を残した。

山の概要

パドマナブは東カラコルムのリモ山群（Rimo Muztagh）ノーステロン（North Terong Group）に属し、宮森常雄氏編著の「ヒンズークシュ・カラコルム地図」には6990mの未踏峰と記されている。ロシア地図では7000mを越える山となっており、インドは山名をヒンドゥー教の神の一つである「パドマナブ」をとり、パドマナブ峰（Padmanabh, 7030m）としている。近隣の山々もラクシミ（Lakshimi）をはじめヒンドゥー教の神の名をつけている。パドマナブ峰は過去に登山の対象になったことはなく今回の登山隊が初挑戦で初登頂となった。

計画の発端

　計画は2001年8月2日にJACへインド人ハリッシュ・カパディア（Harish Kapadia）より2002年に東カラコルムで合同登山を行わないかとの提案から始まった。東カラコルムはインド、パキスタンの独立時からカシミール地域問題として中国も絡んで自国領土として主張し合っている場所である。東カラコルムには7000m峰の高峰が数多くあり、1970年代は当時実効支配していたパキスタンの登山許可を得て多くの日本隊が初登頂に成功していた。その後この地はインド側の実行支配に移り、登山隊はインド側より登山を行っている。

　ハリッシュからの提案ルートは大変魅力的な地域であった。東カラコルムの最奥部というべきカラコルム峠、中央リモ氷河、コル・イタリア、シアチェン氷河を巡る総延長約550kmの山岳踏査である。当時、JACで理事をしていた私はこの登山の担当を任された。私はハリッシュの提案にテラム・シェール氷河の未踏峰パドマナブ（7030m）を計画に加えるようにお願いした。東カラコルムは軍事上の緊張地域で、合同登山であっても許可の難しい場所である。しかし登山を行う2002年は国際山岳年と日印国交樹立50周年の年という、絶好のタイミングであった。当時外務省は日印国交樹立50周年に向け交流事業を呼びかけており、私はこの登山はそれにふさわしい事業であると外務省に出向き説明した。初めは恰好な計画であると前向きな姿勢であった外務省の係員も場所が国境の定まらない地域と判ると急に態度は変わり、残念ながら支援事業とはならなかった。さらに計画準備中の9月11日にニューヨークでテロ事件が発生し、その余波でカシミール問題が再燃し始めた。外務省情報はカシミール地方の危険度が高まっていることを伝え、日本山岳会内部でも計画実行に対し危惧を唱える方もでた。それまではEメールでハリッシュと計画準備を進めていたが、インドに行きムンバイでハリッシュに直接会って状況把握ができ、実行に拍車がかかった。

キャラバン開始

　5月9日、日本を出発。遠征期間は2カ月間である。5月16日に最奥部落シャイヨーク村（Shyok）からキャラバン出発、馬やロバ計55頭を使い2.5トンの物資輸送である。シャイヨーク川の流れは強く冷たく、いくども渡渉を繰り返す。10日間ほど北上すると次第に水量は少なくなり最後はデブ

サン高原という広い高原にでる。標高は5000mを越える乾燥地帯には白い骨が点々とつながっている。これはボーントレイル、スケルトントレイルと呼ばれ昔の隊商が引き連れた駄馬の死骸である。このトレイルはカラコルム峠（5577m）を越えて中国側へと繋がる道で19世紀から20世紀初頭に多くの探検家が苦労して通過している。5月28日に憧れの地、カラコルム峠に立ち1909年に大谷探検隊が到達して以来、日本人として93年ぶりの再来を果たした。

その後中央リモ氷河舌端にて馬やロバを返し隊員とシェルパによる荷揚げを開始する。この時期、カシミール紛争はピークを迎え始めた。私の衛星電話には、心配するJAC留守本部から連絡が頻繁に入り、ついには日本大使館より帰国を促す電話もかかってきた。目標の山を間近にした私達は諦められることではない、速やかに登山をして帰ると伝える。

Shyok River Crossing （H.Sakai）

計画推進は私達全員の強い意見だった。6月13日にコル・イタリア（5920m/c.6100m）を通過、イタリアの探検家ダイネッリが横断して以来2度目の横断となった。キャラバン開始1カ月後の6月15日パドマナブ（7030m）登山のBC（5650m）に到達した。

パドマナブ初登頂

登山期間は2週間、これまでの1カ月間のキャラバンで隊員の高所順応はできている。かつてパキスタン側から東カラコルムに入山した時代（1970年代）の登山報告書の写真にパドマナブ峰と思われる山容と、宮森常雄氏からの地図情報により目指すルートは南稜と想定していた。標高差600mのAC（6250m）まで数か所のヒドンクレバス以外、特に難しいところはなく登山経験のない連絡将校ですら往復できた。この先南稜は平均斜度45度位の花崗岩質の稜となるが所々に急斜面の岩場やギャップ、雪の小リッジが幾

Over the Col Italia to the BC on Siachen Glacier (H.Sakai)

Padmanabh (7030m) (H.Kapadia)

重にも重なる稜線だった。短い登山期間のため、もとよりルート工作用のロープは多くない。南稜の下半部までルートを延ばし、今後の天候の事も考えアタックをかけることにした。登攀隊長として私が指揮を取ることはあらかじめ決めていたが、インド側ハリッシュ隊長の意見も聞き、アタックメンバーは坂井、棚橋隊員、サティア隊員の3名とした。

前日にACに泊まり6月25日午前3時50分に出発。登り始めて約4時間、サティア隊員が遅れ始める。この先のルート状況と天候、時間を考慮し登攀隊長判断で彼の登頂は無理と説明、彼も納得の上、下ってもらった。上に登るほど天候は悪化しはじめ、ルートも難しくなってきた。特にザラメ状の急雪壁に苦しめられロープで確保されているとはいえ何時崩れるか恐ろしい登攀が続いた。最後のピッチは垂直のトンネル状態、私はもう5m続くようだったら下降したいと思ったほどだった。幸いこの難局を越えると傾斜は緩み頂上は間近だった。午後3時10分、パドマナブ山頂に到達した。なお、残念ながらこの山に登頂できなかったサティア隊員は、その後、登山経験を積み南極到達、エベレスト登頂に成功している。

山頂で、私はハリッシュ隊長から受け取っていた1枚の写真を山頂に埋めた。隊長の亡き長男ナワン・カパディア（Lt.Nawang Kapadia）の写真である。軍人だった長男ナワン・カパディアは2000年にカシミール紛争地帯のスリナガールでテロ事件に巻き込まれ亡くなっている。紛争山岳地帯の平和

を願い、写真を埋める。

　パドマナブ初登頂という成果の他にもう一つ記念すべき成果を私達は残した。それは隊長ハリッシュ・カパディアと林原隊員による標高6000m前後、長さ16km、幅10kmのテラム・シェール氷原の初踏査である。登山はBC撤収後、カラコルム山脈最長のシアチェン氷河を下降、満開のバラの花の咲くヌブラ谷に6月30日に到着し、キャラバンを終える。当初の目的を成功裏に終え、帰国後「東カラコルムの未踏峰へ　遥かな歴史との邂逅」と題した貴重な映像を残すことができた。→グラビア写真(1)-94頁

おわりに

　振り返ってみると、カシミール紛争の最中、広大な山岳地帯を辿り、未踏峰の初登頂を達成できたことは大変幸いであった。当時、私達の通ったキャラバンルートには要所、要所に軍隊の駐屯地があり、大量の廃棄物が氷河上に残置され環境破壊が進んでいた。私は3年前の1999年にパキスタン側のバルトロ氷河に入ったがそこも同様であった。アジア大陸の中心部は歴史的にグレートゲームとして政治、経済、民族、宗教を絡めた紛争がいくどとなく繰り返され、今も続いている場所である。2002年の登山から12年後、2014年6月22日にユネスコは世界遺産としてシルクロードの登録を決定したニュースを知った。世界遺産委員会は『東西間の融合と

Large quantities of wastes on the Seachen Glacier by Indian Army Staions （H.Sakai）

交流、対話の道であり、人類の共同繁栄に重要な貢献をした』と述べている。全長8700kmは中国、キルギス、カザフスタンの各国が共同して申請したとのことである。夢のようなことかもしれないがカラコルムの山岳地帯が世界遺産として保全されればどんなに素晴らしいことか。カラコルム山脈はインダス川の源流部、山脈や河川は地形上、地域を隔てる線ではなく、峠を通し人と人との交流のカラコルム山岳地帯になってもらいたいと願っている。

[文献]『報告書－日本山岳会 日印合同東カラコルム踏査・パドマナブ登山隊2002－』JAC, 2002年

E.Karakorum, Chong Kumdan- I (7071m) (D.Muni)

E.Karakorum, Saser Kangri- I (7672m) West face (H.Kapadia)

E.Karakorum, Rimo- I (7385m) (R) & Rimo- III (7233m) (C) (Y.Ogata)

Siachen, K-12 (7469m) (H.Sakai)

Siachen, Sia Kangri (7422m) (H.Kapadia)

Siachen, Siachen Tower (c.6000m) (H.Kapadia)

Siachen, Padmanabh (7030m) (H.Kapadia)

Kashmir, Haramukh (5148m) (M.Oki)

Kashmir, Kolahoi (5425m) (M.Oki)

Kishtwar, Sickle Moon (6547m) (H.Kapadia)

Kishtwar, Agyasol (6200m) (L) & Spear (6000m) (R) (H.Kapadia)

Kishtwar, Gharol (c.6000m) SW of Agyasol (6200m) (H.Kapadia)

Zanskar-1 Reru Valley (K.Sakamoto)

Zanskar-2 Lenak Nala/Giabul Nala (K.Sakamoto)

Zanskar-3 Tsewang Tokpo/Haptal Tokpo (K.Sakamoto)

Zanskar, Z-I (6181m) (R.Oouchi)

Zanskar, Nun (7135m) (M.Oki)

Zanskar, Kun (7077m) (M.Oki)

Zanskar, Durung Drung Glacier & Z-III (6270m) (M.Oki)

カシミール Kashmir

　カシミールとはサンスクリット語で「山々にある宝石」という意味だという。ジャンムー・カシミール州（Jammu Kashmir=JK）の範囲は広く、カシミールに加えて、キシュトワール、ザンスカール、ルプシュ、ラダックそして東部カラコルムが含まれる。各山域については、それぞれの項で記述する。カシミールと呼ばれる地域は広いが、この項で述べる山域は、スリナガール（Srinagar）周辺と東のゾジ・ラ（Zoji La）あたりまでの狭い山域である。すなわち、カシミールの山として古くから登山やトレッキングに親しまれているインドの最北部のスリナガール周辺の山々である。

　JK州は、文化・宗教的にカシミール渓谷地域、ジャンム地域、ラダック地域の西半分の地域に大まかに区分できる。なかでもカシミール渓谷は州の中心地である。最大の都市は、避暑地として知られるスリナガールで、夏の州都となっている。かつては、市内にあるダル湖（Dal Lake）一帯が観光客であふれていた。しかし、印パ紛争や観光客を狙ったテロが発生してカシミール一帯は数年間閉鎖された。最近は治安も落ち着き、旅行社のガイドツアーも実施されるようになってきている。登山が可能かどうかはまだ、未確定であるが、その兆しは見えてきたといえよう。

印パ紛争

　1947年8月、それまでイギリス植民地のインド帝国として一つのまとまりだった広大な地域が、独立を契機に、ヒンドゥー教徒が多数派であるインドと、イスラム教を国教とするパキスタンの2つに大きく分裂した。この分離独立によって、人々はいずれかの側に帰属することを迫られた。カシミール藩王は自身がヒンドゥー教徒であるが住民の大多数はイスラム教徒という微妙な立場にあり、独立を考えていた。パキスタンが武力介入してきたことでインドへの帰属を表明し、インド政府に派兵を求めた。これが第一次印パ戦争の発端である。以後、この地域についてはパキスタンとインドが領有を主張し、これまで大小の軍事衝突を繰り返した。1990年代に入るとパキス

タンの支援を受けた過激派のテロが頻発し、治安部隊の反撃が続いた。1965年に再びカシミール地方の領有をめぐって、インド西部国境地帯を中心に武力衝突に発展、第二次印パ戦争が勃発した。翌1966年には国連の仲裁で停戦した。

その後、スリナガールでテロが発生し、観光客が襲撃されるなどの事件があったが、中間付近に引かれた停戦ライン（Line of Control）によって両国の衝突は避けられている。2015年10月現在は、印パの政情は落ち着いている。

地上の天国・スリナガール

カシミールの登山の起点は標高約1750mのスリナガールである。インダス川（Indus R.）の支流ジェラム川（Jheram）の両岸に位置し、町の中心にダル湖（Dal La.）とニギン湖（Nigin）が広がる水の都である。スリナガールは古代インドのアショカ王が紀元前3世紀に建設して以来、チベットと中央アジアを結ぶ交易路として栄えてきた。1586年にムガール帝国のアクバル大帝がカシミールを支配下において以来、17〜18世紀には王族たちの行楽地となった。「東洋の楽園」、「地上の天国」などといわれていたスリナガールは広大なムガール庭園があり、湖と山に囲まれた風光明媚な山岳リゾート地である。スリナガールは「美しい街」という意だという。この景観は現在でも変わっていない。美しい装飾が施されたデラックスなハウスボート（House Boat）での滞在を楽しむことができる。シカラと呼ばれる水上ボートで湖上遊覧をすると、多くの水上生活者を見ることができる。船上で生活し、水上庭園では野菜なども育てている。スリナガールには約30万人が居住している。インド人の金持ちが湖の周辺に別荘を持っている。インド人のハネムーンの定番の地だともいう。ダル湖のボート型の宿泊施設、ハウスボートに宿泊すれば、別のインドを楽しむことができる。夏は快適な気候であるが12月〜3月は北海道のように非常に寒い。しかし、山岳地ではスキーが楽しめる。登山やトレッキングには5月〜10月がベスト・シーズンである。

スリナガールには、レーまたは、デリーから空路約1時間で到達できる。陸路もあるが治安が良くないこともあり、敬遠されている。このような背景もあって、旅行ガイドブックのほとんどにはスリナガールへの旅の案内情報は載っていない。文献にあげた2冊はスリナガールの案内が載っている数少ない最近発行のガイドブックである。

[文献]
(1) 大西久恵:「ラダックと湖水の郷カシミール」、(KanKanTrip・1)、書肆侃侃房（しょしかんかんぼう）福岡、2011年
(2) Trekking in the Indian Himalaya, 5th edition, Lonly Planet（Australia), 2009

（沖　允人）

(5) KASHMIR-W

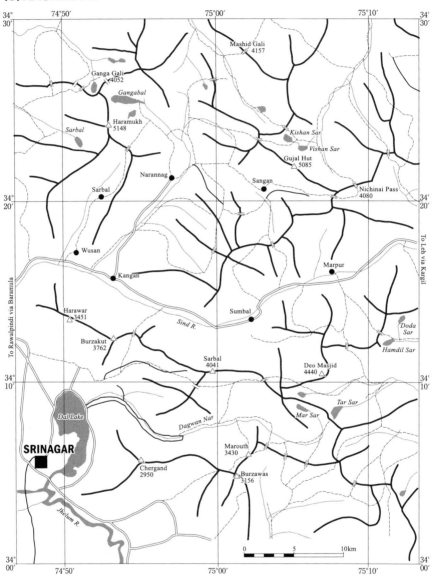

(6) KASHMIR-E

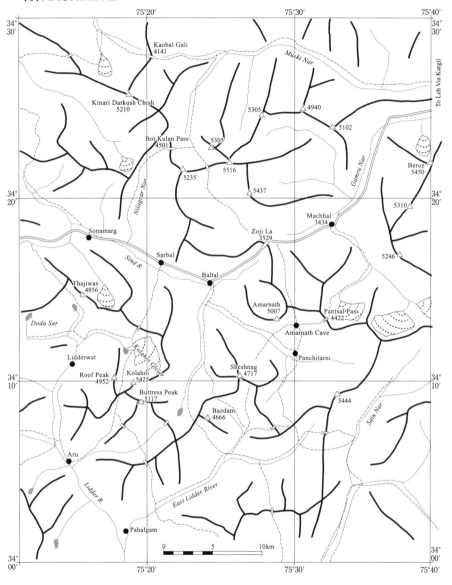

スリナガール周辺の山解説

コラホイ　Kolahoi　5425m　[34°10′・75°19′]

[位置と山容] コラホイは地元ではガシブラル（Gashibrar）と呼ばれ「光の神様（Goddes of Light）」の意である。スリナガールの西、直線距離で約50kmにあり、パハルガム（Phalgam, 2200m）とアルー（Aru, 2410m）の集落を経由して山麓のリィデルワット（Lidderwat, 3050m）まで車で

Kolahoi Glacier & Kolahoi (5425m) (M.Oki)

行くことができる。10kmほど谷を詰めると広い高原になり、そこからクレバスの多い荒々しいコラホイ氷河が目の前に見え、氷河の奥にコラホイのピラミッドのような岩壁が見える。山姿から「カシミールのマッターホルン」と呼ばれている。登頂ルートは岩壁にいくつかとられているが、岩は脆く、落石の危険がある。付近には多くの5000m級の岩山がある。

[登山史] 初期の登山はすべてイギリス隊であった。1911年、主峰に初登頂した（Captain Corrym, Lt Squires）。同年、最高峰より少し低いブール・ダラウ峰（Bur Dalau, 5110 m）にDr E. Neve, K. Masonが初登頂した。主峰の第2登は1926年のC. R. CookeとLt B. W. Battyeで、東稜からネーヴ・メースンのクロワール（Neve-Mason Couloir）を経由して登頂した(1)(2)。1935年にはJohn Hunt, Rowland Brotherhoodはカラコルムからの帰途、別のルートから登頂した。その後、多くの登山者を迎えた。当時、カラコルム登山のアプローチはスリナガール経由であった。

　日本人としてコラホイに登頂したのは1971年7月の名城大学（隊長：沖允人、督永　進、木津正俊、高浜康博、登日邦昭）が最初である（3）。*登山記録→116頁，グラビア写真→(1)-95頁下。*

[文献]
(1)C.R.Cooke :HJ, Vol. XVI, 1950-1, p..113　HJ, Vol. IX,1937 , pp.173-174

(2) E. F. Neve :Sonamag as a climbing Centre. HJ, Vol.2, 1930
(3) 沖 允人・督 永進（編）『カシミールからスワートへ』、名城大学第2次ヒマラヤ調査隊帰国報告書、1971年
(4) N.L.Bakaya: Holidaying and Trekking in Kashmir, Navin Press, New Delhi,1969
(5) Samser Chand Koul: Beautiful Valley of Kashmir and Ladakh, Lokesh Koul (Mysore), 1963
(6) Sir Francis Younghasband: Kashmir, Sagar Publication, New Delhi, Reprint, 1970

コラホイ南峰　Kolahoi South　5110m　[33°08′・75°20′]
[位置と山容] スリナガールの東約45km、コラホイ最高峰の南にあり、標高は少し低いが岩峰の鋭い山である。地元ではブール・ダラウ（Bur Dalau）と呼んでいる。
[登山史] 1911年にイギリス隊のコリィとスキレス（Captain Corry, Lt Squires）が初登頂した(1)(2)。
[文献]
(1) HJ, Vol.XVI,1950-1, p.112　(2) HJ, Vol.LXVIII. 1963, pp.138-139

バットレス・ピーク　Buttress Peak　5116m　[34°48′・75°19′]
[位置と山容] スリナガールの東約49km、コラホイの南約2km。岩山で、近くに2～3座の5000峰がある。
[登山史] 1912年イギリスのE.Neve,K.Masonが初登頂し,近くのコラホイ南峰にも登頂した(1)。1933年イギリスのL.JamesとJames Wallerが第2登した(1)(2)(3)。
[文献]
(1) H.J.Vol.XVI,1950-1, pp.112-115　(2) K. Mason:Abode of Snow,p. 112
(3) HJ, Vol.6, pp.132-133

クンイェールイェン　Kunyirhayen　5136m　[34°03′・75°30′]
[位置と山容] パハルガムの東約18kmにあるソンサール湖（Sonsar La.）の南のソン・サール峠（Sonsar Pass,4422m）の東2km、ヒンドゥー教の聖地

として知られる中に大きな氷柱のあるアマルナート洞窟（Amarnath Cave）に行く途中のシェシュナーク湖（Sheshna La.）の東約7kmにある。このあたりはコーイ・ヌール山群（Koh-i-Nur Group）と呼ばれており、クンイェールイェンは中央にある山である。Kunyrhatanと表記された記録もある。

[登山史] 1898年にイギリス隊（隊長：Major C. G. Bruce）がこの山群の最高峰である南西峰（Sutheast Peak, 5137m）に初登頂した(1)。1911年にイギリス隊(Captain J. B. Corry, Lt R. D. Squires, K. Mason)は中央峰（Central Peak, 5098 m）に初登頂した(2)。

[文献]
(1)Major C. G. Bruce:Twenty Years in the Himalaya, p.106
(2)Dr. E. F. Neve: Sonamarg as a Climbing Centre, HJ, Vol.2, 1930

ハラムク東峰　Haramukh East　5148 m　[34°25′・75°30′]

[位置と山容] ハラムクは、スリナガールの北約30kmにあるハラムク山群の主峰で、他のピークと区別するのに東峰と呼ばれる。主峰の他に中央峰（Middle Peak, 5029m）、北峰（Northern Peak, 5100m）、ガンガバール・ピーク（Gangabal Peak, 5810m）、ステーション・ピーク（Station Peak, 4876m）、タタクティ（Tattakuti, 4742 m）、サンセット・ピーク（Sunset Peak, 4745 m）などがある。北約3kmに大きなガンガバール湖（Gangabal La.）がある。

[登山史] 1856-57年にインド測量局のモントゴメリー(T.G.Montgomerie)とネーベ（Dr.Ernest Neve）の隊が測量のためにステーション・ピークに登った。4788m地点からパキスタンのK2（8611m）を測

Haramukh（5148m）South Face（Y.Sora）

定したことで知られる(1)。このとき、ハラムク東峰に登ったという記事もある(2)。1899年にイギリス隊（Dr E. Neve , G. W. Millais）が主峰に初登頂した。続いて1907年にイギリス隊（Major C. G. Bruce, A. L. Mumm）が第2登した。1911年インド隊が南面から登頂し、同年別のインド隊は西面からスキーを使って登った。その後、周辺の山々も含めて多くの登山隊が訪れるようになった。戦後から1970年頃までは登山隊の記録は未見であるが、1969年9月、インド隊（隊長：S.R.カーン）の6名が登頂した。1971年8月、HAJの空昌昭隊長、玉井道隆、田中重義、宇井邦夫がカシミール州政府から特別許可を取得してハラムクに向かった。スリナガールから38km走行してカンガン（Kangan）に着く。ここでポニーを雇用し、トランクル（Trankul）経由でガンガバル湖（Gangabal Lake, 3550m）に着き、BCを建設する。少し手前には、ヌンドカール（Nundkal）という湖もある。ここからハラムクの南面がよく見える。南壁から東稜に取り付き4200mのコルに登る。ここから上部にはいくつもの岩稜が派生しており、複雑で困難である。山頂に達するのには、登攀具も沢山必要で、時間がかかりそうであったので、標高4930mの岩峰の頂上に立ち、登攀終了とした(3)。1974年には、空昌昭と内田嘉弘が試登した。1976年8月に東京の六峰山岳会の安藤昌宣隊長と目黒泰輔、神山良雄、斉藤正志、野川初江、佐藤勝子が南面に入り、ステーション・ピークと主峰のコルを経由して登頂した(4)。1977年8月に大阪の山窓会（隊長：西村和夫）の3名がハラムク山群を一周し、3つの無名峰、南面の3900峰、北面の4150峰、西面の4520峰に登頂した(4)。1979年に大阪の山窓会（隊長：西村和夫）が再びこの山に向かい、北面から登り、北峰の南にあるミドル・ドーム（Middle Dome, c.5000m）に4名が登頂した(4)。その後、周辺の山々も含めて多くの登山隊が訪れたようであるが、記録は未見である。　グラビア写真→(1)-95頁上

[文献]
(1) Curran, Jim: The Story of the Savage Mountain. Hodder & Stoughton. p.25, 1995
(2) K,Mason:Abode of Snow, p.76　(3) K,Mason:Abode of Snow, p.112.
(3) 空昌昭（編）『カシミールの山、カシミール・ヒマラヤ登山隊報告』HAJ、1972年
(4) コンサイス外国山名辞典、三省堂、1975年、p.410

ハラムク西峰　Haramukh West　c.4800m　［34°24′・74°51′］
[位置と山容] ハラムク山群の主峰から西に派生した尾根の支尾根上にある。
[登山史] 1900年代に登頂され、その後周辺の山々も含めて多くの登山隊が訪れたようであるが、記録は未見である。

ハラムク中央峰　Haramukh Middle　c.5029m　［34°24′・74°55′］
[位置と山容] ハラムク山群の主峰と北峰の、ほぼ、中間にある。北面は頂上直下まで岩壁で、南面は雪と氷の斜面が続いている。
[登山史] 1982年、イギリス隊（隊長：R.D.Smith）が登頂した。その後、周辺の山々も含めて多くの登山隊が訪れたようであるが、記録は未見である。

ルーフ・ピーク　Roof Peak　4952 m　［34°10′・75°19′］
[位置と山容] スリナガールの東約48km、コラホイの西約2km、ライデルワットの泊まり場の東約6kmにある。「ルーフ」は英語で屋根の意である。
[登山史] 1935年、イギリスの1953年のエベレスト初登頂隊の隊長になったJ.ハントが登頂した(1)。その後の登山記録は未見である。
[文献]
(1) HJ, Vol.XVI, 1950-l, p.113. & HJ, Vol. 8, 1936, pp.103-106

シシナーク　Sheshnag　4856 m　［34°10′・74°28′］
[位置と山容] パハルガムの北東約20km、夏季は多くのヒンドゥー教の信者が訪れる聖地の一つアマルナート洞窟に行く途中の左手にある。
[登山史] 登山記録は未見である。

タジェワス　Thajiwas　4717 m　［34°15′・75°16′］
[位置と山容] スリナガールの東北東約40km、コラホイの北西約5kmにあり、南側山麓にドダ・サール（Doda Sar）という湖があり、北側には小さいながらタジワス氷河があり、Greater Tajiwas（c.4860m）など10座ほどの岩峰がある。
[登山史] 1940年代には当時シムラにあったHCのイギリス人N.N.L.ワットやJames Wallerなどのクライマーによってタジワスと周辺のほとんどのピークが登られた(1)。1971年8月、HAJの空 昌昭・清水正雄と名城大学の

久保孝治らが試登し、1978年8月には小林英見隊長以下6名が試登した。なお、2012年頃からカシミールの治安は徐々に良くなり、タジワス氷河などへのトレッキングが可能になっている。グルマルグ高原やその南南西約10km、スリナガールから西約48kmにあるアッファルワート（Apharwat, 4143m）にはHAJの沖 允人が1974年に登ったが、2015年現在は、山麓から山頂近くまでリフトがかかり、ほとんど歩かないで山頂に立てるし、冬は、スキーやボードが楽しめるようになっている。山頂には氷河湖があり、ナンガ・パルバットが望見できる。

[文献]
(1) HJ. Vol.10, 1938, pp.159-163

（沖 允人）

カシミールの名峰コラホイ登頂（1971年）

Climbed Kolahoi（5425m）
沖 允人（Masato OKI，名城大学）

　カシミールのアナンターク地方（Anantnag District）にあるコラホイはシンド川（Sind River）の上流のリデル川（Lider River）の源流地帯のコラホイ氷河（Kolahoi Glacier）を従えたピラミッドの形の名峰である。昔は「Gwash Brani」と呼ばれ、光の神「Goddess of light」の意だという。スリナガールから車で約3時間の距離にあるパハルガム（Pahalgam, 2000m）の北約21kmにある。コラホイの初登頂は戦前の1912年と相当古く、イギリスのDr. Ernest Neveを隊長とする医師の隊であった(1)。以後、多くのイギリス人が登頂しているが、日本人としてはじめてコラホイに向かったのは1971年7月の名城大学（隊長:沖 允人、隊員:督永 進、木津正俊、高浜康博、登日邦昭）が最初である。

　1971年7月28日、コラホイ氷河の下のモレインの丘にBC（3510m）を建設した。8月2日、クレバスをさけながらコラホイ氷河をコラホイ東壁の下部に沿って登り、東南稜末端にABC（4750m）を建設した。このキャンプ地からヌン・クンをはじめとするカシミール西部の山々が望見できた。

　これまでのコラホイの登頂ルートは、アルーから南面に入り、ハラナークというところにBCを建設し、上部雪田を経て頂上に達しており、4〜5日かかっている。途中の5000m地点にテント地があり、ここにABCを建設して登っている。岩が脆く落石が多いという。私たちは、脆い岩を避け、短い時間で登頂するために、これまでのルートの反対側の東南稜を試みることにした。

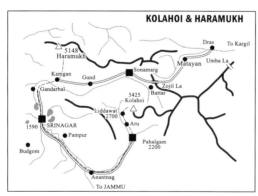

　翌日、督永と木津は午前5時20分にABCを出発した。午前7時にピナクル・ピーク5100mに達した。前日試登し

たときの最高到達点である。ここから3ピッチ難しいトラバースをして脆い岩を登り、岩稜の左側に回り込んだ。さらに2つのピナクルがあったが、さらに3ピッチトラバースをし、ナイフ・リッジの端に到達した。ナイフ・リッジは右側が70〜80度ほどの傾斜、左側が45〜60度の傾斜がつづいているのが見えた。ナイフ・リッ

Kolahoi (5425m)（M.Oki)

ジ左下をトラバースし、岩稜の連続を20ピッチほど登り、頂上の雪冠に午前12時に着いた。雨と深いガスのため視界が悪い。しばらく休んでアイゼンを着けて30mほど登ると山頂であった。時計を見ると12時45分で、ABCから約7時間かかったことになる。山頂にはインド軍隊の旗が立っていた。下山は、悪いトラバースを敬遠し、頂上直下から、ほぼ、まっすぐにくだっているルンゼを利用し、アップザイレンの連続で下降し、暗くなった午後6時30分にABCに帰着した。

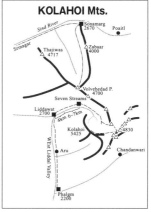

　8月4日、沖隊長と高浜はABCからコラホイ氷河の上部雪原を横断して、コラホイ氷河右岸に渡り、南西に延びている尾根をルートにとって、コラホイの東にある無名峰（4830m）に登頂した。頂上はコラホイとコラホイ氷河そして、周辺の山々の絶好の展望台であった。

[文献]
(1) Dr. E. F. Neve and K. Mason, R.E.: A ,Vol. XXV, No. 194, 1911, p. 681 ; and Vol. XXVI, No. 198, 1912, p. 407
(2) N. E. Odell: THE KOLAHOI NORTHERN GLACIER, KASHMIR, HJ 26, 1965 (Reproduced from Journal of Glaciology, Vol. 4, No. 35, June 1963, pp. 633-635)
(3) 沖 允人・督永 進（編）『カシミールからスワートへ』名城大学山岳部、1971年

キシュトワール Kishtwar

　キシュトワール（Kishtwar）は、インドの北西部にあり、ジャムー地域の北東にある高地であり、1821年に、ジャムー・カシミール（JK）州に併合された。

　キシュトワールは、ヒマラヤ山脈をかかえた風光明媚な土地で、ヒマラヤ杉、モミ、松等を中心とした豊かな森林があり、寺院の観光と共に、ヒマラヤ山脈の山麓での自然美の探索旅行が同地の観光事業となっている。産物としては、サフランやキシュトワール山群で産出されるサファイアが有名である。サファイアは、ダイヤ、エメラルド、ルビーと並んで4大宝石のひとつに数えられるが、カシミール産のコーンフラワーの花の色に似た、やや、紫がかった濃い青色のサファイアは、「カシミールの青きサファイア」と呼ばれ、世界で最高の珍品として有名である。この青きカシミール・サファイアは、キシュトワール山群で1881年に初めて発見され、スムチャン村（Sumchan）の近くに鉱山が開発されていたが、現在は廃坑となっているらしい。

　キシュトワールという地名は、かつて、この地に住んでいだKishat Rishiという人の名前からきたという説や、Kishawarが変化してKishtwarになったという説がある。

　キシュトワール山群は、ヌン・クン山群の南にあり、グレート・ヒマラヤ（Great Himalaya）の西側に位置し、多くの6000m級の山々をかかえた岩峰の多い山塊である。キシュトワール山群もザンスカール山群と同様に乾燥地帯ではあるが、南部はモンスーンの影響を受けて森林が発達している。

　キシュトワールの住民は、ウマシラ峠（Umasi La）を越えてムルング谷（Mulung Tokpo）からザンスカールの中心地パダム（Padam）に至る交易路を利用して、ザンスカール人と交流してきた。

　スリナガールからのアプローチが短いこともあり、キシュトワール山群は、ヨーロッパ人には人気の山域で、1970年代、1980年代に数多くの遠征隊（特にイギリス隊）が入っている。日本からも、札幌山岳会隊、広島山岳会隊、自衛隊、岐阜大学隊、東京大学隊等が足跡を残している。

　しかし、1990年頃より、パキスタンとの国境問題から、キシュトワール

山群への入域管理が厳しくなり、登山許可がおりにくくなっている。2013年に英国山岳会（Alpine Club）のミック・ファウラー（Mick Fowler）が東キシュトワールの最高峰であるキシュトワール・カイラス（6451m）に初登頂したが、登山許可が取得できたのは奇跡的だと言われている。また、この山域にもモスレムのゲリラが出没し始めているので、トレッキングのために外国人の入域も厳しく制限されるようになってきている。キシュトワール山群に入る場合は、事前にIMFや関係当局に問い合わせておく必要があろう。

（阪本公一）

(7)KISHTWAR-W

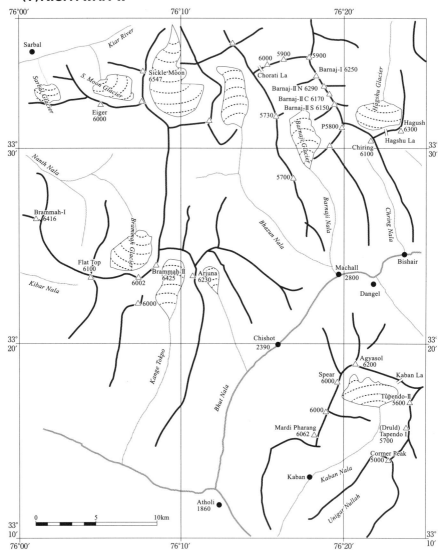

(8) KISHTWAR-E

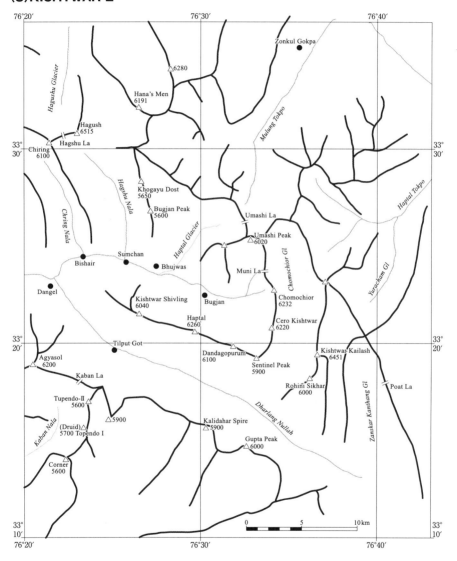

キシュトワール山群山解説

アイガー　Eiger　6000m　[33°33′・76°05′]
[位置と山容] ナント谷（Nanth Nala）の奥にある山。
[登山史] 1978年に、ポーランド隊（隊長：M.コカジ）が初登頂した。
[文献] キシュトワール項の参考文献は項末尾にまとめて示します。

アギャソル　Agyasol　6200m　[33°21′・76°21′]
[位置と山容] コバン谷（Koban Valley）の奥にある岩峰。→グラビア写真(1)-97頁
[登山史] 1981年9月13日に、イギリス隊（隊長：E.エベレット）がゴバン谷（Koban Nala）から入り、岩壁を登攀して東峰に初登頂した。その8日後に、イギリス隊（隊長：S.リチャドソン）が第2登した。

アルジュナ　Arujuna　6230m　[33°26′・76°11′]
[位置と山容] キジャール谷（Kijar Nala）の左岸にある山。
[登山史] 1976年に、イギリス隊（隊長：J.カント）が試登した。1979年に、イギリス隊（隊長：P.メリング）がブズム谷（Bhuzum Nala）から入り、北側から氷壁を登って稜線にでて登頂を試みたが、頂上直下100mで敗退した。1981年に、ポーランド隊（隊長：B.スマモ）が初登頂した。
1982年に、ポーランド隊（Klub Wysokorgorki Gdafist の Sopot Cdyna Expedition, 隊長：W.ウシャウ）が東稜からアルジュナ南峰（6200m）に初登頂した。

ウマシ・ピーク　Umasi Peak　6020m　[33°25′・76°32′]
[位置と山容] ウマシラ峠（Umasi La）の南にある山。
[登山史] Ferrari, Bosio が1985年に初登頂した。2007年に India の Soli Sethi が登頂。

カリダハール・スパイアー　Kalidahar Spire　5900m　[33°27′・76°31′]
[位置と山容] ダーラン谷（Dharlang Nala）の中流左岸にある山。
[登山史] 1988年に、イギリス隊（隊長：C.Schaschke）が初登頂した。

キシュトワール・カイラス　Kishtwar Kailash　6451m　［33°24′・76°35′］
[位置と山容] 東キシュトワールの最高峰。セロ・キシュトワール（Cerro Kishtwar）の北隣の岩と氷の鋭峰で、ダーラン谷からアプローチする。
[登山史] 2013年10月に、イギリス隊（隊長：M.Fowler）が南西壁から初登頂した。イギリスを出発してから8日目に、Darlang ValleyからChomochior Nullahに入りBC（4100m）を建設し、5日間で、氷のクロワールと岩壁を抜け、山頂に立つというスピード登山であった。登頂したのはPaul Ramsden, Mike Morrison, Rob Smithの3名である。ファウラー氏は英国登山協会（BMC）の会長である。

キシュトワール・シブリン　Kishtwar Shivling　6040m　［33°25′・76°27′］
[位置と山容] ブット谷（Bhut Nala）とダーラン谷（Dharrang）の合流点にある氷と岩の鋭峰。
[登山史] 1983年に、イギリス隊（S.ベナブルス）が北壁から初登頂した。

グプタ・ピーク　Gupta Peak　6000m　［33°13′・76°35′］
[位置と山容] ダーラン谷の中流左岸にあり、カリダハール・スパイアーの南東にある山である。
[登山史] 未踏峰

コガユ・ドスト　Khogayu Dost　5650m　［33°28′・76°30′］
[位置と山容] ハグシュ谷（Hagshu Nala）の中流左岸にあるどっしりした岩山。
[登山史] 1980年に、イギリス隊（隊長：D.ヒレブラント）が初登頂した。

シックル・ムーン　Sickle Moon　6547m　［33°36′・76°08′］
[位置と山容] キシュトワール山群の最高峰で、岩峰が続く難峰である。キアール川（Kiar River）の上流で、サルバル氷河（Sarbar Glacier）とシックル・ムーン氷河の源頭にある。→グラビア写真(1)-96頁
[登山史] 初登頂までに、4隊が敗退している。1965年に、イギリス隊（隊長：C.R.A.クラーク）、1971年東京農業大学隊（隊長：山本 浩）、1973年に空海陸自衛隊（隊長：川上 隆）、1975年に自衛隊山岳友の会が挑戦したが、

4隊とも登頂できなかった。1975年にインド隊（隊長：D.N.タンカー）が遂に初登頂をした。1979年に、JAC学生隊（隊長：伝田克彦）が南東稜から6415m峰に登頂した。→ 登山記録132頁

スペアー　　Spear　6000m　［35°20′・76°19′］
［位置と山容］ブット谷（Bhut Nala）の左岸にある山で、ちょうどチショット村（Chishot）の東対岸に位置する。アギャソル・ウエスト（Agyasol West）とも呼ばれている。
［登山史］未踏峰である。

セロ・キシュトワール　　Cerro Kishtwar　6220m　［33°21′・76°32′］
［位置と山容］ブット谷（Bhut Nala）の上流のチョモチョイル氷河（Chomochoir Glacier）の奥にある。チョモチョイル峰（Chomochoir, 6322m）の南にある、岩と氷の壮絶な鋭峰。
［登山史］1991年に、イギリス隊（隊長：B.マーフィー）が挑んだが頂上直下100mで残念ながら敗退した。1993年に、イギリス隊（隊長：M.ファウラー）が、チョモチョイル氷河からアプローチして見事に初登頂した。2011年にはオーストリア・スイス隊（David Lamaら4名）が東面から第2登した。

センテイネル・ピーク　　Centinel Peak　5900m　［33°18′・76°35′］
［位置と山容］ダーラン谷（Dharlang Nala）の中流右岸にあり、ハプタル・ピーク（Haptal Peak）の南隣の岩峰。
［登山史］1991年に、イギリス隊（隊長：B.レイド）がキシュトワール・カイラスを試登した後に初登頂した。

ダンダゴポラム　　Dandagoporum　6100m　［33°18′・76°30′］
［位置と山容］ダーラン谷の右岸の山。ハプタル・ピーク（またはハッタル）やセロ・キシュトワールの西側の山。
［登山史］1986年に、イギリス隊のB.レイド隊長とE.ファーマ隊員が南壁から初登頂した。その後、他の隊員が北壁から第2登した。

チリング　Chiring　6100m　［33°32′・76°26′］
[位置と山容] ビシャール村（Bishar）の北にある、ビシャール谷（Bishar Nala）の源頭にある山。
[登山史] 1987年に、イギリス隊（隊長：A.ダンヒル）が南稜から初登頂した。

チョモチョイル　Chomochior　6322m　［33°22′・76°32′］
[位置と山容] ブット川（Bhut Nala）の上流のブジュワス（Bhujwas）村より、南東に入るチョモチョイル氷河（Chomochoir Glacier）の源頭にある山。ムニ峠（Muni La）のすぐ南の山である。
[登山史] 1988年に、イギリス隊（隊長：S.リチャードソン）が岩壁左の氷のクロアールを登り、西稜より初登頂した。

ツーペンドⅡ峰　Tupendo-Ⅱ　5600m　［33°27′・76°23′］
[位置と山容] カバン谷（Kaban Nala）奥の左岸にある山。
[登山史] 1984年に、サイモン・リチャード（Simon Richard）が単独で初登頂した。1992年に、イギリス隊（隊長：J.バンバー）が第2登。

ハプタル　Haptal　6220m　［33°22′・76°35′］
[位置と山容] ブット川の上流のチョモチョイル氷河の右股奥にある山。セロ・キシュトワール峰の南にあるピーク。ハッタル（Hattal）とする地図や記録もある。
[登山史] 1987年に、岐阜大学隊が初登頂した。

バルナジⅠ峰　Barnaj-Ⅰ　6250m　［33°35′・76°23′］
[位置と山容] バルナジ氷河（Barnaj Glacier）の最奥の山。
[登山史] 未踏である。

バルナジⅡ峰　Barnaji-Ⅱ　6170m　［33°34′・76°23′］
[位置と山容] ブット川の中流の村マチャル（Machall）から北に入るバルナジ氷河の奥にある山。南峰（6150m）、中央峰（6170m）、北峰＝本峰（6290m）の3つのピークがある。6170m/6290mと記した登山報告や地図もある。
[登山史] 1977年に、日本登山用具技術研究隊（Japan Alpine Instrument

Technique Club）が、マチャル村から入山し、西側から登頂をねらったが悪天のため断念。

　1977年に、広島山岳会（隊長：久保信義）が南稜からバルナジⅡ峰の南峰（6150m）に先ず初登頂し、その後、中央峰（6170m）に初登頂した。北峰（6290m）にも登ろうとしたがリエゾン・オフィサーから登頂を阻止されやむなく断念した。1979年に、東京薬科大学隊（隊長：久保田善雄）が、バルナジⅡ峰の南峰（6150m）と中央峰（6170m）に登頂した。北峰は、広島山岳会隊の後、3隊が挑戦したがいずれも敗退したようだ。標高6290mの北峰は未踏峰である。

ハグシュ　Hagshu　6515m　[33°30′・76°28′]
[位置と山容] ブット谷（Bhut Nala）奥の村であるスムチャン村（Sumchan）から、北に入るハングシュ谷（Hangushu Nala）の奥にある山。ハングシュ峠の東に位置する。なお、スムチャンは、昔サファイアの工場があったらしい。最近のインド測量局の発表によると以前の標高は6320mであったが、6515mとされたため、キシュトワールの最高峰はハグシュとなっている(5)。
[登山史] 1989年に、イギリス隊（隊長：P.ブース）が北東壁より初登頂した。

フラット・トップ　Flat Top　6100m　[33°28′・76°05′]
[位置と山容] キバール谷（Kibar Nala）の源頭、および カンゲ谷（Kange Nala）の源頭にある山。
[登山史] 1980年に、イギリス隊（隊長：M.R.ウイルソン）が初登頂した。

ブラマーⅠ峰　Brammah-I　6416m　[30°30′・76°01′]
[位置と山容] ナント谷（Nanth Nala）の上流のブラマー氷河（Brammah Glaicier）またの名はバランザール氷河（Bhranzar Glacier）の奥、およびキハール谷（Kijar Nala）の源頭に位置する。シックル・ムーン峰の南12km, フラット・トップ峰の南東5kmにあり、岩と雪の鋭峰である。山名は宇宙を動かし、創造するヒンドゥー教の神「ブラフマー」から名付けられた。
[登山史] 1913年に、イタリア隊（隊長：C.カルチアーテイ）が初めてブラマー氷河を探査した。1965年に、イギリスのケンブリッジ大学隊がこの山塊を精力的に探査。1969年および1971年に、イギリス隊（隊長：C.R.A.クラー

ク）が試登したが頂上直下で敗退した。1973年に、イギリス隊（隊長：C.ボニントン）がキハール氷河（Kijal Glacier）から、南東稜経由で遂に初登頂した。

1978年に、イギリス隊（隊長：A.フィートン）が第2登したが、2人が遭難死した。1979年に、JAC学生隊（隊長：伝田克彦）が南東稜より登頂した。
→*登山記録134頁*

ブラマーⅡ峰　Brammah-Ⅱ　6425m　[33°27′・76°09′]
[位置と山容] ナント谷（Nanth Nala）のブラマー氷河の右奥、およびキバール谷（Kibar Nala）の右岸奥にある。
[登山史] 1975年に、札幌山岳会隊（隊長：計良幸作）が、ナント谷から6002m峰を経由して初登頂した。　→*登山記録129頁*

マルディ・ファブラン　Mardi Phabrang　6032m　[33°17′・76°18′]
[位置と山容] ブット谷（Bhut Nala）の左岸にあり、非常に複雑な地形の印象的な山。アギャソル山塊の最南端の山である。別名ガロル（Gharol）とも呼ばれている。
[登山史] 1978年に、インド軍隊が初登頂したとAmerical Alpine Journalは報告しているが、登頂ルート、および、どのピークに登ったのかは詳細不明。

ロニ・シッカール　Rohni Sikkar　6000m　[32°22′・86°40′]
[位置と山容] セロ・キシュトワール（Cerro Kishtwar）の南東、ハプタル・ピーク（Haptal Peak）の東対岸にある山。
[登山史] 1991年に、イギリス隊（隊長：G.リトルタイ）が初登頂した。

ガロル　Gharol　c.6000m　[33°23′・76°15′]
[位置と山容] キシュトワール南東部のガロル集落の近くの山で、ダールラン・ナラ（Dharlang Nullah）上流域、アギャソル（Agysol, 6200m）の南西約25kmに位置する。キシュトワール・カイラスの近くにある岩の多い山であるが明確な位置ははっきりしない。地元ではカバン（Kaban）と呼んでいる。キシュトワール・カイラスのことだという報告もある。
[登山史] 1977年にインド隊（Indian Army Signals、隊長：Maj A.G.Roy）

が登頂し、1980年にもインド隊が登頂したといわれているが、記録が明確でない(7)。→*グラビア写真(1)-97頁下*

（ガロルの項、沖 允人）

[文献・資料]
(1)薬師義美・雁部貞夫(編)『ヒマラヤ名峰辞典』、(平凡社発行)
(2)広島山岳会『バルナジ登攀1977』
(3)HJ、2010
(4)英国山岳会のMr. Stephen Venables, Mr. Mick Fowler, Mr.Simon Richardson, Mr.Bob Reid, Mr. Stephen Siegrist. Mr. Marko Prezelj, Mr.Carl Schaschke 等からの数多くの写真と情報提供を受けた。
(5)ALPINIST-2014, MMC- 2014, アルパインクライミングのプロファイル(74)『岳人』2014年2月号
(6)JMA『登山月報』、2014年1月号
(7) Simon Richardson :A Peak Bagger's Guide to the Eastern Kishtwar, HJ, Vol.45, 1989

（阪本公一）

ブラマーⅡ峰、初登頂（1975年）
First Ascent of Brammah-Ⅱ（6425m）
札幌山岳会

概要

　未踏であったブラマーⅡ峰に1975年9月17日、札幌山岳会（隊長：計良幸作、以下9名）が、ブラマー氷河から西稜をルートにとり、横山英雄と能久静夫が初登頂した。

はじめに

　ブラマーⅡ峰は、インド北部のジャムー・カシミール州にありインド～チベット国境付近のキシュトワールの山域に位置している山である。この周辺には、ブラマーⅡ峰のほかにブラマーⅠ峰（6416m）、フラット・トップ（6100m）、ブラマー（6108m）、ブラマーズ・ワイフ（5405m）の他シックル・ムーン（6547m）等、6000m級の鋭峰が連なっており魅力ある山群であったが、インド政府による6年間にわたる長い間の閉鎖状態にあって、足を踏み入れることができなかった。

　1974年6月インド政府は大幅なインナーラインの後退を発表。これにより外国隊にこの地域への登山が開放された。このタイミングで札幌山岳会は2度目の海外遠征の実現に向け一気に加速して行くことになる。当会は1974年10月の臨時総会で、1975年のポストモンスーン期にキシュトワールヒマールの山域へ遠征隊（計良幸作隊長（物故））を送り出すことを決定し、準備活動に入った。

　目指す山は隊員（川越昭夫、他8名）の各々の参加可能な条件を加味し、また、対象山域への登山申請の競合等を考慮しながらも未踏峰にこだわり、ブラマーⅡ峰に決定する。

　ブラマーⅡ峰へは、キシュトワールの町からキャラバンを始め、イカーラ～ソンダル～ゴクドウ～カイの村々を経て、サッタールチン村のブラマー氷河末端まで1週間のキャラバンで済む事から、我々の求めている条件に上手く合致しているものであった。

　1974年12月にIMFに登山申請書を送付。しかし、IMFでは登山申請書が

山積しているとのことで、登山許可がいつ取得できるか見当がつかない状況にあるとの情報。そのため急きょ1974年12月から1カ月、現地での直接交渉のためにインドへ飛んだ。

結果1975年3月、ブラマーⅡ峰への8月～10月の登山許可を得ることができた。

山麓へ

7月24日、先発隊2名出発、8月5日に残りの8名が日本を発った。8月7日インドのデリーで先発隊と合流し、8月10日ニュー・デリーを出発、8月14日キシュトワールに到着し、キャラバンの準備を始めた。3日後の8月17日キャラバンを開始する。

8月21日サッタールチンのBC予定地（3440m）ブラマー氷河の末端に設営。8月26日C1設営（3960m）ブラマー氷河のモレーン上。

8月31日C2設営（4320m）ブラマー氷河上。

9月3日C3設営（5450m）ブラマー氷河から西稜上のコル。

9月8日C4設営（5800m）6002m峰への岩稜へ取り付く手前の雪面上。

Brammah-Ⅱ and the top ridge from C2 (S.Noku)

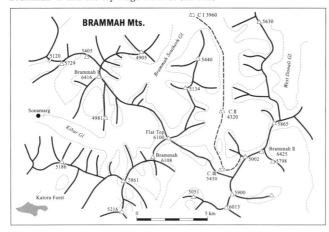

9月12日C5設営（5950m）最終キャンプ。

登頂

9月15日4時10分夜明け前、ヘッドランプの明かりを頼りに横山・能久の2名がブラマーⅡ峰の頂上目指し

て出発。昨夜降った20〜30cmの雪でトレースが消されていた。丁寧にその雪をカッティング。意外と時間がかかる。

　強い風の当たる所では動いているときはまだ良いが、確保で動きが止まると一気に体温が奪われ、手足は凍てつくように冷たく骨までしみるようだ。急峻な氷河の斜面と岩稜を縫って一歩一歩進む。頂上への岩壁基部に到着。昨日、川越・冨田がルート工作し、ここから100m程ロープが固定してあった。これにユマールをセットし進むと固定ロープが終わり、これからは未知のルートとなる。いきなり岩と氷のミックスで氷は固く、アイゼンの爪が刺さらず悪戦苦闘していると、川越・稲川のサポート班が追いついてきた。

To the sunnit from C5（S.Noku）

　ツルベ式で100mほど登ると、傾斜のある岩壁に当たる。横山はハーケンを打ち、ジリジリと直上するも、適当なリスが無くハーケンも打てず手を焼いている。ハーケンの打てないクラックにピッケルを差し込み、それを支点に全体重をピッケルにあずけて直上し小さなテラスに立つ。

　岩角でセルフビレーし能久を迎える。トップを交替しそのまま直上。ほどなく岩が終了し、傾斜が緩くなった雪壁を40m一杯で横山を引上げ、交替した横山トップで、ほぼ平らになった地点が頂上で、横山英雄と能久静夫が立った。

[文献] 札幌山岳会・安田成男（編）『ブラマーⅡ峰（6,425m）登頂報告書1975年』、1977年

（能久静夫）

シックル・ムーンとブラマーⅠ峰(1979年)

Sickle Moon and Brammah I
JAC学生部インド・ヒマラヤ登山隊

概要

　1979年日本山岳会学生部インドヒマラヤ登山隊（隊長・伝田克彦、以下OB1名・学生9名）は、キシュトワール・ヒマラヤのシックル・ムーン（Sickle Moon, 6547m）とブラマーⅠ峰（Brammah-Ⅰ, 6416m）に、1979年9月から10月にかけて南東稜から全員が登頂した。

はじめに

　シックル・ムーンは、1975年、N.Tankha Lietenant大佐を隊長とするインドの登山隊によって、北面のサルバル氷河（Sarbal）から初登頂された。ブラマーⅠ峰は南面のキバール谷（Kibar Nullah）から、インドとイギリスの合同登山隊（隊長：C.Bonington）によって1973年に南東稜から初登頂された。

　ブラマー氷河（Brammah Glacier）からこれらの2つのピークを登る試みは、私たちの隊が初めてであったので、ブラマー氷河からシックル・ムーンとブラマーⅠ峰の両峰の登頂に情熱を燃やしていた。

サッタールチンのBCへ

　1979年9月、JAC学生部インドヒマラヤ登山隊隊長：伝田克彦、隊員：竹中 昇、宮本明男、鈴木 章、駒宮博男、秋本友紀、大林一成、早川晃生、芳賀成明、赤須孝之は連絡将校のウダイ・

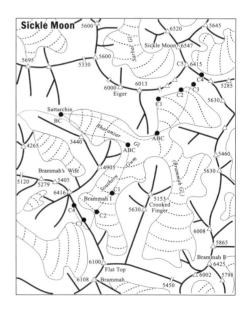

サティ（Major Uday Sathe）（インド陸軍少佐）とともに、キシュトワール・ヒマラヤに向かった。

8月23日、車でキシュトワール（Kishtwar）の街を出発し、パルマー（Parmar）に到着した。パルマーから8月25日に35頭のミュール（ラバ）を雇い、ナント・ナラ谷（Nanth Nullah）のサッタールチン（Sattarchin）に向けて出発した。マラウ川（Marau River）に沿ってエカーラ（Ikhala）、スイード（Suid）の村を経てナント・ナラ谷を遡り、9月1日にバランザール氷河末端のサッタールチンに着いて、BCを建設した。標高は3500mであった。

シックル・ムーン全員登頂

9月2日にシックル・ムーンへの登山活動を開始した。登る予定のルートは、南東稜であった。シックル・ムーン南面氷河とブラマー氷河の合流点の4000m地点にABCを建設した。C1は、9月4日にシックル・ムーン南面氷河の最奥部の4200m地点に設営した。C1の前にある南東稜までの間に2つの懸垂氷河があった。左の懸垂氷河の左端を登るルートを設定した。最初にガリーを登り、それから雪の面を横切った。登りきると雪の平原が続いていた。9月8日に大きい「く」の字のルンゼ右岸にC2を建設した。標高は4700mであった。

C2から、南東稜の「Monk's Head（仮称）」5750mから派生する雪と岩の混在した急なリッジを辿り、9月15日に5200m地点にC3を設置した。C2とC3の間に1000mのロープを固定した。9月23日に、ついに南東稜に到着し、南東稜上の5600mにC4を設営した。しかし、そこから、ブラマーⅠ峰、ブ

From C1 to P6416 (S.Haga)

To the top of Sickle Moon (S.Haga)

ラマーⅡ峰をみることはできたが、シックル・ムーンの山頂を見ることはできなかった。シックル・ムーンは東南稜にある前衛峰で隠されていたからである。シックル・ムーンの頂上に立つためにはなんとしてもこの前衛峰を越さなければならない。さらに、前衛峰に続く東南稜は急峻なだけでなく、非常に堅い氷でおおわれていた。前衛峰の通過には6日間と1200mの固定ロープを必要とした。6200mの地点でジャンダルムをトラバースした。そして、信じられないくらい幅広い大雪田が見つかった。

　9月28日に大雪田上の6200mにC5を建設した。大雪田でシックル・ムーンの山頂を初めて見ることができた。眺めたところ、シックル・ムーンは柔らかい雪のドームのようであった。

　9月30日に、伝田、鈴木、芳賀は、山頂に向かうため、午前7時にC5を出発した。駒宮と大林も、C4から午前4時に頂上へ向かった。満天の星空であった。竹中と赤須も、午前6時にC4から頂上へ向かった。伝田のパーティと駒宮のパーティは、午前11時40分にシックル・ムーンの最高点に到着した。1時間ほど山頂に滞在し、素晴らしい眺めを満喫した。ヌン・クンとキシュトワールの山々を見ることができた。竹中パーティも、午後2時に頂上に着いた。次の日、10月1日、宮本、秋元、早川も午後1時に頂上に着いた。したがって、全員がシックル・ムーンの登頂に成功することができた。

　10月5日にサッタールチンのBCに戻った。

ブラマーⅠ峰にも全員登頂

　BCで4日間休んで、10月10日にブラマーⅠ峰への登山活動を開始した。再びブラマー氷河を登った。氷河上の3800mにABCを建設した。ブラマーⅠ峰の北東稜の4905m峰の下のサザン・クーム（Southern Cum=SC）氷河左岸であった。予定していたルートは北東稜であったが、しかし、食糧と登山期間の不足のために南東稜に変えなければならなかった。ブラマー氷河の南側のカールに入った。10月13日にSC最奥部4200mにC1を設営した。10月18日に雪の台地に着き、南東稜下の雪田にC2（4900m）を設営し、左端のルートを設定した。ここから、私たちは、南東稜に取り付き、上部ジャンダルムの手前のスノー・ピーク（Snow Peak, 5800m）にC3を建設した。スノー・ピークから見た南東稜の上部は、非常に難しいように見えた。南東稜の核心部は、5900mから6100mまで続くジャンダルムである。ジャンダル

ムを通過するために、3日間と1200mの固定ロープを費やす。10月22日に南東稜上のジャンダルムを抜けた6100m地点にC4を建設する。

次の日、10月23日に、竹中、鈴木、駒宮は午前6時30分にC4を出発し、伝田、宮本、秋本、早川、芳賀は、吹雪の中を山頂に向けて午前7時30分にC3を出発した。竹中のパーティは、急な氷のリッジを8ピッチ（300m）登った。そこで、急なリッジは雪の平原に変わった。そして、午後12時15分に伝田のパーティ、午後1時30分に残りの隊員が山頂に到達した。

10月28日にサッタールチンのBCを撤収し、11月6日にニュー・デリーに帰着した。

おわりに

私たちは幸いにもブラマー氷河からシックル・ムーンとブラマーI峰の両峰を登頂することができた。キシュトワール・ヒマラヤは小規模な登山隊にふさわしい山域だと思う。未踏の「ブラマーII峰の北壁」、「ブラマーI峰の北東稜」と「ブラマー-連山の縦走」がこの山域の今後の課題だと思っている。

（竹中 昇（故人）による英文報告を基に再録）

[文献]

(1)JAC学生部インドヒマラヤ登山隊(編)『キシュトワールから』、キシュトワール登山仮報告書、JAC学生部、1980年
(2)JAC学生部インドヒマラヤ登山隊「記録」キシュトワール・ヒマラヤ KISHITWAR HIMALAYA 1979年・秋、ブラマー氷河二つの頂、シックル・ムーンとブラマーI峰、山と渓谷、1980年3月号、pp.42-46
(3)JAC学生部機関誌、「年報第7号」、1980年12月

編注

(1)ブラマーII峰は、1975年に、札幌山岳会隊（計良幸作隊長）が、ナント谷から6002m峰を経由して初登頂した。→*129頁*
(2)シックル・ムーンとブラマーの解説と登山史は「キシュトワール」の項を参照 →*123-124・126-127頁*

ザンスカール Zanskar

　ザンスカールは、ジャンムー・カシミール（JK）州の東北部にあるラダックの南西に広がる地域で、行政的にはラダックに含まれる。標高3500~7000mにおよぶ高地で、約7000平方キロメートルの面積がある。このザンスカール高地は、ザンスカールの3つの支流域からなる。ペンジ峠（Pensi La, 4400m）近くに源を有するドダ川（Doda）が南に流れ、南のシンゴ・ラ（Singo La, 5096m）近辺から北に流れるツアラップ川（Tsarap or Lungnak or Lingti）が、パダム（Padam）で合流してザンスカール川となる。このザンスカール川は北東方向に流れ、レー（Leh）の近くでインダス川と合流する。

　ザンスカール高地は、ヒマラヤ山脈の北にある高地で半砂漠乾燥地帯であり、降水量は年間100mm以下、冬期は極めて厳しい寒さとなる。パダムに通じる車道は、カルギル（Kargil）からペンジ峠越えの道しかなく、降雪のため11月から5月までは通行止めとなって車でパダムまで入れなくなる。10年ほど前から、パダムからシンゴ・ラを越えてダルチャ（Darcha）に至る車道の工事が始まったが現段階ではプルネ（Purne）あたりまでしか車道は完成しておらず、貫通までには未だ相当の年数がかかるものと思われる。

　ザンスカールの人口は、2005年の時点で約1万人と予測されている。ザンスカールに住む人々は、ザンスカール語を話すチベット系の民族で、牧畜と農業で生活をしており、住民の大半は敬虔なチベット仏教の信者で、村道のあちこちにマニ石を積んだ「メンダン」が見られる。なお、ザンスカールとは、ザンスカール語で「白い銅」の意である。

パダムとその周辺

　パダムはザンスカールの中心地で、ドダ川とツラップ川の合流点にある広大な盆地にあり、小さいながら商店街や病院もある。ザンスカール全体の住民は仏教徒が大半だが、パダムの町の住人の半数ぐらいはイスラム教徒といわれている。町には、ポタン（Potang）と言う小さなパダウム王宮があり、町はずれのツラップ川河畔には、岩に刻まれたギャワ・リンガ磨崖仏があり、観光の対象になっている。ダライ・ラマの夏の別荘も、多くの人が訪れる。

パダム近辺には、チベット仏教の寺院が非常にたくさんあり、ザンスカール・ツアーの目玉になっている。パダム盆地のザンスカール川の北側には、壮大なカルシャ・ゴンパ（Karsha Gompa）があり、その対岸の南側にパダムの盆地を見渡せる丘の上にトンデ・ゴンパ（Thonde Gompa）がある。ザンスカール川をさらに東に行くと、ザンラ王（Bzanla）の小さな王宮がある。

パダムの町の北にある、アテイン村（Ating）の近くにゾンクル・ゴンパ（Dzonkhul Gompa）があり、サニ村（Sani）にはサニ・ゴンパ（Sani Gompa）がある。

パダムの南へ車で1時間足らずの所に、バルダン・ゴンパ（Bardan Gompa）とムネ・ゴンパ（Mune Gompa）があり、さらにツラップ川を南に遡行したプルネ（Purne）から3時間ほど歩くと、岩壁に築かれた天空のお寺と言われている有名なプクタル・ゴンパ（Puktal Gompa）がある。

歴史

ザンスカールの歴史は、青銅器時代にまでさかのぼることができる。その頃に岩に掘られた岩面彫刻や岩面壁画が残っていて、描かれた動物や狩猟の絵から、中央アジアの草原から移住してきた狩猟民族が住んでいたことが推測される。初期仏教は、少なくとも紀元前2世紀にはザンスカールに伝播していたと思われる。10世紀と11世紀に、2つの王朝が構成され、ラダック王国を宗主国としていた。1822年にクルとラホール、キンナウルの連合がザンスカールを侵略し、パダウム王宮を壊滅した。

1842年に、ザンスカールとラダックは、インドのJK州の一部として併合された。1947年の印パ戦争では、パキスタン軍がカルギルからザンスカールに進入し、各地の寺院が破壊された。

1990年後半にはイスラム教徒が多く住むカルギル（Kargil）地区で、仏教徒のザンスカール人との紛争が何度か発生し、また、パキスタン軍からの空爆で死傷者がでたこともあった。パキスタンに対抗するため、カルギルの近くにインド軍隊の大きな駐屯所が設置されている。

地勢

東のインダス川と西のドダ川・ツラップ川に囲まれた地域の、真ん中を南北に連なる山脈がザンスカール山脈と呼ばれているが、ナンガパルバット

(8126m)から、ヌン（Nun, 7135m）・クン（Kun, 7077m）を経て、ダルチャ（Darcha）までいたるグレート・ヒマラヤ（Great Himalaya）には、ヌン・クン山群に始まり、その南は東側がザンスカール山群、西側はキシュトワール山群と呼ばれている。これらの山群には、氷河が発達しており、魅力的な鋭峰が多いので登山の対象とされてきた。

　ヌン・クンから、その南のシャファット氷河（Shafat）、および、その南のダルング・ドルング氷河（Darung Drung）の流域の山々には、かなりの数の遠征隊が入り登頂されてきた。しかし、それより南の谷には全くといっていいほど、探検隊や登山隊が入っておらず、どのような山があるのさえ明らかになっていなかった。

　2009年より京都の阪本公一とその山仲間が、南部ザンスカールの未踏峰探査を計画し、2009年にレルー谷（Reru Valley）、2011年にレナック谷・ギャブル谷（Lenak Nala・Giabul Nala）、2012年にテマサ谷・ゴンペ谷・ハプタル谷（Temasa Nala, Gompe Tokpo, Haptal Tokpo）の未踏峰探査を行った。その結果、ザンスカール南部の知られざる未踏峰が、ほぼ、解明され、彼等が発表した記録を参考にして、2014年までに既に、日本隊4隊、外国隊4隊合計8隊が南部ザンスカールに遠征して初登頂を達成している。それでもなお、ザンスカール南部には、未だ手つかずの知られざる未踏の6000m峰が数多く残っている。なお、各山群に関する参考文献は、この項の末尾にまとめて記載する。

（阪本公一）

(9) ZANSKAR-N

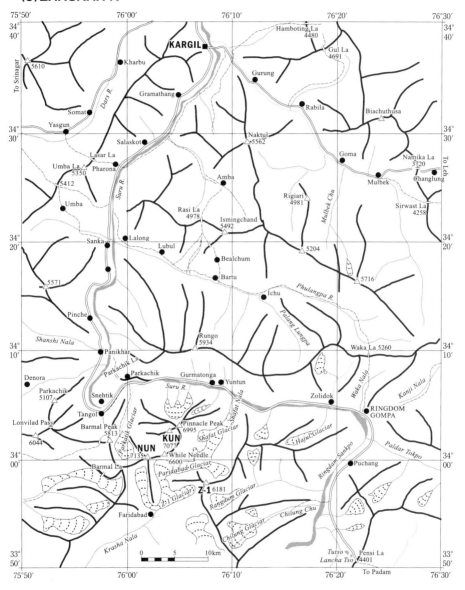

ヌン・クン山群　Nun Kun Area

　ヌン・クン山群は、JK州のスリナガールの東部に位置していて、カルギルから南に流れるスル川（Suru River）の上流域にある。スル川流域の山村タモ（Tamo）あたりから真南に見える真っ白な三角錐の鋭峰がヌンであり、その左（東）の岩峰がクンである。

　このヌン・クン山群は、ラダックやザンスカール山群と同様に、モンスーンの影響をほとんど受けない。スリナガールからのアプローチが短く簡単なので、この山群には早くから欧米の登山家が入っている。

　1902年にイギリスのA.ニーブとC.E.バートンが、シャファット氷河（Shafat）を探査し、セルティック氷河からパルマルにでた。1903年には、オランダのH.シレムが、バルカッティ氷河から北側を偵察した。1904年には、A.E.ニーブとC.E.バートンが再びシャファット氷河を探査し、翌年の1906年にはアメリカのワークマン夫妻がシャファット氷河に入った。

（阪本公一）

ヌン・クン山群山解説

クン　Kun　7077m　[34°02′・76°04′]

[位置と山容] ヌンの北東4kmにある岩峰で、この山群の第2の高峰。別名メル（Meru）と呼ばれチベット語で「水晶の柳」を意味する。西側が鋭い岩壁になっており、頂上から延びる東稜はなだらかで、コルを挟んで東のピナクル・ピーク（Pinnacle Peak, 6995m）に連なる。スル川沿いのセンテイック（Senhtik）からパルカテイック（Parkachik）へ至る車道から眺めるヌン・クンの威圧的な西壁は圧巻である。→グラビア写真(1)103頁

[登山史] 1913年、イタリア隊（隊長：C.カルチャーテイ）が、バルカテイック氷河上部のスノ・プラトーと呼ばれる雪原から、クンとピナクル・ピークを結ぶ稜線にでて、北東稜から初登頂した。1971年にインド軍の隊が第2登し、1974年に西ドイツ隊（隊長：L.クライアル）が登頂、1977年にH.シュネル夫妻の西ドイツ隊、1978年にインド隊（隊長：S.シーマ）が登頂、1979年に東海学生山岳連盟隊（隊長：片桐正登）の登頂、1981年に岡山クライマーズ・クラブ隊（隊長：近藤国彦）が西稜から西壁を経て登頂している。その

後も、毎年のように遠征隊が入る人気の山である。

ヌン　Nun　7135m　[34°02′・76°02′]
[位置と山容] ヌン・クン山群の最高峰で純白のピラミダルな山。別名でセル（Seru）と呼ばれ、チベット語で「塩の山」の意味らしい。
[登山史] エベレストとナンガパルバットが初登頂された1953年に、フランス隊（隊長：B.ピエール）が南面のファリアバード氷河から、西稜に取り付きフランス女性のC.コーガンとスイス牧師のP.ヴィトーが初登頂した。
　1971年に、インド隊（隊長：K.P.ヴェヌゴバール）がセンテイック氷河から西稜に取り付き第2登した。1976年にチェコスロバキア隊（隊長：F.セシカ）が困難な北西稜から登頂。
　1978年に、HAJ隊（隊長：沖允人）が西稜から登頂し、同10月に明治学院大学隊（隊長：小堀一政）が初めて東稜から登頂した。
　アプローチが短いこともあって、毎年のように数隊が入山し、日本からもその後も数多くの遠征隊が入っている。→グラビア写真(1)102頁

ピナクル・ピーク　Pinnacle Peak（Lingsarmo）　6995m　[34°02′・76°05′]
[位置と山容] クン峰のすぐ横にあるこの山群では標高第3位のピーク。最近、Lingsarmoと言う新しい山名がつけられ、標高も従来の6993mから6995mに変更された。市販の地図では、従来通りPinnacle Peak 6993mと表記されている。
[登山史] 1906年に、アメリカのワークマン夫妻（Fanny Ballock Workman）が、北側のスル川からシャファット氷河を登って、ヌン・クン山群を探査した際、このピナクル・ピークに初登頂した。

ホワイト・ニードル　White Needle　6600m　[34°00′・76°02′]
[位置と山容] ヌン峰とクン峰の間の稜線上にある山。
[登山史] 1934年に、ヌン峰を目指したイギリスのJ.B.ハリソンとJ.ウオーラが東稜より初登頂した。しかし、残念ながらそれより先の稜線が厳しくヌン峰には行けなかった。

ゼットⅠ峰　Z-Ⅰ　6181m　［33°58′・76°07′］

[**位置と山容**] シャファット氷河の右岸奥にある山。ちょうどヌン峰の対岸に位置し、スル川との合流点からも顕著に見られる大きな雪庇を持った迫力のある山である。

[**登山史**]1980年に、北海道大学ワンダーフォーゲル部・OB隊（隊長：大内倫文）が西稜より初登頂した。シャファット氷河に入るのに、スル川を渡渉したが、水流が激しく渡渉に苦労し、スル川にロープを渡し丸1日かかって荷物を対岸のシャファット氷河に搬送した。シャファット氷河の正面壁を登り、西稜のコルにでて、西稜経由で上部のプラトーに達するルートで登頂した。　→グラビア写真*(1)-101頁参照*

（大内倫文）

[**文献**]　(1)北海道大学ワンダーフォーゲル部・OB隊（編）：報告書・『Z1初登頂の記録』、1982年

ダルウン・ドルウン氷河山域 Darung Drung Glacier Area

P5802　5802m　［33°47′・76°18′］
P5825　5825m　［33°46′・76°17′］

[位置と山容] ペンジ峠から、ペンシルンパ川（Pensilungpa）とダルウン・ドルウン氷河の間を西に延びる境界稜線上にある山で、Z-Ⅷより西にある山々。

[登山史] 2013年に、イギリス隊（隊長：D.バックル）がペンシルンパ川周辺の探査にでかけた時に、初登頂し、ヒドン（Hidden Peak, 5802m）およびツイン（Twin Peak, 5825m）の仮称をつけた。HJ, Vol.69に記録が発表され、概念図も挿入されているが、Leomann Mapsや沖 允人氏作成の概念図の標高とも異なり、山の特定は困難である。

ゼットⅡ峰　Z-Ⅱ　6175m　［33°47′・76°06′］
[位置と山容] ペンジ峠（Pensi La, 4401m）の北側のZ-Ⅱ氷河（Pundum Glacierともよばれている）の奥にあるピラミッド型の鋭峰。
[登山史] 1977年に、イタリア隊（隊長：G・ニスコイニー）がZ-Ⅷ峰に続いて、南稜から初登頂した。1982年に、イタリア隊（隊長：G.カルノ）が第2登した。

ゼットⅢ峰　Z-Ⅲ　6270m　［33°44′・76°19′］
[位置と山容] ボヨ・コマ（Boyo Comma）の集落の南西約10km、ダルウン・ドルウン氷河の中流域右岸にある山で、頂上部に雪を被ったドーム型の奇怪な形の山。　注・標高は6189mとした文献もある。
[登山史] 1914年8月に、イタリア隊（隊長：M.ピアンツア）が西稜から初登頂した。チマイタリア（Cima Italia）と名づけていたらしい。1981年8月に、イタリア隊（隊長：G.アゴステイノ）が第2登、1982

年にイタリア隊（隊長：O.カンペセ）が隊員4名とリエゾンオフィサーが第3登、1983年にアイルランド隊（隊長：J.リナム）がZ-Ⅷ偵察の後西稜からZ-Ⅲに登頂した。1984年8月、フランス隊4名が登頂。1984年8月29日に獨協大学隊（隊長：酒井勝雄）が北稜より、4名が登頂。強い日差しで腐った雪に足を取られ、頂上直下のプラトーまで腰までのラッセルを強いられる。C1からの下山の際、岩雪崩に遭遇。負傷者1名をだすが、無事カルギルへ搬出し、大事に至らず、登山活動を終えた(1)。→グラビア写真(1)-104頁参照

（遠藤雄悦）

[文献]
(1)獨協大学インド・ヒマラヤ登山隊・踏査隊編：『砂塵の彼方の桃源郷より』、1985年　(2)Sakai, K：Z-Ⅲ and Rahamo, HJ, Vol.42,（1984-1985）, pp.186-199　(3)岳人、459号,85-9　(4)山岳,JAC, 1985 , pp.96-103, 1985年

ビィエン・グアパ　Bien Guapa　6006m　[34°06′・75°44′]

[位置と山容]　カルギルの南西約64km、スル（Suru）の集落の南にある、スル川の支流チャロン・ナラ（Chelong Nala）の源頭に位置する岩のある山である。古い地図や登山記録には5972mの標高が記載されている。ボバン・ガリ（Bobang Gali）という峠の北西に延びた尾根の約4kmにある。この峠の南東にはボバン（Bobang, 5666m/5791m）があり、登山の対象とされている。峠を越えて西に下ると、カシミールのコラホイに続く山域になる。

[登山史]　1980年に神奈川大学二部ワンダーホーゲル隊（関久雄隊長ら8名）が頂上直下まで試登した。この山塊には6000m級の無名峰が数座あり、未踏峰だと思われるが、治安が悪いということもあり、また、登山許可の取得が必要なので、1980年以降の登山の記録はないようである。

ゼットⅧ峰　Z-Ⅷ　6050m　[33°49′・76°19′]

[位置と山容]　ダルウン・ドルウン氷河の舌端に位置する雪と岩の峰。カルギルからパダムに続く道路の途中にあるペンジ・ラ（4401m）からその雄姿が望まれる。

[登山史]　1977年7月に、イタリア隊のG.ブスコイーニ隊長とその夫人が北西稜から初登頂した。1978年にもイタリア隊が登頂したらしい。

　1983年にアイルランド隊がダルウン・ドルウン氷河からZ-Ⅷを目指した

が断念、1987年8月に東京学芸大学隊（隊長：竹本哲雄）もダルウン・ドルウン氷河から挑戦したがやはり登頂できなかった。

2006年8月に中京山岳会隊（隊長：沖 允人）がペンジ峠からZ-Ⅷ峰に試登している。

ジイオルギイオ　Giorgio　6535m　［34°02′・76°29′］
[位置と山容] リンドン・ゴンパの南にある無名峰である。
[登山史] 2005年に、イタリア隊（隊長：M.Giovanni）が初登頂し、ジイオルギイオ（Giorgio）と命名した。詳細な記録がないので、山座を同定するのは困難。標高も疑問がある。

ドダ　Doda　6550m　［33°38′・76°18′］
[位置と山容] ハスキラ氷河（Haskira Glacier）の右岸、カンゲ氷河（Kange Glacier）の左岸にある山。両氷河経由はアプローチ・ルートとしては危険なので、ダルウン・ドルウン氷河経由でこれまで登頂されている。ドーダと表記した文献もある。
[登山史] 1976年9月に、東洋大学隊（隊長：大滝憲司郎）が、ダルウン・ドルウン氷河を登り、氷河の源頭近くから北稜経由で双耳峰の西峰（6550m）に初登頂した(1)。その2日後、北西壁から最高峰の東峰（Doda-E, 6560m）にも初登頂した。→別項参照

1981年8月に、学習院大学探検部が無許可でダルウン・ドルウン氷河の奥のピークを目指したが、1名がクレバスに落ちて死亡した。

1986年に東京都高体連（隊長：高橋清輝）がダルウン・ドルウン氷河に入り、北稜からP6150mに初登頂したらしいが、どのピークに登頂したのか特定できていない。

1997年に北海道大学山岳部隊（隊長：辺見 悟）が、ダルウン・ドルウン氷河から第2登。
[文献] (1) HJ, Vol.35, p.317

デリュージョン　Delusion　6560m　［33°44′・76°13′］
[位置と山容] ダルウン・ドルウン氷河の奥の山。
[登山史] 1977年にイギリス隊が、角のようなジャンダルムを持つ無名峰を

初登頂し、デリュージョン峰と命名したが、その標高には疑問が持たれている。

1980年にイタリア隊（隊長：A.ベルガマッテイ）がダルウン・ドルウン氷河に入り、無名峰に登頂し、以下の（　）に示すような名前をつけている。P5330, P5810（Flavia）, P6110（Bologna）, P5930（Pyramid）, P5710（Modena）, P5680（White Wall）の6座に登頂したが、地図上で彼等の登った山の特定は困難である。1983年に、イギリス隊がこの山域に入り、P6550（Doda）, P6000（Rahamo）, P5600（View Poin Peak）に登頂した。彼等はP5600をパンサー・ピーク（Panther Peak）と命名した。

[文献]（1）HJ, Vol.38（1980-1981）, p.180, p.202

ビュー・ポイント・ピーク　View Point Peak　5557m/5600m　[33°44′・76°15′]
[位置と山容] ダルウン・ドルウン氷河の奥の山。
[登山史] 1977年に、イギリス隊（G.Cohen, R.Collister, D. Rubens）がダルウン・ドルウン氷河に入り、左岸の尾根上にあってブルル氷河源頭に位置する無名峰（5557m/5600m）に北稜から登頂し「View Point Peak」と命名した。

その後、コウガル峰（Cougar）とか、パンサー・ピーク（Panther Peak）と命名する遠征隊もあらわれ、3つの山名ができてしまい混乱している。

（阪本公一）

ラハーモ　Rahamo　6000m　[33°39′・76°07′]
[位置と山容] Z-Ⅲ峰のすぐ南にある山。Leomann Mapsに記載されている5892mの無名峰であるが、独協大隊が初登頂し、命名した。
[登山史] 1984年8月に、独協大学隊（隊長：酒井勝雄）が北稜から岩尾根を辿り、初登頂した。

（遠藤雄悦）

[文献] Z-Ⅲ峰の項を参照。

(注) ダルウン・ドルウン氷河流域及びその近辺の山塊は、多くの遠征隊が入っているが、地

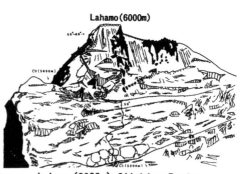

Lahamo(6000m) Climbing Route
Dokkyo Unvi. 1984

形が複雑なこと、正確な市販地図がないこと、そして欧米の遠征隊は自分達の初登頂記録に登頂ルートを明記する概念図を添付していないことから、この山域の登山史は混乱してきた。

　2006年と2008年に中京山岳会の沖 允人氏が、この山域を探査し、その記録をHAJの季報「ヒマラヤ」No.447, 448, および、中京山岳会ザンスカール遠征隊2008年の報告で詳細な探査報告をされたのでかなり理解しやすくなった。

（阪本公一）

(9-1) ZANSKAR-HAPTAL TOKPO

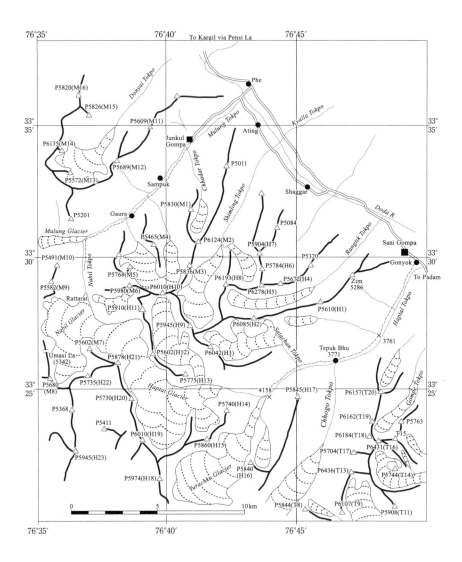

(9-2) ZANSKZR-TEMASA

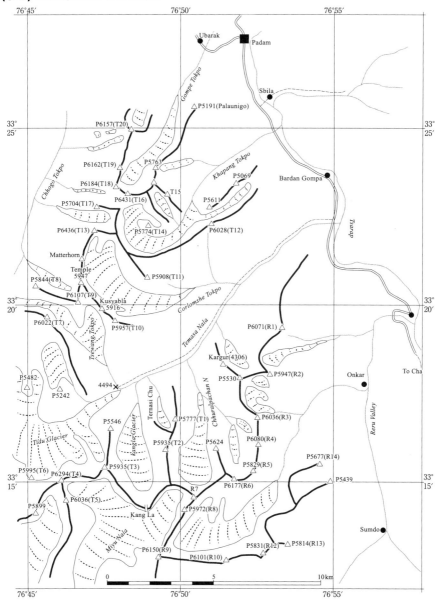

(9-3) ZANSKZR-RERU VALLEY

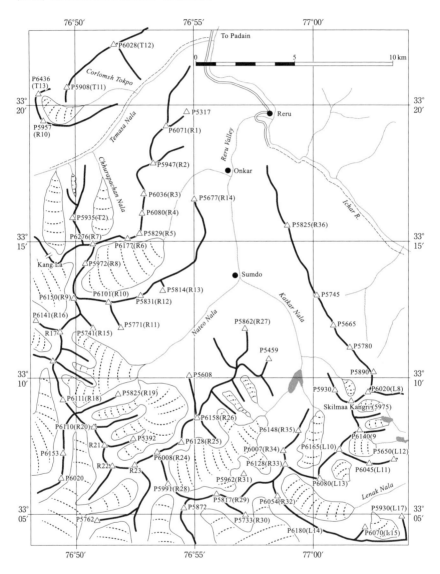

(9-4) ZANSKAR-LENAK NALA

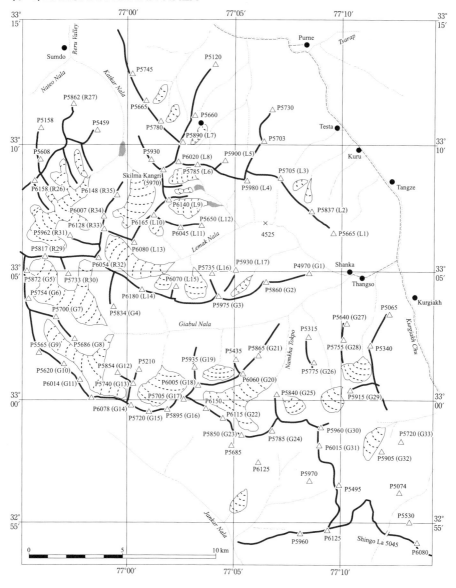

ザンスカール南部の山解説

　2000年頃までは、ザンスカール南部の多くの谷や山には登山者が訪れることはほとんどなかった。しかし、近年、京都の阪本公一氏らによる探査隊の継続的かつ精力的な探査の結果、ほぼ全貌が明らかになってきた。その成果を参考にして、数多く残っている6000m級の未踏峰を目指して世界各国の隊が入山している。本項に挿入したザンスカール南部の4葉の概念図、山々の解説、グラビア頁の写真はその成果である。

　以下に大まかに分類した山域の山々を解説するが、地形が複雑なこともあり、概念図を参照しながらでないと分かり難いこともあるので、本項の山の解説は他の山域と若干異なっている。例えば、標高5845mの無名峰はP5845とし、(H17)のように番号を併記してあり、この番号は概念図の番号と一致している。分類したのは下記の6つの山域である。ハプタル谷域(Haptal Tokpo Area)、ゴンペ谷域(Gompe Tokpo Area)、テマサ谷域(Temasa Nala Area)、レルー谷域(Reru Valley Area)、レナック谷・ギアブル谷域(Lenak Nala・Giabul Nala Area)。　　　　　　　　　　（編集子）

ハプタル谷域 Haptal Tokpo Area

P5845（H17） 　5845m　［33°28′・76°42′］
[位置と山容] ハプタル谷（Haptal Topkpo）に入ってすぐ目に入る顕著な無名の岩峰。チョゴ谷（Chhogo Tokpo）との出合いの右岸に位置し、ハプタル谷の守衛のような山。

　ハプタル谷は、サニ村（Sani）から西に入っている大きな谷で、両岸が開けた台地となっていてヤクの放牧に利用されている。ハプタル氷河（Haptal Glacier）経由ウマシ峠（Umasi La）を越えて、キシュトワールにでる交易路として、かつてはパダムの住民に利用されてきたが、現在は余り使われていない。2012年7月に、京都ザンスカール未踏峰探査隊（隊長：阪本公一）がテマサ谷（Temasa Nala），ゴンペ谷（Gompe Tokpo）とハプタル谷を歩き、これまで知られていなかった未踏峰を登山界に紹介した。

[登山史] 未踏峰である。→グラビア写真(1) 100頁右(4)
（注）P5845(H17), P6070(L15), P6071(R1) のように表記されているH17, L15, R1等の記号は、無名峰の同定をしやすいように、京都ザンスカール未踏峰踏査隊が付けたものである。ハプタル谷、ゴンペ谷、テマサ谷、レルー谷、レナック谷、ギアブル谷で探査した山々には、全て上記のようなアルファベット記号をつけた。→各谷周辺の概念図（9-1）(9-2) (9-3) (9-4)を参照。
[文献] HAJ季報、「ヒマラヤ」、No.463, Winter、2012

P5740（H14） 　5740m　［33°24′・76°43′］
P5860（H15） 　5860m　［33°23′・76°42′］
[位置と山容] ハプタル谷は標高4158mのところで二俣にわかれているが、この合流点にでんと構えている岩峰がP5740（H14）。H14の左に連なり、左俣のユラチュク氷河（Yurachku Glacier）の左岸にある岩峰がP5860（H15）である。二俣が、ユラチュク氷河の舌端になっていて、このハプタル谷の二俣までは馬で隊荷の搬送が可能。

[登山史] 両山ともに未踏峰。　(H14)→グラビア写真(1) 100頁左(4)

P5840（H16） 　5840m　［33°22′・76°43′］
P5974（H18） 　5974m　［33°22′・76°39′］

[位置と山容] ユラチュク氷河右岸にある秀麗な白い山がP5840 (H16)、最奥の山がP5974 (H18) である。
[登山史] いずれの山も未踏峰。　*(H16)→グラビア写真(1)100頁右(3)*

P6042（H3）　　6042m　［33°27′・76°42′］
P5945（H9）　　5945m　［33°28′・76°41′］
P6010（H10）　6010m　［33°28′・76°40′］
P5910（H11）　5910m　［33°27′・76°39′］

[位置と山容] 右股のハプタル氷河（Haptal Glacier）は、出合いから小滝の連続となり、屈曲点の氷河の舌端にて、さらに二つにわかれる。右の氷河の奥にあるのが、上記P6042 (H3), P5945 (H9), P6010 (H10), P5910 (H11)。
[登山史] 全て未踏峰。

P5775（H13）　5775m　［33°26′・76°41′］

[位置と山容] 右股ハプタル氷河の氷河舌端の奥にある岩山がP5775 (H13) である。この山で氷河が左右にわかれる。
[登山史] いずれも未踏峰　*→グラビア写真(1)100頁左(3)*

P5878（H21）　5878m　［33°27′・76°38′］
P5730（H20）　5730m　［33°25′・76°38′］
P6010（H19）　6010m　［33°23′・76°38′］

[位置と山容] P5878 (H21) とP5730 (H20) は、ハプタル氷河左俣の広大な雪原の奥に聳えるピーク。雪原の南にあるのがP6010 (H19)。
[登山史] 全て未踏峰。

P6085（H2）　　6085m　［33°28′・76°43′］
P6278（H5）　　6278m　［33°28′・76°28′］
P6193（H8）　　6193m　［33°28′・76°43′］

[位置と山容] 支谷のサタチャン谷（Satachan Tokpo）の奥にある山。テマサ谷の合流点から小滝の多いゴルジュ帯になっているので、ゴルジュ通過に少し手間取るかも知れない。両岸は、登攀意欲を誘うようなピナクルを携えた岩稜となっている。

[**登山史**] 未踏峰。このP6085（H2）の北側にあるランテイック谷（Rangtik Tokpo）の右岸に未踏峰のP6278（H5）［33°28′・76°28′］とP6193（H8）［33°28′・76°43′］がある。

ゴンペ谷域　Gompe Tokpo Area

P6157（T20）　6157m　［33°25′・76°48′］
P6162（T19）　6162m　［33°24′・76°48′］

[位置と山容]パダムの西にあるゴンペ谷（Gompe Tokpo）の左岸に聳える山。

パダムの町から目の前に見える、大きな雪庇をつけた人を寄せつけないような威圧的な山容の秀峰がP6157（T20）。その裏にあるのがP6162（T19）。両峰ともIMFのOpen Peakに指定されている。

[登山史]二つの山とも未踏峰。パダムの町から手に取るように見えるP6157（T20）が未だに未踏峰として残っているのは、登攀困難と思われてきたためだろうか。

2012年に京都ザンスカール未踏峰探査隊（隊長：阪本公一）が、この谷に入ったが、これまでこの谷に入った登山者や探検家はいなかったとのウバラック（Ubarak）の村長の話だった。パダムからウバラック村経由で尾根を越えてゴンペ谷に一端おりてから、ゴンペ谷を登ると内院の台地にでる。この台地の上は広い開けた谷になっている。P6157（T20）とP6162（T19）の間の小さな氷河からコルにでれば、両峰とも登頂の可能性はあろう。

P6431（T16）　6431m　［33°23′・76°48′］
P6184（T18）　6184m　［33°23′・76°47′］

[位置と山容]ゴンペ谷の氷河をつめたコルの近くにあるのがP6184（T18）。右岸の大岩壁の山がP6431（T16）。両山ともOpen Peakである。

[登山史]両山とも未踏峰。ゴンペ谷の上部氷河は雪壁となっており、コルにでるのはかなり厳しそうである。P6431（T16）は、すぐ隣のP6436（T13）と共に、ザンスカール南部では最も高い山の一つである。

テマサ谷域 Temasa Nala Area

P6436（T13） 6436m ［33°22′・76°47′］
[位置と山容] テマサ谷（Temasa Nala）の支谷であるコルロムシェ谷（Korlomshe Tokpo）の源頭にあるどっしりした威圧的な岩峰。IMFのOpen Peakに指定されている。
[登山史] 未踏峰。P5908（T11）の下でコルロムシェ谷が右に曲がるが、その手前の氷河が始まる地点あたりにBCの適地がある。

P5957（T10） 5957m ［33°19′・76°47′］
P5908（T11） 5908m ［33°21′・76°49′］
[位置と山容] コルロムシェ谷の上部屈曲点の右岸にあるのがP5957（T10）。氷河からそそりたつスベスベした岩壁の鋭峰。屈曲点手前の左岸にあるのがP5908（T11）で、T10とは対象的にガラガラの崩れた岩を積み重ねたような山である。T10から北西に延びる尾根上にP5916（Kusyabla）とP5947（Temple）があり、2015年8月、イギリス隊（隊長D.Buckle）が初登頂し、命名した。Templeの北約1kmにある無名峰はMatterhornと仮称されている（D.Buckleから阪本公一へのE-mail情報による）。
[登山史] いずれの山も未踏峰。

P6028（T12） 6028m ［33°23′・76°52′］
[位置と山容] コルロムシェ谷に入って、一つ目の北に入る支谷の奥にある岩山。IMFのOpen Peakに指定されている。
[登山史] 未踏峰。 →グラビア写真(1)100頁右(2)

P6294（T4） 6294m ［33°15′・76°47′］
P5995（T6） 5995m ［33°15′・76°45′］
[位置と山容] テマサ谷の奥のテイドウー氷河（Tidu Glacier）の右岸にある最初の大きな山がP6294（T4）。テマサ谷の下流からも眺められる秀麗の岩と雪のミックスの山である。その隣の奥に位置するのがピラミダルな山のP5995（T6）である。
[登山史] 両峰とも未踏峰。 (T4)→グラビア写真(1)100頁右(1)

P6022（T7）　　6022m　［33°19′・76°46′］
P6107（T9）　　6107m　［33°20′・76°47′］

［位置と山容］テイドウ氷河から北に入る支谷のツワン谷（Tsewang Tokpo）の内院にある山々。二股にわかれて氷河になっているが、合流点にあるのがP6107（T9）。左氷河の右岸にあるのがP6022（T7）である。デイドウ氷河から見た限りでは、割と簡単に登れそうである。両方の山とも、IMFに指定されたOpen Peakである。*(T7)→グラビア写真(1)100頁左(2)*

［登山史］いずれの山とも未踏峰で残っている。

P5935（T2）　　5935m　［33°16′・76°49′］
P5935（T3）　　5935m　［33°16′・76°47′］

［位置と山容］テマサ谷からカング・ラ（Kang La）に突き上げるカングラ氷河（Kangla Glacier）の中流右岸にあるのがP5935（T2）であり、左岸にあるのがP5935（T3）である。*(T3)→グラビア写真(1)100頁左(1)*

　T2は岩峰、T3は岩と雪のミックスの魅力的な山。

［登山史］いずれの山も未踏峰。

（阪本公一）

レルー谷域　Reru Valley Area

P6071（R1）　6071m　［33°10′・67°54′］

[位置と山容] レルー谷（Reru Valley）に入ってすぐ右手に見える山。バルダン・ゴンパの学校（Bardan Gompa Scool）からレルー村までの車道からずっと見えるピラミダルな美しい山。レルー・キャンプ場にある小さな湖越しに見るP6071（R1）は、一幅の絵のような素晴らしい景観である。

[登山史] 2009年8月に、京都ザンスカール未踏峰探査隊（隊長：阪本公一）がレルー谷を探査した（HAJ季報「ヒマラヤ」No.451, Winter, 2009に記録を掲載）。このあたりを歩く多くのトレッカーが眺めている魅力的な山なのだが、何故か未踏峰で残っている。

　インド政府が発行したSurvey of Indiaの地図や、Leomann Maps, Edition Olizane等の殆どの地図はReruと表示しているが、レルー村の人々はRaruと表示すると言う。チベット語に類似したザンスカール語を話す住民は本来アルファベットは全く使用しておらず、一方チベット語系のザンスカール語に馴染まないインド人や欧米人が耳から聞いた言葉をアルファベットに表記する場合、違いがでてきて当然である。他の地域のアルファベット表記でも、現地語を聞く人によって聴き取り方が異なるためか、地図によってアルファベット表記の違いが生じてきている。どの表記が正しいのかと議論する意味は余りない。要はその地域、場所を同定できれば問題ないのであるから。

→グラビア写真(1)-98頁左(1)

P5947（R2）　5947m　［33°18′・76°53′］
P6177（R6）　6177m　［33°14′・76°50′］

[位置と山容] レルー谷の西支谷に入って一つ目のピークがP5947（R2）、西支谷の左岸の奥にあるのがP6177（R6）である。(R2)→グラビア写真(1)-98頁右(1)

[登山史] 京都ザンスカール踏査隊の記録をみて、2011年9月に、英国Imperial College London隊（隊長：J.ムーデイー）レルー谷の西支谷に入り、まずP5947（R2）に初登頂した。その後、P6177（R6）に挑戦し初登頂。同隊の測量では標高は6276mだった由で、山名をLama Jisma Kangriと命名した。なお、同隊が村人から聞いたところでは、この西支谷は、地元ではテトレ谷（Tetleh Nala）と呼ばれているとのこと。

P6036（R3）　　6036m　［33°17′・76°53′］
P6080（R4）　　6080m　［33°16′・76°53′］
［位置と山容］レルー谷と西支谷の合流点のオンカル（Onkar）からも眺められる山々で、圧倒されそうな挑戦的な岩峰。西支谷の左岸に並んで聳えている。
［登山史］両峰とも未踏峰。

P5829（R5）　　5829m　［33°15′・76°53′］
P5972（R8）　　5972m　［33°14′・76°50′］
P6150（R9）　　6150m　［33°17′・76°51′］
P6101（R10）　 6101m　［33°14′・76°52′］
P5831（R12）　 5831m　［33°14′・76°53′］
［位置と山容］レルー谷西谷の山々。P5829（R5），P6177（R6）は左岸に、P5972（R8）とP6150（R9）は源頭に、P6101（R10）とP5831（R12）は右岸にある。
［登山史］全て未踏峰である。

P5890 無名峰　　5890m　［33°10′・76°49′］
［位置と山容］レルー谷右股のナテオ谷（Nateo Nala）は、氷河舌端の下で右俣と左俣にわかれている。右俣の奥にある地図にない無名峰がP5890.
［登山史］京都ザンスカール未踏峰探査隊の記録を読んだインドヒマラヤ・ザンスカール労山マスターズ登山隊が、2011年8月にレルー谷の未踏峰登山にでかけた。当初はP6111（R18）を登頂する目的だったが、氷河の状態が悪いので隣の無名峰（Survery of Inidaの5万図に標高表示のないピーク）に初登頂した。同隊はこの無名峰の標高を5890mと計測した。→グラビア写真(1)-98頁右(4)

P5862（R27）　　5862m　［33°12′・76°57′］
［位置と山容］レルー谷に入ってすぐ正面に見える顕著な山。どこからとりついて良いのか分からないような峻険なピークである。
［登山史］未踏峰。　→グラビア写真(1)-98頁左(3)

P6111（R18） 6111m ［33°11′・76°49′］
［位置と山容］ナテオ谷の右氷河の奥にある山。
［登山史］未踏峰。　→グラビア写真(1)-98頁左(2)

P5825（R19） 5825m ［33°09′・76°52′］
［位置と山容］ナテオ谷の二俣の正面尾根に聳える槍ヶ岳にそっくりの山。
［登山史］未踏峰。　→グラビア写真(1)-98頁左(2)

P6110（R20） 6110m ［33°08′・76°11′］
P6008（R24） 6008m ［33°00′・76°53′］
P6128（R25） 6128m ［33°07′・76°54′］
［位置と山容］ナテオ谷の左股氷河の奥にある山々。左股氷河はかなり荒れていそう。
［登山史］P6008（R24）は、2011年にスイス隊がカトカル谷右氷河より初登頂しRed Appleと命名した。他の2峰P6110（R20）およびP6128（R25）は未踏峰である。　(R24)(R25)→グラビア写真(1)-98頁右(2)

P5957無名峰 5957m ［33°08′・77°02′］
［位置と山容］レルー谷左俣カトカル谷の奥の二俣から左氷河に入って、右岸にある山。Survey of Indiaの5万図には標高表示のない無名峰。P6020(L8)の西隣の山。
［登山史］2009年に、イギリス隊がカトカル谷の左氷河に入り、北壁から西稜にでて初登頂しSkilma Kangriと命名した。同隊の計測で標高は5957mであったと報告している。
［文献］AAJ, 2010

P5994（R28） 5994m ［33°06′・76°59′］
P5817（R29） 5817m ［33°01′・76°56′］
P5962（R31） 5962m ［33°07′・76°57′］
P6128（R33） 6128m ［33°07′・76°58′］
P6007（R34） 6007m ［33°08′・76°59′］
［位置と山容］カトカル谷の右氷河奥にある山。

［登山史］全て未踏峰の山々である。

P6148（R35）　6148m　［33°12′・77°00′］
P6158（R26）　6158m　［33°09′・76°55′］

［位置と山容］レルー谷の左股カトカル谷（Katkar Nala）は、さらに右氷河と左氷河にわかれる。その合流点に聳える印象的な岩峰がP6148（R35）。カトカル谷の右氷河は広い雪原となっているが、その中程の左岸にあるのがP6158（R26）である。

［登山史］2012年8月に、ギリシャ山岳隊（N.クルーピス）が、先ずカトカル谷の左氷河に入り、P6148（R35）の南側に廻り込んで南稜から初登頂し、Katkar Kangriとの山名をつけた。その後、右氷河に入り、北稜よりP6158（R26）に初登頂してMuktik Skalと命名した。彼等の計測では標高は6243mとの由。最後に、英国隊が初登頂したスキルマ・カンリ（Skilma Kangri）の北東にある無名峰P5947m（同隊の計測）に初登頂し、Lama Sooと命名した。
(R35)→グラビア写真(1)-98頁右(3)

［文献］AAJ, 2013

P5825（R36）　5825m　［33°17′・76°57′］

［位置と山容］レルー村の真南にある岩峰。レルー村の住民にとっては門衛のような山。

［登山史］未踏峰。　→*グラビア写真(1)-98頁左(4)*

（注）
　2012年8月に、スイス山岳会ジュネーブ支部隊がレルー谷の左股カトカル谷に入り、この流域の登山を行った。Red Apple（6070m, 6008m（R24）と思われる）, Gocook Peak（6050m）, Tong'a Miduk Ri（6040m）に初登頂したと、HJ, Vol.69 2012に登頂記録を発表した。しかし、彼等が命名した名前と彼等が計測した標高のみで記載しており、IMFの登山許可の基礎となっているSurvey of Indiaの5万図の標高を明示していなかった。さらに、登頂した山を明記する概念図も掲載していないため、いったいどの山に登ったのか第三者には全く不明であった。同山岳会に阪本が数度問い合わせたが、全く返答なし。また、同隊の初登頂をどのように記録に残しているのかIMFに問

い合わせたが、IMFからも返事が来ず、そのため、カトカル谷右氷河にあるP6128（R25）, P6008（R24）, P5994（R28）, P5817（R29）, P5962（R31）のどれが未踏峰で残っているのか、不明のままになっていた。

　本書を発行するに際し、不明のまま放置すべきでないと考え、2015年1月にIMFに再調査を強く申し入れた。阪本作成の概念図と山の同定ラベルを貼ったGoogle Earth 3D画像をスイス隊に送付し、彼等の初登頂の山を正確に聴きだすべきだと厳しく申し出た。その結果、2015年2月20日にようやく全容が判明した。スイス隊が登ったRed AppleはP6008（R24）であり、Gocook Peak（6050m）は京都大学山岳部が2012年に登頂したP6080（L13）であること、そしてTong'a Miduk Ri（6040m）はP6140（L9）とSkilama Kangri（5970m）の間にあるSurvey of Indiaの5万図の無印のピークであることが判明した。

　折角、初登頂しても、誰にでも分かるようにキチンと登頂記録を残せない遠征隊と正確な登頂記録を残していないIMFのずさんな管理体勢のために、2012年の京都大学山岳部隊のP6080（L13）の登頂記録が後味の悪い結果となってしまった。

　スイス山岳会には、今後の彼等の登頂記録には登頂した山を明示した概念図を添付するよう申し入れ、かつIMFにはもっと正確な登山記録を管理するようにと強く申し入れた。

（阪本公一）

レナック谷・ギアブル谷域 Lenak Nala Giabul Nala Area

P6080（L13）　6080m　［33°06′・77°00′］
[位置と山容] レナック谷（Lenak Nala）左股の中流左岸にある山。岩峰の前衛ピークの北側に本峰があり、その東に東峰がある。
[登山史] 2011年8月に、京都ザンスカール未踏峰探査隊（隊長：阪本公一）が、レナック谷とギアブル谷の探査を行った(1)。2012年9月に、京都大学山岳部隊（隊長：荻原宏章）が、レナック谷左俣の氷河の舌端の下にBCを設置し、氷河上からガラ場を登りP6080（L13）の小さな氷河に入って先ず東峰（6060m）に初登頂した後、その足で西峰＝本峰（6080m）に初登頂した。同隊はこのピークを、ヌガツオ・カンリ（Nga Tsoey Kangri）と命名した。同隊は、当初P6070（L15）を第一目標としていたが、雪の状態が悪く危険と判断し、P6080（L13）に転進した。→前項注記参照　→グラビア写真(1)-99頁左(2)
[文献]（1）HAJ季報「ヒマラヤ」、No.463, Winter, 2012

P6070（L15）　6070m　［33°04′・77°02′］
[位置と山容] レナック谷左俣の中流右岸にある山。雪と岩のミックスした非常にすっきりした山容の山である。
[登山史] 2014年9月に、学習院大学山岳部隊（隊長：吉田周平）が東面のガリーを登り、雪面にでて初登頂をし、ギャルモ・カンリ（Gyalmo Kangri）と命名した。　→179頁参照

P6180（L14）　6180m　［33°04′・77°01′］
[位置と山容] レナック谷左俣の右岸にあり、P6070（L15）の奥隣りにある幅広い岩壁にガードされた岩峰。ちょっと見た目には、簡単に登れそうにない厳しい山である。
[登山史] 未踏峰。

P6054（R32）　6054m　［33°06′・76°58′］
[位置と山容] レナック谷左股の最奥部にある山。P6128（R33）は、レルー

谷とレナック谷のコルから西にせり上がった雪と岩のミックスした山で、P6054（R32）はその南の岩峰。
[登山史] いずれの山も未踏峰。

P5930（L17）　5930m　[33°06′・77°05′]
P5975（G3）　5975m　[33°04′・77°04′]
[位置と山容] レナック谷左俣に入ってすぐ左手の右岸にある雪山がP5930（L17）。P6070（L15）の東にある氷河の奥にある円錐型の白い山がP5975（G3）である。→*グラビア写真(1)-99頁右(2)*
[登山史] 両方の山とも未踏峰。

P6165（L10）　6165m　[33°07′・77°02′]
[位置と山容] レナック谷右俣には三つの氷河があるが、最初の第一氷河の奥にある純白の山がP6165（L10）である。第一氷河の手前に小さな湖があり、その下の広い台地が快適な素晴らしいBCとなる。
[登山史] 2012年9月に、JAC学生部隊がこの山に初登頂をし、ツクパ・カンリ（Thukpa Kangri）と命名した。　→*グラビア写真(1)-99頁左(1)*

P6045（L11）　6045m　[33°07′・77°03′]
[位置と山容] レナック谷右俣の第一氷河の左岸にある山がP6140（L9）。もろい岩で出来た岩峰。第一氷河の右岸にある雪の山がP6045（L11）である。
[登山史] いずれの山も未踏峰。JAC学生部隊がP6165（L10）登頂後、P6045（L11）に試登したが、登頂はできなかった。　→*グラビア写真(1)-99頁右(1)*

P6020（L8）　6020m　[33°09′・77°02′]
P6140（L9）　6140m　[33°07′・77°02′]
[位置と山容] レナック谷右俣の第三氷河の左岸にあるのがP6020（L8）。その対岸の右岸にある山がP6140（L9）。
[登山史] いずれの山も未踏峰。

P5865（G21）　　5865m　［33°02′・77°06′］
P5935（G19）　　5935m　［33°01′・77°04′］
［位置と山容］シャンカ（Shanka）村からギアブル谷（Giabul Nala）を眺めてすぐ目に入る岩峰が、P5865（G21）である。ギアブル谷の右岸にあり、支谷であるナムカ谷（Namkha Tokpo＝阪本が仮称）との合流点に位置する。その奥にある大きな岩峰がP5935（G19）であり、支谷のサチ谷（Sachi Tokpo）との合流点の右岸にある。この山は、本谷及び支谷のサチ谷のいずれからも、どこから取り付いて良いのか判断に苦しむような難峰。
［登山史］両峰とも未踏峰。　*(G19)→グラビア写真(1)-99頁左(3)*

P6014（G11）　　6014m　［33°00′・76°59′］
P6078（G14）　　6078m　［33°00′・77°01′］
［位置と山容］ギアブル谷は、奥の二俣が氷河の舌端となっている。左氷河の奥にあるのがP6014（G11）。その東にあるのがP6078（G14）。
［登山史］いずれの山も未踏峰。

P6150　無名峰　　6150m　［32°59′・77°04′］
P6115（G22）　　6115m　［32°59′・77°05′］
P5850（G23）　　5850m　［32°58′・77°00′］
P6015（G31）　　6015m　［32°57′・77°09′］
［位置と山容］ギアブル谷の南に入っている最初の大きな支谷のナムカ谷（Namkha Tokpo）の奥にある山々。P6115（G22）とP5850（G23）、P6015（G31）は、Survey of Indiaの地図に明記されているが、P6150mはEition Olizane地図にしか標高が記載されていない。西からP6150、P6115（G22）、P5850（G23）、P6015（G31）の順に稜線上に並んでいる。P6115（G22）は、ナムカ谷のつきあたりにある二俣にあるピーク。P6150は右俣右岸の山で、P5850（G23）は左俣左岸の山。P6015（G31）は、P5850（G23）よりの稜線上約4km東にある山。
［登山史］2012年に、京都ザンスカール未踏峰探査隊から情報を得た英国スコットランド隊（隊長:S.ジェンセン）がナムカ谷に入った。左俣の氷河からコルに登り、P5850（G23）に初登頂し、同隊の目標だったP6115（G23）に挑戦した。東峰には登頂したが、それより先の岩稜が予想外に厳しくリス

クが大きすぎると判断して登頂を断念した。方向転換して、右俣氷河を登り、右岸に取り付いてP6150に初登頂を達成した。P6115（G22）とP6015（G31）は、未だ未踏峰で残っている。　　(G22)→グラビア写真(1)-99頁左(4)

P6060（G20）　6060m　[33°00′・77°00′]
P5840（G25）　5840m　[32°59′・77°07′]
[位置と山容] P6060（G20）は、ナムカ谷の左岸にあるガレキを積み上げたような平凡な山。P5840（G25）は、ナムカ谷に左から入る小谷との合流点にある登攀意欲を誘う魅力的な岩峰である。
[登山史] 両山とも未踏峰。
　　(G20)→グラビア写真(1)-99頁右(3)　　(G25)→グラビア写真(1)-99頁右(4)

P6125無名峰　6125m　[32°55′・77°09′]
P6080無名峰　6080m　[32°58′・77°13′]
[位置と山容] シンゴ・ラ（Shingo La）に連なる稜線の西約2kmにあるのがP6125の白い山で、東南約2kmに位置するのがP6080の岩峰。両山とも、峠から手に取るように眺められる。
[登山史] 未踏峰。ただし、アプローチが容易で、未許可で登られているかも知れない。

ラムジャック　Ramjyak　6318m　[32°52′・77°08′]
[位置と山容] シンゴ・ラの南南東約4kmにある山。ダルチャ（Darcha）へ西から流れるジャンカル谷（Jankar Nala）とシンゴラ峠からの支谷、ジャンカル・サンゴ（Jankar Sangoo）の合流点にあるザンスカール・スムド（Zanskar Sumdo）の北東約3kmの山。
[登山史] 1996年にインド隊（隊長:M.S.Pande）(1)、2001年にもインド隊（隊長:Lt.Col.S.Upadhyay）が試登した(2)。2002年にIMF（隊長:Sangey Dorj Sherpa）が初登頂した(3)。2010年にインドIMF隊が第2登をしている。
[文献] (1)HCNL, 50, p.54　(2)HJ, Vol. 58, p.177　(3)IM, 38, p.36

P6125 無名峰　Goat Peak　6125m　[32°57′・77°05′]
[位置と山容] ダルチャから西北に入っているジャンカル谷の奥の山。ザン

スカール・スムドのすぐ上流で北に入るバグラック谷（Bagrac Nala）の流域の山。

[登山史] 2013年に、英国スコットランド隊（隊長:J.ニスペット）が、ダルチャからザンスカール・スムドに入り南からP6115（G22）に挑戦したが登頂できず、転進してP6125に初登頂した。同隊はEdition Olizaneを使用しており、彼等の記録には標高6080mと記載しているが、Survey of India 5万地図での標高は6125mである。同隊はこのピークを「Goat Peak」と命名した。

[文献]
(1) 深田久弥『ヒマラヤの高峰』、雪華社
(2) 薬師義美・雁部貞夫（編）『ヒマラヤ名峰辞典』、平凡社
(3) 北海道大学ワンダーフォーゲル部OB会『Z1登頂記録』、1980年
(4) 『HAJ登山学校1982年クン・南面の記録』（HAJ発行）
(5) HAJ『HAJヌン遠征隊報告書』1992年
(6) 中京山岳会ザンスカール登山隊『ザンスカールの山』2008年
(7) 沖允人「ザンスカール、Z3周辺の山々」HAJ季報「ヒマラヤ」,No.447, No.448
(8) 旅行人『ラダック』、ウルトラガイド旅行人
(9) HJ, Vol. 69, 2013

（阪本公一）

日本人のヌン、クン山群登山

Climbing Nun & Kun Mts. by Japanese

山森欣一(Kinichi YAMAMORI, HAJ)

　1974年9月17日、日本ヒマラヤ山岳協会（現在の日本ヒマラヤ協会以下HAJと略す。）の沖 允人ら5名は、日本人として初めてカシミール・ヒマラヤの盟主ヌンを見た(1)。翌年、日本から初めてHAJ派遣の登山隊がヌンに入山した(2)。以後1996年まで（1997年以降2004年まで日本隊の入山はない。この21年間にヌン、クン山群の標高6000m以上の峰（ヌン、クン、ピナクル・ピーク、Z-Ⅰ）に入山した日本隊の概要をまとめたのが下記である。

表1．山別入山・登頂・死亡一覧表

山　名	隊　数	A入山者	成　功	B登頂者	(B/A率)	C死亡隊	死亡者	(C/A率)
ヌ　ン	22	169	15	62	(36.7%)	1	1	(0.5%)
ク　ン	11	64	5	10	(15.6%)	5	5	(7.8%)
ピナクル・ピーク	1	6	0	0		0	0	
Z-Ⅰ	1	12	1	12	(100%)	0	0	
計	35	251	21	84	(33.5%)	6	6	(2.4%)

表2．ヌン年代別一覧表

1970年代	3	24	2	6	(25.0%)	0	0	
1980年代	11	75	8	32	(42.7%)	1	1	(1.3%)
1990年代	8	70	5	24	(34.3%)	0	0	
計	22	169	15	62	(36.7%)	1	1	(0.6%)

表3．クン年代別一覧表

1970年代	3	14	1	2	(14.3%)	0	0	
1980年代	8	55	4	8	(14.5%)	5	5	(9.1%)
計	11	69	5	10	(14.5%)	5	5	(7.2%)

以下に入山隊の多いヌンとクンの7000m峰の特徴的なことをまとめてみた。

ヌン峰

1. 日本隊初登頂の1978年HAJ隊は、成田から成田まで28日間の短期間で成し遂げた。
2. 1978年明治学院大学隊は東稜を、1980年名古屋大学隊は北西稜を初登攀した。
3. 1974年当時インド・ヒマラヤで登山許可取得可能な7000m峰は、トリスルだけであった。その後ヌン、クン、サトパントの4座が可能となった。中でもヌン峰に圧倒的多数の登山隊が集中し、1970年代のネパール・ヒマラヤ、ガネッシュ・ヒマール山群の日本隊ラッシュを彷彿させるものがあった。
4. 1989年は「地球環境政治元年」とも呼ばれ、国際政治の中で地球の温暖化を中心に地球環境保全が叫ばれた。温暖化現象は特にヒマラヤ奥地に入山する登山者から報告されていたが、1990年代半ばから登山者に人気の高い7000m峰である、インド・ヒマラヤのヌン、サトパント、ネパール・ヒマラヤのプモ・リは、温暖化の影響をもろに受け、登山ルートを変更せざるを得ない状況に追い込まれ入山者は激減した。

　　ヌンを例にとれば、C1～C2間のアイスフォール帯に張られた固定ロープは、1991年隊6本、1992年8本、1993年10本に対して、1996年隊は温暖化現象の影響を受けた結果、ルート変更のためそれまでの倍近い19本となり時間切れのため登頂断念に追い込まれている(3)。以後、日本の登山隊はヌンに入山していない。

クン峰

1. 1981年、近藤国彦／名越 實ペアがアルパイン・スタイルで垂直に近い西壁を初登攀した(4)。
2. クン登山の死亡率7.8%は驚くべき数値である。「魔の山」との異称が定着している8000m峰アンナプルナⅠでさえ、2004年までの死亡率は8.3%である。7000m峰のワースト死亡率はミニヤ・コンカの15.7%であるが、アンナもコンカも1件での大量遭難を含む数字であるのに対して、クンは11隊中、5隊で5名が死亡した稀なケースと言える。

HAJとヌン登山隊

　表1にあるようにヌン入山の日本隊は22隊であるが、そのうちの8隊36.4%がHAJ隊である。内訳は、1970年代2隊、1980年代2隊、1990年代4隊である。それぞれの時代の注釈を試みるのも登山史的には多少の価値がありそうである。

　1970年代の2隊はわずか3年の差でありながら、背景が際立って異なっている。1975年隊はHAJ内の一研究グループである「エクスペディション研究会（EXP研）」が派遣母体となり、当時のインド情勢からやむを得ずインドとの「合同」を余儀なくされた。結果は新ルートから挑戦し登頂に失敗した(1)。1978年隊はHAJが新しく取り組んだ「ヒマラヤ登山学校」事業の一環としてHAJ本部が派遣母体であった。目的を当時勃興しつつあった「短期速攻」に標準を置き（1978年隊は成田～成田＝28日間）、許可問題、アタック時のアクシデントを乗り越えて、日本隊初登頂に成功した(5)。

　1980年代の2隊は派遣母体はHAJ本部であるが背景は異なる。1983年隊は「ヒマラヤ登山学校」事業として派遣した。実は同事業として派遣した2隊（1981年隊＝ナンダ・カート、1982年隊＝クン）で死亡事故が連続発生したことを検討した結果、「ヒマラヤ登山学校」事業から撤退することが決められた。その大きな要因の一つに「時代の変化」があった。しかし、撤退決定の時点では1983年隊の募集が始まっており、応募した2名からの強い要望に抗しきれずに実現し3名が登頂した。1987年隊は「女性隊」である。HAJ北海道グループは、設立当初から本部を支える強力な存在であった。その中から、ヌンへ女性だけで登山したいとの希望が寄せられた。本部では、東京在住の会員に声をかけ隊を補強して派遣し2名が登頂した。

　1990年代の4隊は、派遣母体はHAJ本部であるが、名称は「サマーキャンプ」である。時代の変化は登山界に波及し、それが「ヒマラヤ登山」の世界に押し寄せるのに、それほどの時間はかからなかった。1985年の「プラザ合意」が円高を増長しバブル経済に後押しされた期間は短かった。1990年代は一気にはじけたバブル崩壊の中、特に地方在住の会員からは、いったん、退職すると再就職は困難であるとの声が寄せられるようになった。休暇が比較的取りやすい「夏季」に短期間で「7000m峰」登山を「楽しみたい」との要望に応えたのが「サマーキャンプ」事業であった。1990年サトパントで実施したが、アプローチに問題があり、本部で検討の結果「ヌン35日間」を決

定した。こうして、1991年12名中3名、1992年14名中8名、1993年7名中0名、1995年11名中4名が登頂した。HAJのヌンの時代が終わりを告げたのもまた会員の希望であった。会員はさらなる高みを望むようになり、サマーキャンプの舞台は「7500m峰、ムスターグ・アタ」へ移り、さらにはチベットへの憧れで「ニンチン・カンサ」へと舞台は変わったのである。

　HAJとヌン峰の関わりの中では、エキスペディションからガイダンスシステム「ヒマラヤ登山学校」を経て、高峰登山を楽しむ「サマーキャンプ」へと変化したが、これはまさに日本のヒマラヤ登山界の変遷の縮図をみる思いがする。

[文献] (1) HAJ「ヌン・クン北面偵察　1974年9月の記録」『岩と雪』41号，1975年、pp.108-111
(2) HAJ『カシミールの盟主ヌン、7135m』1978年
(3) 山森欣一「温暖化による登山ルートの変化・変更と敗退」日本山岳文化学会論集、第7号、pp.121-124、2009年
(4) 名越 實「クン西壁登攀、1981年」、『山岳第77年』pp.19-24、1982年
(5) 沖 允人「ヒマラヤ7000m峰の短期登山を終えて」、『ヒマラヤ』84号、pp.19-24

Kun (7077m) (L) and Num (7135m) (R) from Sankhu Village (M.Oki)

ドダ初登頂（1996年）

The First Ascent of Doda (6550m)
大滝憲司郎（Kenshiro OOTAKI 、東洋大学山岳部）

概要

　1976年9月17日、東洋大学山岳部（隊長:大滝憲司郎、以下5名）はドダ川（Doda River）につながる全長約20kmにもおよぼうとする、なだらかな氷河（Darung Drung Gl.=DD Gl.）の源頭から、北稜経由でドダ峰（Doda、6550m）の双耳峰に初登頂した。

登頂日誌

9月5日・BC建設

　先発隊員の古屋、小林とペンジ・ラ（Pensi La,4401m）で合流。BCは峠を少し下ったDD氷河の左岸に建設する。付近には、エーデルワイスの花も咲き、恰好の水場もある好適地である。見おろす氷河の美しさに、キャラバンの疲れもふきとぶ。夜は入山祝で、明日からの健闘を誓う。

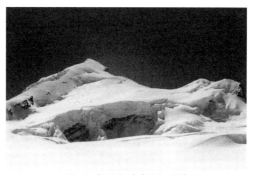

Doda (6550m) (K.Otaki)

9月6日・偵察…古屋、三輪、長谷川

　氷河上のルートとC1の位置偵察に氷河上の4750m地点まで行った。そこより上部は、降雪のために見えなかったとの報告。古屋と相談の結果、明日中にC1を作ることにした。各係共、本日の隊荷整理で用意万端整える。

9月7日・C1入り…古屋、三輪、長谷川、小林、鈴木、C1建設サポート…大滝、鳥居、長岡、杉山、早川、大湊

　地球全体が雨のような毎日。このまま、冬がやって来るのではないかと思われる日々。1名を残してC1建設に出発。氷河上には、幾筋かの川があり、小尾根もある。BCより往復12時間の長丁場となった。慣れれば荷揚げに問

題はない。視界が悪く、C1の位置に若干の不安を残す。C1の古屋に、雪崩には充分注意をするように指示した。

9月8日・停滞
　朝から激しい雪。昨日の長時間行動を考慮して、BC、C1共停滞とする。ところが午後より天気は回復し入山以来、初めての快晴となる。
　眼前に6500m級の巨峰が立ち並ぶ。あまりの見事さに感激。全員の士気も高揚する。C1より大量の荷揚げ要請。役割分担は、できうる限り全員登頂を狙えるように配慮する。

9月9日・C1より偵察、古屋、三輪、小林。　C1入…大湊
　1週間ぶりの晴天。驚くばかりの眺望、快晴とはこんなにいいものか。
　偵察隊の報告によると、C1左手にある山が、まず登れそうだという。また、ヒドン・クレバスに注意しなければならないという。隊長の私としては、狙うなら当初の計画通り、氷河最奥部の6550m峰しかないときめているので、明日もまた氷河上部を偵察するように指示する。

9月10日・C1より上部偵察・ルート偵察A…古屋、小林、ルート偵察B…手輪、長谷川、鈴木
　本日も偵察。C1では、なかなか目標の山を決めかねている。昨日、偵察隊より報告のあったC1左手の山は、低く困難であることがわかった。その結果、氷河正面のアンナプルナ状のピークを一応目標にするとの報告であった。このあたり、経験の無さか、一気に頂上を往復したいという気持が現われている。一歩一歩ルート工作をして氷河の上部に進出するよう指示する。
　現役の何名かは、全く使い者にならない。技術的のみならず、精神的にもろい。若さといえばそれまでだが、もう少し内地の山で、トレーニングを必要とする。その意味で、今後、遠慮なくしごきながら現役の能力を高めたい。

9月11日・C2の位置までルート工作…長谷川、小林、C1より荷揚げ…古屋、三輪、大湊
　荷揚げ隊は、C2地点（約5200m）まで到達。明日、C2建設が可能となる。C1、C2間のアンザイレンを徹底する。報告によれば、氷河はさらに上部に

屈曲しており、C3も必要ではないかという。そろそろリーダークラスに疲労がみられるので、ローテーションを早目にすることにした。

　BCよりの荷揚げは、連日欠かさないで行われている。慣れてきたせいか、往復10時間以上要していたのが、今では7～8時間が標準タイムとなった。

61550m 峰発見
9月12日・C2入…古屋、長谷川、小林、C2建設サポート…大滝、長岡、大湊

　午前7時20分、C1を出発し、氷河の右岸寄りを進む。本流は、5000m地点から急勾配になり、クレバスをむき出しにしている。必然的に左岸寄りのルートをたどる。小1時間程登ると、左手から幅300m程の氷河が合流している。その先からクレバス帯が始まっており、一昨日、偵察の長谷川が墜ちたという穴を横に見ながら、固定ロープに添って右へ左へと高度を稼ぐ。氷河と右岸の岩壁との間にできた小さな窪みを、一気に登ると、広々とした展望が開けた。眼下にはC1からのトレースが続いて見える。このあたり、氷河の幅が一番広い様で、対岸まで5kmはありそうだ。午前10時ちょうど、氷河上の高台に「神々の王国」というに相応しい位置にC2を定める。設営後行われたC2からの偵察で吉報がもたらされた。氷河の中央にでた偵察隊は、氷河最奥部に遥かに高い、6550m峰を発見したというのである。

　ためらうことなく、目標を6550m峰一本に絞った。目標が決まったことにより、各係、各キャンプとも一段と活気がみなぎった。

9月13日・C2より上部偵察…古屋、小林、　C2入…三輪

　BCに戻ると、上部の様子が詳しくわからないのでもどかしい。C2から氷河の中央にでて前進を開始したが、雪が深く苦労しているようだ。荷揚げは各キャンプ間とも順調である。荷揚げ管理の徹底を指示。BCでは、燃料節約のため、枯木集めを励行する。現在の勢力で、無理をせず、何としても、頂上をおとしたい。

9月14日・C3予定地点到達、ルート工作‥三輪、長谷川、　C2入…長岡

　ルート工作隊の2名は、6550m峰の胸もと深く、5700m地点まで到達した。C2より一旦氷河の中央に向かって下り、そこから、それこそセスナ機なら

楽々着陸できそうな雪原を進む。やがて左手奥に、真白な三角のピークが現われた。それが目指す6550m峰である。2名は、力の限り前進をして、ようやく頂上まで往復可能な地点までトレースをつけて戻った。

9月15日・C3予定地点までの荷揚げ…古屋、三輪、長岡、C2入・・杉山
　古屋からの報告で、C3予定地点からの頂上往復は十分可能との結論に達した。いよいよ明日は、最終キャンプのC3を建設する。そして、早ければ、明後日の17日、第一次頂上アタックが行なわれるはずだ。そのため全隊員の高度順化を急ぐ必要がでてきた。また、この時期にいたってもなお、若いせいか、上部から下部キャンプに降ろされる隊員に、不満をもらす者がいた。情に左右されないで、判断をするためには、隊員以上に強靭な意志が必要だ。

9月16日・C3入…古屋、三輪、C3建設サポート…長岡、杉山
　最初の頂上攻撃を試みる2名が、C3建設と同時に、C3入りをした。C3より頂上まで高度差約900m。技術的に難しくなければ、充分往復可能な距離である。C3より見上げたピークは、左手に北稜ともいえる雪稜、正面に北西壁その右手には、頂上直下に岩場をもった急峻な尾根をもっている。夕方から空いっぱいに雲が広がった。明日の攻撃判断は、アタック隊の2人に任せる。午後6時の交信で、全キャンプの隊員に、明日の第一次頂上アタックを伝える。その際、誰が頂上に立とうと、また、誰が先に登ろうと、それは私達の成功である。各隊員の地道な努力があっての成果であることを確認した。さらにつけ加えて、もし全員登頂が成されない場合、登頂者名は、未公表にすることも全員に告げた。
　そして、今までの努力のあとをふりかえり、ただ明日の登頂成功を静かに祈ろうではないか。

9月17日・第一次登頂…古屋、三輪、C3入---長岡、杉山
　C1には、大型のテントを配置し、今では、ABCの感がある。アタック隊は、C3を予定よりだいぶ遅れて出発した。C3に待機している2名は、北稜を登るアタック隊の動きが、肉眼でも手にとるように見えるらしい。正午の交信で、C3から見た限り、あと2時間程で頂上に達せる見通しということだ。それにしても、心配しながら待つのはあまりいいものではない。古屋も三輪

もすっかりトランシーバーのことは、忘れているのではないだろうか。天気の方も気になる。プレモンスーンに登ったシックル・ムーンの時のことが思い出される。午後になるとプルル氷河側からでてくる雲が、いやに速い。2人に焦らず頂上に向かってくれとただ祈るのみ。

　正午には、全員C1以上に配置を完了した。また、各キャンプともトランシーバーを開局したまま待機するように指示した。

　午後1時、ようやくアタック隊と交信ができた。現在、高度6250m、北稜の急傾斜のリッジからようやく緩い傾斜帯に入ったという連絡だ。2人の体調は、不安定な雪と強風にかなりエネルギーを消耗したが、頂上は時間の問題と思うということであった。また、下降は北西側の雪壁がやさしそうだという報告だった。しかし、できるだけ登った所を降りることを鉄則として指示した。

　午後3時12分、トランシーバーがけたたましく鳴った。ついに2名は頂上に立った。気力十分、2名からのメッセージは、人間として、生涯において数少ない心からの感動の言葉であった。私は、冷静に周囲の状況を報告させ、まぎれもなく頂上であることを「おめでとう」で2名に伝えた。この一瞬のために私たちは、努力してきた。誰しもの眼に周囲の光景が、この上なく美しいものに見えたに違いない。

　2名には、慎重に下るよう伝え、各隊員には万一に備えさせた。下降を迅速にするために、C3の2名をすぐ北稜に向かわせた。

　午前8時30分、第一次アタック隊の古屋・三輪は、C3に到着した。

9月18日・北西壁偵察…長岡、杉山、C3入り…小林、鈴木、大湊

　全員登頂を狙うためには、短いルートはより安全なルートである必要がある。昨日の初登頂ルートは、危険なトラバースがあり、全員登頂をはかるためには、あと600mのフィックスを張る必要があるという。そこで、C3の2名を北西壁側の偵察に向かわせた。その結果、たいしたフィックスを必要としないで登れそうだという報告であった。明日は、5名の隊員による、下降のためのフィックスをしながらの登頂を指示した。

9月19日・第二次アタック成功…長岡、杉山、鈴木、大湊

　午前6時、まだ陽の当たらないC3を、不調の小林を残して4名の隊員は出

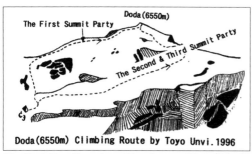

The North Face Route from C3 to the top of Doda (K.Otaki)

発した。

2名ずつ2パーテイに分かれて、一方が北西壁にルートを先導し、片方が要所にフィックス工作しながら登った。頂上直下の北稜側に抜けでる雪壁は、かなりきつかったが、午前10時35分、4名は頂上に立った。

頂上は、第一次アタック隊の見た通り双耳峰になっていた。こちらを西峰と呼べば、同じ位の高さに東峰が並んでいた。しかし、1時間もかからないで往復できそうな距離であることを確認して下った。

全員登頂成る
9月20日・第三次登頂…大滝、鳥居、長谷川、小林、早川、芝尾

C3をでて、西峰まで僅かに3時間半のスピードで登った。頂上に抜けでているところ、逆光に雪片が舞い美しかった。これで私の大役も果すことができた、と思うと、熱いものがこみあげてきた。余勢をかって、6名で東峰まで往復した。約20分程で、東峰の頂上に立つと、反対のクンギ氷河側は、スッパリと何千メートルも切れ落ちていた。

シックル・ムーン、ブラマー山群、そしてラダックの山々、遠くカラコルムの山々までが見える絶好の登山日和であった。

[**文献**] 東洋大学山岳部（編）『Doda 6550 ヒマラヤ遠征報告書』1977年

ギャルモ・カンリ初登頂(2014年)

Gyalmo Kangri (6070m)
吉田周平(Shuhei YOSHIDA, 学習院大学山岳部)

概要

 学生4名からなる学習院大学山岳部の隊は、2013年8月にザンスカール南部のレラーク・ナラの無名峰P6070(L15)に初登頂し、ギャルモ・カンリと命名した。

はじめに

 2012年にヌガツオ・カンリ(Nga Tsoey Kangri)に初登頂した京大山岳部隊(隊長:荻原宏章)が、向かいにあるこの山の5050m付近まで試登したが、大量の降雪で雪の状態が悪く撤退している。

 阪本公一氏の記録も合わせて情報を集めているうちに、この山のひときわ美しい形に心を奪われていった。すっきりと延びた明瞭な雪稜にのることができれば、良いルートが取れるとひと目で分かる。山頂は鋭く、一点を指している姿に登攀意欲がそそられた。

 2014年8月12日〜20日まで、下部のガレ場にルートを探り、5600m付近の雪稜まで上がることができた。ガラ場は浮石だらけであったため、落石をさけて東面を大きく回る形をとった。雪稜にあがる5400m付近は細く急で、下降時には緊張させられた。西面もあわせて偵察したが、上部にセラック崩壊の危険性があり、西壁は高難度の登攀が要求されることが予想された。

Gyalmo Kangri (6070m) (S.Yoshida)
Black line :The climbing route

全員山頂に立つ

 8月22日、隊長の吉田周平、原田昌幸、ガラムカリワ、梶田瑞穂の4名がBCからのサミットプッシュに成功した。5700m付近の横300mにわたって延びる巨大なクレバスは左からまき、右へトラバースして上部の雪稜へわたった。上部の雪稜は氷混じりで固く、スノーバーが刺さらず苦労した。氷の割れ目にスノーバーを入れて叩き込みながら、6ピッチほどスタカットで登った。

 頂上はもろく岩が重なっただけのようで不安定なところであった。初登頂の喜びもつかの間、雲が増えてきていたので早く降りたいという気持ちが強かった。ケルンなどの人工物がなかったのにはほっとし、写真撮影をすませて、往路をスタカットで下る。

 降りはじめてすぐに天気が崩れ始めた。スタカットの最後の人間は後ろむきになってクライムダウンしていく。ランナーが取れず、雪面は硬いので緊張する。

 5400m地点のフィックスロープを回収し、デポ地点に戻ってきた時に吉田が高山病により体調を崩す。頭痛と吐き気がひどく、吉田以外も高度の影響か、疲労がたまっていた。ガラ場を半分ほど降りてきたところで、追い打ちのように雪も降り始め、ゆっくり下りて行った。結局、午後7時半にBCに戻り、約14時間の行動を終えた。

Gyalmo Kangri「王妃の山」と命名

 その後、この山を「王妃の山」を意味するGyalmo Kangri（ギャルモ・カンリ）と命名することにした。この山を初めて探査した京都大学学士山岳会（AACK）の阪本公一氏の報告書、季報『ヒマラヤ』No.457に、「…左手の右岸に雪稜の美しい端正な山容のP6070（L15）が現れる。…P6070の秀麗な姿はレナック谷の王女にたとえられよう。」とあったところから発想を得させて頂いた。

 隣のP6180（L14）はどっしりとした形で、岩に囲まれて高度なクライミング技術が必要である。特に山頂から見ると正面の東壁は上部がオーバーハングしており、北東稜の方がルートの可能性がありそうであった。

[**文献**] (1)吉田周平「ザンスカール・初登頂、学習院大学インド・ヒマラヤ登山隊2014」『ヒマラヤ』WINTER, No.471, pp.17-25、2014年
(2) HJ, Vol.69, 2015.
(3) AAJ, Vol.57, 2015
(4) YOSHIDA Shuhei;First Ascent of UP 6070 (L15) in Zansker,Japanese Alpine News,Vol.61, 2015, pp.56-59

注：本項の著者吉田周平氏は、本項の原稿を書いた後、しばらくたった2015年2月11日、八ヶ岳連峰阿弥陀岳で遭難死した。本稿が遺稿となってしまった。心よりご冥福をお祈りします。

（編集子）

Ladakh, Riging (6150m) from Chibbra (M.Oki)

Pangong R., Mari (E) (6585m) (M.Oki)

Pangong R., Unnamed Peak (Named Cockscom) (c.6000m) (M.Oki)

Lahoul, CB-54 (6096m) (T.Murakami)

Lahaul, Chamba, Kailas (5656m) upper of Ravi river (H.Kapadia)

Lahaul, CB-14 (6078m) (S.Nomura)

Lahaul, CB-13a (6240m) (T.Suzuki)

Lahaul, Gangstang (6162m) (T.Suzuki)

Lahaul, Menthosa (6443m) (T.Suzuki)

Lahaul, Kullu, Hanuman Tibba (5928m) N Ridge (M.Oki)

Kinnaur, Phawararang (6349m) & C1 (K.Oniki)

Kinnaur, Raldang Pinnacle (5499m) SW of Jorkanden (H.Kapadia)

Kinnaur, Rangrik Rang (6553m) upper of Tirung Gad (H.Kapadia)

Kinnaur, Saro Peak (6080m) (H.Kapadia)

Spiti, Chau Chau Kang Nilda (6303m) (M.Takahashi)

Spiti, Kanamo (5964m) SW of Shilla (H.Kapadia)

Spiti, Gyagar (6400m) Upper of Lingti valley (H.Kapadia)

Spiti, Runse (6175m) on Gyagar range (H.Kapadia)

Spiti, Shilla (6132m) at head of Shilla Nala (H.Kapadia)

Spiti, Unnamed Peak (6228 m) Head of Pare Chu (T.Suzuki)

Spiti, Parilungbi (6148m) at head of Lingti Lungpa (H.Kapadia)

ラダック　Ladakh

　ラダックとは、土地の言葉で「雪嶺を越えて」という意味だという。ラダックに入るには、雪のある高い峠を越えて行かねばならないからであろう。ラダックは、ヒマラヤ山脈とカラコルム山脈の間のインダス川源流域に広がり、インドの高山地帯の一つとなって、インドの北東部をしめるJK州東北部の呼称である。広義にはザンスカール（Zanskar）および、現在パキスタンの支配下となっているバルティスタン（Baltistan）を含む、ヒマラヤ山脈とカラコルム山脈に挟まれた一帯を指し、JK州の東側半分以上を占める。かつてはラダック王国という独立した仏教国であったが、19世紀にカシミールの藩王国に併合された。中華人民共和国（中国）との国境に接し、中国が実効支配するアクサイチン（Aksai Chin）地方も、かつてはラダックの支配下にあった。

　チベット文化圏に属するラダックは、しばしば「リトル・チベット」と称され、チベット仏教の中心地の一つとして知られている。文化大革命で破壊された中国のチベット自治区よりも古いチベット文化が良く残っているといわれ、特に曼荼羅美術の集積はチベットを凌ぐとされる。首都レー（Leh）を中心としたラダック中央部で話されるラダック語はチベット語の方言である。

　人口がもっとも多いのはインダス川流域で、レーの標高は約3600mでインダス川を見下ろす扇状地に広がる。緑のあるのは、人の住む町や村とその周辺のみで、一旦、町や村をはずれると土と岩と雪の不毛地帯である。レーは国境警備の拠点であり、多くの軍隊が駐屯している。このためもあってジェット機の離着陸できる空港があり、ニュー・デリーとレー間とスリナガール間に定期航空路が開設されていて、年間を通して就航している。ニュー・デリーからの直線距離は約900kmであり、道路が通じている。しかし、冬季には山岳地帯には降雪があり、途中に4000m級の峠があるため閉鎖される。この道路は国境警備のために建設された軍用道路であるが、民間も使用できる。高地を通る道路で、ヒマチャール・プラデーシュ州からレー・マナリ道路に続き、しばしば「月の砂漠」と称される荒涼とした風景の中を走っ

て3日くらいかかる。陸路としてはカシミールのスリナガールからカルギル（Kargil）を通り、ゾジ・ラ（Zoji La）を越えてレーに至る国道1号線もあるが、道路状況も良くない箇所もあり、また、一部治安の安定していないところがあるので観光客にはあまり利用されていない。ラダックが外国人に開放された1974年には、陸路しか通じていなかったが、その後、前記の空路が開設された。

ラダックにはゴンパ（Gompa＝チベット仏教僧院）がある。ゴンパでは極彩色の曼荼羅（マンダラ、Mandala）やチベット密教仏画の掛け軸（タンカ、Tanka）を数多く見ることができる。保存状態は概して良いとはいえないが、破壊を受けてはおらず、古い時代のマンダラやタンカも残存するなどラマ教文化が保存され、生きている。

ラダックはいくつかの地域に分けられる。北側にはラダック山地が広がり、そこにあるカルドン峠（Khardung La）を越えると、広い谷とその両側に山々の聳える素晴らしい景観のヌブラ（Nubra）谷が広がっている。この峠は標高5359/5602mあり、自動車道路の世界最高地点である。さらに北方のアクサイチン地方は中国に実効支配されている。ヌブラ谷から北奥にあるシアチェン（Siachen）氷河をとりまく山岳地域一帯は東部カラコルムと呼ばれている。東部カラコルムについては別項で解説する。ラダックの南には、ラダックよりもさらに辺境地帯といわれるザンスカール地方が広がる。ザンスカールについては別項で解説する。　→*136頁*

西にはスル谷（Suru）が延び、ラダックで2番目に重要なイスラム教圏の都市であるカルギル（Kargil）がある。カルギルのすぐ北はパキスタンに実効支配されている地方である。広義ではこの地域もラダックに含まれる。ラダックの北西部にはパンゴン湖

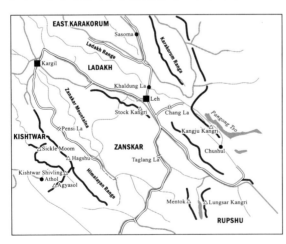

Ladakh-Zanskar-Kishtwar

(Pangong Tso) という長大な湖がある(1)(2)。

(沖　允人)

[文献]
(1) 佐藤 健『マンダラ探検：チベット仏教踏査』人文書院、1981年
(2) Helena Norberg‐Hodge、翻訳委員会『懐かしい未来』、2011年

(10) LADAKH-NW

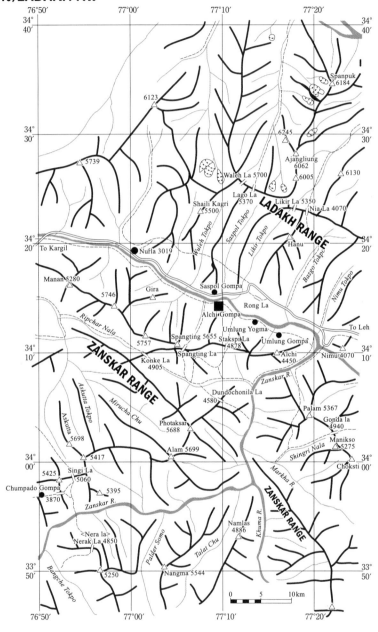

(11) LADAKH-NE

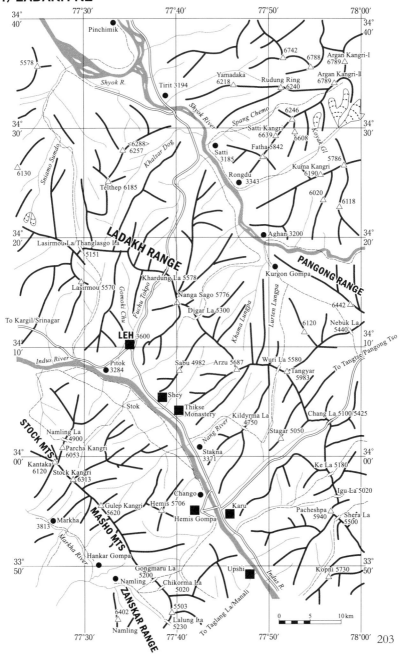

ストック・カンリ山群　Stock Kangri Mts.

ストック・カンリ　Stock Kangri　6313m［34°01′・77°27′］

[位置と山容] レーの南西約20kmにあり、レーの町からインダス川の向こうにひときわ白く輝いて見える三角形の雪山である。カングラチャ（Kanglaha）と呼んでいたが最近ではストック・カンリ、または、スタック・カンリ（Stak Kangri）という名前が定着している。ストック山群の最高峰である。山麓にストックという集落があり、この集落までレーから四輪駆動車で1日で行くことができる。ノーマル・ルートだと、ストックの集落から標準4日で頂上を往復できる。ストック山群には北西端近くにマニクソ（Manikso, 5520m）、そして、チョスティ（Chosti, 5600m）、カンタカ（Kantaka, 6120m）、ストック・カンリ、グレップ・カンリ（Gulep Kangri, 5620m）、マットー・カンリ（Matho Kangri, 5860m）、南東端近くにニイマリン・カンリ（Nyimaling Kangri, 5870m）と続いている。カンタカから北に延びた枝尾根上にパルチャ・カンリ（Parcha Kangri, 6053m）がある。これらの中では、ストック・カンリに加えて、グレップ・カンリ→*206頁*、パルチャ・カンリ→*206頁*、がよく登られている。

[登山史] 1951年8月にイタリアのヴィトッツが単独で初登頂した。1962年と1972年にインド隊、1977年スイス隊、1978年インド隊、1982年オーストリア隊と続き、日本隊としては、1980年西遊旅行社隊（隊長：永川憲明）、1983年東京学芸大学ワンダーフォーゲルOB会隊（隊長：飯塚雅信）が初期の頃の登山隊である。その後、レーからの山姿が立派なこと、アプローチの簡単なこと、登山許可がIMFのトレッキング・ピークとして簡単に取得できること、レーのトレッキング会社がすべてを手配してくれることなどから登山者は激増し、最近ではいわゆる商業登山隊も増加し、夏のシーズンには20隊に近い登山隊が登頂している。

[文献]　(1)鈴木常夫編『ストック・カンリ登頂1995』JAC東海支部、『東海山岳』No.7,pp.60-68

(2)HAJ（編）『インドヒマラヤ会議資料』19回、21回、22回、23回など

(3)福島キャノン山の会会報『踏跡』第24号、「インドヒマラヤ・ストックカンリ特集号」1996年．（Internetで「Stock Kangri」で検索可能）

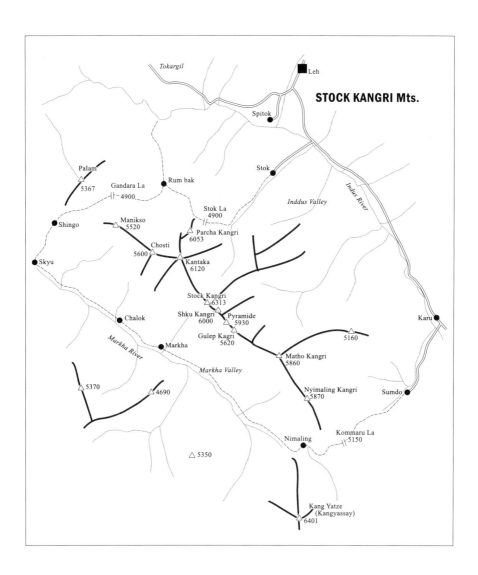

グレップ・カンリ　Gulep Kangri　5620m　［34°01′・77°28′］
[位置と山容] ストック山群の最高峰ストック・カンリの尾根続きの南西約7kmにある雪山である。グラップ・カンリ（Gulap Kangri）とも表記される。
[登山史] 1960年代から多くの隊が登っているが、日本隊としては、1980年西遊旅行社隊（隊長：永川憲明）の女性を含む10名が北稜から登頂した。その後も毎年多くの隊が登頂している。
[文献] ストック・カンリの項を参照

パルチャ・カンリ　Parcha Kangri　6053m　［34°02′・77°26′］
[位置と山容] ストック山群の主脈から北に派生した尾根上にあり、ストック・カンリの北北西約11kmにある雪山である。ストックの村からストック・カンリに向かう途中の西にあるナムルン・ラ（Namlung La, 4900m）の南西約1kmにある。
[登山史] 1960年代から多くの隊が登っている。
[文献] ストック・カンリの項を参照

アルズー　Arzu　5687m　［34°08′・77°47′］
[位置と山容]　レーの北約15km。ティクセ・ゴンパ（Thikse）から北東に谷を遡ると源頭近くにアルズーがある。途中に山名となっているArzuの小さい集落がある。東約5kmにWuri La（5280m）があり、Karuの町からChemere Chuに沿って道が続いている。峠の北東約3kmにThanggyar（5920m）［34°08′・77°52′］がある。
[登山史] 登山隊の記録は未見である。

ヤン　Yan　6230m　［33°54′・77°34′］
[位置と山容] レーの南のストック・カンリ山群の南東端近くにあり、別名をマトー・カンリ（Matho Kangri）と呼ばれ、標高5870mの記載もあり、マッショー（Masho）山群とも呼ばれていて、Masho West（5950m）［33°55′・77°35′］もあり、各山の位置と標高に混乱がある。
[登山史] 1954年にイタリア隊のP.ヴィトッツ隊長らがMasho Westに北稜から登頂したのが最初であるというが、詳細な記録は未見である(1)。1985年夏、滋賀県高体連登山部（隊長：国松嘉仲他13名）が8月4日にBC（4500m）

を設営し、8日～10日に全員が登頂した(2)。1985年夏、JAC東海支部（隊長：梶田民雄他10名）が8月7～8日にかけて国島陽三、鈴木常夫、石川冨康、稲葉省吾、中世古直子、本庄宏司、金田博秋、石原俊洋が登頂した(3)。その後、毎年のように登山隊がおとずれている。

[文献]
(1)『コンサイス外国山名辞典』p.524,
(2)『山岳年鑑』82, p66
(3)『YAN』JAC東海支部, 1989年

レーの西方の山　West Area of Leh

　レーからカルギルに向かう車道の、レーから約30km西に、古い宗教壁画が残っているので知られアルチ・ゴンパ（Alchi Gompa）がある。アルチ・ゴンパの北にはラダック山脈北西部が延びてきており、南には、ザンスカール川とその多くの支流の流域の山、ザンスカール山脈の北西部がある。概念図の(10)LADAKH-NWに含まれる山域である。名前のある6000mを超す山はスパンプック（Spanpuk, 6184m）とアジャンリウン（Ajangliung, 6062m）しかない。しかし、6000m級の無名峰数座と5000m級の山はマナム（Manamu, 5280m）、フォトクサール（Photoksar, 5688m）、アラム（Alam, 5699m）、パラム（Palam, 5367m）、マニクソ（Manikso, 5272m）など多くがある。この山域の知られざる山々の登山記録は未見である。アルチ・ゴンパと周辺は観光地として開放されているので、登山許可は取得できると予想される。特に、川が凍結する冬期の登山を試みるのには、凍結した川が「Chaddar Trek」と呼ばれている氷上トレックルートとなると共に登山のアプローチとして使えると思われる。

レーの西方の山解説

スパンプック　Spanpuk　6184m　[34°34′・77°23′]
[位置と山容]　レーの北西約48km、アルチ・ゴンパの北東約75kmにある。旧インド測量局のショーク川流域の三角測量の観測点の一つであったことから判断して展望はよさそうである。標高を6177mとした資料もある。
[登山史]　登山記録は未見である。

アジャンリウン　Ajangliung　6062m　[34°29′・77°16′]
[位置と山容]　レーの北西約43km、アルチ・ゴンパの北東約45kmにある。ラダック山脈から北に派生した尾根上、約10kmにある。標高を5760mとした資料もある。
[登山史]　登山記録は未見である。

マナン　Manan　5280m　［34°17′・76°52′］
[位置と山容] レーの西約85km、アルチ・ゴンパの西約55km、ラマユルの東約12kmにある。
[登山史] 登山記録は未見である。

フォトクサール　Photoksar　5688m　［34°03′・77°05′］
[位置と山容] レーの西南西約42km、アルチ・ゴンパの南約35km、ザンスカール山脈中央部の南西端近くにある。
[登山史] 登山記録は未見である。

アラム　Alam　5699m　［34°00′・77°04′］
[位置と山容] レーの西南西約42km、アルチ・ゴンパの南約35km、ザンスカール山脈中央部の南西端近く、フォトクサールの南西約10kmにある。標高を5698mとした資料もある。
[登山史] 登山記録は未見である。

パラム　Palam　5367m　［34°04′・77°19′］
[位置と山容] レーの西南西約23km、ストック山脈の北西端近く、ザンスカール川からマルカ川に越えるルートの東にある。なだらかな岩と砂の山である。
[登山史] 2013年8月にスコットランド隊のAndrew Lawson隊長率いるFrancesco, Romilly, Eli, Paul, Sean, Richard, Chris, Vladimir, and Gohの隊員がChoksiからGandaLaを越えてトレッキングしたときにパラムに登ったとインターネットで報告している。写真によると山頂にはケルンが積まれている。ストック・カンリの登山と併せて何度も登頂されている。

マニクソ　Manikso　5220m　［34°02′・77°22′］
[位置と山容] レーの南西約24km、ストック山脈の北西端近く、ストック山脈上のゴンダ・ラ（Gonda La, 4940m）の南約3kmにある。なだらかな岩と砂の山である。
[登山史] 登山記録は未見であるが、ストック・カンリの登山と併せて何度も登頂されていると思われる。

カン・ユセー山群　Kang Yisay Mts.

カン・ユセー　Kang Yisay（KY-I）　6401m［33° 45′・77° 33′］
[位置と山容]　レーの南約70Km。地元では「カイージ」と呼んでおり、山名の「カイ」は「雪の壁」、「ジ」は「山」の意味だという。IMFの104 Open PeakのNo.51である。この周辺にIMFのOpen PeakのNo.52, 54-59, 60-66（Khyan-Ⅰ），No.67（Khyan-Ⅱ）があり、いくつかは登頂されているようであるが記録は未見である。これらの山の位置は概念図（12）LADAKH-SWを参照のこと→*215頁*

[登山史]　1981年夏、南山大学（名古屋）（隊長：稲葉省吾、他7名）が8月10日マルカ川岸辺にBC（4800m）を設営し、北西稜経由で8月20日に元谷啓一と曾谷卓司が登頂した(1)。1986年8月、仙台山岳会（隊長：荒井俊雄、他5名）の隊長と沼田洋一が27日に登頂した。また、9月1日に近くにある6354mの無名峰に隊長と沼田洋一、袴田哲司、佐々木みゆきが登頂した(2)。

　レーから比較的近い所にあり、IMFの104 Open Peakとなったので、2011年にはインド隊（Altitude High Adventure, New Delhi）（隊長：Anit

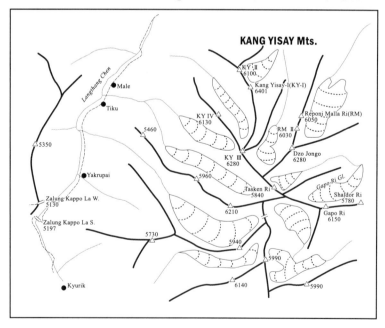

Sah) が登頂している (3) など、毎年のように登山隊がおとずれている。
[文献] (1)山岳年鑑, 82, p66　(2)山岳年鑑, 87, p87　(3)IM, 47, 2011, p.136

カン・ユセー周辺の Open peak
No.52　6090m　[34°44′・77°35′]　No.53　6265m　[34°44′・77°35′]
No.55　6280m　[34°43′・77°33′]　No.65　6120m　[33°36′・77°36′]
[位置と山容] Upsiからインダス川の支流沿いのレー・マナリ道路に入り、集落の西約15km、Zalung Laの東約12kmにあるカン・ユセー山群（Kang Yisay Mts.）にある。雪は頂上近くにはあるが、途中は砂岩の斜面で傾斜はゆるい。
[登山史] IMFのOpen Peakであり登山許可が必要である。しかし、アプローチが容易で、レーからも近いので、無許可で登られている可能性がある。
[文献] カン・ユセーとイブスティ・カンリの項を参照されたい。

イブスティ・カンリ　　Ibsti Kangri　6340m　[33°42′・77°33′]
[位置と山容] ラダック山脈、マルカ川（Markha Valley）の上流、レーから南東約50km。BCから見えにくい山なので土地の言葉で、インド隊が登頂後、イブスティ・カンリ（「隠れた山（Hidden Peak）」の意）と命名した。IMFのOpen PeakのNo.54である。
[登山史] 2010年8月14日にインド隊（HC,Mumbai）のDivyesh Muni隊長、Don Goodman, Dave Adams, Dawa Sherpaが登頂した。
→登山記録「隠れた山を探して」221頁

イブスティ・カンリ周辺の Open peak
No.57　6225m　[33°42′・77°35′]　No.58　6000m　[34°42′・77°35′]
No.59　6190m　[34°42′・77°34′]　No.61　6170m　[33°40′・77°32′]
No.63　6025m　[33°40′・77°35′]
[位置と山容] Upsiからインダス川の支流沿いのレー・マナリ道路に入り、Gya集落の近くのShaglak谷の上流にある。カン・ユセーからキャンⅠ峰（Open Peak, No.66）に続く尾根上にある。東側のKluma Sumdoの集落からも接近できそうである。
[登山史] IMFのOpen Peakで登山許可が必要である。しかし、カン・ユセー

山群と同様に、アプローチが容易で、レーからも近いので、無許可登山で登られている可能性がある。
[文献] イブスティ・カンリの項を参照されたい。

イブスティ・カンリ南部のOpen peak
No.66（キャンⅠ峰、Khyan-Ⅰ）　6101m　［33°30′・77°39′］
No.67（キャンⅡ峰、Khyan-Ⅱ）　6100m　［33°12′・77°40′］
[位置と山容] Upsiからインダス川の支流沿いのレー・マナリ道路に入り、Runse集落の先のRyam Lungpaの源頭近く、Tanglang Laの東約10kmにある雪山である。
[登山史] IMFのOpen Peaksであり、2013年6月にインド隊（Statistic Institute, Korkata）（隊長：Debabrata Mukherjee）が初登頂した。
[文献] IM, No.49, 2013, p.25

ゾ・ジョンモ東峰　Dzo Jongo (East)　6280m　［33°43′・77°35′］
[位置と山容] ラダック山脈、マルカ川（Markha）の上流、レーから約50km。
[登山史] 2010年8月16日にインド隊（HC,Mumbai）のDivyesh Muni隊長、Don Goodman, Natala Goodman, Dave Adams, Vineeta Muni, Dawa Sherpa, Phujung Boteが登頂した。　→登山記録『隠れた山を探して』221頁

ゾ・ジョンモ西峰　Dzo Jongo (West)　6265m　［33°43′・77°34′］
[位置と山容] ラダック山脈、マルカ川（Markha）の上流、レーから約50km。IMFのOpen PeakのNo.53である。
[登山史] 2010年8月16日にインド隊（HC,Mumbai）のDivyesh Muni隊長、Don Goodman, Dave Adamsが初登頂した。　→登山記録『隠れた山を探して』221頁

ギャムチュ　Gyamchu　6080m　［33°30′・77°40′］
[位置と山容] レーの南約45kmにある。インダス川に沿った車道を走り、ウプシから南にレー・マナリ道路を走り、Tanglang La（5360m）の登り坂

の始まるルンツェ(Runtae)の先からギャム・トグポ（Gyam Togpo）の谷を遡った左手にある。この山の南東約12kmに峠と同名のTanglang(5760m)［33°29′・77°46′］がある。

[登山史] 登山隊の記録は未見である。

ラダック山脈南西部

イチュー　Ichu　5770m　[33°42′・78°05′]
[位置と山容] レーの南東約45kmにある。インダス川に沿った車道を走り、ウプシを通過し、南東に進み、Kyungyam Doから北東にKyungyam Chuの谷を約4km入るとKyugyam Gompaがある。そこから約13km先にあるステアンシ・ラ（Steansi La, 5770/5050m）の西約1kmにイチューがある。イチョー（Icho, 5900m）とした地図もある。また、ステンシ・ラの南東約16kmにIlashigo（5940/5969m）[34°40′・78°08′]、イチューの西約13kmにTugla（5310m）がある。
[登山史] 登山隊の記録は未見である。

ガプルー　Gaplu　6130m　[33°29′・78°12′]
[位置と山容] レーの南東約60kmにある。インダス川に沿った車道を走り、Nia Nyis ゴンパからNia Chu谷の7km上流の右岸。北に続く尾根上に6040m、6000mのピークがあり、Gogma La（5800m）に続く。
[登山史] 登山隊の記録は未見である。

パチェスパ　Pachespha　5962m　[33°55′・77°57′]
[位置と山容] レーの南東約30km。インダス川に沿った車道を走り、Shera GompaのあるShera谷を北東に遡るとShera La（5550/4900m）があり、その峠の約2km北西のラダック山脈の主脈上にある。5962mとした地図もある。ラダック山脈は南西に続いているが、パチェスパから南東約15kmにタンキ（Tanki, 6028/5990m）[33°50′・78°03′]があり、周辺に6000mの無名峰が数座ある。タンキの北東北約8kmにあるYar La（Yongma La）（c.5710/5600m）を越えるとパンゴン山脈の西のチブラ（Chhibra）の集落に至る。途中の左手にパンゴン山脈のルケルー（Rukhrhu, 6050m）がある。　→ *216頁*
[登山史] 登山隊の記録は未見である。

(12) LADAKH-SW

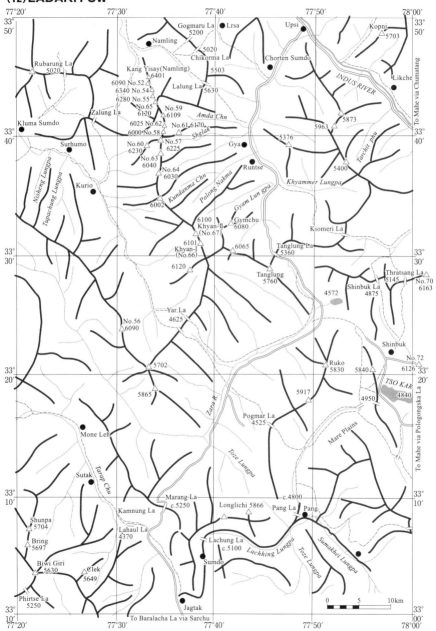

ハロン（西峰）　Harong（West）　5650m　[33°57′・78°11′]

[位置と山容] レーの南東約72km、パンゴン山脈の北西端の近くに同名のハロン峰（6300m）があり、区別するときはパンゴン山脈の峰を東峰、ラダック山脈の峰を西峰としている。同名の集落が山麓にある。どちらも、夏季は頂上近くまで雪が無く、茶褐色の瓦礫の山である。昔はハロン峰の東約3kmにHarong La（4550m）があり、生活道路として使用されていたが、パンゴン山脈を一周するように建設された軍用道路が利用できるようになり、ハロン峠の道は廃道になりつつある。

[登山史] 登山隊の記録は未見である。

ルケルー　Rukheru　6050m　[33°53′・78°10′]

[位置と山容] レーの南東約62km、ラダック山脈の中部にある。ハロン峰の下あたりで、ロイ・ヨグマ川（Loi Yogma）が広い河原状と湿地になっているあたりにチブラ（Chibbra）という集落があり、その集落からブルチェン（Bluchen）という谷沿いに生活道路があり、ヤール・ラ（Yar La, 5600m）を越えて、インダス川側に通じているがその途中から北に6000m峰が数座あり、その中心の峰がルケルーである。なお、Olizane地図では、ルヘルー峰（Ruhru, 6130m）となっている。

[登山史] 2004年8月18日、中京山岳会（名古屋）（隊長：沖 允人、他6名）がパンゴン山脈のハロン峰から転進してこの山に向かい、増田秀穂とHAPの2名がP1（c.6025m）, P2（6025m）, P3（6050m）の3つの峰が並ぶP1に初登頂した。

[文献]（1）沖 允人（編）『知られざるパンゴン山脈の山』、中京山岳会、2004年
（2）『第2回新日本ヒマラヤ会議資料集』pp.167-170

ゴンマ　Gongma　6138m　[33°45′・78°11′]

[位置と山容] ラダック山脈の中部、レーの東南約60km、インダス本流のLigche（3590m）の集落から東北に向かう枝谷の右俣上流部にあり、頂上部のみに雪がある。

[登山史] 2012年7月、ニュージーランド人のTrevor Heslop隊長が企画したいわゆる商業登山隊で、日本人の平岡竜石、栗本俊和他が参加した国際隊が登頂した。

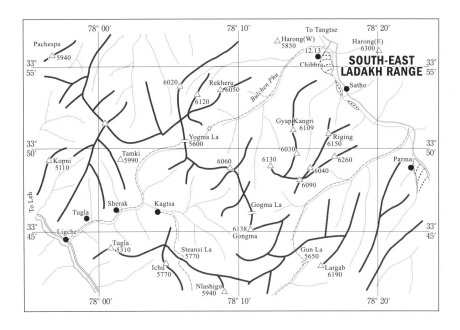

ギャップ・カンリ　Gyap Kangri　6109m　[33°51′・78°14′]
[位置と山容] ゴンマ峰の北東約20kmにある。近くに未登の雪山のリジン峰（Riging, 6150m）を始め数座の6000m峰がある。
[登山史] 2012年8月、ゴンマ峰に続いて前記の国際隊が登頂した。

リジン　Riging　6150m　[33°51′・78°16′]
[位置と山容] ラダック山脈南東部、チブラの集落の南約15km、ギャップ・カンリの東約2kmにある。チブラの集落から見えている三角形の雪山で、美しい雪稜が三方に延びていて山麓から上部雪原に達するのが困難のようであるが、雪原から山頂までは快適な登山になりそうである。
[登山史] 比較的集落から近く目立って見える山であるが、登山許可の取得が容易でなく、登山記録はないようである。中京山岳会がラダック山脈のルケルー（Rukheru, 6050m）に登山したとき→216頁、チブラの集落近くのBCから写真撮影をした。グラビア写真(2)-183頁
[文献] 中京山岳会『知られざるパンゴン山脈の山』2004年（山容の写真が掲載されている）

（沖 允人）

ラダック山脈南西端部

フォンカ・カンリ　Phonka Kangri　6120m　[33°34′・78°32′]
[**位置と山容**] パンゴン山脈の南東端に近い軍事基地のあるチュスルChushulの西約10kmにある。ファンカ（Phanak, 6100m）とした地図もある。Phonka Kangriから南西に延びる尾根上には6150m、6100m、6100mなどのピークがあり、Kersar La（Kaksas La, c.5750/5570m）に続く。数個の山上湖が点在する。パンゴン山脈の南東部のラダック山脈には多くの6000m級の未踏峰があるが、軍事基地があるため、パンゴン山脈と同様に登山許可の取得は困難である。
[**登山史**] 登山隊の記録は未見である。

ラダック山脈北部

テルトップ　Telthop　6185m　[34°24′・77°32′]
[位置と山容] レーからKhardung Laでラダック山脈を越えてショーク川に下り、Hundar（3017m）の集落から南に入った谷の源頭部にある。岩の多い山で、下部は比較的なだらかであるが、上部は氷壁になっている。テルトップはテルテップ（Telthep）とも表記され、6002mとした地図もある。ラダック山脈から北に延びた枝尾根上にある。テルトップの北約3kmに6080m、北に同じ標高のピーク、北東約4kmに6110m、西約5kmに6030mの無名峰があり、いずれも未踏峰だと思われ、興味のある山塊である。この山塊は登山許可が必要であるが、インドとの合同登山でなくても取得は可能である。
[登山史] 2014年8月、Cris Horobin隊長と5名のイギリス人とアメリカ人、フィンランド人、ネパール人が各1名、インド人3名の合計10名の国際隊は車でKhardung Laを越えてショーク川に向かいHundarの集落から南にThanglasgoの谷のZongpaから枝谷に入って約10km登り、BC（4300m）を建設した。そのまま本谷をつめるとラダック山脈のThanglasgo La（5151m）に達する。BCから、ラダック山脈のカルドン・ラ、西約13kmにあるThanglasgo（5770m）[33°20′・77°30′]や北のSyok川の支流のPhstan Togpo谷中流域のサルトロ山脈の枝尾根にあるK25（6250m）[34°54′・77°09′]が見えていた。西南西尾根の80度の岩と氷の斜面を登り、9名が初登頂した。Hundarの西南にあるラダック山脈から北にのびている尾根にはSpanpuk（6148m）[34°34′・77°23′]、Ajangliung（6063m）[34°29′・77°16′]、6245m、6005mの無名峰がある。
[文献] (1)Cris Horobin : The First Ascent of Telthop, IM, No.50, 2014, pp.88-92

(13) LADAKH-S

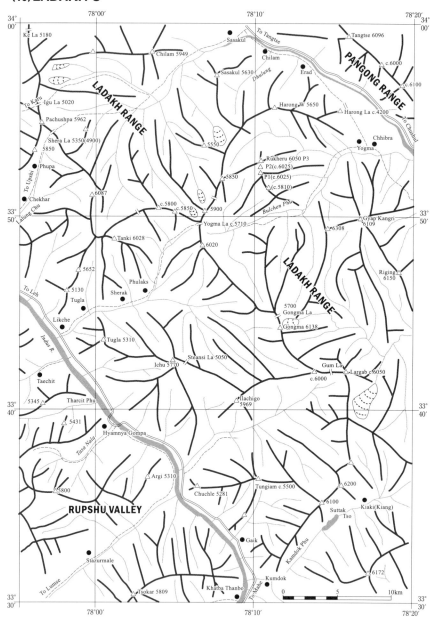

隠れた山を探して
イブスティ・カンリ登頂(2010年)
In Search of the Hidden Peak, the First Ascent Ibsti Kangri (6340m)
ディヴシュ・ムニ (Muni Divyesh, HC)

概要

　2010年8月インド・アメリカ合同ラダック登山隊（隊長：Divyesh Muni、他6名：Don Goodman（Co-Leader）、Natala Goodman、Vineeta Muni、Dave Adams, Rajesh Gadgil）はラダック山脈、マルカ川（Markha Valley）の上流、レーから南約50kmにある、イブスティ・カンリ（Ibsti Kangri,=No.54, 6340m）、ゾ・ジョンモ東峰(Dzo Jongo（East), 6200m)、ゾ・ジョンモ西峰(Dzo Jongo（West), 6265m）の3峰に初登頂した。概念図（12）LADAKH-SWの左上部付近を参照のこと。→ *215頁*。

はじめに

　レー到着予定の前日の夕方、IMF会議室にいるとき、私たちは、1週間以内で目標の無名峰6340mを登ってみせると意気込んでいた。東部カラコルムのアントゥング谷（Angtung）の無名峰6414mを登山するという明確な計画が劇的に6340mに変化したからである。その理由は、アメリカ人隊員のXビザ（登山用ビザ）のスタンプが彼のパスポートに押されていなかったからである。

　長い官僚的なプロセスをクリアーしてサンフランシスコのインド大使館でXビザを得るために十分な時間があったにもかかわらず、アメリカ人隊員は、ニュー・デリーへのフライトまでにXビザを取得できなかった。アメリカ人隊員は定期便で、観光ビザで到着したので、関係官庁に書類を提出して交渉したが、パスポートに「スタンプ」を押してもらうことはできなかった。チームが予定通りに探検を続けることができないことが明白となった。

　そのために、私たちは、新しく解禁されたXビザを必要としない「Open Peak」に登ることに決めざるを得なかったのである。1時間足らずの間に、レーの南東にある、マナリ・レー道路（Manali-Leh）から近いナムリン・タクポ谷（Nimaling Topko）地域の無名峰6340mに焦点を定めた。魅力は、

Ibsti Kangri(6340m), line : Climbing Route （D.Muni)

　高所順応したり、軍当局を訪問したり、登山装備を梱包し直すことに2,3日を費やした。残念なことに、Rajesh Gadgilは、家族に不幸があり、緊急にムンバイに戻らなければならなかった。それで、残りの6名は無名峰6340mを捜すため、2名のシェルパ、コックと2名のアシスタントと一緒にマナリ・レー道路に沿ってラトー（Lato）に車で向かった。ラトーからキャラバンを始めた。ルートは、川に沿っていた。いくつかの川を横切ってラルン・ナラ（Lalung Nala）とシュール・ナラ（Shiyu Nala）との合流点に着いてキャンプC1（4500m）を設営した。朝レーを出発して、ほぼ1000mの高度を上げたので隊員はキャンプで高度の影響を受けることになった。

　翌日の8月4日は、ラルン・ナラに沿って進み、プージャ・ラ（Puja La, 4930m）を越えた。標高4860m地点のキャンプは、牧場のような緑の高原の中に岩塔が立っていて非常に劇的な景色であった。馬は夜は自由にしておかれるのが何よりもうれしらしく、より高い斜面に登って行った。高所順応のために1日休むことに決めた。ピークから派生している尾根に登って谷の様子を眺めた。それに接近するために、予定していたBC地として可能性があるルートを見るのに良い展望が得られた。長いこと話し合い、峠（5354m）を横断して、翌日、ニマルン・タクポ谷（Nimaling Topko）の上部でキャンプすることに決めた。

集中豪雨と雷

　しかし、その夜、天気は劇的に変化した。午後11時15分に雷鳴によって起こされた。雷の閃光は空を明るく照らしていた。滝のような雨が降りだし、

テントをたたく雨水の音で目が覚めた。まるで戦場の中にいるような感じであった。ピカッと光る雷光と雷鳴は、悪寒のするような驚きであり、これほど激しい雷嵐に遭ったことはなかった。夜を徹して雨が降り続いた。雨と断続的な雪は、全ての風景を一変させた。天気が良くなる日まで停滞することに決めた。

その夜、雨と雪が夜を通してテントをたたき、午後11時30分に再び雷光が襲った。まるで神が我々の頭上でバケツをあけているような雨が降った。どうにか、テントは保っていることができた。

8月5日の朝、空は明るくなり、私たちに希望を与えてくれた。テントを撤収し、最悪の事態が過ぎ去ったことを願いながら峠に向かって進んだ。峠を越え、緑のキャンプ地のあるニマルン・タクポ谷へと下って行った。馬方とDawaは、BCまでのルートを偵察した。馬は自分たちのホームに帰るので喜んでいるようで、馬方も馬に跨って進んだ。

DonとDaveは標高5200mのABC地点へのルートを見つけた。

ABCを設営

BCに着いたので、私たちは、元気が良かった。しかし、ラダックを襲った膨大な土石流による悲劇をほとんど、知らなかった。ラジオは、8月5日の夜に起こった重大事件を報じていた。140人の死者と600人が行方不明になったという。予想どおり、道路は損害を受け、村は無くなってしまっていて至る所で混乱していた。友人と家族に無事だったというメッセージをすぐに送った。ABC（5620m）を設営した頃には天気は少し落ち着いてきた。深い谷が氷河の上部で陰になっていて、無名峰（6340m）の良い眺めは得られなかった。シェルパたちは、モレインと不安定な岩を避けた簡単なルートを見つけた。大部分は柔らかい砂利の緩い勾配の特別に用意された壮大なハイウェイのようであった。

10日にABCに入ったが、無名峰6340mは、まだ雲に隠れているままであった。DonとDaveは氷河の上部へと南東稜のコブまで登ったが、ここでも良い眺めは得られなかった。彼らは無名峰6340mの写真を撮って戻って来たので可能性があるルートについて話し合った。

11日に氷河を登って展望が開けたので、上の鞍部を越えて南西側から頂上を狙う可能性を見つけた。6340mと6190mのピークの間の鞍部まで登った。

しかし、鞍部の西側の斜面は、あまりに急で、崩れていた。南東峰または南東面から山頂を狙わなければならない。ABCに戻って休んだ。

DonとDaveはC1に移り、シェルパのサポートで、山の南東面のルートを偵察した。

私は、13日にシェルパのDavaと一緒に2名に加わった。熟考の後、無名峰6340mの南東面にルートをとることに決めた。しかし、天気は不安定であった、午後と夕方には雪が降った。次の日はどうなるか疑問であった。

無名峰 6340m 登頂

8月14日の午前3時に起きてみると少し雪が積もっていた。登山を始めることに決めた。幸いにも、降雪は午前5時までにやんだ。登山に出発した。最初は柔らかい雪の斜面でガリーに続いていた。渓谷の端から離れないように雪と氷の斜面にある岩の露出部の間を縫うように進んだ。およそ45〜50度の傾斜のかなり安定した斜面であった。雪は堅かった。かなり速いスピードで登って行った。天気は曇りのままで回復しなかったので、雪は堅いままであった。東峰の山頂に着く直前の斜面の急な氷の張っている2、3箇所を通過しなければならなかった。そこにロープを固定した。山頂の下の約100mは慎重に登った。

展望は悪かったが、午前9時30分に山頂に立った。雪庇を突破する心配なしで山頂に自信をもって立っていることは、慎重な探索の結果であった。しばらくして、見通しは良くなった、そして、私たちは安全に頂上にいると理解できた。雲の隙間からまわりの様子を見ようとし、写真も撮って頂上で1時間以上を過ごした。

約1時間半かかって下山した。水を作って食事を作り、夕方までにABCへと下山した。満足な1日であった。天気が曇りで、気温は上がらなかったが、雪の斜面が固まって岩の斜面を凍らせたままであったので有利であった。山頂近くから、岩のところまで降りた。天気は少し落ち着いていたので、それを最大限に活用することにした。

ゾ・ジョンモ東峰と西峰に登頂

15日の朝、ABCでインド独立記念日を祝った。ABCの頭上に迫っている無名峰（6200m）をアタックすることを決めた。Vineetaと私は、5800mにハイ・

キャンプを建設した。

16日の朝早く、東峰に向かった。Don、Natala、Daveと2名のシェルパは、ABCから登高を開始した。みんなは、一緒に登るために、6000m地点で合流した。午前9時30分に全員がゾ・ジョンモ東峰の山頂に立って喜びを分かち合った。

天気は、かなり落ち着いてきた。雲は多かったが心配はなかった。西にある最高点（6265m）は、約1km先であった。そこまでの詳細な観察の結果、時間があるのでそちらに向かうことにした。DonとDaveと私は、縦走を試みることに決めた。最低限荷物を持って縦走を始めた。岩は驚くほど固かったのでロープなしで自信をもって動くことができた。雪と岩の断続的な部分の続く6100m峰のトラバースであった。時間と横断の半分の後で12時30分にゾ・ジョンモ西峰の山頂に到着した。心から喜び合った。小さなケルンを積んで降下を始める前に、若干の写真を撮った。

その晩、ハイ・キャンプで短い休みをとり、Don、Natala、DaveがABCで休んでいる間に、Vineetaと私はBCへ下った。17日にBCで準備をして、帰路の計画を立てた。

ムンバイへの帰還に関して、手持ちの地図に、双耳峰にはDzo Jongoという名前があることを見つけた。東峰は人気があり、多くの隊の目的となっていたが、西峰には、初登頂されたという印しはなかった。

私たちはレーのエージェントに連絡して、Rajesh Gadgilがムンバイから戻ってくるよう連絡してもらった。UpshiからLatoに至る道の15kmの範囲は、さる5日の土石流・洪水によって流されていたが、シャム・スムドウまでコングマル・ラ（Kongmaru La, 5250m）を越えて私たちを迎えに来た。

Dzo Jongo（East）（6200m）（D.Muni）　*Dzo Jongo（West）（6256m）（D.Muni）*

シェルパがC1から最後の荷を降ろしてくる間、私たちはラルン・ラ（Lalung La, 5630m）を訪問することに決めた。楽しいハイキングは、アプローチのとき、最初の日のテントを張ったシンユル・ナラとラルン・ナラの合流点までの代わりになるルートである。この穏やかな峠を登った。Don、Natala、Dive、Rajkumarは、ラルン・ラの北東尾根の5800m地点まで登った。

壊滅的に破壊されたレー

19日にBCを撤収して、20日にニマルンのテント場に戻り着いた。下山の準備をするためにレーからきたRajeshに会って安心した。その時、8月5日の集中豪雨と洪水の影響の情報を得ることができた。ラダックは荒廃していた。村の橋、道は破壊され、何百という人の命が失なわれた。

私たちはコングマル・ラを越えて、スキャム・スムドウ（Skyam Sumdo）まで下った。スキャム・スムドウまでの道は開通していてコースは通行可能だった。大部分の以前の道路は流されていたが、幸いなことに、馬で下る道を見つけることができた。

8月22日の夕方までにレーに戻った。チョムサール（Choglamsar）の町を車で通り抜けたが、破壊の光景は衝撃的であった。幸い、私たちは無傷で帰り着くことができた。豪雨で襲われた結果を見るのは悲しいことであった。破壊されたレーは見る影もなかった。街の通りに人影はなく、救援とリハビリテーションをしているボランティア、軍人たち、少数のトレッカー、帰路についた登山者がいただけであった。

災害から復旧する努力がラダックの人々によってなされているのを見て安心した。ラダックの人々は災害に遭ったが、へこたれなかったのである。

なお、この遠征中に下記の峠を越えた。

＊ Puja La（4930m）、Unnamed Pass（5354m）、High Col（6000m）between Ibsti Kangri and Unnamed peak（6190m）、Lalung La（5630m）、Kongmaru La（5250m）

［文献］

（1）AAJ, News : Asia, India, Ladakh, Ibsti Kangri（6340m）, Southeast Face, Dzo Jongo, East（6200m） and West（6265m）SummitsVolume, AAJ Vol.53, Issue-85, 2011

(2) 沖 允人「新解禁峰の最近の登山」平成23年度、海外登山交流会・資料集、京都府山岳連盟、P.28
(3) Harish Kapadia: Indian Himalaya: HC, Climbing and Other News - 2010

(沖 允人)

パンゴン山脈　Pangong Range

　ラダック（Ladakh）の西部にはパンゴン・ツォ（Pangong Tso）という長さ約150km、幅約2-5km、最水深約100m、面積約700km²の長大な塩湖がある。湖面の標高は4250mで周囲を4000-6000m級の山々で囲まれた内湖で、東側の約2/3は中国に属している。塩湖であるが、冬は1mに及ぶ厚い氷が張る。「Pangong」はラダック語で「一片の小さな芝生」を意味するという。
　このパンゴン・ツォの西側にラダック山脈とパンゴン山脈という２本の6000m級の峰の連なる山脈が、北西から南東にかけて、ほぼ、平行に走っている。この辺りは1962年の中印戦争の激戦地になった地域である。2014年現在でも、新聞報道によると、インド国境地帯の緊張はたかまっているという。そのためもあってか、2010年以降、登山許可を取得した隊はいない。ラダック山脈については別項で解説する→199頁。
　パンゴン山脈は外国人入域制限地域であり、入域には特別許可、インナーライン・パーミット（ILP）が必要である。パンゴン山脈へは、レーから北西に約100km、チャン・ラ（Chang La, 5360m）の峠を越えて接近する。チャン・ラから下って行くと赤茶けた岩と砂の高地に緑の少しある場所がある。川のそばにチェックポストがあり、特別許可書のチェックがある。ここがタンツェ（Tangze, 3795m）というこのあたりで一番大きな、といっても、数十軒の民家と簡易ホテル、看護婦だけがいる診療所、雑貨店、食糧品店、飲食店のある村がある。ポストはあるが、郵便局はない。ただし、町はずれの軍の駐屯地は広大である。タンツェがパンゴン山脈登山の起点となる村で、パンゴン山脈を一周するように軍用道路が建設されており、登山のBC地にはこの道路を利用して車で近くまで行くことができる。タンツェから右、パンゴン山脈の東側に行くには、インナーライン・パーミット（ILP）が必要である。とはいっても、タンツェから先、約70km行ったコグマ（Kogma）のチェックポストで初めてILPがチェックされるので、タンツェまでは特別旅行許可書で入域できる。コグマからコグマ・ラ（Kogma La, 5150m）を越えて約16km先のチュシュル（Chushul）まで行くと、国境警備のための軍隊の駐屯地があり、また、天文観測所があるが、一般の外国人は立ち入り禁止である。

タンツェから西に向い、パンゴン湖に行く場合は、約40km行った湖畔のメラック（Merak）の村までのILPが取得でき、ここで許可書のチェックがあり、ここから先はILPを取得していても入れない。

　パンゴン山脈は長さ約60kmの短い山脈ではあるが、20座以上の6000m級の山々があり、短いながら氷河を従えて聳えている。最高峰のカンジュカ・カンリ（Kangju Kangri, 6725m）をはじめ、めぼしい山は登頂されているが、未踏の無名峰が数座残っている。パンゴン山脈の登山許可は、中印国境に近いため、両国の政治情勢によって、左右され、流動的である。東部カラコルムに近いが、インドとの合同登山でなくても許可はでている。しかし、数年申請を続けてやっと取得できたという隊もあり、登山許可の取得が最大の難関である。

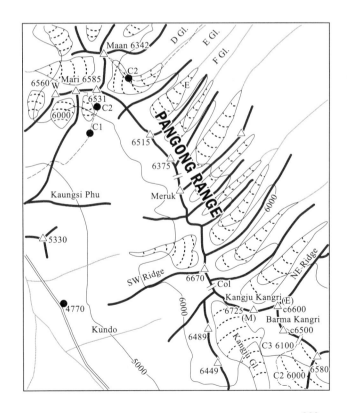

(14) PANGONG RANGE

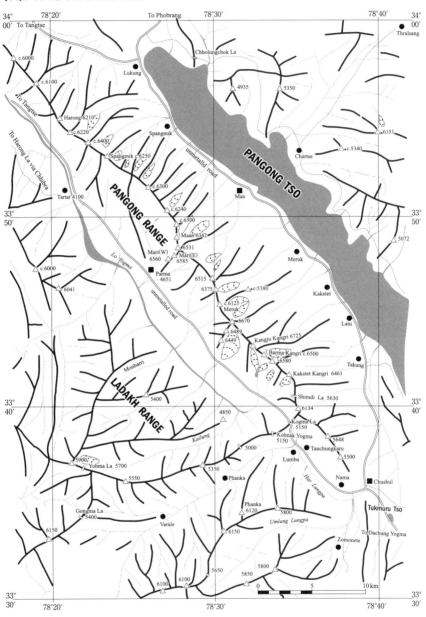

パンゴン山脈山解説

カンジュ・カンリ　Kagdju Kangri　6725m　［33°42′・78°31′］
[位置と山容] カンジュ・カンリはパンゴン山脈の南東端に近いところに位置するこの山脈の最高峰である。岩壁をもつ重厚な山容であるが、奥まったところにあり、麓の村から山姿全体は望めない。地元ではティングルー（Thinguru）と呼ばれている。パンゴン山脈の南側に走る軍用道路のバルマの集落に近いところに下だってきているカンジュ・ルンパ（Kangju Lungpa）の谷を遡ると小さな氷河湖があり、カンジュ氷河に続いている。カンジュ・カンリはその源頭の奥にある。

[登山史] 1987年にITBP（隊長：Chhewang Smanla）が初登頂したとされるが詳細な記録は未見である(1)。1995年11月に翌年のエベレスト登山のトレーニングとしてインド隊（隊長：M.P.Das）が入山し、34名が寒気をついて登頂した。近くの無名峰（6489m,6449m）にも登頂した(7)。2001年8月にはインド軍の(隊長:Lt.ColAshok Abbey)はTasta LungpaにBCを建設し、カンジュ氷河にC1を建設して、南面から2名が余勢をかって、カックステット・カンリや無名峰（6580m, 6134m）に登頂し、18名の隊員は、パンゴン山脈をシミディ・ラ（Simidi La, 5630m）で越えてパンゴン湖畔に達した(1)。

カスケット・カンリ　Kaksket Kangri　6461m　［33°38′・78°33′］
[位置と山容] カンジュカ・カンリの尾根続き、パンゴン山脈南東端に近いところにある雪山である。カスケット・カンリから尾根続きにシミディ・ラがあり、その1km南東に無名峰（6134m）がある。

[登山史] 2001年にITBPとインド軍の合同隊（隊長：Lt.ColonelA.Abbey）以下18名の隊はカンジュカ・カンリ初登頂に続いて9月3日にCapt R Bhandari, Capt. PS Cheena, Lt S. Charan, Sub Ram Lal, Nb Sub Gian Chand, L/N k Manrjeet Singh, L/Nk Bhagat Singh, L/Nk Anoop Singh, L/Nk Jagdeep Singh, N/Nk Dhyan Singh, Rfn Satender Singhが初登頂した。

　また、近くにある無名峰（6134m）は9月4日にLt. Col A.Abbey, Hav Shurbir Singh, Nk Shashi Bhusan, L/Nk Pakeshand Sepoy, P.Velluが初登頂した。

クノック・ツォー　Knocuk Tsoo(Mari West Peak)　6560m　［33°46′・78°28′］

［位置と山容］パンゴン山脈の南東部にマリ峰から西に延びている吊り尾根の端の三角錐の山で、タクサン・ルンパ（Taksang Lungpa）の川岸から山頂部が望まれる。マリ峰東峰で、西峰と双耳峰になっている。初登頂したインド隊が命名した山名は地元の言葉で「水の神」を意味する。

［登山史］2004年9月に、インド軍の隊（隊長：Lt.Cdr.Amit Pande）が山頂から西南に延びるマラム・リ（Malam Ri）尾根の北側のニュルングック・ルンパ（Nylunguk Lungpa）を詰め、上部の氷河から雪壁にルートをとり、初登頂した(2)。

マーン　Maan　6342m　［33°48′・78°29′］

［位置と山容］パンゴン山脈の中央部にある山でマリ峰との間の大きな氷河を挟んで対峙している。山名のマーン（Maan）はパンゴン湖畔にある集落の名前で、地元の言葉で「薬草」を意味する。

［登山史］2007年7月にJAC石川支部（隊長：西嶋錬太郎）が北側のパンゴン側からマリの集落の上部にBCを建設し、数日にわたってAからFと名づけた6つの谷を偵察した結果、D氷河に登路を見い出し、マリ峰に向かった。8月12日、西嶋はマリ峰の頂上に続く尾根まで達したが、山頂へのルートが極めて困難と判断し、手前の無名峰（6342m）に目的を変更し、登路を開拓した。8月14日と15日に隊長を含む全員、織田伸治、沖允人、大庭保夫、前田健進、天城敏彦、満仁幸世が初登頂し、マーン（Maan）と命名した(4)。

マリ峰　Mari（East Peak）　6585m　［33°47′・78°29′］

［位置と山容］パンゴン山脈の中央部に聳える双耳峰の西峰である。三角錐の岩と雪の鋭鋒でタクサン・ルンパ（Taksang Lungpa）の川岸から上部全容が望まれる。北側にはパンゴン・ツォがあり、湖畔から緩い傾斜の扇状地が徐々に高度を上げて山脈の頂稜尾根に達している。数本の枝尾根が複雑に湖に向かって延びていて、その尾根の間は氷河が発達している。比較的長い氷河がマリ峰に続いている。山麓には山名となっているマリの村があり、数軒の民家がある。パンゴン山脈を一周する一部未舗装の自動車道路がこの集落を通っているので、レーから2-3日で到達できる。

山名は地元の言葉で「Ma」は「赤色」、「Ri」は「山」で、「赤い山」を意味する。→グラビア写真(2)184頁

[登山史] それまでの日本隊による2回の試登と偵察を基に、2011年7月に、栃木県南地区登山協議会の隊（隊長：沖 允人・登攀隊長：粂川 章）が南側のタクサン・ルンパの支流カンシー・プー（Kaungsi Phu）からガレ場を登り、上部のコルに達し、マリ峰の山頂から南東に延びている雪稜を経て、7月11日に大内一成・片柳紀雄・毛塚 勇・Dawa Sherpaが初登頂した（5）。→登山記録「3度目の正直、マリ峰初登頂」236頁参照

バルマ・カンリ　Barma Kangri　c.6500m　［33°42′・78°33′］

[位置と山容] カンジュ・カンリから西に延びている主尾根から南東に派生している枝尾根上の岩のピークである。

[登山史] 2010年9月に中京山岳会の沖允人とJAC石川支部の西嶋錬太郎と2名で、急峻であるが、短いルートのとれる南面からマリ峰に向かったが、接近する谷を違え、カンジュ・カンリの西の無名峰（c.6500m）に登頂。Barma Kangriと命名した(4)。

「Barma」は山麓にある集落の名前でもあり、「中間」を意味し、「Kangri」は「山」であるから日本の南アルプスの「間ノ岳」と同じ意味である。

メルック　Meruk　c.6125m　［33°46′・78°31′］

[位置と山容] パンゴン湖畔にあるメルック集落の名前で呼ばれているが、メルックの村人はカン・ドルマ（Kang Dorma）と呼んでいる。メルックの村の上部の奥にある山で、東側に小さいながら氷河がある。メルック峰からマリ峰までの主稜線上に少なくとも2つの6515mと6375mの未踏峰がある。

[登山史] この山に向かった登山隊の記録はない。したがって未踏峰である。

スパミック　Spangmik　c.6250m　［33°53′・78°25′］

[位置と山容] パンゴン山脈の北西部にあり、パンゴン湖畔に山名と同名の集落があり、その上部の小さい氷河の続きにある雪山である。東側には氷河がなく、頂上直下が雪壁になっている。

スパミック峰からマリ峰までの主稜線上に少なくとも3つのc.6300m, c.6240m, c.6500mの未踏峰がある。

[登山史] 2004年8月に中京山岳会（名古屋）がハロン峰（Harong, 6210m）から転進し、東側の瓦礫の谷を詰めてC1を建設した。しかし、インド軍の

Spangmik (c.6250m) West Side（Oki）

砲撃訓練が1カ月間開始され、登山は突然禁止となり、ラダック山脈のルケルー（6050m）に転進した。ルケルー→*216頁*

砲撃訓練が休みの8月22日の日曜日にC1の装備を運び降ろすためにダージリンのHAP（Pema Tshering, Sangay, Samgy）を日帰りで登らせたが、彼らはルートの条件が良かったので登頂した後に装備を持って下山した(6)。

ハロン　Harong（East）　6210m　[33°55′・78°20′]
[位置と山容] パンゴン山脈の北西部にあり、ハロンという山麓の集落の名前がついているように、この村からハロン峰の南東面が眺められる。氷河はなく、崩れた岩が斜面一杯に広がる、ゆうなれば「瓦礫の山」である。同名の山（5715m）が西約15kmのラダック山脈にあり、これと区別するときは、東峰・西峰と呼ばれている。
[登山史] 2004年8月に中京山岳会（隊長：沖 允人以下、6名）がハロン峰の登山許可を取得し、事前の情報が入手できないままに、ハロン村の近くにBCを建設し、下部の登路を偵察したが、落石が多発し、途中に水場がなく、とても夏季には登山できる状態ではないことが分かり、スパミック峰に転進した。→*233頁 スパミック峰*

その後、この山に向かった隊はなく、したがって未踏峰である。冬季は瓦礫に雪が積もり、立派な姿の山になり、飲み水は雪を解かせばよいので、興味ある登山が楽しめるかも知れない。11月にパンゴン山脈を登山したインド隊もある(7)ので、寒さへの対策をすれば、タンツェの村から近いので、比較的簡単に登山できるかも知れない。

なお、レーからのアプローチの途中にあるチャン・ラ（5360m）は冬季で

もよほどの降雪のない限り、軍隊の物資補給のために、道路は整備されている。

パンゴン山脈の無名峰

　ハロン峰から約12km南東の、パンゴン山脈北西端近くにタンツェ（Tangtze, 6010m）があるが、タンツェから眺めると上部は険しい岩山で難しそうである。タンツェ峰とハロン峰との間に6160m、6170m、5990m、5870m、6010mの無名峰があり、いずれも未踏峰と思われるが、ハロンと同様に夏期の登山は困難である。ハロン峰からパンゴン山脈最高峰のカンジュ・カンリの間の主尾根と派生する枝尾根上に約15座の6000m峰があり、登頂されたのは、マーン峰、マリ峰（西峰）、クノック・ツォー（マリ峰・東峰）だけである。

[文献]
(1) S.P.Chamoli : Climbs of Indo-Tibet Boreler Polis, HJ, Vol.45, 1989
(2) Lt.Colonel A.Abbey : Date with climbs, H.J., Vol.58,,2002, pp.89-96
(3) Lt.Cdr.Amit Pande : First Acent Knochuk Tsoo, The H.J. Vol.62, 2009
(4) JAC石川支部創立60周年記念事業実行委員会（編）『マリ山群・マーン峰6342m初登頂』JAC石川支部、2008年
(5) M.Oki : Barma Kangri, Kangju Kangri, A.AJ., Vol.52, 2010
(6) 沖 允人（編）『マリ主峰（6585m）初登頂』2011年・栃木インドヒマラヤ登山隊、栃木県南地区登山協議会、2010年
(7) 沖 允人（編）『知られざるパンゴン山脈の山』中京山岳会、2004年
(8) P.M.Das : Cold Weather Climbs, HJ, Vol.52, 1996, pp.266-270
(9) S.P.Chamoli : Climbs of Indo-Tibet Border Polis, HJ, Vol.45, 1989

（沖　允人）

3度目の正直、マリ峰初登頂(2011年)
The First Ascent of Mt.Mari (6585m)
沖 允人（Masato OKI ,栃木県県南地区登山協議会）

概要

　2011年7月、パンゴン山脈に入域した栃木インドヒマラヤ登山隊（隊長：沖 允人、他5名）は、3度目の挑戦でパンゴン山脈未登の最高峰マリ峰（6585m）の初登頂に成功した。

禁止地域へ入域

　ラダックの首都レー（Leh, 3500m）で数日間の登山準備や高地順応をした後、2011年7月1日に車2台とトラック1台で、世界第2の高い自動車道路の通っているチャン・ラ（Chang La, 5360m）の峠を越え、タンツェ（Tangtze, 3795m）で1泊し、7月2日にパルマ地区（Parma, 4651m）にあるインド軍のチェックポストに到着した。ここから先は、Xビザ（登山用ビザ）に加えてインナーライン・パーミット（Inner Line Permit=ILPとProtected Area Permit=PAP）が必須である。ところがこれらの許可書を、ガイドが持参していないことが判明した。チェックポストでは「許可書がないので入域は許可できない」という。

　長距離電話でレーのエイジェントに連絡し、許可書を至急に届けるよう依頼し、待つことにした。しかし、国境地帯の複雑な事情から、許可書が早急に届く見込みは薄いので、LOと隊長が再びチェックポストの係官と折衝し、BC予定地がチェックポストの約1km先の近くでもあることから、特別の計らいで一時入域の許可を得ることができた。

過去2回の挑戦

　1998年にマリ峰の登山を申請し、不許可になってから、毎年のように申請を続けたが、インド・中国国境に近いのでなかなか許可はおりなかった。2007年に初めてマリ峰登山の許可を取得することができ、距離は長いが、傾斜が緩いと思われたパンゴン湖側から接近した。JAC石川支部（隊長：西島錬太郎、他6名）の隊に私は補強隊員として参加した。偵察を繰り返し

て、マリ峰を近くに仰ぎみることのできる岩山のマーン峰（6342m）に登頂したが、そこからのルートが険峻で涙を飲んだ。申請は翌年もその次の年も続けたが許可は取得できず、2010年に2度目の許可を取得できた。ところが、許可書のとどくのが遅く、待ちきれなかった隊員は参加を取りやめ、最後には私と日本山岳会石川支部の西島錬太郎との2名だけになった。険峻だが、距離が短く、2名だけの隊として登頂の確率の高いラダック山脈側から接近した。C2（6000m）からアタックして無名峰に登頂し、そこからマリ峰を登る計画であったが、無名峰の頂上から偵察したところマリ峰の山頂に達するには別な稜線を辿らなければならないことが分かった。初登頂した無名峰は、バルマ・カンリ（Barma Kangri, c.6500m）と命名した。C2を移動してC3（6100m）を建設し、マリ峰に向かったがとても手におえるようなルートではなく、敗退した。帰国してくわしく調べたところ、私たちは、谷を間違っていたことが分かった。信用していたガイドも地元の村人も間違っていたというお粗末な結末となった。

高所キャンプの建設

2011年、3度目の許可を取得した。私は76歳になっていたが、最後の挑戦をすることにした。粂川 章、大内一成、片柳紀雄、毛塚 勇の栃木県きってのクライマーが同行してくれることになった。主峰というべきマリ峰・東峰（6585m）は、西峰（6560m）と吊尾根でつながっている双耳峰である。西峰は2004年秋にインド海軍隊によってヌュルングック・ルンパ（Nlyunguk）の谷から初登頂された。東峰は、鋭いピラミダルな雪と岩の山姿は魅力ある登山対象で、西峰よりも25mほど高く、その山姿からもマリ峰の主峰とも呼ばれている。

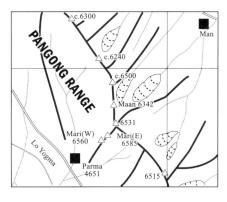

2010年と同じく、パンゴン山脈東側のカウンシ・プー谷（Kaungsi Phu）入り口の標高4600mの河原の草地にBCを建設した。

翌日から涸れ谷である広い幅2～5kmのカウンシ・プー谷の上流に向かっ

て岩と砂礫の累々と広がる斜面を登り、上部の偵察を開始し、7月3日に、BCから標高差1000mあるマリ峰南東氷河(仮称)のモレインの上に、僅かに水が得られる場所を発見し、C1(5600m)を設定した。続いて7月4日にマリ南東氷河の上部の氷河上に第2キャンプ(C2, 5800m)を建設した。C2からは、左手の見上げる高さにマリ峰の雪の山頂が、右頭上には、マリ峰から続く無名峰(c.6000m)(Cockscom・トサカ峰・仮称)の岩壁が聳えているのが眺められる。→ グラビア写真(2)-185頁

マリ峰初登頂

　第1次登頂隊は、C2を7月11日、午前3時に出発した。出発時の気温はマイナス8℃、風は少しあり、曇り晴れの天候。

　大内一成・ダワ(Dawa Sherpa, ガイド)、片柳紀雄・毛塚 勇の2組のザイルパーティは、マリ峰北側にある無名峰(6531m)の岩壁の下部の雪の斜面を、マリ峰とP6531のコル(6000m)に向かって、斜め右上へトラバース気味に登る。

　雪面は、表面がザラメ雪状で、その下はコンクリートのような固い氷になっている。雪面はマリ峰直下から派生しているマリ氷河に右側から続いている。午前4時40分、コルに到着する。夜が明け始め、周辺の山々がうす明かりの中に見えている。しかし、雲が厚く垂れ込め、朝日は顔をだしていない。

　コルからマリ峰へ続く雪と氷のリッジをコンティニュアスで辿る。リッジは予想外に幅が広いが、リッジのマリ氷河側とヌュルング・ルンパ谷上部の氷河側はどちらもすっぱりと切れ落ちている。リッジの傾斜は60～70度程度で、表面はザラメ雪で不安定であり、下部は氷である。

　40mロープ・3ピッチで2時間ほど登り、リッジを、マリ峰から派生しているマリ氷河側に少しトラバースする。クレバ

Mari(6585m) from C1 to the col on the East ridge (M.Oki)

スが横エル字状に不気味に口を開けている。アイススクリュー・ハーケンを使用してルート工作し、スタカットで再び3ピッチ登る。雪庇が北側のニメルホック・ルンパ谷（Nimelhok Lungpa）側に大きく張りだしている。慎重に登攀を続ける。

再びクレバスが口を開けている場所にでた。ダワがクレバスにはまったが大内の咄嗟の確保で大事には至らなかった。ダージリン出身のダワは、体力はあるが登攀技術はまだまだで、このような難場でのトップをまかせるわけにはいかなかった。しかし、雇用した5名のハイポーターのうち高所で登攀活動ができるのは、彼だけである。やっと下から見えていた雪のピークに午前10時25分に着いた。しかし、その先に、さらに高いピークが聳えている。最後の力を振り絞って、一旦、5mほど下り、登り返して、そのピーク、マリ峰の真の頂上に到着した。C2から約8時間かかっていた。

マリ峰山頂の広さは傾斜した僅か2㎡の斜面で、1人が立つのがやっとであった。マリ峰の北側は斧で断ち切ったようにすっぱりと1000mほどの高度差でニメルホック・ルンパ谷上部の氷河の源頭部まで切れ落ち、目の眩むような高度感である。その北側に日本山岳会石川支部隊がパンゴン湖側から2008年8月に、マリ峰から転進して初登頂したマーン峰（Maan, 6342m）の岩峰があり、マリ峰のコルに鋭い長いナイフリッジで続いている。石川支部隊が「ゴジラの背」と報告した登攀不可能に近いヤセ尾根である。

また、マリ峰の双耳峰の一つである2004年にインド隊によって初登頂されたマリ西峰（6560m）に縦走するには、マリ東峰から続く岩と雪のリッジは鋭く、起伏が多く、とても登攀不可能に見えた。山頂では、寒かったが幸い風は強くなく、雲はあったが周辺の山々を眺めることができ、多くの山々の写真を撮影した。また、交代で初登頂記念の写真を撮り、下山にかかった。

下りは登りに倍加して危険が多く、疲れた身体に鞭打って、慎重に下る。難場のルートにフイックスした延べ約600mのロープを回収しながら一歩一歩高度を下げていく。午後2時10分にコルに着いてやっと一息入れる。コルから遥か下に、パンゴン湖の青黒く輝く標高4350mの湖面の一部が見えていた。日射によって柔らかくなって歩きにくい雪の斜面をコルからC2へ向かって下って、午後3時25分に無事に帰着した。さらに、C2から氷河カールの左側の急なガレを下り、C1（5600m）に着いた。ハイポーターのロブサン（Lobsang Bhutiya）が甘いジュースを作って待っていてくれた。

第2次登頂断念

　7月12日に登ってくる予定の登攀隊長：粂川 章と沖 允人を迎え、第2次登頂に向けてサポートするために、大内・片柳・毛塚の3名はそのままC1にとどまる。ダワとロブサン2名は、午後4時にC1を発って日も暮れた午後7時過ぎにBCに辿り着き、BCにいた粂川・沖・インド人スタッフ全員に祝福された。

　しかし、ダワは疲労困憊していた。ルートの状況を聞きだそうとしたが明瞭に説明できなかった。悪絶なルートを思い出してか・・・、「ルートは危険であり、クレバスに落ちたし、もう2度登りたくない」とLOに訴えていた。そのためか、個人装備と彼らのテントを、C1とC2からBCにすべて運び降ろしてしまっていた。また、「日本人3名は多分明日BCに下山してくるだろう」とも話していた。

　次の日は曇り空であったが粂川と沖は午前7時にBCを出発し、標高差1000mを登って午後2時にC1に着いた。大内たちに、初登頂のお祝いの言葉もそこそこに、早速、ルートの状況を聞いた。ダワの話したようにルートは非常に厳しいということであった。明日、C1に登ってくる予定のダワとロブサンのサポートで、粂川と沖と片柳がC2に入ることにした。

　7月13日、午前11時にダワとロブサンがBCからC1に登ってきた。彼らも思い直したらしく、テントなど一式を担いで登ってきていた。ダワは、明日C2に着き、そしてコルに登り、さらに条件が良ければ山頂を目指す粂川と沖と片柳をサポートすることになった。

　C1からC2へのルートは、①C2の右手のガレ場を迂回して登るものと、②マリ峰正面からのマリ東氷河に突き上げている急峻な岩場まじりの斜面を、ほぼ、直登するものとがあり、ダワたちは時間が短いので後者②のルートをとることを主張した。

　7月14日、午前7時、ダワとロブサンが先行し、粂川と沖と片柳が続いた。直登するルートは時間が短くてすみそうだったが、上部からの落石の危険もあり、途中でゆっくり休むことはできなかった。岩場・ガレ場・氷の張る小沢、そして、最後は氷河となり、約2時間でC2に着いた。

　しかし、その夜半から雪が降り始め、翌朝までに約15cmの積雪があった。朝になっても晴れる兆しはなかった。むしろ新雪雪崩が心配であった。頂上は無理でもせめてコルまでという希望は望むべくもなかった。やむなく、

C2を撤収し、下山することを決定した。

　翌朝、BCに下山したが、入域許可書は、依然として届いておらず、チュスルの警察もこのままでは不法滞在となるといって警告しているというLOの報告で、できるだけ早く、BCを離れ、少なくともタンツェに下る必要があるという指示であった。したがって、BCでもう一度ゆっくり休養して第2次登頂を試みるという時間的余裕はなくなった。

　7月16日から17日にかけてC1を撤収し、LOと日本人のみ、急いでBCを離れた。パルマの村から振り返ると、マリ山群が曇り空に高く聳えていた。

Mari (6585m)(Center) from Barma (M.Oki)

[**文献**]（1）中川博人（編）『マリ山群・マーン峰6342m（初登頂）』、日本山岳会石川支部, 2008年
(2) 沖 允人（編）『バルマ・カンリ（c.6500m）初登頂』、カンジュ・カンリ（6725m）試登、中京山岳会、2010年
(3) 沖 允人（編）『マリ主峰（6585m）初登頂』：栃木県南地区登山協議会、2011年

注・東部カラコルムの山であるがパンゴン湖のすぐ北にあるのでパンゴン山脈の項に掲載した。

アン・トゥング山脈の２つの初登頂（2012年）
付・コー・ルンパ谷の探査
The First Ascent of Petze Kangri(6130m)and Lugzl Pombo(6414m)in Ang Tung Range
ディヴシュ・ムニ（Divyesh Muni, HC）

まえがき

　2005年9月、東カラコルムのヌブラ谷での思い出の多い登山の後で、私たちはロンド谷（Rongdo Valley）をトレッキングした。Rajesh Gadgil, Vineeta Muniと私はショーク川（Shyok）の屈曲部から上流の方に美しい雪山が聳えているのを眺めた。そのとき、何時かこの山を登ると心に決めた。この連山のどれか一つのピークに立って、ショーク川とカラコルムの峰々を眺めたいと思った。7年が過ぎ、登山申請してさらに3年後、やっと登山許可を手にすることができた。隊は、私が隊長でRajesh Gadgil, Aditi Gadgil, Vineeta Muni, Lt. Col. Shamsher Singh隊員であった。HCの後援で、レーに2012年7月26日に着いた。1カ月ほどの登山の準備のためにレーで数日を費やした。国防省から最終的な承認を得、2名のシェルパとコックとその助手を連れてパンゴン湖（Pangong Tso）に向かった。私たちの目標のアン・トゥング山脈（Ang Tung Range）はパンゴン湖の北西に聳えていて、コー・ルンパ谷（Kho Lungpa）近くにある。国境警備の理由からこれまで登山者は入ったことが無かった。そのため、登山情報は全くなかった。分からないことがいろいろある中で、まず、アプローチの問題を解決しなければならなかった。

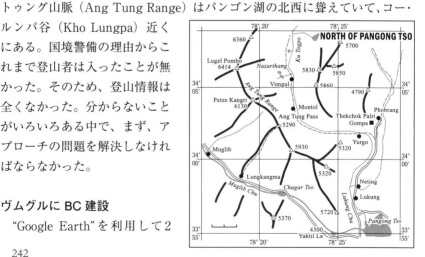

ヴムグルにBC建設

　"Google Earth"を利用して2

つのアプローチを見つけだした。一つは、良く利用されている道路でパンゴン湖まで行き、パンゴン湖の数kmさきにある昔からあるムグリブ（Muglib）の村からトレックを開始するコースである。もう一つは、パンゴン湖を過ぎてユルゴ（Yurgo）の村に行き、そこから先に向かうコースである。ムグリブからのルートは村人がアン・トゥング峠（Ang Tung Pass）を越えてコー・ルンパ谷に家畜を放牧に連れて行く興味あるルートである。ユルゴからのコースは難しいところのない単純なコースである。時間節約のためにムグリブからのコースをとることにした。ムグリブからユルゴまで、馬で1日かかった。予想していたことだが、馬の雇用に縄張りがあった。ムグリブが出発点となるので馬はダルブック（Darbuk）で雇ったが、ユルゴ村の人は、よその馬を雇ったといって不満であった。アプローチのことが良く分かっていないからだと説明しても村人は理解してくれなかった。

　一部はインド、一部は中国の支配下にあるパンゴン湖の岸辺で高所順応に2日間を過ごした。このあたりは、すさまじい商業化をしていた。湖岸からすぐ近くに年間数千人ある観光客のテントサイトがあり、汚染がひどかった。観光客の増加は地元の経済を潤すが、湖岸の長い将来に損害を起こさせることになる。岸辺のキャンプサイトにダメージを与えると思う。人間の浪費と生態系の破壊は想像を絶する。

　私たちは、ユルゴに向けて出発した。これまでにこの辺の山に登りにきた人がいるかを村の人に聞いてみた。インド軍で働いていたというChaten Namgyalという73歳の人は、1962年の中印戦争のとき戦ったが、中国の捕虜となって監獄に入れられたという話は興味深いことであった。他の村人はヤクや山羊をコー・ルンパ谷に放牧し、ITBPと軍隊がこの地区をパトロールするのをたまに見かけるが、この谷に入った登山者は見たことがないという。あなたたちの登山隊が他の登山者やトレッカーに門戸を開き、土地の経済に貢献してくれると嬉しいと話していた。

　途中で1泊して、8月4日にBCをヴムグル（Vimgul, 5210m）に建設した。谷には草が生えており、沢山の小さな池があり、この世のパラダイスのようなところであった。村人のヤクと馬と山羊はスキャン（Skyangs）と呼ばれる野生の馬と一緒に草を食べていた。マーモットと野うさぎ（Pikas）がキャンプサイトの周りを走りまわっていた。

　ルートのために2チームに分かれて谷の偵察を行った。最初に6130m峰に

登る計画を立てた。これは私たちの主たる目的である6414m峰の偵察にもなる。8月9日、南壁の下の南東面にABC（5675m）を建設した。

ペツツ・カンリ初登頂

翌日、午前7時に登り始めた。最初は不安定な泥と岩で、目標の山のある方向の東の雪と氷のある場所に続いていた。アンザイレンし、アイゼンを着けて、本格的に登山を開始した。いくつかの急な箇所を注意して越した。クレバスもあったが、概して容易であった。私と Vineeta Muni,

Petze Kangri (6130m) (D.Muni)

Rajesh Gadgil, Lt. Col. Shamsher Singh はシェルパの Neema Thondup, Pemba Norbu と一緒に午前11時に山頂に立った。周りには沢山の未踏峰があり、北東方面は、美しいチベットと東部カラコルムに数kmの距離で続いているコー・ルンパの谷があった。これからの登山目標をカメラに収めることができた。初登頂の喜びを抱きながらBCに引き返した。6130m峰は無名峰だったので、ペツツ・カンリ（Petze Kangri）と命名した。「Petze」は「ヤクの子供」、「Kangri」は「山」を意味する。

BCから谷に沿って調査をし、目的の山を見つけた。山麓の5850m地点にハイ・キャンプを建設し、南西にあるルツル・ポンボ（Lugzl Pombo, 6414m）を含むピークに登ることにした。テント地は氷の上だったので不安定で楽しめなかった。最初に向かったのは南面の氷壁がすぐ上に聳えている約6200mの山で、巨大な映画のスクリーンのように広がっていた。

2つの大きなジャンダルム

8月17日の早朝、登山を開始した。落石の音に神経をとがらせなければならなかったが、氷の斜面の登りは容易であった。太陽が昇るといろいろな形と大きさの石が落ちてきた。何時落ちてくるか予測のつかない落石の危険は大きかった。南西の氷河の源頭にある主たる目的のルツル・ポンボに向かっ

た。山は大きく、岩と氷のリッジがいくつも延びてきていた。キャンプ地のすぐ上の西のルツル・ポンボと東のペツェ・カンリ（Petze Kangri, 6130m）の間のコルまで約150mの氷壁が立ちはだかっていた。約6000mのコルに向かってルツル・ポンボの東側の斜面を登ることにした。

　取り付いてみると氷壁は垂直にちかいほどの急峻で最後のところはオーバーハングになっていた。コルに登り着くと、コルからの眺めはとてつもない広がりであった。2つの大きな岩のジャンダルムが北東に延びている尾根に立ちはだかっていた。私たちはこの2つのジャンダルムを回り込んで通過するルートを見つけなければならない。コルの上の急で固い雪の南東面の斜面を少し移動してみて、幸いに下降気味にトラバースして回り込めるルートを見つけた。この障害物を通過する登攀具とロープが必要であった。しかし、通過できることが分かって子供のように喜び、ハイ・キャンプへの帰途についた。

　翌日、BCからハイ・キャンプに追加の食糧と必要なロープと登攀具を荷揚げした。8月19日、固定ロープをコルと2つのジャンダルムに張った。最初の6150mにあるジャンダルムの基部をトラバース、急峻な南東面を山頂からの北東稜に向かって移動した。ジャンダルムの不安定な岩が落ちてくる危険があった。岩壁を登り2番目のジャンダルムを標高約6250mあたりでトラバースした。すると北東稜の上部が見えた。急峻な北東稜の上部には張り出した岩があり、その上に頂上リッジが続いていた。張り出した岩を回り込むか直上するか、最後の攻撃であった。時間がかかりそうであり、明日、乗り越える準備をして再度登って来ることにした。しかし、下山の日が迫っており、残りの時間はあと1日しかなかった。

ルツル・ポンボ初登頂

　8月20日の夜明けはまぶしいほどの日の出であった。午前6時に出発し、固定ロープの地点に急いで向かった。午前8時半に昨日の到達点である2つ目のジャンダルムの上に着いた。北東稜は急峻であったが、複雑ではなかった。ゆっくりと確実に登って行った。どうしたことか1本のロープが、年数がたっていたらしくよじれてしまった。この先にある庇状の岩で持ってきたロープが使用できるかどうか心配であった。山頂リッジの最後をこなせばテラスにでられると確信していた。庇状の岩に近づいてみると、通過で

きそうであった。細いルートで回り込んで庇状の岩の核心部のオーバーハングの部分に達し、北東の山頂にたどり着いた。ロープは、この悪場を通過するのに丁度足りた。庇状の岩を通過してロープを解いた。頂稜の最後の部分が南に向けて延びていた。頂稜の東側は厚く雪が積った大きい

Lugzl Pombo(6414m)(D.Muni)

オーバーハングになっていた。西側は急峻な崖になっていた。しばらく話し合い、Nimaが固定ロープを使って安全な所まで下り、70mほどロープを切って、持ってくることにした。頂上への最後の部分に使用するそのロープを使ってNimaを引き揚げた。5ピッチほど慎重に登り、Rajesh Gadgil, Nima Thondup, Pemba Norbuと私は11時50分に山頂に立った。予定していた時間より10分早かった。

　景色は雄大で、登頂した喜びと満足は言葉で言い表せないほどであった。東にはチベット高原が広がり北西にはギザギザしたカラコルムの高峰が林立していた。西には大きく深いショーク川が私たちの登頂した山の麓を流れていた。北側を見ると、向こうに続いているオロロツェ・ピーク（Ororotse Peak, c.5930m）の手前にコー・ルンパ谷が見えていた。

［文献］　(1)HCNL, Vol.27, June, 2013, p.22

（沖 允人訳）

ルプシュ　Rupshu

　ラダックの主都レーの南東約200kmにルプシュ地方がある。英語ではルプシュ谷（Rupshu Valley）と記される。谷というよりは高地である。したがってここではルプシュ谷ではなくルプシュ地方と記し、ルプシュと略記する。ルプシュはラダックの南東部にあり、チベットのチャンタン高原の南西に数100kmにも広がる巨大な台地の西端にある高地である。ルプシュは雨の少ない「ドライ・エリア」で、平均の標高が4500mの高原砂漠ともいうべき土地である。穏やかな山脈とツォ・モリリ湖（Tso Moriri）という大きな塩水湖もある景観美に富み、1994年から観光客やトレッカーにオープンされている。レーで旅行社などを通して入域許可が取得できる。登山の許可もレーにあるIMFの出先機関で取得できることもある。

　夏季は穏やかな気候と心和む自然で、レーから車を利用して1日で山麓まで達しられるので、多くの観光客やトレッカーが訪れている。その反面、自然環境破壊の深刻な問題も引き起こしていて、ラダックの最も脆弱な環境のうちの一つだといわれている。例えば、野生のロバ（Wild Donkeys=Skyang）、クロクビツル（Black Neck Cranes=Chathung Thung）、野生のガチョウ（Wild Geese=Nangipas）、マーモット（Marmots=Phya）のような稀少野生動物や鳥が絶滅の危機にある。州政府は環境保護税のようなものを徴収してそれで環境保全を進めているが充分ではない。この地域を訪れる人はこの点に留意すべきである。

　ルプシュの範囲は、北はマナリ・レー道路の通っているタグラン・ラ（Taglang La, 5360m）の峠、南はツォ・モリリ湖の南東端から南東約22kmにあるチュマール（Chumal）、西はツォ・モリリ湖の西端から西約10kmにあるマンチャン（Manchan）、南東はツォ・モリリ湖の南東端から南東約70kmにあるハンレ（Hanle）あたりである。

　レーからツォ・モリリ湖までは、簡易舗装の片側1車線の道路が通じており、1日かかる。Upsi（46km） - Chumathang（76km） - Mahe Bridge（22km） -Sumdo（24km） - Namshan La（12km）を経由して約221kmある。チュマタンには温泉と簡易宿泊施設がある。

ツォ・モリリ湖は長さ約24km、幅約5kmから8kmの茄子の形をした湖である。地元の言葉で尼さんのことをチョモ（Chomo）という。チョモがあるときヤクをつれて湖畔にやってきた。ヤクの歩みを止めるときに、「リ、リ（Ri Ri）」と声をかけるが、尼さんが「リ、リ」と声をかけてヤクを止めようとしたが、湖に引きづり落とされたという伝説がある。このことから「ツォ・モリリ」と呼ばれるようになったという。また、「ツォ」は「湖」、「モリリ」は「山」のことで、したがってツォ・モリリは「山の湖」の意でもある。
　湖畔にあるカルゾック村（Karzok）の名前は「身体の中心」の意で、「山の中心」ともいわれる。大きなゴンパがあり、20軒ほどの民家があり、また、夏季にはテント村がオープンする。カルゾックと周辺には500年以上前からチャグパス（Changspas）と呼ばれる遊牧民がロボス（Robos）と呼ばれる黒色のテント・ハウスに住んでいる。その当時からルプシュの人はチベットと、馬、ウールなどの交易をしており、ルプシュは中心地であった。

探検と交易の時代

　ルプシュで人が永住している村は3箇所のみである。現在でも1880年頃と同じように500人ほどが住んでいる。彼らの一部は現在でもラホールやスピティとの交易をして生計を立てている。ルプシュには古くから探検旅行家が訪れていた。イギリスのウィリアム．モーアクロフ（William Moorcroft）は1820年にルプシュを初めて旅している。彼は1819年から1825年にかけてこの地方を何度も旅し、南のスピティからタクリン・ラ（Takling La, 5257m）を越えてルプシュに入ったこともある。その他では同じ頃にジョージ・トレベック（George Trebeck）、少し時代が下って1846年にヘンリー・ストレイチィ（Henry Strachey）、1847年にトーマス・トムソン（Thomas Thomson）、1873年にフランシス・ドリュ（Francis Drew）、そして、1909年には宣教師のフランケ（Franke Frake）などが訪れ、紀行やカルゾックの村の風景画などを残している。ルプシュに入った最初の登山家は、スピティ地方でも活躍したロメソシュ・バタチャルジー（Romesh D. Bhattacharjee）で、1984年と1993年にルプシュを訪れている。彼は自然野生写真家のベディ兄弟（Bedi）と同行し、雪豹などの珍しい写真を撮影している。1993年には、マタⅡ峰（Mata-Ⅱ）に登頂した。マタⅡ峰はその後メントークⅡ峰（Mentok-Ⅱ）と呼ばれるようになっている。

1996年12月末の厳冬期に中京山岳会（隊長：沖 允人）がレーからマヘ（Mahe）、スムド（Sumdo）の集落を経由して、ポロコンガ・ラ（Polokongka La, 4800m）を越えてトゥジェ峰（Thguje, 6148m）の近くまで4輪駆動車と徒歩で探査した。インダス川全面に氷が張り詰め、アプローチの道路は凍結していた。ルプシュはレーよりも一段と気温が低く、積雪も多く、困難な旅であった。途中のインダス川や支沢が凍結して車の走行はやや危険であったが、山の積雪はあまり深くなかった。ツォ・モリリ湖方面にも向かったが、こちらは、スムド集落の先のキガール・ラ（Kigar La, 4819m）から奥は雪が深く、進めなかった。3〜5月頃なら雪も締まり、登山が楽しめそうである。

Thguje (6148m) and Polokongka La (4800m) in winter (M.Oki)

[文献]
(1) 沖 允人『インド・ヒマラヤ・ラダック山脈・パンゴン山脈の山々・ルプシュ地方』『東海山岳』10号、2008年、pp.157-193
(2) Michael Ratty: Roadside Rupshu, Hj, Vol.54, 1998, pp.86-91
(3) Guy Ducrey: An Unnamed 6000m Peak in Ladakh（On the east ridge of Mentok-1）
(4) IM, IMF, 1996, pp.116-120

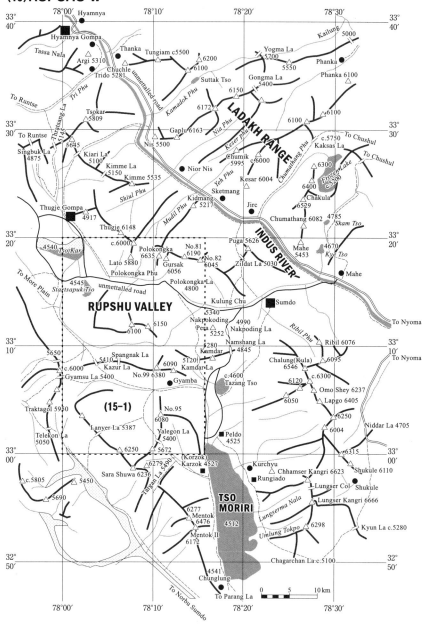

(15-1) RUPSHU-C

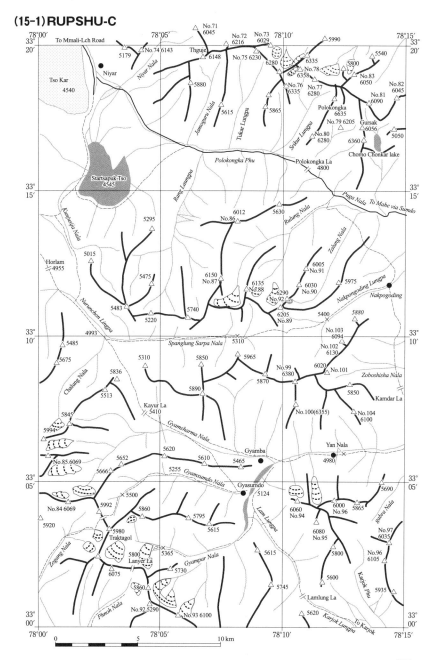

(16) RUPSHU-E

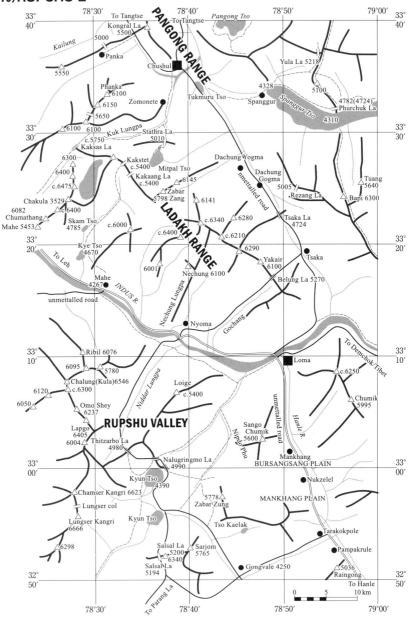

ツォ・モリリ湖周辺

ルンサール・カンリ　Lungsar Kangri　6666m　［32°58′・78°25′］
チャムセール・カンリ　Chhamser Kangri　6623m　［32°59′・78°26′］

[位置と山容] ツォ・モリリ湖の東側にルプシュの最高峰であるルンサール・カンリとその北約5kmにチャムセール・カンリがある。どちらの山もなだらかな山容で、雪はあるが、山頂部は広い台地状である。「ルンサール・カンリ」とは「黄金の山」の意だという。「チャムセール・カンリ」とは「参拝の地」の意だという。

[登山史] 1995年7月にインド隊（The Mountaineers Bombay）、Harish Kapadia隊長とDivyesh Muni, Vineeta Muni, Kaivan Mistry, Harish Sr., Harish Jr.Kesarsinhはカルゾックから馬でクルチャ（Kurchyu, 4915m）という地点まで移動し、BCを建設した。キャンプのための水が得られるところを探し、ルンギャド・プー（Rungyado Phu, 5720m）にABCを建設した。この周辺の山は乾燥した岩と砂の山で谷に水がないのが普通である。

7月14日にモレインの丘を登り、雪の斜面にでてチャムセール・カンリに南西稜から登頂した。予想外なことに、山頂には大きなケルンと旗が立っていた。1日前に別のルートから登ったインド測量局隊の立てたものであった。したがって、ボンベイ隊は第2登ということになる。7月16日に、チャムセール・カンリとルンサール・カンリの間にある最後のコルに移動して建設したC2（6240m）から北東斜面を辿り、上部のクレバスを通過して、急峻な氷壁に達して、これを登り、ルンサール・カンリの山頂に達した。初登頂であった。パレ・チュウ（Pare Chu）の川など素晴らしい眺めであった。カルゾックに下山した。ルプシユ地方最高峰の人気は高く、その後、数隊が登頂している。

1996年7月インド隊（隊長：R.Z.Rana、他4名）の3名が登頂(2)、1997年8月ドイツ隊（隊長：Dr.Hans Dietrich Engelhardt、他2名）全員登頂(3)、国際山岳ガイドの棚橋 靖が率いる東京都あきる野の人たちのいわゆる商業登山隊が2005年に登頂（Internetによる）している。レーで簡単に登山許可が取得できるようになって、軽登山隊が訪れるようになった。また、トレッキング隊としても簡単に山麓に接近できるので、登山許可を取得しないで登頂する、いわゆる不法登山隊もある。また、高所順応の失敗などで登頂でき

ない隊もある。2011年8月インド(Durgapur Mountaineers' Association,Ms. Joyanti Choudhuri隊長)が登頂(4)。最近では、2014年にインドの隊(Income Tax Trekking & Mount. Club, Delhi, Kaushal H.Desai隊長)が試みたが失敗した(5)。

ツオ・モリリ湖の東岸のルンサール・カンリの麓にインド軍の駐屯所が建設され、2013年より、ルンサール・カンリおよびチャムセール・カンリの外国人の登山が禁止されるようになった。(2015年8月にIMFより確認済)

Chhamser Kangri (6623m) (H.Kapadia)   *Lungser Kangri (6666m) from Kaorzok (M.Oki)*

[文献] (1)Harish Kapadia (ed.) : The South East Ladakh, Report, The Mountaineers, Bombay, 1995　(2)IM, No.47, 2011 pp.136-139
(3)HCNL, No.51, 1998, p.14　(4)IM, No.47, 2011, p.136-139
(5)IM, Vol.50, 2014, pp.120-123, Expeditions List

ラプゴー　Lapgo　6405m　[33°05′・78°26′]

[位置と山容] ルンサール・カンリの北約20kmにある。鈍角の三角形をしたなだらかな山姿である。「ラプゴー」とは「祈りの地」の意だという。

[登山史] 1995年7月にルンサール・カンリに初登頂したボンベイのインド隊別動隊のDivyesh MuniとVineeta Muniは7月10日に5800mのキャンプから天候は良くなかったが、北西稜経由で初登頂した。近年のラダック地方はドライ・エリアではなく、ラホール地方などと同様天候の悪い日がある。ラプゴーの約1km北にあるオモ・シェイ(Omo Shey, 6237m [33°05′・78°26′])も登頂されたようであるが、記録は未見である。

チャルン　Chalung　6546m　[33°08′・78°27′]
[位置と山容] ルンサール・カンリ、チャムセール・カンリと続く尾根は、さらに北にゆるく左にカーブして延び、ラプゴーに達する。その先にオモ・シェイ (6237m) がある。オモ・シェイの尾根続きの約2km北に無名峰 (c.6300m) があり、さらに約2km北にチャルン峰がある。遠くからでもわかるルプシュでは数少ない三角錐の山である。チャムセール・カンリから直線距離で約32kmにある。キューラ (Kula) とも呼ばれている。

　チャルン峰から東に折れた尾根上に無名峰 (6093m) があり、その北にリビル (Ribil, 6076m [33°10′・78°29′]) がある。この2つの山は登頂されたようであるが、記録は未見である。

[登山史] 1997年6月から7月にかけてJAC東海支部隊 (隊長：鈴木常夫) の12名の隊が初登頂した。6月28日にスムドゥ (Sumdo) に到着し、リビル川 (Ribil) に沿って入り、BCを4800m地点に建設し、7月8日にC1 (5300m)、そして、7月10日にC2 (5800m) を建設した後、氷河を詰めて7月13日から15日にかけて11名が初登頂した(1)(2)。2011年8-9月にインド、コルカタ隊 (Snout Adventure Assciation, Debdas Nandy隊長) が第2登した(3)。

[文献] (1)鈴木常夫編『チャルン・インドヒマラヤ学術登山隊1997』JAC東海支部、1999
(2)Tsuneo Suzuki: The First Ascent to Kula, HJ, Vol.54,1998, pp.233-237
(3)IM, No.47, 2011, pp.136-139

サラ・シュワ　Sara Shuwa　6236m　[33°00′・78°10′]
[位置と山容] ツォ・モリリ湖の西の高原の奥の南側に長い尾根が連なっている。その中央付近にサラ・シュワがある。山麓のカルゾックの村から頂上付近の雪の峰が望見できる。「サラ・シュワ」とは山麓の人たちによると「雪の友達」を意味するという。

[登山史] 未探査地域であったこの山域に外国人登山隊として1995年に初めて入ったのは栃木県足利市の

Sara Shuwa (6236m) in summer (M.Oki)

足利工業大学隊(隊長:沖 允人、隊員:竹澤雄三、安間義之、学生:高瀬浩紀、松崎高志)の5名の隊である。8月10日にツォ・モリリ湖西側のカルゾック村の西方の高台にBC(4505m)を建設した。8月15日にC1(5600m)を建設し、8月16日と17日に、LOを含む全員が初登頂した。頂上は雪に覆われた台地であった(1)(2)。1996年にオーストリア隊(隊長:Gertrude R.Olmuller)10名が入山し、隊長とAscharbl Annelies, Grab Leo, Lindenberg Veraが第2登した(3)。1997年にイタリア隊(隊長:Arturo BergamaschiとStefano Mazzoli, Luciano Pasquali, Balberino Giuseppe, Bartolini Valerio, Bergamanini Marcello, Farioli Robertro, Fregri Marco)13名が北東稜から登頂した(4)。2011年インドのWest BengalのBeas Sodepur隊(隊長:Anath Bandhu Ghosh)が東稜から登山したが失敗した(5)。

[文献]
(1)沖 允人(編)『サラ・シュワ初登頂』、足利工業大学山岳部、1995年12月
(2)Masato Oki : The First Ascent of Mt.Sara Shuwa in Rupsh Valley, Indian Mountaineer, IMF, 1996, pp.117-118
(3)HCNL, No.50, 1997, p.57　(4)HCNL, No.51, 1998, p.14
(5)IM, No.47,2011, pp.136-139

メントークⅠ峰　　Mentok-Ⅰ　6277m　[32°53′・78°12′]
メントークⅡ峰　　Mentok-Ⅱ　6172m　[32°52′・78°13′]

[位置と山容] ギャムス・ラからツォ・モリリ湖の南西端に延びている約50kmの長大な尾根上の最高峰である。なだらかな山姿で、西側はやや急峻である。「メントーク」は「花園」の意だという。マータ(Mata)という別称もある。

[登山史] 1993年にインド隊(Romesh Bhattacharjee隊長)がメントークⅡ峰に登頂した。1994年にインナーラインが後退し、登山者やトレッカーが多くルプシュを訪れることとなった。1996年にはオーストリア隊がメントークの近くの無名峰(6279m)に初登頂した。メントークとサラ・シュワの間の尾根上には5950mと6237mなどの無名峰とタルガン・ラ(Targan La, 5490m)の峠がある。1995年にインド隊のガイ・デュクレイ(Guy Ducrey)隊長がメントークから東に延びる尾根上の6000mの無名峰に登頂した。隊長は丁度60歳だったという。この山の位置は特定できない。1998年に山形

大学隊がメントークⅠ峰とⅡ峰のコルを越えて初登頂した。8月2日にカルゾックから北の谷に入りBCを4500mに建設した。続いてC1を5200mに、C2を5600m地点に建設し、8月13日に雲の晴れ間の晴天を掴んで3名が初登頂した。山頂近くには古いケルンがあったが、いつのものかはっきりせず、IMFに説明した結果、初登頂と認められた。

[**文献**] (1)実行委員会報告書編集委員会(編)『コーボルト (Kobord)、メントーク-Ⅰ峰初登頂特集』山形大学コーボルト会、1999年2月
(2)Guy Ducrey: An Unnamed 6000m Peak in Ladakh (On the east ridge of Mentok-1), Indian Mountaineer, IMF, 1996, pp.116-120

ルプシュ中央部

　概念図「No.15-1 RUPSHU-C」に含まれる山域には多くの6000m峰があり、ほとんどがIMFによる2004年に発表されたオープン・ピーク（104座のうちの33座、No.71-104）となっている。アプローチが短く、登りやすい山も多く、これまでにかなりの山が登頂されている。また、トレッキング・コースとしては、1974年頃から多くの人がルプシュに入域していることもあり、無届登山も少なくない。未踏峰だと思って山頂に立ったらケルンがあったという山もある。以下北部から南部までを流域で大別して記述する。この山域の山容はなだらかな山が多いが、小さいながら氷河がある。アプローチはマヘからツォ・モリリ湖へ向かう車道の途中の集落と小学校のあるスムドゥが起点となる。北部へはポロコンガ・ラ（Polokongka La, 4800m）を越えて、ツォ・カール湖へ向かう未舗装の道路を利用する。中部へはナコポンディン・ルンパ（Nakpongoding Lungpa）を詰める。途中まで車が入る。南部へはヤン・ナラを詰め上流に向かうことになる。車はツォ・モリリー湖畔まで使えるが、その途中にあるツォ・モリリー湖の北約12kmにある小さいタザン・ツォ湖（Tazan Tso）あたりから徒歩でヤン・ナラに入り、ギャンバ（Gyamba）の泊まり場を経由してギャンプァルマ・ナラ（Gyamparma Nala）上流あるいは、ギャムシャルマ・ナラ（Gyamsharma Nala）上流に向かうことになり、BC地点まで標高5000m以上の高地のキャラバンが2日以上続く。

北部・ポロコンガ・プーの北側

　ポロコンガ・プー（Polokongka Phu）の下流のTso Kar湖（4540m）の東に流入するNiyar Nalaの源頭にトゥジェ（Thguje, 6148m）がある。→*260頁*。その西約4kmにIMFのOpen PeakであるNo.74（6148m［33°19′・78°06′］）があり、他のOpen Peakも点在する。トゥジェを源とするJomoguru Nalatがある。トゥジェの北約2kmにNo.71（6045m［33°21′・78°03′］）とNo.72（6216m［33°20′・78°07′］）がある。Tukar Lungpaの源頭のトゥジェの東6-7kmにNo.73（6029m［33°20′・78°09′］）、No.75（6230m［33°19′・78°09′］）、No.77（6280m［33°18′・78°11′］）がある。Sirkur Lungpa源頭部周辺にNo.76（6335m［33°19′・78°10′］）、No.78（6385m［33°18′・78°12′］）がある。Sirkur Lungpaの左岸にPolokongka（6635m）がある。この続きにNo.79（6205m［33°17′・78°17′］）、No.80（6260m［33°16′・78°12′］）があり、これらの奥にNo.83（6050m［33°14′・78°14′］）がある。おおよその位置は概念図（No.15-1, RUPSHU-C）を参照されたい。

北部・ポロコンガ・プーの北側山解説

ポロコンガ　Polokongka　6635m　［33°19′・78°12′］
[**位置と山容**] スムドから遊牧民のテントと温泉のある広い高原を登って行くと、オボのあるポロコンガ・ラがある。この広い峠を越えると緩い下りになり小川に出会う。その右手に北に瓦礫のような山が見える。ポロゴンガの前衛峰である。主峰はその前衛峰の続きにある広いどっしりとした三角形の山である。
[**登山史**] 1997年7月にイギリス隊（隊長:Michael Jhon Ratty)4名がシルクール・ルンパ（Sirkur Lungpa）側からR.Law, とN.Singh（LO）が初登頂した(1)。その後、登山する隊は続かなかったが、最近、インド隊が登頂した。2008年8月インドの西ベンガルの隊（隊長：Karuna Prasad

Polokongka (6635m) in winter (M.Oki)

Mitra、Sonarpur Arohi, Dipankar Ghosh, Bhagwan Singh Thakur）が登頂した(2)。ポロゴンガ峰の尾根の東の約4kmに6090m峰があるが登山の記録は未見である。ポロコンガ峠の手前、北に入ったところにChomo Chon Kar Lakeという小さな湖があり、その西側の尾根にGursak（6056m［33°17′・78°13′］）と無名峰（6360m［33°17′・78°13′］）があり、無名峰の北の尾根続きにIMFのOpen PeakであるNo.81（6090m［33°18′・78°13′］）、No.82（6045m［33°18′・78°14′］）がある。無名峰6360mは2015年栃木隊が初登頂し、チョモ（Chomo）と命名した。→*270頁参照。*

[文献]　(1) HCNL, No.51, 1998, p.14
(2) IMF, Climbing and Other News-2008

トゥジェ　Thugje　6148m　［33°20′・78°06′］

[位置と山容]　トゥジェの集落の東南東約15kmにトゥジェ峰がある。近くにはラトー（Lato, 5820m）と5326mとc.6000mの無名峰がある。トゥジェ峰は名古屋の中京山岳隊によって登頂されたが、他の峰々は未踏峰である。トゥジェ峰は、ツォ・モリリ湖の北西約40kmにあり、ポロコンガ・ラを越えた約8km西のポロコンガ・プーの谷の北側にある。トゥジェという山名はこの山の北側にあるトゥジェ・ゴンパ(Thugie Gompa)のある集落の名前からつけられたものである。トゥジェ峰はこの地方の地形図に山名と標高が記載されている数少ない山の一つである。

[登山史]　中京山岳会隊（総隊長：梶田　明、隊長：沖　允人、隊員：武藤政之、伊東　章、野村　務、尾崎源一、菱田勝美、竹田　進、原田惣司、土屋晴夫、浜田憲郎）は1998年8月に11名でトゥジェ峰に向かい、初登頂した。8月9日にポロコンガ・ラの西の荒れた岩屑の斜面にBC（4600m）を建設し、南面の広い谷の上部の5400m地点にC1を設置し、8月14日から15日にかけて9名が登頂した。帰路はこの山群を大きく迂回してトゥジェの集落を通ってタグラン・ラを経由し、ラダックの主都レーの街に帰った。インダス川中流域にあるマヘ（Maha）のチェックポストから西にクルンチュー谷（Kulung Chu）を辿り、プガ・スムド村（Puga Sumdo）からポロコンガ・ラを越える未舗装の道があり、この道はトゥジェ・ゴンパを経由してレー・マナリ（Leh-Manali）道路に続いている。

[文献]　(1) 沖　允人（編）『インド・ヒマラヤ、ラダック地方・トゥジェ峰（6148m）

初登頂』中京山岳会・1998年11月発行
(2) 沖 允人『東海山岳』第10号、JAC東海支部、2008年, pp.184-193

中部・ナコポンディン・ルンパの北側

　この山域にはIMFのOpen Peak 104座のラダックに属するピークが多くある。山容はなだらかであり、氷河もあまり発達していないので、比較的容易に登ることができる。ただし、谷に水がないことが多く、したがって、雪線以下で水を得るのが難しい。位置は、概念図のNo.15、RUPSHU-WとNo.15-1、RUPSHU-Cを参照されたい。2014年までにかなりのピークが登頂され、未踏峰は少なくなっている。無届で登られた山もあり、IMFに問い合わせても正確な登頂の情報を把握するのは困難である。

　Rulung Nala右股の上流左岸にNo.86（6012m,［33°14′・78°08′］）、No.87（6150m,［33°12′・78°07′］）が、左股の源頭No.88（6135m,［32°11′・78°08′］）、No.89（6205m,［33°10′・78°09′］）がある。Rulung Nalaの東に、ほぼ平行するZalung Nalaがあり、その上流の左岸にNo.90（6030m,［33°11′・78°10′］）がある。No.90は2015年栃木インド・ヒマラヤ隊が初登頂、ザルン・リ（Zalung Ri）と命名した。→*269頁参照*

南部・ヤン・ナラ上流域

　Nakpongoding Lungpaの南側の尾根にNo.99（6380m［33°08′・78°10′］）、No.101（6020m［33°08′・78°11′］）、No.102（6130m［33°09・′78°12′］）、No.103（6094m［33°09′・78°12′］）がある。No.100（6365m［33°07′・78°10′］）は2012年夏にインド隊によって初登頂され、2014年夏にイギリス隊によって第2登頂されたが（1）、No.99（6380m［33°08′・78°10′］）から南に延びた枝尾根上にある。Yan Nala南側にNo.94（6060m［33°04′・78°05′］）、

Tso Kar Lake and Peaks in Nortern Rupsh from the Top of Thugje（M.Oki）

No.96（6000m［33°04′・78°07′］）がある。Lam Lungpa側に延びた枝尾根上No.95（6080m［33°03′・78°06′］）がある。Gagra Nalaの源頭にNo.97（6035m,［33°03′・78°09′］）、コルを越えた南のKarjok Phu上流の右岸にN.98（6105m［33°02′・78°09′］）がある。Gyamparma Nalaの上流にNo.93（6100m）［33°00′・78°04′］）があり、その西にNo.91

（6005m［33°12′・78°10′］）とNo.92（6290m［32°12′・78°10′］）があり、Lanyaer La（5800m）の約2km北西にTraktagol（5995m［33°05′・77°59′］）がある。

　マヘからマナリ・レー道路へ抜ける未舗装の車道の北側のポロコンカ峰からトゥジェ峰に延びる尾根とその周辺に解禁峰104座のうちの33座がある。他の71座はラダックとザンスカールにある。解禁峰を目的として入山した隊は少なく、また、一般的なトレッキング・コースからも外れているので写真や記録も入手難である。トゥジェ山頂から撮影した遠望写真があるが、なだらかな山々のように見える。しかし、Google Earthで見ると氷河も発達していて、意外に険峻のようである。

　No.71-No.83の12座の山麓には、スムドゥからポロコンガ・ラを越えて南側から、トゥジェから東に延びる尾根に向かい、BC地点近くまで車で行くことができる。スムドゥには小学校もある集落があり、民宿も可能であり、馬の雇用も依頼できる。スムドゥとポロコンガ・ラの中間は広い高原になっ

ており、温泉がある。

　ポロコンガ・ラの南方にある山には、ツォ・モリリ湖へのコースの途中からナクポンゴディン・ルンパ（Nakpongoding Lungpa）、または、ヤン・ナラ（Yan Nala）経由で接近するが、ポロコンガ・ラを越えてツォ・カール湖の東まで車で行き（レーから1泊2日）、そこから南下して、ヌルンチャン・ルンパ（Nurunchan Lungpa）、または、スパングルン・ナラ（Spanglung Nala）から入山するほうが日数的には短い。

　いずれもBC地点の標高が4000m～5500mと高いので、高度障害に注意する必要がある。また、枝谷が多く、やや複雑な地形なので山によってはアプローチも含めて偵察が必要である。

　ポロコンガ・ラの南のルルン谷（Rulung）、ザルン谷（Zalung）の周辺にNo.86～No.93が、ポロコンガ周辺にはNo.71～No.83がある。この山群から少し離れ、南東のギャムシャルマ・ナラ谷（Gyamsharm Nala）上流にNo.84（6069m）とNo.85（6069m）がある。ポロコンガ周辺の南側にあるスパンルン・セルパ谷（Spanglung Serpa）の南の尾根上にNo.86～No.94、そして、カムダール・ラ（Kamdar La）から西に延びる尾根上にNo.99～No.104がある。その谷を挟んでもう一つ南のギャム・バルマ（Gyamba）の泊まり場の南側にNo.94～No.96があり、その南にある尾根にNo.93～No.98がある。

　No.99（6380m）とNo.104（6100m）は、2012年にインド隊（Kolkata, 隊長：Debabrta Mukherjee と Chinmo Bhattacharjee, Nilanjan Chaterjee, Idranil Mukhopadhayay）によって初登頂され、それぞれSpangnak RiとKiagar Riと命名された(2)(3)。

[文献]
(1) Keith Goffin & Ralph Eberle：スパングナック・リ（Spangnak Ri, 6365m）登頂、『ヒマラヤ』No.474, 2015 pp.7-9
(2) AAJ, Vol.55, 2013, Climbs and Expeditions, INDIA, pp.323-325
(3) HCNL, Vol.27, 2013, pp.14-15

ルプシュ地方南東部

　ルプシュ地方南東は、中国国境に近いこともあって、マヘのチェックポストから南は特別許可が必要である。一般にはニョマ（Nyoma）までである。この周辺の山の登山記録はなく、したがって、以下の山々はすべて未踏峰である。インド・中国国境が落ち着けば許可が取得できる可能性はある。ニョマの南約10kmにロイジェ（Loige, c.5400m［33°05′・78°42′］）があり、その東南東の約18kmにサンゴー・チュミック（Sango Chumik, 5600m［33°03′・78°47′］）がある。ニョマ北約10kmにネッチュン（Nechung, 6100m［33°18′・78°40′］）がある。東にハンレ川（Hanle River）が南北に流れており、サンゴー・チュミックの東約15kmにチュミック（Chumik, 5995m［33°12′・78°55′］）とその北約5kmにc.6250mと南東約6kmに5900mの無名峰がある。カプタック・トクポ（Khaptak Tokpo）北側にかけて5000m級の峰々があるが、ザバール・ズンク（Zabar Zung, 5778m［32°55′・78°42′］）以外は無名峰である。スパングール湖の南約20kmにトゥアン（Tuang, 5640m［32°38′・78°28′］）とバピィ（Bapi, 6300m［33°25′・78°55′］）がある。スパングール湖の南南西約50kmにヤクシール（Yaksir, 6100m［33°19′・78°48′］）など6000m峰が数座ある。

　またハンレ（Hanle）の北西約8kmにラインゴンク（Raingong, 5036m［32°51′・78°55′］）、概念図（No.16、RUPSHU-E）から南に外れるが、ハンレの東南東約15kmにタクトナクポ（Taktonakpo, 5330m［32°39′・78°52′］）がある。

　以下の山々も概念図（No.16、RUPSHU-E）から外れた位置にあるが、ルプシュ地方の山々に含まれると考えてよい。ツォ・モリリ湖南東端の約20km南東にあるチュマール（Chumar）集落の東北東約15kmの中国との国境線に近いところに6428mと6250mの2つの無名峰がある。ITBPが1987年に初登頂したというが記録は未見である。この無名峰の約3km北東に未踏峰のゾンチェンモ（Zoneg Chenmo, 6141m［32°42′・77°45′］）とその南東約5kmに6250m峰がある。ハンレから、頂上付近に雪をまとったなだらかな山姿が望める。これらの山々も概念図（No.16、RUPSHU-E）から外れている。中国との国境線はチュマールから南東に延び、ウクドゥンレ（Ukdunle）からタシガン（Tashigang）まで建設されている大きく凹形にカーブした軍

用道路と同じような形で約20kmの距離を保って延び、インダス川に達して川を横断している。この国境線上には6553mと6172mの無名峰がある。ヒマムンヤ・ゴンパ（Hyamnya Gompa）からマへまでのインダス川北側には、アルギ（Argi, 5310m［33°37′・78°03′］）、ガプルー（Gaplu, 6163m［33°29′・78°13′］）、ニイス（Nis, 5500m［33°29′・78°10′］）、チュマタン（Chumathang, 6082m［33°25′・78°20′］）、チャクーラ（Chakula, 6529m［32°24′・78°27′］）、チュミック（Chumik, 5995m［33°12′・78°55′］）の6000m級の山々があるが、解禁されていない地域である。登山の記録は未見である。

［文献］（1）沖 允人「インド・ヒマラヤラダック山脈・パンゴン山脈の山々・ルプシュ地方」『東海山岳』10号、2008年、pp.157-193

(沖 允人)

チャルン初登頂(1997年)

The First Ascent of Chalung (6546m)
鈴木常夫 (Tsuneo SUZUKI, JAC東海支部)

ラダックのルプシュ谷の登山がオープンされたのは1994年であった。資料を検討し荒涼とした山々の中央に、ちょっぴり白いピラミダルな頂上をのぞかせているピークに心が引かれた。

当時、入手できるルプシュ谷の地図は

Chalung (6546m) from C2 (5800m) (T.Suzuki)

AMSの25万地形図のみで、あちこち手を回して5万分の1地形図のコピーを入手した。そこには「Chalung 6546m」と記されていた。広大なインド・ヒマラヤとはいえ、6500mを超す未踏峰は少なく、本来なら偵察が必要であるが、水野が先発隊として6月22日出発し、登頂ルートを探すことにして登山隊を結成した。あわせて、1992年以降のインド高地の自然環境の変化の調査を行う調査隊を加えた。

5万分の一地形図のChalungの南側は、6000m峰数座に囲まれた谷になっていて、氷河と氷河湖が存在している。この谷からの登頂ルート偵察の結果、頂上へはガレ場が続き、水の確保は不可能と判断して、北側のリビル川へ転進し登頂ルートを確認できた。なお、この山はクーラとも呼ばれている。

一方本隊は、6月29日Xビザ(登山用のビザ)を握りしめてニュー・デリーへ着き、空路レーへ、そこで先発隊の報告を分析して、車でインダス川沿いの道路をキャラバンの出発地であるスムドへ7月5日着。ヤク、馬によるキャラバンは5300mまで上がれ、8日C1設営。荷上げも順調に進み、10日氷河舌端にC2(5800m)設営。7月11日第1次登頂隊の水野、中世古、菊地、丸山、LOとHAPの3名は、北西稜の岩場から頂上への氷壁を登り切り初登頂に成

功した。13日玉越、今田はHAPの1名と第2次登頂、目的の頂上の雪を採集した。15日鈴木、田中、小島、渡辺とHAPの3名は快晴の頂上に立った。

　これまでの登山全てが順調であったわけではない。1995年の際、急性高山病を起こした隊員3名をレーの病院へ搬送した苦い体験がある。今回、スムドからレーまでの通信手段は無く、万一に備えて車を1台スムドへ常駐させておくことにした。1988年の際、共に登頂したムトップ氏が1995年にはトレッキング会社(エージェント)を設立していて、彼のアドバイスに従った。BC手前で落馬負傷した女性隊員をスムドへ運びおろし、深夜7時間かけ走り、レーの病院に収容できた。体験は経験となり、1995年以降、現地事情を知っている現地エージェントと直接契約をしている。また、1999年以降の隊はBCに帰路用の馬を待機させている。

　隊長：鈴木常夫(62),登攀隊長：水野起己(46),隊員：中世古直子(59),田中太門(64),菊地啓一(49),丸山　剛(39),小島清子(63),渡辺くみ(60),浜田好子(58),水畑靖代(57),調査隊長：玉越弘志(50),今田英司(49)

二つのピークに初登頂(2015年)

The First Ascent of Zalung Ri (6030m) and Chomo (6360m)
粂川 章 (Akira KUMEKAWA)(栃木インドヒマラヤ登山隊)

概要

2015年7月に栃木インドヒマラヤ登山隊(隊長:樋口誠一,隊員:毛塚 勇,粂川 章(以上:グループ・ド・モネージュ)、佐久間利美(小山山岳会)の平均年齢63歳のシニア登山隊がルプシュ谷の中央部にある2つの未踏峰(オープンピーク・No.90(6030m)と無名峰(6360m))に初登頂し、それぞれザルン・リ(Zalung Ri)、チョモ(Chomo)と命名した。

ルプシュの山へ

7月15日にレーを車で出発し、インダス川に沿って下り、チェックポストのあるマヘ(Mahe)でインダス川を渡り、支流を遡り、スムド(Sumd)の集落を経て未舗装の道をポロコンガ峠(Polokongka La, 4800m)へ向かい、ザルン・ナラ(Zalung Nala)の出合いの手前の遊牧民の夏村アンクン(Ankun, 4550m)にBCを建設した。翌日、ザルン・ナラに沿って上流へ進み、5107mにABCを建設した。概念図はNo.15-1, RUPSHU-Cを参照。LOのD.ムケルジー氏(Debabrata Mukherjee)は日本隊に同行したことがあり、ルプシュの山にも登った経験があり、登山開始から最後まで隊員と同じ行動でスムーズに登山をすすめることができた。

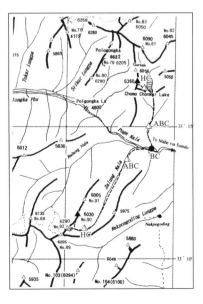

Zalung Ri 登頂

16日は、HC(High Camp)予定地の5677mまで進み、支流を2つ通過した。翌日は休養日とした。18日はHC設営後5600mから標高差約200mの急な雪壁を

Zalung Ri（6030m）from the Glacier Lake（A.Kumekawa）

登った。そこは直径約200m四方の氷結した氷河湖が広がっていた。翌日の登頂を確信してフィックスロープ、スノーバー4本をデポしてHCに下山した。

7月19日に、4名のメンバーとLOは、午前5時BCを出発し、雪壁を登り、氷河湖の右端を時折膝まで潜るラッセルで6030m峰の最後の登りのコルに着く。ガレ場と雪のミックスするルートを登り、午前8時26分、6030m峰に初登頂し、ザルン・リ（Zalung Ri）と命名した。当日の夜からの雪で20cmほど積もり、第2目標としていたNo.89（6205m）は断念することになり、デポ品回収後ABCに下山する。

Chomo（6360m）登頂

7月23日、高所順応が完了しているのでBC経由でプガ・ナラを渡り、対岸の谷を遡り、チョモ・コンカール湖（Chomo Chonkar Lake）に向かい西岸5200mにABCを建設。24日、5800mのレークサイドにHCを設営した。

7月25日4人のメンバーとLOは、夜明け前のHCを午前4時出発した。核心部となる傾斜の急な雪壁を5人が

Chomo（6360m）from plateau（c.5900m）（A.Kumekawa）

フリーで登る。アイゼンが小気味よく効き、緊張が続く。直登して稜線に出るにはメインロープが必要なので、ロープを使わず左側を巻いて6150mの稜線に出た。あとはほぼ360度の展望の雪稜を進み、午前9時37分に無名峰6360mの頂上に着いた。チョモ（Chomo）と命名した。

周辺の山

IMFのオープンピーク104座ではザルン・リ（No.90）の稜線上の北と南にあるはずのNo.92とNo.91が同じ緯度経度で表示されている。登頂を断念

したNo.89は位置的に間違いないのでどれがNo.92、No.91か定かでない。周辺には未踏の山はあるが、初登頂を望むなら、今後どれが未踏かの確認を慎重にする必要がある。

おわりに

今回の登山では目標を決める時点からインド・ラダックヒマラヤに精通されている日本山岳会東海支部の沖 允人氏、日本ヒマラヤ協会の寺沢玲子氏、またお2人のインドでの共通の知人で登山家のD.ムケルジー氏にはリエゾンとしてアドバイスをうけ、登山活動を支えていただいた。また、今回は当初からHAPは雇用せず、ガイド、コック、キッチンボーイ2名だけにして、荷上げに馬を利用した。予想外に馬が活躍してくれて60歳代のシニア登山隊の思わぬ強い味方となってくれた。

South view from the top of Chomo (6360m), Open Peak No.102 (6130m) and Open Peak No.103 (6094m) (A.Kumekawa)

ラホール Lahaul

はじめに

　1800年代後半、イギリス軍人たちによってヒマチャール・プラデーシュ州（HP）、ラホール地方の登山が始まった。日本人でこの地に入域したのは、1931年三田幸夫氏で、カルカッタ勤務の折、冬のロータン・パス（Rohtang Pas, 3978m）を目指したが、大雪のため断念した。この山域は、ラホール地方という呼称が一般的であるが、下記に述べるHP州の広い範囲の山域をラホールとしてひとまとめの山域として述べるには違和感があり、本書ではHP州の山として、一般的ではないが、「ヒマチャール・ヒマラヤ」としてまとめ、「ヒマチャール」と略記することとした。

　1931年以後は、ネパールの入山が困難であった1960年代以降、1970～1980年代のインド・ヒマラヤには多くの日本隊が訪れ、にぎわった。しかし、インド政府は中国との国境の内側にインナーライン（軍事上の守備線）を引き、外国人の入山を厳しく制限した。そのおかげで、国境地区には手づかずの未踏峰が残っていたということは、皮肉でもあり、幸運でもある。

　モンスーンをさえぎる、ピル・パンジャール山脈（Pir Panjar Range）の北側は、乾燥地帯の気候が支配する荒涼とした風景に変わる。しかし、道路の発達もあり、夏期の登山が活発に行われている。ピル・パンジャール山脈の北の山々は5000m～6000m級であるが、古くから登山の対象とされ、多くの登山記録が発表されている。

　HP州はインドの北部に位置し、東部の一部は中国（チベット）に接している。ヒマチャールの「ヒマ」は「雪」で、したがって、「ヒマチャール」は雪のある所の意味である。総面積は55,673平方kmで、日本の九州と四国を合わせた面積と、ほぼ同じである。州都はシムラ（Shimla）で12の行政区に分かれているが、HP州の登山の対象となるヒマチャール地域は、キンナウル（Kinnaur）、スピティ（Spiti）、ラホール（Lahaul）、チャンバ（Chamba）、クル（Kullu）である。キンナウルとスピティは項を改めて述べるが、ラホールについては本項に続けて、東部、中部、西部に大別して述べる。

ラホール

　ピル・パンジャール山脈はグレート・ヒマラヤ（Great Himalayas）を構成する一部として見れば北西から南東へ走行している山並みであるが、チャンドラ川（Chandra）に注ぐ多くの支流によって分断され、山域構成はかなり複雑で、何本もの山脈、山塊で成り立っている。しかし、7000m以上の山はなく、高さからは地味ともいえる山域である。

　本書では、ホワイト・セール、パプスラなどバラシグリ氷河流域の山々、ギュンティ・ナラ流域のカルチャ・パルバット、ラタン谷からピン谷までのスピティ川右岸の山域などを東部ラホール。ムルキラ、KR山群、CB山群などのある中部ラホール。メントーサ、ファブラン、ガングスタンなどミヤール・ナラ周辺の山々のある西部ラホールに大別して主な山々について解説する。

クルとチャンバ

　グレート・ヒマラヤとは別に、もっとも南に位置するのはピル・パンジャール山脈（Pir Panjar Range）で、この山脈を境に南北の気候、文化は一変しているといっても過言ではない。南側は夏のモンスーンの影響を受けやすくて湿潤で雨も多く降り、夏期の登山は困難な場合が多い。春期、秋期を選んで登られているクルとチャンバと呼ばれる山域で、クル山群には、インドラサン（Indrasan）、デォ・ティバ（Deo Tibba）、ハヌマン・ティバ（Hanuman Tibba）など6000m級の山々がある。これらの山域をクルとして解説する。ウダイプール（Udaipur）の南と北に広がるチャンバ地方には、バイハリ・ジョット（Baihali Jot）、テント・ピーク（Tent Peak）、シヴァ（Shiva）など6000m級の山々があり、チャンバとして述べる。

道路状況

　道路は、登山基地のマナリ（Manali）を起点に3500m〜4500m近くのキャラバン出発点まで車が入れる地域もあり、目標の山によっては、短期間で登山できる利点はある。しかし、留意すべき点は、下車地点はヨーロッパ・アルプスの頂上に匹敵する高度であり、高所順化はおろそかにできない。今の所、ピル・パンジャール山脈を越すには、ロータン・パスを車で越すことになるが、冬期は積雪のため、通行止めになる。開通はその年の降雪量にもよるが5月中旬ころになる。しかし、ラダックの中心地レーへの道路もまじえ

て国境警備にあたるための軍用道路でもあり、春の開通に積極的である。

地形・地質

　一般的にヒマチャールの山の岩質は良くなく、特に堆積岩層が表れた岩場は剥離、落石などの危険が伴う。登山ルートは少々急峻でも雪氷箇所の方が安全性は高いとの報告が多い。バラシグリ氷河（Bara Shigri）、ミヤール氷河（Miyar）、トス氷河（Tos）、サムンダ・タプ氷河（Samunda Tapu）など比較的大きい複合流域氷河もかなり存在するが、多くこの地区にある単純涵養氷河の縮小（後退）は近年はなはだしく、登山計画を立案する際、古い登山記録は検討しなおす必要がある。

人々の生活

　登山を計画する場合、どうしてもタクティックスが先行するが、忘れてはならないことは地域の人文である。登山隊は、多民族、多宗教、多文化が2000年以上続いている広大なインドの中に入り込む、ひと時の旅人にすぎない。HP州は他の州に比較して、歴史が古く、長い間人々が暮らしている地域に登山する場合は、地元の人々との交流を大切にしなければならない。マナリに暮らして20数年の、森田千里氏が語る「人文」に助けられたことはしばしばある。マナリへの途中、道路が決壊し田舎町で立ち往生した際、ヒンドゥ教寺院の宿坊を確保して一夜を過ごした。バタルへ下山したが、マナリへの二通りの帰路が不通になり、立ち往生して一夜を過ごした際、地元の役人が集まる茶店が情報源となることをあらかじめ聞いていたため、彼等から軍隊の動きを知ることができ、翌日、チョタダラで迎えの車に合流ができた。馬方と地元農家とのトラブルの際の対応等数えきれない。隊長が知っているばかりでなく、あらかじめ隊員全員が出発前に最低の知識の必要がある。

　→*ラホール随想・「マナリで暮らして20年」342頁参照*

（鈴木常夫）

(17) LAHAUL-CHAMBA

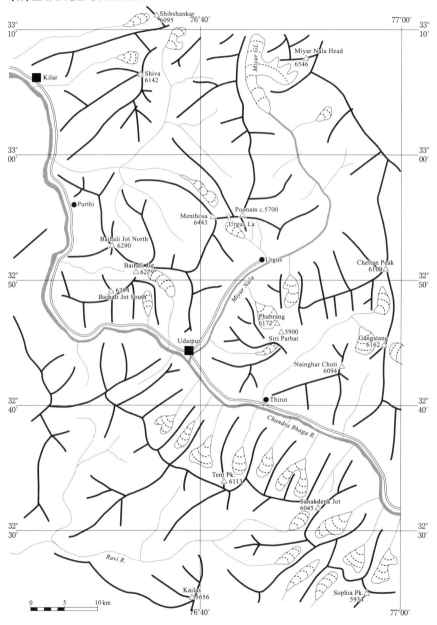

(18) LAHAUL-W

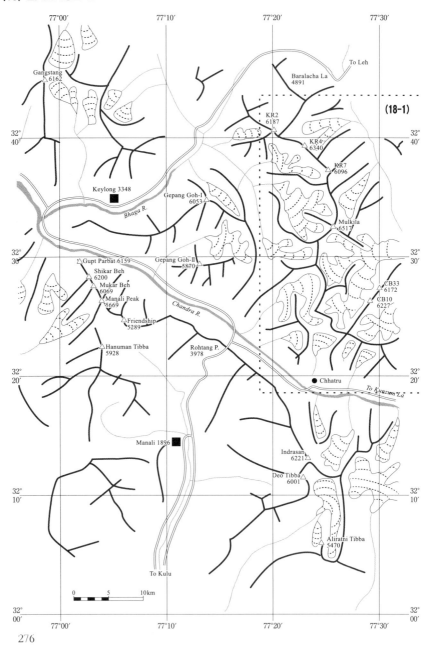

(19) LAHAUL-E

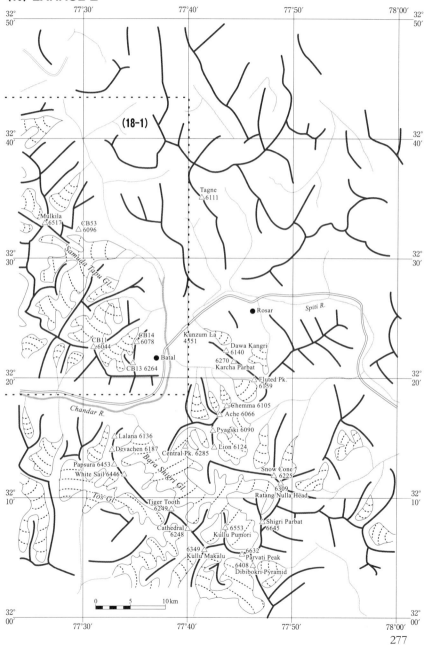

(18-1) LAHAUL-C

西部ラホール　Western Lahoul

メントーサ　Menthosa　6443m　[32°55′・76°43′]

[位置と山容] ラホール山群北西部、ミヤール・ナラ（Miyar）の支流ウルガス・ナラ（Urgus）の源頭に位置する。南西面は垂直に近い雪壁で構成されている。頂稜部は雪をかぶっている。南尾根上には南峰（6000m）がある。山名は、南東からの登路となる沢の4000m付近には高山植物が多いところから、ヒンディー語で「花の園」の意の山名が付けられた。

[登山史] 1970年イギリス隊（隊長：S.ベムローゼ）のS.ラエとR.ケイブが10月13日に東稜から初登頂した。1971年、慶応大学パンジャブ・ヒマラヤ登山隊（隊長：竹村 真）4名が東稜から頂上を狙ったが、悪天候のため断念した。1973年、自然同人隊（隊長：聖生清重）の10名全員が東

Menthosa (6443m) NE ridge （D.Mukherjee）

稜から9月26日〜29日にわたって第4登した(1)。1985年、桐生山岳会女性隊（隊長：森下 緑）の4名が8月12日東稜から全員が登頂した(2)。1993年、JAC東海支部隊（隊長：山口 宏）の8名が東稜から7月14日から18日にかけ隊長を含む5名が登頂した(3)。2000年、大阪教職員山の会隊（隊長：小畑和夫）の11名が8月12日から14日にかけて東稜から8名が登頂した(4)。
→グラビア写真(2)-189頁

[文献]（1)「メントーサ全員登頂」『岩と雪』36号, pp.80-84　(2)報告書『メントーサ峰6443m 登山報告書』桐生山岳会　(3)報告書『Menthosa 6443m 登山報告書』JAC東海支部　(4)報告書『MENTHOSA・6443』大阪教職員山の会

ミヤール・ナラ・ヘッド　Miyar Nala Head　6546m　[33°07′・76°52′]

[位置と山容] マナリの北西約95km。Chenab川支流のMiyal Nullaの源頭にある高峰である。Menthosa（6443m）の北20kmにある。鋭鋒が林立し、未だ開拓されないエリアで、岩登りの対象としても注目されてこよう。

[登山史] 1976年8月、静岡山岳会（隊長：柴田 勇）の7名は、Miyar Nulla源頭の氷河上の3900mにBCを設置、南8kmにあるEast Jangpar氷河から北東稜に取り付いて9月27日、5900m地点まで到達したが登頂を断念した。この後同隊は、ザンスカールとのボーダーラインにある5900m峰に登頂した。2004年5月、イギリスのG.E.Littleの隊は、ミヤール・ナラの奥で活動し、Jangpar氷河の入り口右岸にあるChristina Peak（5420m）に登頂した。この隊は、ミヤール・ナラの5200mから6280mの多くの鋭鋒を紹介し、今後の開拓を示唆している。

2007年8月、インド隊（隊長：Satybrata Dam）は、ミヤール・ナラを踏査し、その魅力を報告している。

[文献]　(1)山岳年鑑、1977、p.45　(2)HJ, Vol.61, 2005　(3)HJ, Vol.64, 2008

ダガイ・ジョット　　Dagai Jot　5932m　［32°57′・76°46′］

[位置と山容] マナリの北北西約68km。メントーサの東北東6km、Miyar Nullaの上流のGumba Nullaの源頭に位置する。

[登山史] 登山記録は、未見である。南西のUrgas Pass（4957）は、ミヤール谷とチャンドラ・バガ川を結ぶ峠で古くからの往来がある。

[文献] 直接的文献は、未見である。

プーナム　　Poonam　5700m　［32°55′・76°45′］

[位置と山容] メントーサからウルガス・パスを経て東へ延びる山稜に位置するピラミッド型の雪峰。山名はLOの婚約者の名前を付けた。

[登山史] 1973年、JAC学生部（隊長：伊丹紹泰）の6名はミヤール・ナラに入り、ウルガスを経て9月10日BC（4100m）設営。プーナム氷河から9月21日、桐生恒治、加藤雅敏が初登頂した。22日に福島健一、村木冨士が第2登。23日に隊長、角田啓蔵が第3登し、全員登頂に成功した。その後、ミヤール・ナラの踏査を行った。

[文献]　(1)報告書『ミヤール・ナラ　1973』JAC学生部

ファブラン　　Phabrang　6172m　［32°47′・76°48′］

[位置と山容] ミヤール・ナラ側は荒々しい岩壁で、長い頂稜を持つ独立峰である。山名は「神」の意。

[登山史] 1972年、滋賀県山岳連盟隊（隊長：居林重麿）の8名はミヤール・ナラのカルパット（Karpat）から入山、9月12日にBC（4500m）設営。南稜をたどって25日、山田孝夫、川崎松男、岡 清が初登頂に成功した。1978年、どんぐり山の会隊（隊長：堀 信夫）の3名がカルパット谷にBC（4420m）設営。北西稜から登頂を目指したが、もろい岩稜に阻まれ5600mで断念した(2)。1989年、箕輪ヒマラヤン・クラブ隊（隊長：関本史郎）の4名はティロット・ナラ（Thirot Nalla）をさかのぼり、7月29日シリ・ナラ（Siri Nalla）にBC（3800m）設営。8日南稜から全員登頂。その後、ACを東壁下部に移し、13日、高差890mの東壁をアルパインスタイルで登頂した後南稜を下降しACに戻った(3)。

Phabrang (6172m) W.Side （T.Suzuki）

[文献] (1) 報告書『パンジャブ・ヒマラヤ登山隊報告書』滋賀県山岳連盟1972年　(2) 山岳年鑑、79、pp.51　(3) 報告書「インドヒマラヤ報告書、ファブラン峰6172m」、『ヒマラヤ』221号、pp.5-6

シガⅠ峰　Shiga-I　5840m　[32°45′・76°46′]

[位置と山容] マナリの北西約56km。Miyar Nullaの下流部左岸のKarpat氷河の右俣最奥部にあるピークで急峻である。北北東4kmにPhabrang(6172m)がある。

[登山史] 1972年の滋賀県山岳連盟隊（隊長：居林重麿）は、Karpat Nulla最奥部からPhabrangとのコルを越えてHuiat氷河の上部にC1（5500m）を設けた。南西尾根を越えてNanghar NullaとKarpat Nullaを分ける尾根上にあるP.5840に鹿取清己、岡 清が登頂し、シガⅠ峰と命名した。9月25日、Phabrang主峰に初登頂したのち、翌26日、南西稜をたどって尾根上の5800mピークに隊長と川崎松男、シェルパのNamgyalgaが登頂し、シガⅡ峰と名付けた。

[文献] (1)『パンジャブ・ヒマラヤ登山報告書1972』滋賀県山岳連盟、1973年

P6113（ケンルン）　P6113（Kenlung）　6113m　［32°49′・77°25′］
[位置と山容] マナリの北北西約44km。Bhaga川の源流域で、Baralacha La（4891m）の北5km、Suraj Talの奥に位置する。四周を氷河域に囲まれたピークで、ラダックへの街道に東尾根をのばす。
[登山史] 2000年8月25日、インド隊（隊長：Jyotrimay Dutta）がC1（5330m）からアタック、P.Mandi、S.Mandiら4名が初登頂をした。
[文献]　(1) AAJ, 75, 2001, p.372

ファブラン南峰　Phabrang South　6140m　［32°47′・76°48′］
[位置と山容] ミヤール・ナラの中流域、右岸に位置する。
[登山史] 1972年、東京電気大学2部山岳部隊（隊長：大嶽藤一）の4名は、ティロット・ナラをさかのぼり、9月13日シリ・ナラにBC（3980m）設営。ティロット・ナラ源頭を踏査後一旦ティロットへ下山、滞在期間延長許可を得て、ファブランへ目標を変更。10月13日南東稜から、井口邦利、増子 力が南峰の初登頂に成功した。隣接するシリ・パルバット（Siri Parbat c.5800m）にも登頂した。
[文献]　(1) 報告書『THIROT NULLAH 1972』東京電気大学2部山岳部

ナインガール・チョティ　Nainghar Choti　6094m　［32°44′・76°53′］
[位置と山容] マナリの北西約52km ティロット・ナラ（Thirot Nala）とキルティン・ナラ（Kirting Nala）間、南峰（6001m）、主峰（6094m）、北峰（5981m）が南北に連なる急峻な山。
[登山史] 1977年福岡県勤労者山岳連盟隊（隊長：吉野和記）の7名が、ティロット・ナラから、北峰から主峰への縦走を企て、6月5日、BC（4390m）を設営したが、8日～15日の間病人搬出で登山中止。北峰北稜にルートを延ばしたが、20日、5450mで断念した(1)。1999年、明治大学山岳部炉辺会隊（隊長：早川 敦）の4名がキルティン・ナラから北峰を経て主峰登頂を目指した。8月15日、BC（4100m）設営。雪壁、雪稜が交差する東稜から北峰を目指したが、9月2日北峰直下で断念した(2)。
[文献]　(1)『ヒマラヤ』87号、pp.58-59　(2) 報告書『インド・ヒマラヤ登山隊1999ナンガール・チョティ報告書』明治大学山岳部炉辺会

ガングスタン　Gangstang　6162m　[32°45′・76°57′]

[位置と山容] ラホール山群北西部、ビリング・ナラ（Biling Nala）の上流、ガングスタン氷河の源頭にそびえる雪の秀峰。山名はヒンディー語で「贈り物」の意。

[登山史] 1945年、イタリア隊（隊長：A.フィシエラー）は、南面のガングスタン氷河をつめて隊員7名とHAP1名が7月2日初登頂した。この後の登頂もガングスタン氷河からのルートが多い。1974年9月30日大阪秀峰会隊（隊長：米田純一）の3名が、同じく南面から全員登頂した(1)。

Gangstang (6162m)　(T.Suzuki)

1977年9月26日、日本電気三田山岳部隊（隊長：鈴木茂夫）の4名が同氷河から南西稜を経て全員登頂した(2)。1990年8月8日〜12日にJAC東海支部隊（隊長：鈴木常夫）の7名全員が南西稜から登頂した(3)。1995年8月11日、会津山岳会女性隊（隊長：佐藤澄江）4名の、隊長を除く3名が南西稜から登頂した(4)。同年8月28日〜30日に明治大学山岳部隊（高橋和弘隊長）の9名全員が南西稜から登頂した(5)。2001年、JAC東海支部は南面（隊長：鈴木常夫）の9名、北面（隊長：水野起己）の6名で集中登山を企てた。8月5日南面・南西稜から4名、北面・東稜から5名が同時登頂した。7日南西稜から隊長と2名が登頂した(6)(7)。→グラビア写真(2)-189頁

[文献] (1)山岳年鑑、42、p.38　(2)山岳年鑑、78、p.37　(3)報告書『ガングスタン1990』JAC東海支部　(4)報告書『白き贈物』会津山岳会　(5)『第17回インド・ヒマラヤ会議資料』pp.72-75　(6)報告書『ガングスタン峰(6162m)集中登山の記録』JAC東海支部　(7)HJ, Vol.59, pp.208-212

チェッタン・ピーク　Chettan Peak　6109m　[32°48′・76°53′]

ティロット・ナラ（Thirot Nala）源頭にそびえるピラミット型の山。チェッタンは生命の意で、ナンガール村の美女ポーターの名を山名とした。

[登山史] 1974年伊勢崎山岳会隊（隊長：矢内敏雄）の4名が、9日ティロット・ナラに沿って北上。12日BC（4100m）設営。西稜を登り切り、隊長、田島忠夫、中沢安信、能美沢栄三の全員が初登頂に成功した(1)。1999年熊谷トレッ

キング同人隊(隊長:澤入保忠)の12名が北面から登頂を企てた。ダルチャ(Darcha)からバライ・ナラ(Barai Nala)をさかのぼり、8月5日BC(4050m)設営。北東の氷河から頂上を目指したが10日5695mピークに登頂後断念した(2)。2001年登山技術研究会隊(隊長:澤入保忠)の12名が北面から登頂を目指し、バライ・ナラをさかのぼり、7月31日BC(4100m)設営。南東稜5750mに達したが断念した(3)。

[文献] (1)山岳年鑑、75、pp.37-38　(2)会報『私たちの山旅 第8集 1999』
(3)『第23回インド・ヒマラヤ会議資料』、pp.37-40

(注)(2)(3)の隊は目標をロシアンマップ上の6184mとしたが、チェッタン・ピークと同位置である。

ゲパン・ゴーⅠ峰　Gepang Gho-Ⅰ　6053m　[32°29′・77°13′]

北面シスー・ナラ(Sissu Nalla)の氷河湖を取り囲んでいる5000m級の山々の最高峰である。ゲパンはヒンドゥー教の神の名といわれている。

[登山史]1984年、大阪府勤労者山岳連盟女性隊(隊長:河野純子)の7名は、7月30日シスー・ナラにBC(4000m)設営。源頭の氷河から東稜にルートを取り、12日雪壁を登り切り、8月12日、隊長とHAP2名が初登頂に成功した。13日、松田トモ子、平岡千富恵、森本恵美子とLOが第2登した(1)。2000年、栃木県庁谷峰会隊(隊長:田沢孝)の4名は、シスー・ナラにBC(3900m)設営。源頭の氷河から東稜に取付いたが、悪天候と時間切れで5470mにて断念した(2)。

Gepang Gho-I (6053m) (T.Suzuki)

[文献] (1)報告書『シスー谷の白き尖峰』大阪府勤労者山岳連盟
(2)『第22回インド・ヒマラヤ会議資料』pp.31-33

ゲパン・ゴーⅡ峰　Gepang Gho-Ⅱ　5870m　[32°29′・77°13′]

マナリの北約26km。シスー村からは頂上の雪冠がよく見える。

[登山史]1954年8月にイギリス隊がシスー氷河側から初登頂した。日本隊は、

1969年、無宗楽生会の成田義宏が単独でシスー村から9月22日南面に取付き、28日にHAP1名と登頂した。

[文献]「楽生新聞」3号、1972

（鈴木常夫・稲田定重・星　一男）

Gepang Gho-II（5870m）（T.Suzuki）

中部ラホール　Central Lahaul

ムルキラ　Mulkila　6517m　［32°33′・77°25′］

[位置と山容] マナリの北東約38km。ラホール山群の最高峰であり、周辺の山々から抜きん出ている。東面、西面に同名のムルキラ氷河（Mulkila G.）を有し、秀麗な山容を誇っている。山名は銀色の神の山の意だという。M4、CB8とも呼ばれている。

[登山史] 1939年9月7日にオーストリア・イギリス合同隊（隊長：F.コルプ）が、南稜をたどって、隊長ほか2名が初登頂した。1976年、稜朋会隊（隊長：忍 司）の4名がタラギリ氷河（Taragiri）から9月16日全員登頂した(1)。1977年、渡辺、寺西の2人の隊がムルキラ氷河から北東面に入り、10日登頂した後、M5への尾根をたどり、ムルキラ氷河へ降りた。

Mulkila (6517m)　(Rajeev Sharma)

固定キャンプは張らなかった(2)。1984年、日本福祉大学山岳部OB会隊（隊長：太田博久）の6名がサムンダール・タプ氷河（Samundar Tapu）に入り、登頂を目指してムルキラ氷河から東壁にルートを求めたが病人搬出などで、5800mで断念した(3)。1991年、神戸中央勤労者山岳隊（隊長：近藤義夫）の5名がタラギリ氷河に入り、西面から9月11日、隊員1名とHAP1名が登頂した(4)。1999年、東京北稜山岳会隊（隊長：水野二郎）の3名がタラギリ氷河に入ったがクレバス帯の通過に手間取り、8月18日5250mで断念した(5)。2000年、登稜会隊（隊長：柳 穣）の3名がタラギリ氷河に入ったが、複雑なクレバス帯にはばまれ8月13日で断念した。タラギリ氷河のクレバス帯の悪化の報告は、マナリ登山学校アドバンスコース隊からも報告されている(6)。2007年、IMF女性隊（隊長：Deepu Sharma）の8名は、7月14日、早朝2時にC2を出発。急峻で複雑な北稜から12時間かけて午後2時に隊員4名とHAP1名が登頂した。頂上で1939年初登頂したオーストリア・イギリス合同隊の小さな箱を発見した。中には登頂者名とメモが入っていた。C2へは深夜の帰着になった(7)。

[文献]　(1)『岩と雪』53号、pp.74-77　(2)「ムルキラ220時間」『岩と雪』62号、

pp.74-77 （3）山岳年鑑、85, p.66 （4）山岳年鑑、92, p84 （5）第21回インド・ヒマラヤ会議資料pp.27-30 （6）報告書「インドヒマラヤ　ムルキラ峰（6,517m）登稜会ムルキラ遠征隊2000」『第22回インド・ヒマラヤ会議資料』pp.25-29 （7）ヒマラヤン・クラブ「Newsletter-2007」, p.77

エムⅠ峰　M-Ⅰ　5769m　［32°37′・77°23′］

[位置と山容] マナリの北東約43km。最高峰Mulkila（6517m）を中央にした広大なMilang氷河域の末端に位置する。Mirang-1、Schnee Glockeとも呼ばれる。釣鐘状の雪峰。

[登山史] 1939年、Fritz Kolbをリーダーとする4名のイギリス人と2名のオーストリア人によるチームは、8月29日にMilang氷河にBCを設置して活動、M-Ⅰはじめ、M-Ⅳ、M-Ⅴ、M-Ⅶ、などのピークに登頂した。氷河の名を冠したMグループの山名を命名し、付帯してロマンチックな名も冠した。M-Ⅰには「Snow Bwll」とも命名した。行動中、唯一の女性隊員のHida Richmonndが遭難死したが最高峰のM-Ⅶ（6339m）には、彼女の名を遺した。

[文献]　（1）HJ, Vol.12, 1940

エムⅤ峰　M-Ⅴ　6370m　［32°33′・77°25′］

[位置と山容] マナリの北東約36km。Mulkira（6517m）の西約1.5km、Taragiri氷河とMulkira氷河の源頭に位置する。「Savage＝未開」の名もある。

[登山史] 1939年8月〜9月にかけてこの氷河域で精力的に行動したFritz Kolb率いるイギリス・オーストリア合同隊によって初登頂された。1964年インド・フランス合同隊（隊長：Hari Dang）が7月12日に登頂。65年には、インドのマナリ登山学校隊のPanarb Sherpaが南東稜から7月23日に登頂。79年にはインド女性隊（隊長：J.V.Sathe）が南南東稜から登頂している。

[文献]　（1）HJ, Vol.12, 1940　（2）HJ, Vol.25, 1964, p.207　（3）HJ, Vol.26, 1965, p.175　（4）IM, 5, 1980

エムⅥ峰　M-Ⅵ　6401m　［32°32′・77°25′］

[位置と山容] マナリの北東約36km。Taragiri氷河の源頭に位置する。Taragiri（ヒンディー語で「星の山」の意）。Lyskamの名もある。

[登山史] 1939年、Fritz Kolbの率いるイギリス・オーストリア合同隊によって初登頂された。その後、1955年のイギリス隊（隊長：A.J.M.Smith）が登頂。1974年インド・ITBP隊（隊長：O.P.Sharma）が9月27日に南西稜からN.Tenzingら3名が登頂。1975年以降は、毎年のように登頂されている。
[文献] (1)HJ,Vol.12, 1940　(2)AJ,Vol.61, 1956, p.45　(3)ITBP Report

エムⅦ峰　M-Ⅶ（MilangⅦ, Richmond）（ミラン-Ⅶ峰リッチモンド）6340m　[32°32′・77°24′]

[位置と山容] マナリの北東約35km。サムンダール・タプ・シグリ氷河の右俣源頭にある。
[登山史] 1939年オーストリア・イギリス隊（隊長：Ludwig Krenek）は、ムルキラに初登頂後、この山にも初登頂。この時、川に落ちて死んだ女性隊員H.リッチモンドの名をつけた。この登山も含めてMilan山群は多くの登山者を迎えた(1)。1956年に、イギリス隊のスミスとスチュアートが登頂した。1982年にインド隊（隊長：Swapan Pal）(2)、1987年にもインド隊（隊長：Kiron Mukherjee）が登頂した(3)。
[文献] (1)K.K.Ray:Handbook of Climbs in the Himalaya and Karakorum, Indus Pub, 2009, pp.195-197　(2)IM, 11, p.116　(3)IM, 21, p.68

ティーⅠ峰　T-Ⅰ　5669m　[32°42′・77°16′]

[位置と山容] マナリの北約50km。レーへの道であるBhaga川沿いのSumdoから入った支流のTelah Nullaの源頭にある。KR山群への入り口でもある。山名は、Telah Nullahの頭文字を取ったナンバーピークである。赤みがかった鋭鋒。
[登山史] 記録は、未見である。

ケー・アール山群　　KR Mts.

　ラホール地区、ミラン川上流のコア・ロング谷（Koa Rong）源流の北コア・ロング氷河と東コア・ロング氷河周辺の山群。山名はKRで示されていてKR1からKR8までと、他に6000m峰から構成されている。最高峰はKR4（6340m）である。コア・ロングは狭い谷の意である。

ケー・アール山群山解説

ケー・アールⅠ峰　　KR-Ⅰ　　6157m　　［32°40′・77°19′］
[位置と山容] 北コア・ロング氷河右岸に位置する。
[登山史] 1979年9月14日、イギリス・インド合同隊が初登頂した。1981年、中津川勤労者山岳隊(岐阜県)(隊長：宮下征夫)の10名が8月2日BC(4150m)設営。南東稜から2名とHAP2名が登頂した。
[文献]　(1)『恵那の山からヒマラヤへ　1981インドヒマラヤKR1峰登山の記録』(2)山岳年鑑、82、p.66

ケー・アールⅡ峰　　KR-Ⅱ　　6187m　　［32°41′・77°20′］
[位置と山容] 北コア・ロング氷河の源頭に位置する。
[登山史] 1984年8月、ポーランド隊が初登頂した。1985年、魚沼みちぐさ山の会隊（隊長：井口久雄）の7名が8月5日BC（4700m）設営。計画していた北東稜はもろい急峻な岩稜であきらめ、16日南東稜から6名とLO、HAP2名が第2登した(1)。
[文献]　(1)『俺たちのヒマラヤ』魚沼みちぐさ山の会　(2)山岳年鑑、82、p.82

ケー・アールⅢ峰　　KR-Ⅲ　　6157m　　［32°40′・77°21′］
[位置と山容] 北コア・ロング氷河の源頭に位置する。
[登山史] 1980年、イギリス隊が初登頂した。1989年、柏スキー山岳部隊（隊長：飯塚篤夫）の6名が、8月3日氷河上にBC（4400m）設営。15日南面から2名が登頂した。
[文献]　山岳年鑑、90、p.93

ケー・アールIV峰　　KR-IV　6340m　［32°40′・77°23′］

[位置と山容]　KR山群の最高峰。肩幅の広い雪峰。

[登山史]　1982年9月9日イギリス隊が初登頂した。1983年、東京農業大学探検部隊（隊長：豊田茂美）の4名が、KR Vの登頂後、9月25日KR-IIIの北側の氷河上にABC（5310m）設営。前衛峰への雪壁を登り、前衛峰の肩にC1（5820m）設営。27日雪稜の北稜を登り2名が登頂した(1)。1985年、東芝山岳会

KR-IV (6340m)　(S.Uesugi)

隊（隊長：根岸善明）の8名は、パテシオから入山。KR-II北面の氷河湖畔にBC（4750m）設営、8月9日C1（5120m）、13日C2（5600m）設営。15日前衛峰を越え雪稜の北稜を登って4名が登頂した(2)。1987年、帯広ビスタリクラブ（隊長：佐々木裕一）の4名がパテシオから入山。9月9日BC（4750m）設営。東芝山岳会隊と同ルートで、18日3名が登頂した(3)。1996年、栃木県庁谷峰会（隊長：上杉純夫）の7名がパテシオから入山。8月6日BC（4750m）設営、東芝山岳会隊と同ルートで、14日3名が登頂した(4)。

[文献]　(1)ヒマラヤ147号、pp.9-14　(2)山岳年鑑、86、p.82　(3)山岳年鑑、88、p.88　(4)『さらなる山をめざして KR4峰遠征報告書』栃木県庁谷峰会

ケー・アールV峰　　KR-V　6257m　［32°39′・77°24′］

[位置と山容]　マナリの北東約46km。赤い岩の岩壁がある。北コア・ロング氷河の源頭に位置する。

[登山史]　1983年、東京農業大学探検部隊（隊長：豊田茂美）の4名がパテシオから入山。9月7日BC（5100m）、13日C1（5250m）設営。ルートを東稜に求め15日C3（5770m）後ルート工作を行い18日、隊長と塚本剛正、太田明、鈴木和水全員が初登頂した。1998年、登稜会（隊長：

KR-V (6257m)　(D.Mukherjee)

柳 穣)の3名が入山。8月5日BC設営。北東稜から15日に隊長とHAP 1名が登頂した(2)。2005年9月にインド隊(Biplab Sengupta隊長)が東稜から6名が登頂した。(3)

[文献] (1)ヒマラヤ、147号、pp.9-14　(2)会報『登稜1995〜1998』登稜会
(3)HC, 59th News letter, 2006, p.14

ケー・アールⅥ峰　KR-Ⅵ　6187m　[32°38′・77°25′]

[位置と山容] マナリの北東約44km。赤い岩の岩壁がある。

[登山史] 1986年、越稜山岳会(隊長：長谷川昭一)の2名がパテシオから入山。7月29日にBC(4650m)設営。KRⅣ、KRⅤの北面を回り込み、東面の氷河に入り8日、C1(5200m)設営。10日、隊長、春日部厚尚とHAP3名が初登頂した。

[文献] (1)山岳年鑑、87、pp.86-87

ケー・アールⅦ峰　KR-Ⅶ 6096m [32°37′・77°25′]

[位置と山容] マナリの北北東約46km。ムルキラの北約8km。岩と雪で構成された尖峰。

[登山史] 1990年、登稜会隊(隊長：松本正城)の4名がパテシオから入山、8月9日BC設営。東稜に入り5900m地点に到達したが断念した(1)。1994年、登稜会隊(隊長：石井 清)の10名がバララチャ・ラ(Baralacha La)からトポ・ヤンマ(Tokpo Yangma)に7月31日BC(4500m)設営。東面氷河に入りC1(5050m)、C2(5650m)、C3(5900m)設営。8月13日から15日にC3上部のルート工作を行い、8月18日三村雅彦、杉山敏康、山本義教、広岡敏幸、有川博章が初登頂した(2)。

KR-Ⅶ (6096m) from Summit Camp
(D.Mukherjee)

2004年8月にポーランド隊(隊長：Adam Sredniawa)が東稜から3隊に分けて全員が登頂した。(3)

[文献] (1)山岳年鑑、91、p.78　(2)山岳年鑑、95、pp.95-96

(3) HC, 58th News letter, 2005, p.9

ケー・アールⅧ峰　　KR-Ⅷ　6156m　［32°36′・77°25′］
[位置と山容] マナリの北北東約45km。KR Ⅶの南1km。岩と雪壁の尖峰。
[登山史] 1994年、ポーランド隊（隊長：ピョトル・ヴロチニス）の10名が8月10日BC（4600m）設営。12日C1（5300m）を設営し、南東面から頂上を目指した。急峻なクーロワールを登り切り脆い岩稜に出た。20日、第一次登頂隊はもろい岩稜に阻まれ頂上直下で断念。21日、第2次隊の隊長、クシストフ、J.ドゥシチクとLOが初登頂した。
[文献]　(1)山岳年鑑、95、p.96

ユナム　　Yunam　6111m　［32°49′・77°24′］
[山容と位置] ケイロンの北東約37km、ユナム・ツォの西約5km、Upper Lahaul valley谷上流にある。
[登山史] インド隊（隊長：Debabrata Mukherjee）が2005年8月4日に南面の南東稜からSoumendu Mordunya, Biman Biswas, Ms. Bharati Dhua, Siddhartha Das, Subhas Paul nunが登頂した。2008年8月、ウエスト・ベンガル、パタジャトラ（Pathajatra）のインド隊（隊長：Debabrata Mukherjee 他3名 Ms.Kurdrat Pardiwala, Zafar Ajimal Hussain, Neeraj Patel）はケイロン経由で、BCから登頂してマナリ帰着まで58時間で登山した。→ 「カルチャ・パルバット試登とユナム登頂」339頁
[文献]　IMF, News 2005

シー・ビー山群　CB Mts.

　ラホール地区中部にあり、南と東をチャンドラ川（Chandra）が流れ、北はバガ川（Bhaga）が流れる。この両川の頭文字をとってCB山群と呼んでいる。CB 7からCB 57まで番号が付けられていて、枝番号もあるので50座以上あり、すべての山が登頂されている。位置は概念図を参照されたいが、ここでは主な山について記述する。

[文献]　(1)K.K.Ray : Handbppk of the Climbs in the Himalaya and Eastern Karakoram, Indus Pub. 2009, pp.183-187

シー・ビー山群山解説

シー・ビー 9　　CB 9　　6108m　[32°34′・77°29′]

[位置と山容]　マナリの北東約44km。北面のムルキラ氷河側は大断崖となっている。

[登山史]　1982年高槻勤労者山岳会（隊長：西川義弘）の6名は8月4日サムンダ・タプ氷河にBC（4450m）設営。12日、CB56の右肩下にC2（5360m）を設営したが、脆い岩稜にはばまれ断念した(1)。2004年8月、IMFの隊（隊長：I.D. Sharma）の9名の隊がムルキラ側から5600mまで登ったが悪天候のため断念した(2)。

[文献]　(1)山岳年鑑、83、p.53　(2)Greater Himalaya Climb Magazine（Internett), 2004

シー・ビー 10　　CB 10（Tara Pahar）　6227m　[32°27′・77°30′]

[位置と山容]　マナリの北東約36km。山名「Tara Pahar」は「星」の意。

[登山史]1955年イギリス隊が初登頂した。1979年、大谷大学OB山岳会隊（隊長：沼 賢亮）5名は、北ダッカ氷河（North Dakka）の北の氷河へ入り、8月7日BC（472m）設営。8月23日南面から3名登頂。24日、1名とHAPが登頂した(1)。1982年、飯田山岳会隊（隊長：下井孝雄）の5名は、8月10日サムンダル・タプ氷河にBC（4550m）設営。北東稜に入り9月25日3名が初登攀で登頂した(2)。

[文献]　(1)『星をめざして CB 10登頂報告書』　(2)山岳年鑑、83、p.54

シー・ビー 11　　CB 11　　6044m　　［32°23′・77°30′］

[位置と山容] マナリの北東約33km。山頂付近から雪稜と岩稜が派生している。

[登山史] 1978年9月7日、JFMA隊（隊長：松島正光）の9名は、8月19日南ダッカ氷河（South Dakka）舌端にBC（4000m）設営。28日氷河上にC2（5000m）を設営。9月1日2名とHAP1名がCB18（5890m）に登頂した後、9月4日C3（5450m）設営。9月6日、今井正史、梅原貞雄、清岡謙次とHAP1名が初登頂に成功した。7日に隊長、大関雅旦、石原澄子、菅原 優が第2登した(1)。

[文献]　(1)ヒマラヤ、90号、pp.6-9

シー・ビー 12　　CB 12　　6248m　　［32°20′・77°34′］

[位置と山容] マナリの東北東約36km。南ダッカ氷河の南東端近くの山。1960年頃までは、CB 13aがCB 12と呼ばれていたのでこの付近の山名、記録には混乱がある。

[登山史] 1977年、静岡県勤労者山岳会隊、1979年、兵庫県勤労者山岳会隊、1980年、高野高校OB会隊が登頂した。1991年、関西学生（隊長：辻野裕嗣）3名は、8月9日南ダッカ氷河舌端にBC（4400m）設営。15日C1（4800m）、20日C2（5250m）、22日C3（5700m）を設営したが、天候悪化で24日5700m断念した(1)。

[文献]　(1)山岳年鑑、92、p.84

シー・ビー 13　　CB 13（Dakshin Pahar）　　6264m　　［32°21′・77°34′］

[位置と山容] マナリの東北東約36km。山名の(Dakshin Pahar)はヒンディー語で南の峰の意。

[登山史] 1974年、オーストリア隊が初登頂した。1982年、埼玉県勤労者山岳連盟隊（隊長：関口 修）の11名が8月1日、南ダッカ氷河にBC設営。9日に北稜から隊長と4名が登頂。12日に2名とLOが登頂した(1)。1989年、勝山山岳会隊（隊長：南 勲）の11名が7月25日、南ダッカ氷河にBC設営。北稜から8月4日隊員3名が登頂。5日、隊長と隊員3名とLOが登頂した(2)。1990年、熊本白い雲山の会隊（隊長：松隈征夫）の3名が南ダッカ氷河にBC設営。北稜から18日隊員2名とHAPが登頂した(3)。1994年、関西岩峰会隊（隊長：奥 和男）の7名が7月30日南ダッカ氷河にBC設営。北稜から

8月7日隊員4名とHAPが登頂した(4)。
[文献] (1)山岳年鑑、83、p.54　(2)山岳年鑑、90、pp.92-93　(3)山岳年鑑、91、pp.77-78　(4)山岳年鑑、95、p.95

シー・ビー 13a　CB 13a　6240m　[32°22′・77°35′]
[位置と山容]マナリの東北東約36km。山名の意味「王冠」。登頂者の名をとってバルドール・ピーク（Baldor Peak）とも呼ばれている。
[登山史]1960年9月16日、オーストリア隊が初登頂した。1981年、アルパインクラブたんぽぽ隊（隊長：平山宏子）の4名は、8月14日、南ダッカ氷河舌端にBC（4300m）設営。北面の氷雪壁を北尾根に沿ってルートを開き、24日、隊長と隊員2名、HAP1名が登頂した(1)。1983年、富士宮山岳会女子隊（隊長：工藤紀代）の3名は、8月6日南ダッカ氷河舌端にBC（4300m）設営。北面の氷雪壁を北尾根沿いにルートを延ばし、16日、隊長と隊員1名、HAP3名が登頂した(2)。1985年、国鉄関東山岳連盟隊（隊長：知久　隆）の3名は、7月31日南ダッカ氷河舌端にBC（4300m）設営。北面の氷雪壁を北尾根沿いにルートを伸ばし、8月10日全員とHAP1名が登頂した(3)。→グラビア写真(2)-188頁
[文献] (1)『王冠の峰』アルパインクラブたんぽぽ隊　(2)『CB 13a登頂』富士宮山岳会女子隊　(3)『CB 13a登山報告書』国鉄関東山岳連盟

シー・ビー 14　CB 14　6078m　[32°23′・77°35′]
[位置と山容]マナリの北東約38km。ピラミッド型の秀麗な山容
[登山史]1982年、RATS隊（隊長：伊藤忠男）の4名は、9月6日南ダッカ氷河にBC（4600m）設営。東稜にルートを取り10日、吉富明、栗原俊雄が初登頂。11日、隊長と栗原俊雄が第2登した(1)。1990年、八日市山の会隊（隊長：小林浩幸）の5名は、8月9日BC設営。5740m地点に達したが断念した(2)。1990年、関西大学OB会隊（隊長：辻野彰一）の2名は、8月31日BC設営。北東稜より9月2日、隊長とHAP2名が登頂した(3)。1991年、東京学芸大学隊（隊長：村上好男）の4名は、8月7日BC設営。北東稜より5850m地点に達したが断念した(4)。1992年、大宮勤労者山岳会隊（隊長：岡野和夫）の5名は、8月4日BC設営。5880m地点に達したが断念した(5)。1996年、東京学芸大学山岳会隊（隊長：村上好男）の3名は、8月3日BC設

営。16日、東稜から登頂した(6)。2001年、アゲイン60隊（隊長：磯部恵一）の4名は、8月26日BC設営。東稜5600m地点で断念した(7)。→グラビア写真(2)-188頁

[文献] (1)山岳年鑑、83、p.55　(2)山岳年鑑、91、p78　(3)山岳年鑑、91、p.78　(4)山岳年鑑、92、p.84　(5)山岳年鑑、93、p.86　(6)第18回インド・ヒマラヤ会議資料、pp.54-57　(7)第23回インド・ヒマラヤ会議資料、pp.61-64

シー・ビー31　　CB 31　6096m　［32°26′・77°29′］

[位置と山容] マナリの北東約35km。CB10の南南西約2km。

[登山史] 1982年、京都大学山岳部隊（隊長：宗森行生）の4名は7月25日北ダッカ氷河にBC（4500m）設営。南東稜から8月11日、隊長と宮坂実、竹田晋也が初登頂に成功した(1)。1984年、栃木県高体連登山部（隊長：野村平八）の16名は、先発がサムンダ・タプ氷河上に7月23日BC（4500m）設営。29日C2（5600m）設営。この日本隊到着。8月2日、北東稜から3名とHAPの1名が登頂。6日に7名、8日8名が登頂し、全員登頂に成功した(2)。

CB 31 (6096m)　(H.Satou)

[文献] (1)山岳年鑑、83、p.55　(2)『インド・ヒマラヤを攀じる CB31峰全員登頂の記録』栃木県高体連登山部

シー・ビー33　　CB 33（Minar）　6172m　［32°29′・77°30′］

[位置と山容] マナリの北東約38km。チャンドラ川の上流、Gandi Ki Shigri谷の源頭、Silver氷河に位置し、ピラミダルな山容を成す。山名はヒンディ語で「尖塔」の意。CB 33とも称する。

[登山史] 1955年、イギリスのMcArther隊が約5200m地点まで到達している。1978年のイギリス隊（隊長：J.M.Thomas）は、南面フェースからCB 34とのコルに達し、西稜ルートで7月13日に隊長を含めて延8名が初登頂した。1982年、川崎橘山想会隊（隊長：目黒喜美男）6名は、北東面から北東稜5600mにC2を進めたが断念した。

[文献] (1)HJ, Vol.36, 1980, p.103 (2)AAJ, 53, 1979, p.292 (3)山岳年鑑、83、pp.55-56

シー・ビー 42　CB 42（Ashagiri）　6096m　[32°26′・77°24′]

[位置と山容] CB山群の南西部、マナリの北東約27kmにある。クルティ川上流域にある。6100mとした地図もある。アシャギリとも呼ばれている。

[登山史] インド隊によって登頂されているが、記録は未見である。

シー・ビー 46　CB 46（Akela Qila）　5944m　[32°28′・77°25′]

[位置と山容] マナリの北東約32km。ロータン・パスの真北クルティ氷河(Kilti)の山。山名の「Akela Qila」はヒンディ語でさびしい城の意。標高を6006mとした記録もある。

[登山史] 1955年イギリス隊が初登頂した。1987年、名古屋大学山岳部隊（隊長：篠崎純一）の3名が7月25日キルティ氷河舌端にBC（3600m）設営。8月7日、全員CB 49（5964m）に登頂。13日、隊長と1名がCB 46（Akela Qila）登頂後、CB 47（5900m）にも登頂した(1)。その後、1989年、1994年、1997年とインド隊が登頂している(2)。

CB 46 (Akela Qila) 5944m (J.Shinozaki)

[文献] (1)『名古屋大学インドヒマラヤ登山隊』
(2)K.K.Ray:Handbook of the Climbs in the Himalaya and Eastern Karakoram, Indus Pub. 2009, p.186

シー・ビー 49　CB 49（Tila Ka Lahr）5964m　[32°30′・77°24′]

[位置と山容] CB山群の中部、マナリの北東約34kmにある。Samudar Tapu Gl.の源頭にある。

[登山史] 1955年6月にイギリス隊（隊長：A.J.M.Smyth）のスチュアート隊員が初

CB 49 (Tila Ka Lahr) 5964m (J.Shinozaki)

登頂し、1977年7月にはインド隊（隊長：R.Stwart）が登頂した。1987年、名古屋大学隊の3名もクルティ氷河側から登頂している。

シー・ビー 53　CB 53（Sharmili）　6096m　［32°33′・77°28′］

[位置と山容] マナリの北東約55km。山名の「Sharmili」はヒンディー語ではずかしやの娘の意。

[登山史] 1980年、群馬県高校職員隊（隊長：村上泰賢）の11名は、7月30日サムンダ・タプ氷河上にBC（4500m）設営。8月1日シャルミリ氷河にC1（5000m）設営。2段のアイスフォールを越えて雪原にC2（5500m）設営。南面の雪壁にルート工作後、8月7日、大沢清、

CB 53（Sharmili）(6096m)　（T.Murakami）

高橋守男、斎藤正之、中島治彦が初登頂。8日に野沢一郎、富田史郎、青木勝明、梅沢正紘。11日に隊長、角田二三男、岡安茂能が第2登し、全員が登頂した(1)。2007年、JAC東海支部隊（隊長：鈴木常夫）の5名と学術隊（隊長：田辺元祥）2名は7月25日氷河湖畔にBC（4200m）設営。サムンダ・タプ氷河上のABCを経由して31日C1（5000m）、8月3日C2（5500m）設営。5日3名とHAP3名が登頂した(2)。

[文献]（1）報告書『シャルミリ　CB53初登頂　群馬県高校職員』
(2)『シャルミリ峰登頂（第9次インドヒマラヤ学術登山隊2007）』JAC東海支部

シー・ビー 54　CB 54　6096m　［32°33′・77°28′］

[位置と山容] マナリの北東約39km。Mulkila（6370）の東南東4kmに位置する。別名「Sujay」ともいう。1981年インド隊でKarcha Nullaで遭難死した隊員を悼んで命名されたもの。

[登山史] 1955年、初期の先駆者であるイギリスのMcArther隊、同年のA.J.M.Smyth隊、1958年のイギリス空軍隊などがCB山群や周辺山群に入り、多くの初登頂や詳しい踏査を成し遂げている。CB54は、1981年9月9日、インドの西ベンガル隊（隊長：K.K.Ray）によってSamuandal Tapa Shigri

氷河から西稜ルートでArua Goshら5名が初登頂を成した。第2登は、1984年8月17日にS.Dasのインド隊が同じく西稜経由で隊長ら2名が成している。
→グラビア写真(2)-186頁

[文献]　(1)IM, 18, 1986, p.91　(2)HCNews, 1982, p.17　(3)HJ, Vol.42, 1986, p.61

シー・ビー 57　　CB 57（Tapugiri）　5791m　［32°33′・77°30′］

[位置と山容]　CB山群の北部、マナリの北東約44kmにある。サムンダール・タプ氷河（Samudar Tapu Gl.）の途中の北に入る枝氷河の左岸にある。シャルミリから東に延びている尾根上約3kmにある。

[登山史]　1980年にイギリス空軍隊（隊長：E.J.M.Thomas）が試登した。その後インド隊によって登頂されたが、記録は未見である。

（稲田定重・鈴木常夫・星 一男）

東部ラホール　Eastern Lahoul

ララナ　Lalana　6136m　［32°15′・77°32′］

[位置と山容] マナリの東約36km。バラ・シグリ氷河（Bara Shigri G.）左岸の連嶺の末端にあり、西面と北面に氷河を抱える。山名は、「女性」という意。

[登山史] 1970年8月21日、北東フェースからインド・西ベンガル女性隊（隊長：Sujaya Guha）の隊長、Sudipta Sanguptaなど6名が初登頂を成した。登頂後、隊長ら2名は、北のchandora川屈曲部のカルチャ・ナラ（Karcha Nulla）を踏査した。

[文献] (1) HJ, Vol.30, 1970, p.231　(2) AAJ, 17, 1971, p.446

デヴァチェン　Devachen　6187m　［32°13′・76°32′］

[位置と山容] マナリの東南東約32km。East Tos氷河の源頭にあり、Sara Umga PassとPapusura（6451）との間に位置し、南稜を伸ばしている。山名は「限りない光の天国」の意。

[登山史] 1977年6月25日、イギリス隊（隊長；Paul Bean）は、この地域で隊を二つに分けてアルパインスタイルで活動した。隊長とB.Needle、T.Chandは、南面のクーロアールから西面のクーロアールをたどり、非常に難度の高いルートながら初登頂を成した。第2登は、1978年6月5日、イングランド隊のBemald Ingramが北西フェースから成した。この隊は、White Sail（6446m）に未踏の南西稜から1ビヴァークで登頂し、また、Papusura（6451m）にも困難な南西フェースから1ビヴァークで登頂している。

　1983年のインド隊（Major R.S.Malia隊長ら39名の陸軍隊）は、7月2日に北稜から5名が登頂したが一人がナダレで死亡した。

[文献] (1) HJ, Vol.35, 1979, p.297　(2) IMNL, 5

ホワイト・セール　White Sail　6446m　［32°12′・77°34′］

[位置と山容] バラ・シグリ氷河（Bara Shigri）の舌端近いところにある支氷河のホワイト・セール氷河の源頭に位置するピラミダルな岩峰で、バタル（Batal）付近からも良く見える。山姿から英語で「白い帆」と呼ばれている。別名「ダラムサラ（Dharamsula）」はヒンドゥー教の神の名からとった。

[登山史] 1941年、イギリス隊（隊長：J.O.M.ロバーツ）の隊長とHAP2名が南面のトス氷河（Tos）から南稜を経て、6月19日に初登頂した(1)(10)。その後、インド隊が毎年のように登山している(2)。日本隊としては、1976年8月に霧峰山岳隊（隊長：竹本広泰）の4名がバラ・シグリ氷河側から登頂を試みたが、9

White Sail (6446m) and Papusura (6440m)
(T.Suzuki)

月6日アタックに出た隊長とHAP1名が行方不明になり、6200m地点で遺体で発見された(3)。1978年9月に函館隊（隊長：舛田明雄）の8名が南面から登頂を企てたが、天候悪化と日数不足で断念した(4)。1979年9月10日に豊田山岳会隊（隊長：田中一豊）の7名が隊長を含む全員がバラ・シグリ氷河側から第10登した。1981年9月に一橋大学隊（隊長：中村宣幸）の3名がバラ・シグリ氷河側から頂上を目指したが、隊長を含む全員が遭難死した(5)。1982年9月、長野県勤労者山岳連盟隊（隊長：望月哲男）の10名が南稜から頂上を目指したが6150mで断念した(6)。1992年8月15日には相模勤労者山岳会隊（隊長：香取 純）の4名がバラ・シグリ氷河に入り南東稜から全員登頂した(7)。1992年7月JR関東山岳連盟隊（隊長：桜沢善之助）の4名がトス氷河側から登頂を目指したが、悪天候のため5800mで断念した(8)。1996年JR関東山岳連盟隊（隊長：桜沢善之助）の6名が9月7日トス氷河側から隊長らが登頂した(9)。最近では、2004年にインド・IMF女性隊（隊長：Deepu Sharma）が東稜から登頂している(10)。

[文献] (1)AJ, 53　(2)K.K.Ray : Handbook of Climbs in the Himalaya and East Karakoram, pp.206-207　(3)山岳年鑑、77、p.45　(4)山岳年鑑、79、p.50　(5)『追悼』一橋大学山岳部　(6)山岳年鑑、83、p.54　(7)報告書『WHITE SAIL (6446m) SUCCESS REPORT 1992年』　(8)『神々の山 神々の谷』JR関東山岳連盟　(9)『第18回インド・ヒマラヤ会議資料』、pp.62-65　(10)HCNL, 58, p.8

パプスラ　Papsura　6453m　［32°13′・77°32′］

[位置と山容] バラ・シグリ氷河の舌端近く、ホワイト・セールのすぐ北側の山で、どっしりした容姿の岩峰である。山名は地元の言葉で悪魔の峰の意だという。

[登山史] 1967年6月3日イギリス隊が初登頂した。1982年会津山岳会隊（隊長：佐々木健臣）の11名がバラ・シグリ氷河側から挑んだ。パプスラ氷河から懸垂氷河右側の岩壁にルートを開拓し、困難な登攀を続けたが5900mで断念した(1)。1986年静岡ソサエティ隊（隊長：松永義夫）の4名がバラ・シグリ氷河側からパプスラ氷河へ入り、会津山岳会隊と同じルートを取り、懸垂氷河左岸の岩壁からスノーコルに到達。トス・ナラ側にルート工作中降雪が続いたため一旦BCへ戻った後、天候の回復を待って8月24日、隊長他2名が登頂した(2)(3)。

[文献]　(1)山岳年鑑、83、p.54　(2)『MT PAPSURA 1986』　(3)山岳年鑑、87、p.86

キャシードラル・ピーク　Cathedral Peak　6248m　［32°07′・77°40′］

[位置と山容] バラ・シグリ氷河中流域左岸にあり、山名は聖堂の形から名付けられた。

[登山史] 1956年イギリス女性隊が初登頂、1979年、HAJ隊（隊長：山倉洋一）の12名がバラ・シグリ氷河に入り9月25日BC（4380m）設営。キャシードラル氷河に入り、10月2日C3（5290m）設営し、4日、頂上を目指したが、稜線上のコル5850mで時間切れとなり断念した。バス横転事故で入山が遅れたのも原因だった(1)。1983年、慶応義塾大学理工学部山岳部隊（隊長：斎藤恵志）の8名が8月12日にバラ・シグリ氷河BC（3900m）設営。15日、氷河上にABC（4200m）、20日、C1（4500m）、23日、C2（5100m）、27日、C3（5800m）を設営した。9月1日、北西稜から4名が登頂。2日に、2名が登頂した(2)(3)。

[文献]　(1)「キャシー・ドラル6400m」『HAJ年報』HIMALAYA 1980、pp.33-49　(2)ヒマラヤ、97号、pp.8-14　(3)『CATHEDRAL 1983』　(4)ヒマラヤ、146号、p.5

タイガー・トゥース　Tiger Tooth　6249m　［32°11′・77°35′］

[位置と山容] バラ・シグリ氷河中流域左岸に位置する岩峰。英語でトラの歯の意。

[登山史] 1956年にイギリス女性隊（隊長：J.ダンシース）が頂上直下150mまで達した(1)。その後、1975年9月20日、イギリス隊（North of England Him, Exp. 隊長：P. Bean）が初登頂した(2)。日本隊は1987年、「ぶなの会隊（東京）」（隊長：松島正光）の13名が8月9日パラ・シグリ氷河舌端にBC（3850m）設営。氷河上にC1（4150m）設営後キャンプを進め、26日ドームのコルにC4（5400m）設営。27日4名が登頂。28日6名が登頂した(3)。
[文献] (1)『コンサイス外国山名辞典』p.280　(2)HJ, Vol.34, 1976　(3)山岳年鑑、88、pp.86-87

クル・マカルー（ラール・キラー）
　　　　　　　　　　Kulu Makalu（Lal Qila）　6349m　[32°06′・77°41′]
[位置と山容] クルの東北東56kmのバラ・シグリ氷河右岸源頭部にある山。山容からネパールのマカルーに似ているところから名付けられた。別称のラール・キラーはヒンディ語で赤い城の意。
[登山史] 1961年に、イタリア隊（隊長：P.コンシグリオ）のアルトとデ・リンが、西氷河源頭から西稜を経て、西壁から初登頂した。
[文献] (1)HJ, Vol.24, p.86

クル・プモリ　Kulu Pumori　6553m　[32°08′・77°43′]
[位置と山容] クル東北東約62kmにあり、バラ・シグリ氷河右岸のピラミダルなピーク。ネパールのプモリ峰に似ているところから名付けられた。
[登山史] 1964年6月にアメリカ隊（隊長：R.ペティグリュー）の隊長とHAPのワンギャルが南西稜から初登頂。9月にはF.モーリンとHAPのA.チョークが第2登。1966年6月に、インド隊（隊長：J.シン）がペティグリューの隊とは少し違ったルートから隊長、S.P.シン、チューマ、A.チャンドラとHAPのアン・カミ、ソナが第3登。1967年インド学生登山隊が第4登。1970年インド隊（A.サイト隊長）の隊長とプナッツ、HAPのトンダップらが登頂。1980年8月にインド女性隊（U.V.サテ隊長）が登頂。
[文献] (1)HJ, Vol.35, p.103　(2)HV, 5/81

シグリ・パルバット　Shigri Parbat　6645m　[32°08′・76°48′]
[位置と山容] Bara Shigri氷河の源頭にあってParahio Nullaとの分水界を

成し、また、バラ・シグリとその周辺地域の最高峰である。雪と岩の堂々たるピラミッドであり、バラ・シグリ側は困難な岩壁を成す。この地域の最も美しい山である。

[登山史] 1956年にラタン・ナラ・ヘッド（6309m）に初登頂したイギリスのP.F.Holmesがパラヒオ・ナラ側から踏査している。1963年、イギリス隊（隊長：J.P.O.F.Lynam）は、8月27日にバラ・シグリ氷河源頭部から北東フェースたどり西稜を経て隊長とHAPのWangyalが初登頂に成功した。1987年6月2日、インド陸軍隊（隊長：Major.MP.Yadav）は、バラ・シグリ氷河側の南西フェースから西稜ルートでG.K.Sharmaら2名が登頂した。この隊は、アプローチのチャンドラ川で2名がスリップ遭難死している。

[文献]　(1)HJ, Vol.20, 1957, p.78　(2)HJ, Vol.23, 1961, p.59
(3)HJ, Vol.23, 1990, p.175

ルバール・カン（アン・ドゥリ）

Rubal Kang（Ang Dhuri）　6187m　［32°06′・77°40′］

[位置と山容]　クルの東南東約54km。ディビボクリ・ナラの上流にある西氷河の源頭。山名の「ルバール・カン」はヒンディー語で「亀の山」の意。

[登山史] 1952年、南アフリカ隊（隊長：Je.de V.Graff）が東面の南東稜から初登頂し、命名した(1)。1978年にインド隊（Adventures（WB）, 隊長：A.Moitra）の隊長とT.チャクラヴァティー、M.ブラグハン、D.J.ゴーシュとインストラクター1名が第2登した。その後、1986年、1988年、1989年、1991年とインド隊が登頂している(3)。

[文献]　(1)HJ, Vol.18, p.114　(2)IM, 3　(3)K.K.Ray: Handbook of Climbs in the Himalaya and East Karakoram, pp.209-210

パルヴァティ・ピーク　Parvati Peak　6632m　［32°04′・77°44′］

[位置と山容]　マナリの東南東約58km。バラ・シグリ氷河（Barashigri G.）最奥部、パルヴァティ川（Parvati R.）との分水界に位置する。パルヴァティ川の源頭は、広大な五つの氷河システムが広がる。山名は、ヒンドゥーの女神に由来する。

[登山史]1968年、Marino Tremonti率いるイタリアの小遠征隊がデビボクリ・ナラ（Debibokri Nulla）から入り、C3をメーン氷河（Main G.）に設けて活

動した。Debibokri Pyramid（6408m）とのコル（Dibibokri Col）に上がり、南稜から西稜を経て6月10日に初登頂を遂げた。隊は、この山をParvaty Peakと命名した。第2登は、1969年10月、インド・カルカッタの女性隊（隊長：D.Sinha）がバラ・シグリ氷河側から成功した。
[文献]（1）AAJ, 16, 1969, p.453

スノー・コーン　　Snow Cone　6225m　［32°12′・77°48′］
[位置と山容] クルの東北東約70km。バラ・シグリ氷河源頭近くの右岸。山容から英語で「雪のトーモロコシ」と命名。
[登山史] 1956年6月に、イギリス女性隊のJ.ダンシース隊長とHAPのニマが、バラ・シグリ氷河側から登頂したとされているが、記録は未見である。1982年9月に、インド隊（Adventures（WB）の隊長：A.Moitra）が南西稜から登頂したのが初登頂とされている（1）。その後、インド隊が1987年、1988年、2000年に南西稜から登頂した。
[文献]（1）HV, 12/82　（2）K.K.Ray: Handbook of Climbs in the Himalaya and East Karakoram, pp.202-203

ガンサーズ・ピーク　　Gunther's Peak　6309m　［32°12′・77°47′］
[位置と山容] クルの東北東約69km。バラ・シグリ氷河左俣奥の東ギュナディ氷河の源頭部。山名は、この山群に足跡の多い、イギリス人A.E.ガンサーの名から命名。
[登山史] 1953年9月、イギリス隊（隊長：A.E.Gunterth）の隊長とJ.W.R.Kempeが初登頂した。1956年6月、イギリス女性隊（隊長：J.Dunsheath）の隊長と、G.アイリーンとHAPのミンマ・ニマが南面から登頂。
[文献]（1）AJ, 59, p.288　（2）HJ, Vol.20, p.104　（3）HH, p.50

デビボクリ・ピラミッド　　Dibibokri Pyramid　6408m　［32°04′・77°46′］
[位置と山容] マナリの東南東約57km。パルヴァティ川（Parvati R.）源流の広大な氷河域のN氷河の源頭にあり、東面は、パラヒオ・ナラ（Parahio N.）源頭の氷河に面し、北面は、バラ・シグリ氷河（Bara Shigri G.）の最奥部にあたる。東面は急峻な岩壁となり、西面は長い雪の頂稜を持つ。
[登山史] 1978年10月、イギリスのNick Hevitの隊は、ディビボクリ谷から

上部氷河に入り、Dibibokri Col（5950m）にC3を設け、北西尾根を経て隊長ら2名が登頂した。
[文献]　(1) HCNews, 1980, p.1　(2) AJ, Vol.85, 1980, p.115

クル・アイガー　　Kulu Iger　5646m　［31°54′・77°43′］
[位置と山容]　マナリの南東約59km。パルヴァティ川（Parvati R.）源流域の氷河システムのGlacier-ⅡとGlacier-Ⅲの中に位置し、ヨーロパアルプスのアイガーに似た山容から命名されている。
[登山史]　1996年9月21日、イギリス・スコットランド隊（隊長：Graham Little）によって北面から北東フェース経由で3夜のビバークの末に隊長ら3名によって初登頂が成された。ルートの難度は、イギリス基準でE15bA1で、取り付き点高度は3740m、岩壁の高度差は1900mと報告している。2005年10月1日、スペインのOscar PerezとRepin Valdiviaが西面からサウスフェースの新ルートで登頂した。難度は、6a+A0、壁の高度差は1500mと報告している。
[文献]　(1) AAJ, 1997, p.283　(2) AAJ, 80, 2006, p.388

フリューテッド・ピーク　　Fluted Peak　6451m　［32°01′・77°44′］
[位置と山容]　マナリの南東約62km。パルヴァティ川（Parvati R.）源流部右岸のディビボクリ谷(Dibibokri Nulla)源頭の広大なラテルニ氷河(Ratiruni G.)域のど真ん中に聳え立つ秀峰である。
[登山史]　登頂を試みた記録は未見である。
[文献]　パルヴァティ川上流部の踏査記録はある。

P6553　　6553m　［32°01′・77°48′］
[位置と山容]　マナリの南東約66km。パルヴァティ川（Parvati R.）の源流部右岸のディビボクリ谷（Dibibokri Nulla）源頭の広大な氷河域の最奥部に位置し、東部のパラヒオ谷（Parahio Nulla）に長大な尾根を出して谷を2分している。
[登山史]　1999年9月〜10にイギリス隊（隊長：Anthony Evan Mecleran）がこの地域で活動している。彼らは、P.6553の登頂は成らなかったが、南の5040mのコルを隔てて位置する6222mの無名峰に初登頂している。

[文献]　(1) IM, No.35, 1999/2000, p.119　(2) AAJ, 74, 2000, p.356

P6222　6222m　［31°59′・77°47′］

[位置と山容] マナリの南東約64km。ディビボクリ谷の源流部氷河域のバティナル氷河（Batinal G.）の最奥部にある。東は、パラヒオ谷左俣の大きな氷河の源頭である。

[登山史] 1999年のイギリス隊（隊長：Anthony Evan Mecleran）が西稜から9月30日にBowdenが単独で初登頂した。

[文献]　(1) AAJ, 74, 2000, p.356

P6225　6225m　［32°08′・77°38′］

[位置と山容] マナリの東南東約48km。バラ・シグリ氷河（Bara Shigri G.）中部左岸のティチュ氷河（Tichu G.）の源頭に位置する。Cathedral（6400）の北西3km、両側にコルを落とした鋭鋒。

[登山史] 1992年イギリス隊（隊長：James Andrew Winspear）ら3名がChandra川側からティチュ谷（Tichu Nulla）を詰めてティチュ氷河に入り西面から挑んだが6000m地点で断念した。

[文献]　(1) AAJ, 67, 1993, p.249

セントラル・ピーク　Central Peak　6285m　［32°15′・77°40′］

[位置と山容] マナリの東南東約42km。バラ・シグリ氷河（Bala Shigri G.）の右岸末端の山群の支氷河域の中央に位置する。支氷河のど真ん中にあることから命名された。

[登山史] 1958年、最初の試登がJ.C.Stephesonのイギリス隊により行われた。
　1961年、イギリス女性隊（隊長：J.Skarr）が南東フェースから南稜を経て頂上直下60mまで迫ったが断念した。1971年、インド隊（隊長：S.Bhattacharya）のNatal Loyら隊員3名と4名のHAPが9月29日、南東フェースから初登頂を成した。1984年Sunil Dasのインド隊は、新ルートの南西フェースから隊長ら3名が登頂した。

[文献]　(1) HJ, Vol.23, 1961, p.66　(2) HV, 85

ライオン　Lion　6124m　[32°14′・77°42′]

[位置と山容] マナリの西約46km。バラ・シグリ氷河（Bara Shigri G.）下流域の右岸山群に位置する。東面は、West Gyunti氷河に面する。山名は、ライオンが寝そべったような山容から名付けられたもの。

[登山史] 最初のトライは、1956年のイギリス隊（隊長：P.F.Holmes）であった。
　1961年、イギリス女性隊（隊長：Joshephine Scarr）がWest Gyunti氷河から入り、東稜を経て10月3日、隊長が初登頂をした。インド隊では、1972年、S.Bhattacharyaをリーダーとする西ベンガル隊が西面バラ・シグリ氷河側からN.Royら6名が登頂した。これまで10登以上されている。

[文献] (1) HJ, Vol.20, 1957, p.78　(2) HJ, Vol.23, 1961, p.62　(3) AAJ, 47, 1973

アッチェ　Ache　6066m　[32°17′・77°41′]

[位置と山容] カルチャ・ナラ（Kharcha Nala）左岸の雪峰。山名はラホール語で「やさしい娘」の意。

[登山史] 2009年、JAC東海支部隊（隊長：鈴木常夫）の3名は、バタルより入山。7月8日カルチャ・ナラ左岸にBC（4400m）設営。17日氷河上にC2（5200m）設営、18日、北面の雪壁から松原立雄とHAP2名が初登頂した。

[文献] (1)『アッチェ峰初登頂、第10次インドヒマラヤ登山隊2009』、JAC東海支部　(2) HJ, Vol.67, pp.241-245

チェマ　Chemma　6105m　[32°17′・77°42′] 245

[位置と山容] カルチャ・ナラ左岸の雪峰。山名はスピティ語で「双子」の意。

[登山史] 2011年、JAC東海支部隊（隊長：星 一男）の5名は、バタルより入山。8月3日カルチャ・ナラ左岸にBC（4400m）設営。7日氷河上にC3（5500m）設営。9日、北面の雪壁から隊長、篠原 豊、石井 仁、久世勝巳、学術隊長：田辺元祥とLO、HAP5名が初登頂した。

[文献] (1)『チェマ峰初登頂、第11次インドヒマラヤ学術登山隊2011』JAC東海支部　(2) HJ, Vol.67, pp.241-245

ピャクシー　Pyagski　6090m　[32°14′・77°42′]

[位置と山容] カルチャ・ナラ左岸の雪峰。山名はラホール語で「隠れた山」の意。

[登山史]2014年、JAC東海支部隊（隊長：星一男）の3名は、バタルより入山。6月27日カルチャ・ナラ左岸にBC(4400m)設営。7月2日氷河上にC2(5200m)設営。7月4日北西面の雪壁から隊長、鈴木美代、土屋昌代、LOとHAP3名が初登頂した。
[文献] (1)『ピャクシー峰初登頂、第12次インドヒマラヤ登山隊2014』JAC東海支部 (2)JAC『山岳』第107号（2004年）、pp.30-39 →*334頁参照*

ダワ・カンリ　Dawa Kangri　6140m　[32°22′・77°43′]

[位置と山容]スピティ西部。クンザム・ラの東6220m無名峰の北に位置する雪峰。山名の意味は、チベット語で月の雪峰。
[登山史]2000年、東京理科大学2部山岳部OB会隊（隊長：加藤孝子）の13名は、クンザム・ラより入山。7月27日BC(4400m)設営。8月5日と7日に隊長と、黒江淳、黒江正子、大塚崇志、山口辰也、中村俊夫、穴原康雄、金子雄一郎、舟橋健三、丸山忠春、日高幸雄、横溝武、佐藤光雄の全員とHAPが初登頂した。
[文献] (1)『ダワ・カンリ登頂報告書2000』東京理科大学Ⅱ部山岳部OB会、『第22回インド・ヒマラヤ会議資料』、pp.34-36

フルーテッド・ピーク　Fluted Peak 6159m [32°20′・77°46′]

[位置と山容]カルチャ・ナラ上流右岸、カルチャ・パルバットの南東約4kmに位置する美しい雪峰。ラホールとスピティの境界上の尾根にあり、ロサール谷（Losar）トカルチャ谷（Karcha）の源頭にあたる。

　入山はスピティのロサール村（Losar）からが一般的である。カタカナ表記をフリューテッド・ピーク、標高を6122mとした資料もある。また、Dibibokri Pyramidの南（c.5000m）とシッキム（6804m）に同名の山があり、登山記録に混乱がある。
[登山史]1958年7月にイギリス隊（隊長：J.G.G.Stephenson）が西稜から初登頂(1)。その後、毎年のようにインド隊が登頂している(2)。1994年、インド隊（隊長：Arun

Fluted Peak (6159m)（T.Suzuki）

Samant）の5名とHPA3名はロサール村からロサール谷にはいり、精力的に8月19日から29日の11日間に隊員とHAPが分散して、フルーテッド・ピークを含む6000m峰4座、5000m峰3座に登頂した。フルーテッド・ピーク以外は初登頂である。Num Thema（6024m）は隊長とHAP1名が8月29日北壁から初登頂したが、困難な登攀で登頂ルートの下降を断念し、東面よりギュンディ側に下り、ギュンディ・コルを越えてキャンプに戻った（3）。日本隊は2001年、練馬山の会隊（隊長：山中八千代）の4名がロサール村から入山。BCまでは険路で馬は使えず、ポーターを雇用。8月5日BC（4500m）設営。13日氷河上にC2（5700m）設営。16日クレバス帯を横断して急な雪壁を登り、狭い稜線から隊長と2名が登頂した（4）。

[文献]（1）HJ, Vol.21, 1958, p.98　（2）K.K.Ray: Handbook of Climbs in the Himalaya and East Karakorim, pp.174-176.
（3）HJ, Vol.51, 1993, pp.100-107　（4）「海外登山報告書、練馬山の会インドヒマラヤ登山隊2001」『第23回インド・ヒマラヤ会議資料』、pp.59-60

カルチャ・パルバット　　Karcha Parbat 6270m［32°10′・77°44′］

[位置と山容] カルチャ・ナラ右岸に位置する。クンザン峠から派生しているラホールとスピティの境界尾根上の最高峰で、バタルの西約8kmにある。1958年、この周辺の地図を作成した隊はギュンティ谷（Gyundi Nala）からのアプローチを提案しているが、何故か殆どの隊はバタルのカルチャ・ナラから入域し、南面から登っている。標高6271mとした資料もある。

[登山史] 1958年にイギリス隊（隊長：J.P.O'F.Linam）がギュンティ谷周辺を探査し、概念図を作成した（1）。1977年にアイルランド隊（隊長：M.Curran）が初登頂。1986年8月23日、インド（WB）隊（隊長：J.Pal）のSamarendra Nath Dar、Rabindra Nath Pa, Chayan Chacraborty、Jograj Thakur、

North side of Karcha Parbat (6270m)
(T.Suzuki)

Alam Chand Thakurの5名が南東稜より第2登、その後も2、3年に一度は登頂されている（2）。2008年にはインド隊（隊長：Debabrata Mukherjee）

が悪天のため頂上直下200mで断念している。→*登山記録339頁*
[**文献**](1)HJ, Vol.35,1979, p.198　(2)K.K.Ray : Handbook of Climbs in the Himalaya and East Karakoram, pp.181-182

〈鈴木常夫・星 一男・稲田定重・寺沢玲子〉

ラタン谷からピン谷

1955〜56年、Peter Holmes率いる英国の少人数チームがラタン谷に入り、北面からラタン・タワーを（Ratang Tower, 6312m）に登頂、この谷を詳細に調査している。1958年には、アイルランドのJ.LynamとイギリスのM.McArthurがHolmes隊のルートをなぞった後、北側のギュンティ谷（Ghundi）を調査、ギュンディ峠（c.6000m）を越えてラホールのバラ・シグリ氷河（Bara Shigri）へ到達した。

1983年、Harish Kapadia隊が未知のリンティ谷を踏査し、数座に初登頂している。1993年、35年間の空白後、Kaivan MistryとHarish Kapadiaがカメンガー谷（Kamengar）からラタン谷へ抜け、二つの谷の多くの支流も調査後、ピン・パルヴァティ峠（Pin Parvati）周辺にも足を延ばした。

ラタン・ナラ・ヘッド　Ratang Nulla Head　6309m　[32°11′・77°48′]

[位置と山容]　マナリの南南東約62km。Spiti川右岸からRatang Nullaを詰めた右俣の源頭部とBara Shigri氷河最奥部の分水界に位置し、東面は、East Gyundi氷河に面する。南西及び北東に長大な尾根を伸ばす。

[登山史]　1956年、イギリスのP.F.Holmes隊は、ラタン谷を詰めて右俣上部に入り、4100m地点にBCを設置して広く上部の探査と登山を行った。7月15日、C4から東面を経て隊長とG.W.Walker, P.Nath, Rikzen, が初登頂をした。隊は、この地域で幾つかの5000〜6000m峰の初登頂を成功したとの報告があるが、位置、標高などで判然としない部分がある。更にEast Gyundi氷河側に越えての活動を計画したが悪天候と隊員の凍傷などで断念した。1957年のイギリス隊（隊長：J.P.O.F.Lynan）は、Gyundi氷河エリアを踏査し、"Holmes Map"や彼らの行動に関しても記している。Ratan谷及び隣接のParahiro谷は、新鮮なエリアとして注目されている。

[文献]　(1) AAJ, 20, 1957, p.171　(2) HJ, Vol.20, 1957, p.78　(3) HJ, Vol.21, 1958　(4) HJ, Vol.68, 1994, p.236

ラタン・ドルー　Ratang Dru　5898m　[32°07′・77°58′]

[位置と山容]　マナリの南南東約74km。Spiti川右岸から入りRatang Nulla上部の左俣氷河の源頭にあり、ラタン・ナラ・ヘッド（6309m）からスピティ

側に派生する長大な尾根の分岐に位置する。四周を氷河に削られた鋭鋒で、山名は、ヨーロッパアルプスの著名な山の名に由来して命名されている。
[登山史] 1956年イギリスのP.F.Holmesの隊がラタン・ナラ・ヘッドの登頂後にこの谷にも入り、8月3日、隊長、T.Braham、Rikzenによって初登頂された。
[文献]　(1) AAJ, 20, 1957, p.171　(2) HJ, Vol.64, 2008

カンラ・タルボⅠ峰　　Kangla Tarbo-Ⅰ　6315m　[32°08′・77°50′]

[位置と山容] マナリの東南東約64km。Bara Shigri氷河源頭からスピティ川側へ東北東に延びる長大な尾根上約8kmにあり、Parahio Nulla上部のKhamengarの広大な氷河域に囲まれている。下部が岩稜帯で、頂上へは長い雪稜が続く。

なお、Ⅱ峰(6135m)は、Ⅰ峰の西約1kmにある細い氷雪の稜で続いている。

[登山史] 1993年、インド隊（隊長：Harish Kapadia）がスピティ側からこの地域に入って踏査した。この後、南のPin R.からPin Parvati Pass (5400)を越えてParvati川側に横断した。報告では、多くの未踏峰の存在を紹介してこの地域への関心を高めた。

2000年のアイルランド隊（隊長：PatrickO.Leaary）は、パラヒオ・ナラを詰めてKhamengarの氷河にBCを設置し、南東面から取り付いた。9月9日、南東稜から隊長、G.Brian、D.Colin、R.Hughの4名が初登頂を遂げた。第2登は、Chanchal Bhagduriをリーダーとするインド・カルカッタ隊。2002年9月11日、Gopal DasとP.AnchuleがⅡ峰（6120m）も含めて登頂した。

[文献]　(1) AJ,Vol.99,1994,p.71　(2) AJ,Vol.106,2001,p.251　(3) AAJ,75,2001,p.371
(4) AJ,Vol.108,2003,p.268

カンラ・タルボⅡ峰　　Kangla Tarbo-Ⅱ　6120m　[32°03′・77°46′]

[位置と山容] カメンガー氷河右岸、シグリ・パルバットの南南東約10kmにある氷に覆われた急峻な峰。Ⅰ峰のの西約1kmにあり、Ⅰ峰よりは傾斜が緩い。

[登山史] 1996年、ウェスト・ベンガル隊（隊長：G.Roy）のS.RoyとA.Dorjiが北西稜より初登頂した。1999年、ウェスト・ベンガル隊（隊長：S.Sengupta）のP.Bhattacharya、S.Gosh、S.Paik、P.Roy、A.Bhattacharya,R.K.Som、

LR.Thakur、RL.Thakurの9人が北東稜より第2登。これ以降、毎年のように登頂されている。
[文献] カンラ・タルボⅠ峰の文献参照

カーン・シリン　Khhang Shiling　6360m　[32°05′・77°46′]

[位置と山容] マナリの東南東約62km。Bara Shigri氷河最奥部、Concordiaから東南の氷河源頭部でShigri Parbat（6526m）の南、Parahio Colの2km南に位置する。スピティ川右岸のカメンガー谷（Khamengar）源流部であり、「四つのリッジを持つ雪山（Snow Peak Four Sides）の意。Parahio Nullaに長い東尾根をのばす。岩壁と雪稜のどっしりとしたピラミッド。

[登山史] 1993年、インドのHarish Kapadia隊によってこの地域（Khamengar）が踏査され、未踏の魅力あるエリアとして紹介された。初登頂は、2004年のDevyesh Muni隊長のインド（ムンバイ）隊。Parahio Nullaからアプローチし、Khamengarの右俣氷河の4320mにBCを設けた。当初目標は、Shigri Parbat（6526m）であったがParahio Colに上がった時点でルート状況からカーン・シリンへ変更した。9月19日にパラヒオ・コルから南稜をたどり、10時間余で隊長、隊長の妻のVineeta、S.Sakal、Lakhpa Sherpaが初登頂を成した。周辺の踏査をした後、帰路をPin Parbaty Pass（5400m）越えにとってParbati川側に下った。

　第2登は、2007年のインド（コルコタ）隊（隊長：Ujjal Ray）。9月19日、Devdas Nabdyら5名が初登ルートからを登頂した。第3登は、2008年8月1日インド・ムンバイのクライマー集団によって成された。Khamengar氷河側からパラヒオ・コルに上がり、南稜ルートからRaj KumarDharaと2名のHAPが登頂した。2013年のIMF主催の「Climbathon」がバラ・シグリ氷河で行われ、インド隊のBogdam Vasileら9名が8月4日にパラヒオ・コルから登頂した。

[文献] 　(1) HJ,Vol.50,1994　(2) HJ,Vol.61,2005,p.173　(3) AJ,Vol.112,2007
(4) AJ,Vol.114,2009　(5) HC,E-Letter.2015

ラマバン　Ramabang　6135m　[31°57′・77°53′]

[位置と山容] マナリの南東約76km。Supiti川右岸からParahio Nullaに入り、左俣のDebsa谷の中部にある。Parbati川との分水界にあるP.5334から北東

へ11kmの長大な尾根上にあり、この尾根には他にも6000m峰が位置する。北東および南西面とも深く切れている。

[登山史]　2008年、アイルランド隊（隊長：Gerry Galligam）は、East Debsa谷を詰めて4250mにBCを設置した。4800mのABCからサウス・フェースに取り付き、南西稜を経て5600mの岩塔下にファイナル・キャンプを設けた。6月22日、岩塔を突破し、上部雪稜を経て初登頂を成した。その後、Bauli谷において3座の初登頂を成した。

[文献]　(1) AJ, Vol.114, 2009, p.277　(2) AAJ, 83, 2009, p.305
(3) HJ, Vol.65, 2009, p.278

ヘルサン　　Hersang　5275m　［32°02′・78°12′］

[位置と山容]　カザの南南東約20km。スピティ川右岸に流れ込むペラン谷（Perang）とチュル（Chhuru）に挟まれた稜線上にある。

[登山史]　登山記録は見当たらないが、チュル谷からピン谷への古い峠越え路の近くにあるため登頂されている可能性は高い。

[「ラタン谷からピン谷」参考文献補遺]
(1) Harish Kapadia:SPITI-Adventures in the Himalaya, Indus Publishing Company, New Delhi
(2) Harish Kapadia:Peaks & Passes In Himachal Pradesh.

（稲田定重・寺沢玲子）

チャンバ　Chamba

シブシャールカール　Shibsharkar　6095m　[33°07′・76°36′]

[位置と山容] HP州の西北端、JK州境に位置し、ウダイプール（Udaipur）の北約40km、Menthosaの西北西約25kmにある。四方を氷河に囲まれている雪峰である。

[登山史] 2008年、労山マスターズ隊（隊長：坂本昌士）の5名は、7月8日マナリからウダイプール、キラール（Kilar）を経て9日カングサール（Khagsar）着。11日氷河右岸にBC（4160m）設営、氷河を登り、18日にC1（5050m）設営。19日、神津一男、飯塚秀岳、丸山玲子とHAP3名が初登頂に成功した。この付近には5000～6000mの未踏峰が多数存在している。

Shibshankar (6095m)（C.Morita）

[文献]（1）報告書『2008年インドヒマラヤ登山報告書』労山マスターズ（編）、2008年

バイハリ・ジョット北峰　Baihali Jot North　6290m　[32°53′・76°32′]

[位置と山容] チャンドラ・バガ川に注ぐバイハリ・ナラの上流域右岸に位置する。メントーサ（Menthosa）の西約20kmにある。

[登山史] 1974年、長野県勤労者山岳連盟隊（隊長：森田稲吉郎）の5名はウダイプールからキャラバンを始め6月11日にBC設営。南東稜にC2を設営後、2週間の降雪で停滞。その後、登頂を目指したが、7月1日、6150mで断念した(1)。2001年、長野県勤労者山岳連盟隊（隊長：坂本昌士）の9名は5月29日BC設営。1974年隊と同じ南東稜にルートを取り、6月13日、勝野秀次郎、桃沢孝夫、早川明敏が初登頂に成功した。14日には武上静男、井口さゆりが第2登、15日には隊長と朝倉範房が第3登した。LO、HAP3名も登頂している(2)。

[文献] (1)山岳年鑑、42、p35 (2)第23回インド・ヒマラヤ会議資料、pp.33-36

バイハリ・ジョット　Baihali Jot　6279m　[32°51′・76°35′]
[位置と山容] チャンドラ・バガ川右岸に位置する。
[登山史] 1969年インド・イギリス合同隊（隊長：H.V.パフグナ）がウル・ガド氷河の南東面から西稜を経由して初登頂した。

バイハリ・ジョット南峰　Baihali Jot South　6294m　[32°48′・76°30′]
[位置と山容] チャンドラ・バガ川右岸に位置し、北面、南面とも岩壁で構成された岩峰。

[登山史] 1974年、渓嶺会（隊長：松村浩三）の5名がチャンドラ・ベアス川に注ぐダンナール・ナラにBC設営。急峻な岩壁、岩稜にキャンプを進め、2回アタックをかけたが6200mで断念した(1)(2)。1979年、明治大学駿台山岳部隊（隊長：坂本　武）の3名がダンダール・ナラの西側

Baihali Jot South (6294m)　(S.Sakamoto)

のクルチェ・ナラに入り、9月5日BC設営。急峻な岩稜にキャンプを進め、9月27日、岩稜を突破し雪稜、雪壁進み隊長と佐原正行が初登頂した(3)(4)。
[文献] (1)ヒマラヤ、87号、pp.28-29　(2)山岳年鑑、75、pp.35-36
(3)報告書『南バイハリジョット初登頂』明治大学駿台山岳部インドヒマラヤ登山隊(編)、1979年　(4)ヒマラヤ、90号、pp.9-13

シヴァ　Shiva　6142m　[33°05′・76°34′]
[位置と山容] ウダイプールの北約35km、メントーサの西北約20kmにある。周辺の5000m級の山々から抜きん出ている。頂上は雪を被っている。

シヴァはヒンドゥー教の破壊の神であり、いつもこの山が雲に隠れていることの意である。

[登山史] 1973年、立教大学理学会隊（隊長：鈴木　茂）の3名が西面氷河か

ら南面氷河に入り南稜から加藤典敏、竹内俊樹とHAP1名が6月20日に初登頂に成功した(1)。1975年豊橋山岳会隊（金田博秋隊長）の5名がガレール・ナラ（Garal・Nala）から入山。南西稜の岩稜ルートから、全員が8月19日に第2登した(2)。1988年、日本山岳会婦人部隊（隊長：田部井淳子）の13名がウダイプールで悪天候のため停滞。隊を二つに分け、隊長と3名はウルガス・パスを越え接近、南面氷河から南西稜を越え、西面氷河上部を経て西稜から8月14日、隊長と3名、HAP3名が登頂した。一方、残りの9名は7日遅れでサチからBCに入ったが時間切れで登山活動は出来なかった(3)(4)。2006年8月にインド隊（Ramesh Chandra Roy隊長）11名は、西稜から登頂した(5)。

Shiva (6142m)（H.Kanada)

[文献]（1）報告書『Mt.Shiva (6162m) 1973』 （2）ヒマラヤ、87号、pp.38-39 （3）ヒマラヤ、209号、p.9 （4）HC, 60th Newsletter, 2007, p.36

テント・ピーク北峰　Tent Peak North　6020m　[32°36′・76°42′]
テント・ピーク南峰　Tent Peak South　6113m　[32°35′・76°42′]
[位置と山容] 北峰と南峰（6113m）は吊尾根でつながり、家形テントの形をした双耳峰。ウダイプールの南約20ｋm。
[登山史] 1975年、神戸商科大学山岳部・稜線山岳会隊（隊長：寺本 滉）の7名は、ティロット（Thirot）からチェナブ川を渡り、チョビア・ナラ（chobia Nala）へ入り、BC設営。テント・ピーク西面から9月23日に成瀬俊彦、柳原重之、町 桂一が北峰の初登頂に成功した。
[文献]（1）報告書『神戸商科大学インドヒマラヤ遠征報告書1975』

ソフィア・ピーク　Sophia Peak　5934m　[32°23′・77°02′]
[位置と山容] マナリの西北約29km、ラビ川源流クディ氷河の源頭。
[登山史] 1970年、上智大学山岳部（隊長：神田隆次郎）の5名は、ソーラン・パスを越え、南面からムカール・ベ（Mukar Beh）、シカール・ベ（Shikar Beh）の登頂ルートを探したが、いずれも断念した後、隊を二つに分け1隊

はハヌマン・ティバへ、1隊はクディ氷河から5934m無名峰を目指し、9月17日、隊長、中村大元とHAP2名が初登頂に成功し、大学の英文名をとってソフィア・ピークと名付けた。
[文献] (1)報告書『パンジャブ・ヒマラヤ大学山岳部の合宿』上智大学山岳部（編）

カイラス　　Kailas　　5656m　　[32°24′・76°39′]
[位置と山容] チャンバのラヴィ川（Ravi）上流に位置する雪峰。カイラスは「楔」を意味する「キラ」と「座」を意味する「アサ」の梵語で、楔の座という意味である。カイラスという名前の山は各地にあり、有名なのは、チベットのカイラス（カン・リンポチェ6656m）である。カイラーシュと表記した報告書もある。→グラビア写真(2)-187頁
[登山史] 日・印合同婦人ヒマラヤ登山隊（隊長：宮崎栄子・N.パテル）日本側4名、インド側6名は、東面から1968年5月13日に全員が登頂した。
[文献] (1)報告書『カイラス登山』日・印合同婦人ヒマラヤ登山隊（編）1968年

スノー・コーン・チェロル　　Snow Cone Cherol　　5857m　　[32°34′・76°38′]
[位置と山容] マナリの北西約48km。Chenab川の右岸、Chobia Nullaの源頭にある岩稜の山。Chobia Passが3km東にあってRavi川方面とを結んでいる。
[登山史] 登山記録は、未見である。
[文献] 未見である。

サナクデン・ジョット　　Sanakdeng Jot　　6045m　　[32°31′・76°52′]
[位置と山容] マナリの北西約36km。Chenab川の支流、Shipting Nullaの左岸にある。西面のBudhi川側からは、Odhang谷からアプローチする。
[登山史] 1968年にKailas（5656m）に全員登頂した日印合同婦人隊（JAC（宮崎英子隊長）・インド）は、西面のBudhi NullaからOdhang氷河に入って活動した。4650mにC2を進めたがアイスフォールと岩稜に阻まれてルートを見いだせずサナクデン・ジョットの登頂を断念し、付近のP.5575に転進した。しかし、5月24日に頂上直下60mでインド側隊員4名が雪崩に遭遇し、シェルパのSonaが500m近く流されて死亡した。その後、Bara Kanda（5852）にトライしたが不成功に終わった。

[**文献**] (1) AAJ, 16, 1969, p.453　(2)『1968年日印合同婦人ヒマラヤ登山隊報告』JAC、1968

クル・マナリ　Kullu・Manali

インドラサン　Indrasan　6221m　［32°13′・77°24′］

[位置と山容]マナリの東約20kmクル山群にある鋭い岩峰。2km南にはデオ・ティバがある。山名のインドラはヒンドゥー教の「雷」、「サン」は神の住み家であり雷の御座の意である。

[登山史]1962年10月13日、京都大学山岳部隊（隊長：小野寺幸之進）の7名がマラナ氷河（Malana）をつめアイスフォールを突破し、岩壁帯に入り100mほど登ってクーロアールに入り氷壁を登って10月13日に富田幸次郎、宮本靖雅が初登頂した。帰路は頂上から70m下でビバークした。当時のヒマラヤ登山では画期的な登山であった(1)。その後、数隊のインド隊が登頂を試みたが成功した隊は無かった。1971年、イギリス隊（隊長：T.ジョンソン）が西稜から6月9日と13日に第2、3登した。1972年、関西岩峰会隊（隊長：浅野目誠一）の7名が高差700mの南壁を3ビバーク後、5月17日と19日に第4、5登した(2)。1977年に小樽海外登山研究会隊（隊長：戸谷　薫）が北面から試登している。1973年、イギリス陸軍山岳隊（隊長：G.オーエンス）が東稜から登頂した。

[文献]（1)酒井敏明「インドラサンとデオ・ティバ 1962年」『山岳』第58年、JAC、pp.119-132　(2)ヒマラヤ、87号、pp.10-11

デオ・ティバ　Deo Tibba　6001m　［32°12′・77°23′］

[位置と山容]マナリの東約20km。インドラサンの南西約2km、ドゥハンガン氷河（Duhangan）の源頭に位置する、どっしりと肩の張った広い頂稜をもつ雪峰。アプローチも比較的容易であるのと、登山ルートもあまり難しくないため多くの登山隊が訪れている。主な登山ルートは、南東面のマラナ氷河上部の雪と岩の山稜と、南稜である。

[登山史]1912年にイギリス隊（隊長：C.G.ブルース）が最初にこの山に向かい、偵察をした。その後、多くの登山隊が挑んだが登頂できなかった。1952年8月5日にJ.deV.グラーフ隊長の率

Deo Tibba (6001m)　(H.Arikawa)

いる南アフリカ隊が南稜からインドラサン間のコルに出て初登頂した。1960年にブッシュ山の会隊（隊長：細川沙多子）の6名が入山。10月17日に南稜から、浜中慶子、岡部みち子とHAP2名が第4登した(1)。この隊は日本から初めての女性登山隊として注目された。その後、1962年、インドラサンに入山中の京都大学山岳部の別動隊3名が登頂。1969年には奥山章隊長が率いる日本ヒマラヤ・スキー登山隊が登頂後、スキー滑降に成功した。その後日本隊は毎年のように訪れており、1970年の上智大学、勝山山岳会（隊長：南 勳）。1971年の南部山岳会（隊長：松田要悦）。1972年の大阪教育大学、関西岩峰会（隊長：浅野目誠和）、ガネッシュの会。1975年の富山山想会（隊長：村上伸）、紫岳会（隊長：岩本弘司）。1979年山幸（隊長：吉野 寛）。1985年松江アルペンクラブ（隊長：高木健司）と続いた。しばらく日本隊の登山は途絶えたが、2002年、登稜会隊（隊長：有川博章）が登頂した。2012年、労山マスターズ隊（隊長：金田博秋）が入山した。毎年のように登山隊が入り人気の山である。

[文献]（1）山岳、56年、JAC、pp.108-125

アリラトニ・ティバ　Aliratni Tibba　5470m　［32°05′・77°28′］、

[位置と山容] マラナ氷河源頭にある秀峰。

[登山史] 1974年淀屋橋勤労者山岳会隊（隊長：島津昌泰）の15名の内6人が5月2日と3日に登頂した。

[文献]（1）山岳年鑑、75、p.38

マナリ・ピーク　Manali Peak　5669m　［32°25′・77°06′］

[位置と山容] マナリの北西約19km。チャンバのラビ川源流のラリゲール氷河（Ralghar）源頭に位置する雪峰。

[登山史] 1968年6月14日にインド隊が初登頂したといわれている。同年6月17日イギリス隊（隊長：D.グレー）は北面から登頂している。BCまでのアプローチはマナリから2日と短く、毎年多くのインド隊が登頂している。

特筆すべきは、インド国内の3

(L)Manali Peak(5669m)
(R)Makar Beh (6069m) (R.Sharma)

校の公立登山学校の一つ、マナリ登山学校(The Western Himalayan Mountaineering Insutitute)のベーシックコース(28日間)隊が年間3〜5回入山している。ルートはチャンバ側からではなく、マナリからベアス・クンド(Beas Kund 3540m)にBCを置き、ラダキー・ピーク(Ladakhi, 5342m)を経由して登頂している。ムカル・ベーへの登頂ルートとしても使われている。

[文献] (1)Report：Rajeev Sharma

ラダキー　　Ladakhi　5342m　[32°24′・77°06′]

[位置と山容] マナリの北北西約17km。Salang Nullaの源頭、Mukar Beh (6069)の南2kmにある。

[登山史] 初登は、1963年のイギリス隊(Robert Pettigrew隊長)でSolang Nullaから登頂した。隣のShitidar(5294m)にも登頂した。1968年のイギリス隊(Denmis Gray隊長)のJ.Ashburner、L.Garver、D.Grayが北面からの登頂に成功した。同隊は、ラダキーを越えてMukar Beh(6069m)の登頂も成した。73年6月22日にインド・アメリカ合同隊がラダキーに登頂した後Mukar Beh(6069m)を登頂した。

[文献] (1)HJ, Vol.25, 1964　(2)AAJ, 16, 1969, p.452　(3)AAJ, 19,1 974, p.214

フレンドシップ　　Friendship　5289m　[32°25′・77°07′]

[位置と山容] マナリから北北西約17km。Sarang Nullaの左岸支流Seti Nulla源頭にあり、Shitidar(5294m)とGokichar(5156m)との間に位置する。山名は「友情」の意。

[登山史] 1969年6月、インド隊(隊長：C.D.Mista)が南東面から初登頂した。第2登は、70年6月17日のインド・ITBP隊(Indo Tibet Border Police)3名が登頂した。73年6月には、インド・アメリカ合同隊が登頂した。以後、多くの隊が登頂している。

[文献] トレッキングに好適なピークとして人気があり、マナリから1週間程度の日程で組まれている。

ハヌマン・ティバ　　Hanuman Tibba　5928m　[32°23′・77°04′]

[位置と山容] マナリの西北約16kmのピラミダルな秀峰。

[登山史] 1912年イギリス隊（C.G.ブルース隊長）は旧氷河湖のベアス・クンドからソーラン・パスを越えて南面から6月23日初登頂した。

1966年、インド隊が南面から東稜に出て第2登を果たした。54年ぶりの登頂であった。同年マナリ登山学校のインドの女性隊がソーラン・パ

Hanuman Tibba (5928m) N Ridge (M.Oki)

スを越え西面に回り込んで西稜から第3登した。その後西稜はノーマル・ルートとして多くの隊が登っている。

日本隊は、1969年にJAC学生部隊（隊長：森本勲夫）の隊長と梶 正彦が南面中央部から第5登した(1)。同年、佐藤 隆と山田和夫が登頂した。1970年、上智大学隊（隊長：神田隆次郎）の石岡浩二、岩佐喜彦が西面から登頂した。1971年、無宗楽生会の村野詔三、高山 要、海老原政夫が北稜から登頂。町田、須藤が南西面から登頂した(2)。1974年、南西面から木戸繁良、藤条好夫、沖 允人が登頂した。1985年、セントラル・ラホール女性隊（隊長：倉松由子）の隊長と安原眞百合、柳沢伸子が東面から登頂した(3)。1992年、紀峰山の会隊は西稜から頂上を目指したが悪天候で断念した(4)。

マナリからのアプローチも近く、少人数隊の目標として、また、マナリ登山学校のベーシックコース、アドバンスコースの卒業山行として多様なルートから登頂されている(5)。→グラビア写真*(2)-190頁*

[文献]　(1)梶 正彦「パンジャブ・ヒマラヤ1969」1971『山岳』65年
(2)ヒマラヤ、87号、pp.6-7　(3)楽生新聞、3号、1972　(4)山岳年鑑、86、p.81
(5)山岳年鑑、93、p.86　(6)Report：Rajeev Sharma

シカール・ベー　Shikar Beh　6200m　[32°16′・77°03′]

[位置と山容] マナリの北北西約23km、チャンドラ川沿いのシスー村（Sissu）から見えるこの山の北面は、急峻な岩壁と険しい氷河で守られている。山名はヒンドゥー語で「狩人」の意。シャカル・ベーと表記した登山報告書もある。

[登山史] 1955年5月、イギリス隊（隊長：A.J.M.スマイス）はチャンドラ

川を渡り、ムカール・ベー（Mukar Beh, 6069m）とのコルから初登頂した。1973年、群馬県勤労者山岳連盟隊（隊長：吉田昭義）の13名がソーラン・パスを越え、9月13日、ラヴィ川左岸にBC（3800m）設営。ライガル氷河（Riger）をつめ、C2（4900m）から高差570mの奥壁にルートを開き、9月23日に3名が登頂したが頂上でビバークした。

Mukar Beh (6069m) North Side (L) and Shikar Beh (6200m) (R) (C.Masuda)

[文献]（1）報告書『シャカルベー登頂の記録』群馬県勤労者山岳連盟

ムカール・ベー　Mukar Beh　6069m　[32°25′・77°05′]

[位置と山容] マナリの北北西約20km、リゲール谷の源頭部にある。チャンドラ川沿いのシスー村から急峻な北面岩壁が見える。

[登山史] 1968年、イギリス隊（隊長：D.グレイ）が6月17日にマナリ・ピークを登頂後、6月23日初登頂した。1970年、イタリア隊（隊長：C.ラビー）は南東稜より東面を横断して北壁より10月14日に第2登した後、17日にマナリ・ピークに登頂した。1975年、インド女性隊（隊長：M.C.ウッシャリ）が、5月26日マナリ・ピークに登頂後31日に登頂した。同年、インド隊（隊長：S.ダス）が9月22日にマナリ・ピークと共に登頂した。その後の隊は、ベアス・クンドのBCからマナリ・ピークを経由して登頂しているが、ムカール・ベー頂上への雪稜は急峻で事故も発生している。日本隊は1996年、佐藤 隆、山田和夫がマナリ・ピーク経由で登頂を目指したが断念した。

[文献]（1）Rrport：Rajeev Sharma

グプト・パルバート　Gupt Parbat　6159m　[32°28′・77°03′]

[位置と山容] シカール・ベーから北西に延びる尾根上で、北西約3kmにある。「Gupt」は「見えなくなる（disappearance）」、「Parbat」は「山」という意味で、山名は「見えなくなる山」の意となる。シカール・ベーの南西約10km、サナクデン・ジョットの南、ソフィア・ピークの近くにある。グプト・

パルバートの南近くにラルニI峰（Laluni-I）（5973m）[32°25′・76°56′]、ラルニII峰（Laluni-II）（6032m）[32°26′・76°56′]、ラル・ジョット（5973m）[32°26′・76°53′]がある。

[登山史] ときどき、インド隊によって登られているようであるが、登山記録は未見である。

チョタ・シグリI峰　Chota Shigri-I　5334m　[32°13′・77°31′]

[位置と山容] クル地方。クルの北東約46kmにある。デオ・テイバの北東約10kmチョタ・シグリ氷河の西支氷河の源頭。

[登山史] ときどき、インド隊によって登られているようであるが、登山記録は未見である。チョタ・シグリ・グループについてはHJ, 1966に概説記録がある。

チョタ・シグリII峰　Chota Shigri-II　5200m　[32°13′・77°30′]

[位置と山容] クル地方。クルの北東約46kmにある。チョタ・シグリ氷河の西支氷河の源頭。チョタ・シグリI峰の南東約2km。

[登山史] 登山記録は未見である。

チョタ・シグリIII峰　Chota Shigri-III　5334m　[32°12′・77°30′]

[位置と山容] リン・モ（Ring Mo）とも呼んでいる。チョタ・シグリI峰の南東約4km。

[登山史] 1965年に、インド隊のD.ティラーが西稜から単独登頂し、東稜を下山した。

チョタ・シグリⅣ峰　　Chota Shigri-Ⅳ　　5100m　　〔32°12′・77°29′〕
[**位置と山容**]　クル地方。クルの北東約46kmにある。チョタ・シグリ氷河の西支氷河の源頭。チョタ・シグリⅢ峰の西約1km。
[**登山史**]　登山記録は未見である。

チョタ・シグリⅤ峰　　Chota Shigri-Ⅴ　　5000m　　〔32°12′・77°29′〕
[**位置と山容**]　クル地方。クルの北東約46kmにある。チョタ・シグリ氷河の西支氷河の源頭。チョタ・シグリⅣ峰の西約1km。
[**登山史**]　登頂記録は未見である。

（稲田定重・鈴木常夫・星　一男）

JAC東海支部のインド・ヒマラヤ登山総括
Generalization; The Indian Himalaya Climbing of JAC-Tokai Section
鈴木常夫（Tsuneo SUZUKI, JAC東海支部）

　海外登山を実践する場合、発案者は目的を定め、目標の情報収集を始めることからスタートすることは定石である。ただ、近年温暖化が原因ともいわれている氷河の縮小により、古い年代の登山隊の記録に基づいての計画には不安を感じている。特に目標が未踏地であったり、未踏峰、未登攀ルートの場合は、偵察が必要になる。この場合、その地の地域研究を長年継続している人の知識と経験は大きい。情報はギブ・アンド・テイクが山仲間の礼儀であるが、それを果たせなかったことは残念に思っている。

　インド・ヒマラヤにおいては5万分の1の地形図の入手は困難で、現時点ではロシアン・マップの20万分の1、10万分の1の地形図や、グーグル・アースに頼らざるを得ない地域も存在している。

　東海支部における隊員募集に関しては、1988年の第1次から、1993年の第3次までの方法は、本文の「登山の実践」の項でふれている。いざとなると、本人のみならず、支部内においても、加齢と共に低下した中高年の体力は、ヒマラヤの高所登山に適応できるのか、という設問に対して体力測定を行うことにした。1997年から2000年に至る間、愛知医科大学・運動療育センターにて、延べ男性25名、女性10名が12項目の体力測定を行った。測定結果の総合評価は、「自己評価」が測定値を上回っている、言い換えれば、普通の「おじさん、おばさん」であった。平均値よりかなり上回っていた項目は、男女とも肺機能における1秒率、トレッドミルによる運動負荷試験の体重あたりの最大酸素摂取量、敏捷性（全身反応時間）であった。個人評価の結果、参加の断念を申し出たり、辞退してもらった隊員も出た。しかし、測定後、奮起して真面目に体力強化を続けた隊員の経年変化は、体力維持、増進の数値を示したことは救いであった。体力測定と併せて、低圧低酸素室における数回のトレーニングによって、コントロール可能な高所順化への関心が高まったことは評価に値すると思っている。

　第4次からは、支部内公募隊員が加わったが、タクティックスの変化で対応した。この頃から始まった未踏峰への挑戦や、第7次のガングスタン峰集

中登山の際は事前の偵察を行った。それができない場合は、先発隊による偵察、ルート工作で対応してきた。

現在まで、50歳以上の参加隊員は79名に及んでいる。キャラバン中の落馬負傷の1名以外、大きな事故はなく、全ての登山隊に関わった者として、達成感を思う今日この頃である。

次に続く登山隊に期待したいことは、支部のプロパーによる未踏地、未踏峰への継続した登山隊の編成である。青年部、学生部の国内での精進が鍵を握っている。また、広い視野を持って、登山志向を同じくする他の支部との連携や、近年活発なインド登山界との合同登山など、私たちの年代が果たせなかった、活躍の場としてのインド・ヒマラヤ登山である

日本山岳会東海支部 インドヒマラヤ中高年登山隊 年齢別構成表(50歳以上)

◎=初登頂　　□男性　○女性

次数	隊数	年度	山名(標高)	年齢	50歳以上の平均年齢
1	1	1988	ヤン(6230m)	(50代前半)	51.8
2	2	1990	ガングスタン(6162m)	(50代前半)	53.5
3	3	1993	メントーサ(6443m)	(50代後半)	57.2
4	4	1995	ストック・カンリ(6313m)	(50代後半～60)	59.9
5	5	1997	◎クーラ(チャレン)(6546m)		59.7
6	6	1999	◎ウムドン・カンリ(6643m)		52.8
	7	1999	◎ドゥン(6200m)		64.5
7	8	2001	ガングスタン(6162m)北面		58.8
	9	2001	ガングスタン(6162m)南面		63.9
8	10	2005	◎6206m無名峰		61.3
	10	2005	◎c6080m無名峰		57.0
	11	2005	ドゥン(6200m)		57.2
9	12	2007	シャルミリ(6069m)		65.2
10	13	2009	◎アッチェ(6066m)		71.3
11	14	2011	◎チェマ(6105m)		64.5
12	15	2014	◎ピャクシー(6090m)		62.5

※第8次隊より第11次隊まで50歳以下の隊員の参加は無い

JAC東海支部の中高年インド・ヒマラヤ登山(1988年-2014年)
Indian Himalayas Climbing 1988-2014 by JAC-Tokai
鈴木常夫・星 一男
（Tsuneo SUZUKI /Kazuo HOSHI, JAC東海支部）

はじめに

　JAC東海支部の中高年インド・ヒマラヤ登山は1988年から始まり、12次15隊が6000m峰を目指し全て登頂している。内8座は初登頂である。東海支部の先駆者による数々の高所登山は、岳界の評価を得ている。その雰囲気の中で中高年支部員の高所登山が次第に具体化してきて登山が実践された。そして、「継続は力なり」のスローガンを掲げて現在に至っている。

登山の実践

　自然は中高年といえども容赦してくれない。まず、登山記録がある既登峰に目標を定め、第1次の1988年のラダックのヤン峰（6230m）から始まり、6000m峰を舞台に、第2次1990年ガングスタン峰（6162m）、第3次1993年メントーサ峰（6443m）と続いた。隊員構成は青壮年期における積雪期登山・登攀の実践者や、ヒマラヤの高峰登山の経験者が多く、特に問題は起きなかった。

タクティクスの変化

　第4次1995年から支部内公募の隊員が加わった。支部山行として積雪期登山は行っていないため、隊員の実力の把握は難しく、目標は容易なストック・カンリ峰（6313m）を選んだが、経験が乏しい隊員3名がBCで急性高山病を発症した。ガモウバック（高圧バック）での緊急処置、搬送などで登山計画に大きく影響し、急性高山病への対応が今後の課題となる分岐点になった。
　第5次のチャルン峰（6546m）からは、健康管理手帳で自己管理を強化すると共に、パルスオキシメーターのデータの記入を義務化、医療用酸素ボンベを各キャンプへ配置している。
　高齢化し体力、技術が低下した登山隊が目的を達成するには、次第に、優秀なHAPの力を借りる手段を取らざるを得なくなった。1988年のヤン峰で

は18％の雇用率（隊員数に対するHAPの数）が、第4次のストック・カンリ峰では33％、第5次のクーラ峰（6546m）においては59.7％に増加し、第8次からは100％近くに達した。隊員構成が支部内公募という条件下、高齢化が進んだ中高年隊が安全に短期間で目的を達する手段に対してのタクティクスである。

　東海支部設立の志向から、中高年隊といえども未踏峰、未踏地への挑戦に加えて、学術、調査等が登山隊の目的に加わり、専門知識を持った支部員が登山隊に加わることになった。

（鈴木常夫）

カルチャ・ナラ源頭の3峰初登頂(2009年, 2011年, 2014年)

The first Ascent of the Three Peaks at the Head of Karcha Nala
星　一男（Kazuo HOSHI, JAC東海支部）

カルチャ・ナラについて

　カルチャ・ナラ（Karcha Nala）は、ほぼ、北緯32°20′に沿って流れている長さ17kmの小さな川である。バタルの南約1.5kmの地点でチャンドラ川に合流している。右岸にはカルチャ・パルバット（6271m）、フルーテッド・ピーク（6159m）の南面が、カルチャ・ナラから約1900mの高差でそびえている。左岸には長さ4～10kmの単純涵養氷河が扇状に展開している。便宜上、東からA～D氷河と仮称している。氷河は平坦で舌端部は角礫に覆われている氷河もある。これらの氷河はクレバス帯も存在せず、登頂ルートとして利用できる。氷河からの流れによってカルチャ・ナラの水量は維持されている。これらの氷河は尾根によって隔たれ、尾根の末端は比較的緩やかな斜面で、羊の放牧に利用されている。A氷河源頭には5968mと6060m、B氷河源頭には6105m、C氷河源頭には6066mと5945m、D氷河源頭には6090mの他2座が連なっている。A～D氷河とピークのパノラマ写真は、H.J Vol.44（1986-1987）に掲載されている。また、グーグルアースの鳥瞰図で、ほぼ、全容が把握できる。

アッチェ峰（Ache,6066m）初登頂（2009年）

　JAC東海支部第10次インドヒマラヤ登山隊として、インド隊の記録を参考にカルチャ・パルバット峰南面からの許可を取り、南ダッカ氷河の4600m付近で高所順化後、バタルからカルチャ・ナラの右岸に沿ってさかのぼり、スノーブリッジで左岸に移り、7月8日、左岸の台地4400mにBCを設営した。南面は雪線が6000m付近と高く、ルートに予定していた尾根には雪が無く、水が得られないためあきらめ、カルチャ・パルバット峰の登頂は断念。第2目標のC氷河源頭の6066m峰に転進することにした。

　未知の氷河に不安を感じつつ、7月13日、C氷河とA氷河の合流地点にC1（4700m）設営。翌日、C氷河に入った。舌端は角礫に覆われていてようやく5100m付近から氷河らしくなった。クレバス帯もなく、荷上げを続け、7

月17日、氷河上5200mにC2を設営した。7月18日、天気は今一つだが登頂日とする。目標のピークは雪峰だが新雪に覆われ、C2からの高差約900m、鈴木、足立は登頂を断念。最高齢の松原が、ヒドン・クレバスに落ちたりしながらも深雪のラッセルも引き受けて、午後2時50分HAPの2名と初登頂に成功した。たおやかな、山容からラホール語で「娘」を意味する「アッチェ」と命名した。

　隊長：鈴木常夫(74)、隊員：松原立雄(75)、足立直行(65)
[文献]　報告書『アッチェ峰初登頂2009　JAC東海支部』

チェマ峰（Chemma, 6105m）初登頂（2011年）

　第11次隊は、アッチェ峰隊が撮影したB氷河源頭の梯形の雪峰を目標に結成した。ロシアン・マップ10万図と、アッチェ峰隊が入手した5万図を参考に、今後、この地の地域研究の完成も考え、環境変化の影響を受けやすい、フィルン（氷の粒）原の狭い単純涵養氷河の縮小の調査も目的に加えた。

　トレッキング隊に同行していた鈴木が、帰路、スノーブリッジ地点まで偵

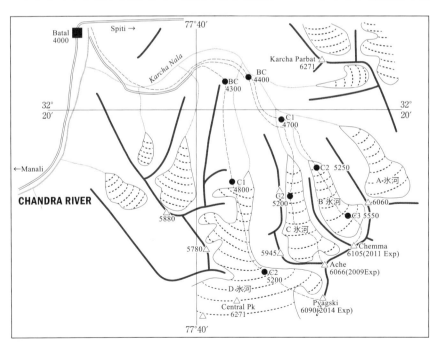

察したが、右岸の大崩壊が川を左岸へ押してしまっていて、たった2年であるが自然の驚異の報告を受けた。

バタルを起点に2日間の高所順化後、7月30日、5回の徒渉後、アッチェ峰隊と同場所の4400mにBCを設営した。8月2日、4680mにC1設営。途中目標のピークの全

Chemma（6105m）（K.Kuze）

景を見ることができた。6日、堆石の下は死氷で不安定だが、B氷河右岸側堆石上5250mにC2を設営した。馬は氷河上をC2迄上がってくれ、荷上げに助かった。全員登頂の目的達成には、頂上までの高差800mはきついとの話が出て、7日、氷河上5500mにC3を設営した。9日、正面の氷壁ルートを避け、左側から雪氷壁を回り込んで11時20分、5名全員とLO、HAP5名が初登頂に成功した。

BCに帰着後、思いもよらぬ大雪に見舞われた。待機させておいた馬は草を求めて降りてしまっていて、14日、身の回り品を背負ってバタルへ下ったものの、ロータン・パスは不通でカザ、シムラ経由でマナリへ戻った。

双耳峰であるので、スピティ語で「双子」を意味する「チェマ」と名づけた。

隊長：星 一男（61）、隊員：篠原 豊（72）・石井 仁（68）・久世勝巳（62）／学術隊長：田辺元祥（61）

ピァクシー峰（Pyagski,6090m）初登頂（2014年）

第12次隊の目標は6090m峰と定め、2013年夏、星はD氷河のキャラバンルートとBC予定地付近の偵察を行った。カルチャ・ナラをまたぐスノーブリッジの有無は、徒渉の危険を左右する。今回は登山時期を早め6月後半に決め、隊員は支部内で公募した。

残念なことに、東海支部とは1970年以降HAPとして活躍してくれたファテ・チャン・タクールが2013年に遭難死し、いわゆるファテ・チャン一家の存亡が懸念されたが、いつもの2名の参加に加え、ラジーブ・シャルマ氏の人脈で、LOやインド人スタッフもマナリ登山学校のインストラクターコース終了者で決まった。

除雪が済まないこともあって、チャトルから標高4000mのバタルまで約30kmを2日かけて歩いた。結果的に高所順化になった。6月27日、スノーブリッジを慎重に渡り、BC予定地に到着。7月1日、4800mにC1設営。2日、5200mにC2設営を終え、3日、雪原に立ち並ぶ3峰の内からGPSで目標を定めた。4日、午前2時に起床、小雪の舞う中、午前5時に取付き点の尾根に到着。ロープを固定しながら雪庇に注意し雪壁など登り、晴天になった午前9時30分全員とLO、HAP3名が初登頂に成功した。

　山名は「隠された」という意味のラホール語である。

　隊長：星 一男(63)、登攀隊長：鈴木美代(62)、隊員：土屋昌代(37)

[文献]
(1) 報告書『チェマ峰初登頂2011』JAC東海支部
(2) 報告書『ピァクシー峰初登頂2014』JAC東海支部
(3) JAC,『山岳』Vol.107, 2012, pp.30-39
(4) HJ, Vol.67, 2011, pp.241-245
(5) HJ, Vol.70, 2015, pp.219-221
(6) IM, Vol.47, 2011, pp.22-24
(7) JAPANESE ALPINE NEWS, Vol.13, 2012, pp.65-69
(8) JAPANESE ALPINE NEWS, Vol.16, 2015, pp.63-65

シャルミリ初登頂（1980年）

The First Ascent of Sharmili（6096m）

村上泰賢（Taiken MURAKAMI、群馬高校教職員登山隊）

シャルミリと命名

　マナリからロータン・パスを越えて北に向かい、セントラル・ラホール（Central Lahoul）のチャンドラ川（Chandra River）とバーガ川（Bhaga River）に囲まれたCB山群の最高峰ムルキラ（Mulkila, 6517m）の東約3kmに位置し、サムンダール・タプ氷河（Samundar Tapu Gl.）の北西側に派生する支氷河の奥にそびえ、初登頂まで「CB53」峰と記号分類されていた。6000mをわずかに上回る山だが周囲を複合流域氷河に囲まれ、2段のアイスフォールと高度約400mの雪壁を持つヒマラヤらしい山容を備えた山である。特に頂上稜線に至る雪壁の突破が登頂の鍵である。山姿がすぐ手前（東）の山容に似たCB54峰に隠れ、容易に見えなかったことから、初登頂後、「シャルミリ（恥ずかしがりの娘（Sharmili））」と命名し、IMFに届けた。

　2007年7月～8月にJAC東海支部の日印友好インドヒマラヤ学術登山隊（鈴木常夫隊長）の3名が同じく東稜から登頂した。

アプローチ

　当初入手した1枚の写真はチャンドラ・タル湖（Chandra Tal）からの遠望で、支氷河への分岐部分が判然とせず懸念されていたが、マナリ登山学校で秘蔵の地図を手書きで写させてもらって（当時、コピー機がなかった）、ある程度の見通しがついた。マナリからロータン・パスを越えバタルまでバスで入り、バタルからミュール（ロバ）に荷を積んでキャラバンを開始した。馬方は以前このあたりに入った登山隊がBCとした氷河末端で荷を降ろしたので、「馬の脚が滑る」「ルートがわからない」と渋るのを説き伏せ、ミュールを氷河の末端からサムンダール・タプ氷河上へ上げ、支氷河の分岐近くまで進めてBCを設けた。

　BCを高い位置に建設できたことが、時間に制約のある教員登山隊にとって、成功の要因となった。支氷河の分岐部分は現地でみると、メイン氷河が痩せたためか氷の絶壁となって切れている絶望的な光景だったが、左岸側の

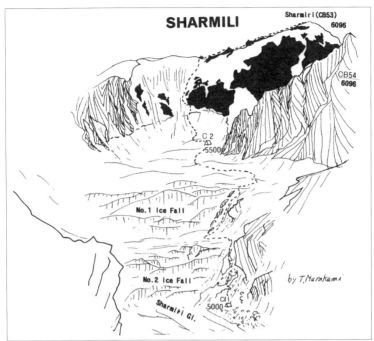

ゴロゴロの石のモレインの斜面が崩れずに登れることがわかって、支氷河上に出られた。支氷河のアイスフォール帯手前にC1を設営した。2段のアイスフォールは左岸の山際にルートを取って上部雪原に出ると、CB54峰から派生した尾根を回りこんでようやくCB53峰の全容を見ることが出来た。雪原を

Sharmili (6096m)（T.Murakami）

最奥までつめてCB53峰とCB54峰との中間コルを仰ぐ位置にC2を設けた。

登頂

アタックルートはムルキラから東に派生した尾根の正面雪壁にロープをフィックスした。尾根に出ると岩峰にボルトを打ってトラバースして越え、

その先は尾根伝いに頂上に達し、1980年8月7日に、大澤 清、斉藤正之、中島治彦、高橋守男が初登頂し、翌日、梅沢正紘、宮田史郎、青木勝明、野沢一郎が、続いて8月11日に村上泰賢、岡安茂能、角田二三男、ラジーブ・シャルマ（マナリ登山学校インストラクター）が山頂に立ち、全員登頂を果たすことができた。

[登山小史]
　その後、下記の3隊の西ベンガルのインド隊がいずれも初登頂と同じ西稜から登頂した。1985年9月11日、J.U.Mountaineering & Hikking Club=JUMHC（隊長Amit Chowdhury）のSunandan Ghosh, Ajit Naskar, D.Roy、（Himalayan Mountinering Journal,14）

　1986年9月8日、Tour Cultural Societies & Travello=TCST（隊長Pabitra Sanyal）のSoumitra Ganguly, Chandan Lohia, Dhaniram（TCST,J2）

　1992年8月20日（Kiron Mukherjee）のSubrata Mukherjee, Bhaskar Mukherjee, Shankar Deが登頂した（Himavanta, Vol.10, 1992）。

[文献]（1）群馬高校教職員登山隊（編）『シャルミリ　CB53初登頂&ラダック・ザンスカール踏査』群馬高校教職員登山隊、1980年

カルチャ・パルバット 試登とユナム登頂（2008年）
Karcha Parbat（6271m）and Yunam（6113m）
デバブラタ・ムケルジー（Debabrata Mukherjee, HC-Kolkata）

概要

ウエスト・ベンガル、パタジャトラ（Pathajatra）のインド隊（隊長：Debabrata Mukherjee他3名）は2008年8月、カルチャ・ナラ（Karcha Nala）の上流域にあるカルチャ・パルバット（Karcha Parbat, 6271m）を試登し、ユナム（Yunam, 6113m）に短時間で登頂した。

はじめに

2008年8月7日、隊長：Debabrata Mukherjeeと20代の若い隊員Kudrat Pardiwala、Zafar Ajmal Hussain、Neeraj Patelの4人の隊はニュー・デリーを出発し、マナリ経由でバタル（Batal）に着き、順応のため滞在した後、カルチャ・パルバットに向かった。この山は、1958年にイギリスのリナム（F.Lynam）が探査し(1)、この地域の地図を作ったのが最初で、1977年にイギリス隊（隊長：Mick Curran）が初登頂した。その後、カルカッタのインド隊（隊長：Diganta）などが登頂した。

カルチャ・パルバット試登

8月8日、曇りだったが、バタルを出発した。荷運びのためにネパール人のポーターを雇用した。川を渡るところでは、固定ロープの助けを借りて速い流れの川を横断した。しばらくすると天気は曇りから雨になり、だんだん強くなり、唯一の目印であった羊飼いの足跡は見えなくなった。玉石を跳び越えて支流を横断した後、草の多い斜面を歩いてゲルー・タチ（Grelu Thach）というキャンプ地（4342m）に着いた。

8月9日、午前8時30分にキャンプ地を出発し、カルチャ・ナラの支流に沿って登り、大きい玉石のあるBC地点に着いた。わずか2時間足らずであったが、飲料水の入手を考慮すると、ここらあたりにキャンプするしかなかった。カルチャ・パルバットの西側の尾根のほうに、2パーティに分かれて上部を偵察したが、どちらにも水場はなかった。その間に、コックたちは2つの尾根

の間にBCを建設した。水は下の川から運ぶことにした。午後に、順応を兼ねてBCの上部をもう一度偵察した。

　8月10日は明るい太陽が顔を出した。午前8時にC1とサミット・キャンプの偵察のために登高を開始した。C1へのルートは、いろいろな大きさの玉石の中であった。北東方向にカルチャ・パルバットが望まれた。午前11時15分にC1サイト（5388m）に到着した。しかし、問題は「水がない」ということであった。谷の上のほうで水のしたたっている音を聞き、そこまで行って大きな玉石を除くと、なんとか飲み水にできる水があった。

　8月11日、朝は晴れていたがやがて曇りの天候に変わった。C1に着く頃には、雪片の舞う強風になった。前日に見つけていた水源が凍ってしまっていた。さらに、約30分登ると、幸いに、水があった。夜になってテントのジッパーを締める直前に、降雪は止んだ。

　翌日、谷を2時間登った。谷は狭くなり、最後はおよそ80度の勾配の岩壁になった。正午頃に、尾根の上部に達した。曇りの天気であった。最後の40mも急な壁で、崩れそうな岩で危険であった。

　平らな場所を発見し、小さいドーム・テントを張った。場所は、南側の上部、約600m崩れそうな岩壁の300mほど下であった。テントに入ると直ぐに雪が降り始めた。30分もたたないうちにリュックサックは雪にうまってしまった。

　夜は吹雪になり、風が吹き荒れた。テントに積もった雪を取り除くのに夜中までかかった。午前3時に出発して山頂に立つ計画であったが、吹雪は、午前8時30分になってもやまなかった。そのうち風は弱まったが、降雪は続いた。午前10時頃に降雪はやんだ。テントから出てみるとあたりの眺めは、びっくりするほど美しかった。しかし、非常に危険な状態で、不安定な玉石は、雪の下にあり、新雪の下の岩が多い西峰の残りの450mは凍ってつるつるになっていた。しかし、朝食の後、荷作りしていると再び雪が降ってきた。天気は回復しそうになかった。荷作りして、下山することにした。午後2時にC1に着き、午後3時30分にBCに着いたが、まだ雪が降っていて、夕方には雨になった。

　翌朝、朝食とキャンプ掃除の後、午前9時30分、重苦しい心とよりひどい天気と共にバタルに向かって出発した。

　8月15日、インドの独立記念日は、雨で洗われた明るい日光から始まった。

しかし、隊員たちの顔は、それほど明るくなかった。6000m峰を登るという彼らの夢が実らなかったからである。予備の日があったのでユナム（Yunam, 6113m）を速攻で登ることにした。

ユナム速攻登頂

Yunam Climbing Route（D.Mukherjee） 　　　*Yunam（6113m）（D.Mukherjee）*

　8月15日、バタルを出発し、ロータン峠の北のグランプー（Gramphoo）からバスに乗ってケイロン（Keylong）に着き、ケイロンからマナリ・レー道路を走り、クドラート（Kudrat）を経由して、バラタプール（Bharatpur）に着いた。

　8月17日午前9時30分にバラタプールを出発し、11時30分にバララチャ・ラ（Baralacha La, 4891m）を越えてユナム・ツォ（Yunam Tso）という湖に向かい、湖の近くのキャンプ地に到着した。

　8月18日、午前3時に起きてみると雪が降っていた。悪天候が私たちの後を追ってくるようであった。しばらく様子をみた後、午前8時30分に出発した。高度順化が完全にできていたので、南面から午後1時15分にユナム・ツォの北東約3kmにある無名峰（6113m）の山頂に短時間で立つことができた。若い力の勝利であった。この無名峰は、地元ではユナム・ツォの名前をとってユナム（Yunam）と呼ばれている。ケイロン経由でマナリに帰着したが、BCから登頂、BCからマナリまで56時間という記録であった。

［文献］　(1)F.Lynam: HJ, Vol.38, p.198

（沖 允人訳）

― ラホール随想 ―

マナリで暮らして20年

Twenties Years in Manali

森田千里（Chisato MORITA、マナリ 元風来坊山荘オーナー）

　民族、宗教、言語、習慣、階級など複雑に絡み合い、混沌とした大国のインドにおいては、長くて2カ月の滞在の登山隊は、インドの持つ3000年近い文化から見れば、一瞬の時間を通り過ぎてゆく旅人である。マナリに20年近く暮らした私も一介の旅老人であった。登山隊は目も心も目標の山に向かっているのは当然であるし、そうで無ければ目的達成は心元無いと思う。しかし、氷雪の場に身を置く前や後に現地の人文を知ることによって、人間関係のトラブルを未然に避けることができたり、新たなステップを踏み出すこともできると思っている。未踏の地に踏み込んだ際、エージェント、高所ポーター、馬方など直接登山隊に関わる人達以外に、登山中、ふっと現れて、さりげなく去っていく羊飼いが、思わぬ情報をもたらしてくれたり、急性高山病の隊員を搬送する際、手助けしてくれた、名も知らぬ住民がいたことなどを耳にしている。

　以下に、この20年近くの間にマナリを起点にして私が訪れた各地の人々の生活・風習・民族などに関して綴ってみた。きっと、登山計画に役立ち、また、登山の思い出を豊かにしてくれると思う。

自然・人・生活
1）キンナウル地方
　長い間、インドと中国（チベット自治区）国境付近は閉ざされていて秘境であった。1992年に外国人にオープンされたが、今も国境近くには入れない場所も多い。この地はインダス川の最南の大支流サトレジ川の源である。聖山キンナウル・カイラスは、シバ神の冬の住処といわれ、チベットのカイラスに行けない人もこの山を巡礼したらしい。
　この地の人々は誇り高い民族で、ほとんどがネギ姓である。「ネギ」は、ヒンディー語の蛇を意味するナーグではないかと思うが語源ははっきりしない。人口は約5万と言われている。行政面にも多数の人材が進出し、

ヒマチャール・プラデーシュ州の現首相はキンナウル王家直系である。

日本ともつながりが深いこともある。京都三十三間堂の国宝の一つ、キンノーラ（緊那羅王）は、バラモン教、ヒンドゥー教を経て、その後、お釈迦様の守護神二十八部衆として仏教に取り込んだと考えられる。このキンノーラは三十三間堂の説明書によると「歌舞音曲を良くするインド山地の神」とある。

キンナウルはブドウの産地でもあり、ここで作られたブドウ酒を蒸留した現地語で「アラック」といわれるブランデーは世界第一だといわれている。アユルベーダーに出てくる神の酒のソーマ酒は「アラック」の一種である。お祭りに出るお神輿もクル谷のものとは違い、ヤクの毛をおかっぱ頭のような形にしたものである。山の神の大祭りなどは、神に指名された少年たちが「神の花」といわれている「ボンボリトウヒレンとヒエンソウ」を祭り前に数日の泊まり山行で採取してくる。

旅人のもてなしも親切で、他の地区とは少々異なり、風俗、習慣ともに特殊な民族である。また社の扉の木彫など蛇のモチーフが多く、蛇族だともいわれてキンナウル地方は不思議なサトレジ川奥の閉ざされた地方である。

2) スピティ地方

住民の多くは敬虔な仏教徒であり、キー・ゴンパ、ダンカル・ゴンパなど古いゴンパも残っているが、今でも新しいゴンパも作られている。人種、風俗もチベット的である。有名なタボ・ゴンパは国宝の立体マンダラがある。チベット仏教もここのタボ・ゴンパを経てチベットに入ったと言われている。

モンスーンの雲も時にひっかかる程度で、夏期の降雨が極端に少ない乾燥地帯である。化石氷河からの20km以上もある水路が頼りの村もあり、この水路が壊れれば生活が成り立たない。水さえ得ることができれば、4500m近くまで定住できる。道路が良くなったので、高地エンドウの出荷や、パシミナ山羊で現金収入を得ている。渓谷の村はスピティ川よりはるかに高い場所にもある。水害を避けた村と、チベット方面からを結ぶ道は高地を縫ってできていたように思われる。スピティ川の水を

ポンプで汲み上げる計画もあるようだ。
　中生代の石灰岩、結晶片岩帯が多く化石も多産する。またスピティ川上流沿いにいくつかの氷河湖が、かつてあった跡が残っている。

3）ラホール地方
　ロータン・パスの北から西の谷では、冬に降る雪の水分で斜面が農地になっていて、高地ジャガイモ、高地エンドウの産地となり、最近はホップなども栽培している。農作業はネパール人を雇ってやらせたりしていて、豊かな農家も多い。彼等の中には、クル、マナリへ進出して商店を経営したり、冬は暖かなクル方面の家で過ごしたりしている人もいる。
　言葉、習慣、歴史は村々で異なるが仏教徒が多い。ラホールの娘の民俗衣装はヒダのあるジャンバー・スカートにテープ入りである。色はこげ茶の羊毛手織りである。バララチャ・ラはラダックへの道の峠で、手前のパッセオは古くからチベット方面の羊毛と麦などの交易場であった。ラダックへの交易路であったゴンドウラ村には城も残っている。

4）パンギー地方
　パンギー谷はチャンドラ・バーガ川が極端に北流する地点付近であり、チャンバ地方とも呼ばれている。1700万年くらい前、ゴンドワナ大陸の一部が北上し、ユーラシア大陸に激突して潜り込んだ最先端部分に当るのであろう。北はザンスカール、東はラホール、西はキシュトワール、南はチャンバに囲まれ、峡谷と高山に挟まれた地区で、古くはチャンバ王国に属し政治、民俗、自然地理的にもインド・ヒマラヤの秘境である。現在はヒマチャール・プラデーシュ州のチャンバ県に属している。一昔前は、細々とした道がラホールのウダイプールからチャンドラ・バーガ川沿いを通っていた。また、ミヤール谷から5000mの峠越えの道や、チャンバ方面へ5000mを越える羊道もあった。西南寄りのサチュ・パス（4390m）がチャンバの村への主要な道であった。近年は小型バスが通うようになっている。冬は雪が多く5～6mに達し、閉ざされた村々になる。そんなことから閉ざされたパンギー谷は、古来、王国の政治犯などの「山流し」の場であったという。チャンバ王国の役人がパンギー

谷に派遣される時は、国で葬式費用をプラス支給しないと行かなかったという話など語られている。

チャンバ地方は、バラモン教、古いヒンドゥー教が残っているようで、神々の像なども平地とは違う。アーリア民族の侵入はこのあたりから北西インドに広がったのではないかと考えられ、山地に古い神話や住宅、寺が多数ある。博物館なども見ものである。

放牧する人達
1) ガディ族

ヒマチャール・プラデーシュの西方の旧チャンバ王国に定住していて、羊飼いを生業としている。家族で交代して、多いとき2000頭に及ぶ羊を連れ、5月から東部ラホール、バララチャ・ラ、チャンドラタール、クンザム・ラ、ピン・パルバッティ方面などの草場を求めて夏を過ごし、9月初め頃にはクルあたりの峠を越えてチャンバへ帰っていく。移動時期は国道でしばしば車と羊の大ラッシュである。平地の村々の羊や山羊も預かって移牧する。奥地の村々との入会権なども難しい問題もあるらしい。

2) クジャール族

回教徒の人達で、歴史的な流れはよくわかっていない。デラ・ドゥン近くのガンジス川の荒れた氾濫原に冬の間生活していて、5月頃山の草地を探して家族全員で移動する。水牛の群れを連れてゾロゾロと道路をウンコだらけにして行く。ガンゴトリからヒマチャール・プラデーシュの草場を探して夏の間を過ごす。牛乳は村で売ったり、チーズを作ったりする。定住民との諍いが多い話も聞く。州政府は一定の土地を与え定住を勧めるが、歴史的な習慣は止まない。今でもハムタ谷、ソラン谷、ロータン・パス方面に入っている。

言語

インドは、多民族ゆえ多言語の国である。平地では主にヒンディー語が使われている。ただしマナリ周辺では、山地方言のパハリー語も多く

使われている。ロータン・パスは、チベット語でロータン・ラ「死者の峠」の意味で、昔は4000m近いこの峠を越えることはたいへんなことだったようで、それを言葉が物語っている。峠の北側はラホール地方になる。チベット語系とパハリー語系の混合地帯で、地元の人でも隣の村とは言葉が通じないこともある。巡礼に来て家族で住みついて、それが村となったりした場合などは、そのようなことは起き得るだろう。今でも一妻多夫制などが残っている村もあるといわれている。ラホール地方とは異なるが、サトレジ川流域のキンナウルのマラナ村などは、全く違う系統の言語である。道路網の発達により、じわじわヒンドゥー文化が浸透したり、商売の必要上、最近では学校で英語教育が強化されているから、言語の変化が起きる可能性も捨てきれない。スピティの山間の村には、チベット語系の方言がかなり濃く残されていると言われている。

伝説
　アレキサンダー大王の軍の末裔が住み付いたのだという伝説の残る村もあったりする。村で悪魔と言われているデプタ神は、中国から来たとかいわれている。マナリ近くのバシスト温泉はバシスト・リシが開いた村といわれるが、リシは中国系の言葉で、律師ではないかと考えられる。マナリもマナリ・リシが開いたという。
　クルからマニカランに越えるところにマナラという村がある。ここは昔から治外法権の村で、言葉も違い歴史も定かでない。近年、日本の言語学者が調べたいと出かけたが、村には入れなかった。数の数え方などはどうもキンナウル地方と似ているらしい。
　トレッキングなどで村の道を通る時、荷物は村の中には置くことはできず、外に置かされる。もちろん村人との接触はできない。村でもめごとがあっても村長、長老の集まりで解決し、警察も近年まで入らなかった。
　ロータン・パスの北側ラホールのシスー村に古い社が有るゲパン・ゴー（Gepang Goh）もデプタと言われる悪魔である。ここの神輿は長い大木であり、これに色布などをひらひら飾って20人位で担いで歩く。このデプタは10年に1回程度、マナラの神から新しい大木のデプタをもらって村人たちが泊まりを重ね、ラホールの人達とプジャと言われる祈りを

して、ロータン・パスを越えてシスーまで運ぶ。どうも中国系の風習ではないかと地元の古老は言っている。大変強いデプタでロータン・パスの南にいた強い女神のハディンバと喧嘩になり、投げ飛ばしたら、マナリに落ちて今のハディンバ寺ができたなどという伝説がある。また昔々大神様がクル谷にやって来た時、峠の上で昼ごはんにしようと包みを開いたら、一陣の風が吹いて、中にいた小さい神々が谷中に飛ばされたという。このことから、クル谷は神々の谷と呼んでいる。毎年9月のドセラ祭りにはクル谷99ヶ村のデプタが集まり、古いクルの王様も来て、インドでも有数の大祭が開かれる。

神事など

御柱としめ縄について

1）御柱（おんばしら）について

　私が住んでいたマナリ近くのバシスト村等は、御柱を立てる風習がある。日本でも7年に一度、信州善光寺の回向柱、諏訪大社の御柱祭などあり、森の文化を感じる。社を新、改築した時に立てる。村中総出で村有林の神木と称する大木をシャーマンのお告げで切り出し、社に運んで立てる。途中のリンゴ園の木など引き倒されても文句は言えない。古老に聞くと「この道は神様の通り道」ということで平気である。近在の村々を調べると御柱をたてなくても、古い大木が御神木として、鉾や羊の頭や角が供えてある。御柱の根元穴には生贄して雄の山羊を埋める。裕福な村では30〜40頭供える。

2）しめ縄について

　インドの神様で、半分悪魔で半分優しい神様のシバ神など、破壊と創造の両面を持つそうだが、このインド・ヒマラヤの山地の仏教圏でもヒンドゥー圏でも同様で社、寺どちらか分らないが、祭りの時には、お神輿が出てきて皆でワイワイ遊ぶがその後は寺、社にしまい、その周りにはしめ縄を張って結界を巡らせ、悪魔が出てきて暴れたり、悪さをしたりしないようにするのだという。しめ縄には日本式の紙ではなく、菩提樹の葉をはさんでいる。

スピティ　Spiti

　ヒマチャール・プラデーシュ州（Himachal Pradesh）の北東部に位置するスピティ地区（Spiti）は、同一行政区の緑の多いラホールとは全く逆の荒涼とした地で「トランス・ヒマラヤの中でももっとも不毛の地である」と、Harish Kapadiaは著書「SPITI」で述べている(1)。

　ほとんどが3000mを越える高地であり、キンナウル（Kinnaur）の山々にさえぎられ、モンスーンも夏期の降水量も200mmときわめて少ない乾燥地帯である。氷河からの融水にたよる地域に集落が点在し、小規模な農業、牧畜で、ほぼ、自給自足に近い暮らしをしている。冬期は厳しい寒さになり、集落間の交通も途絶え、冬籠りになる。

　現在のスピティは1990年代後半から雨量が増えて緑が目立ってきた上、水路開拓やNGOによる各戸へのソーラーパネル設置などで人々の生活も様変わりしてきている。かつてのジャガイモ栽培は激減、換金率の良いリンゴやグリーンピースなどの栽培が主となってきている。また、2000年以降急激に増えたツーリストに迎合する宿泊施設や食事場所も次々にでき、地元民の意識がついていけない状況にあるという。

　住民はほとんどチベット系で、チベット仏教を信仰していて、家には仏間が設けられている。1000年以上の歴史を有するタボ・ゴンパ（Tabo Gompa）をはじめ、キー・ゴンパ（Ki Gompa）、ダンカール・ゴンパ（Dhankar Gompa）など有名なゴンパが点在している。また、2009年にはカザ（Kaza）にサキャ・ゴンパ（Sakya Gompa）、2011年にはピン川（Pin R.）のサグナム（Sagnam）に新しいゴンパが建立され、盛大な落慶法要が行われ、今も信仰の深さがうかがえる。

中心地カザへ

　カザは、スピティ地区の中心地で、標高3600mである。町は川を境に二つに分かれている。東側はオールド・カザと呼ばれるチベット風の街並みで、商店、レストラン、タクシースタンド、バスターミナルがある。西側は、役所、酸素吸入設備を備えた病院、ホテルなどがあり、ニュー・カザといわれ

ている。

　カザに入る自動車道路は二通りある。一つはヒマチャール・プラデーシュの州都のシムラ（Shimla）からレコン・ピオ（Rekong Peo）を経由して、スピティ川をさかのぼるルートで通常2日かかる。この間はインナーライン（中国との国境紛争で設定された軍事上の防衛線）通行許可証が必要で、キンナウルとの境界・スムド（Sumdo）で検問がある。通行許可証は、カザに入るにはシムラかレコン・ピオで、シムラへ戻るにはカザで取得できる。

　もう一つは、マナリ（Manali）からジャンムー・カシミール州（Jammu Kashmir）のラダック（Ladakh）まで続く軍用道路を北上し、ロータン・パス（Rohtang Pass, 3978m）を越え、グランポ（Grampho）で東に折れ、チャンドラ川（Chandra R.）をさかのぼり、バタル（Batal）からクンザン峠（Kunzum La, 4551m）を越え、スピティ川（Spiti R.）沿いにカザへ下るルートである。途中、ロサール（Losar）でパスポート・チェックがある。また、ここには簡素なホテルも数軒営業している。通常1日でカザへ到着する。いずれも急斜面の山腹をぬって川沿いを走る山岳道路で、降雨で崩壊し、しばしば不通になる。

　マナリからの道路は積雪で閉鎖される。積雪量にもよるが、通常ロータン峠は5月中旬、クンザン峠の開通は6月中旬ころである。シムラからの道路も北部は積雪で閉鎖される。夏期にはマナリからの道路沿いのチャトル（Chhatru）やバタルにドライバーやトレッカー相手の茶店が開き、簡素な宿泊設備も備えている。なお、グランポからスムド間は2013年10月に国道22号に昇格した。

山に囲まれたスピティ

　スピティは北をラダック、東をチベット、南をキンナウル、そして西をクルと境界を成し、周囲を山で囲われている。クンザン峠を源頭とするスピティ川に合流するタクリン川（Takling）、ギュンディ川（Gyundi）、ラタン川（Ratang）、リンティ川（Lingti）、それに古からのクルとの交易路であるピン川（Pin）などの奥には5000m〜6000m峰が数多くある。

　スピティ北部の山々は、スピティ川北側の支流域の山々と、パラン・ラを越えたパレ・チュー川（Pare Chu R.）流域の山々に分けられる。この流域は、中国との政治的、軍事的な緊張から、長い間外国隊に門戸を閉ざしていたた

め、インド隊のみが登山活動を行ってきた。スピティ川の大きな支流であるリンティ川の支流の多くの6000m級の山々は、1980年代にインド隊によって初登頂されている。1993年の規制緩和でスピティ川の西側の山々は外国隊にオープンされた。しかし、スピティ川の北側と東側、パレ・チュー川の流域は規制区域になっていて、登山許可取得は流動的である。

　スピティ川とパレ・チュー川を分ける分水嶺は、スピティの最高峰ギャ（Gya, 6794m）から6000m峰を数座連ねて南西に約15km、無名峰（c.6066m）まで延び、そこからパリルンビ（Parilungbi, 6166m）まで6000mの高度を保ちながらほぼ西に12km連なっている。パリルンビからドゥン（Dhun, 6200m）、ラカン（Lakhang, 6250m）と南下し無名峰（c.6228m）（→グラビア写真(2)-197頁下）から再び西に約20km延び、パラン・ラで高度を下げた後、再び6000m峰を連ねた後タクリン・ラ（Takling La, 5275m）で高度を下げている。このように北スピティの山々は、スピティ川の支流、パレ・チュー川の支流が入り組んで、かなり複雑な山域になっている。

　古くから知られている主な山としてはシラ（Shilla, 6132m）（→グラビア写真(2)-197頁上）やギャ（Gya, 6794m）などがある。ギャは、チベットとの国境に位置するといった政治上の問題と、急峻な山容、アプローチの困難さのためインド隊が執拗なアタックを続けてきたが、ついに1998年、陸軍歩兵師団隊（隊長：Col.A. B. Goth）が北西壁より初登頂した。なお、ギャもウムドン・カンリ（Umdung Kangri, 6642m）も、スピティ地区の人々が定住している地からは見えず、JK州のラダック地区のツォ・モリリ湖（Tso Moriri Lake）からしか望見できない。

　シラの南約9kmには人気の高いチャウ・チャウ・カン・ニルダ（Chau Chau Kang Nilda=CCKN, 6303m）があり1997年、群馬高体連隊（隊長：高橋守男）が南西稜～西稜経由で登頂している　　→371頁

　周囲を列強王国に囲まれていたスピティはそれらの王国の政治戦略次第で興亡を繰り返してきた。19世紀半ば、チベットやラダックのパシュミナに注目した英国は搬出路としてスピティへの関心を高め、英領インドに組み込もうと画策し、成功する。1947年のインド独立に伴いスピティはインドに帰属、キンナウル同様、外国人の入域は全面的に禁じられ、自国民にも厳しい入域制限が設けられたが、1993年の自由化に伴い、インド国民は自由に、外国人も条件付きで入域できるようになった。

1939年、シッキムのテント・ピーク（Tent Peak, 7365m）とネパール・ピーク（Nepal Peak, 7180m）初登頂後デラ・ドゥン（Dehra Dun）の捕虜収容所に収監されたH.PaidarとL. Schmadererは1940年、前年に同じデラ・ドゥンの収容所から脱走したHeinrich Harrarと、ほぼ、同ルートでチベットへ潜入。第二次大戦の終結を知らぬまま1945年、スピティ経由でインドへ戻ったSchmadererは、タボ寺院近くで強盗に殺害される。ヨーロッパでは一般には全く無名だったスピティはこの事件で一躍名を知られるようになった。

（鈴木常夫・寺沢玲子）

(20) SPITI

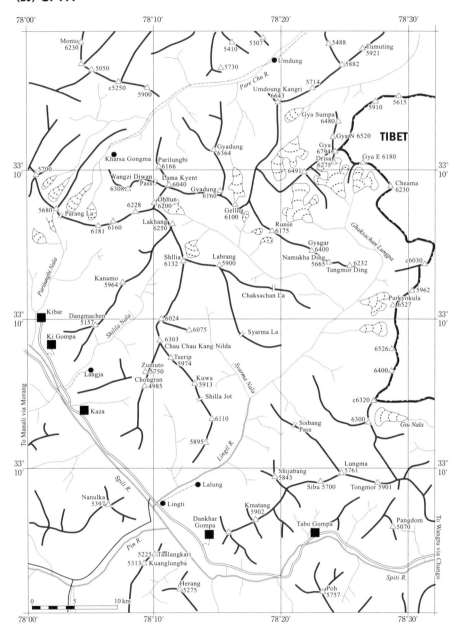

パレ・チュー川以北

モント　Monto　6230m　［32°38′・78°03′］
［**位置と山容**］JK州との境界上の峰。レーの南南東約164km、ツォ・モリリ湖南西約40kmに位置する。
［**登山史**］登山記録は未見だが、H.Kapadiaのホームページによると、Kapadiaたちが1980年以降の一連のラダック踏査中にこの峰を調査している。

(注) スピティの各山の引用・参考文献は番号のみとし、詳しい引用・参考文献はまとめてスピティ項の最後に付してある。

パレ・チュー川〜リンティ谷間

　JAC東海支部では1998年6〜7月偵察隊がパラン・ラを越え、パレ・チュー川周辺を偵察。1999年7〜8月に第6次インド・ヒマラヤ登山隊が、2003年7月に踏査隊がパレ・チュー川、タクリン川（Thakling R.）の踏査、2005年7〜8月には第8次インド・ヒマラヤ登山隊が北スピティに入っている（3)-(6)。

　ウムドン・カンリの西を流れる川の上流には、数座の6000m級の未踏峰があり、その内のc.6367m、c.6321mは魅力的である。また、キャンプサイトのドチュン（Dutung）の北西には、モント（Monto, 6230m）、c.6204m、c.6222m、c.6210mのほか数座の6000m級の未踏峰が存在している。

　パレ・チュー川の上流には、パラン・ラ直下のパラン氷河からの流れと、パカシ・ラムール川（Pakashi Lamur R.）が、キャンプサイトのカルサ・ゴンマ（Kharsa Gongma, 5100m）の南で合流している。水量から見てパカシ・ラムール川が源流といえる。パカシとはスピティ語で烏の意といわれている。

　カルサ・ゴンマの対岸には、6306m、c.6320mの岩峰が見上げる高さでそびえている。西、南面は1000m近い急峻なもろい岩壁で、ルートを見い出すことは難しいが、両峰とも北面に小さな氷河を有し、氷河からのルートは可能性があると思われる。

　パカシ・ラムール川の源頭には、この地域としては大きな氷河がある。氷河は平坦で長さは約7kmで、5座の6000m峰が氷河を取り囲んでいる。ドゥン（Dhnun, 6200m）は、東海支部隊が1999年8月8日に北面の雪壁から初登頂、2005年8月4日に再び東海支部隊が登頂した。ラカン（Lhakhang, 6250m）、c.6228m、c.6247mは未踏峰である。パカシ・ラムール川左岸のカール状氷河の6000m峰5座中、c.6240mは2004年8月28日、c.6100mは8月29日にインド隊が初登頂、c.6160mは2011年8月7日、6181mは8月9日に神奈川県山岳連盟隊が初登頂した。

　パラン氷河西のc.6206mは2005年8月2日、c.6080mは8月3日に東海支部隊が初登頂した。

パレ・チュー川〜リンティ谷間の山解説

ウムドン・カンリ　Umdoung Kangri　6643m　［32°38′・78°28′］
［位置と山容］カザの北北東約43km、ギャの西北西約9kmのパレ・チュー上流域の雪峰。
［登山史］1999年8月8日、JAC東海支部隊（隊長：水野起己）の水野隊長と青戸慎太郎が高所ポーター2名とともに西稜より初登頂、9日にも登頂。
→*366頁参照*
［文献］(1) JAC東海支部『ウムドン・カンリ峰(6643m)初登頂，ドゥン峰(6200m)初登頂』2001年
(2) JAC東海支部『JAC東海支部第8次インドヒマラヤ登山隊2006』2006年
(3) The First Ascent of Umdung kangri, HJ, Vol.87, 2001

ギャ　Gya　6794m　［32°32′・78°24′］
［位置と山容］レーの南東約180kmにある、スピティ・ラダック・チベットの三境界上にあるスピティの最高峰でピラミダルな岩峰。山名の意味は「India」を意味するという。
［登山史］1983年、H.Kapadia隊がリンティ谷より入域、同峰の撮影に初めて成功して世に紹介した。以後、四方八方から幾隊かが目指したが、深い峡谷や水量の多さに阻まれ、いずれも失敗した。同年にインド陸軍隊がリンティ谷周辺の数座に登頂、谷の深さと水量の多さでギャは断念。1994年、デリーのHT&T隊（隊長：Y.Zaheer）が北面より試登、1995年には陸軍隊（隊長：Lt Col. J.S.Dhillon）が初登頂と発表したものの登頂したのは現在のギャガー（Gyagar, 6400m）と判明。1998年、インド陸軍歩兵師団隊（隊長：Col. A.B.Goth）が北西壁より初登頂するも詳細不明のため疑問視される。翌1999年、IMF隊（隊長：Chewang Motup Goba）のCyrus Shroff、Nadre Sherpa、Lobzang Tsering、Amrish Jha他5名が同時期、ギャ・スンパ登頂後に遭難したThe Climber隊（隊長：Arun Samant）の2名を救出、Samant隊長の遺体を収容後に北東稜より登頂し、頂上のピトンを発見、1998年隊の初登頂が証明された。なお、Samantは1983年にKapadiaに同行して以来この山域に精力的に通っており、周辺の数座に初登頂している。2003年、陸軍グルカ隊（隊長：Maj. P.Singh）のCapt.S.S. Negi他9名が北西

稜経由北西壁より登頂。(12)-Vol.41 p.206, (9)-Vol.56

ギャ・スンパ　Gya Sumpa　6480m　［32°34′・78°24′］
［位置と山容］ギャから北に伸びる比較的細い稜線上の峰で北峰より北1kmにある。山名の意味はラダック語で「ギャの3番目の山」の意。
［登山史］1983年以来幾度もギャを目指しているムンバイのThe Climber隊（隊長：Arun Samant）の隊長と他1名が1997年5月1日、P.6480に初登頂し、ギャ・スンパ（Gya Sumpa）と命名した。同年8月にギャを目指したダージリンのヒマラヤ登山学校校長Col.H.S.Chauhan率いるアジア7か国とインドの合同隊がパラン・ラを越えて難関の西支稜と北稜の二手に分かれて32名全員が第2登した。彼らは当初ギャに初登頂したと発表したが、調査の結果登頂したのはギャ・スンパであったことが判明した。

ギャ東峰　Gya East　6180m　［32°31′・78°24′］
［位置と山容］ギャの南東約2kmのチベットとの国境上に位置する。
［登山史］1997年4月24日、ムンバイのThe Climber隊（隊長：Arun Samant）の隊長とPasang Bodh、Prakash BodhがP.6680に初登頂し、Gya Eastと命名した。(9)-Vol.54

ギャ北峰　Gya North　6520m　［32°24′・78°24′］
［位置と山容］ギャの北約1km弱にあり、ギャからギャ・スンパへ延びる稜線上中間部に位置する。
［登山史］1997年、HT & T隊（隊長：Y.Zaheer）のYousufとChamanがギャ北西壁をアルパインスタイルで試登後P.6520に初登頂し、ギャ北峰（Gya North）と命名した。(9)-Vol.54

チェーマ　Cheama　6230m　［32°29′・78°28′］
［位置と山容］ギャからチベット国境稜線を約6km南下したところに位置する。
［登山史］1997年5月1日、The Climber隊（隊長：Arun Samant）のPrakash Bodh, Dhananjay IngalkarがP.6230の雪稜である北西稜から初登頂、Cheamaと命名した。(9)-Vol.54

ドゥリサ　Drisa　6275m　［32°31′・78°25′］
［位置と山容］ギャの南南東約2kmに位置する急峻な峰。
［登山史］1997年5月1日、The Climber隊（隊長：Arun Samant）のAnil ChavanとPasang Bodhが急峻なミックス壁の東壁よりP.6275に初登頂し、Drisaと命名した。

ギャガー　Gyagar　6400m　［32°14′・78°23′］
［位置と山容］リンティ谷とチャクサチェン谷間の美しい、幅広い山姿である。ギャの南南西約12km。山名の意味は「Indian」だという。
［登山史］1987年、Harish Kapadia隊が試登、1989年7月1日、パラマウント・トレッカー隊（隊長：Dhiren Pania）がリンティ谷とギャガー谷分岐にBCを設営後、Pania隊長、Ramkrishna Rao、Dolphy D′Mello、Vasant Dalvi、Shridhar Vaishampayam、Tikamram Thakur、Jagdish Thakurの7名全員が南稜より初登頂。1995年8月28日、陸軍隊（隊長：Lt. Col. Haripal Singh Dhillon）のLalit Negi、Devi Singh、Lekh Raj、Mohan Lal、Daya Ram、Mohinder、Prema、Cherring Bodhの8名が2kmに及ぶ南西稜より第2登した。(12)-Vol.38 p.244 &（8）-p.81〜　→グラビア写真(2)-196頁

タンモルティナ　Tanmortina　6232m　［32°23′・78°25′］
［位置と山容］ギャガーに連なる稜線上南南西約4kmにある。
［登山史］記録未見。

ナムカ・ディン　Namkha Ding　5665m　［32°14′・78°23′］
［位置と山容］ギャガーからの稜線上南約2kmに位置するピラミダルな峰。
［登山史］1997年5月1日、The Climber隊（隊長：Arun Samant）の隊長とVinod Bodhが岩と氷のミックスしたガリーからP.5665に初登頂し、Namkha Dingと命名した。(12)-Vol.46 p.206

ルンセ　Runse　6175m　［32°15′・78°19′］
［位置と山容］ギャガー稜線上西北西約5km。山名は有名な寺院の名称をつけた。
［登山史］1987年、Harish Kapadia隊がリンティ谷での一連の踏査中の7月

18日、ギャガーを目指して稜線上のP.6175に初登頂し、Runseと命名した。隊はルンセからギャガーへのギャップを越えられず、ギャガーは断念。(8)-p.93　→グラビア写真(2)-196頁

ゲリン　Gelling　6100m　[32°28′・78°16′]
[位置と山容] ラマ・ケントからギャガーに伸びる稜線上東南東約8kmのドーム型の山である。山名は「ラマ僧の管楽器」の意だという。
[登山史] 1987年、Harish Kapadia隊がリンティ谷での一連の踏査中の7月19日、P.6100とその北西のP.6160に初登頂し、前者にはGelling、後者にはGyadungと命名。(8)-p.93

シラ　Shilla　6132m　[32°24′・78°12′]
[位置と山容] シラ谷・リンティ谷分水嶺上のどっしりとした山姿である。1860年、大三角測量のためにポールを担ぎ上げたポーターが初登頂、当時7030mと記録された測量高度は1952年、南アフリカ隊の偵察で間違いが発覚、1955年にイギリスのPeter HolmesとTrevor Brahamが計測した6133mが現在の高度とされている。山名の意味には「死の峰」「天国への道」など幾説かある。なお、1939年にシラ谷を探査したJ.Roberts隊が登頂したのはシラではなく現在のチャウ・チャウ・カン・ニルダⅠ峰（6303m）である。
[登山史] 1966年、ケララ大学隊（隊長：RJ Kumar）の隊長以下J.Kumar, V.V. Srinivasan, H.Shar, R.K.Prabhu, G.Sreekanth, G.Vergheseの6名の学生が10名のHAPと共に西稜より登頂。1985年、ウェスト・ベンガル隊が北稜より登頂。(8)-p.89

ドゥン　Dhhun　6200m　[32°17′・78°11′]
[位置と山容] ラカンとラマ・ケントをつなぐ稜線上の雪山。山名の意味は「神の守衛」。
[登山史] 1999年8月8日、JAC東海支部隊（隊長：鈴木常夫）の鈴木隊長、田中守之、志賀　勤、渡辺くみの4名が北面の雪壁から初登頂した。2005年8月4日には東海支部隊（隊長：水野起巳）の隊長、柳原徳太郎、水野和博、三浦たか子、金田記代子が第2登した。→369頁参照
[文献] The Frist Ascent of Dhhun : HJ. Vol.57, 2001

ラカン　　Lhakhang　　6250m　　［32°16′・78°12′］
[位置と山容] ラマケントとシラをつなぐ尾根の中間にある急峻なドーム状の峰。山名の意味は「神の家」だという。
[登山史] 1987年、Harish Kapadia隊が試登。なお、2005年にはJAC東海支部隊（隊長：水野起巳）が同峰の許可を受け、現地でLOの許可のもと、ドゥン（Dhhun, 6200m）の第2登をしている。ちなみに、Harish Kapadia著『Spiti-Adventures in the Himalaya』第3版にはJAC東海支部隊が1999年（隊長：鈴木常夫）と2007年（隊長：水野起巳）同峰に登頂しているとあるが、ラカン稜線上北約1kmのDhhun初登頂、および2005年の第2登の間違いである。(8)-p.200

ラブラン　　Labrang　　5900m　　［32°20′・78°16′］
[位置と山容] シラの東南東約5kmに位置する。
[登山史] 1987年、Harish Kapadia隊がP.5900に初登頂し、Labrangと命名した。(8)-p.175

ラマ・ケント　　Lama Kyent　　6040m　　［32°19′・78°11′］
[位置と山容] シラからの稜線上北約10km、南東のギャガーへ続く稜線との分岐点でもある。リンティ谷源頭に位置する。山名の意味は、稜線上に多くの峰があるところから「僧の村」の意という。
[登山史] 1987年7月4日、Harish Kapadia隊のKapadia隊長とDhiren Toolsidasがリンティ谷源頭に近いヤンジ峠（Yangzi Diwan, 5890m）を越えて北稜から初登頂した。なお、この隊はリンティ谷下流域のシスバン（Sisban, 5843m）やパリルンビ（Parilungbi, 6166 m）、ラブラン（Labrang, c. 5900 m）にも初登頂している。(8)-p.87

パリルンビ　　Parilungbi　　6148m　　［32°25′・78°10′］
[位置と山容] カザ（Kaja）の町の北北東約28kmのスピティ川（Spiti R.）の支流のリンティ川（Lingti R.）の源頭部にあり、パレ・チュウ（Pare Chu）の源頭部でもある。ラマ・ケント（Lama Kyent, 5040m）から北に延びている尾根上にある。三角形の岩と雪の山である。
[登山史] 19世紀後半頃にイギリスの測量隊が入域して測量を行っている。

その時の測量ポール（Pararang La Station 1）が山頂に残っている。1987年にインド隊（隊長：H.Kapadia）が登頂した。その後の登山記録は未見である。→グラビア写真*(2)-198頁*

[文献] Harish Kapadia : A Return to Lingty 1987, HJ, Vol.44, 1988

P6228 無名峰　　6228m　［32°27′・78°09′］

[位置と山容] パレ・チュウ（Pare Chu）の上流にあるパラン・ラ（Parang La）からの西に延びる尾根上約10kmにこの無名峰（6228m）は位置し、峠との間には2011年に神奈川県山岳連盟隊（隊長：川浦敏彦）が初登頂した二つの無名峰（6181m、6160m）が聳えている。西南西約4km（Lhakhang, 6250m）がある。パレ・チュウの源流のカクシ・ラムール氷河（Kakhshi Ramul Gl.）から雪原を前景として肩の張った雪山が望める。

[登山史] スピティの奥まった位置にあることから登山許可の取得が困難で、この山に向かった隊はないようである。二つの無名峰と共に魅力ある山である。1999年7月8月にかけて日本山岳会東海支部の隊（隊長：鈴木常夫）がウムドン・カンリ（Umdung Kangri, 6642m）を登山したときにこの山の写真を撮影している。インド隊（隊長:Harish Kapadia）もモント（Montm）登山のとき、この周辺を探査している。→グラビア写真*(2)-197頁下*

[文献]　(1)『ウムドン・カンリ登山隊1999』2001年　(2) HJ, Vol.61, 2005

カナモ　　Kanamo　5964m　［32°21′・78°04′］

[位置と山容] カザの北約15km、ラカンから南西に延びる稜線上でCCKNの北西約10kmにある秀峰、かつてはカニクマ（Kanikma）と呼称された。山名は「白い女主人」の意だという。

[登山史] 1996年7月、ケララ大学隊（隊長：RJ Kumar）の隊長以下 J.Kumar, V.V. Srinivasan, H.Shar, R. K. Prabhu, G.Sreekanth, G.の6名の学生が初登頂した。彼らはその後、CCKNとシラにも登頂した。1986年、インド隊（隊長：Anil Chavan）が第2登、2008年にはイギリス隊（隊長：Andrew Wagstaff）が第3登している。(8)-p.101　→グラビア写真*(2)-195頁*

ダンマチャン　　Dangmachan　5157m　［32°19′・78°03′］

[位置と山容] キー寺院（Ki Gompa）北約3kmのキバ村（Kibber）東南東

約3kmの高原状の山である。簡単に登れる裏山的存在ながら展望の良さで知られる。

[登山史] 古くから放牧や小動物の狩りで登られている。(18)

チャウ・チャウ・カン・ニルダⅠ峰
Chau Chau Kang Nilda（CCKN）-Ⅰ　6303m　[32°18′・78°10′]

[位置と山容] カザの北東約13km、シラ稜線上南南西約9kmに位置する雪峰で、麓のLangja村から見ると、まるで青空にぽっかりと浮かんで見える様から山名を「空の青い月」と命名した、といわれる。(旧)グァン・ネルダⅠ峰。→グラビア写真(2)-195頁

[登山史] 1939年、J.Roberts英国隊がシラの標高を確かめるべくシラ谷探査中初登頂した。天候に恵まれず展望が利かなかったため、周囲の確認ができなかった。当初はこの峰がShillaと思われていた。1955年にはHolmesたちが同様にシラの標高調査のために登頂した。1966年7月25日、カナモ登頂後ケララ大学隊（R.J.Kumar）が登頂、その後彼らはシラにも登頂したが詳細は不明。以後毎年のように登山隊が入り、その殆どが登頂している。日本隊としては1997年、群馬高体連隊（隊長：高橋守男）が南西稜～西稜経由で10名全員が登頂。(8)-p.108 & (13)。　→371頁参照

チャウ・チャウ・カン・ニルダⅡ峰
Chau Chau Kang Nilda-Ⅱ　6158m　[32°18′・78°10′]

[位置と山容] カザの北東約13km、シラ稜線上南南西約9kmに位置する雪峰。(旧)グァン・ネルダⅡ峰。

[登山史] 1993年9月14日、P.K.Barwan率いるウェスト・ベンガル隊のAmok Chatterji、Kishor Banerjeeそれににより初登頂した。1996年にはウェスト・ベンガル隊（隊長：S.S.De）が南西稜より登頂した。

(8)-p.199

リンティ谷〜ピン谷以南

シスバン　Sisban　5843m　［32°09′・78°21′］
[位置と山容] スピティ川左岸タボの北西約7km。リンティ谷左岸下流域の山である。近くには6000m近い立派な岩峰が2つあるという。
[登山史] 1983年、Harish Kapadia隊が試登、標高は約5250m程度としている。(8)-p.82

シブ　Sibu　5700m　［32°09′・78°24′］
[位置と山容] スピティ川左岸タボの北約6km、リンティ谷左岸下流域の峰、シスバンにつながる稜線上東約3kmにある。
[登山史] 1983年8月、Harish Kapadia隊が初登頂した。(8)-p.82

トンモー　Tongmor　5901m　［32°08′・78°28′］
[位置と山容] スピティ川左岸タボの北東約9kmにあり、トンモーから連なる稜線がタボ近くまで降りている。リンティ谷左岸下流域の峰、シスバンにつながる稜線上東約10kmにある。
[登山史] 1983年8月8日、Harish Kapadia隊が試登した。なお、隊はTangmorと記している。(8)-p.199

ラマ　Lagma　5761m　［32°09′・78°26′］
[位置と山容] リンティ谷左岸下流部の峰。タボの北北東約7kmにある。
[登山史] 1983年8月5日、Harish Kapadia隊が未知のリンティ谷踏査時に初登頂した。(8)-p.82

パンドム　Pangdom　5070m　［32°06′・78°29′］
[位置と山容] スピティ側左岸、キンナウルとの境であるスムド西北西約10km。スピティ側対岸南西には川を挟んで、ほぼ、同じ距離にポー (Poh, 5757m) がある。
[登山史] 記録は未見。

ポー　　Poh　　5757m　［32°02′・78°23′］

[**位置と山容**] スピティ川右岸、タボの南約6kmにある。西北西約8km川の対岸の国道NH22沿いに同名の集落がある。

[**登山史**] これといった登山記録は見当たらないが近年、海外からもこの峰にツアー登山がいくつか組まれている。

スピティ川上流部〜ラタン谷間

ドンリモ Dongrimo 6160m ［32°22′・77°49′］
[位置と山容] ロサールでスピティ川左岸に流れ込むスヴィタ谷 (Suvita) 源頭の山である。山名の意味は「鎌状の峰」だという。
[登山史] 1994年8月19日、The Climber 隊（隊長：Arun Samant）の隊長と Sunil Chavan が西壁より初登頂した。(12)-1996, p.98

ヌン・テンガ Num Themga 6024m ［32°22′・77°48′］
[位置と山容] ロサールでスピティ川左岸に流れ込むスヴィタ谷 (Suvita) 源頭の峰。山名の意味は「天国への階段」の意という。
[登山史] 1994年8月29日、The Climber 隊（隊長：Arun Samant）の隊長と Prakash Chand が北壁より初登頂後、東壁より下降した。(10)-1996, p.98

ラボール・チェ Lagbhor-che 5980m ［32°21′・77°44′］
[位置と山容] ロサールでスピティ川左岸に流れ込むスヴィタ谷 (Suvita) 源頭の岩稜の峰。山名の意味は「象頭」の意だという。
[登山史] 1994年8月23日、The Climber 隊（隊長：Arun Samant）の Samant 隊長と Prakash Chand が北東稜より初登頂した。なお、2名は同日、南西稜よりタリモ (Tarimo, 5900m 馬頭の意) にも初登頂した。(12)-1996, p.98

ラリモ Larimo 5995m ［32°23′・77°48′］
[位置と山容] ロサールでスピティ川左岸に流れ込むスヴィタ谷 (Suvita) 源頭の峰。山名の意味は「峠の近くの峰」
[登山史] 1994年8月29日、The Climber 隊（隊長：Arun Samant）の Dhananjay Ingalkar、Pasang Bodh が南西稜より初登頂した。(12)-1996, p.98

ルシャール Loushar 6040m ［32°21′・77°48′］
[位置と山容] ロサール村 (Losar) でスピティ川左岸に流れ込むスヴィタ谷 (Suvita) 源頭の峰である。Kibar の西約20km。山名は岩稜の頂稜部が朝日を浴びて金色に輝くところから「東方の光」の意だという。

[登山史] 1994年8月20日、The Climber隊（隊長：Arun Samant）のPasang Bodh、Dhananjay Inqalkar、Prakash Chand、Anil Chavanの4名が北東稜より初登頂した。(12)-1996, p.98

[文献]
(1) Harish Kapadia：SPITI-Adventures in the Himalaya(Third Revised Edition), Indus Publishing Company, New Delhi.
(2) Harish Kapadia：Peaks & Passes In Himachal Pradesh.
(3) Kankan Kumar Ray: Handbook of Climbing in the Himalaya and Eastern Karakoram,Indus Publishing Company, New Delhi
(4) Dr.M.S.Ahlualya : History of Himachal Pradesh, Intellectual Publishing House, New Delhi
(5) Harish Kapadia: Meeting the Mountains, Indus Publishing Company, New Delhi
(6) Harish Kapadia: Exploring the Highlands of Himalaya, Indus Publishing Company, New Delhi
(7) Harish Kapadia: Across Peaks & Passes in Himachal Pradesh, Indus Publishing Company, New Delhi
(8) Harish Kapadia:High Himalaya Unknown Valleys, Indus Publishing Company, New Delhi
(9) Harish Kapadia:Trekking and Climbing in the Indian Himalaya, India Book Distributors
(10) Soli Metha & Harish Kapadia: Exploring the Hidden Himalaya（HC 50周年記念誌），Hodder & Stoughton, New Delhi
(11) HJ, 各号．　(12) AAJ, 各号．
(13) Web.Colmcille Climbers, Mount Everest Foundation

（鈴木常夫・寺沢玲子）

スピティ北部・ウムドン・カンリ初登頂 (1999年)

The First Ascent of Umdoung Kangri (6643m)
JAC東海支部 (JAC-TOKAI Section)

クーラ峰頂上から、はるか南に連なるスピティ北部の山々が見渡せた。鋭鋒ギャから西に目を移すと、ひときわ高い雪の双耳峰が目に入った。しかし、インナーライン内であること、情報が無いことなど中高年隊の目標としてはかなり重く感じたが、次の目標にと心に決めた。

Umdoung Kangri (6643m) (T.Suzuki)

問題の登山許可は、1998年に訪印し、内務省のＸビザ担当者から内諾を得ることが出来たので、IMFにキャンプ・サイトのウムドンから取ったウムドン・カンリ峰名で仮申請し、偵察隊でキャラバンルートの偵察を行った後報告を分析し、翌年の計画が進められた。そして、数々の高所登山経験を持つ増井が、先遣隊としてルート工作に当たることなった。　　(鈴木常夫)

増井は一足先にデリーを出発。マナリ、カザを経由して標高5580mのパラン・ラを越えパラン氷河を下って、カルサ・ゴンマに着いた。デリーから12日目であった。ここまで快晴の日もまじえて天気もまあまあであった。パレ・チュ川を下って、7月29日キャンプ・サイトのウムドンに着きBC (4600m) を設営した。このころから悪天気の周期に入ってしまい、雨が降ったり止んだりの中を偵察し、西稜からのルート開拓を決めた。

もろい岩場に少しずつ高度を上げ、岩壁中の岩棚に8月2日にC1 (5370m) 設営。やっと天気が落ち着いてきた5日もろい岩稜を登って西稜上にC2 (5750m) を設営した。ダージリン・シェルパ達も良く働いてくれて、C2までのルートが開けた。この日夜遅く、雪のパラン・ラ越えに苦労した本隊の5名がBCに到着した。

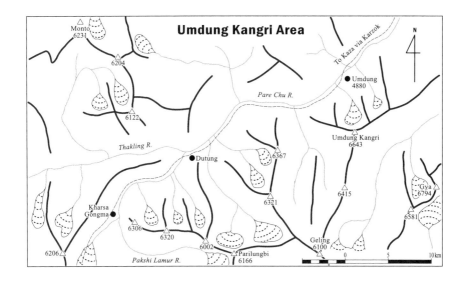

6日、霧の朝、増井行照、増井えみ子、柳原がC2から頂上を目指した。ホワイトアウトの中、広い雪原を越え西峰に立ったがここで引き返した。

(増井行照)

第1次隊初登頂

8月8日キャラバン開始して初めての快晴。先遣隊の苦闘で開いたルートを使い、水野、青戸と若手のシェルパ2名は、C2から一旦西峰とのコルへ下り、時には傾斜を増す雪稜にラッセルを繰り返し、登り続けて無風、快晴の中、13時26分初登頂に成功した。頂上からは大パノラマが広がり、東南にはスピティの最高峰のギャ（6794m）が孤高の高さでそびえている。西南には6300級の無名峰3座を見下ろし、至福の時を過ごした。先遣隊が西稜北面の岩壁にルートを開いてくれたことが初登頂に結びついた。山口、田村は西峰で引き返した。

第2次隊登頂

8月9日、早朝から雪で視界もきかなかったが、しばらくすると回復の兆しが見えてきたため、増井はシェルパ1名と出発。11時55分登頂した。

直ちに待機させていた馬で帰路のキャラバンを組み、8月15日、先着して

いたドゥン峰隊とマナリで合流した。　　　　　　　　　　　　（水野起己）
　隊長：水野起己(48)、登攀隊長：増井行照(50)　／隊員：山口　宏(62)、青戸慎太郎(51)、柳原徳太郎(51)、増井えみ子(50)、田村　茂(48)

ドゥン初登頂（1999年）

The First Ascent of Dhhun (6200m)
JAC東海支部 (JAC-TOKAI Section)

1999年の計画は、当初ウムドン・カンリ峰を目標としていたが、予想より多く隊員が集まったので、隊を二つに分け1隊をパカシ・ラムール川源頭氷河の未踏峰ラカン峰 (6250m) を目標に定めた。ロシアンマップの10万地形図とハリッシュ・カパディア氏がヒマラヤン・ジャーナルVol.44に掲載した、パリルンビ峰頂上からの南望パノラマ写真を参考に計画を立てた。

Dhhun (6200m) (T.Suzuki)

パラン・ラ (5580m) を越え、カルサ・ゴンマまでは、ウムドン・カンリ峰の本隊と行動を共にする

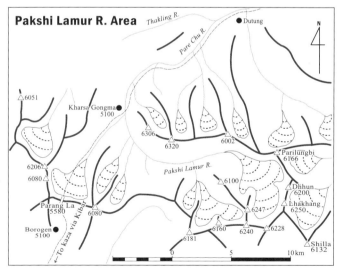

ことにし、7月19日小雨の降る中マナリ着。翌日から3日間憂鬱な雨が続き、マナリからロータン・パスを越えてカザへ続く道路は雨で寸断されたため、急きょシムラからカザへのルートに変更した。25日カザ着。29日キバールから馬によるキャラバンが始まったが、雨は依然として続き、パラン・ラに

は新雪が積もっていた。8月1日は1日費やしてラッセル。2日、1m近く積もった雪のパラン・ラを越え、雪やみぞれに追われながらパラン氷河を下り、ようやくカルサ・ゴンマ対岸のキャンプ地へ着いた。馬は峠を越せず5100mで寒くひもじい一夜を過ごすことになった。

　4日、予定より7日遅れたウムドン・カンリ峰隊の5名と別れ、パカシ・ラムールの上流を目指した。時には徒渉したり、高巻いたりすること5時間、5200mの河原に良い水場を見つけBCとした。鈴木と渡辺はただちにさらに上流の氷河を目指したが、視界は悪く目標のラカン峰の同定は出来なかった。日程にも追われているので、一番手前に見えどっしりした梯形のピークに目標を変えLOの了解を得た。
(鈴木常夫)

　翌日、第1次登頂隊は氷河上5600mにC1設営し、北面の雪壁をルートに決めた。パラン・ラで悩ませられた湿雪が一面を覆っている。6日、天気は良くないが、田辺、山口、LO、HAPの2名は登頂を目指した。雪崩の跡を横目に見て、湿雪の下は固い氷で、何ともいやらしいラッセルが続いた。その上ガスはますます濃くなり、自分の位置も分からない。雪壁を登り切ると岩混じりの尾根になり、視界はゼロの中午前10時30分岩峰に登頂した。
(田辺元祥)

　8日、山に入って初めての快晴。第2次隊の鈴木、志賀、渡辺、田中は第1次隊が開いてくれたルートを忠実に登っていると、岩峰で第1次隊のトレールは終わっていた。尾根はここから急に広がり台地状の雪原の彼方の高みを目指した。1時間ほどで前方が切れ、台地の東南端、周囲四方が見渡せるだだっ広い所が頂上だった。HAP4名も登頂した。

　南に見える当初の目標だったラカン峰は、頂上付近の雪壁が見えた。
(田中守之)

　隊長：鈴木常夫(64)／隊員：田中守之(70)、志賀　勤(65)、渡辺くみ(62)／学術隊長：田辺元祥(49)、山口　孝(46)

(注) ラカンはスピティ語で「神」を現している。ドゥンは神の「守衛」の意でIMFに命名を報告した。

チャウ・チャウ・カン・ニルダ（1997年）

Chau Chau Kang Nilda（6303m）

高橋守男（Morio TAKAHASHI, 群馬県高校教職員登山隊）

概要

クンザン・ラからスピティ川に沿って下り、支流のシラ川が合流する場所のわずか下流に発達したスピティの中心となる町カザの北約5kmにランジャ村がある。村の北東奥約10kmに、円錐形の「チャウ・チャウ」、空に浮かぶ月「カンニルダ」という意味の名前を持つ美しい雪稜の山がそびえている。

1997年8月7日と10日にわたり、群馬県高等学校教職員インドヒマラヤ登山隊（隊長は高橋守男・渋川女子高校教諭）の10人の全隊員が山頂に立った。

[登山記録]

1994年から準備を始めたが、IMFの登山許可の条件や許可が出る時期の遅さから、3年間という生みの苦しみを経ての遠征となった。この間、マナリ在住の森田千里氏から貴重な写真・情報提供をしていただいた。

7月23日に成田発、7月26日デリー発、7月28日マナ

Chau Chau Kang Nilda (6303m)（S.Oka）

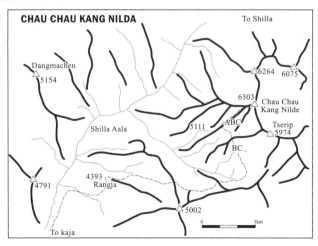

リ発、ロータン・パス、クンザン・ラ経由で7月29日にスピティの中心の町カザに到着した。

翌7月30日、隊荷はトラクターで、隊員はタクシーでこじんまりしたランジャ村に移動し、そこですぐにゾモ（馬）に隊荷を積み替え、灌漑用の水路脇の道をたどりBC予定地に到着できた。氷河からの水が流れる砂地でBCとして申し分なかったが、高所順化が十分にできていない私たちには、5100mのBCは苦しみの種となり、隊員4名は一時カザ（3680m）に戻り、回復を待つこととなった。

内院・南稜・南西稜3つのルート候補のそれぞれの下

Route making at the West Ridge (S.Oka)

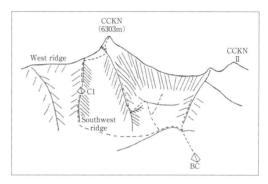

部を試登した結果、山頂の西稜に合流する南西稜が、雪が安定しているようであり、今回のルートと決定した。

BCから西にトラバース気味に山腹を登ると、これまでの隊の幕営地とみられる南西稜上の小平坦地に出る。ここから南西稜のガレ場を登り、雪の現れる5700mにC1を建設した（8月5日）。この先から雪壁上にロープをフィックスしながら西稜に抜け出すと北側の山々が一気に現れ、北側はすっぱり切れた西稜上の氷と雪の混ざったルートとなった。氷河は硬くスノーバーが刺さらず、横に寝かせて埋めるなどの支点をまじえながらロープをフィックスし、ルートを延ばした。山頂直下に現れた岩場ではロックハーケンが使えた。天候に恵まれる中、50mロープ19本を使ってのルート工作は、隊員全員で交代しながら行い、8月7日に高橋守男、田中洋史、宮崎捷二、薗田武明、対比地昇、新井伸栄の隊員6名が岩棚状の狭い山頂に到着した。合わせてリエ

ゾンオフィサーのディープ、わずか遅れて2名のハイポーターが登頂した。

カザに下りて回復した岡重雄、横山壽雄、関口哲生、長澤明裕の4隊員は、3名の一次登頂隊員とともに8月10日に山頂に達し、10名全隊員の登頂を実現した。

スピティ踏査のために計画していたサトレジ川に沿った帰路は、折からの豪雨被害による土砂崩れのために使えず、カザ周辺の寺院や村を見学後、8月15日にカザを後に往路を引き返し、16日のデリー到着で遠征を終了した。

[文献]
(1)群馬県高等学校教職員インドヒマラヤ登山隊『チャウ・チャウ・カン・ニルダ、秘境スピティ遠征の記録』1997年
(2)Harish Kapadia: SPITI Adventures in the Trans-Himalaya, Indus Publishing Company, New Delhi, 1996
(3)Harish Kapadia: High Himalaya Unknown Valleys,Indus Publishing Company, New Delhi, 1994
(4)Harish Kapadia: HJ, Vol.54, 1998
(5)Map 1/50000, Published under the direction of Brigadier Gambhir Singh, M.I.S.,M.I.E., Surveyor General of India, 1966

キンナウル Kinnaur

　キンナウル（Kinnaur）は、北側はスピティ（Spiti）、東側はチベット、西側はスリカンド山塊（Srikhand Dhar）でクル（Kullu）やランプール（Rampur）、南部はダウラ・ダール山塊（Dhaula Dhar）でウッタラカンド州（Uttarakhand）との境をなす。サトレジ川（Sutlej River）の支流であるバスパ（Baspa）谷を遡れば、ガンゴトリ方面などへ通じるトレッキングルートがある。本流であるサトレジ川はチベットのカイラス（Kailash）周辺を源流とし、インダス川（Indus）へと流れ込む。

　キンナウルの部族語（Kinauri language）はチベット語の流れをくみ、確認されているものだけでも9言語あり、文化もかなり独特である。

　1960年5月1日、点在する75部族集落を合併して新行政区とし、初代行政責任者（DC）の肝入りで水路を作り、リンゴや野菜栽培に成功するも、各集落からシムラ方面への搬送が困難なため、その殆どが地元消費となっていた。1962年に中印紛争が勃発、軍進駐のためヒンドゥスタン・チベット（HT）道路が位置変更・拡張され、現在ではキンナウルのリンゴは輸出もされるブランド品となっている。20世紀後半にはスピティ地区でもキンナウルに習い、リンゴ栽培が始まり、成功している。このHT道路はその後国道22号（NH22）となり、現在は舗装され、通年通行可能である。中印紛争時にはチベット側から大勢の難民が国境を越えてきたという。

入域自由化

　外国人の入域は長い間禁じられ、自国民でも厳しく制限されていたが1993年に大幅に緩和され、自国民は自由に、外国人も条件付きで簡単にインナーライン許可（ILP）が取得できるようになったため、今や人気の観光地となっており、日本からもツアーや個人旅行者がかなり入っている。なお、かつての行政中心地は高台のカルパ（Kalpa 旧名チニ Chini）であったが現在は少し下方のレコン・ピオ（Reckong Peo）である。インナーライン許可もレコン・ピオで簡単に取得できる。そのせいか、ここ数年前からヨーロッパのクライマーを中心にバスパ谷下流域での岩登りの記録も目立つよう

になってきた。ちなみに、Chiniはヒンディー語でChinaを意味するため中国とのトラブル回避のために改名したとのことである。土地の売買は地元者間のみとする法律は現在も遵守、観光化に伴い次々とできている宿泊施設などのほとんどは外部の者が借地で営業している。2011年に完成したカルチャン・ワンツ（Karcham Wangtu）水力発電ダムのバックウォーターはバスパ谷にもおよび、道もつけ替えられている。

探検・登山歴史

　チベット国境に近いため、かなりの奥地や高所まで陸軍やITBPが駐屯しており、多くの峰々が彼らの訓練として登られてきたようだが、詳細な記録はほとんど残されていない。また、英国統治時代やその後も英国の登山愛好者たちによって谷や峰が踏査されているものの、その記録もなかなか目にする機会がなく、じっくり調べていけば新たな登山・踏査記録が多々見つかりそうである。

　1818年に北西稜からレオ・パルギャル（Leo Pargial, 6791m）に試登したイギリスのゲラルド（Gerard）兄弟や1857年のシュラーギントワイト（Schlagintweit）兄弟、1933年に同峰の西稜から初登頂したイギリス人M.パリス（Pallis）のバスパ谷（Baspa）他の探査報告によりキンナウルの名前が知られるようになった。1929年4月発行のHJの創刊号にD.G.P.M.Shewenの「The way to Baspa」やR.M.Gorrieの「Two easy passes in Kanawar」など、第2号にもH・M・Gloverの「Round The Kanawar Kailas」などの紀行文が掲載されているところをみると、当時からバスパ谷周辺は注目されていたのではないかと思われる。当時のバスパ谷並びにティルン（Tirung）谷周辺は全て広義の仏教であり、各集落には大なり小なりの立派な仏教寺院があったことが記録されている。キンナウル全体ではここ半世紀、ヒンドゥー教徒の方が優勢となってきている。かつての悪路として名高いHT道路がこの頃に（終戦後という記載あり第一次世界大戦後か）大幅につけ替えられたようである。

　北東部にはチベットとの国境上にあるシプキ峠（Shipki La）北側に19世紀から注目されていたレオ・パルギャル山群がある。レオ・パルギャルⅠ峰（6791m）と南側にあるⅡ峰（6770m）は双耳峰を成し、さらに南にはHP州最高峰のレオ・プルギル（Reo Purgyil, 6816m）がある。なお、スペリング

にはいくつかあり、ここでは便宜的に元ヒマラヤン・ジャーナル編集長H.カパディア氏の説で統一しておく。

1818年、前述のゲラルド兄弟がⅠ峰北西稜から約6200mに到達、1933年10月、M.PallisとCET.Warrenが西稜より初登頂。レオ・プルギルには1971年にITBP隊が初登頂したと発表したものの詳細は不明で疑問視されていたが1991年、Y.Zaheer率いるデリーの登山隊が頂上で古い竹棹を発見、1971年隊の初登頂が証明された。

スピティとの境上にあるマニラン（Manirang, 6593m）周辺では1952年、Dr. J de V. Graaff他がマニラン峠到達時にマニランに登頂している。

バスパ谷には信仰の対象であるキンナウル・カイラス（Kinnaur Kailash, 6050m）があり、そのすぐ近くにはこの山塊の盟主であるジョーカンダン（Jorkanden, 6473m・1986年日印女性合同隊試登→*390頁*）がある。南側にあるパワララン（Phawararang, 6349m→*393頁*）には1997年にぶなの会隊（隊長：今井正史）が登頂、鬼木包重他3名は登山終了後チャラン峠（Charang）～チトゥクル（Chitkul）～サングラ（Sangla）へとトレッキング、隊長の今井も1996年にサングラ～チトゥクルの偵察をしている。解禁された1993年にはマナリ在住の森田千里が現在もメジャーな巡礼・トレッキングコースとなっているカルパ対岸のポアリ（Poari）から時計回りにタンギ（Thangi）を通り、シュルティンティン谷（Shurtingting Khad）を遡行してチャラン峠からチトゥクルへ下降、サングラへ至るキンナウル・カイラス山塊を一周するコースを歩いている。この巡礼路一体は「死者の御霊の集まる場所」と言われている。パワラランの南東に位置するキンナウルの最高峰ラングリク・ラング（Rangrik Rang, 6553m）には解禁後間もない1994年にC.ボニントン（Bonington）/H.カパディア（Kapadia）らの英印合同隊が初登頂した。→*382頁*

2014年、京都の阪本公一隊がキンナウルのバスパ谷に入り、チトクルの奥まで探査、ラングリク・ラングの南西約5kmにある無名峰（6465m）、その尾根続きにある無名峰（6447m）などの写真を撮影した（4）（5）。

紀元前の神話にも登場するキンナウルの人々は神と人間の中間であり、神のための音楽を奏でる者達であるとか。地名の由来や意味は諸説あるが、現地語のKim（家、家庭）とNaur（人類）が結合し、最終的にKinnaurとなったとする説もある。

なお、日本語表記の場合、デヴァナガリ文字の地図に沿うと「キンナウル」となるが、耳にする発音では「キンノール」の方が近いように感じる。「百」というヒンディー語が字面では「サウ」なのに、実際には「ソー」と聞こえるのと同じかもしれない。ここでは便宜的に「キンナウル」と記しておく。

[文献]
(4) ヒマラヤ、No.470、pp.1-11
(5) Kimikazu Sakamoto: Exploration in Kinner and Spiti of Indian Himalaya (During June 13 - July 4, 2014) (AACK Home Page)

（寺沢玲子）

(21) KINNAUR

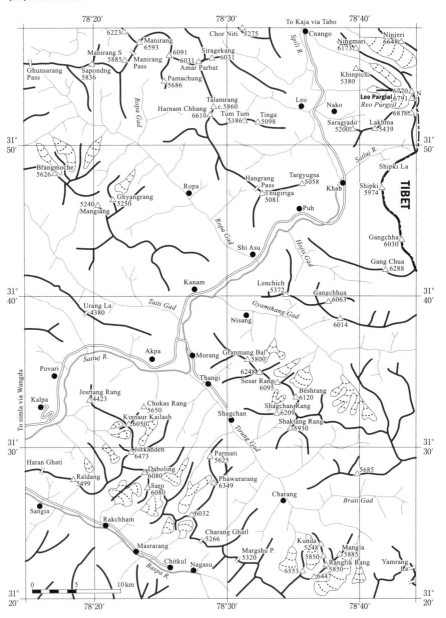

キンナウル・カイラス山群他　Kinnaur Kailash & Others

バスパ谷・ティルン谷間　(Between Baspa & Tirung Valley)

　1966年、ソリ・メタ（Soli Meta）他がラムカーガ（Ramkhaga）峠周辺踏査、1976年、Col・バルワント・サンドゥー（Balwant Sandhu）隊がバスパ谷上流域のスイ・タタン（Sui Thatang）から北側の6215m峰他数座に初登頂しているが詳細は不明。1978年にはジャック・ギブソン（Jack Gibson）隊がバスパ谷右岸・チベット国境のヤムラン峠（Yamrang, 5570m）周辺を踏査。なお、ITBP隊がスイ・タタン東のドゥンティ（Dunthi）周辺の3座他に登頂したという報告はあるが詳細は不明。

キンナウル・カイラス　Kinnaur Kailash　6050m　［31°31′・78°20′］

[位置と山容] キンナウル・カイラス山群の聖山。現在でも稜線上南のジョーカンダンと混同されており、未だに明確な記録整理はなされていない。なお、キンナウル・カイラスは登山者間ではP6050mとされているが、その峰の北東直下の岩塔を示すというのが多数意見を占めている。

[登山史] 1928年、英国隊のH.M.G.Glover夫妻がこの巡礼路を一周した折にこの山に注目、1967年にインド隊が試登。1973年のインド隊では悪天候のためアタックを中止して下降中に1名滑落死。1974年に初登頂したとされるD.S.Mallik率いるITBP隊の報告では標高6473mとあり、恐らくジョーカンダンに登頂したものと思われる。K.I.Kumar隊長率いる1978年の陸軍隊は、現地でITBP隊が登頂したのは別の山と聞き、6月13日に初登頂したと報告している。しかし、その中の記述にも「最高峰のキンナウル・カイラスはジョーカンダンとも呼ばれている」「キンナウル・カイラスは双耳峰」「キンナウル・カイラスとカイラスの間の峰」などの記載があり、実際に登ったのがどちらかははっきりしない。なお、この隊は南東1kmのチョカスラン（Chokasrang, 5650m）にも登頂、「この山は地元民を始め多くの人々に登られているものと思われる」とも記している。P6050周辺にはいくつものロックピナクルがあり、シブリンと呼ばれて信仰の対象として登られているとのことである。

ジョーカンダン　Jorkanden　6473m　［31°29′・78°20′］

[位置と山容] キンナウル・カイラス山群の盟主だが長い間キンナウル・カ

イラスと混同されていた。カルパの南南東約12kmに位置、重量感がある同峰の北側にはピラミダルなキンナウル・カイラスが連なっている。なお、キンナウル・カイラスは登山者間ではP6050mとされているが、その峰の北東直下の岩塔を示すというのが多数意見を占めている。この周辺の山座同定は現在でも混乱しており、記録整理は今後の課題であろう。→379頁

[登山史] 1931年、P.R. Oliverが初めて試登後、1964年と1967年、1973年とインド隊が試登。1974年5月26日、ITBP隊(隊長:D.S. Mallik、登頂者はH.Lal, Wanchoo, Tondup Tsering, Dawa Tenzing, A.Singh, Dawa Rinzing)がドゥバ氷河(Duba)から入り北東稜より初登頂。その翌月の6月19日には陸軍隊(隊長:Col.DK.Khullar)が第2登。1986年、IMF/HAJ女性合同隊(隊長:I.D.Sharma/寺沢玲子)がインナーライン許可期限切れのため5600mで断念。1987年、HP警察隊(隊長:J.Kumar)が登頂したが詳細は不明。

ラルダン　Raldang　5499m　[32°28′・78°18′]

[位置と山容] サングラの北東に位置するピラミダルな岩峰。カルパからは日本の槍ヶ岳のように見える。→グラビア写真(2)-192頁

[登山史] 2010年8月～9月、ビッグウォールクライマーとして有名なスペイン・カタロニアの女性Silvia Vidalが悪天候の中、単独で25日間かけて約5250mまでの南壁部分1050mを初登攀した。グレードとしてはA4+や6a+だが人工的に壁を傷つけるバットフックは使用しなかった。ルートにはNaufragi(カタロニア語で挫折させる、難破するの意味)と命名する。壁へのアプローチもわからず、村人に写真を示して3名のポーターを確保したが強雨と霧のため3800mに荷物を置いて帰られてしまったのでそこをBCとし、ABC(4300m)は岩壁に吊り下げたポーターレッジ。なお、Vidalは常にそうだが登山中に携帯電話やインターネット、GPSの類などのコミュニケーション用具

Raldang (5499m=center) from Kalpa (R.Terasawa)

は一切利用しない。

カネジ　Khanej　5200m　［32°28′・78°16′］
［位置］ラルダンから東に続く稜線上約4km。
［登山史］1998年8月、Arun Samant率いるムンバイ隊のAloke Surin、Anil ChavanそれにRavi Wadaskarの3名がレオ・パルギャル近くの無名峰（6484m）に初登頂後、リコン・ピオに戻りカネジに登頂、その後、カネジ峠からサングラに下降している。

ショシャラ　Shoshala　約4700m　［32°24′・78°23′］
［位置と山容］バスパ谷右岸、サングラとチトゥクルの中間ラクチャン（Rakcham）の裏山である。
［登山史］2010年にバスパ谷周辺を偵察したスイスのElie Chevieux他はクライマーの理想郷のような岩場を発見。2011年5月、Elie Chevieux、Yannick BoissenotそれにGiovanni Quiriciがショシャラの中央フェースにボルト39本使用し19ピッチのルートを拓き、「トリスル・ダイレクトルート」と命名。悪天に見舞われ、18日間かかった。難易度としてはわずかのA2を含む7bが750m続いた。

ファワララン（パワララン）　Phawararang　6349m　［31°27′・78°29′］
［位置と山容］サトレジ川の中流部に、南西から合流してくる支流のティルン谷（Tirung Gad）下流域のランバール谷（Lambar Khad）中流域のランバール氷河の右岸奥にファワラランがある。左右に張った尾根をもつ山麓部は岩の山で、山頂部には雪があり、ほとんど標高の同じ二つのピークがある。山名「ファワララン」は「大きな動物のいる所（Place of big animal）」を意味し、「ラン」はキンナウルの言葉で「山」の意である。
［登山史］1977年6月中旬に陸軍隊（隊長：Col. BS.Sandhu, Phom Bahadur, Japan Chand, Sood, Gill, Lalit Bakshi）が南稜から初登頂した。1985年5月、インド隊が同じく南稜から（隊長：Anil Bhargav, Tapas Mullic, Anand Pai, Madhukar Bhatia, Manoj Padki, Jayanta Kulkarni）登頂した。1997年に初の外国隊として「ぶなの会」隊が登頂した。→グラビア写真(2)-191頁
　その後も数隊が入山、登頂もされている。

ラングリク・ラング　Rangrik Rang　6553m　[32°23′・78°38′]

[位置と山容] ティルン谷上流域右股支流ラチョ谷（Racho）源頭の山である。初登頂した英印隊により山麓の僧院名Rangrikより命名。Rangrikはキンナウルの言語で「神の造りたもうた」、Rangは「山」を意味する。

Rangrik Rang (6553m) (R.Terasawa)

[登山史] この山域を研究していたH・カパディアが解禁後の1994年、クリス・ボニントン（Chris Bonington）と合同隊を組み6月20日、ティルン谷経由で入山、北東稜よりC Bonington、Jim Fothringham、Muslim Contractor、Graham Little、DivyeshMuni、Jim Lowther、Paul Nun, Pasang Bodhの8名が初登頂。周辺のMangla Peak（5800m）、Kunda Peak（5240m）、Kimshu Peak（5850m）にも登頂した。2008年、フランス隊（隊長：Ferron Odilm）のRumebe JeremyとAudibert Slvoinが第2登した。→グラビア写真(2)-193頁

P6132　6132m　[31°15′・78°46′]
P6154　6154m　[31°15′・78°46′]

[位置] バスパ谷上流右岸アルマソン谷（Armasong Nala）並びにバスパ谷の源頭部。

[登山史] 2005年8月、West Bengal隊のN.Prasad Rao隊長、Subrata Banerjee、Bimal Krishna Biswas、Sanjoy Ghosh、Somnath Hazara、Ajoy Mondal、Molay Mukherjee、Dilip Tirkyが4名のHAPとバスパ川に沿ってサングラからチトゥクル、ドゥンティと進み、ニタル・タチ（Nithal Thach, 4380m）にBCを設営、C1（4880m）とC2（5560m）を設営後、19日にC2から両峰に初登頂した。

P5712　5712m　[31°17′・78°23′]

[位置] バスパ谷左岸ラクチャンとモストゥラン（Mostrang）間に南西から流れ込むシャオネ谷（Shaone）源頭に位置する。シンカ峠（Shinka）東約5km。

[登山史] 1956年5月～6月、デラドゥンにあるDoon School教員のJ.M.T.Gibson

が生徒たちとシャオネ谷を踏査し、初登頂した。

サロ・ピーク　Saro Peak　6080m　[31°25′・78°25′]
[**位置と山容**]　キンナウル・カイラスの南南東約7km北にある岩の多い山で、約1.5kmにダボリン（Daboling, 6080m）がある。バスパ川（Baspa R.）中流域のラクチャム（Rakcham）の集落の北東に位置している。Sairoと表記した資料もある。　→グラビア写真(2)-194頁
[**登山史**]　登山記録は未見である。

ティルン谷〜ギャマタン谷間
Between Tirung & Gyamathang Valley

グラマン・バー　　Gramang Bar　　6248m　　［31°32′・78°32′］
[位置と山容] セサル・カンの北西に位置する。以前の標高は5800m。
[登山史] 1993年、アイルランドのPaddy O'Leary他が周辺を踏査。2008年、Seamus O'Hanlon率いるアイルランド隊がO'Learyからのアドバイスを受けてモラン（Morang）からパルタ（Paltha）を経由してコクパ谷（Khokpa）からティムチェ氷河（Timchhe）へ入り4800mに達したものの、気候変動のためBC予定地は全く水が手に入らず、山へのアプローチも荒れて危険な状態であった。彼等は北西側を偵察、西稜は登頂の可能性があるという。

セサル・ラン　　Sesar Rang　　6095m　　［31°34′・78°33′］
[位置と山容] ティルン谷とギャマタン谷（Gyamathang）分水稜線上にあり、タンギからアプローチできる。標高はかつては6248mとされていたが、現在では6095mが定着している。
[登山史] 1994年9月2日、ベンガル隊のAshim Ghosh Chowdhury隊長、Nilotpal Roy、Chandan Mukherjee、Molay Ghosalの4名が初登頂した。

ギャマタン谷以北 (North of Gyamathang valley)
レオ・パルギャル山群周辺 (Neigboring Area of Leo Pargial)

レオ・パルギャルⅠ峰　　Leo Pargial-Ⅰ　6791m　［31°55′・78°45′］

[位置と山容] チベット国境上のシプキ峠（Shipki La）の北約8kmにある峻峰でⅡ峰と双耳峰をなす。山名は「悪魔の棲家」の意味。19世紀から注目され、ランドマーク的存在の山である。

[登山史] 1818年に英国のゲラルド兄弟が北西稜から約6200mに到達。1933年8月10日に英国のMarco PallisとCET Warrenが西稜より初

Leo Pargial (6791m, far left=Triangle peak) from on the ridge between Gara Gl.& Duba Gl.
(R.Terasawa)

登頂、麓の集落名Leoを取って命名した。1967年6月19日にCol.D.K.Khullar率いるインド陸軍隊の4名とシェルパ2名が第2登した。その後、毎年のように入山、約半数の隊が登頂している。

レオ・パルギャルⅡ峰　　Leo Pargial-Ⅱ　6770m　［31°54′・78°45′］

[位置と山容] Ⅰ峰の南側でⅠ峰と双耳峰を成している峻峰。

[登山史] 2002年にSajal Kumar Kundu率いるウェスト・ベンガル隊がナコ（Nako）から入り、Baryui、Ratikanta Hembram、Subendru、Subhajit Roy、Subrata Mondalの5名が登頂。詳細は不明。

リオ・プルギル　　Reo Purgyil　6816m　［31°53′・78°44′］

[位置と山容] シプキ峠北約6kmに位置する岩峰でHP州の最高峰。

[登山史] 1971年にITBP隊が初登頂したと発表したものの詳細は不明で長い間疑問視されていた。1991年、デリーのYousuf Zaheer隊長率いる登山隊が頂上で<ITBP EXP.1971>と記された古い竹棒を発見、1971年隊の初登頂が証明された。登頂者はZaheer隊長、E Theophilus、Vikam Joshi、Paramjit他1名の4名。1998年、同峰の北壁初登攀を計画していたRoger

PayneとJulie-Ann Clymaはインド核実験の翌週許可を取り消され、デリーでIMFとの協議の結果、ガンゴトリ（Gangotri）のメルー東峰（Meru, 6660m）の許可を得て、試登した。

P6484　　6484m　［31°17′・78°42′］

[位置と山容] スピティとの境界スムドゥ（Sumdo）の南約10kmでスピティ川左岸に流れ込むチャンゴ谷（Chango Topko）右岸の岩峰。

[登山史] 1998年7月9日、チャンゴ谷からレオ・パルギャルを目指したArun Samant率いるムンバイ隊のRavi WadaskarとRamgopal Negiが南西壁からボロボロの岩質の南西稜を辿り最後は8mほどのボルダーを攀じて初登頂した。Samant隊長とAnil Chavanは予定通りレオ・パルギャルに登頂。同隊は対岸のニンマリ（Ningmari, 6173m）も試みたが落雪や落石がひどく断念。更に8月1日、レオ・パルギャルとニンマリを繋ぐ稜線上の無名峰（6228m）に北西壁から初登頂、さらに稜線上東の無名峰（5900m）にも初登頂した。その後、バスパ谷のラルダンから東に続く稜線上のカネジ（Khanej, 5200m）にも初登頂している。

なお、1993年にインドのAloke Surin隊がニンジェリ（Ninjeri 6648m）他を試登、この山域の写真を撮影している他、アンモナイトなど貝の化石を採集している。

ガン・チュア　　Gang Chua　　6288m　　［31°41′・78°43′］

[位置と山容] Puhの南東約15km、ホジ谷（Hijis Lungpa）とティルン谷に挟まれた稜線の最東に位置するチベット国境上の山。古い地図にはガンチャと位置が逆になっているものもある。

[登山史] レオ・パルギャルとガン・チュアの両方の登頂計画をしていたCol. Jagjit Singh率いるインド陸軍学校隊のMajor Bahadur、Cadet M.A.Naik、Naik Omar Chandが1974年6月16日、ホジ谷側から初登頂した。

ガンチャ　　Gangchha　　6063m　　［31°39′・78°39′］

[位置と山容] Gang Chha（6288m）とする資料(1)、Gangchha（6030m）として国境稜線上にあるとする資料もある(2)。シプキ・ラに近く、ギャムタン谷（Gyamathang valley）のティルン・ガード川（Tirung Gad）の北

にあり、登山はホジス・ガート川（Hojis gad）側から行われている。登山史に記述したこれまでの登山・踏査隊によって表記・標高・位置の情報が若干混乱しているので整理は今後の調査研究の課題である。概念図（No.21, KINNAUR）にはこれらの山を示してある。

[**登山史**] 1974年6月、インド軍（IMA）隊（隊長：Lt.Col. Jagjit Singh）が西稜から4名が初登頂した(3)。1981年7月にはインド軍（Gurka）隊（隊長：Capt.G.M.Verma）の11名が登頂した(4)。

[**文献**]
(1) K.K.Ray:Handbook of Climbs In the Himalaya and Eastern Karakoram, 2009, p.168
(2) HCの概念図　　(3) HJ, 34, p.75　　(4) IM, 10, p.137

スピティ川右岸　The right bank of Spiti River

シンゲカン　Singekang　6031m　[31°58′・78°28′]

[位置と山容] マニランの東約9km、ナコ（Nako）の対岸でスピティ側に注ぎ込むリパク谷（Lipak Lungpa）の源頭でスピティとの境界上に位置する峻峰。

[登山史] 2010年10月～11月、英国のDr Jeremy Windsor、George Carlton、Sandra Kennedy、Alan Tees、AndrewTeesそれにアイルランドのMartin Bonerがスピティ側からシンゲカンの西稜経由で初登頂に挑むが、異常な低温と雪質の悪さ、傾斜のきつい氷壁に阻まれて頂上まで400mを残して敗退、シンゲカンからスピティ側に延びている稜線上のP.5550に初登頂、Snaght Kangと命名した。

マニラン　Manirang　6593m　[31°57′・78°21′]

[位置と山容] Puhの約10km下流でサレジ川右岸に流れ込むロパ谷（Ropa Vollry）の右股源頭に位置し、キンナウルとスピティの地区境上で、かつてはスピティとの交易路であった。マニラン峠の南側には南峰（5888m）がある。

Manirang (6593m) (D.Mukherjee)

[登山史] 1952年、J.de D.Graaff夫妻隊がデオ・ティバ（Deo Tibba, 6001m）の初登頂後、9月2日にマニラン峠から初登頂した。1976年にITBP隊が第2登したようであるが詳細は不明(1)。その後も数年に一隊のペースで入山、数隊が登頂している。

[文献]
(1) K.K.Ray:Handbook of Climbs In the Himalaya and Eastern Karakoram, 2009, p.171

マニラン南峰　Manirang South 5888m　[31°56′・78°19′]

[位置と山容] マニラン峠の南役1km、マニラン南3kmにある。

[登山史]1982年、マハラシュトラ隊Maharashtra)が初登頂。1986年にはH.カパディア隊が第2登している(2)。

[文献] (1) K.K.Ray:Handbook of Climbs In the Himalaya and Eastern Karakoram, 2009, p.171 (2) HJ, 43, p.63

[キンナウルの文献（一部重複している）]

(1) S.C.BAJPI : KINNAUR IN THE HIMALAYAS -Mythology to Modernity-, CONCEPT PUBLISHING COMPANY
(2) Major K.I.Kumar : Expedition Kinner Kailash, Vision Books (P) Ltd.
(3) Dr.M.S.AHLUALYA: HISTORY OF HIMACHAL PRADESH, INTELLECTUAL PUBLISHING HOUSE
(4) Harish Kapadia : MEETING THE MOUNTAINS, INDUS PUBLISHING COMPANY
(5) Harish Kapadia : EXPLORING THE HIGHLANDS OF HIMALAYA, INDUS PUBLISHING COMPANY
(6) Harish Kapadia : Cross Peaks & Passes in Himachal Pradesh, INDUS PUBLISHING COMPANY
(7) Harish Kapadia : High Himalaya Unknown Valleys, INDUS PUBLISHING COMPANY
(8) TRKKING AND CLIMBING IN THE INDIAN HIMALAYA, INDIA BOOK DISTRIBUTORS
(9) SOLI META & HARISH KAPADIA: EXPLORING THE HIDDEN HIMALAYA（HC 50周年記念誌）, HODDER & STOUGHTON
(10) Aamir Ali (ed.) : For Hills to Climb（The Doon School OB会記念誌）l, Indraprastha Press
(11) The-south-asian life & time, Oct.-Dec.2009
(12) HJ, 各号, IM, 各号, AAJ各号(Expedition note など関連記事が多い。インターネットで山名で検索できるものもある)

日印合同女子登山隊・ジョーカンダン（1986年）

Jorkanden（6473m）
寺沢玲子（Reiko TERASAWA, 日印合同女子登山隊）

奇妙な発端

1986年1月、日本側隊長予定者が不参加となり、実質的遠征経験者のいない隊が誕生した。8月3日、周囲の心配をよそにそれでもなんとか機上の人となる。しかし、IMFで、ヒマラヤ初心者ばかりの私たちでは難峰キンナウル・カイラスは無理なので他の山に転進する気はないか、インド側の隊員はシムラで合流す

Jorkanden(6473m) (R.Terasawa).psd

るので買い出しその他の準備はすべて日本側がやること、インド側は誰も登山靴も登攀用具も、まして冬山装備も持っていないので日本から用意してくるようにと手紙を出していたことを告げられる。日本側からの問い合わせの手紙も、インド側からの手紙も出した数の半分も届いていない。そしてトドメは、インド側隊長と全く連絡がつかず、行方がわからないとのこと。唖然としているところへLOが到着、彼に経過を説明し、最悪の場合山を見るトレッキングだけでもいい、いや、インナーライン内に一歩足を踏み入れるだけでもよい、とにかくインド側隊員と合流するまでは登山準備を進めて行きたいと必死で懇願し、何とか続行できることになる。買い出しやら隊貨換金やらアナカン通関やら・・怖さを知らない初心者の強みで灼熱の中を皆よく動き回った。そして、IMF副総裁で初代キンナウルDCのN.D.Jayal氏宅で私たちの目指す山の写真を初めて目にする。インド側：隊長：Ｉ Ｄ Sharma、隊員：Raksha Devi、Ila Rajan、Anju Agarwal、日本側：隊長：寺沢玲子、隊員：斉藤則子、金子珠実、風間雅子、南指原さゆり

インナーラインを超える

　8月8日早朝、バスでシムラに着くと、インド側隊員が1名のみ。しかも彼女はほとんど英語が話せない。夜、マナリ登山学校の責任者が訪れ、私たちの隊長は相変わらず音信不通なので、代理に男性インストラクターが隊長として参加すること、私たちが用意してこなかったインド側隊員の装備を集めるため3日ほどシムラに滞在せざるを得ないことを告げられる。11日早朝、インド陸軍前総司令官が暗殺されたというニュースが飛び込み、街中の店や官庁が閉じられる。当然ながらインナーライン・パーミッションはおりない。結局、私たちはシムラに実に11泊もする羽目になる。

　19日午後、ようやくシムラを出発、憧れ続けたサトレジ川を初めて目にした。20日、ランプーの王宮を見学後、ヒンドゥスタン・チベット道路を走る。橋の流出やがけ崩れがあちこちであり、隊員一同ポーターと化して車道を荷を担いで歩き、代替えの車を見つけてワンツ（Wangtu）のチェックポストに着く。わずか30分の待ち時間がとても長く感じられる。外務省や大使館での緊迫した空気や、この計画を推し進めてくださった方々の顔が浮かび、目頭が熱くなる。確かに私たちはインナーラインを超えたのだ・・。

　今にも動かなくなりそうな車は、エンジントラブルを繰り返しながらも、なんとかレコン・ピオに着く。ＤＣ（Deputy Comissioner）に会い、カルパにおいては、6473m峰はジョーカンダン、6050m峰はキンナウル・カイラスと呼ばれていることを確認する。5万図やバスパ谷の美しいスライドを見せていただく。さて、ここで一悶着。私たちの登ろうとしているのはどちらの峰か。最終的には、まともな地図もない日本でキンナウル・カイラス＝ジョーカンダン＝最高峰と思い続けてきたという寺沢の言葉を真にうけてくれ、一見落着。

　23日、歩いたり車に拾われたりを繰り返しながらタンギに着く。結局、道端で幕営。全村人が仏教徒のこの村の入り口には立派な立体曼荼羅の山門や須弥山形の須弥壇の寺院がある。

登山記録といえない登山記録

　25日、いよいよ山に向かう。予定したドゥバ谷は崩壊はなはだしく、東隣の無名の谷から入るが、かなり細い急傾斜の岩稜帯が続き、ロバが転倒して灯油一缶を失う。26日、モレーンの中州にある草原にBC建設。夜半、風

間が頭痛と嘔吐を訴える。27日早朝、調子の戻らぬ風間と南指原にコックが付き添って途中の岩小屋へ下る。ライトを持たずにABC建設に出かけたインド側隊員たちが帰幕できず、一面のガスの中、ライトを持って出迎えに行き、午後11時過ぎ、ようやく全員をＢＣまで連れ帰る。28日、今度はLOが頭痛で下山、風間は肺炎から肺水腫を引き起こしたらしく、カルパの病院に収容されたとのこと。すでに時間切れの公算が大きく、目の前の峰に変更したいと申し出るが、インド側隊長は耳を貸さない。

　30日、グズグズのルンゼからスラブ状の岩場を超え、ドゥバ氷河（Duba）とのリッジを乗り越してドゥバ氷河へ下降する。月のクレーターを思わせる一木一草のない、まさに＜死者の御霊の集まる場所＞と呼ばれるにふさわしいモレーン帯の一角にABCがあった。9月1日には斎藤が休暇の都合でABCにたった一泊で下山。9月4日、Ｃ１上部の偵察をするもクレバスの崩壊や落石、取り付きまでのシュルンドの悪さのため、登山中止を決める。あまりのあっけなさに涙も出ない。

　帰路もロバ数頭が滑落、灯油タンク４缶破損、個人装備や幕営用具などもだいぶ被害を受ける。ついていない時は最後までついておらず、アクパまで何とかたどり着いたものの車の手配がつかず、食糧もないまま寺院の庭で着の身着のままのビバークとなった。日本側隊員平均年齢30歳、若さと体力だけで乗り切った珍道中であった。

［文献］ヒマラヤ、No.181（1986年12月号）、日本ヒマラヤ協会

パワララン登頂（1997年）

Phawararang（6349m）in Kinnaur, the Second Ascent
鬼木包重（Kaneshige ONIKI、ぶなの会・東京）

概要

1997年9月12日、東京のぶなの会（隊長：今井正史以下6名）が南東稜からパワラランに登頂した。第2登であった。

はじめに

ぶなの会・創立30周年記念登山の対象とした山域は、日本隊が1隊しか入ったことのないキンナウル地方の、パワララン（Phawararang）である。地元の発音に近いファワララングと表記することもある。この山は、数千年の歴史があるというキンナウル・カイラスを巡礼する途中から垣間見ることができ、良く知られている山である。ウッタル・プラディッシュ州とヒマチャル・プラデーシュ州の境、サトレジ川の支流のバスパ川の中流地帯に位置する。バスパ川の上流は中国国境になり、奥地までの入域許可の取得は難しい。

パワララン峰へ

1997年8月28日、今井正史隊長以下隊員6名（鬼木包重、三浦大介、富永忠宏、宮坂康彦、松島正光、藤木邦彦）は、マナリを出発し、サトレジ川に沿い、レコン・ピオ（Rekong Peo）、タンギ（Thangi）を経て、道路事情の悪さもあって、日本を発って11日目の9月4日、シュルティングティン・カード（Shurtingting Khad）の谷の左岸にBCを設営することができた。地元民がゾニイ・ドグリ（Zoni Dogri）と呼ぶ場所である。予定していた地点よりやや低い、標高4070m地点であったが、5分ほど斜面を横切ると、小沢があり、水を得ることができる平旦な快適な場所があった。一つ残念なことは、そこからパワララン峰の山頂を見ることはできないことであった。

BC開設の翌日、左と右の尾根に2つの偵察隊を出した。偵察の結果、右の尾根は上部に登るに従い鋭いピナクル状のアップダウンに阻まれるが、左の尾根に沿ったルートは谷からゴルジュ状の部分を避けながら尾根上に出るとモレーンが出現し、緩いカール状となって上に続いていることが分かっ

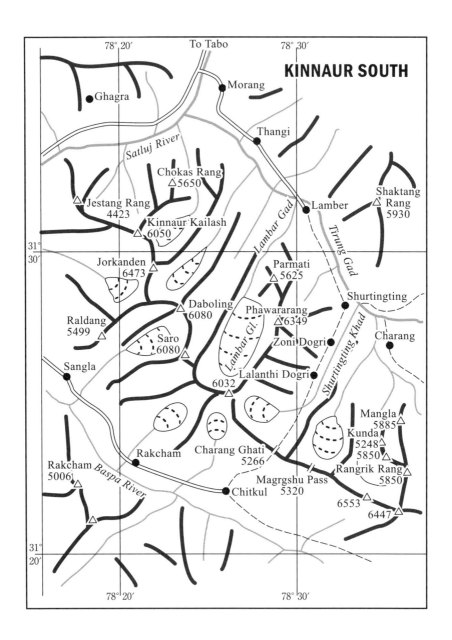

た。左の尾根をルートにとることにし、9月7日、谷の奥まった4750m付近に、テント2張りのC1を設営した。9月11日、上のモレーンの上部5350mにC2を建設した。BCからC2までのルートには全く雪がなかったが、C2のすぐ脇には小さな雪渓があり、水も取ることができた。

　C2からは左斜面を、尾根上の小ピークに向って急登し、この登山最初のフィックス・ロープを張り、ルート工作を行った。斜面に雪は無く、浮石が多く、落石が多発し緊張するルートであった。

Phawararang（6349m）（M.Imai）

登頂

　予定ではC3は作らないことになっていたが、天候急変等緊急避難用に9月12日にC3（5750m）を仮設した。その日、ガスで視界は悪かったが、隊員2名とHPの1名は登高を続け、山頂直下の雪稜にフィックス・ロープを張り、ルート工作を行い、無事山頂を往復した。山頂は氷と雪に覆われていた。

　翌9月13日にはC2に入って待機していた4名とHPの1名が、前日とは違って快晴となった好条件のもと、一気に登頂した。

　頂上では、前日には見ることができなかった360度の展望を楽しんだ。すぐ至近距離には同程度の高さのピークがあり、間には深いコル（ギャップ）が行く手を阻んでいた。時間的にも無理で、技術

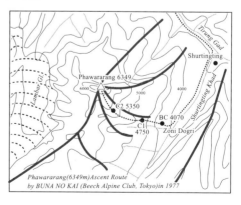

的にも危険をともなうと判断して、二つ目のピークの登頂は諦めることにした。一次と二次で隊員5名とHP2名が無事、双耳峰の第1のピークの登頂を果すことができて満足した。

あとがき

　当初、この山域の情報がなく、登攀ルートが不明だったことからキャラバンの途上でも地図を見比べながら戦術の検討を重ねた。本峰東面にBCを設営し、BCから偵察を重ねた結果として最善のルートを見い出したことは努力の賜物であったと思う。選定したルートは、登攀技術を駆使して登るほどの困難なルートではなかったことから、BC建設後8日間で頂上に達することができた。

　未踏峰と思っていた山頂直下にはインド国旗が置かれていたことから初登頂ではなかったが、外国隊として初めての登頂ということになった。

　その後、入域許可の取得が困難なこともあり、パワラランへ向かった登山隊は僅かである。

[文献]

(1) ぶなの会（編）『ぶなの会ファワララング峰登山報告書』、1998年9月
(2) 第19回インドヒマラヤ会議資料、pp.80-83

Garhwal, Nanda Kot (6861m) to summit pyramid (H.Takeishi)

Garhwal, Kharchakund (6632m) East face from Gangotri (D.Mukherjee)

Garhwal, Meru-S (6660m) North face (D.Mukherjee)

Garhwal, Chaukhamba I (7138m) North face (D.Mukherjee)

Garhwal, NE ridge of Gangotri-III (6577m) (D.Mukherjee)

Garhwal, Nanda Devi (7816m) (H.Kapadia)

Garhwal, Vasuki Parbat (6792m) (H.Iwazaki)

Garhwal, Nilkantha (6596m) East face (M.Oki)

Garhwal, Bhagirathi II (6512m)(L) & III (6454m)(R) from Nandanban (H.Iwazaki)

Garhwal, Shivring (6543m) (H.Kapadia)

Garhwal, Tharkot (6099m) (extreme R) South of Trisul (H.Kapadia)

Garhwal, Bandar Punchi- I (Kalnag) (6387m) in (H.Kapadia)

Garhwal, Swargarohini- I (6252m) (H.Kapadia)

Sikkim, Simvo (6812m) above Zemu Glacier (H.Kapadia)

Sikkim, Siniolchu (6887m) from ice fall (M.Hosaka)

Sikkim, Chombu(6362m) right of Lachen Chu (H.Kapadia)

Arunachal, Twin Chomo- II (6710m)(R) & - I (6890m)(L) from Lada (H.Kapadia)

Arunachal, Gori Chen (6858m) (H.Kapadia)

Arunachal, Nyegyi Kangsang (7047m) from Lada (H.Kapadia)

Arunachal, Kangto (7055m) from Lada (H.Kapadia)

ガルワール・ヒマラヤ　Garhwal Himalaya

　ガルワール・ヒマラヤは、州名を冠してウッタル・プラディシュ・ヒマラヤとも呼ばれてきた。しかし、2006年12月からの州名・地域の変更によりウッタラーカンド州（Uttarakhand）に含まれることになりその根拠も無くなった。

　ガルワール・ヒマラヤの範囲は、東はネパールとの国境を成すカリ川（Kali Ganga）から西はサトレジ川まで東西約340m、南北約230kmまで広がる。ガルワール・ヒマラヤは、17世紀のイエズス会士のチベットにおける布教への道や東インド会社の活動でも知られるように他のヒマラヤ区域とは異なって古くから西洋との接触の歴史を有していた。ガルワールの一帯は、もともとヒンドゥー教徒の王が支配する幾つかの小王国があったが、18世紀にネパールを統一したシャハ（Saha、グルカ王朝とも呼ばれる）王朝が領域を拡大し、一時は現在のシッキム州からウッタラーカンド州までを支配下に置いたために、イギリス勢力と衝突した。1814年から16年にかけての戦争（グルカ戦争）で敗れたネパールは、東西の占領地から撤退して現在の国境が確定した。ガルワールは以後、事実上イギリスの直轄植民地となった。

　この地方は、インド北辺の国境地域であり、イギリスのインド統治にとって、国防，資源や交易路の確保などさまざまな意味で重要な意味を持っていたが、その支配の前提として、まず正確な地図を作成するとともに、地域の自然や住民に関する情報を蓄積することが重要であり、そのためにインド測量局の職員をはじめ、多くの官僚、軍人が送り込まれることになる。早くも1808年には、ウェッブ（S.W.Webb）が測量を開始し、山々の高度も測定し始めた。1812年にはムーアクラフト（M.Moorcroft）、ハーシー（H.Y.Hearsey）らが、また1817年からはジェラード兄弟（A.& J.G.Jerard）が、広くこの地域を踏査した。1930年代にはトレイル（G.W.Trail）が、1850年代には、シュラーギントワイト3兄弟（H., A. & R.Schlagintweit）などがこの地域で探査を行っている。こういったプロセスを経て、植民地時代には道路やその他のインフラも次第に整備され、行政機関や軍の駐屯地などもあちこちに置かれるようになった。

そして、1907年に東部ガルワールのトリスル（Trisul 7120m）がT.G.ロングスタッフによって人類最初の7000m峰として登頂され、以後、ガルワールは、ヒマラヤ登山揺籃の地となって行く。この地域には北方のチベットとの間に幾つもの交易路が発達していたこと、聖なる川として民衆に崇められるガンジス川上流域にあることなどからのアプローチの良さ、気候的に比較的温和で多くの景勝の地にも恵まれていたことなどもその背景にあったと言えよう。また、亜熱帯林から松柏の温帯疎林まで、河岸段丘や段々畑、標高4000mにも至る放牧地など多様な環境のなかで営まれる人々の暮らしもガルワールの魅力を引き立てている。そして何よりも惹きつけられるのは、インド・ヒマラヤの象徴ともいうべきナンダ・デヴィ（Nanda Devi, 7816m）をはじめ、カメット（Kamet, 7756m）、チャウカンバ（Chaukhamba, 7138m）サトパント（Satopanth, 7075m）、他の7000m峰群、そして数えるに困難なほどの6000m峰群などの存在である。加えて、多くの峰々が6月〜9月の季節に登られていることに実証されるように登山に恵まれた気候特性がこの地には存在している。

　ガルワール・ヒマラヤは、広大な地域にまたがり、また、数多くの高峰が存在し、複雑な地形を形成することから、本書では以下のように区分し、さらに区域のなかで各山群を概説したのち、それぞれの山座に関して詳述することにする。

1.　東部ガルワール（Eastern Garhwal）

　東は、カリ川の上流ダルマ・ガンガ（Darma Ganga）から、西はガンジス川の大支流アラクナンダ川の源流ダウリ・ガンガ（Dhauli Ganga）左岸流域を経てギルティ・ガンガ（Girti Ganga）の源頭までの区域とする。

2.　中部ガルワール（Central Garhwal）

　アラクナンダ川の支流であるダウリ・ガンガと、もう一方の支流で中国チベット自治区との境界にあるマナ峠（Mana Pass）付近を源頭とするサラスワティ川（Saraswati R.）までの間、北は、中国チベット自治区との国境までのエリアとする。

3. 西部ガルワール（Western Garhwal）

　東は、アラクナンダ川とその上流であるサラスワティ川からガンゴトリの山群の分水界を越えてバギラティ川（Bhagirathi R.）の源流域であるガンゴトリの各山群と、その分水界の西から北のトンス川（Tons R.）の左岸源流域の一部とする。

（稲田定重・鹿野勝彦）

(22) GARHWAL-W1

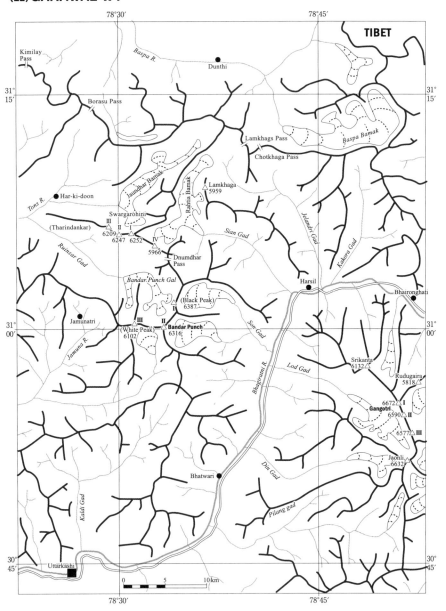

(23) GARHWAL-W2

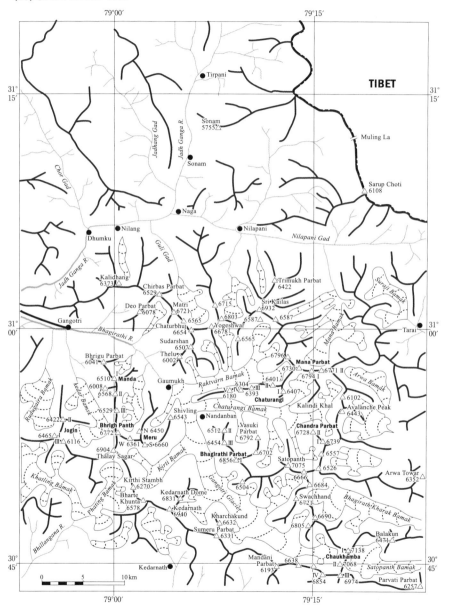

(24) GARHWAL-C

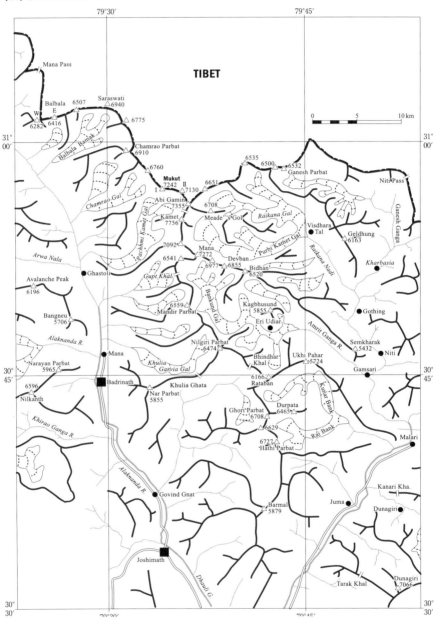

(25) GARHWAL-E1

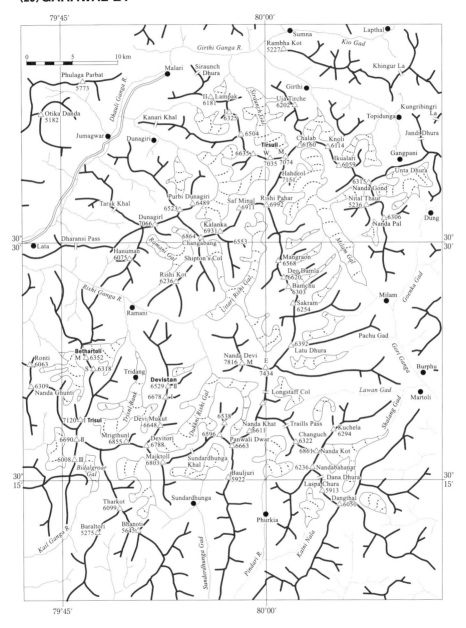

(26) GARHWAL-E2

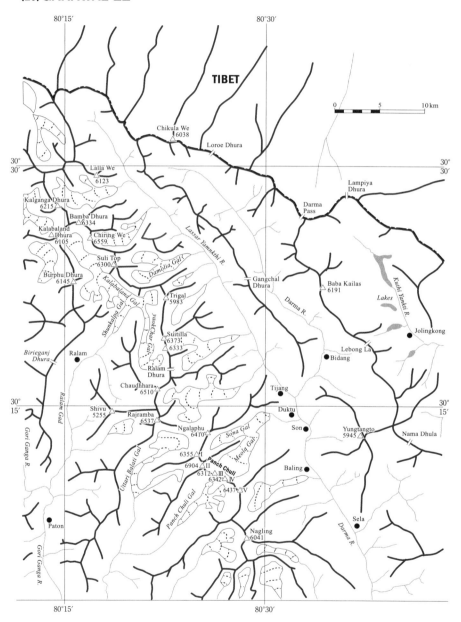

西部ガルワール　Western Garhwal

　ガンジス川の大支流であるバギラティ川（Bhagirathi R）の源流域であるガンゴトリ（Gangotri）地域は、聖河ガンジスの発するところとして、ガウムクなどヒンドゥー教最高の聖地が存在する。そして、また、西部ガルワールの高峰の大部分が集中するところでもある。特に、ガンゴトリ氷河の源頭部には、西部ガルワール最高峰のチャウカンバ（Chaukhamba, 7138m）のグループが中部ガルワールのサラスワティ川との分水界をなして連なる。また、ガンゴトリ氷河とチャトランギ氷河に抱かれた地域には、サトパント（Satpanth, 7075m）を盟主としてバギラティ・パルバート（Bhagirathi Parbat, 6856m）、ヴァスキ・パルバート（Vasuki Parbat, 6792m）、他20余座の6000m峰群のグループが複雑な連嶺を形成している。また、ケダルナート（Kedarnath, 6940m）を最高峰とするガンゴトリ氷河の左岸障壁にもカルチャクンド（Kharchakund, 6617m）、バルティ・クンタ（Bharti Kunta, 6578m）、他のグループが位置する。更に、ガンゴトリ氷河下部・バギラティ川源流南部には、シヴリン（Shivling, 6547m）、メルー（Meru, 6672m）、テレイ・サガール（Thalay Sagar, 6904m）などインド・ヒマラヤ屈指の難峰とマンダ（Manda-I, 6510m）、ガンゴトリ（Gangotri）のグループが一大山群を成す。バギラティ川源頭部北方では、スリ・カイラス（Suri Kailas, 6932m）、スダールシャン・パルバート（Sudarushan Parbat, 6507m）、他の連山が北の障壁を成して高峰群を連ねる。

　さらに、バギラティ川右岸の奥には、ガルワール・ヒマラヤの西を区切るサトレジ川の支流トンス川との間に、バンダール・プンチ（Bandar Punch, 6387m）グループとその北方にスワロガロヒニ（Swargarohini, 6252m）グループがひそやかに位置している。これらの北〜東のバスパ川流域にも多くの未踏の山々があるがここでは、取り上げない。

　西部ガルワールについては、以上のようなグループに大別して記す。

（稲田定重）

チャウカンバ山群

　チャウカンバ（Chaukhamba）は、東方20kmにある聖地バドリナートの名を冠してBadrinathとも呼称されてきた。Ⅰ峰からⅤ峰までがガンゴトリ氷河最奥部に沿って約8kmの頂稜を連続させ南東面のサトパント氷河（Satpanth Gl.）から南面のゴンダルポンギ氷河（Gondharpongi Gl.）、西面のガンゴトリ氷河の最奥部に巨大な城塞のような岩と氷雪の壁を連ねる。

　ガンゴトリ氷河は、ガルワール・ヒマラヤ最長の氷河で、約30kmあり、アプローチに難儀する。東面のバドリナート側からのアプローチも可能ではあるが、技術的困難度から未だ一般化されてはいないが、分水界の興味深い山々が注目をあびてきている。なお、チャウカンバという山名は、ヒンディー語で「4本の柱」を意味する。

　→概念図・(23)GARHWAL-W1とW2参照

チャウカンバ山群山解説

チャウカンバⅠ峰　　Chaukhamba-I　　7138m　［30°44′・79°17′］
[位置と山容] ウッタルカシの約80km東にある。ミードのコルを経由して東西面の横断は困難だが可能である。
[登山史] 最初の踏査は、1912年のC.F.Meedeで、Bhagirath Kharak氷河からⅠ峰北西のコル（ミードのコル）に到達した。1936年には、A.HeimとA.Gansserが同じくこの氷河を探査した。西面は、1938年のG.Osmastonが最初に探った。同年、オーストリア隊のT.Messnerらがガンゴトリ氷河のどんづまりまで詰めたがルートを見いだせず、ミードのコル直下で終わった。1938年のスイスのAndle Roch隊は、2名の遭難を出し、1947年の再トライも大氷壁下部で撤退した。初登頂は、1952年のE.Frendoら6名のフランス隊による。隊は、バギラト・カラク氷河をつめ、C3を北東稜の6400mに設置し、ここから6月13日にV.Russenbergerら2名が登頂に成功した。第2登は、1959年のS.N.Goyalのインド空軍隊で、南東面から10月17日にA.K.Choudhryら4名が登頂した。西面ガンゴトリ氷河側からは、1995年7月9日にM.P.Yadavのネルー登山学校隊の隊長ら5名が南東稜経由で登頂した。→グラビア写真(3)-399頁

[文献]（1）HJ, Vol.11, 1939, p.140　（2）HJ, Vol.12, 1940, p.30　（3）HJ, Vol.23, 1961, p.100　（4）HJ, Vol.52, 1996, p.227

チャウカンバⅡ峰　Chaukhanba-Ⅱ　7068m　［30°43′・79°16′］

[位置と山容]　ウッタルカシの約80km東にある。Ⅰ峰の南1kmに位置する。
[登山史]　踏査の歴史はⅠ峰を参照。1995年のネルー登山学校隊（隊長：M.P.Yadav）のR.Singhら4名が北東稜から7月9日に初登頂に成功した。同隊は、同日にⅠ峰の登頂も成し遂げている。

1997年には、新ルートの北西稜から韓国隊（隊長：Nam Ki Chang）の2名が登頂した。また、困難なガンゴトリ氷河側の南西フェースから2002年10月5日にフランス隊のYanik Grajianiら2名が登頂に成功している。
[文献]（1）HJ, Vol.52, 1996, p.221　（2）AAJ, 1997, p.371　（3）AAJ, 2003, p.371

チャウカンバⅢ峰　Chaukhamba-Ⅲ　6974m　［30°43′・79°16′］

[位置と山容]　ウッタルカシの約79km東、Ⅱ峰の南方2kmに位置する。東面は大障壁、南面もまた、絶望的な壁を成している。
[登山史]　2004年7月にネルー登山学校隊（隊長：Col.Ashok Abbey）が挑んだが7月8日、最高到達点6300mをもって不成功に終わった。同隊は、Ⅳ峰にもトライしている。
[文献]（1）AAJ, 2006, p.47　（2）HCNL, 58, p.5　（3）HJ, Vol.61, 2005

チャウカンバⅣ峰　Chaukhamba-Ⅳ　6854m　［30°43′・79°15′］

[位置と山容]　ウッタルカシの東約78km、Ⅲ峰の西方4kmに位置する。南西のGondharpongi氷河側も急峻な岩壁になっている。
[登山史]　2004年7月にネルー登山学校隊（隊長：Col.Ashok Abbey）がトライしたが不成功。
[文献]（1）AAJ, 2006, p.47

（稲田定重）

サトパントと周辺山群

　サトパント（Saropannth, 7075m）は、ガンゴトリ氷河の右岸一帯からその北のチャトランギ氷河に至る広大な氷河圏に林立する高峰群の盟主である。多くの支氷河を巡らすこの山群の地形は複雑であり、地図が不完全であった黎明期の先達たちは、目標とする山の同定に苦労している。1931年のF.S.Smytheは、サトパントに登る筈が、間違えてチャンドラ・パルバート（Chandra Parubat, 6728m）に登っている。このような事例はバギラティ（Bhagirathi）でも起こっている。それほどにまた、この地域は、魅力ある山々が蝟集している。

サトパントと周辺山群山解説

サトパント　　Satopanth　　7075m　　[30°50′・79°12′]

[位置と山容] ウッタルカシの東北東約76kmにある。ガンゴトリ氷河のほぼ中央にあってチャトランギ氷河とも分水界を成す。特有の台形の頂稜を持ち、どっしりとした特徴ある山容は、どの方向からも識別される。山名は、ヒンディー語で「七つの高峰」を意味するとされてきたが「サト＝真理」、「パント＝Path＝道」であり、「真理の道」と解釈するのが正しいとする権威筋の声も強い。

[登山史] 1931年のF.S.スマイス隊、33年のMarco Pallis隊ともサトパント登頂をめざしながら間違えて他の峰の頂上に達している。

　1983年、オーストリア隊（隊長：R.Schwarzgruber）は、チャトランギ氷河（Chaturangi）左岸の支氷河からサトパントの6100m地点に到達している。1949年8月1日、スイス隊（隊長：Andle Roch）は、北稜上のC4から隊長ら4名で初登頂を果たした。インド隊では、1966年来数隊の敗退の後、1991年にCol.HBS.Phokera隊長の陸軍隊が北東稜から5月21日、S.Norionら4人が登頂した。その後、インド隊は、ほぼ毎年のように登頂している。

　日本隊では、1982年に小樽山岳会（隊長：戸谷　薫）が北稜から挑み9月30日に隊長と大西政樹が登頂した。1983年、大宮求の山学同志会とインドの合同隊は、北西稜から5月22日に北西の峰に登ったが奥の主峰登頂は断念した。1983年夏に婆沙羅衆（隊長:関 久雄）、秋に目黒勤労者山岳会（隊長：

高橋晴夫)、1984年秋に東京労山(隊長:山中芳樹)、1990年春にワニ眼クラブ(隊長:早川晃生)、夏にHAJ(隊長:保坂昭憲)など毎年1-2隊ほどが登頂し、1995年には、岩と雪の会(隊長:尾形好雄)他3名が北稜から登頂した。
→535頁

　1999年までに15隊が登頂し、日本人に人気の山である(6)。
[文献] (1) HJ, Vol.6, 1934, p.106　(2) HJ, Vol.15, 1949, p.18　(3) IM, 27, 1991, p.129
(4) 山岳、第78年、p.56, JAC
(5) 岩と雪の会「ガンガの源流を訪ねてサトパント1995年」『ヒマラヤ』291, HAJ, 1996 (6) HAJ『7000m峰挑戦の記録、2004年版』2009年、pp.78-80

スワッチャンド・ピーク　Swachhand Peak　6721m　[30°49′・79°13′]

[位置と山容] ウッタルカシの東北東約76km、サラスワティ川流域との境に位置する。スワッチハンド氷河など3氷河が周囲を取り巻き、峻険なピラミッドを呈して屹立する。山名は「触れられていない、純粋」という意味を持つ。

[登山史] 1938年オーストリア隊(隊長:R.Schwarzgruber)が9月23日、南東稜からT.MesznerとI.Spannraftが初登頂した。1971年のインド隊(隊長:Manoj Bhowmik)は不成功に終わった。

[文献] HJ, Vol.11, 1939, p.140

ジャヌフート　Januhut　6805m　[30°46′・79°14′]

[位置と山容]ウッタルカシの約77km東北東に位置する。垂壁と急峻な雪壁、リッジを巡らした難峰である。Swachhand Peak(6721m)の南東稜がP.6690で分岐し、ガンゴトリ氷河に延びる支稜上に位置し、ガンゴトリ氷河最奥部右岸の支氷河とMaiandi氷河を分ける。山名は、古代インドの叙事詩である「ラーマーヤナ」に出てくるラーマ王子の国の神の名に由来する。

[登山史] 最初のチャレンジは、2002年5月、オーストリアのJochlefとZenz ChristenでP.6343とのコルからトライしたが悪天と凍傷で撤退した。2人は、2004年にも同ルートでチャレンジしたが不成功。同じ年、ニュージーランドのM.Beareのペアは西壁から攻めて6400mに到達した。2010年と2011年には、アメリカのB.Hyrenskiの隊が南東面から挑戦し、6500mまで登った。
　2014年、イギリスのMalcolm BassとSimon Yearsleyは、上部の城塞のよ

うな岩壁を突破して6月12日に頂上直下140mまで迫ったがマイナス30℃の寒気と食料不足により撤退した。
[文献] (1) AAJ, 2003, p.392 (2) AAJ, 2014, p.57

チャンドラ・パルバートⅠ峰 Chandra Parbat-I 6739m ［30°52′・79°15′］
[位置と山容] ウッタルカシの約80km東北東に位置する。チャトランギ氷河の支氷河であるSunaraya氷河とSeta氷河を分ける。頂稜は、急峻なリッジである。
[登山史] 1938年9月11日、東南面のMaiandi氷河から東稜を経由してオーストリア隊（隊長：R.Schwarzgruber）の隊長ら2名が初登頂に成功した。その後、1965年のインド空軍隊（MKM.Raju隊長）が5月22日に西稜からAmulya Senら4名が第2登をしている。
[文献] (1) HJ, Vol.11, 1939, p.128 (2) HJ, Vol.26, 1965, p.174

チャンドラ・パルバートⅡ峰 Chabdra Parbat-Ⅱ 6728m ［30°52′・79°14′］
[位置と山容] ウッタルカシの東北東約80kmに位置する。Ⅰ峰の北1.3km、チャトランギ氷河最奥部に面し、Ⅰ峰と同様に東西2つの氷河を分ける。
[登山史] 1984年インド隊（隊長：Pulau Majumdar）の隊長ら4名がSunalaya氷河から北西稜を経て5月31日に初登頂をした。
[文献] (1) HJ, Vol.42, 1986, p.174

ヴァスキ・パルバート Vaski Parbat 6792m ［30°52′・79°10′］
[位置と山容] ウッタルカシの東北東、約77kmに位置する。サトパントの衛兵の如くチャトランギ氷河の出合に位置する鋭峰で東西面、北面ともに氷稜をまとう。山名は、蛇の王の名である。
[登山史] インドITBP（Indo Tibet Border Police）隊（隊長：LP.Semwal）が1973年10月2日、東面からT.Singhら4名が初登頂した。1980年の立命館大学隊（隊長：中江啓介）は、東面の氷河からアルパインスタイルで東壁を経て初登攀に成功した。→*グラビア写真(3)－400頁下*
[文献] (1) 山岳、第76年、p.94, JAC

ヴァスキ・パルバート南峰 Vaski Parbat South 6702m ［30°52′・79°11′］

［位置と山容］ウッタルカシの約77km東北東に位置する。ヴァスキ・パルバート主峰（6792m）の南1.5km。東西両氷河側とも切れ落ちた鋭峰である。約2kmで西のバギラティⅠ峰（BhagirathiⅠ）につながる。
［登山史］1980年9月12日、5500mのABCを出て9月15日、東面氷河からアルパインスタイルで主峰に第2登した立命館大学隊（隊長：中江啓介）は、同日に南峰を初登頂し、ビヴァークの後、BCに帰着した。登頂者は、隊長、乃村昌弘、野村 浩の3名。
［文献］(1)山岳、第76年、p.94, JAC

バギラティⅠ峰　　Bhagirathi-Ⅰ　　6856m　　［30°52′・79°07′］

［位置と山容］ウッタルカシの約74km東北東に位置する。ガンゴトリ氷河右岸からチャトランギ氷河との出合まで長い頂稜を形成する大山塊の北端にある。サトパント（7075m）とは約6kmの尾根でつながる。
［登山史］バギラティ・グループは、1933年イギリスのMarco Pallis隊によって最初に探られている。1980年8月の国学院大学隊（隊長：松永敏郎）は、南稜の6150m地点で断念。初登頂は、1980年の香川県勤労者山岳連盟隊（隊長：高林久蔵）。南東稜から9月29日に金沢健ら3名が初登頂した。同隊は、翌30日に4名、10月1日に4名、2日に隊長ら3名と全員登頂に成功している。1989年に会津山岳会（隊長：佐々木健臣）が9月20日、北稜から栄 利文ら2名が第3登に成功している。
［文献］(1)『バギラティⅠ』立命館大学、1990年　(2)山岳、第85年、JAC

バギラティⅡ峰　　Bhagirathi-Ⅱ　　6512m　　［30°52′・79°07′］

［位置と山容］ウッタルカシの約73km東北東、Ⅰ峰の北約4kmに位置する。ガンゴトリ、チャトランギ両氷河の合流点であるナンダンバンの真上に聳え、3本の支稜を出す。
［登山史］1938年9月9日にオーストリア隊（隊長：R.Schwarzgruber）がチャトランギ氷河側の北東フェースからT.Messnerら2名で初登頂をした。インド隊では、1966年のSujit Bose隊が10月22日にAmar Royら4名が南東フランケから登頂したが3名が遭難死している。
　以後、インド隊は20隊以上が登頂している。日本隊では、1980年の群馬女子雪氷クラブ隊（隊長：安中秀子）をはじめとして7隊（2004年までで）

が登頂に成功している。→グラビア写真(3)-402頁
[文献]　(1) HJ, Vol.11, 1939, p.142　(2) HJ, Vol.27, 1966, p.154

バギラティⅢ峰　Bhagirathi-Ⅲ　6454m　[30°51′・79°08′]
[位置と山容]　ウッタルカシの東北東約73km、Ⅱ峰の南1.5kmに位置する。ガンゴトリ氷河側は、約2000mの壁を成している。
[登山史]　初登は、1933年のイギリス隊（隊長：Marco Pllis）で、6月18日にC.F.kirkasら2名が登頂した。この隊は、サトパント（7075m）と間違えてⅢ峰に登頂したものである。その後、1982年10月8日のスコットランド隊の南西壁からの登頂、1983年の西ドイツ隊の北面からの登頂、同年インド隊の東面からの登頂などをはじめとして毎年のように登頂されている。
[文献]　(1) HJ, Vol.16, 1934, p.106

ピー・シュヴァルツタワー　P.Schwarz Tower　6556m　[30°50′・79°09′]
[位置と山容]　ウッタルカシの東北東約71kmにある。バギラティⅠ峰の北稜上にあるピーク。
[登山史]　1979年10月2日、チェコスロヴァキア隊（隊長：Zdenek Lukes）がバギラティⅠ峰の東壁からⅠ峰の北稜を経てⅠ峰をめざしたがP.6556で断念した。このピークに母国語で「白い塔」を意味する名を命名したものである。なお、同隊は、バギラティⅡ峰に10月7日に登頂、Ⅲ峰には翌日に登頂している。
[文献]　(1) HJ, Vol.37, 1981

（稲田定重）

チャトランギ氷河北方の山群

　ガンジス川の最源頭とされ、氷河の水が勢いよく噴出する聖地ガウムクからガンゴトリの本格的氷河域がはじまり、大別して南東のガンゴトリ氷河左岸山群、右岸の山群（サトパント・グループ）、東のチャトランギ、ラクトバン氷河右岸の山群（チャトランギ氷河北方グループ）がある。北方グループは、地形上、中国チベット自治区との国境で中部ガルワールの境界であるマナ峠までを流域とするマナ谷の山々までを含むが、右岸域は全くの未踏の領域なのでここではマナ谷の左岸までに限って記する。

チャトランギ氷河北方の山群山解説

トリムーク・パルバート　　Trimukh Parbat　6422m　[31°02′・79°11′]
[位置と山容] ウッタルカシの東北東約82kmにある。グループ最北の山塊で北のマナ川（Mana Gad）まで尾根を延ばす。山名は、「三つの尖峰が頂上にある山」を意味する。数本の氷河を南北に流下する。名前のように鋭峰である。
[登山史] この地域の最初の踏査は、イギリスのJ.B.Audenである。インド陸軍隊（隊長：Capt.Bajan SinghBishut）が1994年6月27日に北面のマナ川のNirapaniからアプローチし、南東フェースから初登頂したが詳細は不明である。また、東峰（6280m）は、1990年のインド隊（隊長：Harish Kapadia）によって5月30日、M.DevjanとPasang Bodhが初登頂した。
[文献]　(1) IM, 31, 1995, p.67　(2) IM, 26, 1991, p.200

スリ・カイラス　　Sri Kailas　6932m　[31°00′・79°10′]
[位置と山容] ウッタルカシの東北東約82kmにある。この山群の最高峰で、ラクトバン氷河（Rakutoban）の最奥にある。この氷河周辺には、6500m以上の無名峰が4座あるがそのいずれも未踏である。ラクトバン氷河の長いアプローチが容易でない。山名の「スリ」は尊称、「カイラス」は、聖山カイラスと同意義である。
[登山史] 初登頂は、1938年のオーストリア隊（隊長：R.Schwarzgruber）で、南面から西稜のサドルを経由して10月16日に隊長ら4名が登頂した。1963年6月16日、インド隊（隊長：D.K.Pandya）が西稜から10名の隊員と6名のシェルパが第2登した。以後、毎年のようにインド隊などが登頂しているがほと

んどが初登ルートからである
[文献]　(1) HJ, Vol.11, 1939, p.145　(2) HJ, Vol.24, 1991, p.163

デオ・パルバート　　Deo Parbat　6078m　［31°01′・79°02′］
[位置と山容]　ウッタルカシの東北東約68km、ガンゴトリ寺院の北東、バギラティ川の右岸にあり、Chirbasu氷河とDeo氷河を分ける。山名は「神の山」の意味。
[登山史]　登山の記録は見当たらない。
[文献]　不詳

チルバス・パルバート　　Chirbas Parbat　6529m　［31°02′・79°03′］
[位置と山容]　ウッタルカシの東北東約70km、バギラティ川右岸、デオ・パルバート（6078m）のが派生する北東約2kmの尾根上に位置する。この尾根は、はるか東方のトリムーキ・パルバート（6422m）まで続く。"チルバス"とは「松林」の意味である。
[登山史]　1933年、イギリスのMarco Pllisが踏査している。また、1943年にチベットに囚われていたドイツのハインリッヒ・ハーラーが脱出してきた時にこの山の北方を通過している。1982年、1985年のインド隊の試登の後、1986年インド隊（隊長：Indraman Mukherjee）が西稜から6月8日、Sher Singhら2名が初登頂した。
[文献]　(1) HJ, Vol.11, 1939, p.142　(2) AAJ, 1987, p.265

マナ・パルバートⅠ峰　　Mana Parbat-I　6794m　［30°56′・79°14′］
[位置と山容]　ウッタルカシの東北東、約82km、チャトランギ氷河とマナ氷河の源頭にあって、東のサラスワティ川流域との分水嶺をなす。北の分水界には数座の6000m峰があり全て未踏である。西稜はラクトバン氷河とチャトランギ氷河を分けて長い尾根上にチャトランギ山群を起こす。南東分水界のKalindi Khalは、サラスワティ流域とを結ぶ魅力ある横断ルートである。
[登山史]　1966年、インド隊（隊長：S.Choudhury）が試登している。初登頂は、1970年インド隊（隊長：B.Rakshit）で、10月8日南稜から隊長ら4名が登頂した。
[文献]　(1) HJ, Vol.27, 1996, p.183　(2) HMJ, 6, p.101

マナ・パルバートⅡ峰　Mana Parbat-Ⅱ　6771m　[30°56′・79°15′]
[位置と山容] ウッタルカシの東北東約183km、Ⅰ峰の東1.5kmにある。カリンディ・カルへ南稜が続いている。チャトランギ氷河の最奥に位置する。
[登山史] 1984年インド隊（隊長：R.Singh）、1988年インド隊（隊長：S.Verma）の試登がある。1995年，インド隊（隊長：Vinay Hegde）が北稜から西稜を経て隊長ら3名が6月6日に初登頂をした。
[文献]　(1) IM, 17, 1986, p.185　(2) IM, 25, 1989, p.222　(3) HJ, Vol.52, 1996, p.234

チャトランギⅠ峰　Chaturangi-Ⅰ　6407m　[30°55′・79°12′]
[位置と山容] ウッタルカシから東北東約78kmにある。チャトランギ氷河とラクトバン氷河を南北に分ける長い尾根がマナ・パルバートⅡ峰に発してガンゴトリ氷河との合流点まで続き、尾根上にⅠ～Ⅴ峰まであるがその最東端に位置する。
[登山史] 1938年10月1日にオーストリア隊[隊長：P.Schwarzgruber]のT.Messnerらが初登頂をした。1968年インド隊[隊長：Amulya Sen]は南東面から9月19日に登頂した。無名峰だったこの山に「Radhanath Sikdar」と命名している。1980年、東洋大学隊（隊長：大滝憲司郎）は、メルーの登頂後にこの山にも挑み、9月27、28の両日にわたって全員登頂した。
→526頁
[文献]　(1) HJ, Vol.11, 1939, p.140　(2) IM, .16, 1985, p.81
(3)『東洋大学ヒマラヤ登山隊報告1980年』

チャトランギⅡ峰　Chaturangi-Ⅱ　6401m　[30°55′・79°14′]
[位置と山容] ウッタルカシの東北東約77kmにある。Ⅰ峰の北約1kmに位置する。
[登山史] 1994年9月24日、インド隊（隊長：Pradip Kar）が隊長ら4名とHAP, 3名が北稜から初登頂した。第2登は、Ruby Santraのインド隊で2000年10月1日に同じく北稜から隊長ら3名が登頂した。
[文献]　(1) HCNL, 54, p.36

チャトランギⅢ峰　Chaturangi-Ⅲ　6393m　[30°55′・79°14′]
[位置と山容] ウッタルカシの東北東約75kmにある。Ⅱ峰の西約1.5km。チャ

トランギ・ミドルとも呼ばれる。
[登山史] 1974年6月17日、Pradipa Chakrabortyのインド隊のD.P.Battacharyaら4名が南稜から初登頂した。
[文献] (1) Trek 75

チャトランギⅣ峰　Chaturangi-Ⅳ　6304m　[30°55′・79°14′]
[位置と山容] ウッタルカシの東北東約74kmにある。Ⅲ峰の西約1.5kmに位置する。
[登山史] 1969年、インド隊（隊長：Dr.Swapan Roy）は、チャトランギ氷河側（南面）から支氷河に入り、10月7日、隊長ら7名が初登頂を成した。
[文献] (1) AAJ, 17, 1970, p.186

チャトランギⅤ峰　Chaturangi-Ⅴ　6180m　[30°55′・79°14′]
[位置と山容] ウッタルカシの東北東約73kmにある。Ⅳ峰の西約1.5km。チャトランギ山群の最西端の6000m峰である。
[登山史] 不詳

チャトルブンジ　Chaturbhunj　6654m　[30°59′・79°05′]
[位置と山容] ウッタルカシの東北東約71kmにある。バギラティ川右岸のガウムクの手前にあり、Matri氷河源頭のピークで北西3kmにMatri（6721m）が位置する。山名は「4本の手」の意味。
[登山史] 1981年6月5日、Harish Kapadiaを隊長とするインド・フランス合同隊のH.Odeieらフランス側メンバー3名が初登頂に成功した。
[文献] (1) HJ, Vol.38, 1982, p.77

ヨゲッシュワール　Yogeshwar　6678m　[30°59′・79°07′]
[位置と山容] ウッタルカシの東北東約73km。チャトルブンジ（6654m）からコルをはさんで北東4kmに位置し、Raktobarn氷河の支氷河の奥にある。山名は、ヒンズーのクリシュナ神の別名。
[登山史] 1981年にインド隊（隊長：Harish Kapadia）が初めて踏査した。1989年にインド隊（隊長：Ramukant Mahadik）が試登した。同隊は1991年に再挑戦し、6月27日に隊長ら8名が初登頂に成功した。第2登は、1992

年の英国隊（隊長：Simon Yearsley）で東南面のSwetvarn氷河の新ルートから3名が成功した。
[文献]　(1) HCNL, 43, p25　(2) HV, 12, 1991

スダルシャン・パルバート　　Sudarshan Parbat　6507m　［30°58′・79°05′］
[位置と山容]　ウッタルカシの東北東約70km。ガンジス川の聖地ガウムクの北東真上に聳える山である。山名は、クリシュナ神の体の神秘的な「円」を意味する。氷雪と岩の美しいピラミッドである。
[登山史]　1963年、1967年とインド隊が挑んだがいずれも不成功。1972年のインド隊は、スダルシャン・パルバットを初登頂したと発表していたが実際は、ラクトバン氷河のKoteshwar（6080m）に登頂していたことが判明した。初登頂は、Harish Kapadiaを隊長とするインド・フランス合同隊。5月30日に東稜からZerksis Bogaraら4名のフランス側隊員が登頂した。第2登は、インド隊（隊長：Amulya Sen）で1984年6月2日に同じく東稜から登頂した。
[文献]　(1) HJ, Vol.38, 1982, p.84, p.88

コテシュワールⅠ峰　　Koteshwar-Ⅰ　6080m　［30°56′・79°06′］
[位置と山容]　ウッタルカシの東北約60km。スダンシャン・パルバット（6507m）からの南東尾根上にあり、TheluhyougaとSwetvarn氷河を分ける。西面は切り立っている。
[登山史]　1068年5月26日、インド隊（隊長：Dr.G.R.Patwardhan）が北稜から隊長を含めて4名が初登頂をした。第2登は、スダルシャン・パルバートを初登頂したインド・フランス合同隊（隊長：Harish Kapadia）による。1981年5月19日にArain de Blanchudらフランス隊員2名が登頂した。
[文献]　(1) HJ, Vol.29, 1969, p.89　(2) HJ, Vol.38, 1982, p.84

コテシュワールⅡ峰　　Koteshwar-Ⅱ　5690m　［30°58′・79°06′］
[位置と山容]ウッタルカシの東北東約60km。Ⅰ峰の南、約2kmにあり、テルー氷河の右岸に位置する岩峰で、ガウムク側は峻険な岩壁である。
[登山史]　1981年にスダルシャン・パルバートに初登頂したインド・フランス合同隊（隊長：Harish Kapadia）がトライ、5月24日に北西稜から隊長を含む4名が初登頂をした。なお、この隊は、コテシュワールⅠ峰に隣接する

サイフェ（Saife 6161m）にも同年5月19日に東稜からH.Odeierがソロで登頂している。
[文献]　(1) HJ, Vol.38, 1982, p.84

テルー　Thelu　6002m　［30°57′・79°05′］
[位置と山容]　ウッタルカシの東北東約68km。スダルシャン・パルバートの南西尾根にあるピークでガウムクの真上に聳える。
[登山史]　ヒマラヤ登山の入門ピークとして人気がある。1963年以来、これまで30登以上されている。初登頂は、1963年のインド隊（隊長：Dhuruba Kumar Pandya）で、6月5日、南東稜から成功した。
[文献]　(1) IM, 3, 1979

マトリ　Matri　6721m　［31°00′・79°04′］
[位置と山容]　ウッタルカシの東北東約72km、Matri氷河とChirbas氷河を分けて最奥に位置する。チルバスの真上に尾根末端の岩頭が聳える。
[登山史]　ガンゴトリ入口の山々には、多くのチームが登っているが技術的には難しいピークが多い。1963年以来、多くの隊が試みてきたが初登頂は、1978年のインド隊まで待たねばならなかった。Jitenn Mitra隊は、5月30日にUtepalenda Dasと2名のシェルパが登頂した。
　第2登は、1990年のインド隊（隊長：P.B.Bodham）で9月11日、南稜からD.Prasadら2名が成功。
[文献]　(1) IM, 3, 1979, p.115　(2) HJ, Vol.48, 1992, p.177

カリダン　Kalidhang　6373m　［31°02′・79°00′］
[位置と山容]　ウッタルカシの東北東約67kmにある。ガンゴトリの入り口であるガンゴトリ寺院のすぐ裏手のDeo Gad谷の最奥の岩峰。南面は広い垂壁を成す。
[登山史]　1974年、インド隊（隊長：Ashit Moitra）の学術隊が試登した。1987年には、チルバス・パルバート登頂の折りのインド隊がDeo Gadのコルに達している。
[文献]　(1) HCNL, 30, p.24

（稲田定重）

ケダルナートとその周辺の山群

　バドリナート、ガンゴトリと並ぶ三大聖地のケダルナートは、ガンゴトリ山群の南障壁の直下にあり、ガンジス川の大支流の一つであるマンダキニ川の源流域である。この南障壁山群の最高峰がケダルナート（Kedearnath 6940m）である。ここには、ケダルナートをはじめとする源流域の中心となる山々をまとめて記す。

ケダルナートとその周辺の山群山解説

ケダルナート　　Kedarnath　6940m　［30°47′・79°04′］

[位置と山容] ウッタルカシの東北東約61kmにある。聖地ケダルナート寺院から最奥にあり、ガンゴトリ氷河の支氷河であるKirti氷河最奥の白い山。東面は、峻険な壁と氷稜がピークまで続き、南面は、複雑な岩壁帯である。

[登山史] 1933年、イギリスのMarco.pallis隊が試登している。

Kedarnath(6940m) (M.Oki).

初登頂は、1947年のAndle Roch隊。北東のケダルナート・ドーム（6831m）に続く尾根から7月11日にTenzing Norgeが登頂した。なお、同隊は6月25日にケダルナート・ドームの初登頂も成し遂げている。1974年のインド隊（ITBP（Indo Tibet Border Polce）隊Y.C.Khanna隊長）は、5月19日から21日にかけて西稜から隊長ら10名が登頂した。1985年の兵庫県隊（隊長：岩佐正敏）は、雪崩で斉藤茂樹が行方不明となった。

[文献]（1）HJ, 15, p.29

ケダルナート・ドーム　　Kedarnath Dome　6831m　［30°48′・79°04′］

[位置と山容] ウッタルカシの東北東約63kmにある。北西面は、Kirti氷河まで広大な雪の斜面が続き、"ホワイト・ドーム"の名で知られてきた。ケダルナート（6940m）の北東4km、釣り尾根で結ばれている。東西2つの氷

河を分けている。

[登山史] 1933年のイギリスのMarco Pallis隊が北西稜から6584m地点に到達している。初登は、1947年のスイス隊（隊長：Andle Roch）。北西稜から6月25日に隊長ら4名とシェルパ2名が登頂した。1967年インド隊（Amulya Sen隊長）は、北西面から9月30日に隊長ら6名で第2登した。1980年、JAC隊（隊長：高本信子）は、5月31日、6月1日にわたって清水春美ら隊員5名とハイポーター6名が登頂した。

[文献] (1) HJ, Vol.15, 1949, p.29　(2) HMJ, 4, p.92　(3) JAC女子ガルワール・ヒマラヤ登山隊報告書, 1980年

キルティ・サタンバ　Kirthi Stambh　6270m　[30°49′・79°01′]

[位置と山容] ウッタルカシの東北東約57kmにある。ガンゴトリ氷河の支氷河kirthi氷河の源頭にある。南面は岩壁帯。

[登山史] 1982年10月20日、スコットランドのRick F.AllenがP.6254とのコルから東稜を経てソロで初登頂に成功した。第2登は、1990年のインド・西ドイツ合同隊（隊長：Rajib Raj）。9月22日に南東稜から隊長と隊員1名が登頂した。しかし、隊長がアイスフォールで死亡した。

[文献]　(1) IM, 13, 1984, p.68

バルティクンタ　Bhartekhunta　6578m　[30°48′・79°02′]

[位置と山容] ウッタルカシの東北東約58km。Kirte氷河の最奥部に位置し、南西面は岩壁帯で、ケダルナート寺院のあるバスキ川に長大な山稜をのばしている。

[登山史] 1975年9月7日、インドITBP（Indo Tibet Border Police）隊（隊長：B.C.Khulbe）が北東壁からTK.Rathら6名が初登頂した。第2登は、1978年のインド空軍隊（隊長：SaLdr V.P. Singh）で北東壁から5月5日、6日の両日に11名が登頂した。

[文献]　(1) IM, 2, 1978, p.135　(2) HJ, Vol.36, 1980, p.80

カルチャクンド　Kharchakund　6632m　[30°46′・79°07′]

[位置と山容] ウッタルカシの東北東約67km。ガンゴトリ氷河中流部に張り出している岩稜上にある峻険な山。→グラビア写真(3)-398頁上

[**登山史**] 1980年、登嶺会隊（隊長：宮原末夫）は、北稜に取り付き、C4から5月29日に橋本利治、谷村吉隆、翌30日に、隊長、山中芳樹、水野正雄、上野 馨と全員が初登頂に成功した。
[**文献**] (1)『心舞う聖なる地の山』昭和56年，登嶺会 (2) AAJ, 1981, p.278

スメル・パルバート　Sumeru Parbat　6331m　[30°46′・79°07′]
[**位置と山容**] ウッタルカシの東北東約66km、カルチャクンド（6632m）の南西2kmにある。あまり目立たないピークである。スメルとはヒンドゥーの神の名である。
[**登山史**] 1938年のオーストリア隊（隊長：R.Schwarzgruber）が西面からトライしたが可能なルートは見いだせなかった。1971年のインド西ベンガルのMLA隊（隊長：Manoj Bhomik）が10月4日、東フランケからPranesh Choedhuryら4名が初登頂に成功した。第2登は、インドのD.Ghoshu隊で1984年10月11日に東稜からA.Majumdarら6名が登頂した。
[**文献**] (1) HJ, Vol.11, 1919, p.149　(2) HJ, Vol.42, 1986, p.174

（稲田定重）

テレイ・サガールと周辺の山群

　ガンゴトリ氷河左岸下部からバギラティ川源流部左岸には、南端のテレイ・サガール（Thalay Sagar, 6904m）を頭とした大山塊が位置する。これらのうち、メルー（Meru）、シヴリン（Shivling, 6543m）、テレイ・サガールは、インド・ヒマラヤ屈指の難峰群であり、大岩壁と多くの尖峰を連ねている。これらの難峰は、世界中のクライマーの注目を集め、年ごとに難度の高い登攀ルートが開拓されている。ここでは、西端のガンゴトリ（Gangotri, 6579m）、ジャオンリ（Jaonri, 6632m）の連峰も含めて記する。

テレイ・サガールと周辺の山群山解説

テレイ・サガール　　Thalay Sagar　　6904m　　［30°52′・79°00′］

[位置と山容]　ウッタルカシの東北東約56kmにあり、Phating Pithwaraとも称する。Kedar氷河の最深部で、Rudugaira、Kidar、Bhurigupanthなどの各氷河を分けて北方のバギラティ川に派生する長大な山稜の中心に位置する。山容は、巨大な岩と氷のタワーであり、山名は「白い氷」を意味している。ガルワール・ヒマラヤ屈指の難峰である。

[登山史]　初登頂は、1979年の米英合同隊（隊長：John Thacklay）。Kedar氷河側からの長いクーロアールをルートにし、6600m地点でビヴァークの後、隊長ら3名が6月23日に登頂した。

　日本隊では、1980年の鈴鹿高専OB会を最初として、以後、クラブ・ポリエ（1983年、隊長が転落死）、その他数隊が挑戦しているが6400m地点到達を最高にいずれも断念している。

[文献]　(1) AAJ, 1988, p.234

メルー北峰　　Meru North　　6450m　　［30°52′・79°01′］

[位置と山容]　ウッタルカシの東北東約60kmにある。メルー・グループは、東峰・北峰・南峰・西峰・主峰と鋭峰が連なる。ガンジス川の河源とされるガウムク付近まで壮絶な多くの岩稜・岩壁を連ね、さらにメルー氷河をはさんでシヴリンの岩峰群に続いている。北峰は、グループのなかで最も突出したピークである。山名は、スメール＝神の居ます山（須弥山）に由来する。

ヒマラヤの中心の山との意味もある。

[登山史] 1980年、飛騨山岳会（隊長：島田 靖）が北面のブリグパント氷河からアタックし、10月7日に隊長と岩島保が初登頂に成功した→528頁。1986年、インド・スウェーデン合同隊（隊長：M.S.Soin）が9月6日に隊長ら4名が登頂しているがルートは不詳。1987年の札幌登攀倶楽部の長水 洋ら4名は、南東稜に入り、マガン・ピーク（6400m）に達した。1986年の登攀倶楽部求道心隊（隊長：鈴木荘平ら3名）は、北峰の北壁で全員が行方不明となっている。

　北峰の第2登は、1981年のオーストリア隊で9月1日と4日に登頂している。

[文献] (1)山岳年鑑、81、p.72　(2)HJ, Vol.43, 1987, p.49　(3)登攀倶楽部求道心『メルー北壁遠征登山・遭難事故報告書』　(4)札幌登攀倶楽部『ザイルの先に見上げた峰』、1988年

メルー南峰　Meru South　6660m　［30°51′・79°02′］

[位置と山容]ウッタルカシの東北東約60km。メルー氷河の最奥部にそびえ、北峰と並んで最も目立つピークである。シヴリンとのジャンクションに位置する。キルティ氷河の上部が東西を取り囲み、南東と南西に支稜を派生する。1981年に北峰に登頂したオーストリア隊は、南峰の標高は約6400m程度ではないかと報告している。

[登山史] 1980年の東洋大学隊（隊長：大滝憲司郎）が南西稜から9月10日から12日にかけて隊長と隊員7名の全員が初登頂をした。登頂者は、三輪公正、高橋知也、大湊睦夫、斉藤文孝、太田芳春、遠藤純一、大滝憲司郎。→登山記録521頁　→グラビア写真(3)-398頁

[文献] (1)『東洋大学ヒマラヤ登山隊1980年報告書』、1980年
(2)AAJ, 1982, p.254

メルー西峰　Meru West　6361m　［30°52′・79°01′］

[位置と山容] ウッタルカシの東北東約59km、メルー北峰とBrigh Panth（6777m）を結ぶブリグパント氷河奥の尾根の中間にあり、南面はキルティ氷河に面するピークである。

[登山史] 1981年、オーストリア隊（隊長：S.Friedhuberg）が北側のコルを経て北峰（6450m）の登頂後、9月7日にR.Streifら6名が西峰への尾根をたどり初登頂した。

[文献] （1）AAJ, 1982, p.254

メルー中央峰　Meru Central　6310m　［30°51′・79°02′］

[位置と山容]　ウッタルカシの東北東約60kmにある。頂上は、尖峰を成している。南峰（6660m）の北に位置する。

[登山史]　2002年9月に英国隊（隊長：Jon Bracey）が試登。2005年、韓国隊が東面から試登。2006年、オーストリア隊（隊長：James Freeman）がキルティ氷河の最奥部から5月17日に登頂した。同隊は、登頂後にジャンパーがメルー氷河に45秒でパラシュート下降している。2012年、USAのConrad AnkerとJimny Chinは、中央峰に至る最難ルートとされるシャークス・フィン（頂上の東にある尖塔　East Pillerともいう）を経由して登頂した。

[文献]　（1）AAJ, 2003, p.374　（2）AAJ, 2007, p.363　（3）AAJ, 2012, p.296

シヴリン　Shivling　6543m　［30°52′・79°03′］

[位置と山容]　ウッタルカシの東北東約64kmに位置する。ガンジス川の源頭ガウムクの真南に巨大なスラブと鋭いリッジをまとい、双耳峰を持つ姿から「怪峰」と呼ばれ、インド・ヒマラヤ屈指の難峰。山名はシヴァ神のリンガム（男根）を意味する。

[登山史]　現在、登攀ルートは凡そ10ルートに及ぶと言われるが、北稜と西稜ルートがメインである。1973年、ネルー登山学校隊が試登。初登頂は、1974年のインドITBP隊（Indo Tibet Border Police、隊長：Hukam Singh）によって成された。同隊は西稜から6月3日にL.Singhら4名が登頂した。第2登は、1974年のL.P.Sharmaのネルー登山学校隊で6月20、22日に4名が登頂した。日本からも1980年の兵庫県勤労者山岳連盟隊（隊長：倉内司郎）をはじめとして10余隊が挑んでいるがここ

Shivling(6543m) (H.Kapadia)

では割愛する。→グラビア写真(3) – 403頁
[文献] (1) ITBP, Report　(2) HMJ, No.9

シヴリンⅡ峰　Shivling-Ⅱ　6038m　[30°53′・79°05′]
[位置と山容] ウッタルカシの東北東約64km。主峰（6545m）から約2km南西にあり、西峰、あるいは南西峰とも呼ばれる。
[登山史] 初登は、1983年イギリスのChris Bonington隊による。同隊は、キルティ氷河側から挑み、南東稜の硬い氷と困難な岩壁に苦闘しながら5日間のアルパインスタイルで9月18日にBoningtonとJim Fortheringhamが登頂に成功した。
[文献] (1) HJ, Vol.40, 1984, p.70

ベビー・シブリン　Baby Shivling　5489m　[30°53′・79°04′]
[位置と山容] ウッタルカシの東北東約65km。シブリン主峰（6545m）から北へ1.5kmの尾根上にある岩峰。メルー氷河側は岩壁で、ガンゴトリ氷河側はアプローチしやすい斜面。
[登山史] 1978年のネルー登山学校隊（隊長：Col.Neeraj Rama）の11名の女性隊が登ったのが初登頂とされているが、詳細不明。1981年インド・イギリス合同隊（隊長：B.Sandhu）が登頂している。日本隊では、1980年9月に北稜からシブリンに登頂した東京大学隊が、登攀途上で初めて試登している。北稜をルートとした隊は数多いので、詳細把握は省略する。
[文献] (1) HJ, Vol.38, 1982, p.74　(2) 山岳、第76年、JAC

ブリグパント　Bhrigupanth　6772m　[30°52′・79°00′]
[位置と山容] ウッタルカシの東北東約56km。Bhrighpanth氷河の源頭にあり、メルー（6672m）と3kmの東稜でつながり、北への長い尾根は、ブリグパント氷河とKedar氷河を東西に分けて聖地ガンゴトリまで続く。山名は、聖人の名からとっている。
[登山史] 1980年、インド・アメリカ・ニュージーランドの国際女子合同隊（USA隊長：Arlene Blum）が初登頂を成した。西面のケダル氷河からアプローチし、テレイ・サガール（Thaylay Sagar, 6904m）とのコルに上がり、ブリグパント南稜から6月19日に、N.ゴーフォースら3名が登頂した。1980年9

月にJAC隊（隊長：塚原道夫）はケダル氷河からトライしたが5450m地点のC1が雪崩に襲われ、アメリカ人隊員のT.ルゴーが遭難死した。1982年の泉州山岳会（隊長：山倉康次）は、9月22日、23日の両日に隊長ら6名がテレイ・サガールとのコルから登頂に成功した。インド隊は、1982年以来数度にわたり不成功に終わった後、1990年にDr.DT.Kulkani隊が8月26日、28日、30日にわたって南稜から隊長ら13名が登頂に成功した。
[文献]（1）HJ, Vol.41, 1985, p.297　（2）HJ, Vol.48, 1994, p.198　（3）AAJ, 1981, p.252

マンダⅠ峰　Manda-Ⅰ　6510m　[30°56′・79°00′]
[位置と山容] ウッタルカシの東北東約57km、ブリグパント（6772m）から北の尾根上にある氷雪の堂々たる山容でマンダ・グループの北端に位置する。ケダル氷河側は岩壁が続く。
[登山史] 1981年、インド隊（隊長：Dr.Minoo Mehta）が北稜から6月6日にRustam Altiaら2名が初登頂を遂げた。第2登は、1982年6月10日の愛媛大学隊（隊長：佐々木雅敏）で、川口裕幸ら3名が登頂に成功した。
[文献]（1）HJ, Vol.39, 1983, p.60　（2）『愛媛大学インド・ヒマラヤ登山隊報告書1982』

マンダⅡ峰　Manda-Ⅱ　6568m　[30°55′・78°59′]
[位置と山容] ウッタルカシの東北東約57km、Ⅰ峰の南約3kmにあり、グループの最高峰であり、北稜はケダル氷河側に支稜を分岐して6008m峰が位置する。
[登山史] 1969年にインド隊（隊長：Dr.Gr.Patwardhan）の試登があった。初登頂は、1978年のインド隊（隊長：Tushar Sarkar）。マンダⅠ峰を断念してⅡ峰に転進し、5月1日にS.Goshuとシェルパが登頂した。1982年、Mark Udallのアメリカ隊が10月9日に新ルートの西面のケダル氷河から入り、Ⅱ峰南稜からの登頂に成功した。
[文献]（1）AAJ, 2002, p.364

マンダⅢ峰　Manda-Ⅲ　6529m　[30°54′・79°00′]
[位置と山容] ウッタルカシの東北東約57km。Ⅱ峰の南2.5km、マンダ・グループの南端に位置する。東面は岩壁帯、西側も急峻な氷雪面である。

[登山史] 1986年に日本のビッグウォール隊（隊長：堤 信夫）が5050m地点で断念した。1986年にインド・イギリス首都警察合同隊（隊長：P.M.Das）がJogin-I（6465m）に登頂した後、ケダル氷河側からマンダⅢ峰南稜のコル経由でアルパインスタイルで挑んだが悪天で頂上直下で断念した。1992年9月22日、イギリスのRichard Mansfieldら3名は、ブリグパント氷河側の南東フェースから初登頂した。非常に危険度の高い登攀であった。
[文献] (1)HJ 43, p.47, 1987　(2)AAJ, 67 p.246, 1993

ブリグ・パルバート　Bhrigu Parbat　6041m　[30°57′・78°59′]
[位置と山容] ウッタルカシの東北東約58km、マンダⅠ峰（6510m）の北北西約2kmに位置する鋭峰で、バギラティ川の源頭に幾つもの岩稜を落とし、ガンゴトリ寺院の傍まで迫っている。
[登山史] 1991年のインド隊（隊長：Umesh M. Zirpe）が初登頂している。
[文献] (1)IM, 27, p.118, 1991

ブリグ・パルバート西峰　Bhrigu Parbat West　5944m　[30°57′・78°57′]
[位置と山容] ウッタルカシの東北東約57kmにある。主峰の北西約2kmに位置する岩峰で、北西への尾根末端は、ガンゴトリ寺院の真上まで延びる。
[登山史] 試登、登頂などの記録は未見である。

ジョギンⅠ峰　Jogin-I　6465m　[30°52′・78°55′]
[位置と山容] ウッタルカシの東北東約49km。西のルドゥガイラ氷河（Rudugaira Gl.）と東のケダル氷河を分けて長い尾根が北方のガンゴトリ寺院の真南まで続くが、その最南端にあるグループの最高峰である。
[登山史] 1935年にイギリスのJ.B.AudenとD.G.McDonaldが偵察し、ルドゥガイラ氷河側からの登頂が有望であると報告している。初登頂は、Col. J.C.Joshiの率いるネルー登山学校アドバンス・コース隊。1970年6月22日に南西フェースから登頂に成功した。その後、インド隊だけで南西フェース、または、南西稜から10余登されている。

　日本隊では、1983年の帯広畜産大学隊（隊長：青柳かおる）が北稜から9月30日と10月3日に隊長ら7名が登頂した。1991年8月19日に練馬山の会隊（隊長：大坪寿七郎）が隊長・隊員ら5名とLO、HAPの3名が登頂している。

[文献]　(1) HJ, Vol.38, 1982, p.173　(2) AAJ, 1971, p.445　(3)『ジョギンⅠ峰6464m　帯広畜産大学』

ジョギンⅡ峰　Jogin-Ⅱ　6422m　［30°54′・78°56′］
[位置と山容]　ウッタルカシの東北東約50km。Ⅰ峰の北約2kmに位置し、2つの氷河を分けている。
[登山史]　1970年インド隊（隊長：Amulya Sen）が挑んだが断念した。同隊は1971年に再度の挑戦をし、10月11日に南西フランケからAshit Moitraら4名が初登頂に成功した。以後、インド隊は、初登ルートから10余隊が登頂している。Ⅰ峰に登頂した練馬山の会隊（隊長：大坪寿七郎）は、1991年9月20日にⅡ峰にも奥屋和俊ら2名が登頂している。
[文献]　(1) HMJ, 4, p.165　(2)『インド・ヒマラヤ　ジョギンⅠ峰登山報告』、練馬山の会、1992年

ジョギンⅢ峰　Jogin-Ⅲ　6116m　［30°52′・78°56′］
[位置と山容]　ウッタルカシの東北東約49km。ジョギンⅡ峰の北方約2kmにあり、同様に東西二つの氷河に面し、ジョギン・グループの北端に位置する。
[登山史]　1967年にインド隊（隊長：Dr.G.R.Patwardhan）が南西の尾根からK.Mehtaら女性2名とシェルパ3名が初登頂した。第2登は、1970年のネルー登山学校隊（隊長：Col.J.C.Joshi）で、同ルートから6月14日、8名が登頂した。以後、40登以上が成されている。
[文献]　(1) HMJ, 4, p.168

ガンゴトリⅠ峰　Gangotri-Ⅰ　6672m　［30°54′・78°50′］
[位置と山容]　ウッタルカシの北東約44kmにある。ガンゴトリ氷河を取り巻く山群の最西端にあり、ジャオンリ（Jaonli）グループなど数座の6000m峰を連ねてガンジス川の源流バギラティ川の屈曲部まで続く。ジャオンリ氷河とルドゥガイラ氷河を分け、ジャオンリ側は険しい岩壁部が続き、ルドゥガイラ側は、対照的に緩やかな氷河域である。ガンゴトリとは、「ガンガ（ガンジス川）の源」という意味である。
[登山史]　イギリスのオックスフォード大学隊（隊長：J.B.Tyson）によって1952年に北東稜から初登頂が成された。なお、同隊は、Ⅲ峰も初登した。

第2登は、インド陸軍隊（隊長：Capt.T.Chakurabolty）によって6月12日、北東稜から隊長ら5名によって成された。

以後、ほとんど毎年のように北東稜から登頂が成されている。2002年のプレ・エベレスト遠征では、大量40名が登頂している。1986年9月30日、10月1日の両日、帯広わらじの会隊（隊長：森 実裕）は、ルドゥガイラ氷河側から隊長を含む4隊員とリエゾン・オフィサーが登頂している。
[文献]　(1)HJ, Vol.18, 1954, p.57　(2)IM, 10, 1982, p.140

ガンゴトリⅡ峰　Gangotri-Ⅱ　6590m　[30°54′・78°51′]
[位置と山容]　ウッタルカシの北東約44kmにある。ガンゴトリⅠ峰の南東約2kmに位置する。西面は岩稜が続いている。
[登山史]　1960年、インド・グジャラット大学隊（隊長：Bharat Shukla）の隊長を含む5名が初登頂をした。以後、毎年のように登頂されている。
[文献]　(1)HJ, Vol.27, 1966 p.183

ガンゴトリⅢ峰　Gangotri-Ⅲ　6577m　[30°52′・78°52′]
[位置と山容]　ウッタルカシの北東約44km、Ⅱ峰の南南西約2.5kmに位置する。ルドゥガイラ氷河の源頭は、大雪原を成してⅢ峰に続いている。
[登山史]　1952年10月3日にイギリスのオックスフォード大学隊（隊長：J.B.Tyson）によってルドゥガイラ氷河側の北東稜から隊長ら3名によって初登頂された。1969年、インド隊（隊長：J.Elavia）が同じく北東稜からD.AmbegaonkarとHAP, 2名が登頂している。インド隊は、以後、毎年のように登頂している。1990年、兵庫県勤労者山岳連盟隊（隊長：三宅静夫）の川村隆志ら3名とHAPの1名が登頂している。
[文献]　(1)HJ, Vol.18, 1954, p.57　→グラビア写真(3)－399頁下

ジャオンリⅠ峰　Jaonli-Ⅰ　6632m　[30°51′・78°51′]
[位置と山容]　ウッタルカシの東北東約42km。カトリング氷河（Khatling Gl.）、ドクリアニ氷河（Dokuriani G）、ジャオンリ氷河など複雑な氷河地形のなかにあり、ガンゴトリ山群の最南西部に位置する。Ⅰ峰は、グループの最高峰である。
[登山史]　1961年、インド・Doon Scool隊（隊長：Hari Dang）が6月6日にジャ

オンリ氷河側から隊長ら4名とシェルパ2名が初登頂をした。第2登は、インド陸軍隊（隊長：Col.DK.Khullar）で、1977年6月18日、M.S.Tanwarら6名が北稜から登頂した。以後、毎年のように登頂されている。同じ1977年、北海道の山岳同人タンネ（隊長：小美浪洋子）の5名が挑戦した。しかし、C2の上部で雪崩により隊長と、隊員の田島よう子、加藤れい子、ハイポーター1名が遭難死亡した。
[文献]　(1) HJ, Vol.27, 1966, p.183　(2) HJ, Vol.36, 1980, p.87　(3)『遥かな友に－インド・ヒマラヤ　ジャオンリ峰遠征隊報告　1982』、山岳同人タンネ

ジャオンリⅡ峰　　Jaonli-Ⅱ　6038m　［30°51′・78°51′］
[位置と山容]　ウッタルカシの東北東約44km。ジャオンリⅠ峰の南西2km、ドクリアニ氷河とGoni氷河の源頭にある。
[登山史]　地域は、氷河トレッキングコースとして知られている。南西3kmにあるDraupadi-Ka-Danda（5716m）は、「聖なる山」として知られ、トレッキングピークとして人気がある。日本隊では、1992年の日本勤労者山岳連盟隊が8月10日、14日、16日にわたって延べ11名が登頂している（当初、サトパントをめざしていたが豪雨により道路が破壊されて不可能となり、この山に転進したもの）。
[文献]　(1) AAJ, 1993, p.248

P5989　　P5989　5989m　［30°56′・79°00′］
[位置と山容]　ウッタルカシの東北東約57km。マンダⅢ峰（6568m）の西方2km、ケダル氷河の右岸にあるピーク。
[登山史]　1975年5月にインド隊（隊長：T.Sakar）が登頂している。
[文献]　不詳

カイリ　　Kaili　5435m　［30°47・78°55′］
[位置と山容]　ウッタルカシの東北東約48kmに位置する。ジャオンリからの長い南尾根の支尾根にありカトリング氷河など4本の氷河に面している。この周辺は、トレッキング登山で知られており、登山拠点のルドガイラ（3935m）の真上にある。
[登山史]　不詳

[文献]　(1) HJ, Vol.49, 1993

ルドガイラ　Rudugaira　5818m　[30°56′・78°52′]

[位置と山容]　ウッタルカシの東北東約48km。ガンゴトリⅠ（6672m）から北東に派生する尾根上にある。岩と雪の美しい峰である。

[登山史]　1965年、ネルー登山学校アドバンス・コース隊（隊長：G.R.Pathwardan）が初登頂している。1982年には、インドIMF隊の11名が登頂している。

[文献]　(1) HJ, Vol.40, 1984

スリカンタ　Srikanta　6132m　[30°52′・78°48′]

[位置と山容]　ウッタルカシの東北東約41km。山名は「聖者の喉」の意。バギラティ川が直角に湾曲して平原へと向きを変える地点にあり、ガンゴトリ高峰群の最後の隆起を見せ、さながら聖地へのゲートを思わせる。頂稜は険しく、北東面は岩稜を連ねる。ガンゴトリⅠ峰（6672m）との間にも2つの6000無名峰が聳える。

[登山史]　1965年のインド隊（隊長：G.R.Patwardhan）を最初とし、1997年のN.Bose、1971年のL.P.Singhらのインド隊がトライして頂上まじかまで迫っている。1978年のインド隊（隊長：Milam Sengupta）が5月16日、A.Serkarら隊員3名と4名のHAPが登頂した。1979年のカナダ隊（隊長：D.S.Vikk）がスリカンタ氷河側から第2登をしている。

　また、初登頂は、1971年10月25日に、ネルー登山学校隊が成したとの報告もある。

[文献]　(1) IM, 2, 1978, p.144　(2) HJ, Vol.31, 1971

（稲田定重）

バンダール・プンチとその北方山群

　バンダール・プンチ（Bandar Punch, 6387m）とスワロガロヒニ（Suwargarohini, 6247m）の山群は、ガルワール・ヒマラヤの西の果てであり、秘境の匂いのするところでもある。この地域は、サトレジ川、ヤムナ川の源流が発する地域であり、山群の北方は、中国チベット自治区に続く山域である。未踏峰の宝庫であり未踏の地域も広く存在する。本来ならば西部ガルワールは、バンダール・プンチとスワロガロヒニを越えてバスパ川流域にも及ぶべきところだが、ここでは取り上げない。

バンダール・プンチとその北方山群山解説

バンダール・プンチⅠ峰　　Bandar Punch-Ⅰ　6387m　［31°00′・78°33′］

[位置と山容] ウッタルカシの北北東約34kmに位置する。カルナーグ（Kalnag）、ブラック・ピーク（Black Peak）とも呼ばれ、Ⅱ峰と双耳峰となっている。バギラティ川右岸［西方］にあり、サトレジ川、ヤムナ川の源流域の一つである。山姿は、山麓の避暑地ムスーリーからも眺望される。山名は「猿の尻尾」という意味である。

[登山史] 1937年、A.K.MartyaとT.Gibsonによる探査が最初である。その後、1942年からのA.R.Reydenによる連続的な踏査があり、南東稜の6000m地点まで達している。彼は、1944年にも南東稜から挑んだが断念し、代わりにⅡ峰の南6kmのP.5548に登頂している。

　初登頂は、1950年のインドのDoon School隊（隊長：J.T.M.Gibson）で、西面のバンダール・プンチ氷河側から6月7日、Tenzing Norgayら3名が登頂した。1971年6月12、13日にV.P.Singhのインド陸軍隊が第2登をした。1974年インド隊（隊長：P.P.Gautam）は、北東稜から登頂している。以後、毎年のように登頂されている。→グラビア写真(3) – 405頁

[文献]　(1) AJ, 1945, p.173　(2) AJ, 1951, p.249

バンダール・プンチⅡ峰　　Bandar Punch-Ⅱ　6316m　［31°00′・78°33′］

[位置と山容] ウッタルカシの北北東約32kmにある。Ⅰ峰と双耳峰でホワイト・ピークとも呼ぶ。

[登山史] 1950年6月20日、インドのDoon School隊（隊長：J.T.M.Gibson）が南西のJokhai氷河側から南東稜を経てTenzing Norgayら3名が初登頂に成功した。第2登は、1971年6月のインド陸軍隊（隊長：G.Singh）で、10名が登頂した。1975年のネルー登山学校隊（隊長：Col.Lp.Sharma）は、東面のChaian氷河から南東稜を経てJamit Singhら24名の大量登頂に成功している。
[文献] (1) AJ, 1951, p.249 (2) HJ, VCol.34, 1976, p.72

バンダール・プンチⅢ峰　Bandar Punch-Ⅲ　6102m　[31°00′・78°31′]

[位置と山容] ウッタルカシの北北東約32km。ヤムナトリ川の最源頭にあり、聖地ヤムナトリまで9km。約12kmにわたるバンダール・プンチグループの西端で、北西面はトンス川の流域となっている。バンダール・プンチ西峰とも呼ばれている。

Bandar Punch Ⅲ (West)(6202m) (H.kapadia)

[登山史] 初登頂は、1984年のインド隊（隊長：Harish Kapadia）。18kmと長いバンダール・プンチ氷河からアプローチし、北東稜から6月10日、隊長ら3名が登頂した。第2登は、1992年のインド隊（隊長：AGS.Grewal）。6月2日、北東稜から隊長を含む3名が登頂。
[文献] (1) HJ, Vol.41, 1985, p.63 (2) HMJ, 19, p.23

スワロガロヒニⅠ峰　Swargarohini-I　6252m　[31°05′・78°30′]

[位置と山容] ウッタルカシの北約41kmにある。山名は、サンスクリット語で「天帝の門」を意味する。スワロガロヒニのグループは、バンダール・プンチの北方に位置する。東面にSian氷河、Raftia氷河を巡らし、北面のJamdar谷側には岩壁帯が続く。南西面には、トンス川の支流Ruin Sar

Swarogarhini(6252m) (H.Kapadia)

谷が深く入り込んでいる。南南東3kmにP.5966mがあってRahtia氷河の源頭を成し、Lam Khaga（5959m）とは、同氷河でつながっている。主峰から北東への山稜上には、P.5758、P.6038、P.5950などがRaftia氷河右岸に連なるが登山・踏査記録は未見である。

[登山史] 北および南側から踏査されてきた。最初は、1958年のG.T.M.Gibson隊で7kmの岩稜と4つの主要なピークの存在を報告している。1981年の前橋山岳会隊（隊長：小泉俊夫）は、5440m地点で断念している。1986年のAm.Ashawati、88年のPiysh Maheswariの二つのインド隊の試登があった。初登頂は、1990年のインド・ネルー登山学校隊（隊長：Sqr.Ldr.AK.Singh）。ルインサール側から東稜を経て5月3日、隊長を含む7名が登頂した。3日間の速攻であった。→グラビア写真(3)－406頁

[文献] (1) HJ, Vol.39, 1991, p.192 (2) HJ, Vol.47, 1991, p.57

スワロガロヒニⅡ峰（西峰）　　Swargarohini-Ⅱ　6247m　[31°05′・78°33′]

[位置と山容] ウッタルカシの北約42kmにある。スワロガロヒニ西峰とも呼ばれる。スワロガロヒニ・グループの西端に位置し、スワロガロヒニ氷河とルインサール氷河の源頭にある。

[登山史] 1974年19月25日、イギリス・カナダ合同隊（隊長：C.Clarke）が西面のスワロガロヒニ氷河から南西稜を経て初登頂した。登頂者は、H.Bruce Mackinsonらカナダ人3名、イギリス人1名、インド人2名である。報告では、西峰の方がⅠ峰より高いと記している。第2登は、1985年のインド隊（Anil Kumar隊長）で、6月3日、Sanjay Boroleら4名が登頂した。

[文献] (1) HJ, Vol.39, 1983, p.192 (2) HJ, Vol.42, 1986, p.45

スワロガロヒニⅢ峰　　Swargarohini-Ⅲ　6209m　[31°05′・78°31′]

[位置と山容] ウッタルカシの北42kmにある岩峰である。

[登山史] 1984年、インド隊（隊長：Anir Kumar）のSanjay Boleら3名が6月3日、東稜から初登頂した。第2登は、1990年インドIMF隊（隊長：S.P.Chamdi）で5月9日、東面からP.S.Paptaら6名が登頂した。

[文献] (1) HJ, Vol.42, 1983, p.45 (2) HJ, Vol.47, 1986, p.6

スワロガロヒニⅣ峰(東峰)　　Swargarohini-Ⅳ　5966m　［31°06′・78°31′］
［位置と山容］ウッタルカシの北約42kmにある。スワロガロヒニ東峰とも呼ばれる。Ⅰ峰の東4kmに位置し、南面が岩壁帯。
［登山史］初登頂は、1977年インド隊（隊長：Pradipta Chakraborty）で、9月12日に成された。第2登は、1999年9月11日、Chanchal Bhaduriのインド隊で3名が登頂した。なお、初登のインド隊は当初、Ⅰ峰（6252m）を初登頂したと報告していたが後に誤りと判明した。
［文献］（1）HJ, 47, 1991

ラムカーガ　　Lamkhaga　5959m　［31°09′・78°37′］
［位置と山容］ウッタルカシの北約49km。スワロガロヒニの北東にあり、バギラティ川の最源流域で、Rahtia氷河とLamkhaga氷河を分ける。北東9kmにLamkhaga峠（5282m）があり、バスパ地域とガンゴトリ地域を結ぶ。
［登山史］1978年10月16日にインド・パンジャブ大学隊（隊長：Vineet Kumar）のA.Mehtaら4名が初登頂した。同隊の報告では、ラムカーガを標高7200mとしているが、この地域に7000m峰は無く、誤りである。
［文献］（1）HV, Aug. 1978

　　　　　　　　　　　　　　　　　　　　　　　　　　　（稲田定重）

中部ガルワール　Central Garhwal

　中部ガルワールは、ガンジス川の大支流のひとつであるアラクナンダ川の上流のサラスワティ川（Saraswati R.）から以東で、中国チベット自治区との国境主稜を北限とし、南から東は、ダウリ・ガンガ（Dhauli Ganga）から中国チベット自治区との国境にあるニティ峠（Niti Pass）をその範囲とする山々である。

　北の国境周辺には、カメット（Kamet, 7756m）を盟主とし、アビ・ガミン（Abi Gamin, 7355m）、ムクト・パルバート（Mukut Parbat, 7242m）、マナ・ピーク（Mana Peak, 7272m）などの7000m峰が集中する。これら国境の7000m峰から南に延びる長大な山稜は、南を区切るダウリ・ガンガまで中部ガルワールを縦断する。この主稜上には、マンディル・パルバート（Mandir Parbat, 6559m）、ニルギリ・パルバート（Nilgiri Parbat, 6474m）、ハッティ・パルバート（Hathi Parbat, 6727m）などとそのグループを連ねる。

　東の広大なライカナ氷河域とその背後にもガネッシュ・パルバート（Ganeshu Parbat, 6532m）、デヴバン（Devban, 6855m）、ほかの多くの6000m峰が位置する。

　また、サラスワティ川右岸には、ガンゴトリ山群との分水界の東部に多くの6000m峰群があり、その多くが未踏峰であるがここでは、ニルカンタ（Nilkantha, 6596m）などごく一部を中部ガルワールに含めて収録する。

中部ガルワール山解説

カメット　Kamet　7756m　[30°55′・79°35′]
[位置と山容]　インド第3の高峰、ガルワール第2の高峰である。ジョシマートの北約39kmに位置する。アラクナンダ川（Alaknanda）左岸パチュミ・カメット氷河（Pachmi Kamet）とダウリ・ガンガ（Dauri Ganga）右岸プルビ・カメット氷河（Purbi Kamet Gl.）の源頭に位置する。東、西、南の各側は岩壁もしくは岩稜、唯一北東側だけは雪面となっている。山名の由来はチベット古語で「the Higher Snows」であるチベットの聖山カイラス（Kailas）に対して「the Lower Snows（Kangmed）」との説もある。また、ヒンドゥー教では「カメット」はシヴァ神の別称の一つとされているという。

[登山史] 1855年、アドルフとロベルトのシュラーギントワイト兄弟がチベット側マンナン氷河 (Mangnang) からアビ・ガミンをカメットと誤認して試登し6784m (一説には6845m) に到達。その後、支氷河 (現シュラーギントワイト氷河) から6940m峰と6775m峰間の鞍部 (現シュラーギントワイト峠) を越えてバドリナートに到達後、アドルフは単身マナ峠を越えてチベットへ。1907年のT.G.ロングッスタッフ (Longstaff) 隊以降、初登頂まで

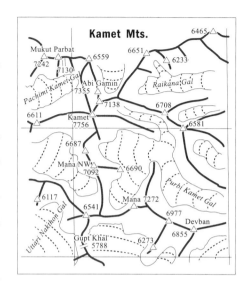

の間に幾隊もが偵察や試登を繰り返した。1913年、C.F.ミード (Meed) がカメットとアビ・ガミンの鞍部 (7138m) に到達・宿泊し「ミードのコル」の名称が定着した。1920年にはA.M.ケラス (Kellas) 隊が7066mに到達した。1931年6月21日、Frank.S.スマイス (Smythe) 率いる小規模な隊のスマイス隊長以下Eric.E.シプトン (Shipton)、R.L.ホールズワース (Holdsworth) が、23日にはレワ・シェルパ (Lewa Sherpa) それにE.J.バーニー (Birnie)、C.R.グリーン (Greeni)、ケシャル・シン (Keshar Singh) の計7名がミードのコル経由で北面から初登頂し、人類到達最高高度を記録。この記録は1936年にナンダ・デヴィ (Nanda Devi 7816m) が初登頂されるまで破られることはなかった。

1955年7月6日、インド人登山者育成のためにNandu.D.ジャヤール (Narendra Dhar Jayal) が組織したダージリン登山学校上級コースとベンガル工兵合同隊のジャヤール隊長とシェルパのアン・タルケイ (Ang Tharkey)、ダ・ナムギャル (Da Namgyal)、ラクパ・ドルジェ (Lhakpa Dorjee) それにアン・テンバ (Ang Temba) の5名が初登ルートから第2登。アタック途中で時間的に頂上を断念したグルディアル・シン (Gurdial Singh) とJ.D.ディアス (Dias) 他3名はそのままアビ・ガミンに転進して同峰第3登を遂げた。1976年、IMF/JAC日印女性合同隊 (隊長: Meena

Agarwal、副隊長：須田紀子）が特別許可で入山、ミードのコル経由で2度頂上を目指したが悪天で断念し、アビ・ガミンに転進して登頂した。翌1977年6月4日にはアガルワルを再度隊長としたIMFインド女性隊が再度カメットに向かい、トリティ・バーディ（Thrity Birdy）ら3名がシェルパ2名らと共に女性初登頂を果たした。

　1985年9月28日、バルワント・サンドゥ（Balwant Sandhu）率いる18名の印仏陸軍合同隊が長大な西稜から5000mの固定ロープを張り、副隊長のJean Claude Marmierら7名のフランス側隊員、Pankaj Awasthiら7名のインド側隊員が初登攀した。1993年にはS.P.Malikのインド隊が西壁初登攀。日本隊では、2008年6月、惠 秀彦隊長率いる同人パハール隊が入山するも、相次ぐトラブルのため断念。同年10月5日、平出和也と谷口けいが同峰の永年の課題であった南東壁を6ビバークのアルパインスタイルで初登攀した。→546頁。2010年10月3日、ガイドの倉岡裕之隊長率いる日本隊の8名中7名が酸素を使用し登頂。2012年10月にはフランスの陸軍特殊山岳部隊（French Groupe Militaire de Haute Montagne隊長）のSébastien Bohinら4名がアルパインスタイルで南西壁から南稜ルートでの初登攀をした。

[文献]　(1) F.S.Smythe : Kamet Conquered, Victoe Gollancz Ltd.
(2) Alpinistyczny Klub Eksploracyjny: Peaks and Passes of the Garhwal Himalaya
(3) Wolfgang Heichel: Gebr.Schlagintweit Scientific Results Scientific Mission to India and High Asia（私家版）
(4) Jayal N.D.:Kamet Team on Abigamin in Nandu Jayal and Indian Mountaineering
(5) Mt.Kamet (7756m) Commemorative Souvenir 2006 (75th anniversary of first ascent), The Himalayan Club Kolkata Section
(6) HJ, Vol.43, 1987, p.38
(7) For Hills to Climb by The Doon School Old Boys'Society, 2000, pp.117～165

チャムラオ・パルバート　　Chamrao Parbat　6910m　[30°59′・79°31′]
[位置と山容]　リシケシの北東約140km。インド・中国チベット自治区国境上に位置。ムクト・パルバート（Mukut Parbat, 7242m）の北西7km、ウッタル・チャムラオ・パルバート氷河（Uttari Chamrao Parbat Gl.）の最奥に

ある。両翼を張った堂々たる独立峰的山容を持つ。
[登山史] ムクト・パルバートを初登頂した1951年ニュージーランド隊（隊長：E.Hirally）は、チャムラオ氷河を広く探り、支稜上の幾つかの6000m峰や5000m峰に登頂している。1977年5月のM.Day隊長の率いるインド隊は、チャムラオ氷河をはじめカメット氷河などこの周辺を広く探査している。
[文献] (1) HJ, Vol.17, 1952, p.49　(2) HJ, Vol.35, 1979, p.29.

ムクト・パルバート　　Mukut Parbat　7242m　［30°57′・79°42′］
[位置と山容] リシケシの北東約135kmに位置する。インド・中国チベット自治区の国境線上に聳える。Ⅱ峰（7130m）と双耳峰を成しており、どっしりとした山容を持つ。西面は、約2000mの岩壁となっている。アビ・ガミン（Abi Gamin, 7355m）の北西約2kmにあり、西イビ・ガミンとも言われてきた。アビ・ガミンとの間は、6569mのスリングスビー・サドルとなって切れ込んでいる。山名は「王冠の山」の意味を持つ。
[登山史] 1855年にSchlagintweits兄弟が、1905年にはT.G.Longstaffが踏査に入っている。1951年のニュージーランド隊（隊長：R.Riddiford）は、西カメット氷河から試みて断念、次いで南チャムラオ氷河源頭から西稜を狙った。P.6760とのコルに達して北西稜から7月11日に隊長ら3名が初登頂に成功した。8月5日のE.Hirallyらの第2登は失敗したが、コルの北にある6760m峰に初登頂した。インド隊では、1992年のITBP隊（隊長：S.C.Negi）が9月に登頂している。
[文献] (1) HJ, Vol.17, 1952, p.49

ムクト・パルバートⅡ峰　　Mukut Parbat-Ⅱ　7130m　［30°57′・79°35′］
[位置と山容] リシケシの北東約134kmに位置する。Ⅰ峰と双耳峰を成す。東峰とも呼ばれている。
[登山史] 1998年に韓国隊が西カメット氷河からはじめてⅡ峰に挑戦した。登頂はならなかったが彼らは、Ⅰ峰の1951年の初登頂に疑問を呈し、Ⅱ峰の7000m前後の地点から引き返したのではないかと記している。初登頂は、1999年のインド・ネルー登山学校隊（隊長：Col.Ajit Dutt）で、9月11日に西カメット氷河側からC.Norbら10名が成功した(2)(3)。
[文献] (1) HJ, Vol.55, 1999, p.93　(2) HJ, Vol.56, 2000, p.90

(3) K.K.Ray: Handbook of Climbs in the Himalaya and East Karakoram, p.136

デヴバン　　Devban　6855m　[30°52′・79°39′]

[位置と山容] リシケシの北東約150kmにある。マナ・ピーク（Mana Peak, 7272m）から南東へ20余kmも長く延びる稜線には6つの6000m峰が立つがその最高峰。Purbi Kamet、Deoban両氷河域を分けている。これまでDeoban（デオバン）と呼ばれてきた。

[登山史] 1937年のイギリス隊（隊長：F.S.Smythe）は、マナ・ピークの偵察のときに南西のBankund氷河からデヴバンに初登頂している。1980年のCol.D.K.Khullarのインド陸軍隊が南東稜から10月1日にB.S, Raiら3名が第2登をした。以後、インド隊は数回以上成功している。

[文献]　(1) AJ, 50, 1938, p.60　(2) IM, 7, 1981, p.213　(3) HJ, Vol.49, 1993, p.109

ニルギリ・パルバート　　Nilgiri Parbat　6474m　[30°47′・79°38′]

[位置と山容] リシケシの北東約155kmにある。Bankund Gl.など四周に氷河を巡らし、南面は切れ落ちた岩壁で梯形の特徴ある頂稜を持つ。山名は「青い氷の山」を意味する。

[登山史] 1931年、Kametからの帰途にあったイギリスのF.S.Smythは、吹雪でルートを間違えてBhyundar谷に入り、偶然にも天国のような花の谷を見つけ「Valley of Flowers」と名付けた(1)。1937年に再訪したスマイスは、植物調査を行い、かつ、シェルパのNorbuとともにニルギリ・パルバートに初登頂をした。1962年にインド隊（隊長：Amulya Sen）のNetay Roiら7名が北西稜から9月26日に第2登をはたした(2)。

[文献]　(1) Smythe F.S: The Valley of Flowers, 1938　(2) K.K.Ray:Handbook of Climbs in the Himalaya and Eastern Karakoram, Indus Pub.2009, p.141

ハッティ・パルバート　　Hathi Parbat　6727m　[30°41′・79°42′]

[位置と山容] リシケシの北東約144kmにある。有名な「Valley of Flowers（花の谷）」の奥にあり、また、聖地「ヘムクンド」が近くにある。秀峰であり、山名は「象の山」の意味。ハッティ・パルバートを最高峰としてグループには、6000m峰が数座ある。

[登山史] スイスのAndle Rochが1939年にはじめてコサ氷河（Kosa）か

らアプローチしたが結局は、峰続きのゴリ・パルバート（Gholi Parbat, 6708m）に登頂している。初登頂は、インドのITBP隊（隊長：Sonam Gyatso）で、1963年10月6日、7日はすかの両日にかけてHCS.Rawatら6名が登頂した(1)。第2登は、1990年のインド陸軍隊（隊長：Col.Kunwar Prabhat Singh）(2)。

Hatthi Parbat (6727m) (M.Oki)

[文献] (1) HCNL, 21, p.5　(2) HJ, Vol.48, 1992, p.193

ラタバン　Rataban　6166m　[30°45′・79°42′]

[位置と山容] リシケシの北東約148kmにある。Bhiundar谷（花の谷）最奥にある鋭鋒。「神の赤い矢」が山名の意味。東面のコサ氷河からもアプローチできる。

[登山史] F.S.Smytheが Kosa 氷河側から1937年に2回の試登をしている。5月にアプローチした東面及び北稜は困難なルートで、北西のコル（5128m）も同様だった。7月に再度来て北西面を探り、5944mにまで達した。初登頂は、1939年8月8日、スイスのAndle Roch隊により南面から行われた。第2登は、インド・イギリス合同隊（隊長：Gurudial Singh）により1951年6月18日、南東フェースから隊長ら3名が成功した。

[文献] (1) HJ, Vol.10, 1938, p.180　(2) HJ, Vol.12, 1940, p.48　(3) HJ, Vol.19, p.4

セムカラク　Semkharak　5432m　[30°51′・79°46′]

[位置と山容] リシケシの北東約175kmにある。マナ・ピーク（Mana Peak, 7072m）から南東に延びる山稜の支稜上、ライカナ谷（Raikana）にある。雪に覆われたモレーンの上部に聳える。ライカナ氷河を巡るトレッキングのコースになっている。

[登山史] イギリスのF.S.Smytheにより北面のSemkharak氷河から1937年に初登頂されている。1968年6月7日にインド隊（カルカッタのチーム）が登頂している。

[文献]　(1) HJ, Vol.10, 1938, p.180

マルチョック　　Marchok　　5989m　　[30°51′・79°54′]
[位置と山容] リシケシの北東約175km。カメット山群の東端にあり、ダウリ・ガンガの源頭域で、インド・中国チベット自治区国境まで7km。Tunjun La（4953m）の直下にある。
[登山史] 具体的な踏査・登山記録は見当たらない

ガネッシュ・パルバート　　Ganesh Parbat　　6532m　　[30°58′・79°43′]
[位置と山容] リシケシの北東約180km。インド・中国チベット自治区の国境上に位置する。チベットとの交易路であった有名なニティ・パス（Niti Pass, 5069m）は西方12kmにある。ガネッシュ氷河の源頭でアビ・ガミン（Abi Gamin, 7355m）の東12km。これら両者の間には未踏の6000m峰が10数座ある。南面は、ガネッシュ氷河の大雪原、北方チベット側には、広大な氷河が発達している。山名は、ヒンドゥー教のガネッシュ（象）神からとっている。
[登山史] 1965年、インド隊（隊長：S.R.Singh）により7月6日、東稜からSheoraj Singhら10名が初登頂した。1981年には、インド隊（隊長：Ajit k.Kalita）が8月20日に東稜からP.Singhら10名が登頂した。
[文献]　(1) HJ, Vol.26, 1965, p.113　　(2) IM, 9, 1982, p.120

ゲルダン　　Geldhung　　6163m　　[30°53′・79°47′]
[位置と山容] リシケシの北東約175km。ガネッシュ・パルバート（6653m）からの長大な南東主稜上にある。西面は大きく切れ落ちている。ニティ・パスへの分岐から北に入る。
[登山史] 1975年、インド隊（隊長：Prasanta Chakuraborty）が9月7日にDipak Palら5名が初登頂した。
[文献]　(1) AAJ, 1976, p.526

ゴリ・パルバート　　Ghori Parbat　　6708m　　[30°42′・79°42′]
[位置と山容] リシケシの北東約149kmに位置する。美しい氷雪を纏う山。西面のLari氷河側は急峻である。「Valley of Flowers」の最源頭にある。山名は「馬の山」の意味だが「黄金の山」の意味も持つという。別名、ガウリ・

パルバートとも呼ばれる。「ガウリ」とは、シヴァ神の別名である。
[登山史] 1939年、スイスのAndle Roch隊が東南のRaj氷河側からF.Steuriら3名が8月18日に初登頂した。彼らは、ラタバン（6166m）登頂後にこの山にきて登頂した。
[文献] (1) AAJ, 1940, p.143

ニルカンタ　Nilkantha　6596m　[30°44′・79°24′]

[位置と山容] リシケシの北東約148kmに位置する。山名は、シヴァ神が他の神々を救うために蛇毒を飲み、喉のところにそれが留まって青色になったとの伝説から来ていて「青いのど」の意味を持つ。サラスワティ川の西、聖地バドリナートの西8kmにあり、ガンゴトリ山群との分水界の東側にある。アラクナンダ川の真の水源とされる。ピラミッド型の山容で、スマイスは「世界最美の山」と賛美しており「ガルワールの女王」とも呼ばれる。

[登山史] 1937年、F.S.Smytheは、マナ・ピーク、他に初登頂の後、この山にきて南面のKhirao谷から南東稜に挑んだが上部の困難なステップに撃退された。1951年のニュージーランド隊（隊長：R, Riddiford）は、西稜から挑んだが敗退した。その他、ニルカンタには、初登頂されるまでに壮烈な挑戦の記録が重ねられている。初登頂は、1961年のインド隊（隊長：N. Kumar）、強力メンバーを結集して西稜から挑んだ。6230mにC5を設けてアタック、6月13日の第1次隊は撃退されたが第2次隊O.P.Sharmaと2人のシェルパが初登頂を果たし、ビバークの後、6月17日に必死の状況でBCに帰着した。その後、この登頂の真否が話題になったが精査の上、登頂の事実が証明された。第2登は、1974年のS.P.Chamoli隊長の率いるITBP隊である。日本隊では、1993年5月に帯広ビスタリクラブ隊（隊長：佐々木祐一）が北東稜から試みたがセラック崩壊により6人が遭難死するという悲劇を起こしている。

[文献] (1) F.S.Smythe:Valley of Flowers, 1938　(2) HJ, Vol.17, 1952
(3) HJ, Vol.24, 1963, p.148　(4)『NILKANTHA』、帯広ビスタリクラブ
(5) AJ, 80, p.264　　→グラビア写真(3)－401頁

エクダント　Ekudant　6126m　[30°43′・79°22′]

[位置と山容] リシケシの北東約148km、バドリナートの西南西12km、ニ

ルカンタ（6596m）から4kmの南西稜上に位置する。山名は、ガネッシュ神の別名である。
[登山史] 1980年6月8日にインド隊（隊長：S.Kuikarni）のS.Wadekarが単独登頂した。エクダント北峰とも呼ばれている。2010年、ポルトガルのE,N.TexieraとPaulo Roxoがエクダント西峰（6100m）に登頂した。
[文献]（1）AAJ, 2011, p.303

アルワ・タワー　Arwa Tower　6352m　[30°51′・79°24′]

[位置と山容] ウッタルカシの東北東約84km、リシケシの北東約160kmに位置する。バドリナートの北西12km、Arwa谷の左岸にあり3つの鋭い尖塔を持つ。サトパント（Satopanth, 7075m）から東に延びてサラスワティ川にまで至る尾根上にあるが、この尾根には10余座の6000m峰群が連なる。Arwa谷には、北方の源頭部も含めて30余の未踏の6000m峰が存在する。

[登山史] 1999年のイギリスのMick Fowlerの隊は、5月7日から14日のアルパインスタイルで900mの北西壁を登りきった。同年、アメリカ隊は、東稜からSteephan Siegjistら3名が登頂している。

Arwa Tower（6352m）（H.Kapadia）

北東フェース900mの初登は、2007年6月7日のフランスのThomas Sentら3名による。北壁のフリーでの初登が2012年のスイス隊のRoger Schalraら2名によって10日間で成されるなど、先鋭的な登攀が続いている。

　Arwa Spires（6193m）というArwa Towerの南西3kmに位置するBangneu氷河源頭のこの尖峰に関しても多彩な試みが行われている。
[文献]（1）AAJ, 2013, p.319

クナリン　Kunaling　6471m　[30°45′・79°20′]

[位置と山容] リシケシの北東約125km。バドリナートから16km、ニルカ

ンタの北西にあり、サトパント氷河とバギラティ氷河の分水界上に位置する。A.Heim他の記録、スイス山岳財団の地図などでもこれまでバラクン（Balakun）と記されていたピークである。スラブ状の垂壁と雪壁を巡らした難峰で、I峰（6471m）とII峰（6108m）に分かれる。
[登山史] 1973年6月9日にインド隊（隊長：ITBP, Hukam Singh）6名により初登頂されたとされる。
[文献]（1）AAJ, 1974, p.211

（稲田定重）

アビ・ガミン　Abi Gamin 7355m　[30°56′・79°36′]

[位置と山容] バドリナートの北北東約22km、カメットの北北東約2km、中印国境上に位置する。西面は切れ落ちている。

[登山史] 早くからカメットと組みあわせて偵察や試登がなされている。1855年、シュラーギントワイト兄弟がチベット側からカメットと誤認して試登し

Abi Gamin & Mukut Parbat & Mana（H.Kapadia）

6784m（一説には6845m）に到達。1950年8月、英・スイス合同隊（隊長：R.Dittert）がマナ峠からチベット側へ越え、マンナン氷河からムクト・パルバットとアビ・ガミンの鞍部・スリングスビー・サドル（Slingsby Saddle, 6559m）に達して北面をトラバース、北東稜からスイスのAlfred Tissier?s、R.Dittert、G.Chevalleyとシェルパのダワ・トンドップ（Dawa Thondup）が初登頂した。なお、この北東稜は1855年にシュラーギントワイト兄弟が試登したルートである。

1953年6月17日、カメットを目指したインド隊（隊長：N.D.ジャヤール）は、隊長とプーラン・シン（Purang Singh）他1名がミードのコルで断念後、アビ・ガミンに転進、西方の岩稜から同峰第2登。1955年にはカメットに登頂したジャヤール隊のグルディアル・シン（Gurdial Singh）ら5名はアタック途中で頂上を断念、そのままアビ・ガミンに転進して第3登を成している。

1976年6月18日、悪天のため時間的にカメットを断念したIMF/JAC日印

女性合同隊（隊長：Meena Agarwal、副隊長：須田紀子）の那須文枝、トリティ・バーディ（Thrity Birdy）、チャンドラプラバ・アイトワール（Chandraprabha Aitwal）の3名がシェルパ2名と共に女性初登頂を遂げた。1990年、カメットを目指したインド陸軍隊（隊長：H.バワ）がカメットを断念後、東面から登頂したが詳細は不明。
[文献]　(1)〜(4)、(7) Kametの項参照

マナ　Mana　7272m　[30°52′・79°37′]

[位置と山容]　カメットの南東約4kmにある。マナからデオバン（Deoban, 6855m）やビダン・パルバット（Bidhan Parbat, 6520m）を連ねて5892mに続く長い東稜はプルビ・カメット氷河右岸に障壁を成している。山名の由来はこの峰のチベット語名「Zun（梁若しくは家族）Nii（二つ）」から、昔山麓に二軒の家があったことによるという説や、計量単位のマナ（Mana）からきているという説もある。Mana Peakと呼ぶこともある。

[登山史]　1937年8月12日、F.S.スマイスがP.R.オリバー（Oliver）とサラスワティ川左岸のグプト・カール（Gupt Khal, 5788m）から6541m峰を登頂後スノープラトーに出て、単身、南稜から初登頂した。同年、スマイスはビダン・パルバットやニルギリ・パルバット（Nilgiri Parbat, 6474m）などにも初登頂した。1966年9月、インド隊（隊長：B.Biswas）が北面から第2登。1988年5月17日、ITBP隊（隊長Harbhajan Singh）のKanahya Lalら3名が東稜（東壁？）より初登攀、同年秋には米印陸軍合同隊（H.S.Chauhan／隊長：Robert A.Wood隊長）が夏の間にルート工作を施し、グプタ・カール経由で北西稜より26名登頂。

[文献]　(1) HJ, Vol.27, 1966, p.180　(2) IM, 25, 1990, p.221
(3) J, Vol.50, 1994, p.184

(寺沢玲子)

マナ北西峰　Mana NW　7092m　[30°53′・79°35′]

[位置と山容]　ジョシマートの北約37km、カメットの南約1.5km、マナの北西約2.5km。パチュミ・カメット氷河（Pachumi Kamet Gl.）とウッタリ・ナクトニ氷河（Uttari Nakthoni Gl.）の大雪原上部に位置する。

[登山史]　1992年6月、インド隊（隊長：A.Samant）がプルビ・カメット氷

河から試みたが6900mで断念、カメットへの稜線上北西に隣接する6687m峰に初登頂した。1995年、山形海外交流会とITBPによる日印合同隊(日本側隊長:植松秀之、インド側隊長:S.D.Sharma)が初登頂した。隊は、ウッタリ・ナグトゥニ(Uttari Naqgthuni Gl.)氷河を詰め、最奥6000mからの岩壁帯約400mを突破して上部プラトーの6400m地点にC2を設置。8月19日、鈴木正典、石川友康、Prem Singh, T.Smanlaが約6時間をかけて初登頂した。翌20日には、佐々木穂高とKurwant Singhが第2次登頂を成した。同隊は、この山を「シバ=Shiva」と命名している。2012年10月にはフランスの陸軍特殊山岳部隊(French Groupe Militaire de Haute Montagne)隊のS?bastien Bohinら4名がカメット南西壁をアルパインスタイルで登攀するための高所順応として初登ルートから登頂している。また、2004年に頂上近くまで到達したインド隊(A.Das隊長)は、マナ北西峰の標高は7092mではなく6900m前後ではないかとクレームを記している。

[**文献**] (1)『山形海外交流会記念誌』2013年3月 (2) IM, 32, 1996, p.128
(3) IM, 40, 2005, p.54

(寺沢玲子・稲田定重)

東部ガルワール　Eastern Garhwal

　クマオン地方に属していたことから「クマオン・ヒマラヤ」とも呼ばれてきた。本書では、①ゴリ・ガンガ（Gori Ganga）流域山群（最東部のダルマ・ガンガ（Darma Ganga）流域の一部を含める）②ナンダ・デヴィ（Nanda Devi）内院とその周辺山群、に大別して記述する。

ゴリ・ガンガ流域山群

　ネパール、中国チベット自治区に接する最東部のダルマ・ガンガとその西のゴリ・ガンガの間に、パンチ・チュリ（Panch Chuli）連峰のⅠ峰（6904m）、Ⅱ峰（6410m）、Ⅲ峰（6312m）、Ⅳ峰（63334m）、Ⅴ峰（6437m）が南北に連なる。尾根はその北方に延びてラジランバ（Rajiramba, 6537m）からスイティラ（Suitilla West, 6373m）まで数座の6000m峰群を起す。中国チベット自治区との国境稜線上にもチクラ・ウェ（Chikula We, 6038m）など10余座の6000m峰がチベットへの交易路であるクングリビングリ峠（Kunguribinguri La）までの間に位置しており、そのほとんどは未踏峰である。ゴリ・ガンガの源頭であるミラム氷河（Miram Gl.）流域には、ハルディオル（Hardiol, 7151m）、ティルスリ（Tirsuli, 7074m）などの7000m峰群が位置し、氷河の両岸とさらに北方ギルティ・ガンガ（Girthi Ghabga）左岸にウジャ・ティルチェ（Uja Tilche, 6202m）グループを起こす。
　なお、ピンダリ川（Pindar R.）上流域のグループについては、ナンダ・デヴィ内院とその周辺山群のなかで記述する。

パンチ・チュリとその北方山群

　パンチ・チュリ（Panch Chuli）とは「五つの天の住処」、或いは「五つの料理鍋」の意味を持つ。後者は、聖人たちが天国に行く前の最後の料理をここで作ったという伝説からきている。東のダルマ・ガンガ流域と西のゴリ・ガンガ流域を分けるグループで、北からⅡ峰、Ⅰ峰、Ⅲ峰、Ⅳ峰、Ⅴ峰と連なる。いずれも品格のあるピラミダルな山である。1927年、長谷川伝次郎はカイラスへの旅の途上にダルマ・ガンガ側の麓に2週間滞在して4572mま

での探査を試み、また、Ⅰ峰の素晴らしい写真を撮っている(1)。1929年にはラットレッジ（H.Luttledge）夫妻が連峰東面のメオラ氷河（Meola Gad）を探り、1936年には、ハイム（A.Heim）とガンサー（A.Gunsser）がこの地域に入り、国境上のピークを試登している(2)。山群の本格的な探査・登攀は、1950年のマーリー（W.H.Marry）から始まることになる。

[文献] (1) 長谷川伝次郎:『ヒマラヤの旅』、中央公論社、1932年
(2) Luttledge, H.:AJ, Vol.39, p.71   (3) Murray, W.H.: AJ, Vol.58, 1951, p.49

パンチ・チュリとその北方山群山解説

パンチ・チュリⅠ峰　　Panch Chuli-I　　6355m　　[30°13′・80°25′]

[位置と山容] アルモラの北東約115kmに位置する。パンチ・チュリ・グループの最北端にありナガラプー（Nagalaphu）とも言われてきた。ナガラプー、ソナ（Sona）、ウッタリ・バラティ（Uttari Balati）の3つの氷河域の交点にあり、北方への山群とパンチ・チュリⅠ峰を結ぶ。

[登山史] 1972年10月17日、18日にフカム・シン（Hukam Singh）を隊長とするITBP隊が西面のウッタリ・バラティ氷河側から挑み、Mohinder Singhら6名が初登頂した。

[文献] (1) HCNL,No.33, 1973, p.26

Five peaks of Panchi Chuli sunset（H.Kapadia）

パンチ・チュリⅡ峰　　Panchi Chuli-II　　6904m　　[30°12′・80°25′]

[位置と山容] アルモラの北東約114kmに位置する。パンチ・チュリ・グループの最高峰であり、鋭く天を突くようなピラミダルな山容が圧倒する。ソナ、ダックニ・バラティ（Dakkhni Balati）、メオラ（Meola）、パンチ・チュリの4つの氷河に囲まれている。パンチ・チュリ氷河の南西面からメオラ氷河の北東面まで数kmの困難な岩壁帯が続く。

[登山史] 1950年のマーリー隊は、東面のソナ氷河をつめてP.6355とのコルに到達し、登頂の可能性を得た。同年、グラーフ（J.De.Graaff）らは、メオラ氷河からⅢ峰とのコルに達し、さらに上部に試登している。1953年にはドイツのハインリッヒ・ハーラーが西面のダックニ・バラティ氷河からP.6355峰に達したがⅡ峰への南稜は困難で敗退した。初登は、1973年のITBPのMahendra Singhの隊。ダックニ・バラティ氷河から南西稜を経て5月26日に初登頂した。J.S.Negiら14名の大量登頂であった。1991年のインド陸軍隊（隊長：Cap.N.B.Gurung）は、ソナ氷河から北東稜を経て登頂した。1992年には、Harish KapadiaとChris Boningtonの印・英合同隊が西稜支稜から登頂した。2003年には、ITBP隊（隊長：Comd.IS.Dhuban）の7名が雪崩により遭難死している。
[文献] (1) ITBP Report　(2) HJ, Vol.48, 1992, p.48　(3) AAJ, 1992, p.229

パンチ・チュリⅢ峰　Panch Chuli-Ⅲ　6312m　[30°12′・80°26′]
[位置と山容] アルモラの北東約113kmに位置する。西面にパンチ・チュリ氷河、東面にメオラ氷河を分ける連峰の頂稜上にあり、南西の氷河側は、峻険な雪壁である。
[登山史] 1988年のインド（マハラシュトラ州）隊（隊長：Aroke Surin）にはじまって、1999年のインドIMF隊（隊長：Sribash Battacharya）、2000年のインド隊（隊長：Pradip Kar）の挑戦、他があった。初登頂は、2001年のIMF隊（隊長：P.S.Dharmasaktu）。東面のメオラ氷河側の南東稜から6月12日に登頂した。
[文献] (1) IM, Vol.37, 2002

パンチ・チュリⅣ峰　Panch Chuli-Ⅳ　6342m　[30°11′・80°27′]
[位置と山容] アルモラの東約110kmにある。東面をメオラ氷河、西面をパンチ・チュリ氷河に面し、両氷河に南西稜と北東稜を落としている。急峻な岩稜と雪稜をまとった鋭峰である。
[登山史] 探査は、古くからあったが本格的登山活動は見当たらない。初登頂は、1995年10月1日にニュージーランド隊（隊長：John Nankervis）によって成された。隊は、パンチ・チュリ氷河にキャンプを進め、氷河源頭から南西稜に取り付き、最終キャンプからⅤ峰とのコル経由で隊長を含む5名が登

頂した。この氷河側からのアタックは2隊目であった。その後、Ⅳ峰への挑戦は2001年のインド隊（Samir Sengupta隊長）があるが第2登は成されていない。
[文献]（1）AAJ, 1986, p.254　（2）AAJ, 2002, p.395

パンチ・チュリⅤ峰　Panch Churi-V　6437m　［30°11′・80°28′］
[位置と山容] アルモラの北東約110km。パンチ・チュリ・グループの南端に位置し、パンチ・チュリ氷河の最奥部、ネオラ氷河とバリン（Paring）氷河の源頭に600mの峻峰として聳える。南東面は雪壁を巡らす。テルコート（Terkot）とも呼ばれてきた。
[登山史] 1992年、Chris Bonington と Harish Kapadiaのイギリス・インド合同隊が6月2日、初登頂した。ルートは、パンチ・チュリ氷河をつめて上部プラトーに達し、南尾根からコル（約5900m）に達し、Boningtonら4名の英国隊員が登頂した。なお、1人がアクシデントを起こし、ヘリで救助された。同隊は、南西尾根末端の5250m峰と5220m峰の2座にも登頂した。同隊はこの年、ラジランバ（Rajiramba, 6537m）、パンチ・チュリⅡ峰（6904m）の登頂など、この山域で大きな成果を挙げている。
[文献]（1）HJ, Vol.49, 1993, p.81

ラジランバ　Rajramba　6537m　［30°15′・80°22′］
[位置と山容] アルモラの北東約110km。パンチ・チュリⅠ峰（6355m）から西に続く長い主脈上にあり、ナガラプー氷河（Ngalaphu G）、ラジランバ氷河、ウッタリ・バルティ氷河（Uttari Balati Gl.）の源頭部を分ける。パンチ・チュリⅠ峰にも劣らぬどっしりとした秀峰である。
[登山史] 1771年6月11日に、東面のナガラプー氷河からITBP隊（J.C.Oja隊長）が初登頂し、M.S.Pawarら11名が山頂に達した。1992年には、インドのHarish Kapadiaとイギリスのchris Boningtonの合同隊がウッタリ・バルティ氷河側から新ルートで登頂した。
[文献]（1）ITBP Report　（2）HJ, Vol49, 1993, p.86

シヴウ　Shivu　5255m　［30°16′・80°19′］
[位置と山容] アルモラの東約105km、ゴリ・ガンガの支流であるララム谷

（Raram）の左岸にある。ラジランバ（6537m）の北から西に派生する支稜上に位置する。
[登山史] 1967年6月11日にインド隊（隊長：S.Dubay）のSandhuら3名が北面のシヴゥ氷河側から初登頂した。
[文献] (1) AAJ, 1968, p.213

チャウドゥハラ　Chaudhhara　6510m　[30°16′・80°22′]
[位置と山容] アルモラの北東約112kmに位置する。東面ナガラプー氷河側は岩稜帯が続く。北のヤンクチャール氷河（Yankchar Gl.）源頭は広いプラトーになっている。山名はヒンディ語で「四角」という意味。
[登山史] 1973年インド隊（Prof.AR.Chandekar隊長）が西面のシヴゥ氷河（Shivu Gl.）側から初登頂した。第2登は、1989年インド隊（隊長：Jibn Pal）が6月8日、西稜から3名が登頂。
[文献] (1) HJ, Vol.33, 1975, p.115　(2) HJ, Vol.47, 1991, p.65

スイティラ西峰　Suitilla West　6373m　[30°19′・80°22′]
[位置と山容] アルモラの北東約113kmにある。西峰（6373m）と東峰（6333m）が双耳峰として尖峰の如く屹立している。かつては「Sujtilla」とも表記されていた。ヤンクチャール氷河など3氷河を分けており、東面は壁になっている。パンチ・チュリ・グループから北方のラサール川（Lassar Yankti）に長い氷河を延ばしている。
[登山史] 1993年のインド隊（隊長：Arun Samant隊長）など2度の挑戦があった。初登頂は、2002年のインド・イギリス合同隊（隊長：Paranjit Singh）。当初、北西稜から試みたが失敗、南西側に転進し、9月28日にG.Littleら2名のイギリス隊員が22時間のアルパインスタイルで西峰に初登頂した。第2登は、同年のインド海軍隊（隊長：Lt.Cdr.S.Dam）。1100mのフィックスロープを使用し、10月6日に登頂した。
[文献] (1) HJ, Vol.59, 2003, p.93　(2) HJ, Vol.59, 2003, p.100
(3) AAJ, 1993, p.239

スイティラ東峰　Suitilla East　6333m　[30°19′・80°23′]
[位置と山容] アルモラの北東113km、西峰の東北東に続いてP.5980を起こ

す尾根上にあって、東西二つの峰は、0.5km間隔での双耳峰となっており、頂稜には美しい幾つかのピナクルが位置し、両峰間の縦走は難しい。南面は、Nipchukang氷河に面して壁になっており、北面はJulang氷河で、いずれも長いアプローチを要する。未踏峰である。

[登山史] 東峰単独の登頂を目指した隊はない。2002年のインド・イギリス合同隊（隊長：Paranjit Singh）は、西峰に初登頂した折に、頂上から東峰を偵察し、東峰へのトラバースの困難さを指摘している。

[文献] (1) AAJ, 1993, p.239 (2) HJ, Vol.59, 2003, p.93

バンバ・ドゥラ　Bamba Dhura　6334m　[30°26′・80°17′]

[位置と山容] アルモラの北々東約142km、ゴリ・ガンガの支流であるララム谷のカラバランド氷河（Kalrabaland Gl.）の最奥に位置する。広いプラトーの奥の雪峰。

[登山史] 1977年、インド隊（隊長：Manik Bannerjee）が北東稜から上部雪原にC4を設け、10月5日にBidyut Sarkarら2名の隊員とシェルパ1名が初登頂に成功した。第2登は、1979年のインド隊（隊長：Harish Kapadia）で南東稜から2名が登頂した。

[文献] (1) HJ, Vol.35, 1979, p.68 (2) HJ, Vol.36, 1980, p.186

ブルプー・ドゥラ　Burphu Dhura　6145m　[30°26′・80°17′]

[位置と山容] アルモラの北東約134km、カラバランド氷河（Kalabaland Gl.）とヤンクチャール氷河（Yankchar Gl.）が合して長大な氷河域を形成するララム谷の上部に位置する。長大な主稜は、北のミラム氷河から南はゴリ・ガンガとの分岐まで数十kmにわたって連なる一大山群をつくっている。南面は切り立った尾根である。南峰と呼ばれる5815m峰がある。

[登山史] 1999年にインド隊（隊長：Lt.Cdr.S.Dam）が困難なルートから6115mと主峰の頂上直下に達したが断念した。なお、同隊はこの試登の前にBurphu Dura南峰（5815m）に登頂している。主峰の初登頂は2000年のインド陸軍隊（隊長：Eing Cpt.S.S.Pulli）。9月27日にBalwant Singhら4名が南面から成功した。

[文献] (1) IM, No.35, 2000, p.27 (2) AAJ, 2001, p.371

チリン・ウェ　Chiring We　6559m　[30°25′・80°18′]

[位置と山容] アルモラの北東約142km、バンバ・ドゥラ（Bamba Dhura, 6334m）の南2kmにあってカラバランド氷河の左岸に位置している。アイスフォールの発達で長い間山容が把握できなかった。険しいシャープなリッジを有する。山名は、チベット語で「長命の山」を意味する。

[登山史] 最初の踏査が南アフリカのKenneth E.Snelsonらによって1950年8月から9月に成されている。その後、1977年にはインドのHarish Kapadia隊が踏査している。

初登頂は、1979年の同じHarish Kapadia隊。10月10日、北東稜からZeksis Bagaと2名のシェルパが登頂した。2004年には、イギリス隊（隊長：Martin Moran）が同じルートから第2登している。

Chiring We (6559m) (H.Kapadia)

[文献] (1) HJ, Vol.17, 1952, p.47　(2) HJ, Vol.36, 1980, p.68

スリ・トップ　Suri Top　6300m　[30°24′・80°19′]

[位置と山容] アルモラの北東133kmにある。カラバランド氷河とダモリア氷河（Damoria Gl.）を分ける。広い雪のプラトーを持つ。

[登山史] 南に位置するスイティラ（Suitilla）の登頂を目的にこの地域に入ったインド隊（隊長：Harish Kapadia）が1977年8月にカラバランド氷河側から踏査している。初登頂は、1986年7月3日、Ramakant Mahadikのインド隊が頂上に続く緩やかな北稜から隊長ら6名によって成功している。

[文献] (1) HJ, Vol.35, 1979, p.221　(2) HJ, Vol.43, 1987, p.32

チクラ・ウェ　Chikula We　6038m　[30°32′・80°23′]

[位置と山容] アルモラの北々東150km。インドと中国チベット自治区との国境上に位置する。ダルマ・ガンガ（Darma Danga）の源頭。北西の国境稜線上には、チベットへの通商路として有名なクングリピングリ峠までの間

に数座の6000m峰が未踏で残っている。南東の国境主稜上とそこからの支稜上にも6481m峰をはじめ多くの未踏峰が位置しているがインナーラインの存在が入域を難しくしている。

[登山史] 踏査・登山の記録は未詳である。

[文献] (1) AAJ, 1985, p.136

ウジャ・ティルチェ　Uja Tilche　6202m　[30°39′・80°01′]

[位置と山容] リシケシの北東約185km。アラクナンダ川の支流ダウリ・ガンガ（Dhauli Ganga）の奥、ギルティ谷（Girthi Gad）の源頭のシルアンク氷河（Shiruank Gl.）右岸に位置する。東面に岩稜を巡らし鋭鋒として知られている。

[登山史] 1950年、イギリスのW.H.Murrayの隊が北稜から6月4日に初登頂した。マーリーは、この山が偉大な山として命名されるべきと記している。1968年のインド隊（隊長：Manoj Bhaumik）は、ウジャ・ティルチェ登頂を断念した後に北方の5724m峰に登頂し、北峰と命名した。第2登は、1974年のインド隊（隊長：Shyamal Chakravorty）によって10月15日に南稜からK.K.Khannaら5名によって成されている。

[文献] (1) HJ, Vol.33, 1975, p.97

ランパック南峰　Lampak South　6325m　[30°27′・79°56′]

[位置と山容] リシケシの東北東約182kmにある。アラクナンダ川の支流ダウリ・ガンガの源流域のギルティ谷（Girthi Gad）の源頭にあるグループで、南峰と北峰（6181m）の他、ティルスリ西峰（Tirsuli West, 7035m）からの尾根上に6000m峰3座を連ねる。

[登山史] 1947年のT.H.Brahamのバンケ氷河（Banke Gl.）からの偵察、1950年のイギリス隊（W.H.Marry）による東稜から南峰5500m地点までの到達などがあった。1969年のインド隊（隊長：Prasanta Chakravorty）は、カラ氷河（Kara Gl.）から挑み、北峰とのコルにC3を設け、南西バットレスから初登頂を成し遂げた。隊長ら5名が登頂した。2003年には、P.M.Dassのインド隊（パンジャブ警察）が北東稜から4名が登頂したがHJ編集長に対し、1969年隊の初登頂に関しての疑義を呈している。

[文献] (1) HJ, Vol.61, 2005, p.296　(2) AAJ, 2004, p.362

ランパック北峰　Lampak North　6181m　［30°38′・79°55′］
[位置と山容] リシケシの東北東約184kmに位置する。カラ氷河とシウアンチ氷河（WShiuanch Gl.）を分ける。北面は岩壁のピラミダルな山容である。
[登山史] 1968年のインド隊（隊長：Nemai Bose）のP.Chatterjら4名が東稜を経て初登頂した(1)。2003年には、インド隊（隊長：P.M.Dass）が南面ルートからInder Kumarら7名が登頂した(2)、(3)。同隊は、南峰にも登頂している。
[文献]　(1) Diganta Journal（WB), 7　(2) AAJ, 46, p.362, 2004
(3) HJ, Vol.60, 2004, p.54

ランバ・コート　Rambha Kot　5227m　［30°43′・80°01′］
[位置と山容] リシケシの東北東約189km、ミラム氷河（Milamu Gl.）グループの北方、ギルティ谷の源頭にあり、インド・中国チベット自治区国境まで約12km。
[登山史] 1950年にイギリスのW.H.Murrayらが地域を探査している。
[文献]　(1) AJ, Vol.63, 1958, p.49

チャラブ　Chhalab　6160m　［30°35′・80°02′］
[位置と山容] リシケシの東北東約186km、ギルティ谷の源頭でシルアンク氷河 Siruanch Gl.）の最奥、ミラム氷河（Milamu Gl.）を分け、北方のウジャ・ティルチェ（Uja Tirche, 6202m）グループへと延びる尾根のジャンクションに位置する。
[登山史] イギリス人のA.L.Mummが1907年にギルティ谷側から踏査している。ミラム氷河側からは、多くの隊によって観察されている。1988年6月、インドのHarish Kapadiaら3名の隊がチャラブをトライしたが、登頂のための唯一の可能性である北のコルに到達するルートは見出せなかった。
[文献]　(1) HJ, 45　(2) AAJ, 85, p.306, 2011

コーリ　Kholi　6114m　［30°35′・80°04′］
[位置と山容] アルモラの北北東約113km、ミラム氷河（Miram Gl.）の最奥部にあり、北のギルティ氷河（Girthi Gl.）と分水界を成す。
[登山史] スロベニアのMatrija Jostらが2010年に踏査している。痩せた稜

線は続いているが周辺に比して目立たない山容をしていると報告している。
[文献] (1) AAJ, 2011, p.306

ナンダ・ゴンド　Nanda Gond　6315m　[30°33′・80°07′]
[位置と山容] アルモラの北北東約109km、ミラム氷河の左岸、ビランラリ氷河（Bilanlari Gl.）の奥に位置し、北東は、ビルマグロアー氷河（Bhilmagroar Gl.）に面する。西面氷河支稜は岩壁帯が続く。中国チベット自治区との交易路であるウンタ・ドゥラ（Unta Dhura, 5450m）は、北東5kmにある。山名は「ナンダ神の孫」という意味。
[登山史] スロベニアのMatrija Jostらが2010年に踏査している。
[文献] (1) AAJ, 2011, p.306

ナンダ・パル　Nanda Pal　6306m　[30°31′・80°08′]
[位置と山容] アルモラの北北東約104km、ゴリ・ガンガの源流ミラム氷河と東のサフェド氷河（Safed Gl.）を分ける長い尾根上にある。東稜は岩稜である。
[登山史] 初登頂は、インドITBP隊（隊長：R.Chandra）によって1973年6月8日に成された。
[文献] (1) HJ, Vol.32, 1974

ティルスリ東峰　Tirsuli East　7074m　[30°42′・80°01′]
[位置と山容] アルモラの北北東約110kmにある。ガルワール・ヒマラヤ第2の大氷河であるゴリ・ガンガ源流のミラム氷河最奥の首座である。山名は、シヴァ神の「三叉の鉾」を意味する。緩やかな約2kmの頂稜で西峰（7035m）と双耳峰を形成し、南には、コルを隔ててハルディオル（7151m）と、ガルワール屈指の高峰群が位置する。北面は、シルアンチ氷河でダウリ・ガンガに流れる。
[登山史] 1936年、スイスのA.HeimとA.Gansserがチベットのカイラス遠征の帰途にミラム氷河を探査した。1939年のポーランド隊（A.Karpinski隊長）がナンダ・デヴィ東峰初登頂に成功した後にミラム氷河に入った。ティルスリの初登も狙ったが雪崩により隊長ら2名が遭難死した。1964年には、翌年のエベレスト隊のトレーニングを兼ねてインド隊（M.S.Kholi隊長）がトラ

イしたが頻発する雪崩に阻まれて撤退した。初登頂は、1966年のChanchal Mitraを隊長とするインド隊。6553mに設置したC5から南東稜伝いにルートをとり、10月8日にN.ManikとS.Chakuraborty、2名のHAPが登頂した。その後、1974年のインド・ニュージーランド女子合同隊は、5月4日雪崩に遭遇して撤退した。同隊は、この後にリシ・パハール（Rishi Pahar 6992m）に転進したが5月30日に5100m付近でまたしても雪崩に遭遇し、4名が死亡している。第2登は、1991年にインド国境保安軍（Border Secuerity Force, S.C.Negi隊長）の隊によって成された。9月25日、東面の南東稜からTR.Angdooら5名が登頂した。

[文献]　(1) HJ, Vol.12, 1940, p.65　(2) HJ, Vol.27, 1963, p, 67　(3) HV, 12, 1991

ティルスリ西峰　Tirsuli West　7035m　［30°42′・80°00′］

[位置と山容]　アルモラの北北東約109kmにある。西峰と約2kmの釣り尾根をもって双耳峰を成している。南西のバガニ氷河（Bagani Gl.）側は障壁になっている。

[登山史]　1968年のインド隊（隊長：D, C.Arora）は、西面のバガニ氷河から試みたが失敗。1975年のITBP隊（隊長：S.P.Mulashi）も不成功。初登頂は、2001年のインド・ネルー登山学校隊（隊長：K.S.Dhami）で、7月17日にバガニ氷河側の南西稜から隊長ら7名が登頂した。3000mのフィックスロープを使用するという困難な登攀であった。第2登は、2008年のインド隊（ITBP, 隊長：C.Dutta）で、6月12日にA.Kanarjhaら6名の隊員と3名のHAPが登頂した。

[文献]　(1) HMJ, 4　(2) HJ, Vol.58, 2002, p.24

ハルディオル　Hardeol　7151m　［30°34′・80°00′］

[位置と山容]　アルモラの北北東約197kmにある。ミラム氷河圏の最高峰で堂々たる岩壁を巡らしたピラミダルな偉容を見せる。山名は「神の寺院」を意味する。4kmの南尾根でナンダ・デヴィ内院の最北端の峰リシ・パハール（Rishi Pahar, 6992m）につながる。

[登山史]　1855年のA.Schlagintweitの探査を最初とする。1939年には、ナンダ・デヴィ東峰を登ったポーランド隊が偵察している。本格的な登山

は、1965年のインド隊（隊長：K.P.Sharma）、その後、1966年インド隊、1974年インド・ニュージーランド合同隊、1975年ITBP隊と挑戦が成されたがいずれも登頂に至らなかった。初登頂は、1978年のインド隊（隊長：S.P.Murashi）によって成された。ミラム氷河側のC3から5月31日にKanhaiya Lalら7名が登頂した。1991年には、インドBSF隊（Border Securiety Force, 隊長：S.C.Negi）がP.6858を経てT.R.Angdooら5名が第2登をした。この隊は、ティルスリ東峰登頂にも成功している。

Hardeol (7151m)(C) & Tirsuli-E (7074m)(R) at head of Milam Gl. (H.Kapadia)

[**文献**] (1) HJ, 12, p.65 (2) HJ, Vol. 45, 1989, p.71 (3) IMF, Report 2, 1978, p.22

（稲田定重）

ナンダ・デヴィ内院とその周辺山群

　ナンダ・デヴィ内院（Nanda Devi Sanctuary）は、周囲を約100kmの長大な障壁に囲まれたエリアであって、内院の中央には、ガルワール・ヒマラヤの盟主と呼ばれるナンダ・デヴィ（Nanda Devi主峰（7816m）が聳え立っている。内院は、取り巻く障壁がただ1か所切り開かれたリシ・ガンガ（Rishi Ganga）の流れを、ほぼ、中央にして、ナンダ・デヴィ主峰から東峰（7434m）に続く「内院中央」、北のウッタル・リシ（Uttari Rishi）側の「北内院」、南のダックニ・リシ（Dakkni Rishi）側の「南内院」に分けられる。内院は、1980年から世界自然遺産地域となり、障壁内への入域は原則的に禁止されている。そのために、内院は高山植物や野生動物（野性羊やユキヒョウ、ほか）の貴重な生息域となっている。

（稲田定重）

内院中央　Sanctuary
内院中央山解説

ナンダ・デヴィ主峰（西峰）　Nanda Devi　7816m　［30°22′・79°58′］
ナンダ・デヴィ東峰　Nanda Devi East　7434m　［30°22′・80°00′］
［位置と山容］行政上はウッタラーカンド州（Uttarakhand）アルモラー県（Almora）に属する。ネパールとの国境線上にあるカンチェンジュンガを別として、インド国内の最高峰である。北、南、東の三方は標高6000～7000m級の多くのピークが連なる障壁に囲まれ、西側はダウリ・ガンガ（Dhauli Ganga）の支流、リシ・ガンガ（Rishi Ganga）の深い峡谷が行く手を阻む。リシ・ガンガ源頭のダキニ・ナンダ・デヴィ氷河（Dakkhini Nanda Devi）、北ナンダ・デヴィ氷河（Uttari Nanda Devi）とその圏谷からなる内院は、ナンダ・デヴィ・サンクチュアリー（聖域）とも呼ばれ、現在は国立公園に指定されるとともに、1978年以降は環境保全のため入域は厳しく制限されており、2005年には世界遺産（自然）にも登録された。東側はゴリ・ガンガ（Ghori Ganga）の支流、ラワン（Lawan）谷源頭のナンダ・グンティ氷河（Nanda Ghunti）が、東峰東面の岩壁に突き当たる。主峰、東峰からなる双耳峰で、両峰を結ぶ稜線の長さは約3km、最低鞍部の標高

は約7200m。

　山名のナンダは「祝福」ないし「多幸」を、またデヴィは周知のように「女神」を意味する。ナンダ・デヴィは、周辺地域の、特にヒンドゥー教徒にとっては、信仰の対象としての聖なる山である。ジョシマート（Joshimath）からは東南東へ44kmの位置にあるが、ジョシマートはヒンドゥー教の聖地バドリナート（Badrinath）への巡礼路の入口の町でもある。

[探検・登山史]　ナンダ・デヴィはその秀麗な山容が遠くからも望めるため、早くから探検家、登山家の注目を集めた。この山域探査のもっとも早い記録は、イギリス人行政官であるトレイル（G.W.Trail）が1830年に行ったもので、ピンダリ氷河（Pindari）から標高5312mの峠（トレイル・パス）を越え、ラワン谷へ抜けた。1883年にはグレアム（W.W.Graham）が、リシ・ガンガのゴルジュ帯を突破しようと試みたが、果たせなかった。1905年にはロングスタッフ（T.G.Longstaff）が、ラワン谷からナンダ・デヴィ東峰南稜の、標高5910mのコル（ロングスタッフのコル）に達し、内院を眼下にしたが、そこから下降することは不可能と判断している。ロングスタッフは1907年にブルース（C.G.Bruce）、マム（A.L.Mumm）およびアルプスのガイド3人とともに、内院へのルートを探るため、ダウリ・ガンガのリシ・ガンガより上流にある支流のバガニ谷（Bagani）からその源頭の氷河を詰めてバガニ・パスを越え、リシ・ガンガの支流ラマニ谷（Ramani）をラマニまで降りるという、大迂回路を取ったが、ラマニ上流のゴルジュ帯に阻まれて、目的を達することは出来なかった。1925年にはロングスタッフとラトレッジ（H.Ruttledge）がリシ・ガンガ側から、また1926年にはラトレッジが東側のゴリ・ガンガ支流ティンプー谷（Timphu）から内院へのルートを探ったが成果はなく、さらに1932年にはラトレッジが南側のスンダルドゥンガ（Sundardhunga）氷河からマイクトリ（Maiktoli）東北稜上のコル（スンダルドゥンガ・コル、標高5520m）に達して内院を見下ろしたが、やはりそこへ下降することはできなかった。

　永年の課題であったリシ・ガンガからナンダ・デヴィ内院へのルートは、1934年、シプトン（E.E.Shipton）とティルマン（H.W.Tilman）によって拓かれた。2人は5月から6月にかけて、ラマニからのゴルジュ帯を左岸の岩壁を高巻きして突破し、内院へ入って北ナンダ・デヴィ氷河を探った。夏のモンスーンを西部ガルワールで過ごした後、9月に内院へ戻って、ダキニ・

ナンダ・デヴィ氷河から主峰南稜を標高6250mあたりまで試登した。その後、マイクトリ（Maiktoli 6803m）に初登頂し、帰路はスンダルドゥンガ・コルを越えてピンダリ谷へ抜けた。

　1936年夏には、そのティルマンを隊長とするイギリス・アメリカ合同隊が、リシ・ガンガから内院に入って、8月2日、ダキニ・ナンダ・デヴィ氷河上にBCを設け、主峰南稜に5つの前進キャンプを作ったのち、8月29日、ティルマンとオデル（N.A.Wodell）が初登頂した(1)。これは当時までに登頂されたピークとしては最高峰であり、その記録は第2次大戦後、アンナプルナⅠ峰が登頂されるまで続くこととなる。

　1939年にはポーランド隊（隊長：A.Karpinski）が、東面のラワン谷からロングスタッフのコルを経て東峰南稜にルートを延ばし、5つの前進キャンプを設置したのち、7月2日に隊員、HAPの2人が東峰の初登頂に成功した(2)。この後、隊はゴリ・ガンガを北上し、ミラム（Milam）谷からティルスリ（Tirsuli, 7074m）を目指したが、隊長他1人が雪崩のため遭難している。

　第2次大戦後の1951年、フランス隊（隊長：R.Duplat）が、ナンダ・デヴィ縦走という、当時としては破天荒とも言うべき目標を掲げてやってきた。この隊もリシ・ガンガから内院へ入って、ティルマンの隊とほぼ同じ場所にBCを置き、隊を二分して主峰南稜、東峰南稜にルートを延ばしたが、BCまでの輸送に苦労し、デュプラとヴィーニュ（G.Vigne）が標高約7200mの主峰側C4から縦走に向け出発したのは、計画よりかなり遅れて6月29日となった。2人はそのまま戻らぬ人となった。東峰側ではデュボス（L.Dubost）とテンジン・ノルゲイ（Tenzin Norgay）が7月6日、東峰の頂上に立ったが、主峰側からデュプラらがやってきた痕跡はなかった。ちなみにテンジン・ノルゲイは、2年後、世界最高峰チョモランマの頂上にはじめて立つ1人となる。

　その後、1961年、1970年、1971年、1974年とインド隊が登頂を目指したが、そのうち1964年のインド隊（隊長：N.Kumar）のダワ・ノルブ（Dawa Norbu）とナワン・ゴンブ（Nawang Gombu）が主峰の第2登に成功した。なおゴンブは1960年のインド隊と1963年のアメリカ隊で2度のチョモランマ登頂を果たした最初の人となっている。また、これらの他に、1965年から1968年にかけてインドとアメリカにより、中国の核実験の影響を測定する目的で機密性の高い放射能測定施設を、内院に設置するために送り込まれた隊もあったという(9)(10)。

1975年春にはフランス・インド合同隊（隊長：Y.P.Villard）が、1951年のフランス隊の遺志をついで縦走を目的として入山し、主峰には4人、東峰には3人が登頂したが、縦走はならなかった。

　1976年、JAC・IMF合同隊（隊長：鹿野勝彦）が、縦走という課題を、東峰から主峰へという形で達成した。BCはダキニ・ナンダ・デヴィ氷河の標高約4900m地点に5月12日に設置し、主峰側に4つ、東峰側に4つ（C4は東峰頂上）の前進キャンプを置いて、6月13日、縦走隊（長谷川良典、高見和成）が東峰頂上のC4を出発した。同日、主峰側からはサポート隊（加藤保男、寺本正史、小林政志、ナワン・ピンジュー）が主峰側C4から南面をトラバースして主峰、東峰間のコルにサポートキャンプを作り、縦走隊を収容した。14日は悪天候のため停滞し、15日縦走隊はサポートキャンプから直接主峰に向かい、サポート隊の加藤、寺本は主峰側C4から頂上を目指して、両隊は主峰頂上で合流し、主峰側C4へ下った(3)。→506頁

　1975年、1976年の両隊は、インドとの合同隊だったため、リシ・ガンガの輸送には、インド陸軍のヘリコプターの支援を受けた。

　1976年には日本・インド合同隊と入れ替わるように、アメリカ・インド合同隊（隊長：W.Unsoeld）が、未踏の北西壁から北稜のルートでの登頂を目指して入山し、4つの前進キャンプを設けて、9月1日3人が登頂したが、第2次登頂を目指したメンバーのうち、隊長の娘であるナンダデヴィ・アンソールド（Nanda Devi Unsoeld）が、C4で高度障害のため死亡した(4)。

　1976年秋に偵察を行った日本勤労者山岳連盟は、1977年インドとの合同隊（隊長：森田稲吉郎）を送って北稜からの登頂を目指したが、標高約6800mで断念した(5)。同年、アメリカ・イギリス・インド合同隊（隊長：E.Robert）は、主峰南稜からの登頂に成功した。1978年にもアメリカ隊が主峰南稜から登頂した他、チェコスロヴァキア隊、イギリス隊が北面から試登を行い、門司山岳会隊が東峰を目指し、その南稜を標高7300mあたりまで登ったが、断念している(6)。

　この後、リシ・ガンガ経由での内院への入域が厳しく制限されるようになった。1981年9月には、チェコスロヴァキア隊（隊長：M.マルタウジュ）が高度差3100mに及ぶ北壁に新ルートを拓いて主峰への登頂に成功、またインド隊（隊長：B.Sandhu）も南面から女性隊員3名を含め、登頂した。さらに10月にはインド陸軍隊（隊長：K.Kumar）が主峰、東峰を登頂したが、

下山中に5名が死亡するという、この山で最大の遭難事故を起こした。1982年には、インド隊（隊長：Pranesh Chowdhury）が北面から登頂したが、やはり2名の遭難者を出している(7)。1993年インド隊（隊長:Major Amin Laik）が登頂した(8)。→*グラビア写真(3) − 400頁上*

[**文献・資料**] 巻末の文献リスト参照
(1) H.W.Tilman: The Ascent of Nanda Devi, Cambridge University Press. 1937
(2) A.Karpinski:HJ, 12, p.65 　(3) HJ, 35, , p.186.
(4) JACナンダ・デヴィ登山隊編：『ナンダ・デヴィ縦走1976』、茗溪堂、1977年
(5) 『山岳年鑑、78』p.35 　(6) 『山岳年鑑、79』p.49 　(7) IM, 11, p.126
(8) HV-4, /94
(9) Wikipedia: http://en.wikipedia.org/wiki/Nanda_Devi
(10) The Nanda Devimystery: http://www.livemint.com/Leisure/3QfYqLadggrbnrn41H0mAJ/The-Nanda-Devi-mystery.html

〈鹿野勝彦〉

北内院　North Sanctuary

リシ・ガンガの北の源流域であり、最北のウッタル・リシ氷河（Uttari Rishi Gal）は、約12kmと長大である。ナンダ・デヴィ東峰（7434m）から北内院の北限であるリシ・パハール（Rishi Pahar, 6992m）までの障壁上には、デオ・ダムラ（Deo Damula, 6620m）やバムチュー（Bamchu, 6301m）など8座を連ね、東のゴリ・ガンガ流域との分水界をなしている。北端のリシ・パハールから障壁は西に向かい、サーフ・ミナール（Saf Minal, 6911m）、カランカ（Kalanka, 6931m）、チャンガバン（Changabang, 6864m）、ドゥナギリ（Dunagiri, 7066m）など10数座の6000mを越える高峰が位置する。

Rishi Phar (6992m) (R) (S.Inada)

北内院山解説

リシ・パハール　Rishi Pahar　6992m　［30°31′・79°59′］
[位置と山容]　リシケシの東北東約180km。ナンダ・デヴィ北内院の最北端に位置する。北は、ハルディオル（7151m）からダウリ・ガンガへの長大な山稜、南と西はそれぞれに大障壁へ連なるというジャンクションにあってどっしりとした雪峰であるが、ミラム氷河側は氷河まで切れ落ちた壁になっている。無名峰であったが登頂後に命名された。山名は、ヒンディ語で「賢者の山」を意味する。
[登山史]　1934年、リシ・ガンガゴルジュ左岸の困難な岩壁帯を突破して初めて内院に入ったイギリスのE.E.ShiptonとH.W.Tilmanが北内院を初めて探り、ウッタル・リシ氷河に入っている。シプトンは、1936年に測量技師のM.Osmastonとともに再び北内院に入り、ミラム側との分水界のデオ・ダムラ（Deo Damu, 6620m）と思われる山に初登頂し、さらにリシ・パハールの基部に達している。この後、内院での関心は、ナンダ・デヴィ主峰と東峰

に集まり、北内院に入る隊は無かった。1968年になってインド・ネルー登山学校隊（隊長：S.Singh）がミラム氷河側から挑んだがクレバス帯に阻まれて断念した。同年、同じくミラム氷河からトライしたインド・ニュージーランド女子合同隊（隊長：M.Clark）は、5月30日、5100m付近で雪崩により4名が遭難死している。1974年になってT.Swallowイギリス・スイス合同隊は北内院からチャンガバン（6931m）をトライしている。初登頂は、1975年のHAJ隊（隊長：清水 澄）。同隊は、ウッタル・リシ氷河末端の氷河湖畔にBCを設置し、同氷河にキャンプを進めて9月27日C3から今井二郎、萩原明郎、翌日に隊長、稲田定重、能勢眞人、館野秀夫が初登頂した。なお、同隊は、隣のサーフ・ミナール（6911m）とミラムとの分水界のバムチュー（6301m）にも初登頂している。→513頁

[文献]　(1)『インド・ヒマラヤ帰国報告書』、1975年
(2) HJ, Vol.34, 1976　(3) E.E.Shipton:AJ, Vol.49, 1937　(4) AAJ, 1976, p.526

サーフ・ミナール　Saf Minal　6911m　[30°31′・79°59′]

[位置と山容]　リシケシの東北東約176km、ナンダ・デヴィ北内院最奥部の山で、ウッタル・リシ氷河の源頭、リシ・パハール（6992m）の西4kmの障壁上にある。無名峰であったが初登頂隊によって命名されたもので、ヒンディ語で「白い塔」の意味、名のとおり白いピラミダルな雪峰であるが北面のバガニ氷河（Bagani Gl.）側は切れ落ちている。

[登山史]　試登の記録は見当たらない。1975年、HAJ隊（隊長：清水 澄）によってサーフ・ミナールとのコルに設置されたC3から10月3日、萩原明郎と今井二郎が中央稜から初登頂した。→516頁

[文献]　(1)『インド・ヒマラヤ帰国報告書 1975年』　(2) HJ, Vol.34, 1976
(3) AAJ, 1976, p.526

カランカ　Kalanka　6931m　[30°31′・79°56′]

[位置と山容]　リシケシの東北東約172kmにある。南面にウッタル・リシ氷河とチャンガバン氷河、北面のバギニ氷河を分ける障壁上の峰でピラミダルな山容は威圧感がある。バギニ氷河側には、険しい北壁を巡らす。

[登山史]　1936年、イギリスのE.E.Shiptonの隊は、チャンガバン氷河からカランカとチャンガバンのコル（シプトンのコル）に到達している。1974

年のイギリス・スイス合同隊（隊長：T.Swallow）は、チャンガバン氷河側から試みたが雪崩が多く断念した。初登頂は、日本の上市峰窓会隊（隊長：田辺郁夫）。南西面のラマニ氷河（Ramani Gl.）側からチャンガバンとP.5822とのコル（シプトンのコル）を越えて南西フェースをルートにして1975年6月3日に、隊長と池田則章、小馬恒雄、井上和正が登頂した。1977年には、チェコスロヴァキア隊（隊長：F.Grunt）が困難な北壁ルートで登頂した。1978年イギリス隊のB. Bartonらは、南壁からの登頂に成功した。82年には、西ドイツ隊（K.Schrag）が9月27日に5名が南西壁から、28日には東稜コルから登頂した。2009年、日本のGIRIGIRI BOYSは、9月14日から9月24日にアルパインスタイルによる初登攀を成功させた。佐藤祐介、一村文隆、天野和明が登頂した。→542頁

[文献] (1) AAJ, 1978, p.60　(2) 岩と雪、46、p.48　(3) AAJ, 1983, p.250

（稲田定重）

チャンガバン　Changabang　6864m　[30°29′・79°56′]

[位置と山容] リシケシから東北東約171km、ナンダ・デヴィの北北西約16km、ドゥナギリとはバギニ・パスをはさんで東約6km、ジョシマートからは東に約30km。ナンダ・デヴィ北内院を構成するチャンガバン氷河とラマニ氷河（Ramani Gl.）、バギニ氷河（Bagini Gl.）のそれぞれの源頭に位置する。花崗岩の青白さをも感じさせるオベリスクが天を衝き、氷河にまで岩壁を巡らす。ヒマラヤ屈指の難峰とされている。

[登山史] 1936年にシプトン（E.E.Shipton）は、南西稜のコル（のちに「シプトンのコル」と呼ばれている）に達した。1974年、ボニントン（Chris Bonington）を隊長とするイギリス・インド合同隊が東稜から6月4日に初登頂を遂げた。チームは、スコット（D.Scott）、ハストン（D.Hoston）など超一流のクライマーを擁し、チャンガバン氷河から南西側をまわり、東稜に取り付いて、ボニントンらイギリス側4名とチェワン・タシ（Chewang Tashi）らインド隊員2名が登頂した。

　1976年6月13日, 戸田直樹ら6人の日本隊は、困難な南西稜から全員登頂し、ヒマラヤバリエーション時代の到来を印象付けた。この年、イギリス隊（隊長：C.Read）はチャンガバン氷河から南東壁を経て登頂、東稜を下降した。同年秋にはイギリス隊（P.Boardman & J.Trasker）が、10月5日にバギニ・

パスよりの西壁の初登攀に成功した。さらに1981年にはイタリー隊（隊長：L.リングア）が南稜から初登攀した。
[文献]（1）AAJ, Vol.20, 1975, p.81　（2）AJ, Vol.80, 1975, p.155

（鹿野勝彦・稲田定重）

ハヌマン　　Hanuman　6075m　［30°28′・79°50′］
[位置と山容]　リシケシから東北東約166km、ドゥナギリ（Dunagiri, 7066m）からの南西稜がリシ・ガンガに落ちる末端に位置する岩峰。山名は、ヒンドゥー教のハヌマン神（猿）からとった。
[登山史]　1966年6月1日、A.R.Chandekarを隊長とするインド隊がラマニ氷河側から10名が初登頂した。1982年には、ポーランド隊のA.Pilcら4名、西ドイツ隊の北東稜からの登頂がある。
[文献]（1）HJ, Vol.38, 1982, p.86　（2）AAJ, 1982, p.244

リシ・コート　　Rishi Kot　6236m　［30°27′・79°54′］
[位置と山容]　リシケシの東北東約165kmにある。チャンガバン（6864m）の南西稜がリシ・ガンガに落ちる手前の岩峰である。山名は、ヒンディ語で「賢者の砦」を意味する。
[登山史]　1968年インド隊（隊長：V.P.Singh）のT.S.Roiがラマニ氷河側から初登頂した。同隊は、同日にD2（6180m）、DⅠ（6014m）にも登頂し、トータル11名が頂上に立った。1979年9月には、ポーランド隊2名がラマニ氷河側の氷壁からアルパインスタイルで登頂。1982年カナダ隊は、1100mの高度差を持つ北壁からの登頂に成功している。
[文献]（1）AAJ, 1983, p.252

バムチュー　　Bamuchu　6303m　［30°26′・80°01′］
[位置と山容]　リシケシの東北東約172km。ナンダ・デヴィ北内院の山で、ミラム氷河（Miram Gl.）を分ける障壁上にあり、ピラミダルな山容を呈す。
[登山史]　1934年、H.W.Tilman、E.E.Shiptonらによって周辺が探査されている。1975年、HAJ隊（隊長：清水　澄）が、この地域に入ってリシ・パハール（Rishi Pahar, 6992m）など2峰を初登頂したが、同時にバムチューの初登頂も成し遂げた。登頂者は、今野一也とリェゾン・オフィサーの

B.P.S.Hundalで、9月19日に登頂した。→*516頁*
[文献] (1) HJ, Vol.34, 1976 (2)『インド・ヒマラヤ帰国報告書 HAJ』1976年

デオ・ダムラ　Deo Damula　6620m　[30°29′・80°01′]

[位置と山容] リシケシの東北東約176kmにある。ナンダ・デヴィ北内院とミラム氷河域を分ける。ウッタル・リシ氷河の左岸でどっしりとした山容の雪峰。

[登山史] 1936年、E.E.ShiptonとM.Osmastonが北内院に入り広く踏査した折に、シプトンはオズマストンと別行動を取り、この美しい山に初登頂したと推定される。彼らは、更に上部の氷河域に向かっている。

[文献] (1) AJ, Vol.49, 1937, p.27

（稲田定重）

ドゥナギリ　Dunagiri　7066m　[30°31′・79°50′]

[位置と山容] ナンダ・デヴィの北西約18km、ジョシマートの東約28km、リシケシの東北東約170kmに位置し、四方に岩稜を延ばすピラミッド状のピークである。どの方角からもどっしりとした風格の長い頂稜が特徴で、西のダウリ・ガンガにまで至る長大な山稜を形成している。

[登山史] ナンダ・デヴィ山群の西端にあって集落からも近いため、早くから登山家の注目を集め、1883年にはグレアム（W.W.Graham）がアルプスから連れてきたガイドとともに、南面のリシ・ガンガからラマニ（Ramani）氷河に入り、標高約6800mまで達したというが、マム（A.M.Mumm）はこの記録に対し執拗に疑義を呈している。1907年には、ロングスタッフ（T.G.Longstaff）、ブルース（C.G.Bruce）、マムらが、北面からバガニ（Bagani）氷河を詰めて、ドゥナギリとチャンガバンを結ぶ稜線上のバガニ・パス（Bagani Pass）を越え、ラマニ氷河を下ってリシ・ガンガへ抜けた。また1933年にはオリヴァー（P.Oliver）とキャ

Dunagiri (7066m)　(H.Kapadia)

ンペル（Dr.Campell）が西面のトルマ（Tolma）谷から南西稜、北西稜を偵察したが、ルートが見つからず断念、この後、オリヴァーはトリスルを目指し、第2登に成功する。1936年のシプトン（E.E.Shipton）隊は、ラマニ氷河の支氷河から南西稜のコルを経て10月7日、頂上直下300mにまで達したが断念した。初登頂は、スイス隊（隊長：Andre Roch）で、1939年6月にラマニ氷河に入り、長期の悪天に苦労したが7月5日に南西稜から上部のジャンダルムを突破して隊長ら4人で登頂した。第2次大戦、インド独立を経て、1950、60年代には、新たに開放されたネパールに登山隊が集中したこともあって、この山域を訪れる外国登山隊は少なかったが、1970年代以降はアルパインスタイルによる登山がさかんになったこともあり、小規模な隊によるヴァリエーションルートからの登山の対象として、再び注目を浴び始める。1975年のR.N.RansharとJ.Traskerの隊は高度差2000mの南壁からの新登攀をした。1976年春には青森県の八戸登山隊（隊長：加賀勝）が南西稜から挑んだが頂上まで30mを残して断念した。同年秋のJAC学生部隊（隊長：牧野内昭武）は、10月21日、22日の両日に大杉直彦ら6名が北稜からの登頂に成功した。同年のアメリカ隊（隊長：G.Stephenson）は、下山の途中に4名が遭難死した。1977年春には東京都勤労者山岳連盟隊（隊長：大賀由晋）が東稜から6700mまで達した。さらに1982年にはスペイン隊（隊長：J.ギリノ）が西稜からの初登攀をしている。

［**文献**］（1）Andle Roch: Garhwal Himalaya, 1947　（2）『岩と雪』54号
（3）『山岳』71・72年、p.15, JAC　（4）『山岳年鑑』77、p.43
（5）『山岳年鑑』78、p.36

（鹿野勝彦・稲田定重）

南内院　South Sanctuary

リシ・ガンガの南の源流域であり、ダックニ・リシ氷河など２大氷河が障壁から発している。東のロングスタッフ・コル（Longstaf Col, 5910m）から南へナンダ・カート（Nanda Khat, 6611m）、パンワリ・ドアール（Panwali Dowor, 6662m）、西へはマイクトリ（Maiktoli, 6803m）、デヴィトリ（Devitoli, 6788m）など数座の6000m峰をおこし、さらに北に向かってデヴィスタン（Devistan, 6678m）グループを連ねてリシ・ガンガの大ゴルジュ帯につながる。

南内院山解説

ナンダ・カート　Nanda Khat　6611m　［30°18′・79°58′］

[位置と山容] アルモラの北東約85km、ナンダ・デヴィ南内院のDakkhuni Nanda Devi氷河の奥の東障壁上に位置する。東面は、Pindari氷河の源頭で、北東6kmでTraills Pass（5312m）に達する。山名は「ナンダ神の寝所」を意味する。

[登山史] 1920年、Hugh Rattledge隊がトレイル・パスを越えている。最初のトライは1960年のインド隊によって行われたが不詳。1961年のインド隊・アラハバード大山岳部（隊長：P.Choudhary）は、10月20日に隊長と隊員1名が北東稜から登頂したと報告しているが、その信憑性に疑義が持たれた。初登頂は、1974年のGirish Shahのインド隊で9月13日に北東面から隊長と6名の隊員が登頂した。1981年のインド隊（隊長：A.Majundah）は、アルパインスタイルにより2回のビバークで6月13日に東面から登頂した。

1981年9月、HAJ隊（隊長：小島守夫）は、初登ルートからの登頂を期し、頂上雪壁下6000m地点にアタックキャンプ（C3）を設けたが9月27日夜の交信を最後に登頂隊との消息が途絶えた。同年10月から11月にかけて捜索隊（隊長：菊池　薫、他13名）が派遣され、C3地点までを捜索し、上部雪壁からの雪崩跡を確認した。藤倉和美、鈴木陽一、阿部直彦、本田荘八、埜口正則、寺本正幸、斉藤孝雄の7名の隊員は、この雪崩により遭難したと推測される。

1982年9月には、小倉山岳会隊（隊長：定村修一）が初登ルートに取り付いたが6300m地点で断念した。1983年の雪と岩の会隊（隊長：尾形好雄

も同ルートの6470m地点で断念した。

[文献] (1) HJ, Vol.27, 1960, p.126 (2) HJ, Vol.37, 1981, p.136
(3) HJ, Vol.43, 1987, p.132
(4) HCNL, 35, p.23 (5)『ナンダ・カート1981』HAJ
(6) ヒマラヤ, 145号, HAJ

ナンダ・コート　Nanda Kot　6861m　[30°14′・80°05′]

[位置と山容]ナンダ・デヴィ周辺にはナンダを冠する山名を持つ山が多いが、ナンダ・コートもそのひとつである。ナンダ・コットとも呼ばれる。コート（コット）は「要塞」を意味するという。ナンダ・デヴィの南東約10km、ジョシマートからは南東約60km、アルモラからは北東約87kmに位置し、ピラミッド状の優雅な山容を持つ。

[探検・登山史]ナンダ・デヴィ山群の東側を流れるゴリ・ガンガ（Ghori Ganga）沿いの道は、かつてインドとチベットを結ぶ重要な交易路であり、植民地時代においても、早くからイギリス人行政官などが足を踏み入れていた。19世紀前半にはイギリス人行政官であるトレイル（G.W.Traill）が、ナンダ・コートの南に位置するピンダリ（Pindari）氷河を詰め、ナンダ・コットから西北に延びる稜線上の、標高5312mの峠（後にトレイル・パスと命名された）を越えてラワン（Lawan）谷へ下降し、ゴリ・ガンガ川岸のマルトリ（Martoli）へ抜けた。またシュラーギントワイト（A.Schlagintweit）も、1855年に同じルートをたどっている。1905年には、ロングスタッフ（T.G.Longstaff）が、マルトリからラワン谷を西へ進み、標高約5900mのナンダ・デヴィ東峰南稜のコル（ロングスタッフのコルと呼ばれる）に達した後、ナンダ・コートの登頂を目指してラワン谷からその北東稜にとりつき、標高約6450mまで登った。

それから30年あまりを経て、1936年秋、立教大学隊（隊長：堀田弥一）がこの山の初登頂を成し遂げた。この隊もマルトリからラワン谷に入って9月2日に標高約4500m地点にBCを設置、北東稜にルートを取って、9月26日、最終のC4を標高約6300mに設けた。29日に第1次のアタックを試みたが天候が悪化して断念、いったんC1に戻った後、10月5日、堀田隊長、山県一雄、湯浅 巌、浜野正男、竹節作太、アン・ツェリンの6名が登頂した。帰路はトレイル・パスからピンダリ氷河を経由している。→*500頁参照*

これは日本人による第2次大戦前の、唯一の本格的なヒマラヤ登山である。ナンダ・コートの初登頂は、それまでヒマラヤ登山の経験を持たなかった日本人による登山として、それ自体が高く評価されるとともに、敗戦後10年も経たない間に日本からマナスルやアンナプルナ2峰などに登山隊を送り出すことにつながったということからも、おおきな意味を持つといえよう。
　第2登は1961年にインド海軍隊（隊長：M.S.Kohli）がしている。また立教大学は初登頂から約50年を経た1987年にインドとの合同隊（隊長：太田晃介）で、初登ルートをたどって登頂している。→503頁参照、→グラビア写真(3)-397頁
　ピンダリ氷河は近年、人気の高いトレッキングのコースとして、インドの内外から多くのトレッカーが訪れるようになっている。
[文献]　→502頁参照

（鹿野勝彦）

パンワリ・ドワール　Panwali Dowar　6663m　[30°17′・79°57′]

[位置と山容]　アルモラの北東約82km。ナンダ・デヴィ内院東障壁にあり、ピンダリ川の最奥部で南に長い山稜を出す。南内院最奥のダックニ・ナンダ・デヴィ氷河（Dakkhni Nanda Devi Gl.）、南西のブルタル氷河（Burtal Gl.）、東面のブリア氷河（Buria G）交点に立ち、南西は鋭く切れ落ちた鋭鋒である。山名はヒンディー語で「風の門」を意味する。

[登山史]　1944年、イギリスのW.F.Noyce隊が周辺を踏査している。1979年の佐久アッセントクラブ（隊長：坂本昌士）は、南稜から挑んだが6500mで断念した。1979年～1980年の九山同人隊（隊長：近藤和美）は、冬期登頂をめざしたが5800mで断念、帰路に岩田辰司が雪崩で遭難死した。初登頂は、立命館大学隊（隊長：中江啓介）で、同隊は1979年の試登を経て1980年5月30日に南稜から隊長と小林毅、6月1日に乃村昌宏、野村　浩が登頂した。第2登はインド隊で、1991年のPajapati Bodohaneの隊が南西稜からMoreswar Kulkarniら4名が登頂した。

[文献]　(1) 岩と雪、82号　(2) HJ, Vol.48, 1992, p.177

マイクトリ　Maiktoli　6803m　[30°16′・79°52′]

[位置と山容]　リシケシから北東約150kmにある。南西のムリットニー氷河

側（Mrigthuni Gl.）は切れ落ち、内院側のダックニ・リシ氷河（Dhakkhni Rishi Gl.）側は広い氷河域となっている。

[登山史] 1931年9月12日に北面のダックニ・リシ氷河から北東稜を経てE, E, Shiptonとシェルパが初登頂をした。その後、1961年にG.Singhのインド隊が7月21日、隊長ら8名が北稜から登頂した。1976年の東京都勤労者山岳連盟隊（隊長：近藤和美）は、北西2kmにあるデヴィトリ（Devitoli, 6788m）との交差縦走を期し、10月12日に今井利雄ら4名が登頂、デヴィトリには近藤ら4名が登頂し、近藤隊がマイクトリに縦走を完成させた。1977年には、立命館大学隊（隊長：中江啓介）が南稜から6名全員が登頂した。

[文献]　(1) HJ, Vol.7, 1935, p.1　(2) HJ, Vol.52, 1996, p.297
(3)『山岳年鑑』77、同78

デヴィトリ　　Devitori　6788m　[30°17′・79°51′]

[位置と山容] リシケシから北東約155km、Trisul氷河、Dakkhuni Rishi氷河、Mrigthuni氷河に面し、北にデビスタン・グループの長い頂稜を派生して障壁のジャンクションに位置している。山名は、初登頂隊により両隣の位置にあるデヴィスタンとマイクトリの2つの山の名をミックスして命名されたもの。

[登山史] 初登は、1974年のHarish Kapadiaのインド隊。ダックニ・リシ氷河側の東稜から5月13日に隊長ら4名が登頂した。1976年には、東京都勤労者山岳連盟隊（隊長：近藤和美）がマイクトリとの交差縦走を実施し、デヴィトリには隊長ら4名が登頂し、マイクトリへの縦走を行った。1981年6月9日にはインド隊（隊長：Bidyut Sakar）がデヴィトリとp.6648mとのコルから両峰を隊長を含む5名が登頂した。

Devitori (6788m)　(H.Kapadia)

[文献]　(1) HJ, Vol.33, 1975, p.104　(2) 山岳年鑑、77　(3) IM, 10, 1982, p.140

デヴィ・ムクット　　Devi Mukut　　6648m　　[30°18′・79°57′]

[位置と山容] リシケシの北東約157km、デイスタンⅠ峰（Devistan-1, 6678m）とデヴィトリ（Devitoli, 6788m）との間にある。トリスル氷河とダックニ・リシ氷河を分ける尾根に位置する。東面は壁になっている。山名は、ヒンディ語で「女神の王冠」を意味する。

[登山史] 1978年ポーランド隊が6300mで断念した。1979年、秋田クライマーズクブ隊（隊長：平沢健治）がトリスル氷河側からアタックし、9月21日藤原優太郎、柴山幹雄、嵯峨 透が初登頂し、命名した。1981年にインド隊（Bidyut Sankar隊長）ら3名とシェルパ2名が9月9日に登頂している。

[文献]　(1)『6648m未踏峰』1981年、秋田クライマーズクラブ　(2) IM, 10, 1982, p.140

デヴィスタンⅠ峰　　Devistan Ⅰ　　6678m　　[30°20′・79°52′]

[位置と山容] リシケシの北東約158km。西のトリスル氷河と東のダックニ・リシ氷河に挟まれた長大な山稜がデヴィトリ（Devitoli, 6788m）に発して北のリシ・ガンガ峡谷にまで延びる。その主稜上にⅠ～Ⅲ峰までが位置し、Ⅰ峰は最南にある。

[登山史] 1946年に英国隊が試登している。次いで1960年にインド隊（Gurudial Singh隊長）がチャレンジしたが断念。G.Singh隊は、1961年に再挑戦して6月16日、隊長ら7名が東面からの初登頂に成功した。以後、インド隊だけでも数回登頂している。日本隊では、1975年に岩手県山岳協会隊（隊長：渡部正蔵）ら7名が5月24日に登頂している。

[文献]　(1) HJ, Vol.25, 1964, p.94　(2)『デビスタンⅠ峰報告書』1976年、岩手県山岳協会

デヴィスタンⅡ峰　　Devistan Ⅱ　　6529m　　[30°20′・79°53′]

[位置と山容] リシケシの北東約157kmにある。トリスル氷河とダックニ・リシ氷河を分ける尾根上に位置。西面は急峻であるが東北面に尾根を内院入口のサルソパタンまで延ばしている。Ⅰ峰の北約1.5kmに位置する。

[登山史] 1956年にインド・西ドイツ合同隊（隊長：K.F.Bunshah）が試みている。初登頂は、1964年のインド陸軍隊（隊長：Col.Narendra Kumar）で、6月24日に東面からB.P.Singhら4名が登頂した。

[文献]　(1) HJ, Vol.20, 1957, p.126　(2) HJ, Vol.25, 1964, p.107

デヴィスタンⅢ峰　　Devistan Ⅲ　5977m　[30°23′・79°52′]

[位置と山容]　リシケシの北東約156km。内院の入り口であるパタルカンから上部の支氷河と西面のトリスル氷河の間、連峰の北端に位置する。

[登山史]　1976年9月20日、日本勤労者山岳連盟の隊（隊長：森田稲吉郎）の飯田平が東面から初登頂した。第2登は、1979年のインド隊で、山名を「Bhawanitli」と命名している。1981年には、A.Chakrabortyを隊長とするインド隊が西壁ルートから登頂した。

[文献]　(1) HJ, Vol.36, 1980, p.192

(稲田定重)

内院の周辺

　障壁の北側には、中部ガルワールとを区切るダウリ・ガンガ左岸の山々がある。東障壁からは、ナンダ・コート（Nanda Kot, 6861m）、ナンダ・カーニ（Nanda Khani, 6029m）、南の障壁からはタルコット（Tharkot, 6099m）などピンダリ川源頭域の山々が位置する。また、障壁の西側には、トリスル（Trisul, 7120m）を首座としてナンダ・グンティ（Nanda Gunthi, 6309m）、ベタルトリ・ヒマール（Bethartoli Himal, 6352m）などがそれぞれに長大な山稜を派生させている。

内院の周辺山解説

ナンダ・バハナール　　Nanda Bhanar　　6236m　　［30°15′・80°03′］
[位置と山容] アルモラの北東約84km。ナンダ・コート（Nanda Kot, 6861m）の南2.5km、ピンダリ川の最奥部であるカプニ氷河（Kaphni Gl.）の源頭を成している。
[登山史] 1967年と1969年にインドのP.K.Sharmaの隊が試登している。1987年にBivujit MukhotyとGoet Hornbyのインド・イギリス合同隊が北稜から6月16日に初登頂を遂げた。A.Choudhuryら2名のインド隊員とJonathan Prestonら4名のイギリス隊員が登頂した。第2登は、1988年のインド隊（隊長：Divyesh Mani）、第3登は、1993年のインド隊（隊長：Divyesh Muni）が南東稜から10月17日に成功した。
[文献] (1) Mountain, 119, p.9　(2) HJ, Vol.44, 1988

ナンダ・カーニ　　Nanda Khani　　6029m　　［30°15′・80°04′］
[位置と山容] アルモラの北東約80km。ナンダ・バハナール（6236m）の南東1.5kmにあり、サハラン氷河（Sharan）とカプニ氷河（Kaphni）を分ける広いプラトーの尾根上に位置する。
[登山史] ピンダリ川流域とゴリ・ガンガ流域をつなぐルートとして1926年のH.Ruttledge隊が越えている。1988年のインド隊（隊長：Divyesh Muni）は、この両氷河の源頭地域に入り、大プラトーから初登頂を果たした。同隊は、近くのナンダ・バハナール（6236m）とサハラン・ドゥラ（Sahallang

Dhula, 5678m）にも登頂している。
[文献]　(1) HJ, Vol.44, 1988　(2) AAJ, 1993, p.239

チャングーチ　Changuch　6322m　［30°17′・80°02′］
[位置と山容]　アルモラの北東約84km、ナンダ・コートの西南西2kmにあり、Tari Changuch 氷河側に岩稜と雪壁を連ねる。有名な Traills Pass（5312m）を経てナンダ・デヴィ内院につながる。ピンダリ川の最源流。
[登山史]　1981年インド隊（隊長：Jiban Pal）以来、数多くの隊が敗退している。初登頂は、2009年のイギリス隊（隊長：Martia Moran）。ナンダ・デヴィ東峰登頂を目的に Toraills Pass を越えてロングスタッフ・コル下にBCを置いて東峰に挑んだが6100m地点で断念した。このあとチャングーチに転進し、Lawan 氷河から取り付いて困難な北東稜を忠実にたどって隊長を含む6名（リエゾン・オフィサーを含む）が6月9日に登頂した。なお、トレーニングとして Nanda Lapak（5782m）に登頂している。
[文献]　(1) AAJ, 2010, p.294　(2) HJ,Vol. 66, 2010　(3) HJ, Vol.44, 1988, p.164

ダンタール　Dangthal　6050m　［30°13′・80°06′］
[位置と山容]　アルモラの北東約81km。ゴリ・ガンガとピンダリ川の源流を分ける長大な尾根上にあって、ナンダ・コート（6851m）の南東約8kmに位置する。南東面が峻険な壁である。
[登山史]　1981年のインド隊（隊長：Parimal Choudhury）の隊長を含む2名とHAPの2名が9月22日に初登頂した。
[文献]　(1) HJ, Vol.49, 1993, p.96

バルジュリ　Bauljuri　5922m　［30°20′・79°48′］
[位置と山容]　アルモラの北東約78km、ピンダリ川源流部でパンワリ・ドワール（Panwari Dowar, 6663m）から4kmの南尾根上に位置する。西側のマイクトリ谷側は岩壁帯である。
[登山史]　1972年9月30日にインド隊（隊長：Girish Saf）が北のコル経由でS.Sundaranand ら3名が初登頂した。
[文献]　(1) AAJ, 1973, p.488

バノッティ　Bhanoti　5465m　［30°02′・79°53′］
［位置と山容］アルモラの北東約66km、ナンダ・デヴィ南内院障壁の南にあるタルコット（Tharkot, 6099m）の南東3km、ピンダリ川上流のバウル谷にある。トレッキング・ピークとして人気がある。
［登山史］1969年10月2日にインド隊（隊長：S.Choudhri）の3名が初登頂した。
［文献］不詳

ラスパ・ドゥラ　Laspa Dhura　5913m　［30°14′・80°05′］
［位置と山容］アルモラの北東約72km、ピンダリ川源流域のナンダ・コートの南5kmに位置する。
［登山史］1987年のインド・イギリス合同隊（隊長：Carry Murray）が北稜からJ.Mckeeverら6名が9月1日に初登頂した。
［文献］(1) AAJ, 1988, p.225

バラルトリ　Baraltoli　5275m　［30°13′・79°48′］
［位置と山容］アルモラから北東約64km。ナンダ・デヴィ南内院障壁の南、タルコット（6099m）から3kmの南西尾根上にある。
［登山史］1944年6月にイギリスのC.W.F.Noys隊が初登頂した。
［文献］(1) HJ, Vol.13, 1946

タルコット　Tharkot　6099m　［30°14′・79°49′］
［位置と山容］アルモラの北東約66km。ナンダ・デヴィ南障壁から南南東に8kmの尾根上で、ピンダリ川源流のBaur谷源頭にある。→グラビア写真(3)－404頁
［登山史］1944年6月にイギリスのC.W.F.Noysがムリグトニィ氷河側の北東稜から初登頂した。以後、インド隊および外国隊が数回登頂している。1977年には、JAC隊（隊長：原 真）が10月4日～7日の間に28名が登頂している。
［文献］(1) HJ, Vol.13, 1946, p.95　(2)『インド・ヒマラヤ』高山研究所編、1978年

ムリグトニィ　Murighthuni　6855m　［30°17′・79°49′］
［位置と山容］リシケシから北東約150km。北のトリスル氷河と南のムリグトニィ氷河の源頭に位置し、西は内院の外のトリスル（7120m）につながる。

山名は「鹿のあご」を意味する。
[登山史] 1951年、イギリスのR.Greenwoodが最初の探査を行った。1951年インドのGurudial Shingh隊がトリスル遠征の折りに偵察している。初登頂は、1958年6月19日、インド隊（隊長：Gurudial Singh）がトリスル氷河側から隊長ら5名が登頂した。1964年10月10日には、イギリス女性隊（隊長：J.Dunsheth）7名が第2登を果たしている。
[文献]　(1) HJ, Vol.21, 1958, p.86

ロンティ　Ronti　6063m　[30°22′・79°43′]

[位置と山容] リシケシの北東約141km。ナンダ・デヴィ山群最西端の6000m峰。Ronti氷河の源頭にあり、南のナンダ・グンティ（Nanda Gunthi, 6309m）に続く。
[登山史] 1947年、ナンダ・グンティに初登頂したスイスのAndle Roch隊は、ロンティとのコルに達している。1955年、西ドイツのP.AufschnaiterとG.Hampsonが6月15日にナンダ・グンティとのコル（5534m）から初登頂に成功している。第2登は、D.Singhのインド隊で1967年10月28日、北東稜からS.Mitraら3名が登頂した。
[文献]　(1) HJ, Vol.20, 1957, p.125

ベタルトリ・ヒマール北峰　Bethartoli Himal North　6352m　[30°22′・79°47′]

[位置と山容] リシケシの北東約147km。南峰とは2kmでつながる双耳峰。ベタルトリ氷河の流れをリシ・ガンガに落とす。南峰は緩やかなピークだが北峰は切り立っている。

[登山史] W.H.Murrayのイギリス隊が1950年に試登している。1970年のインド隊（隊長：RG.Desai）は、雪崩により隊員1名とHAP3名を失っている。初登頂は、1977年のR.Maroのイタリア隊で、北稜から急峻な氷のナイフエッジを突破して9月17日に隊長ら3名が登頂した。

Bethartoli Himal North (6352m) (H.Kapadia)

[文献] (1) AJ, 1971, p.210 (2) HJ, Vol.30, 1970, p.188 (3) HJ, Vol.36, 1980, p.191

ベタルトリ・ヒマール南峰　Bethartoli Himal South　6318m　[30°22′・79°47′]
[位置と山容] リシケシから北東約147km。北峰は、北西2kmに位置する。
[登山史] 1956年のインド・西ドイツ合同隊（隊長：K.F.Bunshah）が東面のベタルトリ氷河から北峰とのコルに出て南東への尾根から初登頂した。1970年のインド隊（隊長：RG.Desai）は6月4日に同じく東面から4名が第2登を成した。
[文献] (1) HJ, Vol.20, 1957, p.126 (2) HJ, Vol.30, 1970, p.188

ナンダ・グンティ　Nanda Ghunti　6309m　[30°20′・79°43′]
[位置と山容] リシケシから北東、約143km。ナンダ・デヴィ山群の最西端に位置する6000m峰である。トリスルⅠ峰からの尾根に連なっている。山名は「ナンダ神の休み場」という意味。
[登山史] T.G.Longstaffが1907年に偵察。1944年、B.R.Goodfellowのイギリス隊が南面のナンダキニ谷から入って本格的試登をした。1945年には、イギリスのWood兄弟が北のロンティ（6063m）とのコルにまで到達している。初登頂は、1947年のスイスAndre Roch隊でナンダキニ谷から入り、氷河上部の東稜から9月3日に隊長ら3名が成功した。1975年10月6日に信州大学隊（隊長：杉本恭二）がナンダキニ側から隊長ら2名で登頂した。
[文献] (1) HJ, Vol.13, 1949, p.96 (2) HJ, vol.15, 1949, p.39

(稲田定重)

トリスルⅠ峰　Trisul-I　7120m　[30°18′・79°41′]
[位置と山容] リシケシから北東約146km、ナンダ・デヴィの南南西約20km、ジョシマートからは南東約33kmに位置する。ナンダ・デヴィ内院西端のデヴィトリ（Devitori, 6788m）から続く長大な尾根に立ち上がる7000m峰でトリスル氷河と西のロンティ氷河（Ronti Gl.）、シリサムダール氷河（Silisamudar Gl.）が囲む。西面は切れ落ちて峻険な西壁で知られる。トリスル・グループは、リシ・ガンガ左岸まで6000m以上の高峰を10余座連ねる。南面からは鋭峰と見えるが、北面からはなだらかな雪のスロープとして望める。山名は、「三叉の鉾」を意味し、ナンダの神を護る存在とされる。

[登山史] ヒマラヤで登頂された最初の7000m峰として知られる。初登頂は、1907年イギリス隊（隊長：T.G.Longstaff）で、1905年に西面と南面を偵察後、トリスル北稜にキャンプを進め、6月12日にロングスタッフら4名が5320mから一気に登頂を成し遂げた。1933年には、イギリスのP.R.Oliverがトリス

Trisul-I （7120m）（S.Inada）

ル氷河から単独登頂に成功した。1951年のインド最初のヒマラヤ登山隊（隊長：Gurudial Singh）は、隊員ら3名が登頂した。1970年にはインド女性隊（隊長：M.Agrawal）が登頂している。トリスルはその山容からスキー登山の対象ともなり、1975年のインド隊、西ドイツ隊によるスキーを活用しての登頂、1976年のインド隊（隊長：N.Kumar）による頂上からBCまでのスキー滑降などの記録がある。またヴァリエーションルートからの登頂としては、1976年のユーゴスラヴィア隊（隊長：T.Sazonov）による西壁からの登頂、1980年インド隊（隊長：A.K.Sen）は、9月14日、西面からの登頂を始めて成し遂げた。日本隊では、1978年のHAJ隊（隊長：稲田定重）がトリスル氷河から南稜ルートで9月28日に角田不二ら5名が新登頂を果たした。→*518頁*
1981年、仙台山岳会隊（隊長：牧野宏三）は、10月3日、西壁経由で南稜から隊長ら4名が登頂した。

[文献] (1) AJ, 173　(2) HJ, Vol.17, 1952, p.112　(3) IM, 7, p.116
(4)『トリスル28日間』HAJ、1979年

（鹿野勝彦・稲田定重）

トリスルⅡ峰　Trisul-Ⅱ　6690m　[30°17′・79°46′]

[位置と山容] リシケシから北東約144km。トリスルⅠと南のコルを隔てて約2kmに位置する。ムリグトニィ（6855m）方面へ尾根を延ばし、ナンダ・デヴィ障壁につながる。トリスル氷河の源頭にあり、Ⅲ峰が南2kmにある。
[登山史] 1960年6月5日、ユーゴスラヴィア隊（隊長：S.Kersmic）が南面のビダルグロア氷河（Bidargroar Gl.）からA.Kunaverら2名が初登頂した。

1975年のHAJ隊（隊長:稲田定重）は、Ⅰ峰とのコルから9月28日、野中和雄ら7名が新ルートから登頂をした。→*518頁*
[文献]　(1) HJ, Vol.22, 1960, p.70　(2) HAJ『トリスル28日間』1979年

トリスルⅢ峰　Trisul-Ⅲ　6008m　[30°16′・79°46′]
[位置と山容]　リシケシから北東約143km、トリスル・グループの南端のピークでⅡ峰から南へ2.5kmにある。東西二つの氷河を分ける。
[登山史]1960年6月5日、トリスルⅡ峰の初登頂をしたユーゴスラヴィア隊（隊長：S.Kersmic）は、6月7日にC2からⅢ峰の初登頂も飾った。
[文献]　(1) HJ, Vol.22, 1960, p.70

（稲田定重）

日本隊のインド・ヒマラヤ初登山・初登頂
ナンダ・コート（1936年）

The First Japanese Indian Himalaya Expedition in 1936
and the First Ascent of Nanda Kot（6861m）

牛窪光政／武石浩明
（Mitsumasa USHIKUBO and Hiroaki TAKEISHI, 立教大学山岳部）

はじめに

　冬の後立山や剣岳など北アルプスのバリエーションルート登攀で訓練を積んだ立教大学山岳部が次の目標に定めたのはヒマラヤだった。日本人として初めてヒマラヤを写真撮影した長谷川伝次郎との出会いや、カンチェンジュンガに挑んだドイツの登山家・パウルバウアーの記録に刺激を受け、ヒマラヤを研究。エベレストやK2、ナンガパルバットなど数々のヒマラヤの高峰を調べた上、当時のイギリスのアジア政策を背景とする政治的理由と、経費に直結する輸送の問題を検討した結果、最終的に残ったのがナンダ・コートだった。AJに載ったロングスタッフの記録を参考に登山ルートを絞り込んだ。

貨物船でインドへ

　時は戦前の1936年、出発準備の最中に二・二六事件が勃発し、対外的な援助を求めるのに難航するがなんとか出発にこぎつける。隊員は現役学生とOB（隊長：堀田弥一、隊員：山縣一雄、湯浅 巌、浜野正男）に毎日新聞の竹節作太記者を加えた5名。全てが未知の時代、ヒマラヤ登山を目的としたインドへの渡航は初めてであり、旅券発行に2カ月以上もかかった。7月12日に日本を貨物船に乗って出発、インドのカルカッタに上陸したのは8月10日だった。カルカッタでダージリンからやってきたシェルパのヌルサン、トップゲイ、アンツェリンと合流。ヌルサンは英国隊のエベレストや、ドイツ隊のカンチェンジュンガに行ったことがある屈指のシェルパだった。

　8月17日ヒマヤラ山麓のアルモラに到着、ポーターの雇入れや隊荷の整理を行う。約70名のポーターとともにキャラバンを開始し、BCを設営したのは9月2日だった。9月4日に偵察した結果、1905年にロングスタッフが試登

した北東稜にキャンプを4つ設営することを決める。偵察途中、高度5120m地点にロングスタッフのキャンプ跡を発見し、そこが休み場所となった。C1はBCから岩屑の急斜面を400mくらい登った地点（5209m）で、ナンダ・コート、ナンダ・デヴィ東峰からトレイルス・パスに至る大パノラマを見ることができた。C2は北東稜末端に続く大雪原に設営し、北東稜を偵察。その活動の最中、米英連合隊がナンダ・デヴィの登頂に成功したというニュースが入る。シェルパのトップゲイが病気で脱落、北東稜への攻撃は天候の回復を待って、9月14日に開始された。

頂上に国旗

9月19日、高度障害に苦しみながら、急斜面とクレバスの合間のテントひと張分の雪のテラスに、今回の遠征のために特製で作ったカマボコ型テントを設営し、C3（5760m）とする。この上部の大氷壁の攻略に難航し、手足の凍傷になる隊員も出る。しかし、ついに大氷壁を攻略。26日、頂上につながる主

Nanda Kot（6861m）from South Ridge of Nanda Devi-East（K.Kano）

稜線上の標高6300m地点にC4を設営するが、石油コンロが不調で一杯ずつの紅茶と茹でそこないの餅を食べるのにも数時間かかることになる。29日、頂上アタックの朝も、かろうじて唇を濡らすだけのお茶しか作れない羽目になる。食事を取ろうにも、全く水気のない乾パンが喉を通るはずはなかった。それでも午前6時半にC4を出発、ヒドンクレバスと高度障害に苦しみながら登り続けると次第に天候が悪化。先頭を行く湯浅の足下が崩れ、板上雪崩を起こすが、数メートル流されただけで済んだ。視界は数メートルとなり、頂上まで200mを残して隊長の堀田は引き返す決断をする。C4に戻った翌朝、テントは完全に雪に埋没していた。いったんC1まで下山し、2日間、完全に休養。

10月2日、2回目の攻撃を開始。完全な高度順化と調子のいい石油コンロのおかげで満足する食事ができ、登高は順調に進み、10月6日、頂上アタッ

クにかかる。午前7時半にC4を出発、頂上部のピラミッド手前の鞍部（6550m）に到着したのは午前10時だった。そこで前回のアタックのときに雪中に埋めてあった映画撮影機やピトン、ハンマーなどを掘り出す。午前11時半、最後の攻撃を開始。頂上直下は垂直に近く、雪庇をたたき割って堀田が頂上に到達。午後2時55分、日本人によるヒマラヤ初登頂の瞬間だった。堀田以下、日本人4名が全員登頂。シェルパのアン・ツェリンとともに、6861mの頂上で手を握り合った。頂上には国旗と立教大学旗、毎日新聞社旗が埋められた。

　ナンダ・コートの初登頂は、それまでヒマラヤ登山の経験を持たなかった日本人による登山として、それ自体が高く評価されるとともに、敗戦後10年も経たない間に日本からマナスルやアンナプルナⅡ峰などに登山隊を送り出すことにつながったということからも、おおきな意味を持つといえよう。

エピローグ
　帰国後、日中事変が起き、山縣、浜野、湯浅は戦場に向かい、湯浅はついに帰ってこなかった。隊長の堀田は102歳まで生き、2011年に生涯を終えた。

[文献]　(1) 堀田弥一『ヒマラヤ初登頂』1936年のナンダ・コート、筑摩書房、1986年
(2) 竹節作太『ナンダ・コット登攀』毎日新聞社、1937年

初登頂から51年後の再登頂（1987年）

After 51 Years, Again Ascent Nanda Kot

牛窪光政／武石浩明
（Mitsumasa USHIKUBO and Hiroaki TAKEISHI, 立教大学山岳部）

はじめに

　1986年、堀田弥一隊長も参加して、ナンダ・コート登頂50年の記念の会が開かれ、その席から再登頂の計画が動き出す。ナンダ・コートはインドと中国の国境地帯、インナーラインの中にあり、入域が困難であったが、JACの協力を得て、IMFに掛け合った。当初、厳冬期の登頂を計画したが、許可が得られず、10月1日からの1カ月間に限定した上で、インドとの合同登山という条件で実現した。インド側の意向もあり、インド側4名、日本側7名（隊長：太田晃介、登攀隊長：牛窪光政、隊員：冨山　晃、野村正樹、武石浩明、武田　剛）、キッチンボーイを含むシェルパ5名の合計16名の隊員構成となった。日本側は学生が主体となった。出発前に、堀田先輩にじっくりと話を聞く機会があった。戦前のナンダ・コート登山は、今で言う「ヒマラヤ・ライトエクスペディション」であり、登山スタイルや価値観が現代のアルピニズムに近いことに驚く。

　1987年9月20日に日本を出発。IMFがあるニュー・デリーに到着すると、インド側の隊員はなぜか2名に減っていた。これにリエゾンオフィサーが加わる。

　28日にニュー・デリーを発ちアルモラへ。51年前にアルモラから1週間かけて歩いたところを、バスを乗り継ぎ2日間でムンシャリへ。ここがキャラバンの出発地となった。10月2日にムンシャリを出発。インナーラインに入るチェックポ

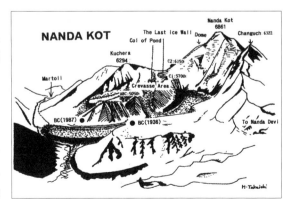

ストで、メンバー全員がチェックされる。4日後の6日にはBC設営。初登頂時よりも1カ月も遅いため、前回BCが作られた場所近くの水場が枯れていたこともあり、一段低い4150mの

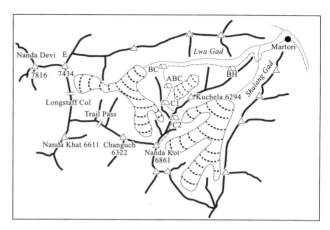

位置にBCが張られた。今まで白黒写真でしか見たことがなかったナンダ・コートが雄々しくそびえ立つ。

　8日に登山開始、4800m地点に第2登のインド隊と思われるキャンプ跡があったが、さらに上の5050m地点にABCを設営する。急激に高度を上げているため高度障害に苦しむ。ナンダ・デヴィ東峰をバックに荷揚げに耐える。クレバス帯を抜け出て、10日に氷壁に取りつき、翌日C1を設営。核心部の氷壁を迂回するようにルートを延ばし、14日に主稜線上に抜け出る。15日、主稜線上の標高6150m地点にC2を設営。風が強いため、2張りのミクロテックス・テントをしっかりと固定した後、頂上ピラミッド手前のドーム基部までルート工作を行う。主稜線はクレバスと鋭い雪稜、雪庇に注意が必要だ。10月も後半に入ると風が強まり気温も下がってくる。16日は強風で気温はマイナス20度。雪庇を突破して、ドーム基部まではガチガチにクラストしていて、スリップに注意しなくてはならない。

山頂へ

　17日午前5時、満天の星空の下、東の空がほんのり白み出してきた。マイナス15度だが、風が無く、絶好のアタック日和だ。アタックするのは隊員の学生4人とシェルパ2名。5時20分にC2を出発する。ドームへの登りはラッセルとなった。コルから頂上ピラミッドへの登りは急で、アイゼンのツァッケを蹴りこみながら登る。51年前はトップがピッケルでステップを切りながら、1本のザイルに6名がつながり、一歩一歩頂上に近づいていったという。

コルから急登を2時間半、ようやく頂上直下の急雪壁にたどり着いた。51年前、堀田隊長は雪庇を割って頂上に抜け出たが、今回はほとんど張り出していない。ピッケルをひと振りひと振り、アイゼンをひと蹴りひと蹴り、確実に体を引き上げ、午前10時45分、雪壁を登りきると、そこは頂上だった。学生の冨山、野村、武田、武石、そしてシェルパのペンバ、アジワの6名がナンダ・デヴィをバックに登頂写真を撮る。半世紀を経て、立教大学山岳部は再びこの白い頂上に立ったのだ。翌18日は冷え込みがきつくマイナス28度。空は曇っていたが、太田隊長と、牛窪登攀隊長、シェルパのナワン、ニマも頂上に立った。52歳の隊長は気力の登頂だった。日本人隊員は全員登頂だったが、インド隊員は体調不良などで誰も登頂できないどころか、ほとんど登山活動に加わらないまま終わり、合同登山の難しさを感じた。隊員がBCに降りた19日の夜、雪が舞い始め、翌朝は白一色の銀世界となった。まるで私たちの登頂を待っていてくれたかのように。ナンダ・コートが再び眠りに落ちていくような気がした。

[文献] 太田晃介（編）「日印ナンダ・コート合同登山」『山岳』83年、pp.84-89

ナンダ・デヴィ縦走（1974年）
Nanda Devi Twin Peak Great Traverse
鹿野勝彦（Katsuhiko KANO , JAC）

はじめに
　はじめてナンダ・デヴィを望見したのは、1972年11月のある朝、ニュー・デリーからカトマンズへ向かうインド国内航空の機上からである。一面の雲海から突き抜けて浮かぶ2つの峰が、目に入った。「あれがナンダ・デヴィか」、その印象は、1965年にラワルピンディからギルギットへ飛ぶ途上で、はじめて見たヒマラヤの巨峰、私としてはナンガ・パルバットとおなじほど、強烈なものだった。この山で1951年に試みられたフランス隊（隊長：デュプラ）の、当時としてはヒマラヤではあまり例のない縦走計画とその悲劇的な結末についても、ラングユパンの「もしかある日」で知っていたし、私自身も1971年の東京大学隊でダウラギリ山群西部の双耳峰チューレン・ヒマールの縦走を試み、失敗していたから、ヒマラヤでの縦走登山には少なからず関心はあった。　→グラビア写真(3) - 400頁上

縦走計画始動
　だが、それから約1年半ネパールに滞在し、ロールワリンやクンブのシェルパの村で調査をしたり、その間、1973年秋のチョモランマ隊（第2次RCC）に参加したりしているうちに、ナンダ・デヴィのことはほとんど忘れかけていた。ところが帰国も間近くなった1974年のはじめ、カトマンズに現れた梶 正彦から「ナンダ・デヴィの登山許可がでそうです。一緒にやりませんか」と声を掛けられたのである。「縦走か。よし、やろうよ」、迷う間もなくそう返事をしていた。梶は先にJAC

Nanda Devi Main(L) & East(R) from BC(K.Kano)

学生部の隊でインドで登山をしたことがあり、その関係でIMFに人脈をもっていたのだが、登山許可の条件はJAC・IMFの合同隊を組織することで、時期はインド・フランス合同隊の登山の翌年、すなわち1976年だという。インド・フランス隊が縦走に成功したらどうなるか、そこが気がかりだったが、あまり考えてもしかたがない。

　私達の基本的な目的は、ピークからピークへの縦走であり、具体的な計画としては、従来の各隊と同様、リシ・ガンガを経て内院南面にBCを置き、東峰南稜からその頂上に東側第4キャンプ（以下、E4と略す）を出して、縦走隊はそこから主峰を目指す。主峰側は主峰南稜の標高7200mあたりに西側第4キャンプ（以下、W4と略す）を作って、主峰、東峰間のコルにサポートキャンプを設けるとともに、W4から主峰へ登り、縦走隊を収容する、というものである。計画の検討、隊や派遣組織の編成などは、1975年春までに、ほぼ終えていたが、同年7月、インド・フランス隊が両峰に登頂したものの縦走は失敗したとの知らせを受け、準備作業が一挙に加速した。

ニュー・デリーからラタへ
　8月には梶がニュー・デリーに飛び、IMFと打ち合わせを行って、隊の構成、日本側、インド側の役割分担などを決めてきた。年末には日本側の隊員14名が決定し、1976年2月には隊荷をボンベイ（現ムンバイ）に向け、送り出した。3月下旬には隊長である鹿野以下5名の先発隊がニュー・デリーに入って通関業務や7名のインド側隊員との打ち合わせを開始し、4月中旬には梶以下の本隊も合流して、日印双方が顔をそろえた。

　キャラバンの起点、ラタを出発したのは4月25日である。打ち合わせによれば、BCまでの輸送は基本的にインド側が責任を持ち、陸軍のヘリコプターによる内院への輸送も可能な範囲で行う、BC以上での登攀活動は日本側がリーダーシップをとる、ということになっている。だが、ヘリの輸送がいつまでにどれだけできるかは、必ずしもはっきりしなかったから、ポーターによるキャラバンで何をどれだけ運ぶか、その判断が難しい。とりあえず、ヘリが思うように飛べない場合も考慮し、リシ・ガンガのゴルジュ帯で使う予定のキャラバン用を含む登攀用具全部と、高所用の装備、食糧、燃料などの一部は、優先的にキャラバンで運ぶこととした。

困難な内院へのキャラバン

　ナンダ・デヴィ内院へのキャラバンの困難さといえば、まずリシのゴルジュが思い浮かぶが、実は最初の難関は、ラタから3日目に越えるダランシ・パス（標高4370m）からの行程である。もっとも季節が進み、雪が消えればどうということはないのだが、モンスーンとの関係でBCを5月半ばまでに建設しようとすれば、ここをまだ雪の残る時期に通過せざるをえない。隊員の誰かが「残雪期の滝谷みたいな」と形容した、固い残雪が覆う急なトラバースルートに3日かけてステップを刻み、合計650mの固定ロープを張って、なんとかポーターが通過できるようになった。キャラバン当初から標高4000m以上での重労働もきつ

Rishi Gorge right bank route, to Patalkang (K.Kano)

いが、前年の隊に参加し、ルートを熟知しているインド側隊員のプレムチャンドがいなければ、もっと時間がかかったかもしれない。4月30日、ダランシ・パスを越えたところで、はじめてナンダ・デヴィの、正三角形の端麗な姿を望見した。ここからカーテン・コルを経て標高差800mを、リシ・ガンガまで下る。

　5月3日、リシ・ガンガを左岸へわたり、ラマニでキャンプ。ここからの2行程がゴルジュの核心部で、4日、本隊は休養、インド陸軍のヘリコプターによる輸送の受け入れのため、先発隊を内院へ先行させるとともに、ゴルジュ左岸岩壁の高巻ルートの工作を開始した。5日、6日は、プレムチャンドの案内で、高見和成、長谷川良典、重広恒夫らがロープを固定しながら先行し、隊員、HAPが、ポーターの間に入って安全を確保しつつ、なんとか無事に突破して、内院の開けたU字谷に抜けた。このキャラバンで使用した固定ロー

プの総延長は約2000mに及んだが、これはほとんどヒマラヤの7000mクラスの山に登るときに用意する固定用ロープの総量に等しい。6日にはヘリの第1回の空輸もあり、BCへの輸送もどうやら峠を越えた、と思った。

ところが7日に季節外れの大量の降雪があり、またヘリの空輸が中断されるなどして、結局、BCに第一陣の隊員3名が入ったのは、5月12日となった。以後、ドルジェ・ラトゥー、小原 俊、伊丹紹泰、丸尾祐治、磯野剛太らに加え、医師の関 章司、マネージャーの梶までが、ダランシからリシのゴルジュを経てBCへのピストン輸送をする数十名のポーターを督励しながら、リシのゴルジュで奮闘することになる。なお、ヘリの空輸は5月11日に第2回が行われたのみで、隊荷の大部分は、ポーターによって運ばれた。

登攀活動は、まず東峰ルートで15日に開始した。BCからE1予定地のロングスタッフのコルまでは標高差およそ1000m、コル直下の氷壁は傾斜約60度で、高度順化がまだ出来ていない身には厳しいが、高見らは2日でルート工作を終え、17日には荷揚げを開始して、18日にE1を建設した。20日には東峰南稜の岩と氷雪のミックスした稜線上の標高6350m付近にE2予定地を見つけ、ルート工作も完了、21日からE2への荷揚げ開始、22日にE2建設、さらに25日には標高6950mのE3予定地までロープを固定し、29日E3建設と、快調にルートを延ばしていった。

主峰側の登攀活動

主峰側では加藤保男、寺本正史らが20日から登攀を開始し、まず主峰南稜を目指して、その東側のモレーンを詰め、22日に標高5700m地点にW1を建設、そこから南稜側面に取り付いて、25日、標高約6200m地点で南稜に出たところをW2予定地とした。28日にはW2を建設し、29日には標高約6600mのW3予定地までルートが延びた。こちらも、予想以上に順調といってよい。問題は荷揚げが追いつかないことで、それもBCに物資がなかなか到着しないのだから、いかんともしがたい。ラトゥーと伊丹が最後のポーターとともにBC入りしたのは、6月2日である。翌3日、東ルートではE4予定地である東峰頂上に高見、長谷川、高所ポーターのザンブーの3名が登頂、ルート工作も完了した。

この後、6日から天候が悪化し、上部ではしばらく停滞を強いられたが、不足気味の物資をやりくりしながらハードな行動を続けたメンバーには、

かっこうの休養期間となった。西側でも5日にW3を作った後、休養に入った。この間、両ルートのC2まででは、風雪をついて荷揚げが行なわれた。

　8日天候が回復し、上部での行動を再開、9日、東側ではプレムチャンド、重広、桐生恒治、高所ポーターのラトゥン・シンの4名が2回目の東峰への登頂をしたが、実質的にはこれはE4への荷揚げである。この日、西側では標高約7200mまでルート工作を行い、W4予定地を決めた。10日、東側では第1次縦走隊の高見と長谷川がE2へ入った。順調なら東峰頂上のE4から主峰に向けてスタートするのは13日となる。サポート隊はそれまでに、主峰、東峰を結ぶ吊り尾根上にサポートキャンプを作る必要がある。加藤、寺本、小林政志、ナワン・ピンジューの4名は、11日、各自30kgを超える荷を背負ってW4へ上がり、12日、主峰南面の雪のバンドをトラバースして吊り尾根を目指した。だが雪が深く不安定で予想以上に時間がかかり、この日は吊り尾根の手前でデポし、W4へ引き揚げた。帰着は午後7時過ぎとなった。同日、高見、長谷川は高所ポーターのダラムチャンド、ザンブーのサポートを受けて、東峰頂上のE4に入った。

　13日朝、標高6500mあたりまでは雲海に包まれていたが、それ以上の高度では快晴に明け、風も穏やかだった。高見、長谷川は午前5時10分、E4を出発、標高差300mほどの雪稜を雪庇に気をつけながら下降し、吊り尾根の水平部分に達する。ここまでは技術的な問題はほとんど無い。だがその先はナイフリッジとなり、雪も不安定で、ときに足元から小さな表層雪崩が出て、神経を使う。やがて尾根にところどころ岩が露出してきて、場所によってはかぶり気味のところもあり、いつの間にか時間が過ぎてゆく。天候もしだいに霧から雪に変わり、視界も悪くなったが、午後3時過ぎ、ようやく尾根の幅が広くなった部分に出たところで、サポート隊の姿が目に飛び込んできた。

　この日、サポート隊は前日の疲労から出発がやや遅れ、6時過ぎとなった。だが縦走隊が出発したからには、何がなんでも、吊り尾根に出て、サポートキャンプを作らなくてはならない。前日のトレースは夜の間の雪と風でほとんど埋まっていて、ラッセルに苦労したが、昨日の到達点から主峰側へ少し登って、急な雪壁に飛び込むようにして、吊り尾根へ降りた。時計を見ると14時半になっていて、思った以上に時間がたっているのにびっくりしたが、ともかく整地をはじめたとき、雪の中を縦走隊が近づいて来るのがぼんやり

見え、わけもわからず涙がこぼれた。この夜、テントの収容人数の関係で、加藤と寺本は風雪のなかをW4へ戻ったが、帰着は午後10時近くなった。

「縦走隊がきます」

14日は終日激しい風雪で、各キャンプは停滞、これで主峰側からの交差縦走を含む、第2次縦走の可能性は完全に無くなった。15日は快晴に明け、高見、長谷川は迷わず、主峰の頂上を目指した。小林、ピンジューは疲労が激しく、W4へ戻った。このとき、縦走隊の無線機の電池が切れていたため交信出来ず、W4の加藤と寺本は、しばらく状況を把握出来なかったが、E1の丸尾が頂上へ向かう2名を視認し、知らせて来たので、それを受けて午前9時半、頂上で合流すべく、W4をスタートした。

縦走隊はコルから三角形に見える岩壁の、向かって左手の稜線にルートを採り、不安定な雪と岩のミック

The South Ridge of Main Peak at 7000m (K.Kano)

スした尾根をひたすら登る。しばらくすると天候が悪化し、頂上から吹き下ろしてくる風雪に苦しめられた。ようやく傾斜が落ちて、頂上がまじかになったと感じたとき、ガスのなかに2名の人影が現れた。午後3時、幸運にもほとんど同時にサポート隊と頂上で合流したのだ。サポート隊は出発が遅れたので、しばらく登ったころから、視界が利かなくなった。だがE2にいるプレムチャンドが、無線でルートを説明してくれるのが頼もしい。彼は昨年主峰に登頂している経験がある。指示に従って黒っぽい岩のルンゼを登り、その出口から左手の雪の壁を登ると、そこが頂上だった。縦走隊を待つための場所を探そうとあたりを見回していると、高見と長谷川の姿が目に入った。「鹿野さん、聞こえますか。加藤です。今、頂上です。縦走隊が来ます」、そ

れからすぐ、4名がかわす悲鳴のような、だが喜びの声が無線機から流れてきた。すべてのキャンプで、歓声が上がった。ナンダの女神が、今、微笑んでいる。

ナンダ・デヴィ内院最奥の山へ（1975年）
～リシ・パハールなど3座の初登頂～

The first Ascent of the Three Peaks in Nanda Devi Mts.Rishi Pahar（6992m）, Saf Minal（6911m）and Bamuchu（6303m）

稲田定重（Sadashige INADA , HAJ）

はじめに

　当初、HAJではガルワール・ヒマラヤの未踏の最高峰であるハルディオル（7151m）を目標としていた。前年時点ではIMFの許可見通しは明るいものがあった。しかし、1974年8月末にIMFから「不許可」の通知が来た。急遽、第2目標を研究した。その結果、ナンダ・デヴィ北内院の最奥にある未踏の無名峰P.6992を探し出した。内院山群としては最も高い未踏峰であった。さらに、その東にピラミダルな白い高峰（P.7000と仮称した）があることに着目した。直ちに6992m峰の許可申請を行った。この許可も当初は明るい見通しだったが11月末になってまたもや不許可の報せが入った。不許可の理由は一切不明だった。このことが第3目標選定に大きなネックとなった。そこで、副隊長の稲田が12月から1月にかけてニュー・デリーに飛び、現地に滞在していた沖 允人の支援も得て渉外を行った。その結果、IMFの意向も勘案してドゥナギリ（7066m）とチャンガバン（6864m）の両峰を申請し、どちらが許可になっても実施という方向で準備を進めた。

　1975年3月になって両峰の許可が届き、隊は、チャンガバンを選択した。できるだけ当初の目標であったウッタル・リシに近いことが大きな理由だった。

ゴルジュを越えて

　1975年8月7日、稲田定重副隊長ら4名の先発隊がニュー・デリーに入り諸準備を行い、本隊（隊長：清水 登 他3名）の到着を待って8月18日にニュー・デリーを発った。登山基地のジョシマートからダウリ・ガンガに入り、リシ・ガンガ入り口の小学校を借りてキャラバン出発準備をし、92名のポーターを雇って8月22日にスタートした。4つのグループに分かれてのキャラバンであったが連日の雨にたたかれ、滑りやすい峡谷の道に悩まされた。漸く、リシ・ガンガのゴルジュの入り口のレニに達した。ところが、30名のポーターがこの先は恐ろしいルートだということで離脱して帰ってしまっ

Rishi Ganga Gorge (S.Inada)

た。致し方なく隊員も入ってのピストン輸送を繰り返す羽目になった。先発がロープを要所に張りながらの前進で、川底からいくつもの外傾したバンドを拾いながら岩壁帯を突破し、漸く内院ゲートのテルチャウナイに到達した。真正面に仰ぎ見るナンダ・デヴィ主峰に感慨無量であった。

　内院からの急流をチロリアン・ブリッジで隊荷・隊員を渡し、キャラバン10日目の9月1日に標高4500mの美しい氷河湖の畔にBCを設けた。氷河湖は、リエゾン・オフィサーが「HAJクンド＝HAJの湖」と名づけてくれた。チャンガバン氷河とウッタル・リシ氷河の間で、前面の氷河のサイドモレーンが長堤のように連なり、ナンダ・デヴィ北壁が眼前にあった。野性羊の群れが恐れ気もなくBCに近寄り、それを狙うユキヒョウがしょっちゅう姿を見せるという野生の別天地だった。40年ぶりの登山隊の入域だった。かつてのシプトン・ティルマン隊のキャンプ跡がそっくり残っており、英国のカンズメなどが遺されていた。

6992m峰への転進

　9月5日から登山活動を開始し、チャンガバン氷河の5180m地点にABCを設置した。ルートは、カランカ（6931m）の南西フェースを登り、中段からトラバースしてコルに到達し、北東稜に取り付こうというものだった。ハンギング・アイスフォールが懸り、慎重なルート工作が必要だった。ところがABC設置直後から6日間、連日の雨と雪に閉じ込められることになった。連日、連夜の雪崩の咆哮がABCを揺さぶった。ルートの危険性は極度に増していった。全員での検討の末にチャンガバンは放棄し、ウッタル・リシ最奥部への転進ということになった。LOにこの変更許可を求めたところ彼は状況を好意的に理解し、IMFへの願書を作成するとともに転進行動を承諾してくれた。かくて、ABCを撤収し、6992m峰への転進を開始した。

リシ・パハール初登頂

　ウッタル・リシ氷河末端部を横断して右岸のモレーンの丘の5200m地点にABCを設置した。輸送ルート途中の岩窟にユキヒョウの棲みかがあって時々唸りながら歩く姿があった。マングラオン（6568m）直下付近からの高差650mほどの崩れやすいアイスフォール帯の突破がカギ

Rishi Phar (6992m) (R) (S.Inada)

だった。当初の中央突破ルートから左岸寄りに変更した。下部セラック帯と上部セラック帯に分かれていた。荷揚げの帰りに、朝に通過したばかりの巨大なセラックが崩壊していて肝を冷やしたりした。

　中央支稜寄りにルートを取り、100mほどの雪壁にフィックスして上がったところにC2を設けた。上部遥かに障壁のコルが望まれ、プラトーは西の6547m峰まで続き、その上にC.7000m峰が屹立していた。両峰のアタック・キャンプとなるC3を6230mのコルに設置した。コルからは、ハルディオル、ティルスリ、カメット、ガンゴトリ山群までが見事に望まれた。

　6992m峰は、主稜を忠実に辿る計画でいたが、稜線は長く、雪庇が大きく

張り出していて危険なのでショルダー・ピークまで雪壁を直登し、トラバースして頂上直下のコルに出ることにした。600mのロープをフィックスした。

9月27日、第一次隊の今井二郎と萩原明郎が午前3時に出発、強風に悩みながらも11時30分に初登頂した。頂上付近は細い雪稜となり、ミラム氷河源頭に3000mもあろうかと思われる壁をおとしていた。帰路は、濃いガスに巻かれたがフィックスに助けられた。翌28日に第2次として清水 澄、稲田定重、能勢眞人、館野秀夫が登頂した。

サーフ・ミナール初登頂

隊員は、いったんC2およびABCに下りて休養を計った。

10月9日、今井、萩原はC2を午前3時に出発、能勢、館野両隊員のサポートを受けて東南稜に挑んだ。変化の多い雪と氷の稜に悩まされながらも12時50分に頂上に立った。

Saf Minar（6911m）（S.Inada）

P.6547の登頂を目指した館野、能勢は時間切れで断念した。

バムチュー初登頂

休暇の関係で一足先に帰国せねばならない今野一也隊員に関しては、前記2つの登頂に参加することは不可能だった。それでLOと協議してミラム氷河との分水界に聳える美しい未踏峰であるバムチュー（Bamuchu, 6303m）の登山許可を特別に配慮してもらい「バムチュー支隊」という位置づけで行動を起こすことにした。LOのB.P.S.フンダル中尉も大乗り気で自分も隊員になるということになった。

2名は、9月16日からバムチューへの行動を開始し、ウッタル・ナンダ・デヴィ氷河を横断してバムチュー南西稜の基部の5050m付近にABCを設置した。ルートは、南西稜を忠実につめるもので、500mに及ぶナイフエッジや稜上のクレバスを突破して9月19日に2名での初登頂を成し遂げた。今野

隊員は20日にBCに戻り、翌日に1名でリシ・ガンガを下って行った。

かくして、紆余曲折を経た遠征であったが結果として望外の成果を得ることができた。

10月18日にニュー・デリーに帰着し、直ちにIMFに参上して経過を述べるとともに、無名峰2座に初登頂隊として命名をさせていただきたい旨をお願いし、山名を申請した。申請は、インド政府関係部局でも承認され、インド政府の公式地図上にも明記されている。

[文献] (1) ヒマラヤ、52号、HAJ、pp.12-24　(2) HJ, Vol.34, 1976

トリスル登頂28日間（1978年）
Ⅰ峰・Ⅱ峰の新ルートによる登頂と P.6100 登頂
Trisul（7120m）Ascent in 28 days
稲田定重（Sadashige INADA, HAJ）

はじめに

　全国から募ったHAJのメンバーで登山隊を構成し、日本から日本まで28日間でヒマラヤ7000m峰に登頂するというのが1978年のトリスル（7120m）遠征の課題であった。結果として、トリスルⅠ峰（7120m）へ新ルートから6名、トリスルⅡ峰（6690m）へも新ルートから7名、6100mの無名峰に2名と計15名のサミッターを出し、全員揃って帰国することができ、当時の常識を覆した短期間で7000m峰登頂という課題を見事クリヤーした。トリスルは、T.G.ロングスタッフによって人類最初に登頂された7000m峰であるが全隊員（19名）にとっても最初の7000m峰であった。

　当初の目標は、カシミール・ヒマラヤのヌン（7135m）であったがIMFから1977年に突然の許可取り消しが届いた。検討の末にトリスルへの転進を図るべく現地デリーでの渉外を行ったが他隊との競合を理由に許可はトリスルⅡ峰に出された。幾人かのメンバーは7000m峰でないことをもって隊を離れた。また、出発間際になってナンダ・デヴィ内院に軍事施設が設置されたという報道があって許可取り消しの動きもあったが何とか乗り越えられた。1978年8月20日、漸く先発隊員を出発させることができた。

Trisul-I (7120m), South Ridge (S.Inada)

大洪水をこえて

　先発隊の角田不二、野中和雄の両隊員は、準備と併せて何とかⅠ峰の登山

許可を取得すべく渉外を行ったが解決に至らないままにニュー・デリーを出た。ところが登山基地ジョシマートまでの交通は、近来にない豪雨で寸断され、苦労の末に6日間も要して漸く隊荷とともにジョシマートに入ることができた。ジョシマート軍管区でⅠ峰への許可変更を再度申請した結果、嬉しいことに正式許可を手にすることができた。

先発隊は、キャラバン出発点であるジョシマートの1日行程先のラタから40頭の羊と42名のポーターを雇用し、9月11日にスタートした。隊荷は1.6トンであった。リシ・ガンガルートを辿り、4日目にトリスル谷に入り、ベタルトリ氷河を横断し、9月14日にトリスル氷河のサイドモレーンの4750m地点にBCを設置した。偵察行動をしつつ本隊を待った。

落石・体調不良・アクシデント

本隊メンバーの稲田定重隊長ら16名は、9月10日に成田を出てニュー・デリーに入った。大洪水は依然として続いており、特にアラクナンダ川沿いの道路の損傷はひどいものであった。落石のために全員がパスポートのみを持ってバスから避難することなどもあったが、漸くにして9月15日にラタからキャラバンをスタートさせた。途中、隊員1名の急病などあったが何とか解決し、17日にBCに到着した。19日から登山行動に入り、20日にC1をⅠ峰の東稜取り付きの5150mに設置し、翌日、Ⅱ峰氷河の5950mにC2を設けた。ところが隊員2名の体調が悪化し、その一人桑原隊員は過換気症候群となり、ポーターを1名飛ばしてジョシマート軍管区にヘリコプター派遣を要請した。ヘリは24日に飛来し、稲田が同乗して基地に下ろし、同日再びヘリでBCに戻ることができた。その後、桑原の容態は回復し、デリーで待っていてくれた。この間、Ⅰ・Ⅱ峰間のコル6400mにC3を設置するまでにこぎつけた。

Ⅰ・Ⅱ峰に登頂

24日、25日は全隊員がBCに集結し、休養とアタック体制の編成を行った。Ⅰ峰隊は、角田不二をリーダーに6名、Ⅱ峰隊は、野中和雄をリーダーに7名、6100m無名峰隊は、畠山秀男ら2名とした。

9月26日、各隊とも午前6時30分に出発し、Ⅰ・Ⅱ峰隊は、C2泊まりとする。28日、Ⅰ・Ⅱ峰隊は午前2時にC2を出発した。暗闇と悪天候の中でコル直下のクレバス帯、及びその上部の雪稜のラッセルに苦労した。Ⅰ峰隊は、ト

リスル南稜をルートとするが悪天は止まず難行した。しかし、幸運なことに6900m付近からの急峻な雪壁を登攀しているときに天候は回復し、頂上も視認可能となり、10時ジャストに角田不二リーダーと、八嶋 寛、飛田和夫、中岡 久、高原 修、西田茂夫の隊員6名全員が頂上を踏むことができた。Ⅱ峰隊は、コルから北稜を辿った。深いラッセルに苦闘させられながらも午前6時に野中和雄リーダーと、飯島孝夫、安中秀子、北川勇人、釣部恵子、今井清和、真島博志の7名全員が登頂に成功した。

　無名峰6100mに挑んだ畠山秀男と鈴木節男は、9月26日にトリスル北稜から延びる支稜の5495mにACを設けてBCに帰り、翌27日にAC経由で6468m峰を目指したがP6100mで断念した。

　29日、全隊員がBC集結を完了した。夜は、近くにいたポーランド隊、イタリア隊も加わって楽しいサクセス・パーティとなった。

　30日、BCを撤収し、10月4日にニュー・デリーに戻り、10月7日に成田に着いた。慌ただしくも実りの多い28日間であった。

　なお、「ヒマラヤ7000m峰短期間登頂」の試みは、トリスルに続いてカシミールのヌン（7135m）でも実施され、成功した。→『日本人のヌン、クン山群登山』－169頁

[文献]
(1)稲田定重（編）『トリスル28日間』HAJ、1979年　(2)HJ, Vol.36, 1980, p.112

聖なる谷へ

メルー南峰（主峰）全員初登頂（1980年）
The First Ascent of Meru South（6660m）
大滝憲司郎（Kenshiro OTAKI, 東洋大学山岳部）

概要

大滝憲司郎隊長と6名の隊員：三輪公正、高橋和也、大湊睦夫、斉藤文秀、太田芳春、遠藤純一の東洋大学山岳部隊は、キルティ・バマック（Kirti Bamak）の谷に入り、氷河をつめてメルー南峰（主峰）（Meru South（Main），6660m）の南東稜支稜上にルートを延ばし、1980年10月10日から12日に、全員がC3（6200m）から初登頂した。

タポバンのBCへ

1980年8月17日、バスでニュー・デリーを出発し、リシケシ（Rishikesh）、ダブラニ（Dabrani）を経由し、ガンゴトリ（Gangotri）に到着した。そこからキャラバンが始まる。ポーター57名を雇用し、コック、キッチンボーイ各1名、案内人2名、それに、隊員とLOの8名、総勢69名はガンゴトリ氷河の末端を横断し、一気に500m近く高度を稼ぎ、タポバン（Tapoban, 4300m）のBC予定地に8月23日に到着した。シブリン（Shivling, 6543m）の峻峰も望見でき、ヒマラヤに来た実感が湧く。

C2建設

8月24日、今回の登山の第1目標であるメルー・サウスに向かって、小雨の中、偵察を開始した。三輪、太田の2名は、シブリンの東側キルティ・バマックを1時間程登った4700m地点のモレーン台地にABC候補地を発見し、25日、ABC建設を行なう。BCよりABC間はシブ

Meru South(6660m) from Kirti Bamak (K.Otaki)

リンの東側を巻く。ガンゴトリ氷河に一旦下ったシブリンのガネッシュ稜末端個所は、今にも崩れ落ちそうな落石の巣、雨天、荒天時は通行を見あわせることにした。

26日、ABCを出た三輪、大湊、太田の3名は、キルティ・バマックのモレーン地帯を5000mまで登り、源頭を望見できる所まで達した。

31日、C1（4900m）建設。高橋、大湊の2名でC1に入った。9月1日、C1よりの2名は、キルティ・バマック左岸の弱点を偵察し、右上するルンゼに取り付く。落石と懸垂氷河の崩壊に注意しながら5570m地点までルートを延ばした。

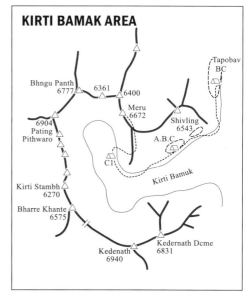

9月5日、東京大学隊がシプリン登頂に成功したニュースが入る。私たちはC1から、ほぼ標高差500m真上に見えるバルコニーにC2（5400m）を建設し、三輪、斉藤の2名がC2に入った。

昨日の積雪で、四方八方から雪崩が発生している。午前中、天候が芳しくなかったせいもあり、また、ルンゼ内が危険と思われるので、出発が午後になる。14時過ぎまでルンゼの様子を見るが、時折上部の懸垂氷河が崩れたり、新雪雪崩があったり、また、落石の危険もあるため取り付き付近に荷物をデポし、そこのクレバスにザイルをフィックスしただけでC1へ帰った。

頂上岩峰

トランシーバーが入山途中の村で盗難にあって無くなっていたので、下山する東京大学隊より2台を借用した。このところ、天候は朝の内晴れ、午後は上部で雪、BCでは雨の日が続いた。9月12日、約6000m地点の雪稜の、ちょっとした台地にC3を設けた。この地点より眺めるメルー・サウスの岩峰は、まだまだ遠い。ルートは、C3よりさらに上部迄、クラストした雪壁状の傾

斜のある雪稜を辿り、漸く、頂上稜線とジョイントする。ここより西方に延びた、雪庇の張り出したナイフリッジ状の雪稜を辿ると、鎌のように先端をとがらせた大きな岩峰が、紺碧の空に突き出ていた。頂上岩峰と稜線には、大きなギャップがあり、岩峰基部の状態も雪稜の陰にかくれて見えない。最後まで、可能性のわからない山だ。

9月13日、C3より三輪、大湊の2名は、6230mの頂上へ続く雪稜まで達した。岩峰の取り付きまでは、雪庇の張り出したナイフリッジが続いている。C3建設後、午後には必ず降雪を見た。また、ルート工作も、ラッセルとナイフリッジの通過で、僅かづつしか進まない。

19日、飛騨山岳会のメルー北峰隊がゴームクまで到着した。翌20日、昨夜来から雪が降り続く中、三輪、斉藤、太田の3名は、C3入り、21日の朝も降雪で明けた。夜半、各キャンプとも雪崩の音でまんじりともしない夜を過した。

9月22日、漸く天候が回復したので、雪ですっかり埋められたフィックス・ロープを堀り起こして補給活動を開始した。C3からのルート工作は、一向に進まないため、さらにキャンプを出すことを決定した。

9月24日、C4を6200mのジャンクション・ピークに移動した。これによって、C3は、ただの中継地点になったため、C4をC3と呼称し、旧C3を撤収することにした。

頂上岩壁登攀隊出発

9月25日、天候も比較的安定してきた中、頂上岩壁手前の鞍部まで、三輪、斉藤、太田の3名は達し、C3よりの雪庇状のナイフリッジをドラゴンリッジと名付けた。不安定な雪稜を下降して、上部岩壁を見上げた。上部岩壁は、最初に雪壁に覆わ

Meru South (6660m) from Kirti Bamak (K.Otaki)

れたピナクル、次に、オーバーハングを含むさらに大きな岩峰、そして最後に頂上へ続くスラブ状の主稜壁となっていた。そこで、それぞれを第1岩峰、第2岩峰、頂上岩壁と名づけた。下から見ると、3つのピークに分かれてい

る様に見えたが登ってみると、3段状の岩稜であった。

　9月28日、6400m地点、昨日よりルートを10m延ばした。雪の状態が、不安定で危険という報告。翌29日、大湊、遠藤パーティーが、さらに15m程ルートを伸ばす。

　10月1日、本日初めて頂上岩壁にハーケンを打ちこんだ高橋より「頂上は、時間の問題です。

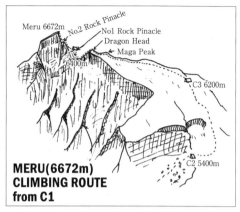

東洋大学山岳部の魂を見せましょう」と言ってきた。岩壁部を、フリーを混じえて15m程ザイルを延ばした。上部岩壁は、少しでも天気が崩れると、恐ろしい程の強風と寒気で、ルート工作が不可能となる。翌2日は、上部の天候が悪く、昨日の最高到達地点までで、進展なし。

　10月3日、大湊、太田のパーティーは、この日、頂上岩壁に、人工登攀で1ピッチ、ルートを延ばした。10月6日、三輪、太田パーティーは、頂上岩壁の残り約40m位まで迫った。C3から見ていると、手に汗を握る光景である。ここまでくると、後は、天候と無事故を祈るのみだ。まさしく、頂上は時間の問題と思われた。翌7日、高橋、斉藤のパーティは、昨日の最終地点までユマールで達した。しかし、斜上のクラックに沿って、人工登攀で10m程登ったに止まった。また、C3から岩壁までの時間を短縮するために、第1岩峰の頭に、アタック・キャンプ（AC）を設けた。ACには、三輪、太田が入った。

　10月8日、午後4時、三輪はとうとう頂上岩壁を突破して、頂上へ続く雪稜に立った。しかし、この頃より降雪と風が激しく、前進か、後退か判断に迷った。彼は、ACに次のパーティーが待機していることも考え、無理しないで退却することにした。雪は激しく舞い、ヘッドランプの明かりの中、懸垂を開始した。

山頂で校歌斉唱

　10月10日、高橋、大湊の2名は、ACを出発、通い慣れた岩壁を登攀する。

また、C3には、三輪、斉藤が待機し、C3から太田が荷上げのサポートに下った。高橋からは、周りに高いピークは無く、主峰と思われていた北西のピークは、600m近く、低く見えるという報告がはいった。ついに、私達は、メルーの天に貫く、一番高い所に立った。隊長よりの発案で、C3の斉藤は、裸足でテントの外に出て、校歌斉唱の音頭をとった。全員が思いっきり声を出した。

　翌11日、三輪、斉藤のパーティーはC3を出発、午後2時55分、頂上に立った。続いて、10月12日、大滝、太田、遠藤の3名は、素晴らしいスピードで、頂上に達し、ここで、登攀開始してから50日目で全員登頂を果たした。

　BCに集結したのは、10月16日であった。BCの周囲は、スッカリ様相が変わっていて、日に日に、氷が厚くなっているということだった。

[文献]
(1)『メルー主峰（6672m）・チャトランギⅠ峰（6407m）全員登頂の記録』東洋大学ヒマラヤ登山隊1980年報告書、1980年

チャトランギⅠ峰初登頂（1980年）

The First Ascent Chaturangi-1 （6407m）

大滝憲司郎（Kenshiro OTAKI, 東洋大学）

概要

　大滝憲司郎隊長と6名の隊員、三輪公正、高橋和也、大湊睦夫、斉藤文秀、太田芳春、遠藤純一は、メルー主峰の初登頂に続き、チャトランギ・バマック（Chaturangi Bamak）谷の源頭に聳えるチャトランギⅠ峰（ChaturangiⅠ, 6407m）に向かい、1980年10月27日と28日に南西稜から全員が初登頂した。

チャトランギ・バマックへ

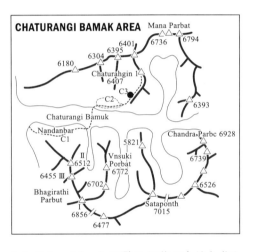

　初冬の気配が色濃く、降った雪も、溶けにくくなり、低気圧の東進も回数が増え、日照時間の短縮と併せて、気温の低下も著しくなった10月18日、三輪、斉藤、太田の3名は、メルー主峰初登頂に続いて、チャトランギに登るために、2名のサポートを受けて、ガンゴトリ氷河を横断し、チャトランギ・バマックのナンダンバン（Nandanvan）に達した。あれ程賑わっていたナンダンバンは、人影もなく、マウンテン・ゴートの群れが遊ぶ台地と化していた。そして、ガンゴトリ氷河から吹き上がってくる風が吹き抜けていた。

　10月19日、チャトランギ・バマックの左岸、バギラティⅡ峰（Bhagirathi-Ⅱ, 6512m）の北側のモレーン上に、C1（4900m）を建設、三輪、太田、斉藤の3名がC1に入った。20日、C1より出た三輪パーティーは、右岸のマナパルバットと、左岸のサトパント（Satopanth, 7015m）の両方から押し出されている氷河が、チャトランギ・バマックと、十文字に合流している地点に達した。21日、C2建設隊は、C1から続くモレーン上を進み、バスキ・パルバッ

ト（Vasuki Parbat, 6792m）から落ちている谷を、一旦下って硫黄の臭いのするチャトランギ氷河に降りた。そこから、大きなモレーンの間を抜って、右岸台地に達した。さらに登って、水場を発見してC2を設けた。三輪、斉藤の2名がC2入りした。

Chatrangi-I (6407m)　(K.Otaki)

10月22日、C2より出た、三輪、斉藤は、チャトランギ南西稜に取りつき、5950m地点まで到達した。途中、ガラガラの岩場が続いたが、技術的に難しい箇所はなかった。

10月23日、5700m地点の台地に、石を敷いて平にし、C3(5700m)を建設した。南斜面ということもあって、6000m近くまで、たいした雪もないガラ場の登りである。

チャトランギ初登頂

10月24日、一気にC3より頂上アタックを試み、チャトランギ・チョタピーク6100m地点まで達したが、その先は、頂上まで続く雪稜に阻まれて届かなかった。26日、C3より、三輪、大湊、太田の3名は再度頂上アタックに出発、降雪とラッセルの中、フィックス工作をしながら、6250m地点に達した。ビバークして、続行することも考慮したが、ここは無理せず、午後4時に退却することにした。寒気は、益々きびしくなった。

10月27日、午前6時30分、三輪パーティーはC3を出発、チョタ・ピークを越え、懸垂下降をして、最低鞍部に降りた。ここからは、不安定な雪稜になっている、いくつかのギャップを越えた。午後3時、チョッとした岩場を越え、三角錐状の頂に太田が立った。頂上はやっと2名が立てる程の広さであった。

10月28日、大滝、斉藤、遠藤の3名がC3入る。翌日、午前6時15分、薄暗い中、3名は出発。標高差800mを一気に登り、午後1時40分、頂上に達した。ここに、チャトランギI峰の全員登頂が成った。鋭い寒気の中を慎重に下った。

10月31日、下山を開始、メルー登山に入山して以来69日目になっていた。

[文献] メルー南峰初登頂の文献 →525頁

手強いガンゴトリ山群の秀峰
メルー北峰初登頂（1980年）
The First Ascent of Meru North（6450m）
石原俊洋（Toshihiro ISHIHARA, 岐阜県・飛騨山岳会OB）

概要

1980年飛騨山岳会インドガンゴトリ登山隊（隊長:島田 靖、隊員：6名、LO1名）は、同山岳会創立70周年記念の海外遠征として当時未踏峰であったメルー（Meru, 主峰6660m）に挑戦、メルー北峰（Meru North Peak, 6450m）に1980年10月7日、メルー氷河から北面の岩壁ルートで2名が初登頂した。

はじめに

中国国境に近いガンゴトリ山群は、中印両国の緊張緩和に伴い1979年、外国人向けに入山解禁の措置が取られた。直ちに、外国人登山者の人気を博して入山ラッシュとなるなか、明治43年（1910）8月結成の飛騨山岳会（事務局・岐阜県高山市）は創立70周年記念事業としてIMFに「未踏峰への挑戦を」と申請。ガンジス川源流部に位置するメルーへの入山許可を得た。ヒンドゥー教徒の巡礼地も多い地域だ。

この山群は、ニュー・デリーの北約400km先に、登山基地の町ウッタルカシ（Uttarkashi）があり、車で無理をすれば1日で着けるほどで、上記のように多数の巡礼者の便を図るため道路事情も良い。よって入山日数も短くてすみ、40日間で1つの山を攻めることができると知った。すべて社

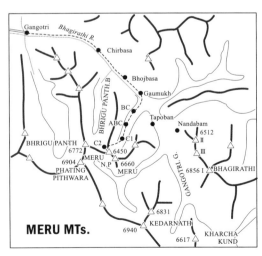

会人だったメンバーも、職場を辞めずに遠征できた。

山名について

古代インドの世界観の中で「世界の中心にそびえる山」との意味のようで、ヒンドゥー教神話に登場するという。

インド・アーリア語の接頭語（su）を付けると、サンスクリット語「Sumeru」になり仏教に出てくる須弥山（しゅみせん）に通じる。日本の寺院で、本尊を安置する須弥壇（しゅみだん）の由来になる言葉だ。

3つの氷河ルートで登頂を検討

1980年9月11日に出発。隊長：島田 靖、副隊長：石原俊洋、隊員：瀬木紀彦（先発手続きのみで参加）、岡田善夫、岩島（現姓・谷下）保、国田義則、山本 元（医師）、LO:シヴァシャンカール（H.M.Shivashankar, インド南部カルナータカ州都・バンガロール市の銀行員）のメンバーで、13日にニュー・デリーから現地旅行社の手配による貸し切りバスで現地へ向かった。

ガンジス川は、奥地にあるバギラティ峰（Bhagirathi, 6856m）にちなんでバギラティ川と名を変えて沿道の谷を深く切れ込む。いよいよ山間部へ。15日、ルート上では医師がいる最後の集落バトワリ（Bhatwari）を通過、野営場のようなランカ（Lanka, 2789m）で宿泊し、今後、行動を共にするネパール人ポーターたちと合流した。ここから16日にキャラバンの開始で、ヒマラヤのピークを望むヒンドゥー教寺院のある聖地ガンゴトリ（Gangotri, 3057m）へ至り、17日にガンゴトリ氷河の舌端、ゴームク（Gaumuk, c.3890m）に着く。「牛の口」との意の地名で、まさしく部厚い氷塊の下にぽっかり空いたトンネルから、白濁したガンジス川の源流がゴーゴーと噴き出している。

高山病症状が、各隊員

Meru North (6450m) (Right backside) (T.Ishihara)

に重軽症の差こそあれ現れて、このゴームク付近の幕営で19日昼まで停滞。行動できるメンバーはBC候補地探しやルート偵察を行った。

　この偵察で、メルーを取り囲む3つの氷河から山頂を目指すルートを勘案。真っ先に、ガンジス川の源流域からすぐのブリグパント氷河（Bhrigupanth Bamak　現地では氷河をBamakと表記）を検討したが、落石と雪崩の危険性が高いうえ、メルーへのアプローチに時間がかかることも判明。一方、山群の奥深くまで延びるガンゴトリ氷河の支流で、メルーの東

Meru Main from Meru North（O.Shimada）

側から回り込むようにして峰に近づくキルティ氷河（Kirti Bamak）を有望視したが、東洋大学隊（→メルー南峰全員初登頂 521頁）が既にこのルートからメルー南峰（6660m）に向かっていることが分かった。このため、ゴームクから南に延びるメルー氷河からのアタックを決めた。そして19日午後のうちに、メルーの北面を見渡せる氷河の西側（氷河左岸）、標高4300mの雪解け水も豊富な地にBCを設営した。

初登頂

　ニュー・デリーで2009年に発行された、「Handbook of Climbs in the Himalaya and Eastern Karakoram」(1)によれば、メルーは複数のピークをもち、もっとも顕著なのは北峰と南峰だとする。稜線からは標高差800〜1200mも切れ落ちた岩壁とも紹介し、こうしたピークのうちでも飛騨山岳会の「島田と岩島の2名が1980年10月4日、北峰に初登頂した」と記録。名誉な記述だが、この日付けは間違いで、登頂日は10月7日だ。

　BC建設後、暫くは毎日30cmほどの降雪が続き、4600mのABC、氷河の中に設けた4850mのC1を軸に荷揚げ。立ちはだかる大岩壁は、風化の進んだ

花崗岩と赤っぽい変成岩が主で、雪も付かない垂直の壁に直上登攀の可能性を見い出せない。いよいよ10月3日、ルートを西側にとり、第1、第2と名付けた雪田を越えて岩壁帯を抜け、5850mのノースコルに4名でC2を設けるはずだった。この岩壁帯は危険なルンゼなどが続き、今回のルート上の核心部だ。あと50mという所で夕暮れとなり、4名は岩塔に体を固定、ツェルトをかぶって夜を過ごした。氷点下20度前後に気温は下がり、空腹のため手にコンロをもってラーメンを作った。

4日、振り子トラバースなどを駆使して岩壁帯を突破、コルに達し、ついにC2設営。少し動くだけで息切れが激しく、行動は半日が限界だ。5〜6日、C2で2名が高山病を再発。1名は重症で、ドクターが待機するC1へ下りる。

7日、島田、岩島がC2を午前5時30分に出発。大きなビルほどの懸垂氷河が前を阻み、底知れぬクレバスも次ぎ次ぎに現れる。急な雪壁を乗り越え、ザイルを延ばして進むと両側が鋭く切れ落ちる雪稜に出た。快晴のなか、さらにあえいで登ると、もうこれ以上の高みがない場所に出た。午後1時20分、北峰の初登頂となった。

BC撤収は10月11日で、ニュー・デリーへ。19日に日本へ帰国した。

[引用] Handbook of Climbs in the Himalaya and Eastern Karakoram : Kankan Kumar Ray, 2009, pp.134-135
[文献]（1）石原俊洋「飛騨山岳会・メルー北峰の登頂」岳人、1981年1月号、巻頭カラーグラビア（pp.19-21）と pp.138-141
（2）山岳年鑑、81、p.72
（3）AAJ, 1982, pp.252-255
（4）飛騨山岳会会報「山刀」22号：1985年、pp.33-103

サラスワティ初登頂（1992年）

The First Ascent of Saraswati（6940m）
寺沢玲子（Reiko TERASAWA, 日印合同女性隊）

バドリナートへ

　当初の許可取得峰はHP州の未踏峰ギャ（Gya, 6794m）であったが、諸々の事情から歴史的なマナ峠（Mana）に隣接する中印国境上に位置する未踏のP6940に変更となった。しかし、許可が降りたのは出発1カ月前、ビザに至っては出発3日前にようやく交付されるという「胃の痛い」スタートとなった。

　1992年7月13日に隊長の寺沢玲子と楠田愛里が先発、諸準備を行い、19日に加藤孝子、白沢真弓、亀田佳恵、山口恵美子が到着。インド側隊長:Santosh Yadav、隊員:Jyotika Negi、Bhanita Timungpi、Mamta Thakurと合流する。

　数々のセレモニーを消化して23日夕方、ようやくニュー・デリーを後にする。巡礼シーズンのまっただ中、主要道路は徒歩の巡礼者優先のため、いたるところで閉鎖、迂回路ばかり通り、リシケシ（Rishkesh）に到着したのは午前1時過ぎ。予約していた宿には入れず、ITBPキャンプで軽い休息を取る。24日、ジョシマート（Joshimath）着。26日、雨の中、四大ヒンドゥー教聖地の一つ、バドリナート（Badrinath）へ移動。車道が細いため、通過できるのは、登りは午前、下りは午後と決められている。既に3000mを超えているので、27日は順応のため午前は沐浴後、寺院で特別の安全祈願、午後はニルカンタ（Nilkanth, 6596m）東面のリシ・ガンガ（Rishi Ganga）沿いに約3500mまで往復する。谷の両側にはジャコウ鹿の群がいた。

インナーラインを越える

　7月28日、マナのチェックポストでインナーライン入域許可（ILP）を受け、ITBPキャンプへ挨拶。収穫時期のためポーターが集められず、持てるだけの荷を運びながらガストーリ（Ghastori）へ。かつてチベットとの交易路でもあり、巡礼路でもあったこの道は1962年の中印紛争勃発後は軍と放牧の民しか通ることがない。荷物がこないこと、高度障害が出てきた隊員もいること、ITBP要人が激励のため飛来するとのことで、結局、ガストーリに5泊した。これが功を奏して全員が完璧に順応できた。

登山活動

8月2日、悪天周期に入り、小雨の中ガストーリを出発、6日にようやくBC（5160m）を設営するもモレーン帯の中、濃い霧や雨のため上部偵察に出られず、2日間無為に過ごす。日程がドンドン少なくなるがどうしようもない。9日、雪のちらつく中、C1予定地を決めるため出発。バルバラ氷河（Balbala）左岸沿いに

Saraswati (6940m) (R) and Balbala-E (6416m) (R.Terasawa)

進むが、側壁からの落石が多く気が疲れる。霧が濃く、上部の様子もわからない上、位置もはっきりしないのでBCに戻る。

翌日、C1（5420m）を設営するが、インド側は打ち合わせを無視して高所ポーターに上部ルート工作を命じたようだが、何と谷を一本間違えていたようで、全て回収させる。快晴となった11日にはC2（5730m）を設営、振り返ればガンゴトリ方面のパノラマが素晴らしい。普段、高地勤務しているインド側隊長はここから無名峰（6940m）の頂上アタックを推すが、私たちはやんわりと、しかし断固として拒否。インド側隊員たちは今回の登山が翌年のエベレスト登山隊員選考にもなっているため必死である。彼女たちのペースに巻き込まれてはたまったものではないので、インド側は一次隊、日本側は二次隊を提案、何とか一旦、全員がBCに戻ることを了承してもらい、13日にBCに下降。

チベット側の氷河が見える

8月15日のインド独立記念日を祝い、軍人の彼女たちは敬礼しながら国歌を、私たちは終戦記念日に思いを馳せ「故郷」を合唱した後、C1に向かう。インド側は午後、C2入り。翌16日は濃霧と雨のため停滞、17日も小雨と時々霧が流れるが、インド側はアイスフォールを超えC3（6450m）へ、私たちはC2へ。18日、霧が沸いたり晴れたりの中、インド側は頂上へ。私たちはC3へ。アイスフォールは取りつきのクレバス帯が少々やっかいだが見た目ほど悪くはなく、皆すんなり登攀する。そこからのスノープラトーが意外と長く、1

ピッチ半の急登を登りきるとC3であった。午後4時過ぎ、吹雪の中、インド側隊員が帰幕、お茶で初登頂の祝杯を挙げる。
　19日、午前6時5分、頂上へ向けて出発、一定した傾斜のきつい雪面を登ると細長い平坦な頂稜の最高点に前日インド隊が供えた香の束があった。午前11時7分、私たちも登頂。霧のため頂上からの眺めはないが、時々チベット側の氷河が見える。午前11時35分、下降開始、C3には12時55分着。傾斜がきついと下りは早い。
　翌20日、午前8時30分C3を出発、各キャンプの装備を回収しながら皆「担ぎ屋のオバサン」のように入りきらない荷をくくりつけたり、ぶらさげたりして午後7時15分、BC着。長い道のりであった。
　8月21日、下山開始、道中各ITBPキャンプで祝の食事をふるまわれ、24日バドリナート着、28日デリーに着き、ようやくお湯のシャワーにありつけた。初登頂した無名峰（6940m）には相談の上、芸術、学問などの知を司るヒンドゥー教の女神、サラスワティ（Saraswati）と命名した。

[文献]
(1) 寺沢玲子「ヒマラヤ」No.253、1992年12月号、HAJ
(2) 寺沢玲子（編）『ナマステ！サラスワティ－サラスワティ峰　初登頂の記録』HAJ、1993年

サトパント北稜（1995年）

Satopanth（7075m）Ascent via North Ridge
岩崎 洋（Hiroshi IWAZAKI, 雪と岩の会）

ウッタルカシへ

　さあ次はガルワールだ、1995年初夏のティリッチ・ミールを終えて暫し休養の後、仲間たちは帰国の途に就いた。私は一人パキスタンに残り、公共の乗り物を乗り継いで灼熱の大地へと下ってゆく。この年は前年の1994年に知り合った野沢井と初めての遠征を計画していたのだが、計画進行中のある日、HAJで世話になっている尾形さんと宴席でインドの話になり、3度目のインドの山に同行させてもらうことになった。

　8月17日、日本からの先発隊員安藤とニュー・デリーで合流、翌18日から先発業務を始めて、3日間で終了、「雪と岩の会サトパント登山隊」の本隊を迎えることができ、隊長：尾形好雄（47）、隊員：宮崎久夫（45）、安藤義則（30）、岩崎 洋（35）の全員がそろった。8月21日、本隊は暑いニュー・デリーで体調を崩さないうちに山に入った方が良いという判断から、翌日、隊長が素早く事務手続きを済ませ、午後にはニュー・デリーを後にした。午後10時前にリシケシに到着。8月22日、夜半に激しい雨、当たり前だが、山間部は未だモンスーンの影響を受けている。1980年代の夏、3ケ月程このあたりの聖地巡礼をしたことがあったが、いたるところで道は崩れて途切れ途切れになっていた。雨の中、土砂崩れに怯えながら巡礼と歩いた道を再び遡るのだ。

　ウッタルカシには早い時間に着いた、ここでも早々に隊長が連絡官と事務手続きに出かける。午後にはネルー登山学校でインストラクターをしているマモストン・カンリ登山の時の隊員を訪ねたが残念ながら留守であった。8月23日、明け方に屋根をたたく雨音で起こされる。ウッタルカシ出発後、バスは土砂崩れで何度か足止めを食ったが、すり抜けるようにして通過。途中でガンガニの温泉を過ぎる。以前歩いてここに到達した時に数日間疲れをいやした場所である、バスだとあっという間に通り過ぎてしまった。

　そして懐かしいガンゴトリ、ガンガの飛沫とバジャンの響き、ひんやりした風がガンガから吹き上げて顔を撫でていく、帰って来られた嬉しさがこみ

上げるが、直ぐに現実に戻り荷物の所へ…山登りなのだ。

　8月24日、トレッキング隊とともに出発。BCまではエージェント任せなので気楽なものである、ヨーロッパ種とは違うらしいが、野生のタイムが道端に咲いており、そのようなものを愛でながらぶらぶらと登っていく。パキスタンで順化はできているし、荷物の心配もいらないとなるとすることが無い。日本から来たばかりの本隊の人達から最近の日本の話などを聞いたりして、のんびりと過ごす。

　ボジュバス泊、ツーリスト向けの宿泊施設ができていた。以前はババと一緒にアーシュラムのコンクリー打ちっぱなしの床に、ごろ寝の生活だったので、まあどちらが良かったとかいう話ではないが雲泥の差である。

　8月25日、連日雨は降るが、夜半に降るパターンなので実害は今の所無い、今日から宮崎さんと先行するので皆とは別行動となる。途中で以前の記憶からすると大きく後退したゴウムクを通過。ちょうど川辺でサドゥに会い、暫し世間話などして過ごした。沐浴を勧められたので、「一度で充分、頭が砂だらけになった」と言ったら笑っていた。

　ここの氷河は衰退が激しいのだろう、結構不安定である。霧の中、ひたすらモレーンの踏み後を辿って本日はナンダンバンまで。天気が良ければ素晴らしい眺望が楽しめるはずなのだが…後から宮崎さんが追いついてきた、手には、免税品店の袋、中にはウイスキーが…。

　8月26日、ヴァスキ・タールにBC（4850m）建設、8月28日、いよいよ登山活動開始、ロープ、カートリッジ類を適当にザックに放り込んでC1に向かう、道は良く踏まれていて迷うことは無いが、視界は良くない、順化中の宮崎さん、HAP2名とゆっくりC1を往復した。隊長と安藤は10名のポーターとともにナンダンバンに移動。

　8月29日、天候は安定しないが、危険なルートではないので本日も荷揚げに出る、帰りは雪の中を目印にケルンを積みながらベースへ。隊長と安藤が到着しており、そのま

Satopanth（7075m）（Y.Ogata）

ま昼食を兼ねて宴会となる。

　8月30日、隊長たちは休養日。私たち4名は今日も荷揚げ、終日細かい雪が降り続いていた。ほとんど視界は無く、ひたすら歩いて荷物をC1予定地にデポして直ぐに戻る。雪は道を見失うほどでもなく、それ程濡れるわけでもないので、ストレスも無く、良い運動である。昼近くにはBCに戻り、この日も美味しいお酒を頂いた。

　8月31日、この日は朝から騒ぎがあった。夜半にLO（女性医師）とスタッフの間でトラブルがありLOが下山すると言う。どうにもならずコックを付けて下山させた。トラブルを起こしたスタッフも解雇。

　天気は回復傾向、宮崎、岩崎は休養日。隊長と安藤それにHAP1名で荷揚げに出る。

　9月1日、不調の安藤がボジュバスまで降りることになり、隊長、宮崎、岩崎はC1に移動。天気が良かったのは昨日だけで、今日も視界が悪い。ラッセルの末C1予定地に着き、降雪の中テントを設営した。未だモンスーンは明けない。乾いた雪が一晩中降り続いた。

　9月2日〜3日、天気は膠着状態、C2へのルート工作を開始。スノーカバーされたクレバス帯に突っ込んでいく。雪面のわずかな凹みなどからクレバスを微妙に嗅ぎ分けて避けながら右往左往。おまけにラッセルもあるので時間がかかる。目印となる顕著な大岩まで数ピッチと言うところでガチャが切れて、この日は終了となる。翌日も降雪の中出かけるが、大岩を越えた先の雪壁のコンディションが悪く、4ピッチ伸ばした所でこの日のルート工作は中止。大岩に装備類をデポしてC1に戻った。

　9月4日〜8日で雪質に変化が見えた。チリチリとテントにあたっていたのが、一寸フワッとした重い感じとなり1980年の暮を思い出して気が重くなる。この日から5日間C1で停滞。まさにあの年の剣岳と同じだった、テントの周りには雪の壁ができて、あっという間にテントと同じ高さになる。除雪しようにも、雪を何処にも捨てられない。除雪に出ては遠くから雪を掻くようにするが、あっという間に元の木阿弥。除雪を怠ると徐々にテントの端から埋まって行く。

悪天が続く

　天気の見通しも立たないので、5日に食料の荷揚げを実施する。BCから

HAPが荷物を持って上がり、C1から隊長と宮崎が荷物を取りにBCに向かう。途中で受け渡しをして持って帰るという寸法だったが、連日の雪でルートが判別出来ず、膝上のラッセルを強いられて荷物を回収して戻ってくるのに半日。雪まみれになって戻ってきた隊長は、視界悪くサングラスを外して行動したので雪盲になってしまった。帰路もトレースが消えていて、ラッセルだったとのこと、お昼も抜きでご苦労様でした。

　9月7日、朝の交信でBCのケロシンが底をついたので、C1のスペア・コンロを下ろして欲しいとの事…2台しか無い内の1台を下ろすのは結構な冒険であるが、BCも火が無いのではどうにもならない。C1には未だガスカートリッジがあるのでいざとなればこれで凌げる。基本的には登山期間以上は滞在しないので計算すれば何とかなるとは思った。5日と同じ段取りで、宮崎と私がコンロを持って下り、HAPと安藤が受け取りに上がって来ることになった、見切り発車で安藤はそのままC1入りする。

　見切りに見えたが、そうでもなかった。流石は隊長、翌日には回復の兆しが見えてきたのだったが、それも一瞬のこと、結局、8日はテントで過ごす羽目になる。

　9月9日、ついに晴れた。今月に入って初めての快晴。サトパントが見える。そういえば山頂を見るのは初めてのような…。地形の変わってしまった氷河上をタイトロープで登り始める。全く状況が違うので、ある意味新鮮である。固定したロープは帰るまで出てこないだろう。え…でもクランポンが…固定ロープの末端に…。

　それから延々3時間近く宝探しである。まあ、降った翌日は快晴でも、あまり動かない方が良いと思っているので、運動不足の解消に努める。横にトレンチを掘っていくが、何処かで交差するはずの固定ロープに当たらない、もっと深いとか、あっちだとか言い合いながら掘って行くが全くダメ。記憶はいい加減なものだし、とにかく息が切れる。だらだらと掘り続けて、何とか掘り起こすことができた頃には既に日は高かった。ロープが埋まっているであろう斜面を慎重にスタカットで登り、大岩のデポ地点に到着。帰路新たに3ピッチロープを張りC1に戻った。

C2建設

　9月10日、天候はまだ少し不安定なのか、視界が悪い。大岩のデポ品を全

員で担ぎ、さらにルートを延ばしていく、まだC2に届いていないのだ…。コンディションの悪い雪を掻き分け、少しずつ這い上がっていくが遅々として進まず、息が切れるばかりである。

5800m地点で幕営適地を見つけ、C2予定地を整地した。北稜上のコルには届かず、その手前であったがキャンプ地としては悪くない。背面が壁状になっており吹きさらしでは無く、斜面から崩れ落ちそうでもない。悪天でもなんとか持ちこたえられそうである。帰路大岩の上部にロープを固定した、モンスーンはまだ明けない。

9月11日は宮崎・安藤パーティのサポートで隊長、岩崎はC2へシフト。トレースができて冷

Satpanth North Ridge（H.Iwazaki）

え込めば快適な「舗装道路」である。昼前にC2建設、午後はのんびりと過ごす。

朝は天気がいまいち、この所それが普通になりつつあるので、さして気にせずにテントを後にする。もう9月も12日だ、そろそろ山頂を目指さないと時間が不足してくる。コルへはまた「モナカ」を掻き分け押しつぶし前進する。事前に仕入れた情報よりも雪が多いのだ、時期が早いのか、微妙なところである。

稜線に出れば快適と思っていたが、簡単には許してもらえない。クレバスを2つ程右から巻いて先へ進む。そして楽しみにしていたナイフリッジが始まった。思っていたよりも雪は不安定で、スノーバーが利かない。隊長が四股踏んで固めろと言ってくるが、その儘リッジごと崩れ落ちてしまいそうで、とても刺激を与えることができない。多分この雪の下にはもう一つ堅いリッジがあるはずである。とても恐ろしい状況なのだ。

「右に落ちたら左に跳んでくださいね〜」
　一晩おけば支点は固まるはずだが、固定して直ぐの支点にはぶら下がりたくないので、慎重に細心の注意を払って進んでいく。こんな素晴らしいリッジをリードさせて頂けることに感謝しながら。
　5本ずつ持ってきたロープを使いきってもリッジは終わらない。やっぱり雪が多いのだ。ここから先ロープなしというのも一寸…なのでさっさと降りることにしてまた明日。
　「明日はアタック」、「え？ C3は？」と一瞬思った。というよりC3を作ってそのままアタック？と思ったが、そうではなく頂上アタック…。「了解です」あのリッジを荷物担いで登るよりは、その方がいい。残りの日数、ルートの状況等考えると、ベストな選択であろう、宮崎、安藤パーティは明日C2入り。

登頂

　9月13日、アタック。月明かりを頼りにキャンプを後にする。少しは安心できるようになったロープを10本辿り、さらに2本固定して山頂に続く雪の斜面に出た。フィックス終了点に、ハーネス、ロープ類をデポ、身軽になって登り始めるとまたクレバス…ロープは置いてきてしまったので、慎重に端まで行って乗り越し、後は気が遠くなるようなラッセルだった。はじめのころは未だ視界もきいて、カメラを出したりしながら登っていたが、いつしか雲の中に入り、足元しか見えない。乳白色の時間のない世界…まるでヒンドゥー教の「神話世界」に迷い込んだようだった。やがて頂稜らしきものがガスの切れ間に見えだして、現実の世界に戻って来る。なかなか頂稜に近づかないのがリアルの証。灼熱の大地を辿り、長い停滞に耐え、雪を掻き分けやっと至福の時がやってきた。雪庇の小さそうな所を乗り越して頂稜にでる。景色は見えないが左端が一番高いと聞いていたので、トラバースして午後1時34分に山頂着。下山途中にまた「神話世界」に行ってしまいそうになりながらも午後5時前に帰幕した。
　翌14日、宮崎、安藤パーティが2次アタックに出るが、ナイフリッジから斜面を登り始めたところで板状雪崩に遭遇、一時はどうなる事かと思ったが、2人とも事なきを得た。その後アタックを中止して下山。
　2人がC2に戻って一息ついたころに天候が悪化してきた。雪まで降り出したので、急遽撤収下山を決める。また閉じ込められるのはご免である。雪

壁はフィックスロープがあっても安全とは限らないのだ。いつもの通りルート上のロープ等も回収して、夜逃げ状態でよろよろと下って行くと途中で幕が開くように空が見えだし、日が差してくる。どっと疲れて長い一日が終わった。

成田～成田（36日間）、登山期間：BC着～（22日間）～BC発であった。

[**文献**]（1）岩と雪の会（編）「ガンガの源流を訪ねて サトパント1995年」『ヒマラヤ』No.291, HAJ, 1996年2月
（2）『ヒマラヤ初登頂』尾形好雄著・東京新聞 第8章 pp.290～300

カランカ峰北壁初登攀（2008年）

Kalanka（6931m）the North Face Alpine Climbing
天野和明（Kazuaki AMANO, GIRI GIRI BOYS）

概要

2008年9月、GIRI GIRI BOYS（一村文隆、佐藤祐介、天野和明）はカランカ北壁（6931m）北壁ダイレクトルート（ルート名「武士道」）のアルパインスタイルによる初登攀に成功した。この登攀に対して2009年、第17回ピオレドールを受賞した。→*482頁*

はじめに

途中で嵐にぶつかり、5日間の予定が10日間となってしまい、食糧不足で1日500kcalの食事しか摂れない過酷な状況に置かれたが、私たちは、全員凍傷を負うことなくカランカ（6931m）北壁ダイレクトルートで登頂し、下山できた。

2007年2月のウインタークライマーズミーティングで、一村文隆とロープを組んで登った経緯から秋のカランカ登攀計画を聞いた。

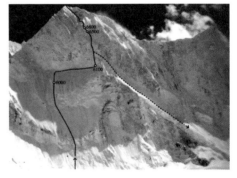

Kalanka North face, black line climbing route, dott line descending route, Far right Changabang（K.Amano）

カランカ、その北壁は、この山域に残された大きな課題だった。2002年に「Alpinist」誌の連載「マウンテン・プロフィール」で双子峰のように並ぶチャンガバンが紹介されて以来、一村がひそかに温めていたプランだった。最近でも有力なクライマーがトライしながら完登されないのはなぜだろう？ここにはきっと何かがある。それを克服しなければ山頂には立てないことは、歴史が証明している。

絶望的な北壁

9月14日、BCを出発し、取り付きに向かう。氷河左岸の丘に上がると、目指すカランカ北壁が、再び、その姿を見せた。下から見上げた北壁は絶望的なほどそそり立っていて、触れてはいけないかのように神々しい。不安や恐怖は大いに募った。しかし、それ以上に僕らのモチベーションは高かった。

翌早朝、天候は晴れた。不要なものを取り付きにデポして北壁へ向かう。さあ、夢のクライミングトリップの始まりだ。デブリを踏みしめてノーロープで高度を稼ぐ。傾斜もきつく、雪が氷に変るようになってきたころロープを出した。午後9時を回ったが、一村が連結したロープを引きずって登り続けている。取り付きから900mほど高度を上げた6000m地点でオープンビヴィーとなった。

氷雪壁を行く

2日目も氷雪壁を登る。上部ミックス帯はすぐそこにあるようだが、なかなか近づいてこない。当初考えていた、山頂にダイレクトに抜けるクーロアールは不可能なほど傾斜が強く、右へと弱点を探してトラバースを繰り返す。高度6150m。やはり今日もテントを張れるような場所はない。見上げる北壁上部のミックスウォールは夕日を受けて黄金色に輝き、とても美しい。

9月17日、3日目、ヘッドウォールに向かう。氷雪壁を2ピッチこなして、いよいよヘッドウォールに入る。初めは快適なミックスだったが、次第に悪くなってきた。スラブに薄く張ったベルグラをデリケートなクライミングとなる。壁の真ん中にあるハングした大きな露岩を避け、リッジを右に越えて細いクーロワールに入る。このころから天気が急激に悪化してきた。

少しでも快適なビバーク地を見つけようと、闇夜の中をヘッドランプで探し回る。結局、まともにアンカーもとれない外傾した不安定な場所でのビバークとなった。底が開くように特注改造したゴアライトX・テントのおかげで、だいぶマシにはなったが、テントの半分弱は宙に浮いていたため、身を寄せ

合って折り重なるように窮屈な夜を過ごした。

ホテル・カランカ

　僕らの淡い期待をあざ笑うように、次の日（9月18日）も嵐はやまない。もはや、この天気ではまともに行動することが無理なのは目に見えていたが、この不安定な場所に停滞し続けることは論外だ。仕方なく出発する。傾斜は増し、落ちてくる雪の量は、シャワーという生易しいものではなくなった。1ピッチ半ほど登ったところに、佐藤裕介が岩が張り出している場所を見つけた。掘ればなんとかテントが張れそうなスペースである。幅は1mほどしかないが、横になれるだけで十分だ。体を伸ばして横になってシュラフにもぐることができるのは3日ぶりなのだ。僕らは標高6600mのこの場所を「ホテル・カランカ」と命名した。

やまぬ嵐

　9月19日、登攀5日目停滞、20日停滞。21日停滞。この3日間の停滞中、水分も十分に摂れず、ビスケットを数枚、マッシュポテトを数グラムしか口にしていないからだろう、末端の冷えが顕著になってきた。やはり、この高度でこの状態だと消耗するんだな、といやに冷静に感心した。

　夕方、少し晴れ間が見えた。それだけでも無性にうれしい。明日の3時半に起床しようと話し合った。皆さも当然のようにアタックするつもりでいる。

夕闇迫る頂上へ

　目を覚ますと、どうだろう。テントを叩く雪の音が聞こえるではないか。数時間後、一村が外をのぞく。晴れている。慌てて準備をし、外に出た。この5日間降り続いた雪で、ひどいラッセルだ。ペースは遅々として進まない。雪が再び激しく降り出した。傾斜が急で、降った雪がそれなりに流れてくれるのが唯一の救いだ。頂上につながるはずの大クールワールをトラバースする。

　6800mの地点で僕らは話し合った。行くか、下るか。僕らは決断した。結果論では語りたくない。冷静に状況を考えて「行けるところまで行こう」と。

　もはや午後3時過ぎ、下降中に暗くなるのは必然だ。迷わないようにロープを1本残して、一村が左上するクーロワールに入る。頭上を岩壁に抑えら

れた箇所では、佐藤が適確なルートファインディングで次のクーロワールへの道を見つけ出した。夕闇迫る9月22日、午後5時半、稜線に張り出す雪庇を切り崩すと、そこより高い場所は周囲にはもうなかった。

　カランカ北壁、9日間のアルパインスタイル。残してきたものは下降時にナッツ1個と数本のスリングだけ。これ以上ないシンプルなスタイルだった。ロープはメインロープ3本のみ。BCから上は3人だけですべての荷物を背負い、登り、また降りてきた。僕らは一つの線で頂上までをつなげたかったのだ。幾度となくトライされながらも、完成されなかったカランカ北壁というキャンバスに。

編注：この登攀に対して第17回ピオレドール賞を受賞。JACの了承を得て、文献(1)の「山岳」より一部転載

[文献]
(1) 天野和明 カランカ峰北壁＜武士道＞初登攀『山岳』第104年、2009年、JAC、pp.17-26

カメット（7756m）南東壁初登攀（2008年）

Kamet South East Face Alpine Climb『SAMURAI DIRECT』
谷口けい（Kei TANIGUCHI）

カメットは現在インド国で登れる最も高い山（＊）だ。1931年の初登頂からこれまで、幾たびもの遠征隊がこの山に挑んでいる。（＊最高峰はカンチェンジュンガ、第2高峰はナンダ・デヴィだが、そのどちらも現在登山許可は出ていない）

この山が私たち平出

Kamet South East Face（K.Taniguchi）

和也、谷口けいの対象となって以来集めてきたいくつもの写真と報告。そのどれも真実を語ってはくれない。この山を訪れた全ての者を圧倒したであろうあの壁は、何故未だ未踏のままにあるのか。氷河の舌端から頂へと延びるあの美しいラインは、人が触れることを許さないのか。自分の目で見て、自分で触れてみなければ答えは出ない。最後まで残っていた不安はひとつ、頂上直下のクーロワール上部に見える大セラックが崩壊したら、全ては終わる。

カメットの初登頂は1931年のプレモンスーン季に在インド・イギリス隊のフランク・スマイス、エリック・シプトンらによって成された。エベレストが登られるよりも22年前のことであり、当時、登られた山では世界最高峰だった。

カメットは、その三角錐の山容を西カメット氷河、東カメット氷河、ライカナ氷河（カメットの衛星峰アビガミンの東側につきあげている）、そして北のチベット高原に囲まれている。この山に登頂した者の9割が、東カメット氷河から長大なアプローチを経てミーズ・コルに至り、北東面から頂上へ至るルートをとっている。

外国隊にもこの山が解禁された2005年、アメリカ人のジョン・ヴァーコとスー・ノットは早速この壁を目指してやって来たものの、「遠征期間中この壁が姿を見せたのはたったの10分間だけだった」と、ノーマルルートに転進しているように、ここの計り知れない悪い天気がその登頂率の低さの原因の一つでもある。

Climbing Kamet the South East Face（K.Taniguchi）

　偵察と順応にしっかり時間をとり、壁の状態や天気の周期をじっくり観察して、壁に持って行く装備と食糧・燃料・ギアを検討し、2008年10月、南東壁登攀へ向けて準備した。

　考えられる限りの軽量化をしなければ私の力では登れない。しかし、一日分の摂取カロリーと栄養バランス、重量を計算する。「しっかり食べてしっかり眠り、次の日に疲労を残さないことでいいクライミングができる」という考えをもとに、半シュラと小さく切ったマットを用意した。4日分の食料＋燃料に併せて、予備行動食と燃料も計算に入れたことが、精神的余裕を生み出したかも知れない。最短3泊4日で壁を抜けると言って出発した私たちは、実際6泊7日もかけて登攀したのだが、悲壮感はまるで無かったのだ。

　持っていくギアに関しては2人の意見はぶつかり合い、決着がつくまで大分時間をかけて討議した。お陰で、持っていったギアは過不足なく全てをうまく使う結果となった。

　一週間以上続いた悪天をBCで耐え凌ぎ、待つことを諦めそうになった頃ようやくやってきた好天周期に、私たちは深雪の中、BCを出発した。デポしてあったテントは積雪で半壊、でも中の装備は無事だった。未知の壁へ向かってスタートする。ボロボロの氷、岩、シュガースノーの雪壁、チリ雪崩、などアルパインクライミングの要素が凝縮されていた、最高の登攀内容の日々だった。そして、登るごとに広がる景色は言葉では言い表せない程の

感動を、一歩進むごとにご褒美として与えてくれた。登るほどに困難は待ち受け、登るほどに感動の景色。だからきっと山登りには終わりがない。

編注：この登攀に対して、第17回ピオレドール賞を受賞（女性が受賞するのは初めて）、読売スポーツ賞も受賞した。

[**参考URL**] http://www.faust-ag.jp/interview/interview052.php

シッキム　Sikkim

地勢

　シッキム州はインド北東部にあって、北と北東は中国チベット自治区と、西はネパールと、また南東はブータンと国境を接し、南は西ベンガル州ダージリン県と州境を接している。ほぼ、全域がヒマラヤ山地であって、その北辺はチョモユモ（Chomoyummo, 6829m）などの標高6000mを超える山々が連なるチョルテン・ニマ（Chorten Nyima）山脈があり、そこを源頭とするラチェン・チュー（Lachen Chu）、ラチュン・チュー（Lachung Chu）などが合したティスタ川（Tista）が州の中央部を南流し、西のネパールとの国境は、シッキム・ヒマラヤの盟主カンチェンジュンガ連峰から南北に延びるシンガリラ山稜（Singalila）によって、また東のチベット、ブータンとの国境はパウフンリ（Pauhunri, 7128m）などの7000m級の山を持つドンキャ山稜（Dongkya）によって、区切られている。壮大なまさに円形劇場を形作っている。そこは古くからヒマラヤの桃源郷といわれてきた。

　南の西ベンガルの境で、ティスタ川とランギート川（Rangit）が合流するあたりに位置するカリンポン（Kalimpong）の町は、標高わずか500mであり、そこから直線距離にしてわずか80kmに、世界第3位の高峰カンチェンジュンガ（Kangchenjunga, 8586m）があり、一気に8000mの高度差を持つ。

気候

　気候的にはモンスーンの影響を強く受けてかなり湿潤であり、年間の降水量は標高約1700mの州都ガントク（Gangtok）で3500mmほどあって、その大部分は夏の雨期に降り、植生も豊かで、標高1500m付近までは亜熱帯性の、3000mあたりまでは温帯性の、そして4000mあたりまでは冷帯性の森林が分布する。山稜には膨大な積雪を招き、急峻な渓谷を形成する。このような地形と気象条件は、豊富な生物相を育んできた。中でもランの原種の種類は世界一と言われている。

シッキム州の成立

　先住民はチベット・ビルマ系のレプチャ語（Lepcha）を母語とし、焼畑耕作を主生業としていたレプチャ（自称はロン・パ Rong Pa）であるが、16～17世紀にチベットから移住し、支配権を握ったチベット系のボーティア（Bhotia）によってシッキム王国が成立した。18世紀に入ると、ネパールの支配権を確立したシャハ（Saha）王朝の勢力が周辺地域にも版図を拡大し、シッキムも一時征服されて、王家はチベットに亡命したが、ネパールとイギリス勢力との戦争（1814～16年）の結果、ネパールが敗北して現在の国境が確定し、シッキム王家も復帰した。ただ、その結果として、シッキムは1833年ダージリン地区（Darjeeling）をイギリスに割譲し、1890年にはシッキム自体がイギリスの保護領、すなわち藩王国となる。この過程で、ネパール東部から移住してきたネパール系住民が、シッキムの人口の大半を占めるようになった。

　1947年インドの独立を機にシッキムはインドの保護領となり、1975年には王制が最終的に廃止され、シッキムはチベットとの交通の要衝に位置するという地政学的な条件もあって、チベット系住民の抵抗もあったが、インドに22番目の州として併合された。現在、行政区は4区域に分けられ、東は州都ガントク（Gantok）、北はマンガン（Mangan）、西はゲイジン（Geyzing）、南はナムチ（Namchi）が中心となっている。

　標高1800mにある州都ガントクから北西を望むと、壮大なシンガリラ山稜の峰々が一望できる。

　中央にカンチェンジュンガのジャイアンツが座し、左（西シッキム）にタルン（Talung）、カブルー（Kabru）、ラトン（Rathong）、コクタン（Koktang）が続く。右（北シッキム）には、シムヴー（Simvo）、シニオルチュー（Siniolchu）、ラモ・アンダン（Lamo Angdang）が望まれる。ガントクからティスタ川に沿ってラチェン（Lachen）、ゼマ（Zema）に至り、そこでゼム谷（Zemu Chu）に入り、鬱蒼としたシャクナゲ林を抜け出ると、そこはシッキム最大の氷河、ゼム氷河である。長大なサイドモレーンと広大なアブレーション・バレーが開ける。その奥にカンチェンジュンガが座し、圧巻である。左手前には名峰シニオルチュー、右奥にはトゥインズ（Twins）やシュガーローフ（Sugarloaf）が控える。

　ゼム谷の途中から右にローナク谷（Lhonak Chu）へと進むと、その奥には多くの湖を育む広大な盆地がひろがり、それを取り巻くのは、北のチョル

テン・ニマ山稜から西につづくシンガリラ山稜である。この高度6000m以上の連山からなる大障壁には、東からコラ・チョネカン（Kora Chonekang）、コラ・カン（Kora Kang）、ローナク・ピーク（Lhonak Peak）、ケラス・ピーク（Kellas Peak）、ジョンサン（Jongsang）を頂く。ついでラチェンからティスタ川をそのまま北上し、チベットに抜けるコンラ・ラ（Kongra La）やセセ・ラ（Sese La）への道をたどれば、東にチョンブー（Chombu）、カンチェンジャオ（Kanchengyao）、その奥に回り込めばパウフンリ（Pauhunri）である。西にはチョルテン・ニマ山稜のチョモユモ（Chomoyummo）の雄姿が見える。

Overhead view of Zemu Glacier (S.Hiraizumi)

登山探検史概説

　シッキムが19世紀後半にイギリス保護国となって以降、ダージリン（Darjeeling）を拠点とし、探検家や登山家がカンチェンジュンガ周辺や、北シッキムのチベット国境地域を訪れ、多くの足跡を残した。

　古くからシッキムに魅せられた探検家は多い。中でも、イギリスのフーカー（J.D.Hooker）、フレッシュフィールド（D.W.Freshfield）、ケラス（A.M.Kellas）の3名を忘れてはならない。フーカーはダーウィン（C.Darwin）とも親交の深い植物学者である一方、東部ヒマラヤのパイオニアと言われている。1848年から1851年までの3年間、植物相の調査に東部ヒマラヤ、アッサム、ベンガルの地を訪れた。また、シッキムには、ダージリンを拠点とし、2回の大がかりな踏査を行った。1848年10月、グーン尾根（Ghum）から東ネパールに入り、タムール川（Tamur R.）を北上、チベット国境に達した後に南下

し、シンガリラ山稜のおそらく現在のチィャ・バンジャン（Chiya Banjan）を越えて西シッキムに入り、ランギート川支流のカレイト川（Kalet R.）を下り、マイノム山（Menam）や、シッキム王国の旧首都であったペマヤンツェ（Pemayangtse）、ゾングリ（Dzongri）、カブール（Kabur）などを周遊する約3ヶ月間の踏査を行った。2度目は、1849年5月から、ティスタ川を遡って北シッキムのラチェン谷を北上し、ゼム谷、ローナク谷に立ち寄り、その後、ティスタ川にもどり再び北上、チョルテン・ニマ山稜手前の旧国境、コングラ・ラマ峠に達した。麓のタングー（Thangu）を拠点に、カンチェンジャオ（Kangchengyao）、チョンブー（Chombu）西面を踏査した後、一旦、チュンタン（Chungthang）に戻り、ラチュン谷（Lachung Chu）に入り、ユムタン（Yumthang）を経て北上、ドンキャ・ラ（Dongkya La）に達した。この麓のモメイ・サムドン（Mome Samdong）を拠点に、パウフンリ西面、ならびにグルドンマール（Gurudongmar）東面の踏査を行った。その後、ラチュン谷を下降、再びラチェン谷を北上、今度はティスタ川の源流をめざし、コングラ・ラマ峠を越えてグルドンマール湖（Gurudongmar Cho）、ラーモ湖（Lhamo Cho）を経て、北側からドンキャ・ラに達し、ラチュン谷を下降したのである。帰路の途中でドンキャ山稜のチョ・ラ（Cho La）を踏査した際にシッキム政府にとらわれ、約1カ月あまり拘束されるが、この踏査は延々8カ月に及ぶ大旅行であった。この踏査行は『Himalayan Journals』（邦訳『ヒマラヤ紀行』）として公刊されたが、植生のみならず、博物学的な記述にも満ちたヒマラヤの古典的名著である（1）。

フレッシュフィールドは1899年にカンチェンジュンガを一周し、名著『Around Kangchenjunga』（邦訳『カンチェンジュンガ一周』）を残している（2）。この踏査ほど多くの登山家をしてシッキム、とりわけカンチェンジュンガに魅了させたものはないだろう。彼は9月5日ダージリンを出発し、

Dongkya Range from the upper ice fall of Siniolchu Glacier（T.Ohta）

ガントクを経て、チュンタン（Chuntang）からティスタ川沿いに北上、ゼム谷からゼム氷河に、ゼム・ギャップ（Zemu Gap）、ネパール・ギャップ（Nepal Gap）、ノース・コル（North Col）を望むべく、ゼム氷河上流のグリーン・レイク（Green Lake）のさらに上流の上部ゼム氷河に達している。その後、引き返してゼム氷河左岸からタンチェン・ラ（Tangchung La）、チェゥ・ラ（Theu La）を越え、ローナク谷に入り、北のチョルテン・ニマ・ラ（Chorten Nyima La）を望み、ついで西のシンガリラ山稜のジョンサン（Jongsang）南東に位置するジョンサン・ラ（Jongsang La）を越え、ネパールに入った。カンチェンジュンガ氷河を下降し、ローナク（Lhonak）、カンバチェン（Kambachen）を経て、チャー・チュー川（Char Chu）を下り、チュンジェルマ・ラ（Chunjerma La）を越えてヤルン・チュー（Yalung Chu）側に下り、再び、シンガリラ山稜のラトン（Ratong）の南に位置するカン・ラ（Kang La）を越えて西シッキムに入った。ここから西シッキムのゾングリを経てゴチャ・ラ（Gocha La）にも達している。その後ヨクサム（Yoksam）、ペマヤンツェを経て7週間ぶりにダージリンに戻った。

ケラスの活躍

　ケラスは「シッキムの父」といわれるほどに、北シッキムに登山を対象として多くの足跡を残し、また、いくつもの初登頂を成し遂げた。ゼム氷河側からは、シムヴー（1907年）、ネパール・ギャップ（1907年, 1910年）、ゼム・ギャップ（1910年）、テント・ピーク（Tent Peak）（1910年）に挑んだ。また、ローナク谷からは、1909年に、ケラス・ピーク（後にG.O.ディーレンフルトが命名）、ジョンサンに挑んだ。同年ジョンサン・ラを越えてネパール側からランポ・ピーク（Langpo Peak）の北峰に初登頂、1911年5月には、チョルテン・ニマ・ラを越えてチベット側からセンチネル・ピーク（Sentinel Peak）に初登頂した。同年6月にはチベット国境のチョンボー谷（Chonbo Chu）からパウフンリに初登頂、その後、チョモユモにチベット側の北西面から初登頂した。1912年8月にはカンチェンジャオにも初登頂している。1920年には西シッキムのナルシン（Narsing）や北シッキムのシニオルチューの東のラモ・アンダンの登頂にも成功している(3)。その後、第1回エベレスト遠征に加わり、1921年、そのキャラバン途中で病死した。

553

日本人とシッキム

　日本人にもシッキムへ入り、またそこを密かに通過した者も少なくない。1901年、河口慧海はラサからの帰途にシッキムを通過し、1913年の第2回チベット旅行に際してはラチェン谷を源頭まで詰め、コンラ・ラ（Kongra La, 5133m）を越えてチベット入りしたとされる。また1905年には寺本婉雅も同じくラサからの帰途にシッキムを経ており、成田安輝も1901年にダージリンからシッキム経由でラサを往復している。1918年には鹿子木員信がダージリンからランジット谷（Rangit）を詰め、ゴーチャ・ラ（Gocha La, 4940m）を越えてタルン（Talung）氷河に入った。

　1947年にインドが独立した後は、シッキムは中国との国境であることに加え、地域自体の微妙な政治情勢もあって、外国人のみでなく、インド人であっても入域に一定の制限が加えられ、さらに1959年のチベット自治区での内乱に際しては、ダライ・ラマ14世の亡命に際し、シッキム・ルートからも多くのチベット人がインドへ亡命してきたこともあって、その制限はより厳しくなった。1975年にシッキム州が成立した後も入域制限は続き、特に国境近くの山々への外国からの登山隊の受け入れは行われず、若干のインド隊による登山のみが行われていた。しかし1990年代以降、ようやく状況が変化し、日本からもいくつかの隊が送られるようになっている。その後のシッキム登山史については個々の山の項目で述べる。

[文献]

(1) J.D.Hooker: Himalayan Journals, London, 1854『ヒマラヤ紀行』邦訳：薬師義美、白水社、1979年

(2) D.W.Freshfield: Round Kangchenjyunga, London, 1903.『カンチェンジュンガ一周』邦訳：薬師義美、あかね書房、1968年

(3) Lieut.-Col.H.W.Tobin: Exploration and Climbing in the Sikkim Himalaya. HJ, 2, 1930. Review

（鹿野勝彦・能勢眞人）

シッキム山解説

カンチェンジュンガ主峰 Kangchenjunga Main 8586m ［27°42′・88°09′］
南峰（South, 8491m），**中央峰**（Central, 8478m）
西峰（別名ヤルン・カン）（West, Yalung Kang, 8505m）

［位置と山容］シッキム州とネパールの国境に位置し（西峰はネパール領内）、その主峰の標高は世界第3位であるとともに、標高8500m前後の4つのピークが連なる延長約3kmの世界最高の稜線を持つ。カンチェンジュンガから南北に延びるネパールとの国境稜線は、北へは、トゥインズ（Twins）、ジョンサン・ピーク（Jongsang Peak）などを経て中国チベットの国境に、また南へはタルン・ピーク（Talung Peak）、カブルー（Kabru）などからシンガリラ尾根（Shigalila）となって、サンダクプーからベンガルの平原まで達する。東はティスタ（Tista）川上流ラチェン・チュー川（Lacheng Chu）源頭のゼム氷河（Zemu）、タルン氷河（Talung）、西はネパールのタムール川（Tamur）源頭のカンチェンジュンガ氷河、ヤルン氷河（Yalung）で囲まれる。行政的には西ベンガル州に属するダージリンから北北西約75kmで、その雄大な山容は町からもランギート谷を挟んで、余すところなく一望できる。

　山名はチベット語で「大きな五つの宝の蔵の山」を意味し、その山麓に住む人々にとっては、チベット仏教徒、ヒンドゥー教徒、それ以外の信仰を持つ先住民を問わず、聖なる山として崇められてきた。

［探検・登山史］カンチェンジュンガとその周辺地域は、植民地経営の重要な拠点であるダージリンや、チベットとの交易路にあるカリンポンから近いこともあって、早くから探検、登山の対象となってきた。

　まず1848年から1849年にかけて、植物学者であるフーカー（J.D.Hooker）が、シッキム側、ネパール側双方から、この山をまじかに観察し、貴重な記録を残した。

　19世紀後半には、多くのインド測量局の職員や、測量局が訓練したインド各地出身の探検家（いわゆるパンディット）などが、カンチェンジュンガ周辺に送り込まれたが、登山家としてこの山にアプローチしたのは、1899年のフレッシュフィールド（D.W.Freshfield）らが最初であろう。彼らはカンチェンジュンガの北でシッキム側からネパール側へ越え、南を回ってシッ

(27) SIKKIM-W

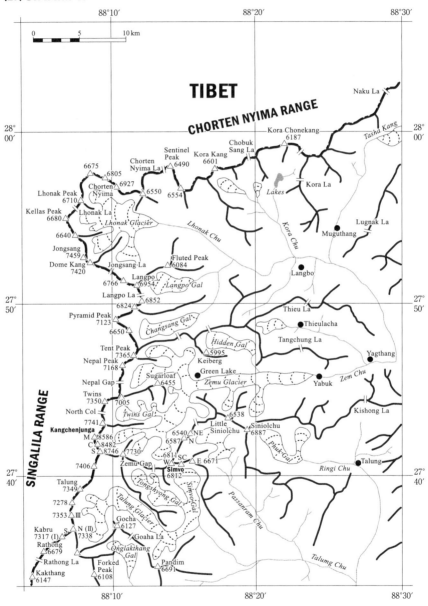

(28) SIKKIM-E

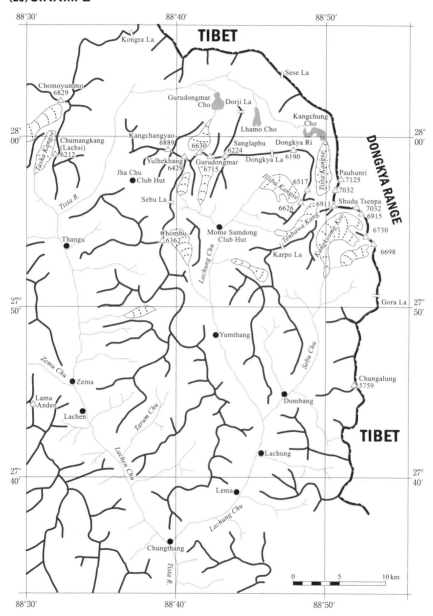

Kangchenjunga from Darjeeling (K.Kano)

キム側へ戻る形で、一周した。1905年には国際隊（隊長:J. Jacot-Guillarmod）がヤルン氷河側にBCを置き、標高6300mあたりまで登ったが、パッヘ（A.Pache）隊員が死亡し、断念した。ちなみにパッヘの墓標は現在もネパール側のBC付近に残っている。当時、ネパールは鎖国していたが、これらの隊はそれを無視してシッキム側からネパール側へ越境していた。この状態は、その後もしばらく、いくつかの隊によって続けられることになる。1920年、1929年にはヤルン氷河から、また1925年、1926年にはタルン氷河から小規模な隊が入山したが、これらの隊は、実質的には登頂を試みるには至らなかった。最初の本格的な登山隊は、1929年秋のドイツ隊（隊長:P.Bauer）で、ゼム氷河から北東稜にルートを延ばし、標高7200m付近まで達したが、悪天候のため敗退した。1930年春には国際隊（隊長: G.O.Dyhrenfurt）が、特別にネパールの許可を取って、カンチェンジュンガ氷河から北壁、ついで北西稜にルートを求めたが、シェルパの雪崩による遭難などのため断念し、周辺の山に目標を切り替えている。その際、登頂したジョンサン・ピーク（7473m）は、それまでに登頂された山としての高度を更新した。1931年にはバウアーの率いるドイツ隊が、再度北東稜に挑んだ。このときはモンスーン中の6月から登山を開始し、隊員、シェルパ各1名が遭難した後も登山を続け、9つの前進キャンプを設けて、9月半ばに標高約7750mまで達したが、そこで力尽きた。第2次大戦前の、基本的にはインド側からのアプローチによるカンチェンジュンガへの登山はこれが最後で、大戦後も1970年代前半まではネパール側からの登山が主となる。

　1951年、1953年、1954年にはスイス、イギリスなどの小規模な隊によるヤルン氷河側からの偵察が行われた。そして1955年春、1953年にチョモランマ（エヴェレスト）に初登頂したイギリス隊の隊員だったエヴァンス（C.Evans）が隊長を務めるイギリス隊が、ヤルン氷河側から主峰と西峰のコルに続く斜面にルートを拓き、最後は主峰の西稜をたどって5月25

日、2名の隊員（G.Band & J.Brown）が初登頂、26日にも2名が登頂した。このとき山麓の住民にとってカンチェンジュンガが聖なる山であることを尊重して、登頂者は山頂直下で足を止めたという。以後、1972年まで、ネパール政府はこの山の登山許可を出さなかっ

Kangchenjunga from Darjeeling(Close up)(K.Kano)

た（1966年から1968年まではネパール国内の山は全面的に登山許可発行を停止）。

　1973年に登山許可の発行が再開されると、多くの登山隊が訪れるようになる。まず1973年春、京都大学学士山岳隊（隊長：西堀栄三郎）が西峰の登山許可をヤルン・カン名で取得し、ヤルン氷河から南西尾根にルートを取って、5月14日上田 豊、松田隆雄が初登頂したが、下山中に松田が行方不明となった。1974年春には日本大学隊（隊長：石坂昭二郎）が同ルートから標高8400mあたりまで達した。1975年春にはドイツ・オーストリー隊（隊長：S.Aeberli）が初登ルートから途中で左に分かれ、西峰南壁にルートをとって、合計9名が西峰頂上に達した。

　シッキム側からは外国登山隊への入域が禁止される状況が継続していたが、1977年にはインド陸軍隊（隊長：N.Kumar）が1931年のドイツ隊以来、46年ぶりにゼム氷河から北東稜に挑み、5月31日、2名（Premchand & Naik）が登頂した（主峰の第2登、北東稜からの初登攀）。

　ネパール側では、以後多くの登山がなされている。1978年春にはヤルン氷河から、ポーランド隊（隊長：P.Mlotecki）が南峰、中央峰に登頂（南峰は初登頂）、スペイン隊（隊長：J.ピエラ）が中央峰に初登頂したが、登山許可はそれぞれ主峰、西峰のものだったため、両隊はペナルティーを科され、ネパール政府は両峰の未踏峰扱いを継続した。1979年春にはイギリス隊（隊長：D.Scott）がカンチェンジュンガ氷河から北稜を経て登頂、1980年春には山学同志会隊（隊長：小西政継）が同じくカンチェンジュンガ氷河から北壁を経て登頂、1981年春にはHAJ隊（隊長：山森欣一）がヤルン氷河から主峰、

西峰に登頂、1984年春にはJAC・ネパール登山協会隊（隊長:鹿野勝彦）が南峰・中央峰縦走と主峰への登頂、1985～1986年冬にはポーランド隊（隊長:A.マフニク）が冬期初登攀、1989年春にはソ連隊（隊長:E.Myslovsky）が4つのピークを結ぶ縦走を果たした。その他、単独での登頂、無酸素による登頂などの記録も残されているが、遭難事故も少なくない。

　インド側では、1987年春にインド陸軍隊（隊長:P.L.ククレティ）が再度北東稜から登頂したが、下山中4名が遭難した。その後、シッキムからの登山が外国人にも開放されるようになり、1991年春にはHAJ・インドチベット国境警察合同隊（隊長:尾形好雄、H.Singh）が北東稜から登頂したが、インド側隊員1名が遭難している。

トゥインズ西峰　　Twins West　7350m　［27°44′・88°10′］

［位置と山容］ 西峰はカンチェンジュンガ主峰から、ノース・コル（North Col, 標高6900m）をはさんで北に延びるインド・シッキム州とネパールの国境稜線上約5kmに、また、東峰はそこから東へ約2kmの地点に位置する。ダージリンからは北北西約78km。双耳峰で「双生児」を意味する山名は、1899年にフレッシュフィールド（D.W.Freshfield）が、カンチェンジュンガ山群をシッキム側のローナク（Lhonak）谷からジョンサン・ラ（Jongsang La）を越えて、ネパール側のカンチェンジュンガ氷河に下る一周をした際に命名した。なおネパール政府はこの山の名称を、公式にはギミィゲラ峰（Gimmigela Chuli）としている。

［登山史］ 最初の登頂の試みは、1936年、ドイツ隊（隊長：P.Bauer）によるもので、ゼム（Zemu）氷河からネパール・ギャップ（Nepal Gap）氷河に入り、トゥインズ東稜にルートを求めたが、標高6400mあたりで悪天候のため断念した。1937年、1939年にはスイス・ドイツ隊（いずれも隊長：E.Grob）がドイツ隊と同じルートから頂上を目指したが、やはりモンスーンの襲来で敗退した。また1937年にはハント（J.Hunt）、クック（C.R.Cooke）らが、ゼム氷河上流のトゥインズ氷河を偵察し、ノース・コル直下まで達した。

　インドが独立した1947年以降、シッキムへは中国との国境問題などで外国人の入域が制限されるようになり、1963年には東京農大隊（隊長:宮沢 憲）がネパール側から登頂を試みたが失敗した。シッキム側からの登山が外国隊に開放された1992年以降で、まず1993年に明治学院大隊（隊長:伊丹紹泰）

がドイツ隊のルートから稜線に出て東峰に初登頂し、西峰に迫ったが、標高7000m付近で隊員1名がクレバスに落ちて遭難死し、断念した。1994年には日本シッキムヒマラヤ隊（隊長：大滝憲司郎）が同ルートで西峰を初登頂したが、下山中に2名の隊員が遭難死している。→583頁

　1995年には東京農大・ネパール警察合同隊（隊長：山下康成、Gupta Bahadur Rana）がネパール側から第2登している。

ネパール・ピーク　　Nepal Peak　7168m　［27°46′・88°11′］

[位置と山容]　トゥインズ東峰からネパール・ギャップ（Nepal Gap, 6170m）を挟んで北へ延びる国境稜線上、約4kmの地点に位置する。頂上部は7150m前後の標高を持つ3つのピークからなり、東面はネパール・ギャップ氷河、西面はピラミッド（Pyramid）氷河に面している。ダージリンからは北約82km。山名は1930年にカンチェンジュンガを目指し国際隊を率いたディーレンフルト（G.O.Dyhrenfurth）の命名による。なおネパール政府は、この山の標高を6910mとしている。

[登山史]　1930年春の国際隊は、ネパール側のカンチェンジュンガ氷河にルートを求めたが登頂を断念したのち、周辺の山々に目標を切り替え、隊もいくつかに分散した。ネパール・ピークには2名が西側からネパール・ギャップのやや上部に達し、そこからシュナイダー（E.Schneider）が3つのピークのうち、南西峰に単独で初登頂した。1936年秋にはトゥインズを目指したドイツ隊（隊長：P.Bauer）が、同峰を断念したのち、2名の隊員が東側からネパール・ギャップを経て南西峰を越え、中央峰に初登頂し、さらにテント・ピークを目指したが、深い雪のため断念した。

　最高峰とされる北東峰には、1939年にスイス・ドイツ隊（隊長：E.Grob）の3名が初登頂し、さらにテント・ピークの初登頂も成し遂げた。ちなみにこの登山の後、2名のドイツ人（L.Schmaderer, H.Paidar）は第2次大戦の勃発によりイギリスに拘束されて収容所へ送られ、1945年デラ・ドゥンの収容所から脱走したシュマデラーは、チベットを目指したが途中で殺害された。

テント・ピーク　　Tent Peak　7365m　［27°47′・88°12′］

[位置と山容]　ネパール・ピークから北東に連なるインド・ネパール国境の尾根上約2kmの地点に位置する。山名は1911年、ケラス（A.M.Kellas）がシッ

キム側からカンチェンジュンガを探査したおりに見た山容から名付けた。なおネパール政府はこの山の名称をキラト・チュリ（Kirat Chuli）としているが、キラトはネパール東部の先住民族ライ（Rai）諸族、リンブー（Limbu）の総称である。テント・ピークの北に延びるインド・ネパール国境稜線上には、さらにピラミッド・ピーク（Pyramid Peak, 7168m）、ランポー（Langpo, 6954m）、ジョンサン・ピーク（Jongsang Peak, 7473m）、ケラス・ピーク（Kellas Peak, 6680m）などが連なっている。

[探検・登山史] ケラスは早くからシッキムを広く探査し、いくつかのピークの登頂もしているが、1911年にはテント・ピークから北東に延びる尾根上のコル（Tent Peak Pass、5953m）に南面から達している。1936年にはネパール・ピークに登ったドイツ隊がその延長でテント・ピークを目指したが成功せず、初登頂は1939年に、スイス・ドイツ隊が、同じくネパール・ピークを越えて果たした。

（鹿野勝彦）

タルン・ピーク　Talung Peak　7349m　[27°39′・88°08′]

[位置と山容] シンガリラ山稜上の、カンチェンジュンガ南峰よりを南南西に約5kmの地点に位置する。東面はタルン氷河（Talung）、西面はヤルン氷河（Yalung）で、山名はその氷河に因む。ガントクから59kmの距離にあるが、手前のパンディム（Pandim, 6691m）に隠れてよく見えない。ダージリンから（北北西に69km）、また、ペマヤンツェから（北北西に41km）だと、ラトン・チューウ（Rathong Chu）の谷間にそのどっしりとした三角形の山容が覗かれる。しかし、高度が7349mと高い割には、北にカンチェンジュンガ、南にカブルーにはさまれて、あまり目立たない存在であるが、タルン氷河上部に入ると、その東南壁は氷河に磨かれた急峻な障壁をなす。

[登山史] タルンへの登頂は、大戦後ネパールが開国されたこともあって、ヤルン氷河にその登路が求められた。1953年、1954年にはカンチェンジュンガの偵察に訪れたイギリス隊が、また1963年には大阪府立大・東京都立大合同隊（隊長：石原憲治）の隊員がシャルプー（Sharphu, 6553m）に登ったのちに、頂上直下まで迫ったが、登頂には至らなかった。初登頂は1964年春、西ドイツ隊（隊長：R.Hechte）が成し遂げた。ヤルン氷河を詰め、タルン南西稜から上部西壁を経て、最終キャンプ（C3）をタルンの南鞍部から300m

下部にあたる6690m地点に設置し、5月19日、リンドナー（F.Lindner）、テンジン・ニンドラ（Tenzing Nanda Sherpa）の2名が頂上に立った(1)。シッキム側からは、1975年のグレワル（A.J.S.Grewal）を隊長とするインド空軍・IMF合同隊によってなされた。4月、ゾングリ（Dzongri）経由でゴチャ・ラ（Gocha La）を越えてタルン氷河の上部に入った。タルンの南側と北側の鞍部（おそらくスイス山岳研究財団地図で6970mと6685mの測量点）に、またタルンの南東稜に活路を求めるも、雪崩の危険が大きかったため、断念している(2)。

　第2登は、1991年のスロベニア隊で、西北西壁から西壁を経て、プレツェリェ（M.Prezelj）とストレムフェリェ（A.Stremfelj）の2名が登頂した。その後は、2002年にチェコ隊のコロウチ（P.Kolouch）がスロベニア隊ルートで登頂、2012年には、チェコのホレセック（M.Holecek）、フルビー（Z.Hruby）が新ルートの北北西柱状岩壁をアルパインスタイルで4ビバークを経て登頂している(3)。

　タルンは未だシッキム側からは未登である。

[文献]
(1) R.Hechtel: Talung Peak. AAJ, 14 (2), 1965
(2) A.J.S Grewal: Talung 1975. HJ, 34, 1976
(3) BMC: https://www.thebmc.co.uk/holecek-and-hruby-climb-north-face-of-talung-in-alpinestyle

（鹿野勝彦・能勢眞人）

シニオルチュー　Siniolchu　6887m　[27°43′・88°19′]

[位置と山容] ダージリンの北約75km、カンチェンジュンガの東約17kmに位置する。ガントクから北西約50km方向にひときわ目立つ三角峰として望まれる。カンチェンジュンガ南峰から東に派生する支尾根上にあり、西からゼム・ピーク（Zemu Peak）、シムヴー（Simvu）Ⅰ峰（南西峰 6812m）、Ⅱ峰（南中央峰（SC）6811m）、Ⅲ峰（東峰（E）6671m）、Ⅳ峰（北西峰（NW）6587m）、Ⅴ峰（北東峰（NE）6540m）、そしてシニオルチューと連なる。北面はゼム氷河に流れ込むシニオルチュー氷河を配する。南西面にはパッサンラム氷河（Passanram Gl=Umaram Kang）、南東面にはジュムツゥール・フク氷河（Jumthul Phuk Gl.）を下流し、これらはともにタル

ン・チュー（Talung Chu）に流れ込む。ゼム氷河左岸のアブレーション・バレーに沿って登り、レスト・キャンプ（Rest Camp, 4570m）に達すると、この地点から見るシニオルチューは実にすばらしい。見事な三角錐の山容をなし、フレッシュフィールド（D.W.Freshfield）をして「世界で一番美しい山」といわしめた。ジュムツゥール・フク氷河からの南東面もこれまた見事なヒマラヤ襞をまとった大障壁の山容をみせてくれる。→グラビア写真(3)-408頁

[探検・登山史] シニオルチューを最初に見た西洋人は、植物学者のフーカー（J.D.Hooker）であろう。彼は植物相の研究途上、1849年5月にゼム・チューに入った際、6883mの美しい峰としてこの山をリクロ（Liklo）と表記しているが、おそらくレプチャ語であろう。また、1891年には、写真家ホフマン（J.C.Hofmann）が、ホワイト（C.J.White）に同行してゼム氷河に入り、この山の北面を撮影した。シニオルチューを一躍有名にしたのは、フレッシュフィールドである。1899年にカンチェンジュンガを一周した折、「・・・登山者にとってシニオルチューは理想の雪山である。その玉座に、「神は宿るはるかなる、平和な　近づきがたい静寂のなかで」・・・」と言わしめ(1)、同行したセラ（S.V.Sella）の撮影したシニオルチューの秀麗な姿は世界中の登山家を魅了するに十分であった(2)。

　日本人としてシニオルチューを記録したのは、河口慧海が初めてである。慧海は2度目のチベット入りの際に、シッキムのシワリからマンガン（Mangang）、ラチェン（Lachen）を経由するが、1914年1月5日、雪山歌旅行の中でこう記述している。「かくていよいよ頂上に着いて北の空を望めば、青山重々と連なれる彼方の空に、堂乎として妙光天を衝く雪峰を見る。彼の円錐形の如く高く光れるものはシニオルチュ雪峰なり」(3)。

初登頂は1936年秋、バウワー（P.Bauer）を隊長とするドイツ隊によってなされた。この遠征の目的は、彼を隊長とする1929年、1931年の2回のカンチェンジュンガ遠征が不成功に終わった後、ナンガ・パルバート遠征（ドイツ隊として通算3回目）に向けての新しい強力なチームの創成にあり、バウワーはその地にカンチェンジュンガ周辺の山を選んだのである。メンバーはバウワー、ゲットナー（A.Gottner）、ヘップ（G.Hepp）、ウィーン（K.Wien）の4名からなる小隊であった。8月中旬にグリーン・レイク（Green Lake, 4934m）に隊荷を集結し、モンスーンの悪天の日々を、周辺踏査に費やしたのち、シニオルチュー登攀に向かったのは9月19日であった。シニオルチュー氷河右岸のサイドモレーンから第1アイスフォールの上部プラトーに達し、キャンプ設置、9月21日には第2アイスフォールを右に巻いてリトル・シニオルチュー（Little Sinioluchu, 6530m）との鞍部の雪庇の下5700mに幕営。ちなみに、ここまで同行の名犬ワスル（Wastle）が到達した。翌日、主稜線6200mに達し、前衛峰6470mの雪庇下にビバークした。翌23日朝6時に出発して頂上と前衛峰のギャップに達し、ここからはウィーンとゲットナーの2名が登攀を続け、午後2時に頂上に立った(4)。バウワーは彼の著『Kangchenjyunga Challenge』(5)の中で、ウィーンの日記を引用している。「今や僕たちの周囲は、どこもかしこも全ヒマラヤ中で最も荒涼とした処だった。ヒマラヤ襞の入った南山稜、途方もない北側の絶壁、信じられようもないつるつるな岩場の急な氷、そのまっただ中にそそり立つ険しい孤峰に僕らは立っていたのだった。この冷酷な壮観の印象は僕らを圧倒した。下のコルに待ってこの登攀を見守っていたヘップとバウワーに向かい、僕らは意気高らかにヨーデルを歌って合図した。」ちなみに、ゲットナー、ヘップ、ウィーンは翌年1937年7月14日、ナンガ・パルバートのC4で雪崩で遭難している。シニオルチューの第2登は、スイスのグローブ（E.Grob）とドイツのパイダール（H.Paidar）、シュマデラー（L.Schmaderer）による。カンチェンジュンガの踏査が目的でゼム氷河に入った折のこと、1937年9月25日にドイツ隊と同ルートで登頂した。23日に6250m地点に幕営、翌24日に前衛峰を越え6650m地点でビバーク、その翌日の登頂であった。ちなみに、この3人は1939年にもゼム氷河を訪れ、テント・ピーク（Tent Peak, 7365m）の初登頂を成し遂げている。
　大戦後になって、1979年春、ガントクのソナム・ギャツォ登山学校隊（ワ

ンギャル隊長（S.Wangyal））の延べ18名が、5月18、20、21、23日の4日間にわたり第3登を果たした(6)。シニオルチュー氷河右岸から入り、シニオルチューとリトル・シニオルチューとの鞍部下5884mにC3を、ついで前衛峰を越えた地点6286mにC4を設置した。1次隊は、5月18日午前5時に出発、頂上にチンリー（G.Thinley）以下5名が13時に到達した。2次隊（P.Tsering以下5名）、3次隊（G.Sherpa以下2名）、4次隊（ワンギャル隊長および一次隊の2名）はC3から直接登頂した。

大戦後、長らく外国隊のシッキムへの単独入山は禁止されていたが、1954年5月7日、東北大学艮峻山の会偵察隊（隊長：能勢真人、隊員：平泉 宣、小山 敦、涌澤亮介）がシニオルチュー氷河に入った。数日後、スカリャ（T.Skarja）を隊長とするスロベニア隊5名が入山した。初登ルート沿いに本峰とリトル・シニオルチュウーの鞍部近く6250m地点にC2を設置、そこからフーラン（V.Furlan）とルーパー（U.Ruper）が、17時間半を要して5月28日に頂上に立った(7)。

1995年春、東北大学艮峻山の会学術登山隊（総隊長：佐藤春郎）の13名からなる登山隊（隊長：片山正文、平泉 宣、松木克雄、後藤 均、千田雅之、保坂正美、市川宏文、小山 敦、太田尚志、涌澤亮介、中野岳仁、山口正人、葛西森夫）が登頂に挑んだ。4月30日、レスト・キャンプのBCに集結。翌日シニオルチュー氷河左岸4700m地点にABCを設置し、5月3日、氷河左岸沿いに第1アイスフォールを越えて下部プラトーのC1予定地5350mに到達した。そこから第2アイスフォール下部を左方向に巻き、クレバス帯を右にトラバースし、リトル・シニオルチュー下部のミックス帯を越えて上部プラトーに達し、7日に前衛峰下部5960mのC2予定地点に到達した。5月20日、C2を出発した千田、太田の2名は、保坂、涌澤のサポートのもと、前衛峰を越え、そこから続くナイフリッジを経て鞍部6400mにACを設置。翌日午前4時30分、千田、太田の2名はACを出発、ほぼ主稜線コンタクトラインに沿って登高、頂上直下の急峻な氷雪壁を登り切り、5月21日午後4時10分、頂上に立った。その夜は頂上直下6640m地点のクレバス内でビバーク、翌日早朝から下降を再開しACを撤収、前衛峰にてサポート隊と合流したのち、午後2時にC2に帰着した(8)。→*別項参照579頁*

なお、これ以降の登頂記録はなく、またIMFの外国人登山許可リストには挙がっていない。

[文献]
(1) D.W.Freshfield: Round Kangchenjunga, London, 1903. 邦訳：薬師義美『カンチェンジュンガ一周』 あかね書房、1968年
(2) D.W.Freshfield: Round Kangvhenjyunnga. AJ, 20 (149), 1900
(3) 河口慧海『第二回チベット旅行記』講談社学術文庫、1981年
(4) K. Wien: The Ascent of Siniolchu and Simvu North Peak 1.HJ, 9, 1937
(5) P.Bauer: Kangchenjyunga Challenge, London, 1955, 邦訳：『カンチェンジュンガをめざして』田辺主計・望月達也、実業之日本社、1956年
(6) S.Wangyal: Siniolchu. HJ, Vol.31, 1981
(7) T.Skarja: Siniolchu. AAJ, 69, 1995
(8) S.Hiraizumi: The Ascent of Siniolchu. HJ, Vol.53, 1997

（能勢眞人・平泉 宣）

パンディム　Pandim　6691m　[27°34′・88°13′]

[位置と山容] ガントクの北西48km、カンチェンジュンガの左に三角錐状に見える。カンチェンジュンガに圧倒されて前山程度にしか映らないが、この山名はレプチャ語で「王者の従者」の意で古くから聖峰とされてきた。ダージリン（Darjeeling）から（北59km）やペマヤンツェ（Pemayangtse）から（北30km）は、ナーシン（Narsing）の山脈に隠れて、わずかに頂上が見える程度である。しかしその北東面の山容は、見事な三角錐を呈し、北西稜、北稜、それに肩をもった東稜を配し、堂々とした風格である。西側はオンラクタン氷河（Onglaktang Gl.）側に切れ落ちる急崖を形成し、北面もタルン氷河に落ちる絶壁である。北西には支稜を延ばし、ゴチャ・ラ（Gocha La）に至る。東は、タルン氷河（Talung Gl.）の下流、タルン・チュー（Talung Chu）に東稜を落とす。南稜はジョプノ（Jopuno, 5936m）に連なる。

[登山史] これほど際だった山容をしていながら、かつアプローチが短いのに、未だに未登峰であるのはめずらしい。この地域を初めて踏査したのは、1883年秋のこと、グレアム（W.W.Graham）によってであった。1926年には、バウステッド（H.Baustead）がタルン氷河側から北西稜に挑んだが悪天候で退却、1928年にもサマヴィル（T.H.Somervell）らが北西稜に挑んだ。1940年5月にはクック（C.R.Cooke）とJ.ハント（L.J.Hunt）がパンディム・コルから南稜に挑んだが途中で退却している(1)。

インド隊で初めてパンディムに挑んだのは、西ベンガルのドゥルガプー

ル登山協会（Durgapur Mountaineers' Association）で、1978年春、南稜に挑んだが敗退した。1979年秋には、ダール隊長（S.N.Dhar）が率いるカルカッタのディガンダ・クラブ（Diganta Club）が北西稜に挑んだが途中で退却した(2)。この後も、パンディムに登頂したという報告はない。

Pandim, seen from the main ridge line of Sinjolchu at 6500m (T.Ohta)

[文献]
(1) L.J.Hunt: Pandim-Diary of a war-time escapade. HJ, Vol.44, 1988
(2) S.N.Dhar. Sikkim Himalayan Expedition, 1979. HJ, Vol.37, 1981

ゼム・ギャップ　Zemu Gap　5861m　[27°40′・88°13′]

[位置と山容]カンチェンジュンガ南峰から東に派生する支尾根は、ゼム・ピーク（Zemu Peak, 7730m）とP7038を経て、シムブー南西峰（Simvo SW, 6812m）へと連なるが、その間に約1000mの高度差を持ってV字型の岩稜の切れ目が見られる。これがゼム・ギャップである。その北側にはゼム氷河（Zemu Gl.）を、南側にタルン盆地（Talung Basin）の上流にあたるトンション氷河（Tongshiong Gl.）を配しており、古くから北シッキムと西シッキムとの隘路として注目されてきた。

[登山史]ゼム・ギャップの最初の探査は南側のタルン盆地からで、1890年にホワイト（J.C.White）によりなされている。ヨクサム（Yoksam）の奥、オンラクタン氷河（Onglaktang Gl.）からゴチャ・ラ（Gocha La）を越え、タルン氷河（Talung Gl.）に降り、トンション氷河との合流点、タルン盆地を経て、ルケル・チュー（Rukel Chu）を遡ってマンガン（Mangan）に至っている(1)。一方、北側のゼム氷河からは、フレッシュフィールド（D.W.Freshfield）らが、1899年、ゼム氷河に入った折にゼム・ギャップに挑んだが、悪天のため断念した(2)。初めてゼム・ギャップにゼム氷河

から到達したのは、ケラス(A.M.Kellas)である(1910年5月12日)(3)。

その後、バウワー(P.Bauer)隊のカンチェンジュンガ第1回遠征時(1929年)に、クラウス(K.Kraus)、レオポルド(J.Leupold)が7-8月にゼム・ギャップに到達している(4)。1936年5月、ティルマン(H.W.Tilman)は2人のシェルパとタルン氷河からタルン/トンション両氷河にはさまれた尾根の現在"Tilman's Snow Col"と呼ばれるコルを越えトンション氷河に降りている。しかしゼム・ギャップには到達出来なかった(5)。

Zemu Gap (5861m) from Zemu Gl. (Y.Ogata)

1937年秋、バウワー隊が、シニオルチュー、シムヴーに登頂した折に、おそらくゼム氷河からゼム・ギャップに到達していると思われる(6)。この時期少し遅れて、カンチェンジュンガ偵察にゼム氷河に入ったハント(J.Hunt)、コーク(C.R.Cook)らは11月18日にゼム氷河側からゼム・ギャップに達した。なお、この遠征で、彼らはシムヴー・ラ(Simvo La, =Chibge La)にも到達し、コークらは、ここから南側のパッサンラム氷河(Passanram Gl.=Umaram Kang)へと下降している(7)。

はじめてゼム・ギャップを越えたのは、1938年7月9日、ティルマンによりなされた。ゼム氷河側からゼム・ギャップを越えてトンション氷河に降り、タルン氷河を登りゴチャ・ラを越えるに至った(8)。

南側からのゼム・ギャップへの到達は成功していなかったが、2011年12月に、ムケルジー(A.Mukherjee)は2名のシェルパ(Thendup Sherpa, Pemba Sherpa)とマンガンからルケル谷を経て、トンション氷河とタルン氷河の合流地点(タルン盆地)に至りBCを設置、2011年12月15日にゼム・ギャップに到達した。南側からは初めてであった(9)。

[文献]
(1) J.C.White: Sikkim and Buhutan-Twenty-One years on the North East Frontier 1887-1908, Low Price Publications, 1999

(2) D.W.Freshfield: Round Kanchenjyunga, London, 1903
(3) A.M.Kellas: The Mountains of Northern India and Sikkim. AJ, 26, 1912
(4) P.Bauer: Kangchenjyunga Challenge, London, 1955
(5) H.W.Tilman: The Zemu Gap.HJ, Vol.9, 1937
(6) K.Wien: Ascent of Siniolchu and Simvu North Peak I. HJ,Vol.9, 1938
(7) J.Hunt and C.R. Cooke: A winter visit to Zemu Glacier. HJ, Vol.10, 1938
(8) H.W.Tilman: Lachsi and the Zemu Gap. HJ, Vol.11, 1939
(9) A.Mukherjee: Zemu Gap（5861m）, First Documented Ascent from the South. AAJ, 54, 2012

シムヴー　Simvo（Simvu）　6812〜6540m　［27°41′〜42′・88°14′〜16′］
[位置と山容] カンチェンジュンガ南峰の東南東約9.5kmに位置し、ガントクからは北西方向に複数の鋭峰（Ⅰ峰-Ⅴ峰）を有する山塊として見える。北にゼム氷河、南に南シムヴー氷河（South Simvo Gl.）、東にパッサンラム氷河（Passanram Gl.）が流下し、西方には、カンチェンジュンガ南峰から東に派生する支尾根上のゼム・ギャップ（Zemu Gap, 5861m）に約1000mの高度差をもって急傾斜する。この山塊は、最高峰のⅠ峰（南西峰）6812m、Ⅱ峰（南中央峰）6811m、Ⅲ峰（東峰）6671m、少し北方にⅣ峰（北西峰）6587m、Ⅴ峰（北東峰）6540mの5峰からなる。→グラビア写真(3)-407頁

[登山史] ケラス（A.M.Kellas）は1907年9月にゼム氷河側から3度にわたり攻撃したが（おそらく第Ⅰ峰）6300m地点にとどまった。1936年5月には、パリス隊長（M.Pallis）率いるイギリス隊が第Ⅴ峰（6540m）を攻撃し、頂上直下にまで達している。

　初めてシムヴーの登頂に成功したのは、バウワー（P.Bauer）率いるドイツ隊であった。(記録ではNorth Peak Ⅰとなっているが、今ではⅤ峰（北東峰）に相当する)(1)。彼らは、1929年の第1次カンチェンジュンガ遠征の折にゼム氷河側から偵察していたが、1936年9月23日にシニオルチュー（Siniolchu, 6887m）に初登頂した後の10月1日、バウワーとゲットナー（A.Gottner）、ヘップ（G.Hepp）はゼム氷河のBCを出発、7年前の偵察ルートに従い、シムヴー氷河のモレーンに取り付き、シムヴー・サドル・ピーク（Simvo Saddle Peak, 5835m）の下部5600mにテントを設置した。10月2日6時出

発、深雪の中を巨大なクレバスを越え上部氷河台地に達した。そこから痩せた岩稜にそって登り、15時半に頂上（N.E.Summit of Simvu, 6545mと記載）(2)に立った。翌3日、ゼム氷河グリーン・レイク（Green Lake）にもどった。

Simvo, 5 Peaks, seen from the main ridge line of Siniolchu （M.Hosaka）

　チャンド（P.Chand）を隊長とするインド隊は、1979年5月にローナク・チュー（Lhonak Chu）からチョウ・ラ（Theu La）を越えてゼム氷河に入り、5月27日にノルブ（C.Norbu）、シン（K.Singh）、パタク（C.S.C.Pathak）がシムヴー南東峰（22,289feet）に初登頂したと記録されている(3)。現在の第2峰（南中央峰）ではないかと思われる。ルートの詳細は報告されていない。

　1984年に登ったとする記載(4)もあるが詳細は不明である。なお、ここではバウワー隊（1936年）のゼム氷河からの写真を転載しており、西峰6811m、東峰6671m、北峰6587m、北東峰6540mとしている。

[文献]
(1) Dr.K.Wien: The Ascent of Siniolchu and Simvu North Peak 1. HJ, 9, 1937
(2) P.Bauer: The German Sikkim Expedition, 1936. AJ, 49（254）, 1937
(3) Asia, Sikkim, Simvu Southeast. In Climbs and Expeditions, AAJ, 22（2）, 1980
(4) S.Mehta, H.Kapadia: Exploring the Hidden Himalaya, London, 1990. P.30

カブルー　Kabru　7353m　［27°36′・88°07′］
[位置と山容]　カンチェンジュンガの南南西約7.5～11km、シンガリラ山稜上に位置する。ダージリンから北北西に約65kmの距離にある。シッキム王国の旧首都であるペマヤンツェ（Pemayangtse, 2085m）からは北北西に約37km、そこから見る山容は、双耳峰として見え、南南東に派生する尾根上にカブルー・ドーム（Kabru Dome, 6600m）、さらにフォークド・ピーク

(Forked Peak, 6108m)、そして、シンガリラ山稜上の南西にラトン（Rathong, 6679m）、北にはカブルーより高いタルン（Talung, 7349m）を、むしろ控えるようにして堂々としている。山名は、フォークド・ピークから南に連なる尾根上にある尖塔状の山で、ダージリンからも目立つカブール（Kabur, 4810m）（サンスクリット語で戦士、カンチェンジュンガに対する防人の意）が誤ってつけられたのではないかといわれているが、頂稜は約6km連なる平坦な峰で、ネパール側には広大なプラトーを形成している。スイスのボッサール（H.F.Bossart）の地図（1955年）に従えば、南から北にⅠ峰（7317m）、Ⅱ峰（7338m）、Ⅲ峰（7341m）、Ⅳ峰（7353m、最高峰）、スイス山岳研究財団地図では7388m、インド測量局では7394mとされるが、ディーレンフルト（G.O.Dyhrenfurth）は第Ⅱ-Ⅳ峰をまとめて北峰（7338m）とし、南峰（7317m）との2峰としている。

[登山史] 1883年、10月8日、イギリスの登山家グレイアム（W.W.Graham）は、スイスのボス（E.Boss）、カウフマン（U.Kauffmann）とともに頂上に達した、とした(1)。しかし、この信憑性についての論争が約半世紀もの間続くことになった(2)。最終的には彼らが登ったのは、フォークド・ピークではないかとされている。その後、1907年にノルウェーのルーベンソン（C.W.Rubenson）とアース（M.Aas）が東ラトン氷河（East Rathong Gl.）から、北峰と南峰の鞍部に源を有するカブルー氷河をつめ、北峰とカブルー・ドームの鞍部に達し、そこからカブルー北峰に挑んだ。10月20日に頂上直下50m地点にまで到達したが寒気と強風のため断念した(3)。

初登頂は、1935年インド在住のクック（C.R.Cooke）とショーベルト（G.Schoberth）によってなされた。彼らは10月21日、ノルウェー隊と同じルートで東ラトン氷河からカブルー氷河に入り、カブルー北峰とカブルー・ドームの鞍部から北峰の支稜に登り、11月18日に6860m地点の最終キャンプ（C6）を出発、最終的にはクック

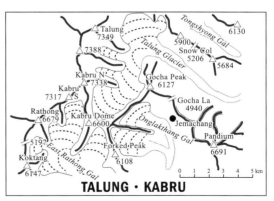

TALUNG・KABRU

が単独で頂上に立った(4)。

大戦後、数隊が挑んだがいずれも登頂には成功しなかったが、1994年、インド陸軍隊（隊長：H.S.Chauhan）は、北峰（7338m）の第2登、南峰（7317m）の初登頂、III峰（7395m）（ボッサー

Kabru Mts. seen from Pemayangtse (M. Nose)

ルのIV峰に相当）の初登頂を果たした。4月21日、カブルー氷河のカブルー・ドーム南稜下5550m地点にC1、4月23日にカブルー氷河上部のカブルー・ドーム南西稜上にC2、5月7日には、北峰と南峰の支尾根の合流地点6580mにC3を設置した。ここを最終キャンプとし、5月10日、ボーゴトッラ（S. Bhogotra）、ラムファール（S.Rhamphal）率いる計12名が北峰の頂に立った。5月12日には、マリク（S.P.Malik）とアルシャド（N.Arshad）率いる計13名が南峰に登頂、さらに同日、シン（N.S.D.Singh）ら3名は、III峰の頂きに立った。その後も、5月13日、南峰、北峰、III峰にそれぞれ14名、4名、4名が登頂した(5)。

[文献]

(1) W.W.Graham: Travels and Ascents in the Himalaya. AJ, 12 (85), 1884
(2) W.Blaser and G. Hughes: Kabru 1883. A Reassessment. AJ, 114, 2009
(3) C.W.Rubenson: Kabru in 1907. AJ, 24 (128), 1908
(4) C.R.Cooke: The Ascent of Kabru. HJ, Vol.8, 1936
(5) M.A.Abbey:Kabruru-Mountain of the Gods, HJ, Vol.52, 1996

（能勢眞人）

HAJ とカンチェンジュンガ －西・東－

Kangchenjunga Climbed by West and East
山森欣一（Kinichi YAMAMORI, HAJ）

　日本ヒマラヤ協会（HAJ）は、1981年にネパール側からカンチェンジュンガ主峰とヤルン・カンの縦走登山を実施し、両峰の登頂に成功したものの縦走は断念した。また、10年後の1991年にはインド・チベット国境警察隊（ITBP）との合同登山を実施し、インド側からのカンチェンジュンガ主峰の登頂に成功した。当時、インド、シッキム側からのカンチェンジュンガ登山が許可の面で困難なことを考えると、HAJは世界第3位の標高を誇るカンチェンジュンガ主峰を、西と東から登頂した唯一の珍しい登山団体となったのである(1)。

ネパール側縦走登山（1981年）
　事の発端は、HAJ内部の研究団体である「エクスペディション研究会（以下，EXP研）」である。EXP研では、1974年～75年に7000m級の3つの登山隊をヒマラヤに派遣した。その過程の中で「ポスト1975年」としての8000m峰登山が議論された。3隊の結果を受けて隊の中心メンバーたちは、「東北の8000m峰」を立案したが、幾多の議論と経緯の末、EXP研企画委員会から「1981年カンチェンジュンガ縦走登山」が提案され、1976年5月22日、仙台で総決起大会が挙行され、5年後の計画がスタートしたのである(2)。当初の計画は、インド側の南南東稜から南峰を経て主峰を往復する縦走計画であったが、インド側からの許可取得の見込みがないことが分かり、1977年夏になり計画はネパール側から南峰～主峰の縦走計画に変更された。ところが、1978年にポーランド隊が南峰に初登頂したがネパール政府から違法登山とされた。ネパール側の主張は、解禁した「カンチェンジュンガ」とは「主峰」のみだとのことである。ここでHAJはその南峰の解禁のために菊地 薫をカトマンズに駐在させ、粘り強い渉外を行ったが、出発までには遂に南峰はオープンされず、計画はヤルン・カン～主峰の縦走へと再度変更されたのであった。

　1978年夏、プレ・カンチ計画として、西郡光昭隊長以下10名をカラコルム、バトゥラIV峰（7594m、当時は7730m）に派遣、3名が初登頂するものの、

隊員のうち縦走登山に参加した者は皆無となり、計画倒れとなってしまった。1980年春、山森欣一隊長以下7名の偵察隊を派遣。当初計画していた縦走の出発点である南峰を目指し，グレートシェルフを経由して南壁の7650mまで到達した。BCまでの長いアプローチマーチの状況も含めて偵察隊は成果をあげて帰国した。

　1981年の本隊は、隊長:山森欣一(37)、副隊長:菊地 薫(35)、八木原圀明(34)、保坂昭憲(33)、尾形好雄(32) の3名の登攀リーダー、医師、通信隊員ら総勢22名。現地要員としてサーダー2名、高所ポーター14名、BCスタッフ6名を雇用した。菊地ら先発隊（山田 昇(31)、藤倉和美(31)、若尾巻廣(31)、渡辺 優(31)、片岡邦夫(27)、鈴木 茂(26)）の7名は、2月16日ポーター204名でイラムを出発し、3月16日、バッヘの墓のある丘にBC（5500m）を建設した。ただちに登攀を開始し、3月31日に主峰中間部を占めるグレートシェルフにABCとなるC3（7300m）を建設した。山森ら残る15名の本隊は、2月26日ポーター444名でダーラン・バザールを出発し、3月31日BCに到着した。キャラバン途中の3月4日、南峰と中央峰をあきらめ、計画をヤルン・カンと主峰の「交差縦走」に決定し、ヤルン氷河上で行動中の先発隊に伝えた。先発隊は、4月3日からの6日間ラムゼー（4350m）で休養後、登攀要員18名を再編成し、20日、ヤルン・カン側C4（7850m）を建設、21日に，C5（8256m）予定地に到達した。主峰側も23日、C4（7850m）を建設、24日にはC5

Kanchenjunga from Gangtok （K.Kano）

（8300m）予定地に到達した。27日〜5月1日まで休養を終えたメンバーはBCに集結。BCでは、隊長、副隊長、3名の登攀リーダーの5名によるリーダー会が開かれ、隊長から提案された縦走計画について協議の結果、以下のような陣容が決定され、交差縦走内容がメンバーに発表された。

　主峰側:トラバーサー（山田、藤倉）、頂上までのサポーター（保坂、片岡、鈴木、ニマ・テンバ）。ヤルン・カン側:トラバーサー（尾形、八嶋 寛(31)）。サポーター（八木原、飛田和夫(35)、角田不二(28)）、主峰側C4待機:（渡辺、

小松 伸(30))、ヤルン・カン側C4待機;(若尾、佐久間 隆(30))。サポーターは頂上までのルート工作と、頂上で観測用ポールと測旗の設置。

3日、アタック隊メンバーはBCを出発した。しかしABCからC4へ移動予定の6日は降雪のため待機となった。8日、両峰隊共C5を建設し宿泊。9日、好天気に恵まれた。7本の酸素ボンベを背負ったメンバーたちは、主峰側が午前11時50分から順次6名が登頂に成功した。しかし、ヤルン・カン側は12時30分と遅れた。主峰側からヤルン・カン側への稜線の下降は厳しいとの報告であった。こうして縦走は頂上から一歩も踏み出すことなく断念されたのであった。

しかし、この当時、8500m級の2座にそれぞれ5名以上の登頂者を出したのは初めてのケースであったが、隊の目的が「トラバース」であったので、隊長は「完敗」との自己評価を下したのであった。

その他のメンバーは、医師:加藤亮子(46)、無線:加藤康二(32)、隊員:福山 茂(30)、谷岡俊匡(29)、二階義治(27)、鈴木治三郎(25)、連絡官:ラビ・シュレスタ(28)

主峰の標高観測

この隊にはもう一つの目的があった。それはカンチェンジュンガ主峰とヤルン・カンの標高差を観測することであった。当初は一等水準測量で主峰の標高を観測する予定であったが、諸々の事情により2座の比高を観測することになった。このため登山隊は両峰の頂上まで、水準器を持参し測旗とポールを持ち上げ、設置する仕事を受け持つことになった。学術班は、隊長:五百沢智也(47)以下、小林 詢(44)、谷本秀喜(30)、松岡憲知(25)の4名(谷本はJOCV隊でネパールの土木測量に従事していた1979年からSF作家になり谷 甲州の名で新田次郎賞を受賞した)。結果は、5月9日両峰上に掲げられた測旗をヤルン氷河左岸のコーナー台地に設けられた五百沢点から、セオドライトで両峰順上の測旗をとらえることに成功した。しかし、標高観測の結果は出たものの持参した測距儀の能力が、三角点(山森点「BC」、五百沢点「コーナー台地」、小林点「ヤルン氷河右岸」の距離に届かず正確な数値を得ることができなかった。学術班ではその後の観測作業の結果を踏まえて、主峰を8,600mと仮定して今回の観測でヤルン・カンの標高を単純平均で8513.5mと報告した。(1983年ネパールは、カンチェンジュンガ主蜂の標高

を8586mと発表した.その数値からHAJ観測のヤルン・カンの標高は8505mとなる。［8600-8586=14　8519-14=8505］エベレストを除けば、8500m級の山頂に測旗を設置し、青天白日の下、直に観測した例は初めてであり．ヤルン・カンの真の頂上が確定できたことも学術班の大きな成果であった。同時にヤルン・カンの真の頂上に快晴の中5名が登頂し、周辺の写真撮影や頂上地形から判断して1973年京大隊が登頂したヤルン・カン頂上と、HAJ隊が登頂した頂上は異なることが分かった。その結果、HAJではヤルン・カンの初登頂は1975年5月9日のドイツ・オーストリア隊とし、HAJ隊が同峰の日本人初登頂と整理している。

インド側合同登山（1991年）

　1981年に実施したカンチェンジュンガ縦走登山は、本来、インド、シッキム側からの計画であったが、当時のインド側の事情から断念し、ネパールへ転進した経緯があった。

　シッキム側からの計画の発端は、EXP研を主導していた一方の核であった清水　澄が、少年の頃に読んだバウアーや三田幸夫から受けたゼム氷河からのカンチェンジュンガへの憧れであった。しかし、1981年にEXP研計画はネパール側から実現した(2)。

　しかし、1981年計画に携わり推進したメンバーの多くはネパール側に転進したものの、シッキム、ゼム氷河からのカンチェンジュンガに未練を残し、熱き思いを持て余していた。憧憬のシッキム側からのカンチェンジュンガ登山は突然幕を開けた。HAJでは1990年夏、尾形好雄隊長のインド北部辺境調査隊をラダック、ザンスカール地域に派遣した(3)。その折、ラダックのレーで尾形はインド・チベット国境警察隊（ITBP）のフカム・シンから、カンチェンジュンガ合同登山をプロポーズされたのである。フカム・シンは1981年ナンダ・カート遭難の捜索からHAJと交流があり、1985年のサセール・カンリⅡ峰では、沖-フカム・シン、翌年のリモⅠ峰では、尾形-フカム・シンで合同登山を成功させており、旧知の仲であった。本部ではすぐさまに当時計画されていた1991年12月の、群馬県山岳連盟サガルマータ冬期南西壁隊のプレ登山としての位置づけを申し入れ快諾を得た。時期は1991年春、15名の隊員の中に女性2名を含むことが条件であった。出発間際に健康不良で辞退者が出たためHAJ側は14名となった。隊長:尾形好雄(42)、副隊長:

名塚秀二(36)、隊員12名（女性：北川みはる(42)、貝塚珠樹(31)）の陣容である。インド側は、隊長：フカム・シン、副隊長：C.Rパタナインら15名、女性：サントシュ・ヤダヴ、スマン・クティヤル）であった。

多国籍軍のイラク空爆、シッキム入域許可問題、酸素ボンベ関係などクリアーし、盛大なフラッグ・オフセレモニーなどを終えてニュー・デリーを出発したのは3月8日。バグドグラからバスでガントクを経てキャラバンスタート地点のタングーに着いたのは15日。高所順応、積雪の問題、ヤクの件など諸々の出来事が次から次へ起き、結局、先発隊がグリーン・レイクのBC（4935m）に到着したのは3月31日となった。

アッパー・ゼム氷河の凄まじいまでのアイス・フォールを突破し、4月21日、北東支稜にルート工作を開始、5月9日C4（7,450m）建設、15日C5（7850m）建設、17日、C5からインド側隊員が独断でアタックに向かい、パサン・シェルパ(26)が北壁側に転落して行方不明となった。このため、ダージリンシェルパの荷揚げが不可能になった。22日ラジブ・ガンジー首相の暗殺が報じられた。22日、C6（7590m）を1980年の山学同志会隊と同じ場所に建設(4)。しかし、酸素用のレギュレーターが2個しかなく、名塚が酸素補給なしでアタックすることになる。24日、名塚は酸素ボンベなし、今村裕隆(32)1本、小田隆三(28)2本で、午前4時にC6をスタート、名塚は午前11時50分登頂。今村、小田も15時23分登頂に成功し、HAJはカンチェンジュンガ主峰を西と東から登頂した初めての団体となった。25日インド側もS.Dシャルマ、T.サマンラ、カネヤーラルの3名が登頂した。日本側のその他のメンバーは、新郷信廣(48)、吉田秀樹(38)、田辺 治(30)、江塚進介(30)、佐藤光由(30)、後藤文明(26)、星野龍史(23)、秋山 剛(20)であった。

[文献]
(1)『カンチェンジュンガ－西・東－』HAJ
(2)『ヒマラヤ研究XII：EXPEDITION II』 HAJ, EXPEDITION研究グループ, 1978年
(3)「雲上の道を行く（尾形好雄）」『ヒマラヤ』No.231、H3、pp.18-22
(4)山学同志会カンチェンジュンガ登山隊『カンチェンジュンガ北壁無酸素登頂の記録 1980』山学同志会カンチェンジュンガ登山隊、1980年
(5)山森欣一「登山史の挟間 No.20」『ヒマラヤ』、474、pp.34-39

シニオルチュー登頂（1995年）
The Ascent of Siniolchu（6887m）
東北大学艮崚山の会

　大戦後、長らく外国隊のシッキムへの単独入山は禁止されていたが、1994年春、東北大学艮崚山の会（隊長：能勢眞人、隊員：平泉 宣、小山 敦、涌澤亮介）は、日本ヒマラヤ協会の支援のもと、翌年の本隊のための偵察に、外国単独隊としては57年ぶりにシニオルチュー氷河に入り、5月7日、左岸4800m地点に達した。ラチェンを発ってゼム谷に入り、テリンからシャクナゲが咲き乱れる森を抜け出てジャッタン、ヤブックに至ると、そこはシッキム最大の氷河、ゼム氷河である。その最奥にはカンチェンジュンガが座し、左にシムヴー、シニオルチュー、右にツインズ、ネパール・ピークへと続く大伽藍が広がる。アブレーション・バレーにそってレスト・キャンプに至ると、そこから仰ぐシニオルチューは、まさしく、D.W.フレッシュフィールドをして「世界で一番美しい山」といわしめた秀麗な姿である。そして、「・・・神は宿る　はるかなる、平和な　近づきがたい静寂の中で・・・」(1)。深田久弥さんがここにおられれば、ナンダ・デヴィの内院、ナンガ・パルバートのメルヘン・ヴィーゼ、バルトロのコンコルディアのヒマラヤ三大景にこの地を加えられたに違いない。

　東北大学艮崚山の会学術登山隊（総隊長：

Sinioluchu（6887m）from Rest Camp. Sinioluchu（center）, the advance peak（6470m）（right）and the col between Siniolchu and Little Sinioluchu（M.Nose）

シニオルチュー登頂ルート

佐藤春郎）の登山隊（隊長：片山正文、副隊長：平泉 宣、登攀隊長：松木克雄、後藤 均、千田雅之、保坂正美、市川宏文、小山 敦、太田尚志、涌澤亮介、中野岳仁、山口正人、葛西森夫）がこのレスト・キャンプBCに集結したのは1995年4月30日のことである。この年4月から別送品に関する法律改正がありデリー税関での隊荷の引き出しに難渋し、また、シッキム州のリエゾンオフィサーの随行条件交渉にトラブルが生じ、さらには、ラチェンでのポーターの確保にテント・ピークをめざすオーストリア隊と競合し不足の事態に陥ったことなどから、予定より11日もの遅れとなった。それでもBC設営に並行して5月1日にはシニオルチュー氷河左岸4700m地点にABCを、ついで氷河左岸沿いに第1アイスフォールを越えて下部プラトーに達し、5月3日に5350m地点にC1を設営した。

A view of the 2nd icefall from the C1 plateau （T. Ohta）
Line indicates the route

5月6日、C2へのルート工作を開始。広大なC1プラトーを縦断し、第2アイスフォール下部は左端にルートを取り、続くクレバス帯は、正面と右岸からのセラック崩壊を回避するためその下部を右にトラバースしてリト

ル・シニオルチュー下部の雪壁と岩場のミックス帯を越えて上部プラトーに達し、5月7日に前衛峰下部5960mのC2予定地点に到達した。しかしこのルートでも、朝8時頃からは至る所で雪崩とセラック崩壊に見舞われた。5月10日降雪、翌朝第2アイスフォール左岸のリトル・シニオルチュー側より大規模な雪崩とセラック崩壊が発生。

A west view from the advanced peak of Siniolchu.(T. Ohta) Kangchenjunga(L), Twins(C), Nepal Peak(R)and Little Siniolchu(R front)

以降C1-C2間の荷揚げは午前1時からの行動に変更することとなる。5月15日、C2から前衛峰（6,500m）へのルート工作を開始。北西稜コルへの雪庇越え、さらに主稜線上のクレバスの垂直の段差に手こずるも、5月18日に前衛峰に到達し、アタック態勢は整った。ここからの眺めは実にすばらしい。西にカンチェンジュンガを中心に据えるシンガリラ山稜の峰々と、北にチョルテン・ニマ山稜の峰々からなるシッキムの大伽藍が一望できる。

登頂

5月20日、満天の星空。C2を出発した太田、千田の2名は、保坂、涌澤のサポートのもとに、前衛峰を越え、そこから腐れ雪に氷塊の混ざるナイフリッジを経て鞍部6400mに到達、そこにACを設置する。サポート隊の下降後、明日の登頂に備えフィックスロープを回収、帰路は断たれた。

翌21日、晴天。ワンチャンスに賭けて千田、太田は、午前4時30分にACを発つ。ほぼ主稜線コンタクトラインに沿って氷雪壁を登高し、11時30分、頂上を頂点とする白いピラミッドの基部に到達、そこに荷物をデポする。そこからは50-60°の氷雪壁である。3ピッチ目はガチガチのブルーアイスとなり露岩とのコンタクトラインにルートを変更し、7ピッチ目にしてようやく氷雪壁を登り切った。頂からの南稜が目前にある。1ピッチ後の午後4時10分、ついに2

The main ridge to the summit of Siniolchu seen from the advance peak 6470m （M.Hosaka）

人は頂上に立った。

その時を、太田は「世界で一番美しいとされる山の頂きは、どこにでも見られるような、ただの雪の固まりだった。」と、千田は「地元の信仰に敬意を表して山巓の一歩手前で頂上の幸福を味わった。」と振り返る。午後4時20分、迂闊にもヘッドランプをデポしてしまっていた2人は急いで下山開始、デポ地点に降り立ったのは、日没寸前の午後6時40分であった。その地点から主稜線北側に1ピッチ下降したところ（6640m）に浅いクレバスを見い出しビバーク。夜通しBCから送られるディスクジョッキー"オールナイト・シニオルチュー"に元気づけられて朝を迎えた。晴天、雲海に浮かぶチョルテン・ニマ山稜の峰々が薄紅色に染まる。午前4時20分、下降を再開、午前6時45分ACに到着。ACを撤収後、前衛峰にてサポート隊保坂、涌澤と合流したのち、午後2時にC2に帰着。BCは雪であった。モンスーンは近い。(2, 3)

The south ridge of Siniolchu at the one pitch lower site from the summit （M. Chida）

（文責：能勢眞人・平泉 宣）

[文献]

(1) D.W.Freshfield: Round Kangchenjunga, London, 1903. 邦訳『カンチェンジュンガ一周』薬師義美、あかね書房、1968年

(2) S.Hiraizumi: The Ascent of Siniolchu. HJ, Vol.53, 1997

(3) 『東北大学シッキムヒマラヤ学術登山報告書 1995』シッキムヒマラヤ学術登山実行委員会・東北大学艮陵山の会山の会発行、1996年

痛哭のトゥインズ初登頂（1994年）
The First Assent of Twins（7350m）
大滝憲司郎（Kenshiro OTAKI, 日本シッキムヒマラヤ登山隊）

デリーから BC へ

1992年、インド政府の開放政策を受けて、私たちはIMFおよび、シッキム州政府と交渉を続け、1994年5月トゥインズ峰の許可を得た。9月18日、成田を出発、夕刻ニュー・デリーに到着。IMFとの最終打ち合わせを終え、5カ月前に送った隊荷を通関。開封しないまま車でシッキムへ送った。22日午前、ニュー・デリーより国内線で西ベンガルのバグドグラ空港へ。空港からの迎えの貸切バスに乗り、一路、シッキムの州都ガントクへ。

9月24日、遅れていた隊荷が到着、仕分け、再梱包を夜遅くまで行う。翌朝、隊荷をトラックへ積込み、ラチェンまで先に送り出した。9月28日、遅れていた軍の許可もおり、ようやくラチェンへ出発、夕暮れになってラチェンのゲスト・ハウスに到着した。ここで初めて隊員、連絡官、コック、キッチンボーイ、シェルパが一堂に会した。

隊長：大滝憲司郎(47)、隊員：高嶋石盛(47)、芥川 進(48)、北原 修(43)、横川 滋(43)、和田 収(42)、築井一徳(34)、顧問：中村省爾(52)、コック：ラクバ・タマン、シェルパ：パサン・ギャルツェン(30)、パサン・テンジン(22)、ダワ・ウォンチェク(23)、ダワ・シェルパ(22)、キッチンボーイ2名

北部のタングー経由でヤクを使って運ぶ隊荷とシェルパを早朝送り出し、本隊はキャラバンに出発。その日は、テラムまでの短いキャラバン初日だった。10月1日、森林帯を抜け、いよいよゼム氷河の末端を望むヤブク（3980m）に到着する。10月2日、ヤブクから氷河の舌端を左手に見てガレ場を登ると、サイドモレーン上の広い草原に出た。思い思いに進むと、そこがレスト・キャンプ（4570m）。シニオルチュー（6887m）がモンスーンの雲間に見え隠れする。午後、峠越えをしてきた隊荷を乗せたヤクが霧の中に現われた。10月3日、標高4920mにベースを設営。

10月6日、高島隊員、横川隊員、シェルパの6名がC1入りした。不調の和田隊員はBCから思い切ってラチェンまで下らせた。10月9日、C1からモレーン帯を進み、ネパール・ギャップ氷河の2番目のアイスフォール帯の迷路を

抜けると、眼前に真っ白な氷河が広がっていた。そのまま東峰に向かって長い氷河を辿り、クレバス帯を登り切った台地にC2（5850m）を建設、私とシェルパ2名が入った。

　10月10日、快晴。C2からルート工作に出て、東峰につながる尾根の側壁に、8ピッチ320mの固定ロープを張り稜線に立った。下部の荷上げが予定通りされてなく、調整の必要から私はBCに下った。そこで、和田隊員に続いて芥川隊員もラチェンに下ったことを知る。

　10月17日、C3（6500m）建設、築井隊員とシェルパ2名が入った。C1, C2の装備と食料を再チェックし、後半に備えた。和田、芥川両隊員もようやくBCに復帰した。

　10月20日、C3からの3名は6900mのC4予定地のルート工作を終え、ここに至って、初めてC2、C3、C4間の無線連絡ができた。C4への荷上げとともに、最終ステージを迎える。

上部キャンプ建設

　10月24日、快晴の中、中村、横川両隊員とシェルパからなる第1次アタックメンバーがC3に集まる。C2にいた私と高嶋隊員の2名で、2次隊の登頂と撤収計画について打ち合わせた。「11月3日、BC撤収」と決めた。翌日、C4を建設。中村、横川隊員とシェルパ4名が入る。また、同日、東峰へのルート工作を終えた。

　10月27日、快晴。横川、ギャルツェン、ウォンチェクの3名で最終キャンプ地（C5）までのルート工作と荷上げを行った。中村顧問は不調のためC4からC2へ下ることになった。逆にC2で待機していた芥川、築井の2名をC3へ向かわせた。翌日、地吹雪に近い中、新アタックメンバーの高嶋、横川、シェルパのギャルツェン、ウォンチェク、それのサポーターのダウは、東峰との鞍部、6700m地点にC5を建設した。芥川、築井は、C3からC4へ向かったが、芥川は調子を崩して引き返した。

　10月29日、晴れていたが風が強い朝だった。午前6時の交信でアタック隊は待機中とのこと。以後アタック隊からの送信は途絶えた。この日、アタック隊は7時にC5を出発、明治学院大学隊（伊丹紹泰隊長他12名）の取ったルートより稜線寄りに頂上を目指した。午後5時、頂上と思われる場所より少し手前に到達、シェルパの3名は頂上と確信していたが、高嶋、横川隊員

は、完全に高い位置に達していないということで、未登頂と考えていた。

後日、シェルパたちは、「処女峰の頂を踏んではいけない」というしきたりを守ったという。アタック隊がC5に戻ったのは、夜10時を回っていた。

10月30日、朝方より高層雲が、カンチェンジュンガを中心にして西から東へ棚引く。天候の変わり目でなければよいがと気遣う。午前8時、C4経由でアタック隊と交信、順調に進んでいるとの報告を受ける。ただ、シェルパのギャルツェンはC5に停滞、2名で行動しているとのことであった。この交信後、彼らの登頂は間違いないと確信し、予定通り私はBCに向かった。

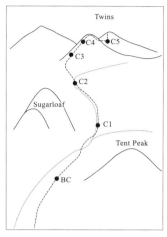

Twins Climbing Rout

10月31日、風強く快晴。午前9時の交信で、27時間ぶりに、アタック隊と交信できた。高嶋隊員の強い要望で、彼のみ再度アタックし、頂上かどうかを確認したい、という申し出があった。ギャルツェンと一緒に行くことで了承。横川隊員と残りのシェルパは、計画通りC4に下りた。また、入れ替わりにC4から築井隊員をC5入りさせた。築井にとって、もしアタック隊が完璧に成功を確信していれば、出番は回ってこなかっただろう。すでに、私のいるC2は、食糧、燃料ともギリギリの状態であった。

午後3時の交信で、C4は「横川、ウォンチェクの2名」だという。「ダワは」と尋ねると、BCへ向かうと言って下ってしまったと言う。何ということだ。C5入りの時もローテーションを無視し、アタックが終わればサポートも撤収もしないで下るのか。私はC2でダワを待った。彼は「頭痛が激しく、仕方なく下りた」と弱々しく理由を語った。にもかかわらず登頂については「サクセス（成功）」と力強く答えた。

夜の交信で、第2次アタック隊と明朝4時の出発、無理をしないことと撤収の予定を再度確認した。

11月1日、朝、目が覚めると静寂がテントを支配していた。テントの内側から雪を払い落とす。外に出ると昨日までと打って変わって冬の様相を呈していた。上部キャンプの雪による影響が心配だ。

11月2日、BCは引き続き降雪、C1へ私と中村、芥川、コックのラクパと出発。C1直下で横川隊員に出会った。手の指が凍傷にかかっているという。アタック隊の動向を聞いたが「今日あたりはC2のはず」ということだけだった。約50時間降り続いた雪も夜の9時頃になってようやく止んだ。BCでは約40cmの積雪となった。

明りが見える

　11月3日、朝BCでは零下20.7度を記録した。ただちにシェルパ2名を撤収のサポートに上げた。翌日、ラチェンのポーター40名がヤブクから現れた。すぐに荷を担いで下りたいと申し出た。ポーター頭と話し合い20人分の荷物はすぐ作り下ろすことにして、残りの20名分はBCに残してもらうことにした。カトマンズからのラジオ放送で隣のカンチで遭難事故があったことを知る。

　夕方は重苦しい空気に包まれた。そんな中、突然キッチンボーイが明りが見えると叫んだ。私は祈る気持ちで待った。C5にいたギャルツェンとサポートのシェルパが戻ってきたのだ。ギャルツェンの話ではアタック隊2名は登頂後下山中にビバークした。3晩のビバークの後、雪の止んだC5に戻ってきた。すぐにC4へ向かおうと話したが「ヘリコプターが来るからここで待っていればいい」と言っていたという。1日休んでから降りるという返事だったので先に下って来たという。私と他のメンバーもホッと胸をなでおろした。

還らない2名

　11月5日、快晴の中で、BCの撤収が行われた。下る連絡官と横川隊員にアタック隊の状況によっては、いつでもヘリコプターを飛ばせるように要請しておくことを頼んだ。食糧がないという理由で、他のシェルパも、私への断りもなく下山した。中村、芥川の2隊員はC2へ向かった。

　11月7日、昼、C2から芥川隊員がBCへ急行した。C2で頑張っていた和田隊員の観察では、天気は晴れたが、2名は未だにC5からC4に戻っていないという。私はすぐに単独でラチェンへ走った。翌日、ラチェンに到着した私は早速ヘリコプターの要請と、地上からの救援に必要な物資の調達をさせた。

11月9日、早朝、シェルパと食糧を担いだポーターがBCへ向かった。翌日、ラチェンから4キロ離れたチャテンのヘリポートから2機のヘリコプターが、それぞれ私と連絡官を乗せて再び戻った。はじめに連絡官の乗った機がC5の上空に達し旋回したが、誰も現れなかった。次に東峰を回ると、C4から2名とも現れたという。すぐに着地を試みたが適当な所が見つからなかった。また、食糧も投下できなかったという報告だった。

　11月11日、ヘリによる救出を試みることになった。しかしこの日以降、陸軍のヘリコプターから空軍の担当に代わって飛来してきた。パイロットはC2からC4の高嶋隊員ら2名と交信できた。「降りられないので上がってきて欲しい」という。地上から再度C4へ向かうためには、もう一度食糧と燃料を補給しなくては無理だった。

　11月16日、従来のC2から下方に新C2をつくり、地上からの接近を試みた。同時にヘリによる隊員の降下を空軍司令部にお願いしたが、ホバーリングが難しく認められないと断られた。11月17日、ルート工作に出したシェルパが東峰直下のネパール・ギャップ氷河に高嶋隊員のザック、フィルム2本、ヘッドランプなど2名の装備の一部を発見した。そして3日間の強風の後、11月21日、シェルパのウォンチェク、テンジンによって雪に埋もれたテントの中で不帰の人となって2名は発見された。

　「ヒマラヤ登山は基本の集積」と常に若い隊員に話していた。にもかかわらず、築井隊員、高嶋隊員の2名の尊い命を失うという結果になってしまった。2名の死の教訓を私たちは決して忘れない。

[文献] 日本シッキム・ヒマラヤ登山隊'94「痛哭のトゥインズ初登頂・7350m, 1994年秋の記録」『岳人』574号

アッサム・ヒマラヤとアルナーチャル・ヒマラヤ

Assam Himalaya & Arunachal Himalaya

　「アッサム・ヒマラヤ」とは、一般的に東端をヤル・ツァンポ川（Yarlung Tsangpo）の大屈曲部＝グレート・ベンド、西端をインド・ブータン国境までとし、大屈曲部の中国チベット自治区の山とインド・中国チベット自治区国境（マクマホン・ライン）上の山の総称として使われている。

　しかし、アッサム・ヒマラヤという呼称は、必ずしも正鵠を得ているものでないことも事実である。なぜならば、現在のインドの行政区分である「アッサム州」には、ヒマラヤの高峰は存在しない。また「アルナーチャル・ヒマラヤ」という呼称も使われる場合があるがこれも中国チベット自治区内のヒマラヤを含めるには不適となる。インド・中国チベット自治区との国境線となっている「マクマホン・ライン」もまた、両国の完全な合意を得るまでには至っていない現状も存在する。以上のような事情から、本書では、ヒマラヤの探検時代当初から用いられてきた「アッサム・ヒマラヤ」という呼称については、中国領内のヤル・ツァンポ川「大屈曲部」付近の高峰に限定して用いることにする。そして、「アルナーチャル・ヒマラヤ」については、インド・中国チベット自治区国境（マクマホン・ライン）とその近辺にある山々の呼称として用いる。

　チベット高原を東流してきたヤルツァンポ川が突然に鋭角に南西方面に流れを変える大屈曲部（グレート・ベンド）には、ナムチャ・バルワ（Namcha Barwa, 7782m）とギャラ・ペリ（Gyala Peri, 7294m）、およびそれに付随するいくつかの7000mピークが位置する。大屈曲部に隣接し、ミャンマー国境まで続くカンリ・カルポ山群には多くの6000m峰が存在し、かつ、ヒマラヤの延長と呼ぶ向きもあり、興味尽きない地域ではあるが、アッサム・ヒマラヤに含めるには一般的ではないので本書では省くものとする。

　キンドゥップに代表されるインド測量局のインド人スタッフ「パンディット」たちの尽力もあって大屈曲部の内部が探られ、また、1912年にはナムチャ・バルワ、1913年にはギャラ・ペリが発見された。この二大秘峰の発見とともに大屈曲部の謎のほとんどが解明されたがこれらに果たしたF.M.Baileyや

H.T.Morsheadの功績は大であった。

一方、インド・中国チベット自治区国境（以下、マクマホン・ライン）の南のNEFA（North East Frontier Agency）側は、極めて湿潤で暑熱の熱帯雨林と激しいモンスーン気候下にある。また、ミシュミ、アボール族などをはじめとする複雑な先住民族の存在が重なって高地部の解明は困難を極めたがF.Kingdon Wardら植物学者やインド測量局の活動

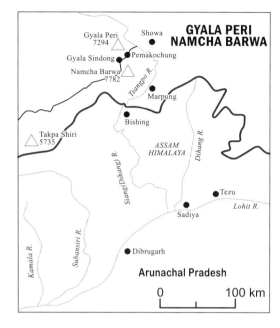

によって次第に進捗して行った。1914年、H.McMahonによって中国とインドの国境線が高峰や谷をつないで取り決められた。このマクマホン・ラインは、インド・中国・ミャンマーの三国国境が出会う"トライ・ジャンクション"にはじまってブータン東部国境まで約620km続く。ブータン国境寄りの西部のライン上には、西からゴリ・チェン（Gori Chen, 6858m）、カント（Kangto, 7089m）、チウモ（Chumo, 6890m）、ネェギィ・カンサン（Nyegye Kangsan, 7047m）の各山群が連なる。これらの山については、本書では、アルナチャル・ヒマラヤの項で詳説する。これらマクマホン・ライン上の山々への挑戦のほとんどは、気候やアプローチの困難さに加えて外国人の入域を硬く規制するインドのインナー・ラインの存在が加わって中国側から行われてきた。

（稲田定重）

アッサム・ヒマラヤの山々　Assam Himalaya

　ヤル・ツァンポ川の屈曲部が始まるあたりの北東部と南西部に聳える山々をアッサム・ヒマラヤとして説明する。北東部にはギャラ・ペリがあり、その北に、センダン氷河の源頭にセンダン・プーがある。センダン・プーから西南西に延びる尾根上、約3kmにバイリ（Pairi, 6024m）、約10kmにランメンザバラ（Langmenzabara, 6864m）があり、北に延びる尾根上約2kmに6592mの無名峰、その北にはマガンゴンタイ（Magangongtai, 6284m）があるが、これらの山の登山記録はなく、情報を得ることは困難である。

　南西部にはナムチャ・バルワがある。ナムチャ・バルワから派生する尾根は大きく3本あり、それぞれの尾根上には7000m級の高峰が数座ある。南東に延びる尾根には無名峰の6130m、6424mなどがあり、いずれも未踏峰である。ナムチャ・バルワとギャラ・ペリ山塊への接近路は、ラサからリンズー、ペを経由してから向かうが、ギャラまでは道があるが、そこから先は密林の中で、渡渉もあり、容易ではない。登山許可取得は非常に困難であり、接近路の難しさにそれが加わる。

アッサム・ヒマラヤ山解説

ナムチャ・バルワ Namcha Barwa
7782m　［29°36′・95°03′］
[位置と山容] ヤル・ツァンポ川の「グレート・ベンド」の付け根付近にある。南南西に顕著な尾根が延びている。西面は切り立った岩壁で、三角錐の形でそそり立っている。ラサの東、約385kmにある。山名の意味は諸説あるが「天から落ちてきた石ころのあつまり」といわれる。
[登山史] 1960年12月、チベット登山隊が西北西稜から試登し、1981年1982年と偵察を続け、1983年4月21

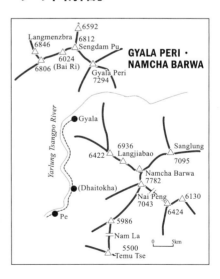

日にナイプンに初登頂したが、ナムチャ・バルワには登頂できなかった。1985年秋にHAJ隊（隊長：山森欣一他1名）が北面を偵察した。1990年11月、中国登山協会とJACが偵察し、1991年に本隊（中国側・ローサンダワ総隊長他8名、日本側・隊長：山田二郎他11名）が挑戦したが、頂上直下300mで断念した。なお、この隊の重廣恒夫と広瀬学がナイプンに11月25日に登頂した。翌年に（中国側・隊長：ローサンダワ総他11名、日本側・隊長：山田二郎他10名）が再度挑戦し、山本一夫ら日本側隊員3名とジャブーら中国側隊員3名が10月29日に初登頂に成功した。続いて、30日に三谷統一郎ら日本側隊員2名とサンジュら中国側隊員3名が山頂に立った。
[文献]（1）岡野敏之編『ナムチャ・バルワ初登頂写真集』読売新聞社、1994年
（2）山岳、第86年、1991年、JAC　（3）山岳、第91年、1996年、JAC

ギャラ・ペリ　Gyala Peri　7294m　[29°49′・94°59′]

[位置と山容] ナムチャ・バルワの北北西、約25kmにあり、西面は切り立った岩壁で、鋭い岩の峰であり、北西に延びる尾根は、いったん高度を下げてコルとなり、再び高度をあげてセンダン・プーに続いている。
[登山史] 1985年9月にHAJ隊（隊長：山森欣一他1名）が西面から初めて偵察に入った。翌年、本隊（隊長：飛田和夫他5名）が入山し、南南西稜から西壁に派生している尾根にルートをとった。C4から2度のアタックに失敗したのち、10月31日に尾形好雄、橋本康弘、今村裕隆が11時間の困難な登攀ののち見事初登頂した。
[文献]（1）HAJ（山森欣一編）、『謎の河の秘峰ギャラ・ペリ』HAJ、1987年
（2）ヒマラヤ、No.183、1987年、HAJ

サンルン　Sanglung　7095m　[29°39′・95°08′]

[位置と山容] ラサの東約390km。ナムチャ・バルワから北東に延びる尾根上8.6kmに位置する。1.5km西に西峰（6810m）がある。南東面は氷河まで切れ落ちており、北面の尾根はツァンポ川屈曲部に迫ってゴルジュをつくる。ピークは顕著であり、ナムチャ・バルワとはコルをへだてて尾根状に約1000m聳え立つ。
[登山史] F.M.Baileyらの大屈曲部踏査や日中合同ナムチャ・バルワ登山隊などによって観察はされているが登山の記録はない。2001年に日本大学山

岳部がこの山への遠征を計画していたが国際情勢の悪化（2001年9月11日のテロ）で中止に追い込まれている。
[文献]（1）F.M.Bailey: No Passport to Tibet
（2）山岳、第83年、1993年、JAC

ランジアブー　Langiabao　6936m　[29°39′・95°00′]
[位置と山容] ラサの東約390km。ナムチャ・バルワから北西にのびる山稜は、P.7344、P.7146などの小ピークを連ねてランジアブーに至る。主峰からは5.5km、P.7146からは2.4km。約240mほど尾根上に立つピークである。尾根は、北東のP.6442に至って三方向に支稜を分けてヤルン・ツァンポ峡谷に入る。
[登山史] 挑戦の記録は見当たらず、未踏である。1992年の日中合同ナムチャ・バルワ登山隊が観察している。
[文献]（1）山岳、第83年、1993年、JAC

テム・ツェ　Temu Tse　5500m　[29°32′・95°04′]
[位置と山容] ラサの東約375km。大屈曲部を東西に横断する交易路の一つであるナム・ラ（Namu La, 5287m）の南西2kmにあるピークである。ナム・ラは、ナムチャ・バルワの南の主稜上にあるナイプン（Naipen, 7043m）から南南西への支稜にある。小さな氷河をかけており、尾根は南に行って主要な交易路であるドーション・ラ（4151m）に至る。
[登山史] F.M.Baileyの隊が1913年7月にナム・ラの東面の湖にキャンプしているがナム・ラを越えられずドーション・ラを越えている。登山の記録は見当たらない。
[文献]（1）Bailey: No Passport to Tibet　（2）山岳、第86年、1991年、JAC

ナイプン　Naipen　7043m　[29°37′・95°30′]
[位置と山容] ラサの東約385km。ナムチャ・バルワの南約2.5kmにあり、主峰とは、6700mのコルを隔てる。頂稜は穏やかだが、西面は深く切れ落ちて上部は逆層気味の断崖となっている。
[登山史] 1982年春、中国登山隊ナムチャ・バルワ偵察隊（隊長：曾曙生）がナイプンの西稜を試登した。翌年中国登山隊（隊長：王振華）が南稜からのナムチャ・バルワ登頂をめざしてナイプンの南西稜からトライし、4月12日、

13日の両日にかけてリンチン・ピンゾーら7名が初登頂に成功した。1990年の日中合同隊は、ナイプンを登頂し、ナムチャ・バルワとのコルへの下降点に達している。1992年秋のナムチャ・バルワ登山隊の本隊は、ナイプンの頂稜にC5を置き、コルに設けたC6からナムチャ・バルワの初登頂に成功した。
[文献] (1)山岳、第86年、1991年、JAC (2)山岳、第88年、1993年、JAC

センダン・プー　　Sengdan Pu　　6812m　　[29°48′・94°52′]

[位置と山容] ラサの東約375km。ギャラ・ペリから北東稜を5km、コルを越えた位置にある。ピラミダルな堂々たる山容である。尾根は北の6592m峰、西のパイリ（6024m）にと続く。ヤル・ツァンポに面する側、およびその反対側の北から南西面には、幾つかの6000m峰があるが未踏である。なお、山名は、ヤル・ツァンポ左岸にある村の名を冠していて、「センダンの山」の意である。

[登山史] 踏査、登山とも記録は見当たらないが、ギャラ・ペリに初登頂をしたHAJ隊が1985年の偵察隊と1986年の本隊が観察している。
[文献] (1)ヒマラヤ、No.183、1896年、HAJ

（稲田定重）

アルナーチャル・ヒマラヤ　Arnachal Himalaya

　アルナーチャル・プラデーシュ州はブラーマプトラ川の谷で囲まれていて、ヒマラヤの高峰はブータン国境から始まり、北と東は中国とビルマへと繋がっている。本書では、最初に太陽が昇るという意味の「アルン」をつけた「アルナーチャル・ヒマラヤ」という語を造り出して、アッサム・ヒマラヤという古い名称をこれに改めた。東西に広がるマナス（Manas）の谷とその北のタワン（Tawang）地区、その北のナムチャ・バルワ山塊の巨大な軸のあたりのツァンポー川の「大屈曲部（Great Bend）」の間の範囲が現在アルナーチャル・ヒマラヤと呼ばれていて地理学者も許容している。

　ツァンポー・ディハン（Tsangpo-Dihang）地区から北の山々は通常、ヒマラヤの一部と考えられていない(1)。ディハン谷（Dibang）とロヒット谷（Lohit）に含まれる6000m級のニモ・チョモ（Nyimo Chomo, 6000m）の範囲は、アルナーチャル・ヒマラヤから省くことにする。

　アッサムとメガラヤの平野から遠望できるヒマラヤ地域で最も知られていないが登山の関心の高い地帯のカント（Kangto, 7055m）山塊は、タルン・ラ（Talung La）とケション・ラ（Keshong La）の二つの峠の間で、ほぼ、西南西から東北東に延びている巨大なS字カーブ状の地域にある。国境とされているマクマホン・ライン（McMahon Line）は、ほぼ、主山稜に沿って走っていて、降雨が多く、厚い樹木でおおわれている森林帯と、標高の低いレッサー・ヒマラヤ（Lesser Himalaya）が南に隆起していて、アッサム平野からの接近を困難にしている。チベット側からの接近は比較的簡単であった。マクマホン・ラインとは、1914年に、中国とイギリス領イン

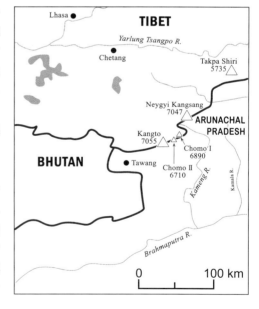

ド帝国の間で取り決められた国境線のことで、イギリス側の代表を務めたヘンリー・マクマホン卿の名前から付けられている。

　レッサー・ヒマラヤには、あまり友好的でない部族民が住んでいることもあり、1930年代の終わりまでは、熱心な植物学者と民族学者以外は、この地域にほとんど関心がなかった。1947年のインド独立後、この地帯はバリパラ・フロンテイァ・トラクト（Balipara Frontier Tract）と呼ばれ、王族の占有していた時代は接近しやすかったが、1962年の国境紛争はそのような民間人の望みを消滅させてしまった。道路が建設され詳細な測量が実施されたが、これらの山域は秘密保護法（Official Secrets Act）という壁に囲まれて、昔と同じくらい未知のままである。中国がいまだに領有権を主張し、そして、軍がそれを厳重に保護しており、国境紛争のほぼ30年後に、やっと地域住民以外の者が、旅行したり登山したりしてもよくなっている。

カメン谷

　アルナーチャル・ヒマラヤは、その山々だけに限定することはできない。いくつかの歴史の出来事があり、無視できないことがある。中国の兵士による追跡を避けてダライ・ラマがアルナーチャル・ヒマラヤと中国の境界に着いて、キンジマネ（Khinzimane）経由でインドに入って、アルナーチャルの西端の地、カメン谷（Kameng）でようやくインド平野に到着したのは1959年であった。このことは、両方の国の政治展望を変えることになった。中国軍隊は、キンジマネ、ブム・ラ（Bum La）というベイリーの通った有名なコースからインドに向かい1962年10月19日の夜にインドの平野へ到達した。直後に始まった戦争は、ほぼ1カ月の間続いて、インド軍は非常に勇敢に戦ったけれども陥落し、多くの軍人が戦死した。中国隊は、山麓の丘に到着し、一方的に停戦を宣言して、マクマホン・ラインまで撤退した。現在でも、公式には、中国は歴史的な国境線を認めていない。その結果、インド軍は以前のような不運な出来事を防ぐために、国境地帯に警備隊を配置している。タワンに行く途中に、勇敢な兵士の命を犠牲にした戦争の記念だとわかる追悼碑が道の端に建てられている。今日でも私たちは、多くを彼らに負っている訳である。

　アルナーチャルの初期の探査に関連した人物は、パンディット（Pandit）のナイン・シン（Nain Singh）であった。ラダックからラサまで旅行して、

変名してまでも北京に行きたくて、発見されるのを恐れて南にコースをとり、タワンを訪れるために、ブム・ラを越えた。ナイン・シンは、探査のために2ヵ月以上の間、タワンに滞在した。やっとの思いでチャル・ドゥーラ（Char Duar）とバリパラ（Balipara）に着いたとき、カメン谷の下部ですべての装備は没収されてしまった。しかし、ナイン・シンは忠実な測量士として測定を続けた。今日のインド測量局の地図は、この時に始まったのである。この功績のために、ナイン・シンは、1877年に名門王立地理学会の勲章（Patron Medal）を初のインド人として授与された。

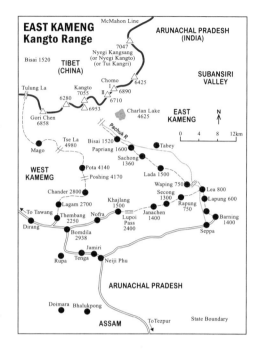

　2003年、ムンバイのインド隊（隊長：Harish Kapadia）は、タワン地域で広範囲な探査をするための許可を得た。インド隊はジムタン（Zimithang）とマクマホン・ライン上のブム・ラに着いて、タワン地域の多くの写真を撮影した。後半には、ボンディ・ラ（Bomdi La）からテンバン（Thembang）まで旅行して、さらに北の方へ向かい、北の国境に近いところまで到達した。ゴリ・チェン（Gori Chen）とカント（Kangto）に接近して観察した。ベイリー・コースを逆に辿り、3つの小さなピークを登った。目的はそれだけではなく、この地域を広く探査することであった。この成果を利用して、これらの未知の谷に登山家が向かうことを望んでいる。

東カメン谷

　東カメン谷（East Kameng）の山群には、パチュック谷（Pachuk）の源頭から接近することになるが、それは、国際的に認められている国境であるマクマホン・ライン上にある。このライン上にチベットへ越える峠はあるが、

地元の人も、軍隊でさえも越える危険を冒していない。20世紀の初期には、地元の人々は塩を買うために、マーゴ（Mago）に隣接している谷を通って、チベットに旅したものである。接近する道は集落から遠いところを通っており、密林の中である。しかし、1962年のインド-中国戦争の後、このコースは使われていない。

　2010年、私たちはパチュック谷に接近するルートからカントのベースキャンプに達するコースを調べることにした。ヒマラヤの他の大部分の場所とは異なり、東カメン谷には道がなく、谷の下流のほうでさえも道はなかった。したがって、初期の探査のように下の谷から旅を始める必要があった。標高が2000mを越えていないので、谷の中は暑かった。地元の人々は私たちのような訪問者に慣れていないので、畏怖の念を持つと同時に、訪問に対する疑念を抱いたようであった。「地域担当者（Circle Officer）」という飛行機から食物を落として配布する担当者以外には、この地域を管理する者はいなかった。

2010年の旅

　ガウハテイ（Guwahati）からテズプール（Tezpur）に、そして、バルクポン（Bhalukpong）に進んだ。バルクポンで、アルナーチャル州に入った。そして、バルクポンから2日でセパ（Seppa, 450m）という町に着いた。この町は東カメン地区の中心地であるが、治安がよくないのでデリーの中央政府から派遣されている特別な警察によってコントロールされていた。そこから道は登り坂になり、尾根上にあるパミン（Baming）に着いた。

　パミンでLC（Load Carriers）と呼ばれる荷運びポーターを「地域担当者」を通して手配した。多くの種族がいて互いにうまくやっていけないので、「地域担当者」を通すのが望ましいのである。旅の最初の3日間は、蒸し暑くて、大変疲れた。道は急速にパチュック川（Pachuk）の岸へ下って行き、左岸にある道で川を遡った。

　初日は、ラパン（Lapung, 600m）にあるバンガロー（Inspection Bangalow=IB）が医療センターにあったのでここに泊まった。「上のリー（Upper Lea, 600m）」という村まで行くのに所々に建設されている自動車道を歩いて2日目に下流にある「上のリー」に着いた。次の泊まり場の「下のリー」（Lower Lea, 800m）は、急な坂を登った上流にある高台にあった。

ワッピン（Waping, 750m）からラダ（Lada, 1500m）へのコースは、密森の中で太陽が通り抜けないので涼しかった。上り下りの勾配のある道だったが楽々とこなすことができた。ワッピンで、橋を右岸へ渡り、再びバンガローに泊まった。オレンジが手に入ったのでそれを食べて、休みの日とした。

　ワッピンからラダまで、急な上りが、続いたが、1日休んだので楽に登ることができ、登ったぶんだけ気候はより涼しくなった。コースは険しかったが、景色が美しくて救われた。ラダは大きめな村であった。次の日は午前4時には、晴天と絶景に目覚めることができた。ラダのある場所は尾根であり、あたりを観察することができた。正面には、西にゴリ・チェンからカントが見えた。北東に目をやると、カント、チウモⅡ峰、チウモⅠ峰、ニェギェ・カンサンと6800mに近いピークが見えた。およそ10カ月は曇りが続くというこの谷では珍しいことであった。これからの5カ月は雨が激しく降ることになる。このように10月または11月の数日の間は晴れるときがある。ここがヒマラヤの範囲の終わりであり、地元の住民はこの連山を単に「ヒマラヤ」と呼んでいた。

　「上の谷（Upper Valley）」でラダからさらに谷の上部に旅することにした。ラダから3kmほど歩くとそこからコースは谷の中に下るようになって、山脈の眺めは隠されてしまった。最も美しい森の一部を通ったが利用できる水がなかったので、ネレ（Nere, 1450m）まで5時間ほど歩いてキャンプを設営した。

　次の日、4時間の道のりで、途中の最後の主要な村であるサッチョン（Sachong, 1360m）に到着した。

　パチュック川（Pachuk）に沿っている細い道は、マーゴ谷でビシュム（Bishum）に通じていた。ビシュムはその先にあるトゥルン・ラ（Tulung La）に続いていた。F.M.ベイリーとH.T.モーズヘッドがチベットから1913年にインドへ入ったとき越えたという峠である。このコースは『ベイリー・コース（Bailey Course）』と呼ばれて、東カメン谷の人々によって、ビシュムを経由してチベットの高地からこの谷まで塩を運んでくるのに部分的に使用されていた。塩を売買していた人々の住んでいたビサリ（Bisal）の集落がある。中国人は1962年の戦争のとき、インドへ入るために『ベイリー・コース』を使ったという。現在、このルートは閉鎖され、固く守られている。

　ビサリの先はパチュック川の左岸の道となり、チャルラン湖（Chalran,

4625m）に通じている。湖へのコースは、険しい山の上にあり、めったに使われない狩人のためのコースであった。

スバンシリ谷

アルナーチャル・ヒマラヤのほとんどの川は、チベットから南へと流れる。南の樹木の厚く茂った谷を通り抜けて、すべての川はアッサム平野を通り、ブラーマプトラ川に合流する。アルナーチャルに流入する主要な川は、スバンシリ川（Subansiri）であり、南チベットから流れて下流の樹林帯の谷に入る。それはチャユル・チュウ（Chayul Chu）と呼ばれ、すぐに、チャルメ・チュウ（Charme Chu）と名前が変わり、ユメ・チュウ（Yume Chu）とツァリ・チュウ（Tsari Chu）を結合する。そして、それは本流（現在Subansiriと呼ばれている）になる。更に南で、カルマ川（Kamla）とクルメ川（Kurme）も、スバンシリ川に合流する。これらの川は分岐点の近くで高い山々、最も高い山はニェギェ・カンサン（Nyegye Kansang, 7047m）によって囲まれている。しかし、スバンシリ谷の本当の重要性は聖山タクパ・シリ（Takpa Shiri, 5735m）である。標高は低いが、それはチベットの宗教で最も神聖な山の一つである。

シアン谷

アルナーチャル・ヒマラヤの調査は、ツァンポー川（Tsangpo）の調査なしでは完全であるとはいえない。この地域の探査は現代の大きな探査の一つである。ヤル・ツァンポー川（Yarlung Tsangpo）としてチベットの高地から始まって、ナムチャ・バルワのまわりで大きく屈曲する。インドに入ってから、ツァンポー川が東に流れるか、アルナーチャル州に入るために南に曲がるかどうかは、わかっていなかった。川の流れは、推測の問題であった。ツァンポー川とシアン川（Siang）とブラーマプトラ川が名前は違うが同じ川であるかどうか、常に疑問にされていた。これは、最も大きな探査の課題の1つであった。

ツァンポー川の下流を調査したキンタップ（Kinthup）の伝説は、勇敢さで賞賛されるに値するものであった。キンタップが悪人に捕まり、奴隷としてゴンパに売られるとき、巡礼のためにクンドゥ・ポタラン（Kundu Potrang）を訪問できる許可を取得した。この巡礼の旅を利用して、川の流

れを証明するために印をつけた材木を川に投げ込み、それがアッサム平野に出てくるかどうかを調査した。誰も、この措置を応援する人はチベットにはいなかった。国境から64kmのオンレット（Onlet）まで川に沿って旅行して、ツァンポー川の謎を解決したのである。英国の軍の探検隊は、アッサムの南、国境から64kmのシンギング（Singging）まで探査をした。

最後の数キロメートルは、アルナーチャル側から、2004年にインド隊（隊長：Harish Kapadia、隊員：Motup Goba, Wing Cdr V.K.Sashindran）によって完了した。彼らは、シアン（Siang）に向かいつつ、ツァンポー川が突出して「S」状に曲がってアルナーチャルに入る境界まで探査した。このコースは現在では知られているけれども、2004年に初めて達したコースであった。この探査によって、ツァンポー川の伝説的な調査を完了して、その全てのコースを踏査した。

ディバン谷とロヒット谷

陸軍士官として委任された2名のイギリス人、F.M.ベイリーとH.T.モズヘッド、そして、インドの政府の国防担当官であったヘンリー・マクマホン卿（Henry McMahon）はチベットに向いヨンギャップ・ラ（Yonggyap La）を越えて聖山クンドゥ・ポタランの山麓を通過した。チベット人にとってこの山は、タクパ・シリやカイラスと同じくらい神聖な山である。西へ旅行して、ツァンポー川に沿って観察を続けながら、途中にある小さな山に登って、地域のすべての高い山を含む大まかな地図を描いた。最後に南に曲がって、ツォナ（Tsona）から、タワンに出、インドの領域に入った。詳細な報告書を提出した。この旅行と観察に基づいて、マクマホン・ラインが引かれた。

ディバン谷（Dibang）の下流は1950年に地震によって荒廃した。その後、新しい道路が敷設されつつある。その当時は、この地域への入域は、部外者に禁じられていた。

2006年に、インド隊（隊長：Harish Kapadia）はヨンギャップ・ラに達した。ところが、異常な降雪量のために、クンドゥ・ポタランを見ることができなかった。さらに、積雪のために行動不能となり、軍に助けを要請し、ヘリコプターで救出してもらうこととなった(3)。さらに東にあるロヒット谷（Lohit）は、1962年のインド・中国戦争の間にニュースとなった谷である。ここには、あまり高い山はないが、インド-中国・ビルマとの国際的な境界

線が交わる「三交差点」の山はインドの東の最高点である。

　この地域で名をつけられた山の他に名前の付いていない6000m以上の山が、カント山塊にある。そのうちの一つは、標高6923mの無名峰である。詳細な探査が待たれる地域である。しかし、接近し易いかどうかといえば、登山許可の取得はインド・ヒマラヤの他の部分より、深刻な問題であり、マラリアにも出会う惧れもあり、荒れたジャングルの通過、長い行程と気まぐれな天気も難問である。しかし、これらの苦労の結果得られる報酬は特別である。パラダイスは簡単に得られないものである。

[文献]　(1) HJ, Vol.62, 2006, p.68　(2) HJ, Vol.61, 2005, p.72
(3) HJ, Vol.63, 2007
(4) 金子民雄『東ヒマラヤ探検史—ナムチャバルワの麓「幻の滝」をめざして』、連合出版、1993年
(5) 金子民雄『フランシス（フランク）・キング ドン—ウォード 東チベットの植物探検家 1885-1958』、小林書店、1994年
(6) 角幡唯介『空白の五マイル　チベット、世界最大のツァンポー峡谷に挑む』集英社、2010年
(7) Harish Kapadia: Secrets of Subansiri, HJ, Vol.62, 2006
(8) Frederick Marshman Baily: No Passport to Tibet, Rupert Hart-Davis, London, 1957
　邦訳・『ヒマラヤの謎の河』諏訪多栄蔵・松月久左訳、あかね書房、1968年

（ハリッシュ・カパディア）（沖 允人訳）

アルナーチャル・ヒマラヤの山々

　ヒマラヤの東にあるブータンの高峰はアルナーチャル・プラデーシュ州に入ると標高が低くなり始めるが、高峰としてはカント山群（Kangto Range）がある。カント山群の最高点は7055mで、第2のピークは6953mである。他の高峰のゴリ・チェン（Gorichen, 6585m）は西にチウモⅠ峰（Chomo-Ⅰ, 6890m）、チウモⅡ峰（Chomo-Ⅱ, 6710m）そしてニェギェ・カンサン（Nyege Kansang, 7047m）が続き、6000mを越える峰々が連なり、6800m峰に達する。この高峰連山はアッサム平原からも望まれる。

　さらに東にいくとより小さな山となる。そして、再び高くなり、ヒマラヤの最東端の山としてナムチャ・バルワがあるが、ナムチャ・バルワは完全にチベット内の山である。

　アルナーチャル・プラデーシュ州とインドの国境にあるツァンポー川のS字状屈曲部が広義のヒマラヤの東端と考えられる。ツァンポー川はチベットでの長い旅の後、ここからアルナーチャル・プラデーシュ州に流れ込み、インドへの旅が始まる。

アルナーチャル・ヒマラヤの山解説

タクパ・シリ　　Takpa Siri　　5735m　　［28°10′・92°52′］
[**位置と山容**]　ガウハティの北北東約250kmのインドと中国の国境線上近くにあり、現在は、完全にチベット内の山となっている。スバンシリ川の支流であるユメ・チュウ（Yume Chu）の上流に位置する。タクパ・シリは、三角錐の形をしたチベット人の神聖な山である。中国から信仰の自由を取り戻したあと、チベット人は、再び数世代の人々が何百人も訪問するようになっている。キングコール「Kingkor」と呼ばれている短い巡礼ルートは、現在もよく歩かれている。より長いコースのリングコール「Ringkor」はインド内にあるが、インドからもチベットからも巡礼は禁止されている。これは伝統の損失というもので、残念である。なお、標高は6655mとした文献もあるが、ここでは、インド隊の報告の標高を示している。

[**登山史**]　ベイリーとモーズヘッドは、1913年に探査旅行の間に、キングコールの巡礼を実行している。1940年代に鳥類と植物調査のために、イギ

リス人でインドの中学校の校長であったFrank Ludlowと退役軍人のGeorge Sherriffがタクパ・シリ地域に入域した。2人は、1933年から1949年にかけて、ブータンから南チベットまで広く調査した(1)。

2005年、インド隊(隊長：Harish Kapadia, Wing Cmdr. V.K.Sahindran, Mrs.Sangeetha Sashindran, Prateek Deo)は、リングコール・ルートの両側をインドの領域まで旅する許可を取得した(2)。11月中旬にムンバイを出発し、グワハティ(Guwahati)に終結し、そこからアルナーチャル州の州都のイタナガール(Itanagar)で許可を取得し、自動車道路の終点であるリミカン(Limikang)の14km先まで行った。リミカンからツァリ川(Tsari River)に沿って困難な巡礼道を歩き、タクシン(Taksing)に着いた。そこからユメ・チュウに沿って進み、巡礼道を辿り、12月中旬にグワハティに帰着した。

[文献] (1) Frank Ludlow: A Quest of Flowers, The plant explorations of Frank Ludlow and George Sherriff, Edinburgh University Press, 1975
(2) Frank Ludlow: The Sources of the Subansiri and Siyom, HJ, Vol.9, p.144, Vol.10, p.1
(3) Harish Kapadia: The Subansiri Valley Expedition 2005, on Piligrim Route of Takpa Siri, Arnachal Pradesh, Private Print by H.Kapadia, 2006
(4) Doug Scott: Arunachal Pradesh, AJ, 2001, p.59
(5) Huber, Toni: The Cult of Pure Crystal Mountain?: Popular Pilgrimage and Visionary Landscape in Southeast Tibet. Oxford University Press, 1999

カント　Kangto　7055m　[27° 54′・92° 32′]

[位置と山容] バレリー川の上流で、ゴリ・チェンからニェギェ・カンサンに延びる尾根上にあり、ゴリ・チェンの北東約25kmにある。アルナーチャル・ヒマラヤの最高峰である。地元ではショルカン・カルボ(Shorkang Karbo)と呼ばれている。主峰から北東、北西、西

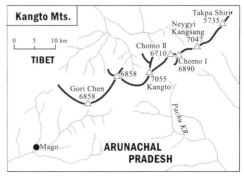

に3つの尾根が延びていて、重厚な山容である。→グラビア写真(3)-412頁

[登山史] 1911年にイギリスのF.M.ベイリーとH.T.モーズヘッドがカントの北面を測量し、1935年と1938年にはイギリスのF.キングドン・ウォードが西側から接近し、植物調査を行った。1936年にはイギリスの植物学者F.ラッ

Kangto (7055m) from Chander village-Bomdila
(H.kapadia)

ドローとK.ルムスデンが北側から入域した。1971年にアッサム登山協会の12名が南側を探査した。

インドと中国の国境問題が紛糾していた1980-90年代には、インド側からも中国側からもカントに接近することはできなかった。1986年秋に同志社大学（隊長：宮崎貴文）が許可を取得して偵察し、1988年春に本隊を派遣した。北側のチベット高原から接近して西面のニャンル・チューに入って北西稜の下にBCを建設した。3月22日に北西稜の6450mに建設したC2から宮崎貴文と高野晃輔の2名が北峰（7037m）に初登頂した。続いて南の主峰に向かいこれにも初登頂した。26日にもチベット人と隊員2名が同じルートで主峰に登頂した。

南側からは2隊が登頂を目指したが、地形が困難のために失敗し、BCへの道さえを見つけることができなかった。1994年にダージリンのヒマラヤ登山学校（HMI）隊（隊長：Col.Ajit Dutt）がチョクスム（Chokursum）から人類として初めてカント谷（Kangto Valley）に入り、頂上を目指したが、ルートが見つからず、ゴリ・チェン東峰（Gori Chen East, 6222m）に転進して初登頂した。さらに、ゴリ・チェンⅡ峰（6488m）にも新ルートから登頂した。

ゴリ・チェンは数回登られたが、近くにあるチウモⅠ峰とⅡ峰は登山が試みられていない。

[文献] (1) HJ, Vol.51, p.181
(2) 同志社大学カント峰登山隊『遥かなる久恋の峰』毎日新聞社、1989年

ニェギェ・カンサン　Nyegyi Kangsang　7047m　[27°53′・92°31′]

[位置と山容] 西カメン地区のコイル・チュウ谷（Choil Chu）の北東のション谷（Siyom）の南に聳えていて、パチャカサリ山脈（Pachaksari）の一部である。ガウハティの北北東約195kmにある。ゴリ・チェンからカントに続く尾根の続きのカントの北東約13km、ニェギェ・カンサン氷河の源頭にある。

→グラビア写真(3)-411頁下

Nyegyi Kangsang (7047m) from Lada village in south （H.Kapadia）

[登山史] 1936年と1938年にイギリスの植物学者F.ラッドロウとG.シェリフがこの地域で植物調査を行った。1988年春に同志社大学隊はカントに登頂した後、この山の西面と北面を探査した。1995年にインドのIMF隊（Col.M.P.Yadav隊長）がかなり東からニェギェ・カンサンに接近し、北稜から北東稜に三つのキャンプを建設し、10月23日にRatan Singh Chauhan, Rajeeb Sharma, Nadre Sherpa, J.S.Rawat, Lopsangの5人が初登頂した。この隊は標高を7050mとしている。しかし、HCNL, No.52, p.7によると、この隊は頂上直下600mに達したのではないかという疑問が指摘されている。この山に登るための第一の障壁は、この地域に入る許可を取得することである。

[文献] (1) HJ, Vol.52, 1996, p.9　(2) HJ, Vol.55, 1999, p.308.

チウモⅠ峰　Chomo-Ⅰ　6890m　[27°55′・92°38′]

[位置と山容] カント（Kangto, 7055m）から北東にニェギ・カンサン（Nyegyi Kangsang, 7047m）に延びる尾根上の、ほぼ、中間のカントから10kmにChomo-Ⅱ（6710m [27°55′・92°37′]）、10.5kmにChomo-Ⅰがある。カン

周辺の山はどっしりと重量感がある。概念図はカントの項参照。→グラビア写真(3)-410頁

[登山史] Chomo-Ⅰ、Chomo-Ⅱの両峰共登山記録はない。1913年、F.M.BailleyとMorsheadが北から接近した。また、1939年にH.W.Tilmanが山群の一部を偵察している。この他に、1936年のF.Ludlowなど幾人かのイギリスの植物学者たちがこ

Twin Chomo Ⅱ (L) & Ⅰ (R) and Nyegyi Kangsang (R) from South (H.Kapadia)

の周辺に入っているが登山に関与はしていない。1978年の同志社大学隊は、カント初登頂の折り、登山終了後に北面を踏査している。2003年に、「Bailey Trail」を辿って、インドのHarish Kapadiaが探査した。

[文献] (1) HJ, Vol.8, 1936
(2)『遙かなる久恋の峰』同志社大学、1989年　(3) HJ, Vol.60, 2004, p.27

タムイェン　Tamnyen　5009m　[29°17′・94°46′]

[位置と山容] イタナガールの北北東約270km。マクマホン・ライン上にあり、チベットとの交易路の一つであるルシャ・ラ（Lusha La, 5248m or 5175m）の13km東に位置するピーク。ヤル・ツァンポへは、北へ約20kmと近い。インド側の西シアン地区のDihan川の源流域でもある。

[登山史] イギリスのG.TaylorとF.Ludlowが1936年にタムイェン北面の谷をチベット側から調査した。付近は、高山植物の宝庫であると報告している。

[文献] (1) HJ, Vol.12, 1940

ゴリ・チェン　Gori Chen　6858m　[27°53′・92°30′]

[位置と山容] ガウハティの北北東約190kmのカントから西に延びている尾根の約20kmにあり、途中に同じ標高の無名峰（6585m）がある。深い谷と密林があり、アルナーチャルからの接近は困難である。地元では、「Sa Nga Phu」と呼んでいて、「鉱石の5つの神」を意味するという。ゴリ・チェンの山名はインド測量局がつけた名前である。グラビア写真(3)→411頁上

[登山史] 1936年にイギリスH.W.Tillmanが登山のための調査に入った。

1966年10月にインド軍登山隊（隊長:T.Haralu）が入山し、J.C.Joshi, N.Thapa, J.B.Jaini, N.P.Rajagopal, D.Singh, M.Singh, Heera Singh, Gyantsolaが初登頂した。1989(2)、1994(3)、1996年(4)にインド隊が登頂し、1997にはインド・イギリス合同登山隊が登頂している(5)。外国隊としては1993年11月にオランダ隊（隊長:R.ナールら5名）が入山したが、Ⅱ峰（6488m）の東峰（6300m）に登頂したにとどまった。

[文献] (1) HMJ, Vol.4 No.2　(2) HJ, Vol.47, 1991, p.156　(3) HJ, Vol.51, 1995, p.181　(4) IM, 33, p.16　(5) IM, 32, p.43.

（稲田定重）

ツァンポー川の謎

The Journey and the Riddle of the Tsangpo

ハリッシュ・カパディア（Harish Kapadia, HC）

　ツァンポー川は、チベットの聖山カイラス（Kailash）と聖湖マノサロワール（Manasarovar）の南東にあるマユム・ラ（Mayum La）の峠から小さな流れが始まる。そして長い距離を流れて、大きな川となるが、この事実が多くの議論を引き起こすとは想像できなかった。この細流は、ツァンポー川（Tsangpo）の源である。チベット人はこの川を単に「大きな川」と呼んでいた。

　多くの小さな支流を集めて東に流れ、広大なチベットの不毛の高地に沿って流れ、他の川と区別するために、やがてヤル・ツァンポ（Yarlung Tsangpo）という名前に変わる。中部チベットのサガ（Saga）ではフェリーで渡らなければならないほど巨大な川巾になっている。ラーツェ（Lhatse）とゴンガール（Gonggar）に2つの橋が架けられたので現在では簡単に渡ることができるが、昔は小さな船や、空気を入れて膨らませた動物の皮で作った船で渡っていて、ロマンチックに思えるが、それは大変危険であった。東に進み、ヤムドゥク湖（Yamdrok Tso）に着き、少し南へ進んでラサ（Lhasa）に到着する。1904年のチベットへのヤングハズバンド遠征は、最後にラサに到着するために、即席の船でツァンポー川を渡らなければならなかった。さらに東に進むとコースは、標高7782mのナムチャ・バルワと標高7294mのギャラ・ペリの大きな山塊によって断ち切られる。2つの山塊の間は深い谷間になっていて、ツァンポー川につながっている。川が南に向きをかえてインドに入ると急激に標高を下げ始める。

　一世紀の間、ツァンポー川がどこから来て、どのように高い山を通り抜けるか謎であった。南に向かって流れ、アルナーチャルを通過して、南のインド内に流入すると思われていた。南に流れてスバンシリ川（Subansiri）とシアン川（Siang）になるか、ディハン川（Dihang）になるのか、疑問であったが、その流域にいろいろな種族が棲んでいるため、調査が困難であった。前世紀の探検家や地理学者の疑問点は、アッサム平原にどのようにしてブラーマプトラ川となって流れ込むのか、ツァンポー川がどのように高い山の間を抜けるのかであった。ある学者の説は、谷間を通過してからイラワジ川

（Irrwaddy）かサルウイン川（Salween）に合流してミャンマー地域内に流入するため、東に流れ進むと思われていた。

1715年、イッポリト・デシデリ（Father Ippolito Desideri）とマニュエル・フレイレ（Manuel Freyre）の2人の神父は、マユム・ラ（Mayum La）の峠に立ってツァンポー川の源流地帯を見た最初の人であった。2名は、ラサに到着するために、ツァンポー川に沿って旅行した。ツァンポー川が大きな川の始まりであったという彼らの報告は、1913年になって確かめられた。この後に、数人の探検家が続いた。ジョージ・ボーグル（George Bogle）は中間のコース、源流からデシデリーのルートをたどったトーマス・マニング（Thomas Manning）、エドモンド・スマイス（Edmund Smythe）とスウェン・ヘディン（Sven Hedin）らであった。

インド測量局でツァンポー川への関心が高まり、最初の調査を専門の探検家ナイン・シン（Nain Singh）（注1）に委任した。チベットが部外者に門を閉じたので、彼は変装して旅行した。そして、1865年と1874年に2回の記念的なラサとその先への旅行を行った。ラサの近くのチェタン（Chetang）に着いて、変装が中国人にバレないように、南に進路を曲げて、タワンでインドへ入った。そのときのメモと情報は、非常に貴重であった。

もう一人の専門家、ララ（Lala）はナイン・シンが足を延ばしたチェタンからさらに南方の調査を続けるよう命じられ、1876年と1877年に実行したが、成果は得られなかった。

ウイルコックス（Lt.Wilcox）は、南の、アッサムの谷からの探査を1824年に始め、ブラーマプトラ川と合流するシァン川やロヒット川を調査した。

このとき、ツァンポー川とシァン川は同じ川であると地方住民から聞いた。しかし、敵対的な種族がシァン川に沿って住んでいて入域を許さなかったので、そのことを確かめることができなかった。その頃、ツァンポー川がイラワジ川とサルウイン川に流入しているという説が再び浮上してきた。特に、アッサムの政府官僚であったロバート・ゴードン（Robert Gordon）がこの説に固執していた。王立地理学会の講演は、探検家たちの間で非常に熱心に討論された。

ナイン・シンとキンタップ

1874年に、アッサムの調査は、ヘンリー・ハーマン（Lt Henry Harman）のもとで開始され、いろいろな川の流れから判断して、シアン川の流れが他より大きいことがわかった。これは、シアン川がツァンポー川ではないかという予測となった。ハーマン

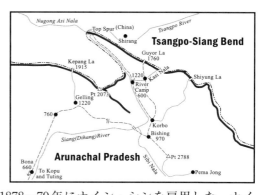

は、チベットに入るために、1878〜79年にナイン・シンを雇用した。ナイン・シンは、ダージリンの仕立屋であったキンタップ（Kinthup）を同伴した。2名はチェタンからナムチャ・バルワとギャラ・ペリの間の峡谷のゴルジュから南に曲がり、ギャラ・シンドン（Gyala Sindong）に着いた。彼らは287マイル（約460km）にわたるコースの調査を続け、大きな貢献をした。

ダージリンに勤務していたハーマン（Harman）は、1880年にキンタップをチベットに連れて行くために再び雇用した。キンタップは読み書きができなかったので、中国人のラマ僧を連れて行った。ダージリンからラサに行って、ツァンポー川からチェタンとギャラ・シンドンのコースをたどって、約24km進み、キンタップがツァンポーの滝として記録している落差45mの滝のあるペマコチュン村（Pemakochung）に到着した。

ひどいことには、中国人ラマ僧は、キンタップを奴隷として売ってしまい、姿を消してしまった。キンタップは、脱走して約56km先のマルプン（Marpung）に着いたが、そこで捕まってしまった。しかし、後で、巡礼に

行くことを許された。キンタップはツァンポー川を対岸に渡り、特別な模様を書いた500本の丸太を準備した。材木をツァンポー川に投げ込んで流し、その丸太がブラーマプトラ川に現れたなら、川の流れを決定的に証明することになると考えたからである。

1882年に、キンタップはもう一度ラサへの巡礼に出ることになり、ハーマンに、川に投げ込む丸太のことと、日付を知らせるためにダージリンにいるネム・シン（Nem Singh）に手紙を書いた。しかし、残念なことにハーマンはインドを離れることになり、その手紙は読まれなかった。このことを知らなかったキンタップはマルプンに戻り、丸太を川に投げ入れた。その後、ツァンポー川に沿って下流に向かい、小さなオンレット村（Onlet, Olon）まで行った。そこは、ダルブイン（Dalbuing, KinthupによるとTarpin）の近くであった。キンタップは、靄のたなびくアッサム平野と小さな村（Korbo？）を見ることができた。そこは国境からの直線距離で約64kmのところであった。

キンタップは1884年にダージリンに戻って、以前の仕立屋の仕事を始めた。2年後に、インド測量局はキンタップに報告を求めたが、内容は信じてもらえなかった。大変正確であることが分かったのは1913年になってからのことであった。

アッサムから上流へ向かってシアン/ツァンポーのコースをたどる試みは、そこに住んでいる種族の妨害のために断念された。ヤングハズバンドのラサ探検隊のメンバーであったF.M.ベイリー（注2）は、ロヒット川（Lohit）を探検した。ロヒット川が北のチベットから、南に流れてインドに入るので、東のイラワジ盆地に行くにはロヒット川を横切らねばならない。そうでなければ、ツァンポー川がブラーマプトラ川に南から流れ込んでいなければならなかった。後で、F.M.ベイリーは、さらに北に行くために、ハミ

Siang entering India from Korbo at S Bend（M.Chewang）

ルトン・バウアー将軍のアボール（Abor）探検に加わった。1911～12年に.ベンテック（A.Bentick）はキンタップの日程に従ったが、キンタップの旅行に疑問を持った。その結果、F.M.ベイリーは、地形をチェックするために、その地域に戻ってきた。モーズヘッド（H.T.Morshead）という測量士を雇い、ペマコチュン滝の位置を確かめるためにギヤラ・シンドンに西からまわるように、ツァンポー川からショーワ（Showa）までの旅をした。滝がツァンポー川の本流ではなく、支流にあった以外は、キンタップの地形上の説明がすべて正しいことがわかった。彼らはザユール川（Zayul, アッサムではロヒット川）に沿って上流に遡り、6月下旬にシュクデン・ゴンパ（Shugden Gompa）に着いた。ここから北の遠くないところにあるヌゴン・アシ・チュウ川（Nugong Asi Chu）がツァンポー川にぶつかるということを発見した。それが現在知られている境界に非常に近いところであった。

彼らはチェタン（Chetang）に向かって上流に旅行し、タワンを経由してダージリンに到着するために、南に曲がった。この旅行の詳細はマクマホン・ラインが1914年にシムラ会議（Shimla）で地図上に引かれるための基礎を作った。これがインドとチベットの間の境界を決定した。キンタップはシムラに呼び出されて、再び報告を求められて、ルピーを与えられた。報酬として3000ルピーを支給された。ツァンポー川のコースを調査するのに大いに役立ったが、目立たない英雄であったキンタップは、1915年に、ダージリンで死亡した。F.M.ベイリーとキンタップの旅行がツァンポー川の正確なコースに対する疑いを効果的に解決したが、40マイル（約64km）の隙間は調査されないままであった。

中国の侵入

1910年に、中国はポーメ（Pome）とザユール（Zayul）地区に勢力を拡張し、ロヒットからアッサムへ入った。これは、NEFA（North East Frontier Agency=NEFA, 北東辺境特別行政地域）の種族が国の内陸へ移ることに決めたイギリス政府を警戒させた。中国の浸入をチェックするためにシアンにいたノエル・ウィリアムソン（Noel Williamson）は、種族によって殺された。ハミルトン・ボウアー将軍（General Hamilton Bower）の下にあった主要な懲罰的な軍隊は、アボール村（Abor）の多くを燃やした。分遣隊が多くの枝谷を登る間に、探検の主力隊はケバン（Kebang）にとどまっていた。

境界からおよそ40マイル（約64km）でシンギング（Singging）に着くためにシャン（Siang）にいた。この観察とキンタプの観察の差は、オンレット（Onlet）から直線でわずか80マイル（128km）であった。

　1924年に、植物学者F.キングドン・ウォードとカウダー卿（Cawdor）は、さらに差を縮めることができた。彼らは数か所で谷間に降りた。川が早瀬で速く、劇的に300m近く標高差があったが、滝はなかった。そこからインドの方へ、さらに下流に進むことはできなかった。

　第一次世界大戦で残りの探査は続けられなかった。イギリス人は、インドの独立運動で忙しくて、1947年にインドを離れた。この地域は訪問されることがなくなり、ツァンポー川は淋しく取り残された。

1962年中印紛争

　1962年に、中国はNEFAの領土を襲った。攻撃の主力がタワンに近かったけれども、いくつかの戦闘はロヒットとワロン（Walong）地域まで下がってきた。攻撃の手は、ツァンポー川がインドに入る地点の西方の小さな峠であるケパン・ラ（Kepang La）にまで延びてきた。両軍の衝突で2名のインドの兵士が戦死した、戦死者の小さな記念碑はこの峠に建設されている。他の戦闘は、さらに西のルシェ・ラ（Lushe La）の下まで迫ってきた。中国はトゥティン（Tuting）に着き、村を燃やした後に撤退した。インド軍は対抗して強行に反撃し、道路と宿舎を建設し、現在、この道路を利用してトゥティンまで旅行することができる。

最終的な探査

　しかし、ツァンポー川の調査のロマンは、まだ終わった訳ではなかった。キングドン・ワードの時代以来の重要な前進がなかったといえる。ツァンポー川は、まだその秘密を守っていて、最後のすばらしいアジアの冒険を続けることができる。ツァンポー川の上流奥地への旅行－アッサム谷からチベットの高地へのブラーマプトラ川の興味深い探検が保証される（注3）。

　最後の村からツァンポー川に沿って先のインドの側の地域コルボ（Korbo）またはビジン（Bishing）は、まだ探査されていない。チベットの側の最後の村はシラン（Shirang）でこれらの村の間で巨大なS字状の大屈曲部を形成しながらインドに向かうツァンポー川である。F.M.ベイリーによって観

察されたヌゴン・アシ・ナラ（Nugong Asi Nala）は、境界でツァンポー川に合流する。この交差点に着いて、観察することによって、最終的な探査は終了することになる。この探査は、2004年に達成された（注4）。インド隊（隊長：Harish Kapadia、Motup Chewang、Wing Commander V.K.Sahindran, LtRippon Bora）は、チベットからインドに入るツァンポー川の境界に達した。それは、ヌゴン・アシ・ナラの谷でつながっている。ブラーマプトラ川からツァンポー川の合流地点の探査の完全な記録を完成させた。そしてこの記録に「ツァンポー川のＳ字状屈曲（"S Bend"of the Tsangpo）」と命名したと記している。

Tsangpo Bend as it enters India（M. Chewang）

　下流のインドでは、ツァンポー川はシアン川またはディハン川と呼ばれている。そして、トゥティン（Tuting）とサイヨム（Siyom）はパンギイン（Pangin）で合流してアッサム平野のサディヤ（Sadiya）まで流れて行く。ここでロヒット川とディバン川を合わせて大きな川になり、ブラーマプトラ川と呼ばれている。そして、アッサム谷の中を流れて、バングラデシュに、そして、ベンガル湾に注ぐ。

　このようにマナサロワール湖の近くで始まった小さな細流は、東部インドで、10000km流れてその旅を完了する。2004年に最後に観察されるためにいくつかの謎を1715年から与えてくれた川である。

　ツァンポー谷と大曲りの謎は、現在、完全に解決されている。

（ハリッシュ・カパディア）（沖 允人訳）

注１：Nain Singh was awarded the Patron's (Royal) Gold Medal by the Royal Geographical Society in 1877 for his two pioneering journeys. He was the first Indian to receive this Royal honour.. He lived in Milam till his last days.

注２：F.M.Bailey was awarded the Patron's (Royal) Gold Medal by the Royal Geographical Society in 1916 for his explorations. He continued his distinguished service and died in 1967, aged 85.

注3：チャールス・アレン（Charles Allen）：A Mountain in Tibet（Tsangpo Gorge）

注4：Harish Kapadia was awarded the Patron's (Royal) Gold Medal of the Royal Geographical Society in 2003, 'as an outstanding explorer in the finest traditions of the great Himalayan pioneers'. He is the only other Indian after Nain Singh to receive this award, after a gap of 125 years. He lives in Mumbai

[文献]

(1) 角幡唯介『空白の五マイル チベット、世界最大のツアンポー峡谷に挑む』集英社、2010年

(2) Harish Kapadia: TAWAN TRACT, Arnachal Pradesh, October 2003, Deatiled Report

(3) Harish Kapadia: THE TASINGPO EXPLORATION (First ever reaching of the Tsangpo S Bend from India), 2004

(4) Harish Kapadia: THE SUBANSIRI VALLEY EXPLORATION (Trek along the routes of Takpa Siri Pligrimage), 2005

(5) Harish Kapadia: THE DIBANG VALLEY (Treks to the Yonggyap La and the Dri Valley), 2006

インド・ヒマラヤの自然、社会、歴史
探検、登山との関わりで

Nature, Society and History of the Indian Himalaya

鹿野勝彦 （Katsuhiko KANO）（JAC、文化人類学）

はじめに

　ヒマラヤは、インド亜大陸北部平原と中央アジア高原の間に、南東から北西への延長が約2500km、南北に縦断すればおよそ300kmから500kmにおよび、標高は7000mから8000mを超える多くの山々が連なる世界最高の山脈で、その東端と西端をどこにとるかについてはさまざまな見解があろうが、ここでは一応、いずれもチベット高原に源を持つブラーマプトラ川とインダス川の流域範囲としておく。ちなみに延長約2500kmとは、北海道の北端から本州、九州の中央部を経て奄美諸島に達する距離であり、本州中央部を適当な線で縦断すればその南北の距離ともおよそ一致する、といえば、日本人にはイメージしやすいだろうか。

　本章の目的は、本書が対象とするインド・ヒマラヤの山域、山群および個々の山の、登山やそれに先んずる探検などに関する個別の記述を、その背景としてのヒマラヤ各地域の自然や社会、歴史などについて大づかみにスケッチすることで、多少とも理解しやすくすることである。ただ、本章の記述内容に関する責任は、誤り等がある場合を含め、筆者個人にあることを、あらかじめお断りしておく。

　ところで本書でいうインド・ヒマラヤとは、基本的には現在のインド国内及びその国境に位置する。すなわちアルナーチャル・プラデーシュ、シッキム、ウッタラカンド、ヒマチャール・プラデーシュ、ジャンム・カシミールの各州とその州境（国境）の山域を指している。もっともその一部は、現在でも国境があいまいな地域を含んでいるが、それはおくとしても、そこでの探検、登山の歴史を記そうとすれば、どうしてもインドがイギリスの植民地だった時代にさかのぼらざるをえない。となれば、その時代に関する限りにせよ、現在のパキスタンやミャンマー（当時のビルマ）までを含む「イギリス領インド」のヒマラヤに関する記述も、ある程度は含めることになる。すなわちインド・ヒマラヤを扱うということは、当時も独立を維持していたネ

パールやブータンについては原則として除くとしても、ヒマラヤの東端から西端までのほぼ全域にわたって、ただし、おおよそはその南面を、主な対象とすることを意味する。

ヒマラヤの自然と社会

　気候としては、ヒマラヤの南部はインド平原に接する亜熱帯であり、山脈の高地に至れば「第三の極地」といわれる高山性の気候が、その北側は標高3000mを超える冷涼な高原性の気候が卓越する。またヒマラヤの大部分は中緯度帯にあって、西からの強い風と南からのモンスーンの影響を受け、一般に夏が雨期となるが、東部はかなり湿潤で西部へ行くほど乾燥する。年間の降水量は、

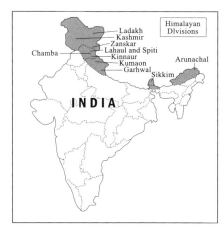

例えば東部のシッキム州ガントクでは3500mm程度、中部のヒマチャール・プラデーシュ州シムラでは1500mm程度であるのに対し、極西部のパキスタン、カラコラム山麓ギルギットでは130mm程度、またヒマラヤ北面のラダック地方のレーでは80mm前後と、ほとんど沙漠気候となる。つまりヒマラヤでは、およそ日本と等しい面積のなかに、熱帯降雨林的なそれを除く、ほとんどあらゆる気候が存在するといってもよい。

　よってその植生も極めて多様で、ヒマラヤの東部から中部にかけては、もともとは標高数100mの低山から標高3000mあたりまでには、その高度によって亜熱帯的な常緑広葉樹林から冷温帯の針葉樹林まで、豊かな森林が存在したが、カラコルムの西部に至ると、樹木は高山の氷河を水源とする河辺にわずかに見られるだけになる。しかも実際の植生は、地形や斜面の方向、地質などの違いから、同じ山域でわずかな距離を移動しただけでもかなり変化するため、その概要を記述することは、一般に困難である。また、ヒマラヤ南面の、特に標高500〜2500m前後までの中級山地帯は、古くからかなり人口密度の高い地域であったため、耕地化や家畜の放牧などの結果として、本来の植生が残されている場所は、実は必ずしも多くない。

こういった多様な自然のあり方との関係で、そこに住む人々の文化、社会、生活のあり方も極めて変化に富んで多様であり、かつその歴史的な変容は、近代、すなわちイギリスのインド支配がヒマラヤ地域に及んで来る以前から生じていた。

　ヒマラヤ南面東部、すなわち現在のインド、アルナーチャル・プラデーシュからネパール中部あたりまでは、先住民の多くはチベット・ビルマ系の言語を母語とする諸民族で、中級山地の山腹や河谷に集落を形成して住み、ネパールのカトマンズ盆地で古くから独自に集約的な水稲耕作、手工芸を発達させ、ヒンドゥー教と仏教を取り入れて、都市国家を成立させたネワールを例外として、一般に焼畑農耕や採集狩猟などを主な生業として生活していた。これらの人々の社会には、首長が存在するにしても、民族全体を統合し、あるいは他の民族を支配するような、強い権力を持つ支配者は存在せず、国家を形成するに至らなかった。なお、その南部の低地（いわゆるタライ地方）は、湿潤な亜熱帯的森林地帯で、マラリアなどの風土病のために、多くの人口が生活することは困難であり、人口密度も低く、山地の先住民とタライ以南の平原の住民との交流も限られていた。

　しかしそういった中級山地帯に住む先住民の、比較的小規模な、いわゆる部族社会が維持されていた地域に、ある時期以降、ヒマラヤの北側、すなわちチベット高原から、チベット仏教徒の集団がヒマラヤ主脈を越えて移住して来るようになり、その一部は比較的標高の低い、すなわち先住民の住んでいた地域まで降りて来て、より定着的で生産性の高い有畜農耕技術やチベット仏教などを通して先住民を支配し、その結果としてチベット系の文化を持つ王国が成立するようになる。こういった王国の早いものは、ブータンでは10世紀ごろまでには成立し、またシッキム王国の成立は16世紀後半から17世紀始めごろとされる。また、チベットからの移住者の一部は、それまであまり人が住んでいなかった、標高3000〜4000mの高地に住みつき、農耕と牧畜、それにチベット高原とヒマラヤ南面という、全く生態系の異なる地域を結ぶ交易を組み合わせる生活の形を確立する。ネパール東北部高地に16世紀ごろ住みついたシェルパは、その典型的な例である。

　一方、ヒマラヤの中部から西部にかけて、すなわち現在のネパール西部からヒマチャール・プラデーシュ一帯にかけての中級山地では、11世紀以降、西北からインドへ侵入したイスラーム勢力に追われる形でヒマラヤの中級山

地や河谷に移住したインド・アーリア系の言語（パハリー語）を母語とするヒンドゥー教徒が、やはり高い生産力やヒンドゥー教のイデオロギーなどを導入し、先住民を下層カーストとして社会の底辺に組み込む形で、多くの小国家が成立する。それらのうちのいくつかは他の国家を征服し、領域を拡張して勢力を強めていった。18世紀半ばにネパール中部の小都市ゴルカからカトマンズ盆地へ攻め入ってネワール王朝を倒し、ネパールを統一した後、さらに東はシッキム、西はガルワール、北はチベット南部にまで侵攻したシャハ（ゴルカ）王朝はその例である。

ただ、この地域の高地や、さらにヒマラヤ主脈北面の一部には、政治的にはヒンドゥー国家に組み込まれながら、独自の言語や文化を維持し、国の領域を越えて、チベットとヒマラヤ南面を結ぶ交易に従事したり、あるいはヒツジ、ヤギなどをともない、ヒマラヤ主脈を越えて移動する牧民集団なども、存在していた。

ヒマラヤ極西部、すなわちジャンム・カシミール州からパキスタン北部にかけては、早くからイスラーム教徒（ムスリム）が多数を占める社会が形成され、14世紀にはカシミールはムスリム王朝が支配するようになり、住民のイスラーム教への改宗も進んだが、その後カシミール盆地は、19世紀初めにはパンジャーブ地方を本拠とするシク王国が支配する地域となり、その直接の統治はジャンムのヒンドゥー教徒の領主にまかされた。またその北方、ヒマラヤ主脈の北側に位置するラダック地方は、小チベットと呼ばれることもあるように、チベット仏教徒の王国があったが、1834年にはカシミールに併合された。さらにその中間の諸地域にも、チベット系、イスラーム系、ヒンドゥー系など、多様な文化を持つさまざまな住民集団が存在していたし、広い範囲を移動しながら生活する交易民、牧畜民などがいたことは、中部、西部と同様である。

イギリスがインドを支配下に置き、その北辺のヒマラヤ地域が実際にイギリスの直接ないし間接の統治下に組み込まれる直前の、すなわち地域によって年代は若干異なるが、おおよそ19世紀前半ごろの状況を要約すれば、上記のようになる。すなわち、ヒマラヤの東から西まで、文化的、民族的に多様な大小さまざまの王国が、それぞれの領域に割拠していたが、一方では、実質的にはそういった国家に統治されているとは必ずしもいえない、これも文化的、民族的に多様な住民の社会も多く存在していたのである。

イギリスによるインド統治下でのヒマラヤ諸地域

　イギリスの東インド会社は、もともとインド、東南アジアでの貿易を目的に1600年に設立されたが、その後、インド各地の在来の王国などとの戦争を通じて、各地で徴税権を、さらに行政権一般を獲得し、実質的なイギリスによる植民地支配体制を確立してゆく。1774年にはベンガル総督（1834年からインド総督）が置かれ、1857年の大反乱（いわゆるセポイの乱）の後は、会社そのものが解散して、インドは制度上もイギリス領となり、総督はインド副王の称号を名乗るようになった。イギリス植民地としてのインドは、イギリス人官僚が治める直轄領と、在来の支配者（ヒンドゥー教徒ならマハーラージャ、ムスリムならナワーブと呼ばれた）が領地の内政権を持つ藩王国領に分かれるが、その藩王国にも顧問等の名目でイギリス人が送り込まれていたし、また藩王の統治に問題があると見なされた場合には、その地位を剥奪されたり、藩王国自体がとりつぶされたりすることもあった。

　以下ではイギリス植民地時代におけるヒマラヤの各地域について、現在の行政区分をもとに、おおよその状況を確認しておく。

　アルナーチャル・プラデーシュ州一帯は、植民地時代には北東辺境管区（North East Frontier Agency 通称NEFA）と呼ばれ、その北部には1913～14年のシムラ会議でチベット政府との間で秘密裏に合意した国境線（マクマホン・ライン）が引かれていたが、中国政府はそれを国境とは認めていなかった。住民は、北部山地にはメンパ、ロパなどのチベット系の、また中級山地帯以下にはミシュミ、アディ、ダフラ、アパタニなどチベット・ビルマ系の母語を持つ、多くの少数民族に分かれ、在来の国家は存在しなかったので、イギリス人行政官が駐在して統治する直轄領であったが、本格的な開発の対象にはならず、中国、チベットとの国境地帯として、また住民である少数民族の間の治安を維持することに、統治の重点がおかれてきた。

　なおビルマは1886年に植民地としてのインドに編入されたが、その北部は北東辺境管区と接しており、さらに中国、雲南省西南部の大河源流地域にも近く、これらの地域は、東部ヒマラヤの探検においては、しばしば同時にその対象となってきた。

　北東辺境管区の西にはブータン王国が位置する。ブータンはもともとチベットとのつながりが深いと同時に、現在の国境よりはかなり南の、アッサム州北部ドゥアル地方までを領有していたが、18世紀後半以降、イギリス

がアッサム地方を植民地のインド領に編入しはじめると、両者の勢力がこの地域で直接接するようになった。1770年代には、この地方に位置するコーチ・ビハール王国の王位を巡って両国が衝突し、コーチ・ビハール王国は1773年にイギリスの保護領となる。以後、イギリスとブータンの間では小規模な衝突と交渉が繰り返されたが、1865年には本格的な戦争（ブータン戦争）となり、結果としてドゥアル地方はインド領となって、ブータンの現在の領域が確定した。ブータンへの中国、チベット側からの介入を嫌ったイギリスは、1910年には、ブータンへの年金の支給と、内政には介入しない保証とともに、外交権を移譲させる条約を結ぶに至ったが、この条約は独立後のインドに引き継がれることになる。

　ブータンの西には現在のシッキム州が位置するが、すでに記したように、そこは17世紀以降、チベット系の王朝が支配する王国であった。しかし19世紀に入ってネパールのゴルカ王朝による侵入を受け、王族らはチベットに亡命、その後1814〜16年のイギリス東インド会社とネパールの戦争（グルカ戦争）でのイギリスの勝利を受けて、シッキムは領土を回復するが、その代償として1835年に南西部のダージリン地域をイギリスに若干の金銭と交換に割譲した。さらに1890年には、チベット軍がシッキムに侵入、イギリスが介入した結果、清朝とイギリスが結んだシッキム条約によって、シッキムはイギリスの保護領となった。以後、シッキムはイギリスのインド支配の時代を通じて、藩王国としての扱いを受けることになる。

　また、イギリスに割譲されたダージリン地域は、現在は西ベンガル州に属するが、もともとはシッキム王国南西部にあって、少数のレプチャが住む未開発の山地であった。イギリスはその標高2000mあまりの冷涼な山地に、当時の植民地経営の最大の拠点であったカルカッタ（現コルカタ）に住むイギリス人を対象とする保養地としての町、いわゆるヒル・ステーションを建設し、19世紀後半には平原部から馬車で往来出来る道路を、次いでその道路を利用して狭軌の鉄道を建設した。ダージリンには、一時期は夏の間、カルカッタから政府機能が移転されたし、ホテル、別荘などに加え、小規模ながら整備の行き届いた図書館、病院、劇場やクラブといった施設、イギリス本国のパブリックスクールに範をとった寄宿制の学校、さらにはイギリス国教会をはじめとする各宗派の教会などが建設され、そこで夏を過ごす、またその子女を寄宿学校に送り込むことは、インド在住のイギリス人をはじめと

するヨーロッパ人、あるいは少数のインド人エリートにとって、ステータスシンボルとなる。ヒル・ステーションの中心部は、外観的にはヨーロッパの町並みを思わせる景観を呈するようになった。

またヒル・ステーションの一帯には、その気候条件に合わせて、特定の作物を大規模に生産する、いわゆるプランテーション農場の開発も進む。ダージリンの場合は、当時のインドからイギリスへ輸出する主要な商品のひとつであった茶の産地としても、急速に発展していった。さらにインドの東部からチベットへ至る容易なルートを確保するために、ダージリンからカリンポン、シッキムのガントクを経てチベットのチュンビ谷へ抜ける道路も建設された。

一方では、ヒル・ステーションの建設やそこでのサービスの提供、そこに成立した産業（ダージリンなら茶の栽培と製造）などには、在来の周辺住民ではまかないきれないほどの労働力が必要とされたから、町の周辺部には、中心部とは対照的な、多くの移住労働者の生活空間も形成され、ヒル・ステーションは全体として独特の複合的な空間が形成されていった。

この過程で、ネパール東部から移住してきた人々のなかには、高地に住んでいたチベット系のシェルパや、東部ネパール中級山地帯の先住民であったチベット・ビルマ系のリンブー、ライなどの諸民族の他、もともとはネパール西部、中部から、グルカ王朝の勢力拡大にともなって東部へ移住してきたインド・アーリア系のネパール語（東部パハリー語）を母語とするヒンドゥー教徒も多く含まれていた。19世紀末には、そういったネパールからの移住者が、シッキムやダージリンの人口の過半数を占めるようになり、そこでの開発における主要な労働力ともなったのである。

ネパールはグルカ戦争後、イギリスの駐在官を受け入れることとなったが、独立と鎖国体制を維持する一方で（ただしネパール人や、インド人、チベット人の出入国を規制したわけではない）、19世紀半ば以降、ゴルカ王朝において実権を掌握したラナ家専制体制のもとで親イギリス路線をとり、イギリス・インド軍の兵士（いわゆるグルカ兵）の徴募を認めることになる。イギリスにとっては、中国（清朝から中華民国にいたる間の、中央政府およびチベットの政府）、ロシア（およびソ連）との外交、国防上、インドの北辺国境のかなりの部分を占めるネパールが、独立した緩衝地帯として存在することは、さまざまな意味で望ましいことであった。

また外国人傭兵としてのグルカ兵は、イギリス支配下のインドでは、住民とのつながりが少ないために、イギリスへの忠誠度が高い部隊として、治安維持に重要な役割を果しただけでなく、20世紀前半の2度の大戦では、アフリカ、ヨーロッパ、アジアの戦線で、第一線の兵士として戦闘に従事した。資源の乏しいネパールにとって、彼らからの本国への送金は、国家経済にも大きな意味を持っていたのだが、グルカ兵以外にもインドに出稼ぎに行き、なかにはそのまま住みつくネパール人は、シッキムやダージリン地区に限らず、他の地域にも少なくなかった。

　ネパールの西、ガルワール地方は、東部についてはクマオンとも呼ばれ、かつて多くのヒンドゥー系の王国があったが、それらは18世紀後半以降のネパールの拡張によって王権を失い、グルカ戦争後はイギリス直轄領となって、そこを統治するための行政官が配置されるとともに、インド北部の都市に住むイギリス人などの保養地としての、アルモラ、ナィニタール、デーラ・ドゥン、ムッスリーなどのヒル・ステーションが建設され、そこと平原を結ぶインフラが整備されるとともに、それらの町には、ヒマラヤ開発の拠点としての測量、林政などに関する官庁や研究所、軍の士官学校といった施設が設置されていった。

　現在のヒマチャール・プラデーシュ州からジャンム・カシミール州、さらに現パキスタン領のナンガ・パルバットあたりまでの山地一帯は、イギリス植民地時代には、一括してパンジャーブ・ヒマラヤと呼ばれるのが一般的であった。ここにもいくつかのヒル・ステーションが建設されたが、なかでもシムラは、グルカ戦争の直後の1820年前後から本格的な開発が開始され、デリーと鉄道で結ばれるようになって、北インド平原に住むイギリス人などの保養地としての重要性が高まった。さらに1857年の大反乱の後、インド統治の中心がデリーに移され、新都ニュー・デリーに総督が移った後、1865年から1939

Kangto (7055m) from Lada in south, village girls (H.Kapadia)

年の70年あまりの間、夏期は首都機能がシムラに移されるようになり、これにともなってシムラでは、しばしば歴史的に重要な国際会議が開かれるなど、政治的に大きな役割を演じるようになる。

　この地域では、在来の王国の多くは、イギリスの支配下に入った後も、藩王国として存続していたが、そのなかでもカシミールに関しては、イギリスは1845〜46年にパンジャーブを本拠とするシク王国との戦争（第1次シク戦争）に勝利したのち、それまでシク王国のもとで実質的に統治を行っていたジャンムの領主（ヒンドゥー教徒）に、統治権そのものを売却し、結果としてインドの藩王国のなかでも最大のひとつであるジャンム・カシミール藩王国が成立した。しかしその住民の大半はムスリムであり、その比率は1941年の国勢調査では77％に達していた。

　またその北東部から北部にかけてのラダック地方は、小チベットとも呼ばれるように、住民の多くはチベット仏教徒であった。ラダックには、古くからインドと中央アジアを結ぶ交易のルートも通じていたが、一般に降水量が少なく、冬は極度に気温が低下する厳しい気候条件のため、高山の氷河を水源とする川沿いのオアシス地域以外の人口密度は低く、未探検の地域が多く残されていた。

　現在のパキスタン北部、パンジャーブ・ヒマラヤとカラコルムの接する部分には、イギリスが国境の警備、中央アジアとの交易の拠点として、ジャンム・カシミール藩王国から租借したギルギット管区がおかれ、イギリス人行政官が配置されるとともに、軍の駐屯地もおかれた。ギルギット管区の北の国境には、フンザ、ナガールといったムスリムの小王国が存続していた。

　ここからさらに西へ進めば、本来の意味でのヒマラヤから離れ、ヒンドゥー・クシュの領域に入るが、そこはやはりもともとはパンジャーブのシク王国から、シク戦争を経て英領パンジャーブに組み込まれ、1901年に北西辺境州（North West Frontier Province, 州都ペシャワール）となった。そこにはイギリスのインド支配にとって外部からの最大の脅威と見なされていたロシア（後にソ連）およびアフガニスタンとの接線である国境地帯を管轄するという、重要な役割を担う行政官や軍の部隊が配置されていた。

植民地インドにとってのヒマラヤの意味
　ここまで、植民地時代のインドのヒマラヤにおける状況を地域別に見てき

たが、本項の最後に、当時のインドにとって、その北辺に位置するヒマラヤが、全体としてどのような意味を持っていたのかを確認しておく。

ヒマラヤは、地政学的には個々の地域でも繰り返し述べたように、まずインド北辺の国境地域であり、しかもその一部では国境線そのものが未確定なところもあって、国防上の前線であるとともに、ときには国境を越えて進出する際（例えば1904年のヤングハズバンドが率いたチベット侵攻）の起点であり、兵站基地としての役割を担う地域でもあった。

もっともそのインド側のヒマラヤ地域自体が、複雑な民族・文化構成、度重なる戦争と支配者の交替といった歴史的な経緯、さらにはそこに存在する大小の藩王国や在地の有力者などとの関係から、内政面での不安定要因を抱えており、そこでの治安が脅かされることもしばしばであった。その意味でヒマラヤは、自治権の拡大や独立を目指すナショナリズムの運動が盛んになってゆくインド全体の問題とはまた性格の異なる、独特の困難を抱えた地域であり、それだけに植民地政府は、行政的にも、軍事的にも、地域の特殊性に応じた、きめ細かな、それだけにときに矛盾をもはらんだ統治をおこなってきたが、それでもつねに多くの問題が生じていた。

経済的にはヒマラヤは、平原部とは異なる、かつその内部においても多様な生態系によって、地域ごとに独自の産物を産出する地域であり（例えばダージリン地区における茶、ガルワール一帯における木材、カシミール北部におけるパシュミナ・ウールなど）、それらの生産、流通システムの開発は、政府にとって重要な課題であった。例えば茶については、イギリスの資本によって広大な茶園を造成し、その一角に製茶工場も建設して一貫生産ををするとともに、そこから港に至る道路や鉄道までを整備して世界中に送り出すという、植民地ならではのシステムが成立したし、木材については、ヒマラヤは植民地時代のインドにおいては、産業としての林業という観点からの森林経営のモデル地域であり、商業的木材生産を促進する一方で、資源保護のための森林管理も行われた。具体的には、ドイツ流の林学を導入して、伐採跡地への植林や保護林区の設定などが積極的になされたが、植林にあたってはしばしば成長の早い外来種を導入することによって在来の生態系を変化させてしまったし、保護林区では住民の生活のための森林利用を厳しく制限したために、その消極的な抵抗や、ときには積極的な反乱までを引き起こすことになった。

また、ヒマラヤにおいては、各地域ごとに、インドとチベットやいわゆる東トルキスタン（現在の中国新疆ウィグル自治区）とを結ぶ交易路が通じており、植民地経営上は、それらのルート自体を整備、管理するとともに、そこを通じて行われる交易活動を掌握することが必要であった。当時のイギリスが抱いていたインド産品の市場としてのチベットやトルキスタンに対する期待は、やや過大なものであったかもしれないが、量的な数値はともかく、ヒマラヤ越えの交易には、住民が自らの生活必需品を入手するための交易（例えばヒマラヤ南面の山地民にとっては、チベット産の岩塩、羊毛などを、地元で生産した穀物と交換し、入手するための交易）の他に、ヒマラヤ南北の双方にとって、地域では入手しがたい特殊な産品の輸出入を行い、高い利潤をあげることをもくろむ専業的な商人による交易があり、その維持と拡大は、当時のイギリスの植民地経営にとっても、大きな意味を持っていた。

　またヒマラヤ各地に建設されたヒル・ステーションの成立は、植民地インドのヒマラヤ地域に、観光というあらたな産業を成立させることとなった。観光とは一般に、何らかの意味での楽しみを目的として自発的に行われる旅行と定義されるが、近代化以前の社会では、それは富裕な貴族など、ごく限られた特権階級のみに可能な行為であった。インドにおいては、植民地化の進行とともに、イギリス人をはじめとする欧米人在住者が増加し、それらの人々が避暑などのために旅行するようになって、産業としての観光が成立するだけの一定の規模の市場が形成されたのである。さらに、いったん成立したヒル・ステーションは、単なる保養地としてだけでなく、地域の政治的、経済的な開発の拠点としての役割を果たすようになってゆく。

植民地時代におけるヒマラヤの探検と登山の背景

　ヒマラヤから中央アジアにかけてのヨーロッパ人による探査の初期のものの多くは、キリスト教会の宣教師によるものであり、彼らの残した記録は後代にも参考にされたが、組織的、系統的な探検、情報収集がなされるようになったのは、やはり18世紀、すなわち帝国主義の時代に入ってからであろう。

　広大なインド全域にわたる植民地の、安定的かつ効率的な支配、経営体制を確立するうえで欠かせないのが、正確な地図、統計資料の作成、地域の住民や資源に関する詳細な知識、情報の蓄積であり、それらを前提とした法制度や官僚、軍隊などの組織の整備と人材の育成、そして道路、通信などのイ

ンフラの整備である。それらはヒマラヤ諸地域にとっても同様であるが、平原部に比してもともと情報が少なく、かつその収集には地域の特性にともなう独特の困難さがあるだけに、早くからそれを克服するためのさまざまな努力が払われてきた。以下では特に登山と、その前史をなす探検の背景となる一般的な状況を、各山群、山名項目の記述となるべく重複を避けつつ見てゆくこととする。

インドに正確な地図を作製することを任務とする測量局がおかれたのは、東インド会社時代の1767年である（正確には、当時の名称はベンガル測量局）。1802年にはインド南部から大三角測量が開始され、19世紀半ばにはインド測量局の本部はヒル・ステーションのひとつ、デラ・ドゥンに置かれるようになって、ヒマラヤ地域での測量も進んでいった。ちなみに、当時、地方名がわからない山については、便宜的に番号が振られていたが（例えばK2、すなわちカラコルムの2番）、そこでピーク15の番号を持つ山が世界最高峰と判明し、地方名が不詳のため、1830～43年に測量局の長官を務め、大きな業績を上げたG.エヴェレストの名があてられることになったのは、よく知られている。測量局の仕事はまず正確な地図（基本的には1マイル1インチ、すなわち縮尺63,360分の1）の作成であったが、それだけでなく地域の地誌情報一般を広く収集することが含まれていた。

情報収集の対象には、国防上の観点から、インド領内のみでなく、ネパールやブータン、さらにはヒマラヤ北方のチベット、東トルキスタン、西方のアフガニスタン、東方のビルマから中国西南部まで、広大な地域が含まれていたが、それを実行するには、正規職員だけでは人員も不足したし、また特に外国での測量、情報収集には大きなリスクも伴っていた。19世紀後半から20世紀初頭のヒマラヤとその周辺地域は、イギリス、ロシアの二大勢力による、いわゆるグレートゲームの舞台であり、そこでの情報収集には双方が神経を尖らせていたし、アフガニスタンや中国、チベットでも同様であり、さらにインド領内であっても、地域によっては、その治安も必ずしも安定していなかった。そこで測量局はしばしば外国人の探検家と契約を結び、調査を委託することもしたが、1860年代から80年代にかけて、インドの各地方の出身者を選抜し、調査要員としての訓練を施したうえで具体的な任務を与え、送り出すようになる。これがパンディットと呼ばれる人々である。彼らの足跡はネパール、ブータンから遠くチベット、中央アジアの各地に及び、

その現場では測量局に所属する身分を隠し、長期間にわたって巡礼や商人として行動することによって、貴重な情報をもたらした。

だがこれらの地域で、さまざまな分野での情報収集にあたったのは、当然のことながら、測量局ばかりではない。1872年以降、直轄領では本格的な国勢調査が開始され、以後基本的には1のつく年ごと (1881、1891…) に、全インドを対象に実施されるようになったし、またインド領内に数百を越えるとされる言語の調査には言語調査局が、おもに辺境の民族社会を調査対象

Himalayan Mountaineering Insitute, Darjeeling

とする人類学的調査のためには人類学調査局が設置されるなど、政府レベルの調査機関にとっても、またカルカッタのインド博物館やベンガル・アジア協会のような、学術的な研究を行う公的、半公的な組織にとっても、ヒマラヤはその主要なフィールドのひとつであった。さらにヒマラヤ地域を所管内に持つ地方政府や軍も、積極的に情報収集をおこなっていた。こういった活動は植民地時代の終わりまで、すなわち20世紀前半を通じて、ヒマラヤ全域で続いてゆく。

しかし19世紀後半になると、こういった公的、半公的な機関、組織による活動の他に、より私的、個人的なレベルでの活動が、ヒマラヤでも活発に行われるようになる。すでに18世紀初めごろから、イギリス人行政官やインド駐屯軍の将校などが、休暇を利用して狩猟などの目的でヒマラヤを訪れることはしばしばあったが、19世紀半ばになると、西欧諸国ではアルプスでの登山から、より高く、より困難な山を目指してコーカサス（カフカス）やアンデスなどへの遠征が行われるようになり、イギリスを初めとして、各国に山岳会も結成されるようになった（イギリスの「山岳会」設立が1856年、

以後1862年にオーストリア、1863年にスイスとイタリア、1869年にドイツで、それぞれの国の山岳会が設立）。そして19世紀末には、政府による政治的、経済的な意図とは、少なくとも直接は関係なく、純粋に学術的な興味や、いわゆるプラント・ハンターのような植物資源収集を目的とする活動、さらには個人的な楽しみとしての登山そのものを行おうとする個人、チームが、ヒマラヤにもやってくるようになったのである。

　イギリス人ママリーによるナンガ・パルバットの試登と遭難は1895年のことだが、当時のインド領ヒマラヤの諸地域では、まだ正確な地図が完成していなかった奥地を探査し、分水嶺の峠を越えたり、場合によってはピークの登頂を試みる人々が、次第に増えてゆく。そういった人々を含む、ヒマラヤでの登山や旅行に関心を持つ人々によってヒマラヤン・クラブが設立されたのは、1928年である。本部はインドのボンベイに、支部は当初カルカッタとダージリンに、その後インドの主要な都市やヒル・ステーションと欧米の各地にもおかれたが、当時の会員のほとんどは欧米人であった。そして1920年代に入ると、イギリスでは、王立地理学協会と山岳会によるチョモランマ（エヴェレスト）登山隊の派遣が開始され、以後、第2次大戦がはじまる1939年まで、ナンガ・パルバットやカンチェンジュンガを目指すドイツ隊、K2を目指すアメリカ隊など、ナショナルプロジェクトとも言えるような、大規模なヒマラヤ登山隊が多く派遣されるようになる。その活動範囲は、チベット経由で行われたチョモランマ登山を別とすれば、シッキムと、ガルワール以西の、インド領ヒマラヤであった。

　そういった大規模登山隊が、標高8000mを超える、いわゆるジャイアンツの登山にあたって採用したのが、従来のアルプスなどでの登山方法とは異なる、もともとは北極や南極の探検で用いられた極地法（ポーラーメソッド）、すなわち1日で確実に往復出来る範囲に次々前進キャンプを設けて物資を集積し、その最終キャンプから頂上を目指す戦術であり、そのような登山では、ベースキャンプよりかなり高所の、相当に高度な登山技術を要する範囲まで、物資を荷揚げするための高所ポーター（HAP）を使用する必要があることを意味していた。

　ところで20世紀初頭までのヒマラヤでの登山、旅行には、アルプスからガイドを同行させることが多かった。しかし現地の事情に詳しいイギリス人の一部は、ヒマラヤの現地住民からガイドやポーターなどを採用し、さらに

は登山技術に関する訓練もして、高所での登山のポーターとして雇用するようになる。特にイギリスのチョモランマ登山隊は、極地法の採用にともない、もともとは東北ネパール高地に住むチベット系民族であり、20世紀はじめまでにダージリンに移住していたシェルパのなかから多くのHAPを採用し、彼らがその登山において期待以上の高い評価を受けたことから、シェルパは、ヒマラヤ登山のHAPの代名詞として定着した。ヒマラヤン・クラブのダージリン支部は、職業として登山隊に参加しようとするダージリン在住のシェルパを組織化し、登山隊での雇用条件を定めたうえで斡旋する業務をおこなうようになって、カラコルムやパンジャーブの山々を目指す登山隊にとっても、ダージリンからシェルパを呼び寄せるのが通例となった。

インド独立以降のヒマラヤ地域

　第2次世界大戦は、宗主国イギリスがその一方の主役を演じただけに、植民地インドにとっても決定的な転機となり、戦後間もない1947年、インド人の永年の悲願であった独立が実現したが、それは世俗国家であるインドと、イスラームを国是とするパキスタンの分離独立という形をとった。

　両国を取り囲む国境線は、基本的にはイギリス植民地時代のそれを継承した。すなわち、インドはその北辺の中国との、具体的にはアルナーチャル・プラデーシュ北部およびジャンム・カシミールのラダック北東部、アクサイ・チンの未確定部分も、そのまま引き継いだことになる。一方の中国は、1949年の中華人民共和国成立後、チベット自治区、新疆ウィグル自治区南部の国境への主張を強化し、1960年には両国間の大規模な軍事衝突が起きて、インドはその戦闘において事実上敗北した。停戦後、両国の間では断続的に国境を巡る協議が繰り返されたが、双方とも政府そのものの方針が状況によって一定しないこともあって、現在に至るまで決着していない。

　ヒマラヤ地域を巡るインド、中国の関係で、もうひとつの大きな緊張の要因は、チベット難民問題である。1959年の中国政府によるラサ制圧と、それにともなうダライ・ラマ14世をはじめとする多くのチベット難民のインドへの亡命に際して、インドは当時のパンジャーブ州北部（現在はヒマチャール・プラデーシュ州）に位置するヒル・ステーション、ダラムサラ（ダルムシャラー）とその周辺地域に難民を受け入れ、ダラムサラはチベット亡命政府の拠点となって、現在に至っている。インドはチベットが中国固有の領土

であること自体は認めながら、そこでの人権問題などへの懸念を表明し続ける一方、中国は亡命政府の活動を容認するインドの姿勢を非難しており、両者の対立は解消される気配がない。

インドとパキスタンの関係に関しては、分離独立は、その双方にとって、さまざまな意味で計り知れない大きな影響を及ぼしているが、ヒマラヤ地域に関しては、最大の問題はカシミールの帰属を巡るそれであって、この問題を巡る両国の対立は、分離独立後70年近くを経た2015年の現在も続いており、むしろある意味でより深刻化している。先にも記したように、カシミール地方は住民の大半がムスリムでありながら、ヒンドゥー系の藩王国であったため、藩王の意思によりインドに編入されたという経緯がある。そのため分離独立直後の1947年から、カシミールの帰属を巡って両国は戦争状態に入り（第1次インド・パキスタン戦争）、1949年に国連の調停によって停戦ラインが設定されて、藩王国領の約3分の2がインドに、3分の1がパキスタンに、実効支配される形となった。1965年にはパキスタン側からのゲリラの侵入と、これに対するインド軍の越境攻撃があり（第2次インド・パキスタン戦争）、このときも停戦には国連の調停が必要だった。その後も国境での小規模な軍の衝突や、パキスタン側からインド側へのゲリラの侵入は、最近にいたるまで絶えず生じており、また近年はカシミール住民相互の宗派対立の激化、ムスリム過激派によるとされるテロやヒンドゥー側からの報復なども多く発生するようになって、不安定さはむしろ増している。ジャンム・カシミール州、特にその州都であるスリナガール一帯は古くからインド有数のリゾート地域であったが、そういった状況のもとで、地域の基幹産業であった観光業の衰退は著しい。

国境、ないし外国との関係ばかりでなく、インドの他のヒマラヤ地域の内部でも、独立後さまざまな問題が生じ、それにともなって、制度や状況が大きく変化した例は少なくない。東部に関しては、それまでの北東辺境管区は、独立後はアッサム州に編入されたが、1972年に州から分離して中央政府直轄地区となり、1986年にアルナーチャル・プラデーシュ州が成立した。この地域は、北部の国境線が未確定であるのに加え、隣接するアッサム州、ナガランド州なども含めて、民族自治拡大を求める運動がしばしば武装蜂起をともなうなど、治安の不安定な地域であり、外国人の入域は厳しく制限されてきた。

シッキムの場合は、イギリスの保護国という関係をインドが継承し、他の藩王国がインドの州に吸収された後も藩王国としての一定の権益を維持してきたが、1975年にシッキム州として完全にインドに編入され、王政も廃止された。外国人の入域に関してはその後も厳しい規制が続き、外国からの登山隊がインドとの合同という条件で受け入れられるようになったのは、ごく最近である。

　ダージリン一帯は、行政的には西ベンガル州ダージリン県という位置づけであるが、住民の大半がネパール系であることから、ネパール語の公用語化をはじめとする自治権拡大要求（ゴルカランド運動）は、特に1980年代に激化した。結局、ネパール語の県内での事実上の公用語化が認められ、現状ではおおむね沈静化している。

　ガルワール地方は、独立後はウッタル・プラデーシュ州北部の複数の県となっていたが、2000年にウッタラーンチャル州として分離し、2006年にウッタラーカンド州と改称した。また現在のヒマチャール・プラデーシュ州の地域は、独立以前はパンジャーブ州の一部といくつかの藩王国領からなり、パンジャーブの州都はラホールであったが、パキスタンとの分離の際にパンジャーブは分割され、ラホールはパキスタン側に組み込まれたため、インド側のパンジャーブ州の州都は、一時シムラに置かれた。その後、パンジャーブの州都が、新たな都市計画によって建設されたチャンディガルに移り、地域の大部分は中央政府直轄領となったが、1971年にそれにパンジャーブ州の一部を組み込む形で、ヒマチャール・プラデーシュ州（州都シムラ）が成立した。

　近年のインドにおいては、急速な（ただし格差拡大もともなう）経済発展の過程で、ヒマラヤ地域は、中流階級の増加を受けての観光産業の発展などのプラス要因はあるにせよ、相対的には開発の遅れた貧困な地域と位置づけられている。

　また森林の過剰な伐採や、気候の温暖化にともなう氷河の縮小、水資源の枯渇といった、環境問題が集中的に生じている地域でもある。ヒマラヤ地域では、植民地時代より、林政上の観点から森林の開発と保護区の設定が併行して行われ、結果として住民の森林利用を制限したことに起因する、住民と当局の対立は根深いものがあったが、近年では国立公園化や野生動植物保護区などの設定も加わって、問題はいっそう複雑化する傾向にある。現状では、

まずインドに限らず、ネパールやパキスタン、ブータン、さらには中国の領域までを含む、ヒマラヤ全域の生態系の現状と変化に関する、広汎かつ正確なデータの蓄積が急務であり、それは国際的な枠組みでなされるべき課題であろう。そこでインドが果たすべき役割は特に大きいが、かつての宗主国イギリスをはじめ、そこで登山を行ってきた欧米や日本もまた、一定の責任を負っている。

インド・ヒマラヤにおける登山、観光

　第２次大戦以前の、すなわちインドの植民地時代におけるヒマラヤ地域での登山や観光は、イギリス人をはじめとする欧米人によるものがほとんどであったが、独立以降もしばらくはその傾向は存続した。ただ、ネパールの1949年の外国人旅行者に対する開国にともない、ヒマラヤを目指す登山家の関心は、まず、多くの8000m峰が連なるとともに、それまで未知の領域であったネパールに、ついでやはり多くの8000m峰を擁するパキスタンに向けられた。1950年にはフランス隊がアンナプルナⅠ峰に初登頂し、ヒマラヤ登山の黄金時代が幕を開ける。それは国の威信をかけてジャイアンツの初登頂を目指す、ヒマラヤ登山のナショナリズムの時代でもあった。このヒマラヤ登山の黄金時代、すなわち1950年代において、特にネパールヒマラヤでの登山に不可欠の役割を果たしたHAPポーターの主役は、なおダージリンに住むシェルパであった。しかし彼らがパキスタン領であるカラコルムでの登山に雇用されることは、緊張の続くインド、パキスタン関係のもとではあり得なくなったし、1960年代以降のネパールでの登山にあたっては、もともとのシェルパの居住地であるネパールのソル・クンブ地方に住むシェルパが、直接登山隊に雇用されるようになって、ダージリンのヒマラヤン・クラブの、HAP斡旋の役割は終わった。

　インド・ヒマラヤでも、第２次大戦直後の1947年にはスイス隊がサトパントを初登頂し、1951年にはフランス隊がナンダ・デヴィ縦走を目指すなどの活動があったが、一般に小規模な隊によるもので、世界的な関心を引くことはあまりなかった。ただ、インド国内では、一方ではナショナリズムとの関係で、また他方では国境防衛の必要と結びついて、ヒマラヤ登山が関心を呼ぶようになる。

　1953年の世界最高峰チョモランマのイギリス隊による初登頂は、世界中

の関心を集める大ニュースとなったが、その登頂者の1人、テンジン・ノルゲイは、ダージリンに住むシェルパ、すなわちインド人でもあって、テンジンはインドの国民的英雄としての扱いを受ける。この登頂をきっかけに、ダージリンには首相であるネルーの肝入りでヒマラヤ登山研修所が設立され、テンジンはそのフィールド・インストラクターの主席に迎えられた。だがこの研修所の主要な目的は、軍の若い将校らに対して登山技術や高地での作戦に関係する訓練を行うことであり、校長も常に軍の高級将校が配置された。以後、同様の目的を持つ研修所が、やはり軍の施設として、ウッタルカシやグルマルグなどにも設立された。またインドでの登山を総括するインド登山財団（IMF）が組織され、ヒマラヤン・クラブの実質的な運営もインド人によってになわれるようになった。

　インドは1960年には第1次チョモランマ登山隊を送り、1965年には第3次隊が念願の登頂を果たした（隊としては第5登）。またインド領内のヒマラヤ、すなわちシッキム、ガルワールや東部カラコルム、さらには国境を越えてブータンなどにも登山隊が派遣されるようになり、6000mから7000mクラスの多くの未踏峰の登頂も果たすようになって、インドの登山界は確実に実力をつけてきた。その主力はやはり軍、あるいはインド・チベット国境警察（ITBP）などであったが、それでも1980年代以降になると、民間の登山組織、例えば地域や大学のクラブなどが行うヒマラヤ登山も次第に増えてきた。

　外国からインド・ヒマラヤの山を目指す登山隊も、いわゆるヒマラヤ登山の黄金時代が終わった1960年代後半以降、徐々に増加してきた。日本の場合も、多くの学生や地方のクラブなどが比較的小規模な隊で挑み、派手さはないにせよ、その成果は着実に蓄積されてきた。またインドの登山界に関しては、単に外国の登山隊を受け入れるだけでなく、しばしばそれらと積極的に合同隊を組み、成果を上げてきたことも、ひとつの特徴としてあげておくべきであろう。国境問題や地域内の治安の問題から、今日もなお外国人の入域が制限されている地域は少なくないが、それでも全体としては次第に制限は緩和される傾向があり、今後が期待される。

　独立後のインドにおいて、観光は一般に推進すべき産業として位置づけられてきたものの、国内での市場がさほど大きくなかったことから、主として外国人旅行者を通じての外貨獲得の手段と見なされてきた。しかしヒマラヤ地域については、国境問題や地域内の不安定な状況などから、外国人の入域

が制限されることも多く、全体としてはなお未成熟の分野であった。しかし1990年代以降は、インド経済の急速な成長とこれにともなう中流層人口の増加によって、観光産業の国内市場も拡大しつつある。そのなかでヒマラヤ地域は、その自然とともに、植民地時代にイギリスが作り上げたヒル・ステーションや、古くからヒンドゥー教や仏教の巡礼の対象となってきた聖地などは、外国人にとってだけでなく、今日の平原部の都市に住むインド人にとっても、エキゾティックな魅力を備えた空間であり、今後、より多くの内外の観光客を引きつけてゆくことになると思われる。

インド・ヒマラヤ和洋(主に英語)主要文献
THE INDIAN HIMALAYA SELECT BIBLIOGRAPHY

本文の山名解説の末尾に記載した参考文献等も重複して採録してある。もちろん全文献をあげるのは困難なので主なものに限り、大まかに分類し、著者・タイトル・発行所・発行年順等に並べてある。

Harish Kapadia, K.K Kumar Ray、薬師義美氏など多くの先達のHandobook・著書・文献目録などを参考にさせていただいた。深甚の謝意を表する。

1 全般

1 朝日新聞社(編)『写真集・ヒマラヤの高峰』(136峰の写真集)
2 岩田修二・小疇 尚・小野有五(編)『世界のやまやま・アジア・アフリカ・オセアニア編』(地理9月Vol.40, 1995)増刊、古今書院、1995年
3 NHK取材班(編)『神秘のインド大紀行』日本放送協会、1991年
4 大石一馬『ヒマラヤ-大石一馬遺作写真集』山と渓谷社、1995年(ネパールとインドのヒマラヤ写真集)
5 沖 允人『インドの山と街』私家版、1995年
6 鹿之木信信『ヒマラヤ行』政教社、1920年
7 川喜田二郎(編)『ヒマラヤ』朝日新聞社、1977年(自然・民族・歴史・探検と登山などヒマラヤ全域について)
8 木崎甲子郎『ヒマラヤはどこから来たか』中央公論社、1994年(現地調査にもとづくヒマラヤ造山運動の話)
9 国際情報社(編)『大ヒマラヤの小王国』国際情報社、1979年(ヒマラヤの自然・人間・風土・歴史など)
10 国鉄岳連・海外登山委員会事務局(編)『インド・ヒマラヤ研究』私家版、1976年(手書きだが労作)
11 白川義員『ヒマラヤ』(愛蔵版)小学館、1975年(豪華写真集)
12 諏訪多栄蔵『ヒマラヤ-日本人の記録』毎日新聞社、1964年(河口慧海から1963年までの記録)
13 スイス山岳研究財団『マウンテン・ワールド』(日本語版最終巻)小学館、M.クルツのヒマラヤ編年史、水野勉訳(2巻)
14 スイス山岳研究財団『マウンテン・ワールド』(日本語版、全19巻)小学館、1987-89年(戦後のヒマラヤ登山記録を多数収録)
15 田口義博『あと一歩が君を決める』白峰社、1988年
16 谷岡武雄監修・三省堂編修所(編)『コンサイス地名辞典・外国編』三省堂、1977年
17 田村 仁『ヒマラヤ・曼陀羅の道』三省堂、(ラダック、ザンスカール、ネパール、シッキム、ブータンの写真集)
18 日本ヒマラヤ協会(編)『インド・ヒマラヤの手引き(改訂版)』1995年
19 日本ヒマラヤ協会(編)『インド・ヒマラヤのすべて(ヒマラヤ研究XI)』第6回東日本ヒマラヤ研究会 1976年
20 馬場勝嘉・渡部温子(編)『ヒマラヤ登山記録集成 - 日本人の天空に輝く軌跡』第1巻、私家版、2007年
21 馬場勝嘉・渡部温子(編)『ヒマラヤ登山記録集成 - 日本人の天空に輝く軌跡』第2巻、私家版、2008年
22 深田久弥『ヒマラヤの高峰』初版、雪華社、全5巻、1964-66年
23 深田久弥『ヒマラヤの高峰』白水社、全3巻(1973年「「岳人」連載の136座すべて収録)
24 深田久弥『ヒマラヤの高峰』白水社、全5巻、1983年の75座複版
25 水野 勉『ヒマラヤ文献逍遥』鹿鳴荘、1986年(ワークマンからメスナーまでの文献を写真入りで紹介)
26 水越 武『Himalaya』講談社、1993年(ヒマラヤとカラコルムの写真集)
27 三田幸夫『山なみはるかに』白水社、1954
28 森田稲信郎(編)『インド・ヒマラヤ登山の手引き インド・ヒマラヤ研究Ⅰ』長野県日本勤労者山岳連盟、1976年
29 薬師義美『新版・ヒマラヤ文献目録』白水社、2011年(欧文7727点+邦文2385点/補遺122点)
30 薬師義美『ヒマラヤ文献目録』私家版、1995年
31 薬師義美・雁部貞夫(編)『ヒマラヤ名峰事典』平凡社、1996年
32 山森欣一(編)『神々の座、7000m峰挑戦の記録版』日本ヒマラヤ協会、2009年
33 山森欣一(編)『神々の座、6000m峰挑戦の記録・2004年版』日本ヒマラヤ協会、2010年
34 吉沢一郎監修・三省堂編修所編『コンサイス外国山名辞典』三省堂、1984年

1 Aitkinson, E.T.:The Himalayan Gazetteer, Govt.ofIndia, Allahabad, 1882
2 Anderson, J.R. アンダーソン, J., R.(水野勉・訳)『高い山・はるかな海―探検家ティルマンの生涯』山と渓谷社、1982年
3 Anderson, J.R.L:High Mountains and Cold Seas: A Biography of H.W. Tilman, 1980
4 Biaham, T.: Himalayan Odyssey, George, Allen & Unwin, London, 1974
5 Bruce, C.G.: Twenty Years in the Himalaya, Arnold, London, 1910
6 Carter H.A. and Kapadia Harish: Classification of the Himalaya, Indus Publishing, New Delhi. 1998
7 Chamoli, S.P.: The Great Himalayan Traverse, Vikas, New Delhi, 1994
8 Douglas Keith Scott :Himalayan Climber: A Lifetime's Quest to the World's Greater Ranges, ISBN 1-898573-16-6
9 Douglas Keith Scott : ダグ・スコット著『ヒマラヤン・クライマー 世界の山岳探求に捧げた半生』山と渓谷社、1992年
10 Gibson, J.T.M.: As I Saw It, Mukul Prakashan, Delhi, 1976
11 Gill, M.S.: Himalayan Wanderland, Vikas, New Delhi, 1972
12 Holmes, P.F.: Mountains and a Monastery, G Bles, London, 1958
13 Hunt, John: Life is Meeting, Hodder & Stoughton, London, 1978
14 Kankan Kumar Ray: Handbook of Climbs in the Himalaya and Eastern Karakoram, Indus Publishing, New Delhi, 2009
15 Kapadia, Geeta: The Himalaya in my Sketch book, Indus Publishing, New Delhi, 1996
16 Kapadia, Harish: High Himalaya Unknown Valleys, Indus Publishing, New Delhi, 1993

17 Kapadia, Harish: Meeting the Mountains, Indus Publishing, New Delhi, 1998
18 Kohli, Capt.M.S.: Mountaineering in India, Vikas, New Delhi, 1989
19 Kopp, Hans Stevens, H. C. (tr.) :Himalaya Shuttlecock, Hutchinson, 1955
20 Longstaff, T.G.: This My Voyage, John Murray, London, 1950
21 Longstaff, T.G.: ロンクスタッフ, T.G. (望月達夫・訳)『わが山の生涯』白水社、1957年
22 Mason, Kenneth: Abode of Snow, Rupert Hart Davis, London, 1955
23 Mason, Kenneth: メイスン.K. (田辺主計・望月達夫・訳)『ヒマラヤ-その探検と登山の歴史』白水社、1957年
24 Meta Soli and Kapadia, Harish: Exploring the Hidden Himalaya, Indus Publishing, New Delhi, 1990（Revised Print）
25 Mumm, A.L.: Five Months in the Himalaya, Arnold, London, 1909
26 Mumm, A.L.:マム, A.L.（丹部節雄・訳）『ヒマラヤの5ヶ月』あかね書房、1969年
27 Neate, Jill: High Unwln Hayman, London, 1989,
28 Noice, Wilfrid: Mountains and Man, G.Bles, London, 1954
29 Schlagintweit, Hermann von:?Reisen in Indien und Hochasien Vol.1 -Vol.4, Hermann Costenoble, 1869
30 Schlagintweit: シュラギントワイト兄弟『インド及び高地アジア学術調査報告書（全4巻）』
31 Sircar, Joydeep: Himalayan Handbook, Private, Calcutta, 1979
32 Walker, Derek: The Pundits, University Press of Kentucky, Kentucky, 1990
33 Wilson, Andrew: The Abode of Snow, Ratna Pustak Bhandar, (reprint) 1979 (first published 1885, London)

2 東部カラコルム
1 岩坪五郎（編）『K12峰遠征記』中央公論社、1976年
2 尾形好雄『ヒマラヤ初登頂 未踏への挑戦』東京新聞出版部、2009
3 田上一彦『内なる崑崙を訪ねて』崑崙社、1996年
4 東北大学カラコルム遠征隊（編）『シンギ・カンリ1976』1977年
1 Baily, F.M.:No Passport to Tibet, London: Rupert Hart-Davis, 1957
2 Hillary, Peter: Rimo, Hodder & Stoughton, London, 1988
3 Khanna, Y.C.: Saser Kangri, I.T.B.P., New Delhi, 1980
4 Khulhr, Brig.D.K: A Moutain of Happiness, New Delhi, 1995
5 Saunders, .Victor: Elusive Summits, Hodders and Stoughton, London, 1990
6 Shipton, Eric: Untravelled World, Hodder & Stoughton, London, 1969
7 Venabies, S.: Painted Mountains, Hodder & Stoughton, London, 1986
8 Workman, F.and W.: Two Summers in the Ice-Wilds of Eastern Karakoram, T.Fisher Unwin, London, 1912
9 Young, Peter: Himalayan Holiday, Herbert Jenkins, London, 1943

3 カシミール
1 沖 允人『カシミールの街と山』日本ヒマラヤ山岳協会、1975年
2 神奈川大学Ⅱ部ワンダーフォーゲル部『カシミール・ヒマラヤ、ビエン・ガバとカンジ・ラ1980』1981年
3 神奈川大学Ⅱ部ワンダーフォーゲル部、同OB会『カシミール・ヒマラヤ踏査隊』1979、1980年
4 小林英見、今泉忠芳『カシミール・タジワス概観と記録』久我山プレス（東京）、1978年
5 鷲見東観『カシミールの歴史と文化』アポロン社、1970年
6 鷲見東観（編）『ヒマラヤ文化、カシミール・ラダックの仏教』ヒマラヤ仏教研究センター（岡崎市）、1979年
7 空 昌昭（編）『カシミールの山、カシミール・ヒマラヤ登山隊報告』日本ヒマラヤ山岳協会、1971年
8 日本ヒマラヤ協会・酒田グループ編（酒田市）『カシミールの山と空と人』1978年
9 日本ヒマラヤ協会（木下祥子・編）『カシミールの女神ヌン(Nun 7135m)、美しさに魅せられて』HAJ女子ヒマラヤ登山隊、1988年
1 Jackson, John A.: Sonamarg Climbing and Trekking Guide, Govt. of J.&K, Srinagar, 1976
2 Mason, Kenneth: Routes in the Western Himalaya and Kashmir, G.O.I. Press, Calcutta, 1929
3 Neve, Dr.E.F.: Beyond Pir Panjal, Church Missionary Soc., London, 1915
4 Noyce, CW.F.: A Climer's Guideto Sonamarg, Himalayan Club, New Delhi, 1945
5 Younghusband, F. :Kashmir, Murray, London, 1909

4 キシュトワール
1 Kolb, Fritz: Himalayan Venture, Lutterworth Press, London, 1959
2 Venables, S.: Pafnted Mountain, Hodder & Stoughton, London, 1986

5 ザンスカール
1 秋田高校山岳部OB会（編）『インドカシミールヒマラヤヌン峰(7,135m)』1983年
2 沖 允人（編）『カシミール・ヌン峰登頂、帰国報告書』日本ヒマラヤ協会、1978年
3 杉並勤労者山岳会（編）『遙かなるクン(7077m)：クン峰登山報告書1981』杉並勤労者山岳会、1982年
4 竹沢徳三 他（編）『遙かなるヌン峰：栃木県南地区山岳協議会インドヒマラヤ登山隊1996報告書』1998年
5 東洋大学体育会山岳部（編）『ヌン峰7,135メートル：インドヒマラヤ合宿1986年（創立30周年記念）』1986年
6 東海学生山岳連盟インド・カシミール遠征隊『クン登頂1979・秋』東海学生山岳連盟、1981年
7 東洋大学山岳部（編）『Doda6550ヒマラヤ遠征報告書』1976年
8 日本山岳会集会委員会（編）『Z1－Leh 登山報告書1983』1984年

9 日本ヒマラヤ協会・ザンスカール踏査隊(編)『ザンスカール山群中央部踏査隊報告』1981年
  10 日本ヒマラヤ協会・ザンスカール踏査隊(編)『ザンスカール山群、ピズドン・ラの記録』1978年
  11 兵庫県教員ōインド・ヒマラヤ合同登山隊(編)『カシミールの雨、ヌン峰7135m登山報告』(宝塚市) 1990年
  12 福島県こまくさ山岳会カシミールヒマラヤ遠征隊(編)『青春の関嶺を越えて』福島県こまくさ山岳会遠征隊、1984年
  13 深山桃子(編)『ザンスカール山群中央部踏査報告(1978年8月)』日本ヒマラヤ協会(HAJ)、1981年
  14 明治学院大学ヒマラヤ遠征委員会(編)『ヌン東稜1978』1979年
  15 森 一司(撮影)『ラダック・ザンスカールの仏教壁画』渡辺出版、2011年
  16 山森欣一(編)『カシミールの盟主ヌン峰 7135m』日本ヒマラヤ協会、1978年
  17 山本高樹(著・編)『ラダック ザンスカール トラベルガイド』ダイヤモンド・ビッグ社, 2012年
  18 山田(ヨウダ)正文『ザンスカール ZANGSKAR(写真集), ヒマラヤ、峠越えの異郷へ』山と渓谷社、2004年
   1 Pierre, Bernard: A Mountain Called Nun Kun, Hoddcr & Stoughton, London, 1955
   2 Workman, W.H. and EB.: Peaks and Glaciers of Nun Kun, Constable, London, 1909

6 ラダック
   1 大谷光瑞 著 關露香(編)『印度探檢』博文館, 1913年
   2 小畑 和(編)『ストック・カンリ峰(6153m)登山報告』私家版、1991年
   3 沖 允人・空 昌昭(編)『秘境小チベット・ラダック』日本ヒマラヤ協会、1975年
   4 静岡県高等学校登山部顧問会(編)『インド・ヒマラヤ登山隊報告書 ストック・カンリ登頂』1985年
   5 庄司康司『氷の回廊―ヒマラヤの星降る村の物語』文英堂、1998年
   6 東京学芸大学ワンダーホーゲル部OB会・インド・ヒマラヤ遠征隊(編)『ラダック、カングラチャ登山・マルカ谷・トレッキング』(府中市) 1984年
   7 南山大学山岳部、OB会(編)『カン・ユーセイ登頂報告書』(大垣市) 1983年
   8 ヘレナ・ノーバーグ・ホッジ(著)「懐かしい未来」翻訳委員会(訳)『懐かしい未来 ラダックから学ぶ』2011年、ISBN-10: 4905317002
   9 増田秀穂(編)『チベット・ラダック研究』ヒマラヤ研究 No.7、日本ヒマラヤ山岳協会、1973年
  10 山本高樹『ラダックの風息 空の果てで暮らした日々 (P・Vine BOOKs)』スペースシャワーネットワーク, 2009年
  11 山本久恵『ラダックと湖水の郷カシミール (KanKanTrip)』書肆侃侃房, 2011年、ISBN-10: 4863850581
   1 Cunningham, A.: Ladakh, Sagar, New Delhi (reprintl 977), first published, 1853
   2 Deacock, Antonia: No Purdah in Padam, Harrap, London, 1960
   3 Gazetteer of Kashmir and Ladakh, Govt. publication, Calcutta, 1890
   4 Harvey, Andrew: A Journey in Ladakh, Jonathan Cape, London, 1983
   5 Kapadia, Harish:Across Peaks & Passes in Ladakh, Zanskar & East Karakoram, Indus Publishing Company, 1999?
   6 Kaul, S. And Kaul H.N.: Ladakh Through Ages, Indus Publishing, New Delhi, 1992
   7 Peissel, Michel: Zanskar, The Hidden Kingdom, Collins and Harvill, London, 1979
   8 Rizvi, J.: Ladakh, Cross-road of High Asia, Oxford University, Delhi, 1983

7 パンゴン山脈
   1 沖 允人(編)『インド・中国国境知られざるパンゴン山脈の山:中京山岳会(名古屋)インドヒマラヤ登山隊2004年帰国報告書』2004年
   2 中京山岳会(編)『バルマ・カンリ(c.6500m)初登頂,カンジュ・カンリ(6725m)試登』2010年
   3 栃木県南地区インド・ヒマラヤ登山隊(編)『インド・ラダック,マリ峰初登頂』2010年
   4 日本山岳会石川支部(編)『マリ山群、マーン峰遠征隊報告書』2007年

8 ルプシュ
   1 沖 允人(編)『サラ・シュワ初登頂』足利工業大学山岳部・OB会(1995年8月)、1995年
   2 沖 允人(編)『インド・ヒマラヤ、ラダック地方トゥジェ峰(6148m)初登頂』中京山岳会(名古屋)インド・ヒマラヤ登山隊,1998年

9 ラホール
   1 阿部 淳(編)『実用・ヒマラヤ文献索引、インド・ヒマラヤ・カシミール&ヒマチャール篇』日本ヒマラヤ協会, 1995年(pp.117-151に収録)
   2 井口邦利「ヒマチャル・プラデシュ西辺の山々」『岩と雪』31号 (73-6), pp.26-35), 1973年
   3 井口邦利 他(編)『ティロット谷: Thirot Nullah 1972』東京電機大学ヒマラヤ遠征隊, 1974年
   4 伊勢崎山岳会(編)『インド・ヒマラヤ合宿報告』1990年
   5 大阪府高体連登山部顧問団(編)『OHTG '90インドヒマラヤ学術登山隊報告書』1991年
   6 大阪高等学校体育連盟登山部(編)『インドヒマラヤ学術登山隊報告書』OHTG(大阪高等学校体育連盟登山部)'90, 1991年
   7 金子昌彦(編)『南ダッカ氷河を攀る:1983年インド・ヒマラヤCB山群無名峰(5810m)登頂の全記録』静岡市山岳連盟ソサエティ, 1984年
   8 京都大学山岳部『インドラサン登頂』Kawade Paperbacks No.87, 河出書房新社, 1964年
   9 倉知 敬『ロシュゴル氷河の山旅(クルの山旅, P.230-251)』あかね書房, 1968年
  10 静岡市山岳連盟ソサエティ・インド・ヒマラヤ登山隊(編)『Mt.Papusura 1986』1987年
  11 滋賀県山岳連盟第二次ヒマラヤ登山隊(編)『パンジャブ・ヒマラヤ登山隊報告書 ファブラン初登頂の記録』1973年
  12 滋賀県山岳連盟(編)『パンジャブヒマラヤ登山隊報告書1972』1973年
  13 滋賀岳連パンジャブ・ヒマラヤ遠征「パブラン初登」「岳人」1973年2月(308), p.25-28

14 上智大学(編)『パンジャブ・ヒマラヤ大学山岳部の合宿』日本山岳会学生部年報, No.5, pp.36-43
15 栃木高体連登山部インド・ヒマラヤ実行委員会(編)『インド・ヒマラヤを攀じる、CB31峰全員登頂の記録』1986年
16 栃木県庁・谷峰会(編)『さらなる山をめざして：KR-4峰遠征報告書1996』栃木県庁・谷峰会インドヒマラヤ遠征隊、1996年
17 東京農業大学(編)『シックル・ムーン』1973年
18 東京電機大学二部山岳部(編)『ティロット谷は未踏峰の世界』「山と渓谷」1973年1月号(412) P.47-51
19 名古屋大学体育会山岳部(編)『名古屋大学インド・ヒマラヤ登山隊報告』(ティラ・カラール(CB49, 5964m)、アケラ・キラ(CB46, 6005m)、1986年
20 長野県勤労者山岳連盟(編)『白い城塞、インド・ヒマラヤ登山1970年』1975年
21 中津川勤労者山岳連盟(編)『1981年インド・ヒマラヤKR-1の記録』1982年
22 日本山岳会東海支部(編)『シャルミリ登頂、第9次インドヒマラヤ学術登山隊2007登山報告書』2009年
23 JAC東海支部(編)『クーラ(チャルン)峰初登頂 JAC東海支部インドヒマラヤ登山調査隊1997登山報告書』1999年
24 日本山岳会東海支部(編)『ガングスタン報告書(6162m)』日本山岳会東海支部インドヒマラヤ学術登山隊 '90、1991年
25 JAC東海支部(編)『ウムドン・カンリ峰初登頂、ドゥン峰初登頂報告書』JAC東海支部インドヒマラヤ登山隊1999、2001年
26 日本山岳会東海支部(編)『アッチェ峰初登頂、第10次インドヒマラヤ学術登山隊2009登山報告書』2011年
27 日本山岳会東海支部(編)『YAN(ヤン)：日本山岳会東海支部インドヒマラヤ実年登山隊'88報告書』1989年
28 JAC東海支部(編)『Menthosa(メントーサ)6443m登山報告書』JAC東海支部インドヒマラヤ登山隊 1993、1994年
29 JAC東海支部(編)『6206m無名峰初登頂・6080m無名峰初登頂・ドゥン峰(6200m)登頂、第8次インドヒマラヤ登山隊2005報告書』2006年
30 日本フロンティア登山協会『FMA (Japan Frontier Mountaineering Association=JFMA)：CB11遠征記録』1984年
31 日本山岳会婦人懇談会(田中恭子)(編)『Mt.Shiva 6142m・1988』1988年
32 日本山岳会学生部(編)『ハヌマンティバ登頂』、『日本山岳会学生部年報』NO.4、pp.11-20
33 一橋大学一橋山岳部編『追悼 一橋大学山岳部、インドヒマラヤホワイトセール峰登山隊三君に捧ぐ』1983年?
34 『北海道大学ピナクルピーク(Near Gangstang, 5556m)遠征隊登山報告』北海道大学山とスキーの会・山スキー部、1986年
35 細川沙多子『女六人ヒマラヤを行く(デオ・ティバ)』朝日新聞社、1962年
36 松葉 豊『松ばあさんのインド・ヒマラヤの旅』(パンジャブヒマラヤ登山隊に同行)、水曜社、1985年
37 松田要悦(編)『パンジャブ・ヒマラヤ』南部山岳会、1971年
38 箕面ヒマラヤクラブ(編)『インド・ヒマラヤ・ファブラン隊報告書』1990年
39 明治大学山岳部(編)『インドヒマラヤ・ガングスタン峰海外合宿報告書』明治大学山岳部インドヒマラヤ登山隊1995、1996年
40 板橋勤労者山岳会(山岡人志)(編)『White Sail 6446m sucsess Report 1992』1992年
41 立教大学理会(竹内俊樹)(編)『Mt.Shiva (6148m)・1973年インドヒマラヤ登山隊』1974年
 1 Bruce, C.G.: Himalayan Wanderer, Maclehose, London, 1934
 2 Bruce, C.G.: Kulu and Lahoul, Arnold, London, 1914
 3 Chetwode, Penelope: Kulu, Allied Pub., New Delhi, 1984
 4 Cooke, C.R.: Dust and Snow, Private, London, 1988
 5 Data-Ray, Sunanda K: Smash and Grab, Vikas Publishing, New Delhi, 1984
 6 Gill, M.S.: Himalayan Wonderland, Vikas Pub. Hse., Delhi, 1972
 7 Harcourt, A.F.P: The Himalayan Districts of Kooloo, Lahoul and Sptiti, Vivek Pub. Hse, (reprint) 1972
 8 Kapadia, Harish :Across Peaks & Passes in Himachal Pradesh, Indus Publishing Company, 1999
 9 Kapadia, Harish :High Himalaya Unknown Valleys [4th ed.], Indus Publishing Company, 2001
10 Kapadia, Harish :Across Peaks & Passes in Kumaun Himalaya, Indus Publishing Company, 1999
11 Khosla, G.D.: Himalayan Circuit, Macmillan, London, 1956
12 Noble, Christina: At Home in theHimalayas, Collins, London, 1991
13 Noble, Christina: Over the High Passes, Collins, London, 1987
14 Randhawa, M.S.: Travels in the Western Himalayas, Thomson Press, Delhi, 1974
15 Scarr, Josephine: Four Miles High, Gollancz, London, 1966
16 Sharma, M.M.: Through the Valley of Gods, Vision Books, New Delhi, 1977

10 スピティ

 1 群馬県高校教職員登山隊(編)『チャウチャウカンニルダ：秘境スピティ遠征の記録』1997, 1998年
 1 Holmes, Peter: Mountains and Monastry, G.Bles, London, 1958
 2 Kapadia, Harish: Spiti Adventures in the Trans-Himalaya, Indus Publishing, New Delhi, 1996
 3 Khosla, G.D.: Himalayan Circuit, Macmillan, London, 1956

11 キンナウル

 1 日印合同婦人ヒマラヤ登山委員会(編)『日印合同婦人ヒマラヤ登山隊報告書1968年(Kailas))』日本山岳会、1968年
 2 ぶなの会(東京)(編)『インド・ヒマラヤ探訪：秘境キンノールの山々を訪ねて』1977年
 3 ぶなの会(東京)(編)『1997年インドヒ・マラヤ登山隊ファワラ・ラング峰登山報告書』1998年
 1 Kumar, K.I.: Kiner Kailash Expedition, Vision Books, Ncw Delhi, 1979
 2 Mamgin, M.D.: Kinnaur District Gazetter.1971
 3 Pallis, Marco: Peaks and Lamas, Cassell, London, 1939

12 ガルワール

1. 秋田ガルワール・ヒマラヤ登山隊（編）『6648未踏峰、インド、ガルワール・ヒマラヤ』1980年
2. 岩田達司追悼集編集委員会（編）『女神の冷たき胸に抱かれて：厳冬のバンワリ・ドワールに逝った岩田達司を悼む』星稜登高会・九山同人隊、1982年
3. 岩手県ガルワール・ヒマラヤ親善登山隊（編）『デビスタンⅠ峰』1976年
4. 岩手県ガルワール・ヒマラヤ親善登山隊（編）『Devistan Ⅰ』岩手県ガルワール・ヒマラヤ親善登山実行委員会、1975年
5. 雪と岩の会（編）『神々の寝所に召されて - 藤倉和美遺稿追悼集 -』私家版、1983年
6. 井上美代子（編）『遥かな友に、山岳同人タンネ インドヒマラヤ・ジャオンリ峰遠征隊報告』山岳同人タンネ、1982年
7. 井口昌利「ガルワール・ヒマラヤ解禁」、「岩と雪」39号 (74-10), pp.92-99, 1974年
8. 伊勢崎山岳会（編）『インド・ヒマラヤ合宿報告書 1987年 テレイ・サガール峰』1988年
9. 大阪歯科大学牧稜山岳会『Pk6885事故報告書 － 徳田仁君追悼 －』1990年
10. 大阪歯科大学山岳部・牧稜山岳会（編）『バギラティⅡ 1984』大阪、同山岳部、1986年
11. 大阪歯科大学山岳部（編）『バギラッティⅡ 1984』大阪歯科大学山岳部、1985年
12. 帯広畜産大学山岳部（青柳かおる）編『ジョギンⅠ峰6465m』1986年
13. 太田晃介（編）『NANDA-KOT（ナンダーコート）'87』日印合同登山隊 立教大学山岳部ナンダーコート登山隊報告書、立教山友会、1988年
14. 奥原 宰 他（編）『日本山岳会ブリグパント登山隊報告』1980年秋
15. 春日部ガルワール・ヒマラヤ調査隊（編）『ガルワール・ヒマラヤ報告書』1977年
16. 木foot繁良（編）『スダルシャン・パルバット峰登頂 1988』富山山想会創立35周年記念インドヒマラヤ登山隊報告書、1988年
17. 木foot繁良（編）『サトパント峰登頂（Satopanth 7075m）』富山山想会創立40周年記念インドヒマラヤ登山隊報告書、1994年
18. 黒田孝雄「ガルワールヒマラヤの登山年譜」、『山岳』第32年，第2号，p127-157, (1938-April), 1938年
19. 国鉄山岳連盟（編）『聖地を登り下る、インド・ヒマラヤ鉄道交流登山・トレッキング報告』198?年
20. 杉本恭二（編）『NANDAKINI BASIN（ナンダ・グンティ東峰）1975』信州大学上田山岳部ガルワール・ヒマラヤ遠征隊の記録、1975年
21. 田部井淳子『Mt.Shiva（6148m）』日本山岳会、1988年
22. 谷 甲州『遠き雪嶺(上)』角川文庫、2005年（1936年ナンダ・コート登山隊モデル）
23. 谷 甲州『遠き雪嶺(下)』角川文庫、2005年（1936年ナンダ・コート登山隊モデル）
24. 竹節作太『我がヒマラヤの記』博文館、1943年
25. 竹節作太『ナンダ・コット登攀』毎日新聞社1937, 年
26. 富山山想会『富山山想会創立40周年記念インドヒマラヤ登山隊報告書 サトパント峰登頂 Satopanth 7075m 1993』1994年
27. 戸田直樹・会田雅英・大野勝美（編）『チャンガバン登攀隊1976, CHANGABANG S.W.RIDGE』1978年
28. 日本山岳会婦人部懇談会（編）『日本山岳会女子ガルワール・ヒマラヤ登山報告（ケダルナート）1980』1980年
29. 日本山岳会婦人部懇談会（編）『シヴァ（6142m）Mt.Shiva報告』1988年
30. 日本山岳会女子ガルワルヒマラヤ登山隊（編）『日本山岳会女子ガルワルヒマラヤ登山報告書（1980）』1980年
31. 日本山岳会ナンダ・デビー登山隊（編）『ナンダ・デビー縦走1976』茗渓堂、1977年
32. 日本山岳会『ナンダ・デヴィ縦走』日本山岳会、1977年
33. 日本ヒマラヤ協会（編）『ヒマラヤそして仲間たちへ、HAJ登山学校1980年の記録』1982年
34. 日本ヒマラヤ協会（編）『ナンダ・カート1981（雪崩事故）』1982年
35. 日本ヒマラヤ協会（編）『トリスル28日間』1979年
36. 日本ヒマラヤ協会（編）『インド・ヒマラヤ帰国報告書』1976年
37. 日本ヒマラヤ協会（天城敏彦ほか）（編）『聖地巡礼の旅、サトパント登頂』1991年
38. 第2回日印合同登山委員会（編）『アビ・ガミン』日印合同登山委員会、1975年
39. 練馬山岳会『1991年インド・ヒマラヤ・ジョギン1、Ⅱ峰登山報告書』1992年
40. 野中玲樹（編）『Bhrigupanth 6777m』ブリグパント敗退の記録、東京星稜登高会・インド・ガンゴトリ遠征隊、1985年
41. 八戸ヒマラヤ遠征隊（編）『ドウナギリに青春をかけて(1976.4-7)』ドウナギリ峰（7066m）遠征の記録、加賀勝（私家版）、1997年
42. 早川禎治『カイラス巡礼、インダスとガンジスの内奥をめぐる』中西出版、2003年
43. 一橋山岳会（編）『一橋大学山岳部インドヒマラヤ登山隊 1981 遭難報告（ホワイト・セール）』1981年
44. 堀田弥一『ヒマラヤ初登頂、1936年のナンダ・コート』筑摩書房、1986年
45. 室蘭山岳連盟『インド・ヒマラヤ、シヴリン北稜、登頂記録と事故報告1984年』1985年
46. 目黒勤労者山岳会遠征隊1983（編）『登山報告書・サトパント峰7075m』1985年
47. 立命館大学山岳部「Miktori 6003、女神の母の住むところ」ガルワール・ヒマラヤ遠征隊『暮雪』第14号、1978年

1. Aitken, Bill: The Nanda Devi Affair, Penguin, New Delhi, 1994
2. Babicz, Jan: Peaks and Passes of the Garhwal Himalaya, Alpinistyczay Klub, Spot, 1990
3. Boardman, Peter: The Shining Mountain, Hodder & Stoughton, London, 1978
4. Bonington, C.J.S.: Changabang, Heinemann, London, 1975
5. Calvert, H.: Smythe's Mountains, Victor Gollancz, London, 1985.
6. Gansser, A., Arnold, H.: The Throne of the Gods, Macmillan, London, 1939
7. Ghosh, Gour Kishor: Nandakanta Nandaghunti, Ananda Publishers Ltd, 1962
8. Gil1, Maj.H.S.: Kamet and Abi Gamin, Gunner's Odyssey, Lancer International, New Delhi, 1989
9. Kapadia, Harish :Across Peaks & Passes in Garhwal Himalaya, Indus Publishing Company, 1999?

10 Kumar, ColN.: Nilkantha, Vision Books, New Delhi, 1965
11 Languepin, JJ. : Nanda devi 1951, Arthaud, Paris, 1952
12 Languepin, JJ.:ランギュパン J.（北沢章平訳）『もしかある日』二玄社、1962年
13 Murray, W.H.: The Scottish Himalayan Expedition, J.M.Dent & Son, London, 1957
14 Patel, J: The Garhwal Kumaon Himalayas, Himalayan club, Bombay, 1985
15 Randhawa, M.S.: T he Kuamon Himalayas, Oxford and I.B.H, New Delhi, 1970
16 Roskelley, J.: Nanda Devi, The Tragic Expedition, Stackpole Books, Harrisburg, 1987
17 Saunders, Victor: No Place to Fall, Hodders and Stoughton, London, 1994
18 Shipton, Eric. & Tilman, H.W.: Nanda Devi, Hodder & Stoughton, 1936
19 Shipton, Eric.: That Untravelled World, Hodder & Stoughton, London, 1969
20 Shipton, Eric.: Upon the Mountain, Readers Union Ltd, London, 1945
21 Singh, Jodh: Himalayan Travels.
22 Smythe, F.S: Kamet Conquered, Victor Gollancz, London, 1932
23 Smythe, FS.: Valley of Flower, Hodder & Stoughton, London, 1983
24 Swift, Hugh :Trekking in Pakistan and India A Sierra Club Adventure Travel Guide, Sierra Club Books, 1990?
25 Ti1man, H.W.: Ascent of Nanda Devi, University Press, Cambridge, 1937
26 Tilman:ティルマン H.W.（池野一郎訳）『ナンダ・デヴイ登攀』朋文堂、1942年
27 Weare, Garry :Trekking in the Indian Himalaya [2nd ed.] Lonely Planet Walking Guide, ?Lonely Planet, 2009
28 Weir, Thoma: The Ultimate Mountais, Cassell, London, 1953

13 シッキム
1 上田 豊『残照のヤルン・カン』(中公新書)中央公論社、1979年
2 井川勲・木村雅昭・栗田靖之（共編）『追悼、ヤルン・カンに逝く』京都大学学士山岳会（木村雅昭）、1972年
3 尾形好雄『知られざる北部シッキムの山々』(『岩と雪 160号 (93-10）p61-82) 1993
4 沖 允人（編）『ヒマラヤの桃源郷、ブータン・シッキム・アッサム』日本ヒマラヤ山岳協会、1975年
5 京都大学学士山岳会（編）『ヤルンカン遠征隊報告書』朝日新聞社、1973年
6 京都大学学士山岳会（編）『ヤルンカン』朝日新聞社、1975年
7 慶応山岳部部員有志（編）『ウム・デン・カンチ』登行会版、1937
8 小西政継『北壁の七人 - カンチェンジュンガ無酸素登頂記』中公文庫、2012年
9 小西政継『北壁の七人 - カンチェンジュンガ無酸素登頂記』山と渓谷社、1981年．
10 近藤良夫（編）『京都大学学士山岳会：ヤルン・カン学術調査報告』京都大学学士山岳会、1975年
11 山学同志会（編）『カンチェンジュンガ北壁　無酸素登頂の記録1980』1980年
12 東北大学艮嶺山の会（編）『東北大学シッキムヒマラヤ学術登山報告書・1995、シニオルチュー（6887m）登頂』1996年
13 東京大学インド植物調査隊（編）『東部ヒマラヤの植物写真集』井上書店、1968年
14 東京大学インド植物調査隊（編）『シッキム／ヒマラヤの植物：Spring Flora of Sikkim Himalaya』保育社、1963年
15 中根千枝『未開の顔,文明の顔』中央公論社、1990年（アッサム・シッキム・アルナチャルの民続・文化）
16 日本山岳会（編）『カンチェンジュンガ縦走』日本山岳会カンチェンジュンガ縦走隊、茗渓堂、1986 年
17 日本ヒマラヤ協会（編）『知られざる北部シッキムの山々』1993年
18 日本ヒマラヤ協会（編）『カンチェンジュンガ：ヤルン氷河から縦走へのトライ1981年、ゼム氷河から踏まれざる頂へ1991年』1993年
19 日本ヒマラヤ協会(山森欣一）（編）『神秘のグレート・ベンド、ナムチェ・バルワ』1991年
20 山森欣一（編）『カンチェンジュンガ西・東』日本ヒマラヤ協会、1993年
1 Bajpai, G.S.: China's Shadow over Sikkim, Lancer Publishers, New Delhi, 1999
2 Bauer, Pau1:Kanchenjunga Challenge, William Kimber, London, 1955
3 Bauer, Paul: Himalayan Quest, Nicholson & Watson, London, 1938
4 Bauer, Paul:バウアー, P.（伊藤愿訳）『ヒマラヤに挑戦して』黒百合社、1931年
5 Bauer, Paul:バウアー, P.（小池新二訳）『ヒマラヤ探査行』河出書房、1938年
6 Bauer, Paul:バウアー, P.（長井一男訳）：『カチェンジュンガ登攀記』博文館、1943年
7 Bauer, Paul:バウアー, P.（田辺主計・望月達夫訳）『カチェンジュンガをめざして』実業の日本社、1956年
8 Brown, Percy: Tours in Sikkim, W.Newman, Calcutta, 1934
9 Chapman, F.Spencer: Memoirs of a Mountaineer, The Reprint Society, London, 1945
10 Dyhrenfurth, G.O.: G.O. ディーレンフルト（横川文雄訳）『カンチェンジュンガ登頂』朋文堂、1956年
11 Evans, C.:Kangchenjunga, The Untrodden Peak, , Londoa, 1956
12 Evans, C.:チャールス・エヴァンス（島田訳訳）『カンチェンジュンガ その成功の記録』朝日新聞社、1957年
13 Freshfield, D.W: Round Kantschenjunga, 1979
14 Freshfield, D.W:フレッシュフィールド（薬師義美訳）『カンチェンジュンガ一周（ヒマラヤ名著全集）』あかね書房, 1969年
15 John Tucker :Kanchenjunga, London, 1955
16 Kapadia, Harish : Across Peaks & Passes in Darjeeling and Sikkim, Indus Publishing Co, New Delhi, 2001
17 Kumar, Col.N.: Kangchenjunga, Vision Books, New Delhi, 1978
18 Meyer, K.and PD:In the Shadow of the Himalayas, a Photo.Record by John Claude White 1882-1908, Mapin Pub. Ahmedabad, 2005
19 Naoroji, Kekoo:Himalayan Vignettes, the Garhwal and Sikkim Treks, Mapin Publishing, Ahmedabad, 2003
20 Pierse, Simon: Kangchenjunga, Imaging a Himalayan Mountain, University of Wales, Aberystwyth, 2005

21 Singh, Hukam: Kangchengjunga from East, The Offsetters, New Delhi, 1994
22 Smythe, F.S.:The Kangchenjunga Adventure, 1930
23 Waddell, A.: Among the Himlayas, Constable, London, 1899
24 Wangchuk, P and Zulca, M: Khangchendzonga, Sacred Summit, Little Kingdom, Gangtok, 2007
25 White, J.Claude:Sikhim and Bhutan, Twenty-One Years on the NE Frontier 1887-1908, Pilgrims Book House, New Delhi, 2005
26 Younghusband, Francis : India & Tibet, 1998 edition by Book Faith India, New Delhi, 1910

14 アッサム・アルナーチャル

1 奥宮清人(編)／高所研究者20名著『生老病死のエコロジー　チベット・ヒマラヤに生きる』昭和堂, 2011年 (アルナーチャル・ラダックの生活)
2 岡野敏之(編)『ナムチャバルワ初登頂』読売新聞社, 1994
3 沖 允人(編)『インド北東部アルナーチャルの旅』私家版、2004年
4 金子民雄『東ヒマラヤ探検史』連合出版, 2013年
5 同志社大学カント峰登山隊(編)『遙かなる久恋の峰　―チベット・カント峰初登頂の記録―』毎日新聞社、1981年
6 中村 保『チベットのアルプス』山と渓谷社, 2016年
7 中村 保『ヒマラヤの東, 雲南, 四川, 東南チベット, ミャンマー北部の山と谷』山と渓谷社, 2005年
8 中村 保『深い寝食の国 - ヒマラヤの東、地図の空白部を行く』山と渓谷社, 2000年
9 日本ヒマラヤ協会(山森欣一)(編)『神秘のグレート・ベンド、ナムチェ・バルワ』1991年
10 日本ヒマラヤ協会(尾形好雄)(編)『謎の河、ギャラ・ペリ、HAJギャラ・ペリ登山隊86年』1987年
11 水野一晴『神秘の大地、アルナーチャル』昭和堂, 2012年
12 森田勇造『「倭人」の源流を求めて』講談社, 1982年
1 Butler, John:Travels and Adventures in the Province of Assam : During a Residence of Fourteen Years, Vivek, 1978
2 Elwin, Edward F.:India and the Indians, John Murray, 1913
3 Furer-Haimendorf, C. von :Himalayan Barbary, John Murray 1955
4 Shan, Zheng : A History of Development of Tibet, Foreign Language Press, Beijing, 2001

15 Web Site　以下の他に、雑誌についてはWeb Site上で公開されているものもある。[2015.8 現在]

1 JAC　[http://www.jac.or.jp/]
2 AACK　[http://www.aack.or.jp/]
3 AACH　[http://aach.ees.hokudai.ac.jp/]
4 HAJ　[http://haj.gr.jp/]
5 ITBP (Mountaineering)　[http://itbpolice.nic.in/eKiosk/writeReadData/sports/mountaineering.pdf]
6 AAJ　[http://www.americanalpineclub.org/p/aaj]
7 AJ　[http://www.alpinejournal.org.uk/Browse_search.html]
8 HJNL　[http://www.himalayanclub.org/newsletter/]
9 HJ　[https://www.himalayanclub.org/the-himalayan-journal/previous-issues/]
10 7000m & 8000m Peaks　[http://www.geocities.co.jp/Technopolis/2719/hima/him_index.htm]
11 IMF　[http://www.indmount.org/]
12 Olizane Map　[http://www.abram.ch/lzmaped2.php]
13 Leoman Maps　[http://www.mapsworldwide.com/leomann_maps_2575pub0.html]
14 Nehru Institute of Mountaineering (Uttarkashi)　[http://www.nimindia.net/]
15 Himalayan Mountaineering Institute (Darjeeling)　[http://www.hmi-darjeeling.com/]

インドヒマラヤ登山年表

1624年～ 2015年・約3000隊・A4版横組み・80頁
PDF FileであるがExcel Fileに変換すれば検索やソート可能・未完成であるが、各山の登山史作成の参考になる。
日本山岳会東海支部のホームページから読み出せる。http://www.jac-tokai.jp
中京山岳会のホームページのトップページから読み出せる。http://geocities.jp/chukyo20052000/index.html

インドヒマラヤ山域別山名表

山名・本書の索引頁・標高・緯度経度など・A4版横組み・30頁
PDF FileであるがExcel Fileに変換すれば検索やソート可能・未完成であるが参考になる。
日本山岳会東海支部のホームページから読み出せる。http://www.jac-tokai.jp
中京山岳会のホームページのトップページから読み出せる。http://geocities.jp/chukyo20052000/index.html

あとがき

　インド遠征隊がエベレストに初めて登頂したのは1965年、今年で50年になり、ヒマラヤンクラブで盛大な50周年のお祝いが開かれた。隊長はCapt. M.S.Kholiで今もお元気だ。

　私が初めてインドの土をふんだのも同じ1965年、ダウラギリⅡ峰の登山の途次であり、インドのエベレスト登山隊とはカトマンズで一緒であった。神戸からイギリス船に132個、4.8トンの隊貨と共に乗り、16日間の船旅でボンベイ（今のムンバイ）に上陸し、約10日間かかってネパールに隊貨を輸送した。その頃のヒマラヤは遥かに遠いところであった。

　50年という年月は長いようで短い。本書を編集するにあたって、執筆を依頼した方々は30名ほどになる。当時の登山に参加した方々に特別寄稿をお願いしたが、思いがけず鬼籍に入っておられる方もあり、年月の長さを痛感した。しかし、今でもお元気でご活動されている方も多く、表紙画を快く引き受けて下さった杉田博画伯もその一人である。1965年のダウラギリⅡ峰の登山隊長であった。

　依頼したほとんどの方は、快く玉稿をお寄せ下さった。心から感謝を申し上げたい。原稿の依頼や編集の打合せでお目にかかると、「お蔭で昔、インド・ヒマラヤにのめり込んでいた時代を再び味わうことができた」と喜んで下さった。インド・ヒマラヤに精通されているHarish Kapadia氏にも協力を仰いだ。とにかく多くの方の協力を得て本書を纏めることができた。しかし、執筆者の方の思いはそれぞれで、山域によって書き方が異なり、統一されていないところもある。山へのとらえ方を尊重し、あえて統一をとらなかったことをご了承願いたい。

　最後に悲しい報告をしておかなければならないことがある。2014年夏に、ザンスカールで初登頂を果たした学習院大学の現役学生であった吉田周平君が、原稿を届けてくれた後、雪の八ヶ岳で遭難死した。一番若い執筆者であるだけでなく、その人柄から将来の活躍を期待されていた矢先であり痛恨の極みである。この50年間にインド・ヒマラヤに逝った仲間と共に、本書を捧げ、心から冥福を祈りたい。

（沖　允人）

索引 INDEX

1. この索引は本文中に解説した山名（約600座）をABC順に示し、カタカナ表記を付した。カタカナ表記は、文献などによって異なるものがあるが、本書で使用したものとした。
2. 山名に続く数字は、山名の載っている頁数を示す。写真については、グラビア写真は頁の前にGを付し、本文中の写真は頁の前にPを付した。山名の記載してある概念図と本文中に挿入した概念図は、頁の前にFを付して示した。
3. 大まかに分類した山域毎の山名・緯度経度・標高・備考については、文献の最後に示すURLで、山名等をキーワードとして検索できる。

Abi Gamin　アビ・ガミン　461　P461　F418
Ache　アッチェ　308　332, 333, 334　F333
Agyasol　アギャソル　122　G1-97　F120, F121
Ajangliung　アジャンリウン　208　F202
Alam　アラム　209　F202
Aliratni Tibba(Dharmtula)　アリラトニ・ティバ(ダルムトゥラ)　322　F276
Apsarasas　アプサラサス　29　F24
Aq Tashi　アク・タシ　43　F31, F56
Arjuna　アルジュナ　122　F120
Arwa Tower　アルワ・タワー　460　P460　F417
Arzu　アルズー　206　F203
Baby Shivling　ベビー・シヴリン　441　F417
Baihali Jot　バイハリ・ジョット　317　F275
Baihali Jot North　バイハリ・ジョット北峰　316　F275
Baihali Jot South　バイハリ・ジョット南峰　317　F275
Bamba Dhura　バンバ・ドゥラ　469　F420
Bamchu　バムチュー　484　516　F419
Bandar Punch-Ⅰ(Kalanag)(Black Peak)　バンダール・プンチⅠ峰(カラナーク)(ブラック・ピーク)　448　G3-405　F416
Bandar Punch-Ⅱ(White Peak)　バンダール・プンチⅡ峰(ホワイト・ピーク)　448　F416
Bandar Punch-Ⅲ　バンダール プンチⅢ峰　449　F416
Barma Kangri　バルマ・カンリ　233　F229
Barnaj-Ⅰ　バルナージⅠ峰　125　F120
Barnaj-Ⅱ(North)　バルナージⅡ峰(北峰)　125　F120
Barnaj-Ⅱ(Central)　バルナージⅡ峰(中央峰)　125　F120
Bauljuri　バルジュリ　494　F419
Bethartoli Himal-North　ベタルトリ・ヒマール北峰　496　F419
Bethartoli Himal-South　ベタルトリ・ヒマール南峰　497　P499　F417
Bhagirathi-Ⅰ　バギラティⅠ峰　427　F417
Bhagirathi-Ⅱ　バギラティⅡ峰　427　G3-402　F417
Bhagirathi-Ⅲ　バギラティⅢ峰　428　F419
Bhanoti　バノッティ　495　F417
Bhartekhunta　バルティクンタ　436　F417
Bhrigu Parbat　ブリグ・パルバート　443　F417
Bhrigu Parbat-West　ブリグ・パルバート西峰　443　F417
Bhrigupanth　ブリグパント　441　F417
Bien Guapa　ビェン・グアパ　144
Brammah-Ⅰ(N 5)　ブラマーⅠ峰(エヌ 5)　126　P127　F120, F130
Brammah-Ⅱ(N 3)(Vishnu)　ブラマーⅡ峰(エヌ 3)(ヴィシュヌー)　127　129　P130, P131　F120, F130, F132

Buk Buk　バク・バク　54　F46
Burphu Dhura　ブルプー・ドゥラ　469　F420
Buttress Peak　バットレス・ピーク　111　F109
Cathedral Peak(Cathedral)　キャシードラル・ピーク(キャシードラル)　302　F277
CB 10(Tara Pahar)　シービー 10(タラ・パハール)　293　F278, F276
CB 11　シービー 11　294　F278, F276
CB 12　シービー 12　294　F278
CB 13(Dakshin Pahar)　シービー 13(ダクシン・パハール)　294　F278, F277
CB 13a(Baldor Peak)　シービー 13a(バルドル・ピーク)　295　G2-188　F278
CB 14　シービー 14　295　G2-188　F278
CB 31　シービー 31　296　P296　F278
CB 33(Minar(Minar)　シービー 33(ミナール)　296　F278
CB 42(Ashagiri)　シービー 42(アシャギリ)　297　F278
CB 46(Akela Qila)　シービー 46(アケラ・キラ)　297　P297　F278
CB 49(Tila Ka Lahr)　シービー 49(ティラ・カ・ラール)　297　P297　F278
CB 53(Sharmili)　シービー 53(シャルミリ)　298　P278, P298, P337　F278, F276
CB 54　シービー 54　298
CB 57(Tapugiri)　シービー 57(タプギリ)　299
CB 9　シービー 9　293　F278
Centinel Peak　センティネル・ピーク　124　F120
Central Peak　セントラル・ピーク　307　F277
Chalung(Kula)　チャルン(キューラ)　255　267,　P267　F250
Chamrao Parbat　チャムラオ・パルバート　454　F418
Chamshen　チャムシェン　50　P74, P76
Chandra Parbat-I　チャンドラ・パルバートI峰　426
Chandra Parbat-II　チャンドラ・パルバートII峰　426
Changabang　チャンガバン　483　F419
Changuch　チャングーチ　494　F419
Chaturangi -I　チャトランギI峰　431　F417
Chaturangi -II　チャトランギII峰　431　F417
Chaturangi -III(Central)　チャトランギIII峰(中央峰)　431　F417
Chaturangi-IV　チャトランギIV峰　432　F417
Chaturangi-V　チャトランギV峰　432　F417
Chaturbhunj　チャトルブンジ　432　F417
Chau Chau Kang Nilda-I(CCKN-I)　チャウ・チャウ・カン・ニルダI峰　361　G2-195, P371, P372　F352, F371
Chau Chau Kang Nilda-II(Guan Nelda-I)　チャウ・チャウ・カン・ニルダII峰(グアン・ネルダI峰)　361
Chaudhhara　チャウドゥハラ　468
Chaukhamba-I(Badrinath-I)　チャウカンバI峰(バドリナートI峰)　422　G3-399　F417
Chaukhamba-II　チャウカンバII峰(バドリナートII峰)　423　F417
Chaukhamba-III　チャウカンバIII峰(バドリナートIII峰)　423　F417
Chaukhamba-IV　チャウカンバIV峰(バドリナートIV峰)　423　F417
Cheama　チェーマ　356　F352
Chemma　チェマ 6150m　308　334　P334　F277, F333
Chettan Peak　チェッタン・ピーク　283
Chhalab　チャラブ　472　F419
Chhamser Kangri　チャムセール・カンリ　253　P254　F250
Chikula We　チクラ・ウェ　470　F420
Chirbas Parbat　チルバス・パルバート　430　F417

Chiring　チリング　125　F120, F121
Chiring We(Chikula We)　チリン・ウェ(チクラ・ウェ)　470　F420
Chogam　チョガム　40　F31, F378, F56
Chombu　チョンブー　552　P552　F557
Chomo-I　チウモI峰　605　G3-410, P606　F594, F596
Chomochior　チョモチョイル　125　F121
Chong Kumdan-I　チョング・クムダンI峰　38　G1-89　F31, F56
Chong Kumdan-II　チョング・クムダンII峰　38　F31, F56
Chong Kumdan-III　チョング・クムダンIII峰　39　F31, F56
Chong Kumdan-IV　チョング・クムダンIV峰　39　F31, F56
Chong Kumdan-V　チョング・クムダンV峰　39　F31, F56
Chota Shigri-I　チョタ シグリI峰　326
Chota Shigri-II　チョタ シグリII峰　326
Chota Shigri-III(Ring Mo)　チョタ シグリIII峰(リン・モ)　326
Chota Shigri-IV　チョタ シグリ IV峰　327
Chota Shigri-V　チョタ シグリV峰　327
Dagai Jot　ダガイ・ジョット　280
Dandagoporum　ダンダゴポラム　124　F121
Dangmachan　ダマチャン　360　F352, F371
Dangthal　ダンタール　494　F419
Dawa Kangri　ダワ・カンリ　309　F277
Delusion　デゾリュージョン　145
Deo Damula　デオ・ダムラ　485　F419
Deo Parbat　デオ・パルバート　430　F417
Deo Tibba　デォ・ティバ　321　F276
Devachen　デヴァチェン　300
Devban　デヴバン　456　F418
Devi Mukut　デヴィ・ムクット　491　F419
Devistan-I　デヴィスタンI峰　491　F419
Devistan-II　デヴィスタンII峰　491　F419
Devistan-III　デヴィスタンIII峰　492　F419
Devitoli　デヴィトリ　490　P490　F419
Dhhun　ドゥン　358　P369　F352, F369
Dibibokri Pyramid　ディビィボクリ・ピラミッド　305
Doda　ドダ　145
Dongrimo　ドンリモ　364
Drisa　ドリサ　357　F352
Dunagiri　ドゥナギリ　485　P485　F419
Dunglung Khangri　ダングルン・カンリ　35
Dzo Jongo-East　ゾ・ジョンモ東峰　212　224　P225
Dzo Jongo-West(OP No.53)　ゾ・ジョンモ西峰　212　224　P225
Eiger　アイガー　122　F120
Ekudant　エクダント　459
Flat Top　フラット・トップ　126　F120
Fluted Peak　フルーテッド ピーク　309　P309　F277
Fluted Peak　フリューテッド・ピーク　306
Friendship　フレンドシップ　323
Ganesh Parbat　ガネッシュ・パルバート　458　F418

Gang Chua(Gangcha)　ガン・チュア(ガンチャ)　386　F378
Gangchha　ガンチャ　386　F378
Gangotri-I　ガンゴトリI峰　444　F416
Gangotri-II　ガンゴトリII峰　445　F416
Gangotri-III　ガンゴトリIII峰　445　G3-399　F416
Gangstang　ガングスタン　279　P283, G2-189　F275
Gaplu　ガプルー　214
Geldhung　ゲルダン　458　F418
Gelling　ゲリン　358　F352, F368
Gepang Gho-I　ゲパング・ゴーI峰　284　P284　F276
Gepang Gho-II(Gephang)　ゲパン・ゴーII峰(ゲパン)　284　P285　F276
Gharol　ガロル　127　G1-97
Ghent-I　ゲントI峰　26　F24
Ghori Parbat　ゴリ・パルバート　458　F418
Giorgio　ジィオルキイオ　145
Gjungma Kangri　ジュンマ・カンリ　54　F46
Gongma　ゴンマ　216　F220, F217
Gori Chen　ゴリ・チェン　606　G3-411　F596, F603
Gramang Bar　グラマン・バー　384　F378
Gulep Kangri　グレップ・カンリ　206　F203, F205
Gunther's Peak　ガンサーズ・ピーク　305
Gupt Parbat　グプト・パルバート　325
Gupta Peak　グプタ・ピーク　123　F121
Gya　ギャ　355　F352, F368
Gya East　ギャ東峰　356　F352
Gya North　ギャ北峰　356　F352
Gya Sumpa　ギャ・スンパ　356　F352
Gyagar　ギャガール　357　G2-196　F352
Gyala Peri　ギャラ・ペリ　591　F589, F590, F609
Gyamchu　ギアムチュ　212　F215
Gyap Kangri　ギャップ・カンリ　217　F220, F217
Hagshu　ハグシュ　126　F120, F121
Hanuman　ハヌマン　484　F419
Hanuman Tibba(Solang Weisshorn)　ハヌマン・ティバ(ソーラン・ヴイス ホルン)　323　G2-190　F276
Haptal　ハプタル　125　F121
Haramukh(East)　ハラムク(東峰)　112　G1-95, P112　F108, F116
Haramukh Middle　ハラムク中央峰　114
Haramukhu-West　ハラムク西峰　114
Hardeol　ハルディオル　474　P475　F419
Harong-East　ハロン東峰　234　F230
Harong-West　ハロン西峰　216　F220, F217
Hathi Parbat　ハッティ・パルバート　456　452　P457　F418
Hersang　ヘルサン　315
Hersang　ヘルサン　315　F352
Ibsti Kangri(OPNo.54)　イブスティ・カンリ　211　221　P222　F215
Ichu　イチュー　214　F220, F217
Indrasan　インドラサン　321　F276
Januhut　ジャヌフート　425

Jaonli-I　ジャオンリI峰　445　F416
Jaonli-II　ジャオンリII峰　446　F416
Jogin-I　ジョギンI峰　443　F417
Jogin-II　ジョギンII峰　444　F417
Jogin-III　ジョギンIII峰　444　F417
Jorkanden　ジョーカンダン　379　F378
K-12　ケ-12　28　G1-91　F24
Kabru-I(South)　カブルーI峰(南峰)　571　P573　F556, F572
Kabru-II(North)　カブルーII峰(北峰)　572　P573　F556, F572
Kabru-III　カブルーIII峰　573　P573　F556, F572
Kabru-IV(North East)　カブルーIV峰(北東峰)　573　P573　F556, F572
Kailas　カイラス　319　G2-187　F275
Kairi　カイリ　446
Kakstet Kangri　カスケット・カンリ　231　F230
Kalanka　カランカ　482　515, 542　P542　F419
Kalidahar Spires　カリンダハール・スパイアー　122　F121
Kalidhang　カリダン　434　F417
Kamet　カメット　452　546　P546　F418
Kanamo(Kanikma)　カナモ(カニクマ)　360　G2-195　F352
Kanchenjunga-Central　カンチェンジュンガ中央峰　555　574　P575, P581　F556
Kanchenjunga-West(Yalung Kang)　カンチェンジュンガ西峰(ヤルン・カン)　555　F556
Kang Yisay(Kaiji)(OP No.51)　カン・ユセー(カイジ)　210　F215, F205, F210
Kangchenjunga-M(Konghlo Chu)　カンチェンジュンガ主峰(コンロ・チュ)　555　P558, P559　F556
Kangchenjunga-South　カンチェンジュンガ南峰　555　F556
Kangdju Kangri　カンジュ・カンリ　231　F230, F229
Kangla Tarbo-I　カンラ・タルボI峰　313　314
Kangla Tarbo-II　カンラ・タルボII峰
Kangto(Shelhan Talbo)　カントゥ(カンドゥ)(シェルハン タルボ)　603　G3-412, P604　F594, F596, F603, F623
Karcha Parbat　カルチャ・パルバット　310　339　P310　F277, F333
Karpo Kangri Central　カルポ・カンリ中央峰　53　F46
Kedarnath　ケダルナート　435　P435　F417
Kedarnath Dome　ケダルナート・ドーム　435　F417
Khanej　カネジ　381
Kharchakund　カルチャクンド　436　G3-398　F417
Khhang Shiling　カーン・シリン　314
Khhang Shiling　カーン・シリン　314　F352
Khogayu Dost　コガユ・ドスト　123　F121
Kholi　コーリ　472　F419
Khyam-I(OP No.66)　キャンI峰　212　F215
Khyam-II(OP No.67)　キャンII峰　212　F215
Kichik　Kumdan　キチク・クンダン　40
Kinnaur Kailas　キンナウル・カイラス　379　F378
Kirthi Stambh　キルティ・サタンバ　436　F417
Kishtwal Shivling　キシュトワール・シブリン　123　F121
Kishtwar Kailas　キシュトワール・カイラス　123　F121
Knocuk Tsoo(Mari West)　クノック・ツォー(マリ西峰)　231　F230, F229
Kolahoi(Gwashibrar)　コラホイ(グワシブラール)(キャシブラール)　110　116　G1-95, P110　F109, F116, F117
Kolahoi-South(Bur Dalau)　コラホイ南峰(ブール・ダラウ)　111

Koteshwar-I　コテシュワールI峰　433
Koteshwar-II　コテシュワールII峰　433
KR-I　ケーアールI峰　289　F278
KR-II　ケーアールII峰　289　F276, F278
KR-III　ケーアールIII峰　289　F278
KR-IV　ケーアールIV峰　289　P290　F276, F278
KR-V　ケーアールV峰　290　P290　F278
KR-VI　ケーアールVI峰　291　F278
KR-VII　ケーアールVII峰　291　P291　F276, F278
KR-VIII　ケーアールVIII峰　292
Kulu Eiger　クル・アイガー　306
Kulu Makalu(Lal Qila)　クル・マカルー（ラール・キラ）　303　F277
Kulu Pumori　クル・プモリ　303　F277
Kumdang Terong　クムダン・テロン　41
Kun(Mer)　クン（メール）　140　G1-103　F139
Kunaling　クナリン　460
Kunyirhayen　クンイェールイェン　111
Kyagar-I　キャガールI峰　27
Labrang　ラブラン　359　F352
Ladakhi　ラダキー　323　F276
Lagma　ラマ　126　F352
Laknis　ラクニス　41　F31, F56
Lalana　ララナ　300　F277
Lama Kyent　ラマ・ケント　359
Lamkhaga　ラムカーガ　451　F416
Lampak-North(II)　ランパック 北峰（II峰）　472　F419
Lampak-South(I)　ランパック 南峰（I峰）　471　F419
Landy　ランディ　44　F52
Langiabao　ランジアブー　592
Lapgo　ラプゴー　254　F250
Larimo　ラリモ　364
Laspa Dhura　ラスパ・ドゥラ　495　F419
Leo Pargal-I　レオ・パルギアルI峰　385　F378
Leo Pargal-II　レオ・パルギアルII峰　385　F378
Lhakhang　ラカン　359　F352
Lion　ライオン　307
Loushar　ルシャール　364
Lugzl Pombo　ルツル・ポンボ　51　245　P246　F52
Lungser Kangri　ルンサール・カンリ　253　P254　F250
M 1(Schnee Glocke)(Snow Drop)(Snow Bell)　エム 1(ミラン 1, シュネ-・グロッケ)(スノー・ドロップ)(スノー・ベル)　287
M 5(Savage)　エム 5(サヴェージ)　287　F278
M 6(Taragiri)(Lyskamm)　エム 6(タラギリ)(リスカム)　287　F278
M 7(Richmond)　エム 7(リッチ モンド)　288　F278
M10　エム10　F278
M2　エム2　F278
M3　エム3　F278
M8　エム8　F278

Maan　マーン　232　F230, F229, F237
Madri Phabrang　マルディ・ファブラン　127　F120
Maiktoli　マイクトリ　489　490　F419
Mamostong Kangri-I(K -32)　マモストン・カンリI峰(ケー 32)　42　55　P59　F31, F378, F56
Mamostong Kangri-II　マモストン・カンリII峰　43　P59　F31, F56
Mana NW(II)　マナ北西峰(II峰)　462
Mana Parbat-I　マナ・パルバートI峰　430　F417
Mana Parbat-II　マナ・パルバートII峰　431　F417
Mana(I)　マナ(I峰)　462
Manali Peak　マナリ・ピーク　322
Manan　マナン　209　F202
Manda-III　マンダIII峰　442　F417
Manda-I　マンダI峰　442　F417
Manda-II　マンダII峰　442　F417
Manikso　マニクソ　209　F202
Manirang　マニラン　388　P388　F378
Manirang South　マニラン南峰　388
Marchok　マルチョック　458
Mari(East)　マリ(東峰)　232　236　G2-184, P238, P241　F230, F229, F237
Matri(Peak)　マトリ　434　F417
Menthosa　メントーサ　279　G2-189, P279　F276, F277
Mentok-I(Mata)　メントークI峰　(マタ)　256　F250
Mentok-II　メントークII峰　256　F250
Meru -South　メルー南峰　439　521　P521, P523　F417
Meru-Central　メルー中央峰　440　P533　F417
Meruk　メルック　233　F230, F229, F237
Meru-North　メルー北峰　438　528　P529　F417
Meru-West　メルー西峰　439　F417
Miyar Nala Head　ミヤール・ナラ ヘッド　279
Monto　モント　353　F352
Mukar Beh　ムカル・ベー　325　F276
Mukut Parbat　ムクト・パルバット　455　F418
Mukut Parbat-II　ムクト・パルバットII峰　455　F418
Mulkila　ムルキラ　286　P286　F276, F277
Murigthuni　ムリグトニィ(ムリットニ)　495　F419
Nainghar Choti　ナインガール・チョティ　282　F275
Naipen(Nai Peng)　ナイプン(ナイ・ペン)　592　F590
Namcha Barwa　ナムチャ・バルワ　590　F589, F590, F609
Namkha Ding　ナムカ・ディン　357　F352
Nanda Bahanar　ナンダ・バハナール　493　F419
Nanda Devi East　ナンダ・デヴィ東峰　476　473, 477　F419
Nanda Devi Main(West)　ナンダ・デヴィ主峰(西峰)　476　G3-400, P506, P511　F419
Nanda Ghunti　ナンダ・グンティ　497　F419
Nanda Gond　ナンダ・ゴンド　473　F419
Nanda Khani　ナンダ・カーニ　493　F419
Nanda Khat　ナンダ・カート　487　F419
Nanda Kot　ナンダ・コート(ナンダ・コット)　488　500, 503　G3-397, P501　F419
Nanda Pal　ナンダ・パル　473　F419

Nepal Peak	ネパール・ピーク	561	P581	F556	
Nilgiri Parbat	ニルギリ・パルバット	456	F418		
Nilkantha	ニルカンタ	459	G3-401	F418	
Nun Themga	ヌン・テンガ	364			
Nun(Ser)	ヌン(セール)	141	G1-102	F139	
Nyegyi Kangsang(Tui Kangri)	ニェギェ・カンサン(トゥイ・カンリ)	605	G3-411, P605	F594, F596, F603	
P・Schwaltz Tower	ピー・シュヴァルツタワー	428	F417		
P5712, Shaone Valley	ピーク5712(シャオーネ谷)	382			
P5730(H20), Haptal Tokpa	ピーク5730(H20)	154	F148		
P5740(H14), Haptal Tokpa	ピーク5740(H14)	153	G1-100左(4)	F148	
P5775(H13), Haptal Tokpa	ピーク5775(H13)	154	G1-100左(3)	F148	
P5802, Durung Drang Gl	ピーク5802(DD氷河域)	143			
P5817(R29), Nateo Nala	ピーク5817(R29)	161	F150		
P5825(R19,)Nateo Nala	ピーク5825(R19)	161	G1-98左(2)	F150	
P5825(R36), Katkar Nala	ピーク5825(R36)	162	G1-98左(4)	F150	
P5825, Near Z-VIII	ピーク5825(Z-8山域)	143			
P5829(R5), Reru Valley	ピーク5829(R5)	160	F150		
P5831(R12), Nateo Nala	ピーク5831(R12)	160	F150		
P5840(G25), Giabul Nala	ピーク5840(G25)	167	G1-99右(4)	F151	
P5840(H16), Haptal Tokpa	ピーク5840(H16)	153	G1-100右(3)	F148	
P5845(H17), Haptal Tokpa	ピーク5845(H17)	153	G1-100右(4)	F148	
P5850(G23), Giabul Nala	ピーク5850(G23)	166	F151		
P5860(H15), Haptal Tokpa	ピーク5860(H15)	153	F148		
P5862(R27), Katkar Nala	ピーク5862(R27)	160	G1-98左(3)	F150	
P5865(G21), Giabul Nala	ピーク5865(G21)	165	F151		
P5878(H21), Haptal Tokpa	ピーク5878(H21)	154	F148		
P5890, Reru Valley	ピーク5890(レルー・谷)	160	G1-98右(4)	F150	
P5910(H11), Nabil Takpo	ピーク5910(H11)	154	F148		
P5916(Kusyabla), Temasa Nala	ピーク5916(クシャブラ)	157	F149		
P5930(L17), Giabul Nala Right	ピーク5930(L17)	165	F151		
P5935(T2), Temasa Nala	ピーク5935(T2)	158	F149		
P5935(T3), Temasa Nala	ピーク5935(T3)	158	G1-100左(1)	F149	
P5935(G19), Giabul Nala	ピーク5935(G19)	166	G1-99左(3)	F151	
P5945(H9), Haptal Tokpa	ピーク5945(H9)	154	F148		
P5947(H18), Haptal Tokpa	ピーク5947(H18)	153	F148		
P5947(R2), Reru Valley	ピーク5947(R2)	159	G1-98右(1)	F150	
P5947(Temple)	ピーク5947(テンプル)	157	F151		
P5957(Skilma Kangri), Katkar Nala	ピーク5957(スキルマ・カンリ)	161	F150		
P5957(T10), Temasa Nala	ピーク5957(T10)	157	F149		
P5957(T10), Temasa Nala	ピーク5957(T10)	157	F150		
P5962(R31), Katkar Nala	ピーク5962(R31)	161	F150, F151		
P5972(R8), Reru Valley	ピーク5972(R8)	160	F150		
P5975(G3), Giabul Nala	ピーク5975(G3)	165	G1-99右(2)	F151	
P5994(R28), Katkar Nala	ピーク5994(R28)	161	F150		
P5995(T6), Temasa Nala	ピーク5995(T6)	157	F149		
P6000(Cockscom)	ピーク6000(コックスコム)(トサカ峰)	238	G2-185	F229	
P6000(OP No.58), Ladakh	ピーク6000(OPNo.58)	211	F215		
P6000(OP No.96), Rupshu	ピーク6000(OP No.96)	F251			

P6005(OP No.91), Rupshu　ピーク6005(OP No.91)　F251
P6007(R34), Katkar Nala　ピーク6007(R34)　161　F150
P6008(R24), Katkar Nala　ピーク6008(R24)　161　G1-98右(2)　F150
P6010(H10), Haptal Tokpa　ピーク6010(H10)　154　F148
P6010(H19), Haptal Tokpa　ピーク6010(H19)　154　F148
P6014(G11), Giabul Nala　ピーク6014(G11)　166　F151
P6015(G31), Giabul Nala　ピーク6015(G31)　166　F151
P6020(L8), Katkar Nala　ピーク6020(L8)　165　F151
P6020(OP No.101), Rupshu　ピーク6020(OP No101)　F251
P6022(T7), Temasa Nala　ピーク6022(T7)　158　G1-100左(2)　F149
P6028(T12)Temasa Nala　ピーク6028(T12)　157　G1-100右(2)　F150
P6029(OP No.73), Rupshu　ピーク6029(OP No.73)　F251
P6030(Zalung Ri)(OP No.90)　ピーク6030(OP No.90)(ザルン・リ)　269　P270　F251
P6035(OP No.97), Rupshu　ピーク6035(OP No.97)　F251
P6036(R3), Reru Valley　ピーク6036　160　F150
P6040(OP No.63), Ladakh　ピーク6040(OP No.63)　211　F215
P6042(H3), Haptal Tokpa　ピーク6042　154　F148
P6045(L11)Giabul Nala Right　ピーク6045(L11)　165　G1-99右(1)　F150
P6045(OP No.71), Rupshu　ピーク6045(OP No.71)　F251
P6045(OP No.82), Rupshu　ピーク6045(OP No.82)　F250, F251
P6050(OP No.83), Rupshu　ピーク6050(OP No.83)　F251
P6054(R32), Lenak Nala　ピーク6054(R32)　164　F150
P6060(G20), Giabul Nala　ピーク6060(G20)　167　G1-99右(3)　F151
P6060(OP No.94), Rupshu　ピーク6060(OP No.94)　F251
P6069(OP No.84), Rupshu　ピーク6069(OP No84)　F251
P6069(OP No.85), Rupshu　ピーク6069(OP No.95)　F251
P6070(L15), (Gyalma Kangri)　ピーク6070(L15)(ギャルモ・カンリ)　164　F150
P6071(R1), Reru Valley　ピーク6071(R1)　159　G1-98左(1)　F150
P6078(G14), Giabul Nala　ピーク6078(G14)　166　F151
P6080(L13)(Nga Tsoey Kangri-E)(OP No.44)　ピーク6080(L13)(ヌガ・ツセイ・カンリ西峰)　164　G1-99左(2)　F151
P6080(OP No.95), Rupshu　ピーク6080(OP No.95)　F251
P6080(R4), Reru Valley　ピーク6080(R4)　160　F150
P6080(OP No.22)　ピーク6080(OP No.22)　167
P6085(H2), Haptal Tokpa　ピーク6085(H2)　154　F148
P6090(OP No.52), Ladakh　ピーク6090(OPNo.52)　211　F215
P6090(OP No.81), Rupshu　ピーク6090(OP No.81)　F250, F251
P6094(OP No.103), Rupshu　ピーク6094(OP No.103)　P271　F251
P6100(OP No.104)(Kiagar Ri), Rupshu　ピーク6100(OP No.104)(キアガール・リ)　F251
P6100(OP No.93), Rupshu　ピーク6100(OP No.93)　F251
P6101(R10), Reru Valley　ピーク6101(R10)　160　F150
P6105(OP No.98), Rupshu　ピーク6105(OP No.98)　F251
P6107(T9), Temasa Nala　ピーク6107(T9)　158　G1-100左(2)　F149
P6110(R20), Nateo Nala　ピーク6110(R20)　161　F150
P6111(R18), Nateo Nala　ピーク6111(R18)　161　G1-98左(2)　F150
P6113(Kenlung)　ピーク6113(ケンルン)　282
P6115(G22), Giabul Nala　ピーク6115(G22)　166　G1-99左(4)　F151
P6120(OP No.65), Ladakh　ピーク6120(OPNo.65)　211　F215

P6125(Goat Peak), Bagrac Nala　ピーク6125(ゴート・ピーク)　167　F151
P6128(R25), Katkar Nala　ピーク6128(R25)　161　G1-98右(2)　F150
P6128(R33), Giabul Nala　ピーク6128(R33)　161　F150, F151
P6130(OP No.102)(Kundama Ri), Rupshu　ピーク6130(クンダマ・リ)　P271　F251
P6132, Armasong Nala　ピーク6132(アルマソン・ナラ)　382
P6135(OP No.88), Rupshu　ピーク6135(OP No.88)　F251
P6140(L9), Giabul Nala Right　ピーク6140(L9)　165　F150
P6148(OP No.74), Rupshu　ピーク6148(OP No.74)　F251
P6148(R35)(Katkar Kangri), Katkar Nala　ピーク6148(R35)(カタール・カンリ)　162　G1-98右(3)　F150
P6150(OP No.87), Rupshu　ピーク6150(OP No.87)　F251
P6150(R9), Reru Valley　ピーク6150(R9)　160　F150
P6150, Namka Nala　ピーク6150(ギバール・ナラ)　160　F151
P6154, Armasong Nala　ピーク6154(アルマソン・ナラ)　382
P6157(T20), Gompe Tokpa　ピーク6157(T20)　156　F149
P6158(R26), Katkar Nala　ピーク6158(R26)　162　F150, F151
P6162(T19), Gompe Tokpa　ピーク6162(T19)　156　F149
P6165(L10), (Thukpa Kangri), Giabul Nala Right　ピーク6165(L10)　165　G1-99左(1)　F150, F151
P6170(OP No.61), Ladakh　ピーク6170(OPNo.61)　211　F215
P6177(R6), Reru Valley　ピーク6177(R6)　159　F150
P6180(L14), (OP No46), Giabul Nala　ピーク6180(L14)(OP No46)　164　F150
P6184(T18), Gompa Tokpo　ピーク6184(T18)　156　F148
P6190(OP No.59), Ladakh　ピーク6190(OPNo.59)　211　F215
P6193(H8), Shimling Tokpo　ピーク6193(H8)　154　F148
P6205(OP No.79), Rupshu　ピーク6205(OP No.79)　F251
P6205(OP No.89), Rupshu　ピーク6205(OP No.89)　F251
P6222(S of Chandra River)　ピーク6222(チャンドラ川・南)　307
P6225(S of Chandra River)　ピーク6225(チャンドラ川・南)　307
P6225(OP No.57), Ladakh　ピーク6225(OP No.57)　211　F215
P6228(Pare Chu)　ピーク6228(パレ・チュー)　360　G2-197　F352
P6230(OP No.75), Rupshu　ピーク6230(OP No.75)　F251
P6256(OP No.53), Ladakh　ピーク6256(OP No.53)　211
P6260(OP No.80), Rupshu　ピーク6260(OP No.80)　F251
P6278(H5), Rangtrik Tokpoa　ピーク6278(H5)　154　F148
P6280(OP No.77), Rupshu　ピーク6280(OP No.77)　F251
P6280(OP No.55), Ladakh　ピーク6280(OP No.55)　211　F215
P6290(OP No.92), Rupshu　ピーク6290(OP No.92)　F251
P6294(T4), Temsa Nala　ピーク6294(T4)　157　G1-100右(1)　F149
P6335(OP No.76), Rupshu　ピーク6335(OP No.76)　F251
P6355(OP No.100)(Spangnak Ri), Rupshu　ピーク6355(OP No.100)　F251
P6360(Chomo), Rupshu　ピーク6360(チョモ)　269　P270　F251, F269
P6380(OP No.99), Rupshu　ピーク6380(OP No.99)(スパングナック・リ)　F250, F251
P6385(OP No.78), Rupshu　ピーク6385(OP No.78)　F251
P6431(T16)(Karpo Kangri), Khapang Tokpa　ピーク6431(T16)(カルポ・カンリ)　156　F149
P6436(T13)(OP No.30), Temsa Nala　ピーク6436(T13)(OP No30)　157　F150
P6484, Chango Takpo　ピーク6484(チャンゴ・タクポ)　386
P6553(S of Chandra River)　ピーク6553(チャンドラ川・南)　306
Pachespha　パチュスパ　214　F203, F205
Padmanabh　パドマナブ　82　G1-94, P85　F24

Palam　パラム　209　F202, F205
Panch Chuli -I (Nagalaphu)　パンチ・チュリI峰（ナガラプー）　465　F420
Panch Chuli- II　パンチ・チュリII峰　465　F420
Panch Chuli- IV　パンチ・チュリIV峰　466　F420
Panch Chuli- V (Terkot)　パンチ・チュリV峰（テル・コート）　467　F420
Panch Chuli-III　パンチ・チュリIII峰　466　F420
Pandim　パンディム　567　P568　F556
Pangdom　パンドム　362　F352
Panwali Dowar　パンワリ・ドワール　489　F419
Papusura (Fabsor)　パプスラ（ファブソール）　302　F277
Parcha Kangri　パルチャ・カンリ　206　F203, F205
Parilungbi　パリルンビ　359　G2-198　F352
Parvati　パルヴァティ　304　F277
Petze Kangri　ペツッ・カンリ　51　242, 244　P244　F52
Phabrang　ファブラン　280　P281　F275
Phabrang-South　ファブラン南峰　282
Phawarraang (Phawarang)　ファワララン（パワララン）　381　G2-191　F378
Phonka Kangri　フォンカ・カンリ　218
Photoksar (OP No.6)　フォトクサール　209　F202
Pinnacle Peak　ピナクル・ピーク　141　F139
Poh　ポー　363　F352
Polokongka　ポロコンガ　259　P259　F250, F251
Poonam　プーナム　280
Pyagski　ピャクシー　308　F277, F333
Rahamo (Z-10-North)　ラハモ（Z-10-North）　146
Rajramba　ラジランバ　467　F420
Raldang　ラルダン　380　G2-192　F378
Ramabang　ラマバン　314　F277
Rambha Kot　ランバ・コート　472　F419
Ramjyak　ラムジャック　167
Rangrik Rang　ラングリック・ラング　382　G2-193　F378
Rassa Kangri　ラッサ・カンリ　50　F46, F50
Rataban　ラタバン　457　F418
Ratang Dru　ラタンドルー　312
Ratang Nulla Head　ラタン・ナラ・ヘッド　312
Rdung Ring North　ルドゥ・リング北峰　54　F46
Reo Purgyil　リオ・プルギル　379　F378
Riging　リジン　217　G2-183　F220, F217
Rimo-I　リモI峰　32　G1-91　F31, F32
Rimo-II　リモII峰　33　F31
Rimo-III　リモIII峰　34　G1-88　F31, F32
Rimo-IV　リモIV峰　34　F31, F32
Rishi Kot　リシ・コート　484
Rishi Pahar　リシ・パハール　481　484, 515　P515　F419
Rohini Sikhar　ロニ・シカール　127　F121
Ronti　ロンティ　496　F419
Roof Peak　ルーフ・ピーク　114　F109
Rubal Kang (Ang Dhuri)　ルバール・カン（アン・ドゥリ）　304

Rudugaira	ルドガイラ	447	F416
Rukheru-P1	ルケルーⅠ峰	216	F220, F217
Rukheru-P2	ルケルーⅡ峰	216	F220
Rukheru-P3	ルケルーⅢ峰	216	F220
Runse	ルンセ	357 G2-196 F352
Saf Minal	サーフ・ミナール	482 516 P512 F419
Sakang Peak	サカン・ピーク	49 F46
Saltoro Kangri-I	サルトロ・カンリⅠ峰	28 P28 F24
Sanakdeng Jot	サナクデン・ジョット	319 F275
Sanglung	サンルン	591
Sara Shwa	サラ・シュワ	255 P255 F250
Saraswati	サラスワティ	532 534 P533
Saro Peak	サロ・ピーク	383 G2-194 F378
Saser Kangri-I (K22)(Peak 29)	サセール・カンリⅠ峰(ケー22, ピーク29)	47 45 G1-90, P45 F378, F69
Saser Kangri-Ⅱ(K24)(Peak 31)	サセール・カンリⅡ峰(ケー24, ピーク31)	47 P45 F69
Saser Kangri-Ⅲ(K23)(Peak 30)	サセール・カンリⅢ峰(ケー23, ピーク30)	48 P45 F46, F69
Saser Kangri-Ⅳ(Cloud Peak)(Peak 48)	サセール・カンリⅣ峰(クラウド・ピーク)	49 F46
Saser Kangri-Ⅴ	サセール・カンリⅤ峰	49 F46
Satopanth	サトパント	424 P536 F417
Schshala	ショシャラ	381
Semkharak	セムカラク	457 F418
Sengdan Pu	センダン・プー	593 F596
Sero Kishtwar	セロ・キシュトワール	124 F121
Sesar Rang	サセル・ラン	384 F378
Sheshnag	シシナーク	114 F109
Shibsharkar	シブシャールカール	316 P316 F275
Shigri Parbat	シグリ・パルバット	304 F275, F277
Shikar Beh	シカール・ベー	324 F276
Shilla(Silla)	シラ(シーラ)	358 G2-197 F352
Shiva	シヴァ	317 F275
Shivling	シヴリン	440 G3-403 F417
Shivling-Ⅱ	シヴリンⅡ峰	441 F417
Shivu	シヴゥ	467 F420
Sia Kangri-I	シア・カンリⅠ峰	26 G1-92 F24
Siachen Tower	シィアチェン・タワー	23 G1-93
Sibu	シブ	362 F352
Sickle Moon(N 6)	シックル・ムーン(エヌ 6)	123 132 G1-96, P133 F120, F132
Siga-I	シガⅠ峰	281
Siga-Ⅱ	シガⅡ峰	281
Simvo-I(Simvu)(South West)	シムヴーⅠ峰(南西峰)	570 P571, G3-407 F556, F564
Simvo-Ⅱ(South-Central)	シムヴーⅡ峰(南中央峰)	570 P571 F556, F564
Simvo-Ⅲ(East)	シムヴーⅢ峰(東峰)	570 P571 F556, F564
Simvo-Ⅳ(North West)	シンヴーⅣ峰(北西峰)	570 P571 F556
Simvo-Ⅴ(North East)	シムヴーⅤ峰(北東峰)	570 P571 F556
Singekang	シンゲカン	388
Singhi Kangri-I	シンギ・カンリⅠ峰	26 F24
Sinolchu(Ⅰ)	シニオルチュー(Ⅰ峰)	563 P551, P580, P581, P582 F556, F564
Sisbang(Shijabang)	シスバン	362 F352

Snow Cone Cherol　スノ・コーン・チェロル　319
Snow Corn　スノー・コーン　305　F277
Sophia Peak　ソフィア・ピーク　318　F275
Spangmik　スパミック　233　P234　F230
Spanpuk　スパンプーク　208　F202
Spear　スペアー　124　G1-97　F120
Sri Kailas　スリ・カイラス　429　F417
Srikanta　スリカンタ　447　F416
Stok Kangri(Kanglacha)　ストック・カンリ(カングラチャ)　204　F203, F205
Stos　ストス　40　F31, F54
Sudarshan Parbat　スダルシャン・パルバート　433　F417
Suitilla-East　スイティラ東峰　468　F420
Suitilla-West　スイティラ西峰　468　F420
Sumeru Parbat　スメル・パルバート　437　F417
Suri Top　スリ・トップ　470　F420
Swachhand Peak　スワッチャンド・ピーク　425　F417
Swargarohini-I　スワロガロヒニI峰　449　F416
Swargarohini-I(Surgnalin)　スワロガルヒニI峰(スルグナリン)　449　G3-406　F417
Swargarohini-II(West)　スワロガロヒニII峰(西峰)　450　F416
Swargarohini-III　スワロガロヒニIII峰　450　F416
Swargarohini-IV(East)　スワロガロヒニIV峰(東峰)　451　F416
T-I(Telah Nullah)　ティーI峰(テラ・ナラ)　288
T-II　ティーII峰　F278
Takpa Shiri　タクパ・シリ　602　F589, F594, F603
Talung Peak　タルン・ピーク　562　F556, F572
Tamnyen　タムィェン　606
Tange　タンゲ　F275
Tangmor Ding　タンモール・ディン　F352
Tanmortina(6232m)　タンモルティナ　357
Teltop　テルトップ　219　F203
Temu Tse　テム・ツェ　592
Tent Peak　テント・ピーク　561　F556
Tent Peak North　テント・ピーク北峰　318　F275
Tent Peak South　テント・ピーク南峰　318　F275
Teram Kangri-I　テラム・カンリI峰　27　F24
Thajiwas　タジェワス　114　F109, F117
Tharkot　タルコット　495　G3-404　F419
Thaylay Sagar(Phating Pitwara)　テレイ・サガール/ファティン・ピトワラ　438　F417
Thelu　テルー　434　F417
Thongsa Ri　トンサ・リ　53　F46
Thugje　トゥジェ　260　P249　F250, F251
Tiger Tooth　タイガー・トゥース　303　F277
Tirsuli-East(Main)　テイルスリ東峰(主峰)　473　P475　F419
Tirsuli-West　テイルスリ西峰　474　F419
Tongmor　トンモー　362　F352
Traktagol　トラックタゴール　263　F250
Trimukh Parbat　トリムーク・パルバート　429　F417
Trisul-I(Main)　トリスルI峰(主峰)　497　518　P518　F419

Trisul-II　トリスルII峰　498　518　F419
Trisul-III　トリスルIII峰　499　F419
Tupendo-II　ツーペンドII峰　125　F120, F121
Tusuhm Kangri　トゥスム・カンリ　49　F46, F50
Twins-I (West) (Gimmigela Chuli)　トゥインズ(西峰)(ギミィゲラ・チュリ)　560　583　P551, P581, P583　F556, F585
Uja Tirche　ウジャ・ティルチェ　471　F419
Umashi Peak　ウマシ・ピーク　122　F121
Undung Kangri　ウムドン・カンリ　355　P366　F352, F367
Vaski Parbat　ヴァスキ・パルバート　426　G3-400　F417
Vaski Parbat-South　ヴァスキ・パルバート南峰　426　F417
Yogeshwar　ヨゲッシュワール　432　F417
View Point Peak　ビューポイント・ピーク　146
White Needle　ホワイト・ニードル　141　F139
White Sail (Dharmsula)　ホワイト・セール(ダラムサラ)　300　P301　F277
Yan (Matho Kangri)　ヤン(マットー・カンリ)　206　F205
Yogeshwar　ヨゲッシュワール　432　F417
Yunam　ユナム　292　P341
Z-I　ゼットI峰　142　G1-101　F139
Z-III (Cimaltalia)　ゼットIII峰(チマルタリア)　G1-104
Z-VIII　ゼットVIII峰　144
Zemu Gap　ゼム・ギャップ　568　P569　F556, F564
Zim　ジム　F148

インド・ヒマラヤ

日本山岳会創立110周年記念出版

2015年12月1日　初版第1刷発行

編　者	日本山岳会東海支部「インド・ヒマラヤ」出版委員会
	〒460-0014　名古屋市中区富士見町8-8 OMCビルB1
	http://jactokai.sakura.ne.jp/shibuhp/
発行人	公益社団法人　日本山岳会
	〒102-0081　東京都千代田区四番町5-4 サンビューハイツ四番町
	http://www.jac.or.jp/
発売元	株式会社ナカニシヤ出版
	〒606-8161　京都市左京区一乗寺木ノ本町15番地
	電話　075-723-0110
	http://www.nakanishiya.co.jp/
印刷所	株式会社浅井隆文社
	〒453-0801　名古屋市中村区太閤4-8-3

＊定価はカバーに表示してあります
＊本書は日本山岳会創立110周年記念事業の一環として、海外登山基金の助成を受けて刊行されました。

Ⓒ2015 The Japanese Alpine Club-Tokai Section All rights reserved.
Printed in Japan
ISBN978-4-7795-1000-7